经以德为本
建设新局面

贺教育部

新方向项目

心志立德

（印）

教育部哲学社會科學研究重大課題攻關項目

"十三五"国家重点出版物出版规划项目

秦简牍整理与研究

AN ARRANGEMENT AND STUDY
OF THE QIN BAMBOO SLIP MANUSCRIPTS

陈 伟 等著

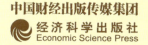

中国财经出版传媒集团

经济科学出版社
Economic Science Press

图书在版编目（CIP）数据

秦简牍整理与研究/ 陈伟等著. -- 北京 ：经济科
学出版社，2017.7
教育部哲学社会科学研究重大课题攻关项目
ISBN978-7-5141-8248-4

Ⅰ．①秦… Ⅱ．①陈… Ⅲ．①简（考古）－研究－中国
－秦代 Ⅳ．① K877.54

中国版本图书馆 CIP 数据核字 (2017) 第 173019 号

责任编辑：蒯　冰　洪　钢
责任校对：杨晓莹
责任印制：邱　天

秦简牍整理与研究

陈　伟　等著

经济科学出版社出版、发行　新华书店经销
社址：北京市海淀区阜成路甲 28 号　邮编：100142
总编部电话：010-88191217　发行部电话：010-88191522
网址：www.esp.com.cn
电子邮件：esp@esp.com.cn
天猫网店：经济科学出版社旗舰店
网址：http://jjkxcbs.tmall.com
北京季蜂印刷有限公司印装
787×1092　16 开　29.5 印张　560000 字
2017 年 7 月第 1 版　2017 年 7 月第 1 次印刷
ISBN 978-7-5141-8248-4　定价：90.00 元
（图书出现印装问题，本社负责调换。电话：010-88191510）
（版权所有　侵权必究　举报电话：010-88191586
电子邮箱：dbts@esp.com.cn）

课题组主要成员

首席专家　陈　伟
主要成员　彭　浩　晏昌贵　徐世虹　南玉泉
　　　　　　支　强　马　克（Marc Kalinowski）
　　　　　　孙占宇　李天虹　伊　强
　　　　　　风仪诚（VENTURE Olivier）
　　　　　　工藤元男　尹在硕

总 序

哲学社会科学是人们认识世界、改造世界的重要工具，是推动历史发展和社会进步的重要力量，其发展水平反映了一个民族的思维能力、精神品格、文明素质，体现了一个国家的综合国力和国际竞争力。一个国家的发展水平，既取决于自然科学发展水平，也取决于哲学社会科学发展水平。

党和国家高度重视哲学社会科学。党的十八大提出要建设哲学社会科学创新体系，推进马克思主义中国化时代化大众化，坚持不懈用中国特色社会主义理论体系武装全党、教育人民。2016年5月17日，习近平总书记亲自主持召开哲学社会科学工作座谈会并发表重要讲话。讲话从坚持和发展中国特色社会主义事业全局的高度，深刻阐释了哲学社会科学的战略地位，全面分析了哲学社会科学面临的新形势，明确了加快构建中国特色哲学社会科学的新目标，对哲学社会科学工作者提出了新期待，体现了我们党对哲学社会科学发展规律的认识达到了一个新高度，是一篇新形势下繁荣发展我国哲学社会科学事业的纲领性文献，为哲学社会科学事业提供了强大精神动力，指明了前进方向。

高校是我国哲学社会科学事业的主力军。贯彻落实习近平总书记哲学社会科学座谈会重要讲话精神，加快构建中国特色哲学社会科学，高校应需发挥重要作用：要坚持和巩固马克思主义的指导地位，用中国化的马克思主义指导哲学社会科学；要实施以育人育才为中心的哲学社会科学整体发展战略，构筑学生、学术、学科一体的综合发展体系；要以人为本，从人抓起，积极实施人才工程，构建种类齐全、梯队衔接的高校哲学社会科学人才体系;要深化科研管理体制改革,发挥高校人才、智力和学科优势,提升学术原创能力,激发创新创造活力,建设中国特色新型高校智库;要加强组织领导、做好统筹规划、营造良好学术生态,形成统筹推进高校哲学社会科学发展新格局。

哲学社会科学研究重大课题攻关项目计划是教育部贯彻落实党中央决策部署的一项重大举措,是实施"高校哲学社会科学繁荣计划"的重要内容。重大攻关项目采取招投标的组织方式,按照"公平竞争,择优立项,严格管理,铸造精品"的要求进行,每年评审立项约40个项目。项目研究实行首席专家负责制,鼓励跨学科、跨学校、跨地区的联合研究,协同创新。重大攻关项目以解决国家现代化建设过程中重大理论和实际问题为主攻方向,以提升为党和政府咨询决策服务能力和推动哲学社会科学发展为战略目标,集合优秀研究团队和顶尖人才联合攻关。自2003年以来,项目开展取得了丰硕成果,形成了特色品牌。一大批标志性成果纷纷涌现,一大批科研名家脱颖而出,高校哲学社会科学整体实力和社会影响力快速提升。国务院副总理刘延东同志做出重要批示,指出重大攻关项目有效调动各方面的积极性,产生了一批重要成果,影响广泛,成效显著;要总结经验,再接再厉,紧密服务国家需求,更好地优化资源,突出重点,多出精品,多出人才,为经济社会发展做出新的贡献。

作为教育部社科研究项目中的拳头产品,我们始终秉持以管理创新服务学术创新的理念,坚持科学管理、民主管理、依法管理,切实增强服务意识,不断创新管理模式,健全管理制度,加强对重大攻关项目的选题遴选、评审立项、组织开题、中期检查到最终成果鉴定的全过程管理,逐渐探索并形成一套成熟有效、符合学术研究规律的管理办法,努力将重大攻关项目打造成学术精品工程。我们将项目最终成果汇编成"教育部哲学社会科学研究重大课题攻关项目成果文库"统一组织出版。经济科学出版社倾全社之力,精心组织编辑力量,努力铸造出版精品。国学大师季羡林先生为本文库题词:"经时济世 继往开来——贺教育部重大攻关项目成果出版";欧阳中石先生题写了"教育部哲学社会科学研究重大课题攻关项目"的书名,充分体现了他们对繁荣发展高校哲学社会科学的深切勉励和由衷期望。

伟大的时代呼唤伟大的理论,伟大的理论推动伟大的实践。高校哲学社会科学将不忘初心,继续前进。深入贯彻落实习近平总书记系列重要讲话精神,坚持道路自信、理论自信、制度自信、文化自信,立足中国、借鉴国外,挖掘历史、把握当代,关怀人类、面向未来,立时代之潮头、发思想之先声,为加快构建中国特色哲学社会科学,实现中华民族伟大复兴的中国梦作出新的更大贡献!

教育部社会科学司

前　言

　　秦简牍的发现、整理与研究，深刻改变了秦国、秦代的文献状况和历史认知，是中国现代学术史上的重大事件。从 1975 年底湖北云梦睡虎地 11 号秦墓出土简册开始，到 2013 年湖南益阳兔子山遗址出土二世诏书，秦简牍先后发现 13 批，其中可见文字的简牍超过 23000 枚[①]。

　　秦简牍发现、研究的进程，大致可以 20 世纪与 21 世纪之交为界，分为两个阶段。在前一阶段，资料主要是(1)以律篇为主的法律文献；(2)《语书》、《世书》、信件等公私文书[②]；(3)日书、易占、病方和《为吏之道》等书籍。相应地，海内外学界的研究以秦法律制度和择吉习俗为重心，成果卓然[③]。后一阶段，2002 年出土的里耶秦简包含大量洞庭郡迁陵县廷的簿籍与上行、下行文书，可据以对秦代十多年间一个南方边县的历史作全面、细致的复原；2007 年湖南大学、2010 年北京大学先后入藏的秦简，有律令、奏谳类文献、《数》书、《占梦书》与日书、祠祝书、病方、诗文等，对以睡虎地秦简为代表的前期发现，形成重要的补充和扩展。2001 年刊布的张家山汉简《二年律令》与《奏谳书》，2006 年刊布的孔家坡汉简《日书》，多可与秦简关联，也有力地推动了资料解读和内涵研究。如果说 20 世纪末叶秦简研究相对沉寂，那么进入新世纪之后，新旧发现和秦汉资料彼此支撑、相互激励，因而在国际范围兴起新一轮更为持久、深入的研究热潮。

---

① 可参看陈伟：《秦简牍合集〔壹〕》，武汉大学出版社 2014 年版，“序言”第 1~9 页。

② 世书，旧称“编年记”或“大事记”。受印台汉简《叶书》与松柏汉简《叶书》启示，李零称为《叶书》见氏撰《视日、日书和叶书——三种简帛文献的区别和定名》，《文物》2008 年第 12 期，第 77~80 页）。我们怀疑叶书应即“世书”，是记载世系之书。参见陈伟：《秦汉简牍〈叶书〉刍议》，《简帛》第 10 辑，上海古籍出版社 2015 年版，第 85~89 页。

③ 参见曹旅宁：《睡虎地秦律研究综述》，《中国史研究动态》2002 年第 8 期，第 11~19 页；刘乐贤：《睡虎地秦简〈日书〉研究二十年》，《中国史研究动态》1996 年第 10 期，第 2~9 页；张强：《近年来秦简〈日书〉研究评介》，《文博》1995 年第 3 期，第 105~112、104 页；本书附录有关部分。

　　本书是教育部哲学社会科学研究重大课题攻关项目"秦简牍的综合整理与研究"（08JZD0036）最终成果。课题立项于 2008 年底，正值新的研究热潮走高之时。而项目实施的五六年间，新资料陆续刊布，新成果层出不穷，课题组既独立探索、自我辩难，也积极与海内外同行切磋、互动，在参与推进学术发展的同时，不断凝聚、修正自我认识，完成、完善项目成果。项目的基本成果有三：（1）2014 年出版，包括图录、释文和注释的《秦简牍合集》4 卷 6 册。20 世纪出土 8 批秦简，除王家台简外，汇于一辑。（2）2012 年出版的《里耶秦简牍校释》第一卷，与湖南省文物考古研究所编著《里耶秦简〔壹〕》（文物出版社 2012 年版）对应，围绕缀合、释字和断读做了大量工作，并作有注释。（3）拟于近期出版的"秦简牍专题研究"五册。作为项目最终成果，本书主要利用简牍资料对秦（有时也涉及汉）文书、政治、经济、法律、政区等制度以及天文、音律、纪时、语言等方面加以探讨，或就某些具体问题勉力推陈出新，或对某些规律、现象尝试爬梳、阐释。附录是课题组中几位外国专家对西文学界与日本、韩国同行研究秦简成果的整理和评价，可有助于各国学者之间更好地相互了解。

　　本书大部分章节在项目实施期间曾以单篇论文或札记的形式陆续发表。收入本书时，均或多或少作有修订（参看"后记"）。这固然有形式上整合的考虑，而内在追求则是吸纳新刊布的简牍资料和研究文献，以使论证过程和研究结论更加科学合理。

　　历史学是一门高度依赖资料的学问。秦简牍的大量涌现，使得许多问题的形成、讨论和解决成为可能，相关研究空前活跃。不过，我们今天看到的简牍，往往支离破碎；而整理工作的周期，又使得一些业已出土的重要资料难以得到及时刊布，因而在本来需要缜密考证的作业中，往往留有想象、假设的空间。有时还不得不利用汉代的简牍资料，把秦与汉初、以至西汉的问题合并讨论。这样得出的推论，存在偏离，甚至完全背离历史真相的危险。在本书研撰中，我们尽可能全面地收集、利用已刊资料和已有成果，通过辨析、考校，推进认知；同时也清楚地意识到推理、论证的局限性，有勇气，也有兴趣不断校正思路，修订结论，探寻真知。

陈伟

摘 要

本书是教育部哲学社会科学研究重大课题攻关项目"秦简牍的综合整理与研究"（项目编号 08JZD0036）的最终成果，基于对出土秦简牍文献的整理、解读和辨析，以及对学界已有研究成果的梳理，围绕秦代和战国晚期秦国（有时也涉及西汉）的制度、法律、政区以及天文、音律、纪时、语言等问题，展开探讨。

本书共有正文 14 章、附录 3 篇。

第一章讨论文书制度，认为表示开启文书用语的"半"改为"发"，发生在秦始皇三十年 6 月至 9 月；"检"仅用于以邮行的文书，大概只是指带封泥槽的那种物品；而书写有收件方、发件方等信息的板形物件，则是所谓"署"；"以次传"可以与"以邮行"叠加使用，形成高效率的传递网络。

第二、三章从里耶出土秦迁陵县资料出发，考察秦县属下几个官署的组成和职能，指出"田"管理民间的农事，"田官"则管理公田；"库"负责兵器和车辆的储藏、调配，也有制作车辆部件的记录。

第四、五章讨论经济制度。其中第四章探讨"入钱缿中"律涉及官府多种非常规收入的含义及其去向；第五章讨论睡虎地秦简《秦律十八种·仓律》41、43 号简文的复原，以及与此相关的粮食计量系统和换算关系。

第六章考证睡虎地秦简《秦律十八种·置吏律》"十二郡"的郡名及其设置次第，认为这十二郡是秦昭襄王晚期的形势，并探讨"十二"可能具有的特别含义。

第七章至第九章研究法制问题。其中第七章讨论"篇章结构"、"集

类为篇"、"罪刑表述"、"解释与适用"等法律文献的编纂问题；第八章
讨论令、式、课等法律形式制订和意义；第九章讨论"坐赃"、"以律论"、
"与同法"、"坐赃为盗"等用语的律义内涵。

第十章至第十三章，讨论与科学、技术相关的问题。其中第十章考
察放马滩秦简日书乙种的律占资料，认为早在公元前 3 世纪，就已经产
生了完整的律学体系；这里音律所具有的主要功能是律历占，而不是为
了制定严格意义上的乐律法则。第十一章考察放马滩秦简日书乙种《星
分度》，发现该篇所见距离数值与阜阳西汉汝阴侯墓"二十八宿盘"及
《开元占经》所引刘向《洪范传》中的古度属于同一系统。第十二章指出，
秦汉时期的时分纪时制，可以肯定是十二时制和十六时制两种，十八时
制、二十八时制和三十二时制都难以成立。第十三章根据红外线图像，
指出放马滩木板地图的方向实为上南下北，进而对地图中的地域、山川
所在加以考定。

第十四章讨论秦简中"所"、"可 / 可以"的语法及相关问题。

附录一至三，是几位外国学者撰写的西方学界、日本学者、韩国学者
对于秦简牍研究历程的综合叙述，涉及的时间起自 1975 年末睡虎地秦
简出土，止于 2013 年。

Abstract

This book is the final outcome of the Ministry of Education Philosophy and Social Science Research Key Project *Comprehensive Arrangement and Study of the Qin Bamboo Slip Manuscripts* (NO. 08JZD0036). The discussion is based on the arrangement, interpretation, and analysis of unearthed Qin bamboo slip manuscripts, in addition to a review of previous research. The book discusses issues regarding the institutions, laws, administrative regions, astronomy, music, time notation systems, and linguistics, of the Qin dynasty, and the late Warring States Qin state (with occasional reference to the Western Han dynasty).

The book includes 14 chapters and 3 appendixes.

The first chapter discusses the institution of documents. That the term for opening documents *Ban* (半) had changed to *Fa* (发) between the 6th and the 9th month of the thirtieth year of Qin Shi Huang; that *Jian* (检) is used only in documents send by post and probably refers to items with a clay seal; that wooden tablets with information of addressees and senders are referred to as *Shu* (署); and that the delivery of documents according to the correct order and by courier station could be superimposed, forming an efficient delivery network.

Based on the Qianling county documents excavated from *Liye* (里耶), the second and third chapters investigate the structure and function of several government offices at the county level of the Qin dynasty, pointing out that *Tian* (田) is responsible for nongovernmental farming, and *Tian Guan* (田 官) is responsible for governmental fields; "Arsenals" are responsible for the storage and distribution of weapons and vehicles, it also has records documenting the manufacture of vehicle components.

The fourth and fifth chapters discuss the economic system. Chapter Ⅳ points out that the statutes regarding "Inserting cash into the jar" (入钱缿中) reveal the sources and implications of several unconventional sources of income of the local government. Chapter Ⅴ restores strips No.41 and 43 from the *Eighteen Qin Statutes: Statutes on Granaries* from Shuihudi and discusses the system of grain measurement and the conversion of measurements.

Chapter Ⅵ analyses the *Eighteen Qin Statutes: Statutes concerning the Establishment of Officials* from Shuihudi for the names and establishment sequence of the *Twelve Commanderies*. It points out that *Twelve Commanderies* refers back to the situation during the reign of King Zhaoxiang（昭襄王）and discusses the possible special connotations carried by "Twelve".

Chapters seven to nine examine questions concerning the legal system. Chapter Ⅶ discusses issues of codification, including the "Structure of sections and articles"（篇章结构）, "Collecting related statutes by section"（集类为篇）, "Statements of crime and punishment"（罪刑表述）, and the "Interpretation and application of the law"（解释与适用）. Chapter Ⅷ discusses the formulation and meaning of forms of legislation such as ordinances, models, and norms. Chapter IX discusses the statutory meanings and connotations of some terms such "Liability for illicit profit"（坐赃）, "To be sentenced according to statues"（以律论）, "Sharing the same categorical principle with"（与同法）, and "To be held liable for illicit profit and considered as robbers"（坐赃为盗）.

Chapters ten to thirteen discuss issues related to science and technology. Chapter Ⅹ investigates the sources on harmonics in the B Group Day Books from Fangmatan, pointing out that a complete musical-calendrical notation system already appeared as early as in the 3rd century BC. In this system, the main function of harmonics is a type of musical-calendrical divination instead of developing a set of musical rules in the proper sense of the word. Chapter Ⅺ examines the Fangmatan Qin manuscript *Division and Separation of the Constellations*（星分度）from the B Group Day Books. It concludes that the angular separation described therein belongs to the same system as seen in the *Plate of the 28 lunar mansions* （二十八宿盘）excavated from the Western Han tomb of Marquis Ruyin at Fuyang, and in a citation to Liu Xiang's *Commentary to the Great Plan*（《洪范传》）in the *Kaiyuan Classic of Divination*（开元占经）. Chapter Ⅻ confirms that the time system of the Qin and Han dynasty included the twelve and sixteen hour systems, but that there is not enough evidence to support the existence of the presumed eighteen, twenty-eight, and thirty-six hour systems. Based on infrared pictures, chapter ⅩⅢ shows that the orientation of maps on wooden tablets from Fangmatan shows the south at the top and the north at the bottom, and further establishes the locations of areas and of mountains and rivers on the maps.

Chapter XIV discusses grammatical problems related to the particle *Suo*（所）and the coverbs *Ke*（可）and *Keyi*（可以）in Qin bamboo slips.

Appendixes one to three contain overviews of research on Qin bamboo slip manuscripts in the West, Japan, and South Korea written by several foreign scholars, with a time range starting from the excavation of the Shuihudi Qin manuscripts in late 1975 up to 2013.

凡 例

1．简牍释文，一般采用通行字，不作严格隶写。简文中原有的墨点、墨块照录，其他标识不录。

2．称引简文时，通假字、异体字用（ ）注出本字，讹误字用〈 〉注出正字，拟补之字用【 】表示，□表示无法辨认的字，简文残缺用……（中间）或▨（前后）表示。

3．独立成段的引文，出处、简号加阴影表示。

4．写作一般使用简体字，但在个别场合为避免歧义采用繁体字。直接引述日文、韩文书刊名时使用日文或韩文字符。

目　录

Contents

第一章▶关于秦文书制度的几个问题　1

第一节　"手"与"半"　2
第二节　"检"与"署"　12
第三节　行书方式　18
结　语　35

第二章▶里耶秦简所见的"田"与"田官"　36

第一节　"田"或"田部"　36
第二节　田　官　42
结　语　47

第三章▶里耶秦简所见的迁陵县"库"　48

第一节　职　掌　49
第二节　吏　员　54
第三节　徒　隶　60
第四节　相关问题　63
结　语　65

第四章▶秦与汉初"入钱缿中"律的几个问题　66

第一节　文本考辨　67
第二节　相关制度探析　76
第三节　律篇归属　79
结　语　82

第五章 ▶ 秦和西汉早期简牍中的粮食计量　83

　　第一节　简文复原　83
　　第二节　粮食计量系统　86
　　结　语　92

第六章 ▶ 睡虎地秦简"十二郡"及相关问题　93

　　第一节　以往研究述评　94
　　第二节　秦十二郡建置次第考　97
　　第三节　"十二郡"的历史背景　113
　　结　语　117

第七章 ▶ 秦汉法律的编纂　119

　　第一节　篇章结构　119
　　第二节　集类为篇　122
　　第三节　罪刑表述　125
　　第四节　解释与适用　130
　　结　语　133

第八章 ▶ 秦代的法律形式——以令、式、课为中心　135

　　第一节　令　135
　　第二节　式　147
　　第三节　课　155
　　结　语　164

第九章 ▶ 秦律用语与律义内涵　165

　　第一节　"坐赃"　165
　　第二节　"以律论"　168
　　第三节　"与同法"　175
　　第四节　"坐赃为盗"　178
　　结　语　182

第十章 ▶ 从十二律占看战国晚期到汉初的律数制　183

　　第一节　传世文献中的音律资料　185

第二节　放马滩日书乙种中的十二律　194
结　语　201

第十一章▶放马滩秦简《星分度》相关问题考察　203

第一节　距度系统　204
第二节　日躔问题　206
第三节　用途蠡测　209
结　语　211

第十二章▶秦汉时分纪时制再探　212

第一节　十二时制　213
第二节　十八时说　222
第三节　十六时制　224
第四节　相关问题　239
结　语　243

第十三章▶放马滩木板地图新探　244

第一节　资料介绍　245
第二节　以往研究述评　246
第三节　地图方位、各图关系及其所表示的今地域范围　250
第四节　年代与性质　256
结　语　263

第十四章▶秦简"所"、"可/可以"的语法及相关问题　265

第一节　"所"字的结构助词及名词用法　265
第二节　秦简中的"可"和"可以"　278
结　语　291

附录一▶西文秦简牍研究概述　293

第一节　研究概览　294
第二节　目录及提要　301

附录二▶日本的秦简牍研究　321

第一节　律令的编纂、继承　324

第二节　司法、刑罚　328

第三节　官制　331

第四节　地方行政制度与文书行政　335

第五节　家庭制度　340

第六节　算赋、徭役、兵役　343

第七节　田制、农业　346

第八节　牧畜、禁苑　351

第九节　工商业、货币　355

第十节　爵制、身份制度　361

第十一节　对外关系　365

第十二节　地理　369

第十三节　学术、思想　370

第十四节　日书　371

附录三▶韩国的秦简牍研究　375

第一节　初期的研究　376

第二节　1979~2008 年的秦简研究　377

第三节　2009~2014 年的秦简研究　387

主要图表一览　396

参考文献　397

后　记　438

Contents

Chapter 1 Several issues regarding the institution of documents during the Qin dynasty   1

    1.1   *Shou*（手）and *Ban*（半）   2

    1.2   *Jian*（检）and *Shu*（署）   12

    1.3   Ways of forwarding documents   18

    Conclusion   35

Chapter 2 *Tian*（田）and *Tian Guan*（田官）in the Liye Qin strips   36

    2.1   *Tian*（田）or *Tian Bu*（田部）   36

    2.2   *Tian Guan*（田官）   42

    Conclusion   47

Chapter 3 The *Ku*（库）of Qianling County in the Liye Qin strips   48

    3.1   Duties and controls   49

    3.2   Officials and clerks   54

    3.3   Laborer–servants   60

    3.4   Related issues   63

    Conclusions   65

Chapter 4 Several issues about the statutes regarding "Inserting the cash into the jar"（入钱缿中）of the Qin and Early Han dynasties   66

    4.1   Textual research   67

    4.2   Exploration and analysis of the relevant institutions   76

    4.3   Affiliation of the statutes   79

Conclusions   82

Chapter 5   Grain measurement in Qin and early Western Han dynasty bamboo slip manuscripts   83

5.1   Textual restoration   83
5.2   System of grain measurement   86
Conclusions   92

Chapter 6   The Twelve Commanderies and related issues in the Qin Shuihudi strips   93

6.1   Review of past research   94
6.2   A Study into the establishment sequence of the Twelve Commanderies   97
6.3   Historical background of the Twelve Commanderies   113
Conclusions   117

Chapter 7   Codification of the Qin and Han dynasty laws   119

7.1   Structure of sections and articles   119
7.2   Collecting related statutes by section   122
7.3   Statements of crime and punishment   125
7.4   Interpretation and application of the Law   130
Conclusions   133

Chapter 8   Forms of Legislation in the Qin dynasty——With a focus on Ordinances, Models, and Norms   135

8.1   Ordinances   135
8.2   Models   147
8.3   Norms   155
Conclusions   164

Chapter 9   Statutory meanings and connotations of Qin law   165

9.1   Liability for illicit profit   165
9.2   To be sentenced according to the statutes   168
9.3   Sharing the same categorical principle with   175
9.4   To be held liable for illicit profit and considered as robbers   178

Conclusions   182

Chapter 10   Musical-calendrical notation systems from the late Warring States to the Early Han dynasty as seen from the *Divination Based on the Twelve Notes*（十二律占）   183

10.1   Sources on harmonics in Received Texts   185
10.2   The Twelve Notes（十二律）in the *Yi*（乙）Group Day Books from Fangmatan   194
Conclusions   201

Chapter 11   Analysis of questions on the Fangmatan Qin manuscript *Division and Separation of the Constellations*（星分度）   203

11.1   The system of angular separation（距度）   204
11.2   The problem of the course of the sun（日躔）   206
11.3   Inference on usage   209
Conclusions   211

Chapter 12   Reconsidering the system of time in the Qin and Han dynasties   212

12.1   The system of twelve hours   213
12.2   The eighteen hours theory   222
12.3   The system of sixteen hours   224
12.4   Related issues   239
Conclusions   243

Chapter 13   A new inquiry into the maps on wooden tablets from Fangmatan   244

13.1   Introduction of the sources   245
13.2   Review of past research   246
13.3   The orientation of the maps, the relations between the maps, and the range of current areas they represent   250
13.4   Dates and characteristics   256
Conclusions   263

Chapter 14   Grammatical and related problems concerning the words *Suo*（所）and *Ke/Keyi*（可/可以）in Qin manuscripts   265

14.1   The usages of *Suo*（所）as structural auxiliary word and noun   265

14.2   *Ke*（可）and *Keyi*（可以）in Qin manuscripts   278

Conclusions   291

Appendix I   Overview of research on Qin bamboo slip manuscripts in the West   293

1.   General overview   294
2.   Bibliography and summaries   301

Appendix II   Research on Qin bamboo slip manuscripts in Japan   321

1.   Codification and continuity of statutes and ordinances   324
2.   Judicature and punishment   328
3.   Bureaucracy   331
4.   The local administrative system and administration through documents.   335
5.   The family system   340
6.   Tax levied on adults, corvee, and conscription   343
7.   The field system and agriculture   346
8.   Husbandry and the Imperial gardens   351
9.   Industry and commerce, currency   355
10.   Rank and identity systems   361
11.   Foreign affairs   365
12.   Geography   369
13.   Scholarship and thought   370
14.   Day Books   371

Appendix III   Research on Qin bamboo slip manuscripts in The Republic of Korea   375

1.   Initial research   376
2.   Research from 1979 to 2008   377
3.   Research from 2009 to 2014   387

List of tables   396
References   397
Postscript   438

第一章　关于秦文书制度的几个问题

　　《论衡·别通》记云:"萧何入秦,收拾文书,汉所以能制九州者,文书之力也。以文书御天下,天下之富,孰与家人之财?"汉承秦制,"以文书御天下",对战国晚期秦国和统一六国后的秦朝同样适用。文书可以跨越时空传递、保存信息,并且可以与剖符、刻齿、封检、笔迹查验等手段结合,具有保密、保真的特性。在当时的交通、通信条件下,文书撰制和传递系统,是维系秦王朝运行的重要纽带。《史记·秦始皇本纪》记侯生、卢生议论说:"天下之事无小大皆决于上,上至以衡石量书,日夜有呈,不中呈不得休息。"这在批评始皇专权的同时,也勾勒出文书行政的真实场景。

　　简牍所见文书制度的研究肇始于罗振玉、王国维二氏[①]。劳干、陈槃、陈梦家、陈直、李均明、鲁惟一、森鹿三、大庭脩、永田英正、冨谷至诸氏等均对汉简文书制度探讨作有贡献[②]。邢义田、胡平生、卜宪群、汪桂海、陈松长、籾山明、藤田胜久、鹰取

---

① 罗振玉、王国维:《流沙坠简》,中华书局 1993 年版;王国维:《简牍检署考》,见《王国维遗书》第九册,上海古籍书店 1983 年版。

② 相关研究史,可参看[日]永田英正,张学锋译:《汉简的古文书学研究》,《简帛研究》第 3 辑,广西教育出版社 1998 年版,第 279~294 页;汪桂海:《汉代官文书制度》,广西教育出版社 1999 年版,第 1~13 页。

祐司等学者,对秦简文书制度作有新的探索①。里耶秦简陆续刊布后,我们也两次撰文发表过意见②。本章拟利用里耶秦简、岳麓书院藏秦简提供的新资料,检讨先前的认识,对几个问题再作检讨。

第一节 "手"与"半"

秦与汉初文书中的某"手",学者间有不同理解。

这类资料最早发现似是在江陵高台 18 号汉墓出土的木牍 M18:35 丙之中。简报中,整理者释出正面的"亭手",而对背面"产手"的"手"字,只是依形摹写③。黄盛璋把"产"下一字亦释为"手",并提出:汉简丞批办下,常见"橡×、令史×"承办,此处不知是否表两吏经手或亭驺经手人传递,留待后考④。高台秦汉墓报告出版时,整理者在将"亭"当作亭之长官的情形下认为:文末的"亭手",按文例似应为承办者的签署或者签发文书机关的署名,极有可能是中乡下设之亭的长官代为书写的。如此则"亭手"就应该是亭长(或亭父)的签署,即此文书乃某亭长(或亭父)的手书。此牍背面的"产手",也极有可能与"亭手"之意相同⑤。

里耶秦简牍有更多某"手"的记载,因而引发新的讨论。张春龙、龙京沙针对里耶秦简 8-133 背面被释作"行手"者指出:行,抄手名。抄手名后缀以"手"字,

① 于振波:《里耶秦简中的"除邮人"简》,《湖南大学学报(社会科学版)》2003 年第 3 期,第 8~12 页;邢义田:《湖南龙山里耶 J1(8)157 和 J1(9)1~12 号秦牍的文书构成、笔迹和原档存放形式》,《简帛》第 1 辑,上海古籍出版社 2006 年版,第 275~296 页;汪桂海:《从湘西里耶秦简看秦官文书制度》,《简帛研究二〇〇四》,广西师范大学出版社 2006 年版,第 135~143 页;卜宪群:《从简帛看秦汉乡里的文书问题》,《文史哲》2007 年第 6 期,第 48~53 页;胡平生:《里耶简所见秦朝行政文书的制作与传送》,《简帛研究二〇〇八》,广西师范大学出版社 2010 年版,第 30~54 页;陈松长:《岳麓书院藏秦简中的行书律令初论》,《中国史研究》2009 年第 3 期,第 31~38 页;[日]藤田胜久:《里耶秦简所见秦代郡县的文书传递》,《简帛》第 8 辑,上海古籍出版社 2013 年版,第 179~194 页;[日]鹰取祐司:《秦汉官文书の基础的研究》,汲古书院 2015 年版。
② 陈伟:《秦と汉初の文书伝达システム》,《古代东アジアの情报伝达》,汲古书院 2008 年版,第 29~48 页;陈伟:《关于秦文书制度的几个问题》,第 4 回日中学者中国古代史论坛"中国新出资料学的展开",东京 2012 年 5 月;收入《中国新出资料学的展开》,汲古书院 2013 年版,第 43~53 页。
③ 湖北省荆州地区博物馆:《江陵高台 18 号墓发掘简报》,《文物》1993 年第 8 期,第 19 页。
④ 黄盛璋:《江陵高台汉墓新出"告地策"、遣策与相关制度发复》,《江汉考古》1994 年第 2 期,第 41~44 页。
⑤ 湖北省荆州博物馆:《荆州高台秦汉墓》,科学出版社 2000 年版,第 224~225 页。

于简文中为定例,也见于湖北江陵张家山汉墓竹简①。李学勤指出:里耶简文书有一个引人注意的地方,就是常见"某手",前一字是人名。按"手"训为"亲","某手"即某人签署。文书中签写"某手"的人是负责写抄、收发文书等事的吏员②。于振波亦云:"气手"、"壬手",是有关官吏的署名。从汉简所反映的情况看,以主管官员名义发出的文书,签名者往往是主管官员的属史。鉴于汉制在很大程度上沿袭了秦制,估计秦简上的签名者也是主管官员的属史③。刘瑞认为追赀赎文书即9-1至9-12号简为抄本,其中"某手"有的是原始文书的签署人,有的是抄本的抄写者④。胡平生认为:"手"指文书由某人经手⑤。高村武幸推测"某手"代表书记官群体,未必就是书写者本人⑥。

汪桂海将里耶简的"某手"看作经手人的签署,认为8-154中的"圂手"、8-158中的"欣手",圂、欣是文书封印、发送者;8-133"行手"、8-134"庆手"等,行、庆应是负责办理文书收受者的名字⑦。马怡认为:"手"指手迹、经手。《汉书·郊祀志上》:"天子识其手。"颜师古注:"手,谓所书手迹。"⑧王焕林认为:在可以确定为非公文原件(即经过二次书写而成为归类档案)的那一批简牍中,其最后一行所出现的"某手"必为书佐之署名⑨。邢义田认为是经手或抄写者的署名⑩。朱湘蓉认为:"手"的具体含义有三,即签发、签收和记录⑪。黎明钊、马增荣认为:"某手"应解释为文书经手人,他是简牍正面发文官署的属史,亦是众多经手人中的一位,他可能是当中代表或高级的一位。而"某手"书写者,除了"某"本人之外,也有可能是由

① 张春龙、龙京沙:《湘西里耶秦代简牍选释》,《中国历史文物》2003年第1期,第8~25页。这处"手"字,陈剑改释为"半",详见下文。
② 李学勤:《初读里耶秦简》,《文物》2003年第1期,第73~81页。
③ 于振波:《里耶秦简中的"除邮人"简》,《湖南大学学报(社会科学版)》2003年第3期,第8~12页。
④ 刘瑞:《里耶秦代木牍零拾》,《中国文物报》2003年5月30日,第7版。
⑤ 胡平生:《读里耶秦简札记》,《简牍学研究》第4辑,甘肃人民出版社2004年版,第8页。胡先生后又对这个问题作有细致的分析,见氏撰《里耶简所见秦朝行政文书的制作与传送》。
⑥ [日]高村武幸:《公文書の書記官署名—里耶秦簡·居延漢簡の事例から—》,《中国出土资料研究》第9号,中国出土资料学会2005年版,第132~137页。
⑦ 汪桂海:《从湘西里耶秦简看秦官文书制度》,《简帛研究二〇〇四》,广西师范大学出版社2006年版。
⑧ 马怡:《里耶秦简选校》,简帛网2005年11月14日、18日、24日连载,后刊于《中国社会科学院历史研究所学刊》第4集,商务印书馆2007年版,第133~186页。
⑨ 王焕林:《里耶秦简校诂》,中国文联出版社2007年版,第221页。
⑩ 邢义田:《湖南龙山里耶J1(8)157和J1(9)1~12号秦牍的文书构成、笔迹和原档存放形式》,武汉大学简帛网2005年11月4日、14日连载,后刊于《简帛》第1辑,上海古籍出版社2006年版,第275~296页。
⑪ 朱湘蓉:《西域汉简与秦简词语互证》,《西域研究》2006年第3期,第80~84页。

其他经手人负责①。张乐认为:"某手"为官府中的低级办事员——佐吏,是文书的书写者②。

今按,上揭诸说往往是从文书格式、字迹立论,带有或多或少的推度成分。新刊布的里耶秦简牍资料,为这个问题的解决提供了新的更为直接的证据。我们先看一些保存完整的禀食文书:

(1)稻四斗八升少半半升。卅一年八月壬寅,仓是、史感、禀人堂出禀隶臣婴自〈儿〉槐庠。令史悍平。　六月食。　感手。8-217

(2)径䜌粟米一石九斗少半斗。卅一年正月甲寅朔丙辰,田官守敬、佐壬、禀人显出禀赘贾士五(伍)巫中陵免将。令史扁视平。　壬手。8-764

(3)径䜌粟米一石二斗少半斗。　卅一年十一月丙辰,仓守妃、史感、禀人援出禀大隶妾始。令史扁视平。　感手。8-766

(4)稻一石一斗八升。　卅一年五月乙卯,仓是、史感、禀人援出禀迁陵丞昌。·四月、五月食。令史尚视平。感手。8-1345+8-2245

(5)粟米五斗。　卅一年五月癸酉,仓是、史感、禀人堂出禀隶妾婴儿婾。令史尚视平。　感手。8-1540

(6)丙䜌粟米二石。　令史扁视平。卅一年十月乙酉,仓守妃、佐富、禀人援出禀屯戍士五(伍)屏陵咸阴敝臣。富手。8-1545

(7)径䜌粟米一石八斗泰半。　卅一年七月辛亥朔癸酉,田官守敬、佐壬、禀人蓉出禀屯戍箸裹襄完里黑、士五(伍)朐忍松涂增六月食,各九斗少半。令史逐视平。　敦长箸裹襄坏(壞)德中里悍出。　壬手。8-1574+8-1787

(8)径䜌粟米四石。　卅一年七月辛亥朔朔日,田官守敬、佐壬、禀人婣出禀罚戍公卒襄城武宜都胈、长利士五(伍)虨。令史逐视平。　壬手。8-2246

(9)粟米三石七斗少半斗。卅二年八月乙巳朔壬戌,贰春乡守福、佐敢、禀人枝出,以禀隶臣周十月、六月廿六日食。　令史兼视平。　敢手。8-2247

(10)径䜌粟米一石二斗半斗。卅一年二月己丑,仓守武、史感、禀人堂

①　黎明钊、马增荣:《试论里耶秦牍与秦代文书学的几个问题》,《简帛》第5辑,上海古籍出版社2010年版,第55~76页。

②　张乐:《里耶简牍"某手"考——从告地策入手考察》,武汉大学简帛网2011年4月18日,http://www.bsm.org.cn/show_article.php?id=1461。

出禀隶妾援。令史狂视平。　　感手。8-2249

睡虎地秦简《秦律十八种·效律》168-170号云："入禾，万【石一积而】比黎之为户，籍之曰：'其廥禾若干石，仓啬夫某、佐某、史某、禀人某。'……其出禾，有（又）书其出者，如入禾然。"里耶简牍中的禀食记载，当与"其出禾，有（又）书其出者"的规定有关。所记经办人，正与"入禾"时的规定大致相当。具体而言，例1、4、5中的"仓是"应即仓啬夫。例3、6中的"仓守妃"，例10中的"仓守武"，大概是仓啬夫的代理①。例2、7、8中的"田官守敬"，例9中的"贰春乡守福"，也主持禀食，履行与仓啬夫类似的职能。在"佐"方面，有例2、7、8中的"佐壬"、例6中的"佐富"、例9中的"佐敢"。在"史"方面，有例1、3、4、5、10中的"史感"。禀人比较单纯，有例1、5、10中的"堂"，例2中的"显"，例3、4、6中的"援"，例7中的"莕"、例8中的"娾"，例9中的"杕"。在这些场合，经办者均为三人，属于三种类型：即(1)仓啬夫、仓守或者田官守、乡守；(2)佐或者史；(3)禀人。在每次禀食时，佐或史必定有一人在场，但并不同时出现。这与《秦律十八种·效律》将"佐某、史某"并列有所不同。这里应该注意的是，书于禀食文书末尾"某手"的某，必定和参与经办的佐或史是同一个人。

我们知道，史是主管文书的职员。《周礼·天官·宰夫》："六曰史，掌官书以赞治。"郑玄注："赞治，若今起文书草也。"里耶秦简8-137号云："……毋书史，畜官课有未上。"也显示史的书记职责②。佐与史往往连言，如《秦律十八种·置吏律》简161云："官啬夫节（即）不存，令君子毋（无）害者若令史守官，毋令官佐、史守。"《秦律十八种·内史杂》简193云："侯（候）、司寇及群下吏毋敢为官府佐、史及禁苑宪盗。"其职掌应与史有相通之处③。在里耶8-173号简（下揭例13）中，县廷要求库派吏到廷校对律令④，库武派佐处前往。直接表明佐处胜任文字工作。然则，佐或史在发放粮食时，作下记录，并以"某手"的形式留下签署，正是他们的专

---

① 参看陈伟主编：《里耶秦简牍校释》（以下简称《校释》）第1卷，武汉大学出版社，2012年版，第1页。

② 张家山汉简《二年律令·史律》简475："试史学童以十五篇，能风（讽）书五千字以上，乃得为史。"秦代的情形应相类似。

③ 张乐前揭文已云：佐吏俸禄微薄、遵奉律令条文、只对其上级官员负责，着重注意提高公文和具体事务处理能力，负责处理收发文书、制作文书和留存档案等纷繁复杂的公文和具体事务等。参看杨剑虹：《居延汉简所见的"佐史"》，《秦汉简牍研究存稿》，厦门大学出版社2013年版，第52~59页。

④ 吏，原释"史"，杨先云改释，见氏撰《里耶秦简识字三则》，简帛网2014年2月27日，http://www.bsm.org.cn/show_article.php?id=1993。

长与职责所在。或许他们经手禀食，具体担当的就是书记一事。

在禀食记录中，经办人尚有仓啬夫等人和禀人，另外还有一位令史"视平"，而记下"某手"的只有佐或史，可见把"某手"笼统说是经手人，有欠准确。在这类事务中，主管者显然是仓啬夫等人。因而"某手"显然也不是指主管官员的签署。

类似情形在其他文书中也往往可见①：

（11）卅二年四月丙午朔甲寅，少内守是敢言之：廷下御史书举事可为恒程者洞庭上裙直，书到言。今书已到，敢言之。8-152

四月甲寅日中，佐处以来。/欣发。　　处手。8-152背

（12）廿六年八月庚戌朔壬戌，厩守庆敢言之：令曰司空佐贰今为厩佐，言视事日。·今以戌申视事。敢言之。8-163

贰手。8-163背

（13）卅一年六月壬午朔庚戌，库武敢言之：廷书曰令吏操律令诣廷雠，署书到、吏起时。有追。·今以庚戌遣佐处雠。敢言之。8-173

七月壬子日中，佐处以来。/端发。　　处手。8-173背

（14）廿九年九月壬辰朔辛亥，贰春乡守根敢言之：牒书水火败亡课一牒上。敢言之。8-645

九月辛亥旦，史邛以来。/感半。　　邛手。8-645背

（15）卅五年六月戊午朔己巳，库建、佐般出卖祠窖余彻脯一朐于□□□所，取钱一。

令史歉监。　　般手。8-1055+8-1579

（16）卅二年六月乙巳朔壬申，都乡守武爰书：高里士五（伍）武自言以大奴幸、甘多，大婢言、言子益等，牝马一匹予子小男子产。　　典私占。初手。8-1443+8-1455

六月壬申，都乡守武敢言：上。敢言之。/初手。

六月壬申日，佐初以来。/欣发。　　初手。8-1443背+8-1455背

（17）廿八年六月己巳朔甲午，仓武敢言之：令史敢、彼死共走兴。今彼死次不当得走，令史畸当得未有走。今令畸袭彼死处，与敢共走。仓已定籍。敢言之。8-1490+8-1518

---

① 胡平生在《读里耶秦简札记》一文中指出：在象里耶16-5、16-6那样的木牍，按照书写格式和牍文时间来排列的话，这类木牍公文读完正面后，要先读背面左边的第一行。依照这一精神，对例11、13这样背面只有一列的木牍，应先读最下面的"某手"（正面文书书写者的签署），然后才是其上部文字（收件开启记录）。

六月乙未,水下六刻,佐尚以来。/朝半。　　□尚手。8-1490 背
+8-1518 背

(18)卅一年五月壬子朔辛巳,将捕爰叚(假)仓兹敢言之:上五月作徒
薄及朘(最)卅牒。敢言之。8-1559

五月辛巳旦,佐居以来。气发。　　居手。8-1559 背

　　这些文书中的"手"者在同一份文书内均曾以其他角色出现,并标明身份是佐
(11、12、13、15、16、17、18)或者史(14)[1]。其中例 15 记库建、佐般二人共同出买祠余
肉脯,令史歂监,般手。这与前面揭举的禀食记录略同。例 11、13、14、16、17、18,
均记"佐/史某以来",显示这些"手"者同时也是各件文书的传递者。在这些文书
涉及的事务中,主要负责人分别是少内守是、厩守庆、库武、贰春乡守根、库建、都乡
守武与典私、仓武、假仓兹。把这些"手"者理解为各该文书的书写者,应该是合理
的。

　　在佐、史外,令佐、令史也担当"手"者。例如[2]:

(19)卅四年八月癸巳朔癸卯,户曹令史軷疏书廿八年以尽卅三年见户
数牍北(背)、移狱具集上,如请史书。/軷手。8-487+8-2004

(20)卅四年后九月壬戌〈辰〉朔辛酉,迁陵守丞兹敢言之:迁陵道里
毋蛮(变)更者。敢言之。8-1449+8-1484

十月己卯旦,令佐平行。　　平手。8-1449+8-1484 背

(21)廿九年九月壬辰朔辛亥,迁陵丞昌敢言之:令令史感上水火败亡
者课一牒。有不定者,谒令感定。敢言之。8-1511

以九月辛亥水下九刻,感行。　　感手。8-1511 背

---

[1]　"手"者与同一文书中的同名官吏实为一人的概率应该是很大的。张乐前揭文即推测里耶 9-981
中的"手"者壬,与同一文书所记田官守"遣佐壬操副诣廷"、"佐壬以来"之佐壬是同一人。而
不同文书中的同名之人,如果没有足够证据,则难以断言即一人。在里耶 8-764(卅一年正月)、
8-1566(卅年六月)、8-1574+8-1787(卅一年七月)、8-2246(卅一年七月)诸简中,"佐壬"与田
官吏共事,应在田官供职。在 8-1576(卅一年三月)中,"佐壬"与贰春乡吏共事,似在贰春乡供职。
由于 8-1576 所记时间在里耶 8-764、8-1566、8-1574+8-1787、8-2246 所记时间(最早在卅年六
月,最晚在卅一年七月)之间,虽然 8-580 号简记云"贰春乡佐壬,今田官佐",但目前恐怕仍难肯
定所有这些佐壬实为同一人。

[2]　蛮,读为"变",见伊强:《〈里耶秦简〉(壹)字词考释三则》,简帛网 2012 年 9 月 26 日,http://
www.bsm.org.cn/show_article.php?id=1742。

里耶8-269记"资中令史阳里釦伐阅"说:"十一年九月隃为史。为乡史九岁一日。为田部史四岁三月十一日。为令史二月。"10-15记某位官员功劳说:"为官佐六岁。为县令佐一岁十二日。"①这两条记载显示,令佐、令史大概通常是由佐、史晋升而来的,熟悉书记,因而有时也担当"手"者,亲自书写。例19中的"疏书",是秦汉文书常用语。睡虎地秦简《封诊式·毒言》:"即疏书甲等名事关谍(牒)北(背)。"整理小组注释:"疏书,分条记录。《汉书·匈奴传》:'于是说教单于左右疏记,以计识其人众畜牧。'注:'疏,分条之也。'疏记和本条疏书义同。""手"与"疏书"呼应,体现出书写的意味②。例21说:"有不定者,谒令史感定。"表明令史感熟悉这件文书内容,有修订、确认的资质。这与他作为文书书写者的身份可相吻合③。

基层官署的主官有时也亲自书写公文。下面抄录几个实例:

(22)卅五年八月丁巳朔己未,启陵乡守狐敢言之:廷下令书曰取鲛鱼与山今卢(鲈)鱼献之。问津吏徒莫智(知)。·问智(知)此鱼者具署物色,以书言。·问之启陵乡吏、黔首、官徒,莫智(知)。敢言之。·户 8-769 曹。

八月□□□邮人□以来。/□发。　　狐手。8-769背

(23)卅四年八月癸巳朔丙申,贰春乡守平敢言之:贰春乡树枝(枳)枸卅四年不实。敢言之。8-1527

平手。8-1527背

(24)卅五年二月庚申朔戊寅,仓【守】择敢言之:隶□馈为狱行辟书彭阳,食尽二月,谒告过所县乡以次牒(续)食。节(即)不能投宿赍。迁陵田能自食。未入关县乡,当成齍,以律令成齍。来复传。敢言之。8-169+8-233+8-407+8-416+8-1185

☑择手。8-169背 +8-233背 +8-407背 +8-416背 +8-1185背

(25)卅五年七月戊子朔己酉,都乡守沈爰书:高里士五(伍)广自言:谒以大奴良、完,小奴畴、饶,大婢阑、愿、多、□,禾稼、衣器、钱六万,尽以予子大女子阳里胡,凡十一物,同券齿。

典弘占。8-1554

---

① 郑曙斌、张春龙、宋少华、黄朴华:《湖南出土简牍选编》,岳麓书社 2013 年版,第 115 页。木牍上部残。赵岩:《秦令佐考》(《鲁东大学学报》2014 年第 1 期)通过人名钩连,推测有令佐由佐升任。

② 邢义田已用这条简文证明手指书写者。见氏撰《"手"、"半"、"曰忤曰荆"与"迁陵公"》,简帛网 2012 年 5 月 7 日,http://www.bsm.org.cn/show_article.php?id=1685。

③ 例 14 显示,同日稍早,贰春乡送呈"水火败亡课一牒",正是由感拆阅。他当是在贰春乡等官署所呈"水火败亡课"的基础上,形成迁陵县的"水火败亡课"。

七月戊子朔己酉，都乡守沈敢言之：上。敢言之。/□手。　Ⅰ

【七】月己酉日入，沈以来。□□。　　沈手。　Ⅱ 8-1554背

例22 "狐手"中的"狐"，应即启陵乡守狐。例23 "平手"中的"平"，应即贰春乡守平。例24 "择手"的"择"，应即仓守择。从文书看，当时他们大概是各该场合唯一在场的官吏，因而既对文书承载的事项负责，也对文书书写负责。例25 "沈手"的"沈"，应该是就是都乡守沈。他与里典弘共同为高里士五（伍）广父子间的财产割让登记[①]。当时他既是官方登记财产割让的两位责任人之一，亦是文书书写者。西北汉简对官吏的评价有"能书会计"[②]。秦代基层官员大概已有类似的要求[③]。

在对于"某手"的讨论中，下录一篇文书值得关注：

卅四年六月甲午朔乙卯，洞庭守礼谓迁陵丞：丞言徒隶不田，奏曰：司空厌等当坐，皆有它罪，8-755 耐为司寇。有书，书壬手。令曰：吏仆、养、走、工、组织、守府门、削匠及它急事不可令田，六人予田徒 8-756 四人。徒少及毋徒，薄（簿）移治虏御史，御史以均予。今迁陵廿五年为县，廿九年田。廿六年尽廿八年当田，司空厌等 8-757 失弗令田。弗令田即有徒而弗令田且徒少不傅于奏及苍梧为郡九岁乃往岁田。厌失，当坐论，即 8-758 如前书律令。/七月甲子朔癸酉，洞庭叚（假）守绎追迁陵。/歇手。·以沅阳印行事。8-759

"有书，书壬手。"大概是说关于迁陵司空厌"耐为司寇"之事，迁陵县已向洞庭郡提交有文书，该文书记写有"壬手"。这显示，"某手"对所记写的文书而言，具有可以指认、查验的意义。岳麓书院藏秦简奏谳文书案例一"癸、琐相移谋购"所记亦有类似意味。这篇文书记始皇二十五年六月癸未州陵守绾、丞越向南郡报告疑案（"敢谳之"）。七月乙未南郡假守贾回复（"报州陵守绾、丞越"）指出："谳固

---

① 张家山汉简《二年律令》334-335 号简云："民欲先令相分田宅、奴婢、财物，乡部啬夫身听其令，皆参辨券书之，辄上如户籍。"可参看。

② 参看〔日〕富谷至著，刘恒武、孔李波译：《文书行政的汉帝国》，江苏人民出版社 2013 年版，第 96~99 页。

③ 岳麓秦简《尉卒律》简 142-146 云："置典老，必里相谁（推），以其里公卒、士五（伍）年长而毋害者为典老，毋长者令它里年长者为它里典老。毋以公士，及毋敢以丁者。"（陈松长主编：《岳麓书院藏秦简〔肆〕》，上海辞书出版社 2015 年版，第 115~116 页。引述时断读有改动）里典由无爵年长者担任，不一定会书写。这大概是本条中由都乡守沈而不是典弘书写的缘故。作为另一种可能，爰书必须由一定级别的官吏书写，而不能由里典书写。

9

有审矣。癸等其审请琐等所，出购以死皋（罪），购备鼠（予）琐等，有券。受人货材（财）以枉律令，其所枉当赀以上，受者、货者皆坐臧（赃）为盗。有律，不当谳。获手。其赀缩、越、获各一盾。它有律令。"在州陵守缩、丞越的报告中，追述说："五月甲辰，州陵守缩、丞越、史获论令癸、琐等各赎黥。……"获手可能是指此次审判时史获记录案卷，更可能是指史获在州陵提交的报告中充当"手"者，即书写该报告，因此与主审官员一同坐罪。

里耶简牍文书中的"某手"，先前与"某半"相混。陈剑指出有的释为"手"的字，其实是"半"字。就当时发表的资料而言，陈剑指出的有：8-133号简背面的"行半"，8-134背面的"宪半"，9-984背面的"朝半"，16-5背面的"邪半"、"羽半"，16-6背面的"庆半"，16-9背面的"犀半"。陈剑分析说："某半"和"某发"的位置都是在背面最左侧，全部都接在"某人以来"（即由某人将此文书带来）之后。"某半"之"半"应该是一个表示打开此文书、跟"发"义近之词。从"半"得声的字很多都有"分开"意，即"使之成为两半"，如"判"、"泮"、"拌"和"胖"等①。

在《里耶秦简〔壹〕》中，有更多的"某半"出现。邢义田在赞同陈剑释字的基础上进一步指出："稍稍翻查《秦简〔壹〕》，以目前已刊布的来说，凡文书在约略相似的位置出现'半'字，当'分判'或'打开文书'解的，即不见用'发'字；又用'半'当'发'的文书，凡有纪年的，全属始皇廿六至卅一年；出现'发'字的又全属卅一年（卅一年有8-173、8-196 + 8-1521、8-2011、8-2034四例）及卅一年以后。'半'、'发'二字绝大部分不同时出现，这是否意味着像里耶更名木方一样，在卅一年左右曾另有某些文书用语的改变？值得注意。"②杨芬认为："某半"与"某发"，确实存在如邢先生所认为的时间分界。但或许由于语言习惯的延续，二者出现的时间纪年并非可截然划分开来。如记"扁发"的9-981是在卅年九月，记"死半"的8-1515是在卅年十月③。

遍查迄今已刊布的资料可见，里耶秦简牍记"某半"的全部见于始皇29年以前，记"某发"的全部见于31年以后；30年二者并见，但各自呈现则亦有时间界线。以下按月份先后罗列：

---

① 陈剑：《读秦汉简札记三篇》，复旦大学出土文献与古文字研究中心网站2009年4月27日，http://www.gwz.fudan.edu.cn/SrcShow.asp?Src_ID=1518；后修订刊于《出土文献与古文字研究》第4辑，上海古籍出版社2011年版，第370~376页。8-134号简，湖南省文物考古研究所：《里耶秦简〔壹〕》（文物出版社2012年版）整理号作8-135。陈剑改释的"宪"，整理者原释为"庆"，《里耶秦简〔壹〕》释为"懞"，陈伟主编：《校释》改释为"廪"。

② 邢义田：《"手"、"半"、"曰谇曰荆"与"迁陵公"》，简帛网2012年5月7日，http://www.bsm.org.cn/show_article.php?id=1685。

③ 杨芬：《里耶秦简文书的开启记录初探》，《四川文物》2015年第3期，第45~53页。

十月辛丑旦,隶臣良朱以来。/死半。　　邗手。Ⅲ 8-1515 背

十一月丙子旦食,守府定以来。/连半。　　萃手。8-141 背 +8-668 背

(二月)壬寅旦,史逐以来。/尚半。☐ 8-672 背

(六月)戊申,水下五刻,佐壬以来。/尚半。　　逐手。8-1566 背

九月庚午旦,佐壬以来。/扁发。　　壬手。9-982 背

由此可见,从岁首十月到六月,还一直在使用"某半",即延续先前的写法;到年底九月才出现"某发",而这与三十一年以后的写法相衔接。可以推断,秦简牍文书中,表示拆阅信函的用语由"半"改为"发",是在秦始皇三十年六月至九月之间发生的。

里耶 8-1562 记载了一个有趣的事件:

廿八年七月戊戌朔乙巳,启陵乡赵敢言之:令令启陵捕献鸟,得明渠雌一。以鸟及书属尉史文,令输。文不肎(肯)受,即发鸟送书,削去其名,以予小史适。适弗敢受。即署适。已有(又)道船中出操枱〈枱〉以走赵,枼訽署赵。谒上狱治,当论论。敢言之。令史上见其署赵。8-1562

七月乙卯,启陵乡赵敢言之:恐前书不到,写上。敢言之。/贝手。

七月己未水下八刻,☐☐以来。/敬半。　　贝手。8-1562 背

尉史文不愿送鸟。"即发鸟送书,削去其名",是把已封缄的送鸟文书拆开,把他自己作为送鸟者的名字削掉。这说明,在始皇二十八年,"发"已具有拆启文书的含义[1]。而背面的"敬半"则又显示,当时作为文书的正式用语,拆阅公文书用"半"而不是"发"。三十年六月之后改用"发"字,并不是对该字赋予新的义项,而是将其这一原有含义用于拆启文书的正式表述。

---

[1]　睡虎地秦简《法律答问》53 号云:"有投书,勿发,见辄燔之。"57 号云:"'发伪书,弗智(知),赀二甲。'今咸阳发伪传,弗智(知),即复封传它县。"是"书"之称"发"的更早证例。

第二节 "检"与"署"

岳麓书院秦简中有一条关于邮行文书的令。陈松长给出的释文为：

> ·令曰：书当以邮行，为检令高，可以旁见印章，坚约之，书检上应署令□，负以疾走。不从令，赀一甲。·辛 1162 令丙三 1169

陈先生解释说：凡当以邮行之文书，在封检时，必令封检之木或封泥高出所封文书之上，并且可以看见封签的印章，然后用麻绳将其牢牢地捆束好，封检上还应签署令文，就像前揭秦律中所说的"署急者"一样。在签署之后，要"负以疾走"。"为检令高"，就是用于封函的检盖要高，高到可以从旁边看到封泥上所加盖的印章[①]。

这条令文的断读存在推敲余地，其含义也值得进一步体味。我们尝试读作：

> ·令曰：书当以邮行，为检令高可以旁见印章，坚约之，书检上应署，令□负以疾走。不从令，赀一甲。☑辛 1162 令丙三 1169

"书当以邮行"而"为检"，所说的"检"指什么，是首先需要厘清的问题。

在里耶秦简中，有两种形态的物件可能与"检"有关。一种为长方形平板，一种带有封泥槽。较早出版的《里耶发掘报告》，在简牍概况中称后者为"封泥匣"，描述说[②]：

> 封泥匣：二百多枚。一般以长 4~5 厘米、厚 1.3、宽 2~3 厘米的木块挖去一面中间的大部，封缄时方便绳索通过和敷设胶泥。也有个体较大的和削成楔形的封泥匣。少数的匣上有文字，可分两类：一类书写始发地

---

① 陈松长：《岳麓书院藏秦简中的行书律令初论》，《中国史研究》2009 年第 3 期。

② 湖南省文物考古研究所：《里耶发掘报告》，岳麓书社 2007 年版，第 180 页。这段文字所述"封泥匣"编号未加层位号。与《里耶一号井的封检和束》提供的资料比较，所述 176 应即 15-176，178 应即 16-178，181 应即 16-181。91 号未见对应释文，或即 10-91（"钱千二百十一"）。见湖南省文物考古研究所：《里耶一号井的封检和束》，《湖南考古辑刊》第 8 期，岳麓书社 2009 年版，第 65~70 页。

点和发住地点,多为"迁陵以邮行洞庭",仅 176 号明确记载"迁陵以邮行洞庭郡"……另一类是物品名称和数量的登记,"钱三百……"(91 号)、"白縠三斗"(178 号)、"黄縠六斗"(181 号)。

同书在"简牍和封检"释文的介绍中,提到两条资料。一是 6-2 写有"迁陵以邮行洞庭"。看图版,形为长方形木板,下端削成尖角[①]。一是 9-983,书有"酉阳洞庭"4 字。整理者称之为"封检",注释说:"当是酉阳以邮行洞庭的省写。"[②] 看行文,6-2 也当是整理者所说的"封检"。

在这之后不久,整理者改称带封泥槽者为"封检"。《里耶一号井的封检和束》一文介绍说:

> 古城一号井中出土一大批文物,其中有 197 枚封检,其上书写有文字者 55 枚。……封检长 4.6-11.8 厘米,宽 1.8-3.3 厘米。是在长方形木块的一面挖去一部分形成泥槽而成形如小板凳。泥槽一般长 3 至 4 厘米。绝大多数两端整齐,只有少数几枚一端削成坡状,侧面如楔形,……泥槽已是方便捆扎,也有个别封检泥槽中钻有两孔,如 10-89 "洞庭泰守府以邮行尉曹发"竖穿两孔,增加捆扎的牢靠度。

《里耶秦简〔壹〕》"前言"沿用后者的说法,将带封泥槽者称为"封检",而把平板形的称为"检"。其云[③]:

> 检:大多数下端削尖,长 8.0 至 23 厘米。
> 封检:在长方体木块的一面挖去一部分形成泥槽,形如小板凳。……长 4.6 至 11.8 厘米,宽 1.8 至 3.3 厘米,厚 1.3 至 1.8 厘米;泥槽长 3.5 至 4.5 厘米深 0.7 至 0.8 厘米。

在里耶所见两种可能相关的遗物中,我们倾向于认为整理者起初称为"检"、后来称为"封检"者,就是岳麓秦简 1162、1169 号所说的"检"。这有两方面的理由。

---

① 湖南省文物考古研究所:《里耶发掘报告》,岳麓书社 2007 年版,第 180 页(释文)、彩版三三(图版)。

② 湖南省文物考古研究所:《里耶发掘报告》,岳麓书社 2007 年版,第 191 页。"省写"之说,先前亦见于张春龙、龙京沙《湘西里耶秦代简牍选释》。

③ 湖南省文物考古研究所:《里耶秦简〔壹〕》,文物出版社 2012 年版,前言第 2 页。

其一,岳麓秦简 1162、1169 号所记令文说"书当以邮行"而"为检",这似乎意味着不以邮行的文书不"为检"。《里耶一号井的封检和束》一文刊布了 197 枚"封检"中写有文字的 55 枚"封检"的全部释文。据文字判断,其中第 32 件(12-116)因文字缺释用途无从得知;第 4 (7-301)、8 (9-37)、20 (9-49)、26 (10-93)、46 (16-178)、49 (16-181)共 6 件,用于财物;第 3 (7-17)、5 (7-461)、9 (9-38)、24 (10-91)共 4 件,用于文书但因文字残缺不能确定是否以邮行;其余皆确知用于以邮行的文书①。这就是说,在用于文书的 48 件"封检"中,除 4 件因文字残缺而不能确认外,另外 44 件都属于"以邮行"。

至于整理者起初称为"封检"、后来称为"检"的平板状物件,根据所记文字,大都用于文书传递。其中有的明确标写"以邮行",有的则缺少"以邮行"一类字样。粗略统计《里耶秦简〔壹〕》所刊,前者约有 26 件,如 6-2、8-12、8-32、8-115+8-338、8-320+8-388 等写有"迁陵以邮行洞庭",8-90 写有"迁陵以邮利足行洞庭急",8-1147 写有"贰春乡以邮行",8-1951 写有"尉以邮行"②;后者超过 180 件,比如 6-18 记"迁陵金布发洞庭",8-1 记"廷户发",8-52 记"廷主吏发",8-182 记"迁陵故令人行洞庭急",8-189 记"迁陵洞庭",8-264 记"迁陵发丞前洞庭",8-272 记"私进迁陵主吏毛季自发",8-1065 记"私进令史忘季自发"③。前揭整理者认为 9-983"酉阳洞庭""当是酉阳以邮行洞庭的省写",似将这些未出现"以邮行"字样的简牍视同写有"以邮行"等字的简牍。我们知道,秦律对文书是否以邮行有严格规定。如岳麓秦简 1417 记云:"行书律曰:县请制,唯故檄外盗以邮行之,其它毋敢擅令邮行书。"④张家山汉简《二年律令·行书律》简 272:"书不急,擅以邮行,罚金二两。"亦可参证。在这种情形下,官方通信在以邮行之外,势必还会更多地利用其他方式进行传递⑤,从而留下相应遗存。这种平板状物件也用于私人信件,如上揭 8-272、8-1065。私人书信大概更无可能利用邮行系统。既然这种平板状物件同时用于以邮行与非以邮行两种情形,其与仅用于以邮行的"检"当非一事。

其二,如同整理者指出的那样,带有封泥槽的"封检"用于传递文书者,相关题

---

① 此中 7 (8-23)、18 (9-47)、21 (9-50)、37 (13-162)、42 (14-173)、44 (15-175)、55 (16-197)虽然残缺,但存有"以邮行"这一关键词中的一字至二字,可以推定。

② 8-2033 正面写"迁陵洞庭",背面写"内官以邮行"。可能曾两次利用,背面所记系邮行。

③ 湖南省文物考古研究所:《里耶秦简〔壹〕》(文物出版社 2012 年版)中还有较多残缺的类似简牍。其中少数可能原曾标记"以邮行",但多数应无此类文字。

④ 见陈松长:《岳麓书院藏秦简中的行书律令初论》,《中国史研究》2009 年第 3 期;《岳麓书院藏秦简〔肆〕》第 133 页简 197。

⑤ 此事可参看下节。

署大多书于"背面"（以封泥面为正）①。这些文字如何读取或者为何书写，令人困惑。整理者认为："内容为行邮的起始地点和目的地的文字书于背面，邮件的传输过程中不能被人看到，起不到揭示的作用，只是在公文物品付邮之前有提示之功用。"②籾山明则认为这些文字原本书写在别的检上，开封之际，才过录到这些封泥槽的背面③。青木俊介在籾山氏之说的基础上，作有进一步推测，认为在里耶秦简中同时见到的平板检（即整理者后来所说的"检"）与封检（即整理者后来所说的"封检"）合并使用，平板检放在文书上，封检再置于其上，即其背面（即平面）贴着平板检的正面（书写面），封缄文书与两种检的绳索通过封检的正面（凹面），然后在封检的封泥槽中填充封泥，加钤印章④。

如果里耶所出带封泥槽的"封检"即是岳麓秦简1162、1169所说的"检"，其上的文字就当是在付邮前业已书写完成的⑤。籾山、青木二氏启封之后过录的推测，与此相违。里耶秦简整理者的意见，虽然不与令文冲突，但对特意写上的文字却不能正常显示，未能作出合理的解释。

我们猜想，岳麓秦简1162、1169所记的"检"，亦即里耶所见带有封泥槽、整理者称作"封检"者，并不是将书写面（即整理者所说"背面"）平贴在文书的平面，然后再加捆缚（在这种情形下，书写面当然不可视）。而是先把文书捆缚好，再用打结后的绳头（也可能未完成打结）把"检"拴系起来，继而封泥、钤印⑥。在这种情形下，"检"并未与文书固定为一体，而是有一定游移余地，从而使得封印面与书写面均大致可视。从这个角度出发，岳麓秦简1162、1169所说的"旁见印章"，可以得到比较合理的解释，即从侧面可以看到封泥上的印文。

这种拴系法也可以将"检"用于书囊。只是看岳麓秦简1162、1169所云，并无这样的意境。

"书检上应署"，似乎是说检上书写应该标记的内容。李均明曾概括汉代封检题署的内容，主要有：1.收件者；2.传递方式；3.寄件者；4.被封缄文书的类别；

---

① 文书类带封泥槽的"封检"只有7-461在正反面都有书写。

② 湖南省文物考古研究所：《里耶一号井的封检和束》。

③ ［日］籾山明：《山は隔て、川は結ぶ—『里耶発掘報告』を読む》，《东方》315，东方书店2007年版，第22~25页。

④ ［日］青木俊介：《封検の形態発展—「平板検」の使用方法の考察から—》，《文献と遺物の境界Ⅱ》，东京外国语大学2014年版，第229~246页。其中243页有图示，可参看。

⑤ 令文先说"书检上应署"，随后才是"令□负以疾走"。可见"署"和行书的时间顺序。

⑥ 里耶10-89与封泥槽垂直的两个小孔，正可以用来穿过这样的绳头。而在"检"的书写面紧贴文书平面的状况下，这种小孔的用场则难于设想。大多数封检无此穿孔，是因为绳线可以直接环绕、拴系在封泥槽内。

15

5. 被封缄实物的类别、数量、所有者①。对于里耶文书类"封检"上的题署,整理者概括为:某县以邮行某郡或某县某郡以邮行,部分拆阅记录直接写在封检空白处,如"丞自发"、"令曹发"、"主仓发"等②。对于这类题署中的前后两个地名,整理者认为分别是指发件地点和收件地点③。晏昌贵针对里耶秦简 6-2、15-176 等指出:汉简所见"以邮行"前面的地名均为接收地点而非始发地点。以此例之,迁陵亦当为接收文书地点,文书的始发地点应为洞庭郡,与整理者的理解正好相反④。后来陆续发表的资料为晏先生此说增添了新的证据。在 9-45 中有"丞自发",12-117中有"发令丞前"。令、丞均为县级官职。"丞自发"、"发令丞前"的行文显示,有关文书开启的地点应该在县而不是郡。而且,这些封检的前一个地名以"迁陵"为多,将其理解为文书送达地(县治即在今里耶)也更为合理⑤。

对于里耶秦简 8-21 中的"复曹发",整理者认为:发,《睡虎地秦墓竹简》注释:"发书,启示文书","把书信拆开观看"。如果"复曹发"是拆阅者补写于检上,则应是此义。且"复曹发"与"迁陵以邮行洞庭"字体有差别,存在拆阅后补记的可能。一般说来,发书者当另写一简以记录拆阅事。9-45 中的"丞自发",10-89 中的"尉曹发",整理者也均认为"拆阅记录"⑥。看图版(整理号 8-2550),"复曹发"三字与前后文并无明显不同。"复曹发"、"丞自发"、"尉曹发"等,可能都是发件方对文书送达后开启者的指定。12-117中的"发令丞前",则是对开启场合的指定。8-462+8-685 云:"丞主移捕罪人及徒故囚符左四。符到为报,署主符令若丞发。"9-1 云:"谒报,报署金布发。"⑦应该都是要求在回复时标明开启者。汪桂海认为,9-1 至 9-12 的"报署金布发"(见于阳陵县上呈洞庭

① 李均明:《封检题署考略》,《文物》1990 年第 10 期,第 72~78 页。

② 湖南省文物考古研究所:《里耶一号井的封检和束》,《湖南考古辑刊》第 8 期,岳麓书社 2009 年版。"丞自发"的"丞",笔误作"函",据所列释文改。

③ 湖南省文物考古研究所、湘西土家族自治州文物处、龙山县文物管理所:《湖南龙山里耶战国——秦代古城一号井发掘简报》,《文物》2003 年第 1 期,第 4~35 页;湖南省文物考古研究所:《里耶发掘报告》,岳麓书社 2007 年版,第 180 页。后者进一步说:"轵以邮行河内",当是轵县发往河内郡的物品由于某种原因转到了迁陵。

④ 日安(晏昌贵):《里耶识小》,简帛研究网 2003 年 11 月 2 日,http://www.jianbo.org/admin3/list.asp?id=1034。

⑤ 部分题署前一个地点为外地,如 5-3"酉阳以邮行洞庭",10-89"洞庭泰守府尉曹发以邮行",可能是因为某种特别原因而在里耶出土。

⑥ 湖南省文物考古研究所:《里耶一号井的封检和束》,《湖南考古集刊》第 8 期,岳麓书社 2009 年版。

⑦ 湖南省文物考古研究所、湘西土家族自治州文物处、龙山县文物管理所:《湖南龙山里耶战国——秦代古城一号井发掘简报》。

郡的文书),是说文书由洞庭郡"金布"吏拆封[1]。以9-1为例,阳陵追讨毌死赀钱的程序有四个环节:(1)卅三年四月辛丑朔丙午,司空腾向阳陵县报告。(2)四月己酉,阳陵守丞厨向洞庭郡上书,其中说到"谒报,报署金布发"。(3)卅四年六月甲午朔戊午,阳陵守庆向洞庭再次上书,说到:"未报,谒追。"(4)卅五年四月己未朔乙丑,洞庭假尉向迁陵丞转致阳陵卒事。在第三环节洞庭还未回复阳陵的文书("未报"),所以此前第二环节所说"谒报,报署金布发",只是期待中事,不能看作洞庭回复时的实际情形。8-462+8-685发送符的是"丞主",要求符到回复时写明"主符令若丞发",我们更可从中看出这些是对回复的要求。"复曹发"、"丞自发"、"尉曹发"等等,正是与这些要求对应。

汪桂海曾针对汉简牍所见指出:一般的官文书在收到后都是由令史、尉史等小吏负责动手打开,然后呈送官署长吏。而特殊的文书则要在长吏面前拆封,甚至由长吏亲手拆封,这时的启封记录多是直接书于文书简的背面,位于收文记录之下。这种例子如简284·4B"令史博发君前",简506·9B"即日啬夫□发尉前",简140·1A"候自发"。这么做可能是遵照发文者的要求,比如简55·1A是一枚封检,发文者题署文字曰:"甲渠,发候尉前",除了题署收文单位"甲渠"外,还要求甲渠候官收到该文书后不要按常规程序处理它,要在甲渠候及城尉面前拆封。这些文书应是如同封事必须由皇帝拆封审阅一样,带有一定的保密性,所以不由少吏独自拆封[2]。里耶秦简或书"丞自发"(9-45)、"发令丞前洞庭"(12-117),情形正相类似。

这样,我们可以把里耶文书类"检"题写内容整理如下:(1)收件地点,如5-3中的"酉阳",5-4等中的"迁陵",10-89中的"洞庭泰守府",10-92中的"廷"。(2)传递方式,即"以邮行"。(3)开启者,如8-21中的"复曹发",9-45中的"丞自发",10-89中的"尉曹发",10-92中的"令曹发"。12-117"发令丞前"也有类似含义。(4)发件地点,如5-3、5-4、8-21、9-45等简中的"洞庭",15-176中的"洞庭郡"。10-89、10-92缺少发出地。(5)关于文书紧急程度的描述,即见于11-108中的"急"。岳麓秦简1162、1169所谓"书检上应署",大概指的就是这些内容。

不过,前述对于岳麓秦简1162、1169"应署"的理解,可能并不正确。因为在秦简中,往往可见的"应",并未见"应当"的用法,而通常是"符合"、"呼应"一类意思。如里耶秦简8-8"毋应此里人名者",8-648"今以初为县卒癃死及传槽书案致,毋应此人名者。"8-754+8-1007"不智(知)劾云赀三甲不应律令",8-768"今牒书应书者一牒上",睡虎地秦简《法律答问》简38"赀一盾应律",《封诊式·贼死》:"其襦北(背)直痏者,以刃夬(决)二所,应痏。"《日书甲种》简34背叁:"一

---

① 汪桂海:《从湘西里耶秦简看秦官文书制度》,《简帛研究二〇〇四》,广西师范大学出版社2006年版,第135~143页。

② 汪桂海:《汉代官文书制度》,广西教育出版社1999年版,第150~151页。

室中有鼓音,不见其鼓,是鬼鼓,以人鼓应之,则已矣。"放马滩日书乙种简332"和应神灵"。如果岳麓秦简1162、1169"书检上应署"的"应"如此作解,则其后的"署"便不当是书写义。《说文》:"检,书署也。"《玉篇》:"署,书检也。"这里的"署",似当是指整理者称为"检"的平板状物件①。它可能复盖在文书之上,写有收件、发件等要素,起着指示传递的作用。"书检上应署",是说在带有封泥槽的"检"上书写与平板状的"署"对应的内容。

第三节　行书方式

秦汉时期的文书传递,有学者梳理传世文献和出土文献,同时举出多种方式②。李均明归纳西北汉简指出,以邮行之外,其他传递方式主要包括两种:一是逐亭传递,二是派人直接送去③。就里耶秦简所见,秦代文书传递的主要形式,也可以归纳为"以邮行"、"以次行"和专人行书三种。需要注意的是,以次传与以邮行可以叠加应用,这是里耶秦简给予我们的新知识。

一、"以次传"与"以道次传"

秦简"以次传",最早见于睡虎地秦简《语书》8号简。整理小组注释指出:"以次传,指本文书在郡中各县、道依次传送。汉简多云'以次传',见《流沙坠简》烽燧类。"睡虎地秦简《封诊式·迁子》则是一个以县次传递的实例④:

① 泉泉汉简0112②:79:"绿纬䋖满署皆完,纬两端各长二尺。"0809:49:"维署纬皆完。"(胡平生、张德芳:《敦煌悬泉汉简释粹》,上海古籍出版社2001年版,第89页)马怡认为简文"署"指有题署的木检(氏撰《皂囊与汉简所见皂纬书》,《简牍与古代史研究》,北京大学出版社2012年版,第133页),可参看。

② 如高敏《秦汉邮传制度考略》(《历史研究》1985年第3期,第69~85页;后收入《秦汉史探讨》,中州古籍出版社1998年版)一文,列举"以邮行"、"以次行"、"以轻足行"、"以亭行"、乘传"驰行"和"吏马驰行"六种;高荣:《简牍所见秦汉邮书传递方式考辨》(《中国历史文物》2007年第6期,第63~70页)所列与高敏略同。

③ 李均明:《张家山汉简〈行书律〉考》,《中国古代法律文献研究》第2辑,中国政法大学出版社2004年版,第30~42页。

④ "令史"整理小组释文属上读。今按:"令史"是县令丞的助手。县际平行文书中往往用"令史可……"委婉地表示建议,故改读。参看陈伟:《秦平行文书中的"令史"与"卒人"》,《古文字研究》第31辑,中华书局2016年版,第443~448页。

告灊(废)丘主：士五(伍)咸阳才(在)某里曰丙，坐父甲谒鋈其足，迁蜀边县，令终身毋得去迁所论之，迁丙如甲告，以律包。今鋈丙足，令吏徒将传及恒书一封诣。令史可受代吏徒，以县次传诣成都。成都上恒书太守处。以律食。灊(废)丘已传，为报。敢告主。

整理小组注云：废丘，秦县名，今陕西兴平东南，是从咸阳出发前往蜀郡的第一站[1]。咸阳吏徒带着传和恒书，押送士伍丙到废丘。咸阳县官要求废丘安排人手送往下一县，并在完成交接后回报咸阳。废丘以远直至成都，应循例推进。

里耶秦简 9-2352 所载与以县次传书类似。文书正面是某年三月庚申启陵乡啬夫赵关于一匹马在传送途中死亡的报告，开头说："士五(伍)胸忍□蒤居台告曰：居赁(贷)，署酉阳。传送牵迁陵拔乘马一匹，驹(骝)，牡，两鼻删，取左右耳前后各一所，名曰犯难。行到暴诏溪反(坂)上，去溪可八十步，马不能上，即堕，今死。敢告。"[2] 迁陵拔为迁陵县长官。他的这匹马来自何处无交待。文中称"传送"，很可能来外地。居台戍于酉阳，因而承担从酉阳送马到迁陵这一程的任务。

里耶秦简中有多件在洞庭郡内以道次传书的资料[3]：

三月丁丑朔壬辰，洞庭□□□□□□□□□□□□
令。临沅下索(索)，门浅、上衍、零阳各以道次传，别书□□□□
书到相报，不报追。临沅、门浅、上衍、零阳言书到，署□曹发。
/□手，道一书。以洞庭发弩印行事。　　恒署
酉阳报充署令发。
迁陵报酉阳署令发。
四月癸丑水十一刻刻下五，都邮人□以来。/□发。8-159 背
……六月乙未，洞庭守礼谓县啬夫：听书从事。□□军吏在县界中者各告之。新武陵别四道，以次传。别书写上洞庭 8-657 尉。皆勿留。/葆手。
/骄手。/八月甲戌，迁陵守丞膻之敢告尉官主：以律令从事。传别书贰春，下卒长奢官。/□手。/丙子旦食走印行。

---

① 睡虎地秦简整理小组：《睡虎地秦墓竹简》，文物出版社 1990 年版，第 155 页。
② 见游逸飞、陈弘音：《里耶秦简博物馆藏第九层简牍释文校释》，简帛网 2013 年 12 月 22 日，http://www.bsm.org.cn/show_article.php?id=1968#_edn44；里耶秦简博物馆、出土文献与中国古代文明研究协同创新中心中国人民大学中心：《里耶秦简博物馆藏秦简》，中西书局 2016 年版，第 195 页。
③ 9-712 见郑曙斌、张春龙、宋少华、黄朴华：《湖南出土简牍选编》，岳麓书社 2013 年版，第 104 页。

【八月】庚午水下五刻,士五(伍)宕渠道平邑疵以来。/朝半。　　洞
□ 8-657 背

六月壬午朔戊戌,洞庭叚(假)守齮下□:听书从事。临沅下索;门
浅、零阳、上衍,各以道次传。别书临沅下洞庭都水,蓬下铁官。皆以邮行。
书到相报,不报追。临沅、门浅、零阳、上衍□言书到,署兵曹发。/如手。
道一书。·以洞庭候印☑ 9-712

充报零阳金布发。

酉阳报充署令发。

迁陵报酉阳署主令发。

恒署。　　丁四。

七月己未水十一刻刻下十,都邮人□以来。/□发。9-712 背

9-712 由游逸飞、陈弘音先行披露①,《湖南出土简牍选编》稍后刊出图版与释
文②。"临沅下索"的"下",《选编》误作"水"。"充报零阳"的"充",原皆释为"急",
鹰取祐司疑是"充","充报零阳"连读③。看字形轮廓,释"充"是。应该补充指出的
是:其一,某县"报"某县,均当连读。"报"即上揭《封诊式·迁子》"废丘已传,为报"
的"报",是在以次传过程中完成一站交接后对上一站的回复。其二,"迁陵报酉阳
署主令发"原释文置于背面第一列,实则背面文字大致分为两栏,"迁陵"云云属下
栏,当置于上栏文字之后。

8-159 字迹多有脱落。于洪涛指出"迁陵"下一字当为"报"④。游逸飞、陈弘音
取 9-712 对照,补释出"令临沅下"、"各以道次"、"别书"、"手道"、"充"、"都邮人
□以来□发"等字,并指出"充"字上下墨迹似乎只是倒印文⑤。对照 9-712,我们
还可大致辨认出"不报追临沅"、"曹"等字。此外,8-158 记:"卅二年四月丙午朔
甲寅,迁陵守丞色敢告酉阳丞主:令史下络裙直书已到。敢告主。"这里所说的"络
裙直书",即 8-159 正面第一部分所记。而这件文书,正是对 8-159 背面所书"迁

① 游逸飞、陈弘音:《里耶秦简博物馆藏第九层简牍释文校释》,简帛网 2013 年 12 月 22 日,http://
www.bsm.org.cn/show_article.php?id=1968#_edn44。文中,简号作 9-712+9-758。
② 《湖南出土简牍选编》第 104 页。
③ [日]鹰取祐司:《秦汉官文书の基础的研究》,汲古书院 2015 年版,第 268 页注 31。
④ 于洪涛:《试析里耶简"御史问直络裙程书"》,简帛网 2012 年 5 月 30 日,http://www.bsm.org.cn/
show_article.php?id=1706;《里耶简"御史问直络裙程书"传递复原——兼论秦汉〈行书律〉的实
际应用》,《出土文献与法律史研究》第 2 辑,上海人民出版社 2013 年版,第 43~60 页。
⑤ 游逸飞、陈弘音:《里耶秦简博物馆藏第九层简牍释文校释》简帛网 2013 年 12 月 22 日,http://
www.bsm.org.cn/show_article.php?id=1968#_edn44。

陵报酉阳署令发"的践履①。由 8-158 回报酉阳的日期(甲寅),可以推定 8-159 背面所记"四月""丑"之间未释之字为"癸",癸丑为甲寅前一日。这是迁陵接受文书的实际日期。

对于上揭资料所见的传书路线,存在不同看法。于洪涛认为:据 8-159 可见,临沅及索一带正处于文书传递的中心,也就是说其郡治在这一范围的可能性极大。"御史问直络裙程书"传递的整个线路:来书方向(沿江水)巴郡→南郡(江陵)→南郡(孱陵)→洞庭(索)→洞庭(临沅);洞庭郡内传递(零阳方向)临沅→索→(门浅)→(上衍)→零阳……;洞庭郡内传递(迁陵方向)临沅→酉阳→迁陵②。郑威、庄小霞在讨论洞庭秦县复原时,也以为 8-159 中的索、门浅、上衍、零阳四地位于以次传的连续路线③。游逸飞、陈弘音联系 9-712 指出:本简零阳、上衍顺序颠倒,若非书写随意之故,便反映文书传递路线及零阳、上衍的位置尚待进一步研究④。晏昌贵进一步指出:现在我们看到新刊布的牍文(9-712),后面接着说"各以道次传",这个"道",应该就是 8-657 号牍文中的"新武陵别四道"的"道"。牍文大概是说,从临沅出发,下别四道,每一道依次传递,其中传到迁陵的那一"道",据简牍后文,应该是:临沅——零阳——充——酉阳——迁陵。文书为迁陵县档案,所以详叙这一"道"的传输路线,其他"道"与迁陵无关,究竟怎样"以次传",已不可得而详了。换言之,牍文中的四县索、门浅、零阳、上衍是横向并列关系,而不是纵向延展关系。后文"道一书",也是说四道每道"一书",另外"别书临沅下洞庭都水,蓬下铁官。皆以邮行。"这个"皆以邮行"不知是否包括前述"四道"。总之,因为四县是平行的并列关系,所以先写哪个后写哪个关系并不大,不影响实际的地理位置⑤。

---

① 这一组文书的关系,参看李学勤:《初读里耶秦简》(《文物》2003 年第 1 期)、于洪涛:《试析里耶简"御史问直络裙程书"》,简帛网 2012 年 5 月 30 日,http://www.bsm.org.cn/show_article.php?id=1706。

② 于洪涛:《试析里耶简"御史问直络裙程书"》,简帛网 2012 年 5 月 30 日,http://www.bsm.org.cn/show_article.php?id=1706。同氏《里耶简"御史问直络裙程书"传递复原——兼论秦汉〈行书律〉的实际应用》(《出土文献与法律史研究》第 2 辑,上海人民出版社 2013 年版)采用陈伟主编:《校释》将洞庭郡治定在新武陵的意见,把几处"临沅"改作"新武陵"。

③ 郑威:《里耶秦简牍所见秦郡置墨、洞庭二郡新识》,"简帛文献与古代史——第二届出土文献青年学者国际论坛"论文,复旦大学历史系、复旦大学出土文献与古文字研究中心 2013 年 10 月;庄小霞:《〈里耶秦简〔壹〕〉所见秦代洞庭郡、南郡属县考》,《简帛研究二〇一二》,广西师范大学出版社 2013 年版,第 51~63 页。

④ 游逸飞、陈弘音:《里耶秦简博物馆藏第九层简牍释文校释》,简帛网 2013 年 12 月 22 日,http://www.bsm.org.cn/show_article.php?id=1968#_edn44。

⑤ 晏昌贵:《里耶秦牍 9-712+9-758 补释》,简帛网 2013 年 12 月 24 日,http://www.bsm.org.cn/show_article.php?id=1969。

回顾相关讨论可见，由于8–159与9–712对读，以及与8–657的关联，学者的认识不断深化。现在可以进而探讨的是：

其一，以道次传，可以看作是"以次传"的复合应用，即以某地为中心，同时在多个以次传的路线（道）展开传递。我们曾经提到，看8–657、8–1677，新武陵应是县名，为洞庭郡治所在[1]。将8–159、9–712与8–657联系起来考察，新武陵应大致位于临沅（治所在今湖南常德市）、门浅、上衍、零阳（治所在今湖南慈利县东）四县之间，8–159"临沅下索，门浅、上衍、零阳各以道次传"，以及9–712"临沅下索；门浅、零阳、上衍，各以道次传"，与8–657"新武陵别四道，以次传"应大致相当[2]。初始出发的中心点乃是新武陵，而非临沅。具体四道的起点分别是临沅、门浅、上衍与零阳，索（县治在今湖南常德市东北）则是临沅一道的终点[3]。

当然，8–159、9–712所述与8–657也有不同。前者直接由郡发至四道的起点县，后者则是先发到郡治所在的新武陵，再由新武陵发往四县。9–712对"报"要求说："临沅、门浅、零阳、上衍□言书到，署兵曹发。"8–159所记略同。这正是郡直接分发文书到四县的反方向运作。8–657未记对"报"的要求。8–649说："邦尉、都官军在县界中者各……皆以门亭行。新武陵言书到，署……"或可理解为在如8–657所记郡先发到新武陵进而分发四道时的反方向运作。

8–657缺纪年。所记迁陵守丞膻之，在已刊资料中另出现三次，皆在始皇二十八年[4]。8–657所录带月干支，即六月乙未、八月甲戌与同月丙子，均可容入二十八年历表[5]。这件文书大概就属于这一年。8–159纪时为三十二年二月。9–712

[1] 陈伟主编：《校释》，第190~191页。

[2] 郑威：《里耶秦简牍所见秦即墨、洞庭二郡新识》怀疑在秦始皇二十八年至三十四年之间洞庭郡治曾从新武陵迁往沅阳，并推测治所迁徙的原因当与武陵郡的设置有关。如然，新武陵不一定与临沅、零阳等地接近，洞庭郡内以次传书方式的改变乃是郡治变化的结果。不过，在目前已刊里耶简牍中，还未看到支持这一推测的确切证据。

[3] 里耶16–52记云："索到临沅六十里。"见湖南省文物考古研究所、湘西土家族自治州文物处、龙山县文物管理所：《湖南龙山里耶战国——秦代古城一号井发掘简报》（《文物》2003年第1期）。

[4] 8–75+8–166+8–485在二十八年十二月、七月，8–1563在二十八年七月。7–304见郑曙斌、张春龙、宋少华、黄朴华：《湖南出土简牍选编》（岳麓书社2013年版），其称"廿八年迁陵隶臣妾及黔首居赀赎责作官府课"，盖在当年岁末。

[5] 参看张培瑜：《中国先秦史历表》，齐鲁书社1987年版，第224页；许名玱：《秦历朔日复原——以出土简牍为线索》，简帛网2013年7月27日，http://www.bsm.org.cn/show_article.php?id=1871；［日］末永高康：《秦暦復元をめぐる一考察》，《中国出土资料研究》第18号，中国出土资料学会2014年版，第39~69页。郑威已根据徐锡祺：《西周（共和）至西汉历谱》（北京科学技术出版社1997年版）推测说：琅邪郡尉迁治即墨在始皇二十八年的可能性最大。见氏撰《里耶秦简牍所见秦即墨、洞庭二郡新识》。

记"六月壬午朔",可推知在始皇三十一年①。由此推测,洞庭郡内分道传书的具体安排,可能在始皇二十八年至三十一年之间发生过变化。

其二,自新武陵分出的四道,向东一道,从临沅到索,比较确定。可能是四道中行程最短者。向西一道,其起点应是零阳,然后如晏昌贵所云,依次是充、酉阳,最后到迁陵。

《封诊式·迁子》所说的"报",在秦律中有明确规定。睡虎地秦简《秦律十八种·行书律》简184记云:"行传书、受书,必书其起及到日月夙莫(暮),以辄相报殹。"②这种"报"的要求,在《封诊式·迁子》中是由上一站(咸阳)向下一站(废丘)提出。在里耶秦简中,这种指令分两种情形。一是文书下达者针对所有传递者而言:"书到相报,不报追。"另一种是传书系统的上一站针对下一站提出具体要求,如同《封诊式·迁子》显示的那样。在9-712中,第一环节洞庭郡针对四县说:"临沅、门浅、零阳、上衍□言书到,署兵曹发。"西行一道第二环节作:"充报零阳金布发。"第三环节作:"酉阳报充署令发。"第四环节作:"迁陵报酉阳署主令发。"皆具体指定"报"即收件回执的接收者。8-159大致略同,只是未看到第二环节③。由于"报"的规定及其在文书中的体现,自新武陵西行以至迁陵一道的各个节点,得以完整地呈现出来。其中充县故城约在今张家界市西后坪镇北的澧水北岸④,酉阳故城约在今永顺县南的酉水北岸。零阳与充,均在澧水岸边;酉阳与迁陵,均在酉水侧畔;

---

① 游逸飞、陈弘音:《里耶秦简博物馆藏第九层简牍释文校释》指出:据简8-173"卅一年六月壬午朔",可知本简为秦始皇三十一年六月十七日的文书。参看许名玱:《秦历朔日复原——以出土简牍为线索》(简帛网2013年7月27日,http://www.bsm.org.cn/show_article.php?id=1871)。

② 岳麓秦简1271作:"行书律曰:传书受及行之,必书其起及到日月夙暮,以相报。"见陈松长:《岳麓书院藏秦简中的行书律令初论》,《中国史研究》2009年第3期。

③ 8-159背"酉阳报充署令发"诸字之间略偏右处,有多处笔迹。游逸飞、陈弘音以为反印文,也可能是"充报零阳金布发"一类文字剥落后的余痕。

④ 汉充县故城,《同治直隶澧州志》卷2舆地志古城邑慈利县"充城"条云:"在县西二百四十里,即今永顺府桑植县治。"《中国历史地图集》亦标于今湖南桑植县城关。但嘉庆重修《一统志》卷374湖南澧州古迹"临澧故城"条云:"《水经注》:充县废省,临澧即其地,县即充县之故治。侧临澧水,改为县名。《永定卫志》:临澧城,今大庸所乃其故址。"杨守敬《历代舆地沿革图》前汉地理图"武陵郡"南五西二将"充"标注于永定之西、澧水南流折转东流之后的北岸(光绪甲辰邻苏园刊本)。《水经注》卷37澧水:"澧水出武陵充县西历山",熊会贞按:"《舆地纪胜》引《元和志》故充城在慈利县西二百四十里。则在今永定县西。"今按:《水经·澧水》云:"澧水出武陵充县西历山,东过其县南,又东过零阳县之北。"可见充县故治应在澧水西东向河段,与零阳故城大致东西相对。《后汉书·马援传》所记自下雋征五溪之两道的比较,显示到充县故城路途相对平易。这些早期记载与嘉庆重修《一统志》和杨守敬、熊会贞之说较为相合,秦汉充县故城大约在今张家界市大庸所对岸、王家山边至龙盘岗一带(嘉庆重修《一统志》所述大庸所在今后坪镇东北的澧水南岸,与《水经》叙于澧水之北不合)。

而自零阳至西阳一段,则与今枝柳铁路所经大致相当。《后汉书·马援传》记马援征五溪之役云:"初,军次下隽,有两道可入,从壶头则路近而水崄,从充则涂夷而运远。"秦洞庭郡内以道次传书时自零阳至迁陵一道的安排,或许也有道路较为平易的背景。

从洞庭郡及其后续武陵郡境域推测,门浅、上衍可能在新武陵之西、之南,由这二县分出的路线大致均通往洞庭郡南部。

其三,一般认为,"以次传"与"以邮行"是两种不同的行书方式[①]。张家山汉简《二年律令·行书律》简274-275记云:"书不当以邮行者,为送告县道,以次传行之。诸行书而毁封者,皆罚金一两。书以县次传,及以邮行,而封毁,过县辄劾印,更封而署其送徽(檄)曰:封毁,更以某县令若丞印封。"似可支持这一理解。现在看来,实际情形可能比较复杂。

在8-657中,洞庭守礼在指定文书传递时,未见"以邮行"一类表述;文书送到迁陵县廷时,是"士五(伍)宕渠道平邑疵以来"而不是邮人。这种传书大概是每县各用一人,逐县接力传递。

对于9-712的"皆以邮行",上引晏昌贵曾就是否包括"四道"置疑。其实同件文书中已含有解答的线索。9-712背面最后记文书到达迁陵的情形说:"七月己未水十一刻刻下十,都邮人□以来。/□发。"文书由邮人送达,正与洞庭郡下书时指示"皆以邮行"对应。可见这件"以道次行"的文书,在具体传递时是采用"以邮行"的方式,亦即以次行、以道次行与以邮行可以叠合使用。8-159背面亦记云:"四月□丑水十一刻刻下五,都邮人□以来。/□发。"也具有相同意味[②]。这与8-657正好形成对照。此外,8-159、9-712均书有"恒署"。岳麓书院藏秦简1173记"卒令丙二"云:"恒署书皆以邮行。"[③]也可证明8-159、9-712当以邮行。在以邮行的场合,由于一县往往设有一处以上的邮,一县之中可能有多位邮人交替传递。

在8-159、8-657、9-712所记的场合,"以次传"、"以道次传"的"次",应该是指县次,即在相关各县中依次传递。虽然8-159、9-712在传递中有邮的存在,但在以县次传的情形下,邮次恐怕没有强调的必要。"以次传"、"以道次传"的"传",

---

① 我们先前亦持这一看法,见陈伟:《秦と漢初の文書伝達システム》(《古代東アジアの情報伝達》,汲古書院2008年版)。于洪涛:《试析里耶简"御史问直络裻程书"》(简帛网2012年5月30日,http://www.bsm.org.cn/show_article.php?id=1706)更具体认为8-159很可能采用"以次传"而非"邮行"。

② 8-159背"别书"后四字,很可能是"皆以邮行"。

③ 资料见《岳麓书院藏秦简中的行书律令初论》(《中国史研究》2009年第3期)。陈松长用顿号将"恒"、"署"二字断读,以为二事。里耶秦简中,除8-159、9-712"恒署"连言外,8-1073还记云:"【廷】下恒署书曰:事不参……"。可见应连读。

兼有传递和传达之意。即相关各县,在负责把文书传至下一站的同时,也必须知会文书内容并执行。虽然往往只在分道传递时才使用"别书"的表述,同一路线中的逐县传递,必定伴随着抄录文书的情形。

以次传和以道次传,也用于县内诸官、诸乡。8-657背面在记载洞庭守礼有关郡内传递的指令之后,还记有迁陵守丞膡之关于文书在迁陵县内传达的安排,即由县廷送至尉①,再由尉传到贰春乡,传达给卒长奢的官署。在这种单一路线的传递之外,我们也看到几件多路线传递的实例②:

> ……传畜官。贰春乡传田官,别贰春亭、唐亭。8-1114+8-1150
>
> 廿六年二月癸丑朔丙子,唐亭叚(假)校长壮敢言之:唐亭旁有盗可卅人。壮卒少,不足以追。亭不可空。谒道卒索。敢言之。/二月辛巳,迁陵守丞敦狐敢告尉、告乡主:以律9-1112令从吏(事)。尉下亭鄣,署士吏谨备。贰乡上司马丞。/亭手。/即令走涂行。9-1112背
>
> 三月庚戌迁陵守丞敦狐敢告尉、告乡、司空、仓主:听书从事。尉别书都乡、司空,司空传仓,都乡别启陵、贰春,皆勿留、脱。它如律令。扣手。庚戌水下□刻走裯行尉。16-6背
>
> 三月丙辰迁陵丞欧敢告尉、告乡、司空、仓主:前书已下,重听书从事。尉别都乡、司空,司空传仓,都乡别启陵、贰春,皆勿留、脱。它如律令。扣手。丙辰水下四刻隶臣尚行。16-5背

16-6、16-5这两件文书正面内容相同,均为始皇二十七年二月庚寅洞庭守礼发给各县啬夫与卒史嘉、假卒史谷、属尉的指令,要求在需要传送委输的场合,先动用各县卒、徒隶、居赀赎债和司寇隐官践更县者③,人手不足时再征发黔首。这两件木牍背面均是迁陵县廷传达这份指令的安排。其中的"别",与8-657"新武陵别四道"的"别"相当,指分道传递。分道传递时,往往如8-159、9-712所示采取"道一书"的方式推进,因而在分道同时需要"别书",即另录一份下传。如16-6、

---

① 牍文于此有记录,即"丙子旦食走印行"。

② 9-1112见郑曙斌、张春龙、宋少华、黄朴华:《湖南出土简牍选编》,岳麓书社2013年版。16-5、16-6见湖南省文物考古研究所、湘西土家族自治州文物处、龙山县文物管理所:《湖南龙山里耶战国——秦代古城一号井发掘简报》,《文物》2003年第1期。其中16-5"告乡"作"告贰春乡",16-5"三月"作"二月","勿"作"弗",据胡平生:《读里耶秦简札记》(《简牍学研究》第4辑,甘肃人民出版社2004年版)校改。

③ "司寇、隐官践更者"应连读,参看陈伟:《岳麓书院藏秦简先王之令解读及相关问题探讨》台北《历史语言研究所集刊》第八十八本第一分,2017年。

25

16-5背面所记,文书由县廷传给尉,尉分别传给都乡、司空,司空传仓,都乡则又分别传给启陵、贰春,构成连续的多个环节和一再分道的情形。9-1112所述略有不同。是由县廷将唐亭的警情转达给尉,尉传达给诸亭障,同时由贰春乡告知司马丞。8-1114+8-1150残缺较多,从现存文字看,其原本也当涉及多个官、乡、亭。16-6、16-5所说"皆勿留、脱"的"脱",是指相关传递系统中的各节点之间依次传递,不得遗漏。这正是"以次行"的关键所在①。

16-6、16-5所记洞庭守礼文书,事关徒隶的调用和黔首征发,所以在迁陵县内是由尉下达,传递到三乡和主管徒隶的仓、司空。9-1112是应对唐亭的盗,所以也是由尉出面,传达到各个亭鄣与司马丞。前述洞庭郡内以道行次的几个实例,具体传递对象或有不同,也当是根据需要而安排。

通过上述讨论可知,"以次传"可以复合运用即"以道次传",还可以与"以邮行"叠加应用,从而实现在特定范围内众多对象的快速、有效传递。

二、以邮行

迁陵三乡皆有设邮的线索。其中启陵乡的记载最为显明②:

　　　卅二年正月戊寅朔甲午,启陵乡夫敢言之:成里典、启陵邮人缺。除士五(伍)成里匀、成,成为典,匀为邮人,谒令尉以从事。敢言之。8-157
　　　正月戊寅朔丁酉,迁陵丞昌却之启陵:廿七户已有一典,今有(又)除成为典,何律令应?尉已除成,匀为启陵邮人,其以律令。/气手。/正月戊戌日中,守府快行。正月丁酉旦食时,隶妾冉以来。/欣发。　壬手。8-157背
　　　书一封,酉阳丞印,诣迁陵,以邮行。
　　　□□年十月丙戌水十一刻刻下八起酉阳□。
　　　□月己丑水十一刻刻下一过启陵乡。12-1798
　　　书一封,酉阳丞印,诣迁陵,以邮行。
　　　廿八年二月癸酉水十一刻刻下五起酉阳廷。

---

① 于振波在《里耶秦简中的"除邮人"简》一文中认为:如果有更多乡的话,很可能从都乡开始,由近及远,各乡依次"别书"传递。但是,因为迁陵县没有那么多的乡,所以看不到明显的"以次传行"的情况。其实,县内通信网络的每一个环节,包括诸官、三乡、诸亭的传递顺序,都属于"次"的范畴。

② 里耶简12-1798、12-1799,见载于郑曙斌、张春龙、宋少华、黄朴华:《湖南出土简牍选编》,岳麓书社2013年版。

二月丙子水下九刻过启陵乡。 `12-1799`

于振波曾根据 8-157 号简指出："启陵邮"当指在启陵乡境内的邮[1]。联系 12-1798、12-1799 二简可见，启陵邮应即设在启陵乡治。另外，里耶 8-767、8-769 二简记启陵乡官上书县廷，皆记"邮人"某"以来"，也应可看作启陵设邮的证据。从 12-1798、12-1799 二简可知，启陵为酉阳至迁陵邮路所经，当在迁陵、酉阳二县治之间。酉阳故城约在今永顺县南的酉水北岸。启陵大致当在秦迁陵县治、今里耶古城以东。前引 8-1562 显示，启陵乡治应靠近一条可以通航的河流。简 8-651 记有"启陵津船人"，8-769 记启陵乡官"问津吏徒"，更说明乡旁有官设津渡。联系这些条件推测，启陵乡可能位于酉水岸边[2]。

前揭简 12-1798、12-1799 均显示，在"以邮行"的情形下，自酉阳县治出发，第 4 日到达启陵。启陵送达迁陵的文书，最快在第 3 日(8-1525)，最慢的在第 9 日(8-651)，此外也有在第 4 日(8-157)、第 5 日(8-767、8-1562)到达的。综合起来看，启陵乡似当在迁陵、酉阳之间大致居中处[3]。

里耶简牍已发表资料中，也有对于"都邮"的记载，例如：

三月丁丑水十一刻刻下二，都邮人□行。　　尚手。 `8-62 背`
十月丁卯水十一刻下九，都邮士五(伍)纆以来。 `8-66 背`
□□迁陵守丞齮【敢】言之：前日令史 齮□
·时都邮人羽行。　□ `8-704 背 +8-706 背`

8-62 与 8-704+8-706 为迁陵县官上书，所记"都邮"，应即设于迁陵都乡之邮。前揭 8-159、9-712 记洞庭郡文书以邮行，由都邮人送达迁陵，所记"都邮"，亦是指迁陵县而言。8-66+8-208 可能是临沅腾于迁陵的文书[4]，"都邮"所指应亦同。

贰春乡与邮有关的资料目前仅一见，即 8-1147："贰春乡以邮行。"这应该是洞庭县廷发给贰春乡的文书封署。由于标明"以邮行"，贰春乡似也应有邮的设置。

[1]　于振波：《里耶秦简中的"除邮人"简》，《湖南大学学报(社会科学版)》2003 年第 3 期。
[2]　参看鲁家亮：《里耶秦简所见迁陵三乡补论》，《国学学刊》2015 年第 4 期，第 35~46 页。
[3]　参看晏昌贵、郭涛：《里耶秦简所见秦迁陵县乡里考》，《简帛》第 10 辑，上海古籍出版社 2015 年版，第 145~154 页。藤田胜久推测启陵乡在迁陵以东的碗米坡镇附近，定位似嫌偏西。见所撰《秦汉简牍と里耶周边调查ノート》，第 41~62 页。
[4]　"腾书"大致是抄发文书的意思，参看陈伟主编：《校释》3~4 页。

贰春亦有涉及船、津的记载[①]：

　　廿七年三月丙午朔己酉，库后敢言之：兵当输内史，在贰春□□□□
五石一钧七斤，度用船六丈以上者四梜（艘）。谒令司空遣吏、船徒取。敢
言之。8-1510
　　廿七年六月乙亥朔壬午，贰春乡窑敢言之：贰春津当用船一梜。·今
以旦遣佐颊受。谒令官段（假）。谒报。敢言之。12-849

　　这显示贰春乡治也濒临某条较大河流。晏昌贵、郭涛认为贰春可能位于迁陵
县西部偏北一带[②]，藤田胜久则以为在县之北部[③]。按一般情形推测，县治亦即都乡
应在一县大致偏中的位置，与都乡、启陵乡对应，贰春乡应位于都乡以西，或者以
北、以南的地方。考虑到河流环境，比较可能是在里耶以西、以北的酉水或其较大
支流附近。民国时，在里耶以上河段航行的船帮，可到达四川秀山的石堤、酉阳的
酉酬、后溪；亦可进入支流龙潭河，到达酉阳龙潭镇[④]。这些河段两岸均应是贰春乡
治的可能所在。
　　从贰春乡送往迁陵县治的文书，最快的一例在当天（8-645）到达；此外有3日
后一例（8-673+8-2002）、5日后一例（12-849）、6日后二例（8-1515、9-14）[⑤]。晏昌
贵、郭涛认为：目前所见贰春乡与迁陵县的往来文书，最快者可当天到达，而启陵
乡与迁陵县的文书传递最快也要3天，所以贰春乡所在地距离迁陵县城当较启陵
乡为近[⑥]。在起迄地点相同的情形下，所用日期出入较大的原因，可能比较复杂。
除传递方式不同外，还会与天气、道路状况以及是否使用交通工具有关。在特别快
的场合，恐怕还应考虑骑马、乘船的可能性。汉简所记行书方式有"吏马驰行"，大
致是指以吏乘马传递文书[⑦]。8-645与8-1511关联。看后者，当是贰春乡所上"水

①　简12-849，见郑曙斌、张春龙、宋少华、黄朴华：《湖南出土简牍选编》，岳麓书社2013年版。且，
　　原释为"上"。段，原缺释。
②　晏昌贵、郭涛：《里耶简牍所见秦迁陵县乡里考》，《简帛》第10辑，上海古籍出版社2015年版。
③　藤田胜久：《秦汉简牍と里耶周辺调查ノート》，《里耶秦简·西北汉简と实地调查による秦汉地
　　域社会の研究》，平成24年度～平成26年度科学研究费补助金基盘研究（C）研究成果报告书，
　　爱媛大学2015年3月。
④　宿权通、吴乾坤、倪绍忠：《里耶的西水航运》，《龙山文史》第6辑，龙山县政协文史资料研究委员
　　会1992年印本，第118~120页；又刊于《里耶古城》青海人民出版社2003年版）、《古城里耶》岳
　　麓书社2004年版）。
⑤　简9-14、12-849，见郑曙斌、张春龙、宋少华、黄朴华：《湖南出土简牍选编》，岳麓书社2013年版。
⑥　晏昌贵、郭涛：《里耶简牍所见秦迁陵县乡里考》，简帛第10辑，上海古籍出版社2015年版。
⑦　参看高敏：《秦汉邮传制度考略》，《历史研究》1985年第3期。

火败亡课"送至县廷的当天,迁陵县廷即将本县"水火败亡课"送往郡府。可见文书为急件。8-645 记"史邛以来",或许与汉代"吏马驰行"类似。此外,如果贰春乡治确在酉水上游可通船处,顺流而下的速度也应该比较快①。

里耶 8-754+8-1007 涉及贰春乡的里程。其记云②:

> 卅年□月丙申,迁陵丞昌,狱史堪讯。昌辞曰:上造,居平陆侍廷,为
> 迁陵丞。□当诣贰春乡,乡渠、史获误诣它乡,因失道百六十七里。

这里的"误诣",很可能是指文书③。所云"它乡",可能是指迁陵县内贰春之外的乡,即都乡或者启陵。如果是都乡,则"百六十七里"大致即是贰春至县治距离;如果是启陵乡,则此里程很可能是贰春乡至启陵乡的里程④。

张家山汉简《二年律令·行书律》简 264 记云:"十里置一邮。南郡江水以南,至索南界,廿里一邮。"⑤李学勤指出:秦代这里的邮显然还没有像吕后二年时这样的系统⑥。从已刊里耶秦简资料看,迁陵县内至多只设有三邮,启陵邮至西阳县治之间似乎也没有其他邮的存在。因而秦代在迁陵、西阳所在的酉水流域,或者在整个洞庭郡境,邮并非等距离设置,而可能全部或大多依托于乡,其间的距离大概多超出汉初规定的 30 里之数。

以邮行,有学者猜测是乘车或骑马⑦。前揭岳麓书院藏秦简 1162、1169 显示,邮人行书是"负以疾走",即快速步行。古人有负书的习惯。《韩非子·喻老》:"王寿负书而行,见徐冯于周涂。"《战国策·秦策一》:苏秦"去秦而归,嬴縢履蹻,负书担橐。"《战国策·楚策一》蒙谷"负鸡次之典以浮于江,逃于云梦之中"。《盐铁论·相刺》:"故玉屑满箧,不为有宝;诗书负笈,不为有道。"《太平御览》卷 711 引《风俗通》:"笈,学士所以负书箱,如冠籍箱也。"邮人行书,大概也是将邮件背在背上,以便疾行。

---

① 参看鲁家亮:《里耶秦简所见迁陵三乡补论》,《国学学刊》2015 年第 4 期。
② "陆"字之释和"侍廷"与上文连读,见何有祖:《〈里耶秦简(壹)〉校读札记(三则)》,《出土文献研究》第 14 辑,中西书局 2015 年版,第 112~114 页。
③ 池田雄一与晏昌贵、郭涛认为"误诣"的对象是丞昌,恐不可从。其说见[日]池田雄一:《关于里耶秦简中的乡里吏问题》,《史林挥尘·纪念方诗铭先生学术论文集》,上海古籍出版社 2015 年版,第 51~70 页;晏昌贵、郭涛《里耶简牍所见秦迁陵县乡里考》。
④ 在这种情形下,有可能是指贰春乡经迁陵县治(都乡)至启陵乡的里程。
⑤ 彭浩、陈伟、工藤元男主编:《二年律令与奏谳书》,上海古籍出版社 2007 年版,第 198 页。
⑥ 李学勤:《初读里耶秦简》,《文物》2003 年第 1 期。
⑦ 于振波:《秦汉时期的邮人》,《简牍学研究》第 4 辑,甘肃人民出版社 2004 年版,第 34~41 页。

前文讨论的 8-159、9-712，从洞庭郡治以邮行至迁陵县，均历时 21 天（三月壬辰 - 四月癸丑；六月戊戌 - 七月己未）。此外，8-1523 所记洞庭假守绎文书，12-1784 所记洞庭假守齮文书①，均历时 22 日（八月癸卯 - 九月乙丑；二月甲子 - 三月丙戌）。这四件文书，8-1523 是单独发给迁陵的，其他三件皆同时发往郡内各县。其中 8-159、9-712 是以邮行与以道次行叠加进行，12-1784 写明"县一书"，且未见"以道次行"一类表述，大概同时对各县采用以邮行。看来从洞庭至迁陵以邮行，无论单独递送抑或群发，亦无论是否同时叠加以道次行，行程均大致相当，比较确定、可靠。相形之下，前已论列的 8-657 洞庭送至迁陵而未以邮行的文书，历时 35 日（六月乙未 - 八月庚午），比以邮行多出二分之一强。如果这可以代表一般情形，则单纯的以次传或以道次传，比之以邮行的速度显然慢得多。

《二年律令·行书律》简 273 云："邮人行书，一日一夜行二百里。行不中程半日，笞五十；过半日至盈一日，笞百；过一日，罚金二两。"里耶秦简 16-52 记"临沅到迁陵九百一十里"②。我们已经推定，洞庭郡治新武陵与临沅相近。新武陵去迁陵的里程应该与此相近。有学者推测 16-52 所记临沅至迁陵的里数是取沅水 - 酉水水路③。如然，由于洞庭郡府以邮行或者以次传都是取道澧水一线再转至酉水一线，从郡治到迁陵的路程应该比 16-52 所记"九百一十里"多出不少④。但无论如何，洞庭至迁陵的邮路恐怕很难达到四千里以上，以致邮人在一昼夜行走二百里的情形下，需要二十多天才能抵达。易言之，洞庭以邮行迁陵，一昼夜行程必定比《二年律令·行书律》规定的要少出不少。这当与穿行于武陵山区、路途艰涩有关⑤。

还应注意的是，有的里耶秦简在要求"以邮行"的同时，尚有某些附加表述。如里耶 8-90 记云："·迁陵以邮利足行，洞庭。急。"8-527 背也说："迁陵以邮利足行，洞……"⑥《荀子·劝学》："假舆马者，非利足也，而致千里。"邮利足，似指邮人中行走尤快者。岳麓书院秦简 1250 记《行书律》曰："传行书，署急辄行。不辄行，

① 见郑曙斌、张春龙、宋少华、黄朴华：《湖南出土简牍选编》，岳麓书社 2013 年版。

② 湖南省文物考古研究所：《里耶发掘报告》，岳麓书社 2007 年版，第 199 页。

③ 王子今：《秦汉时期湘江洞庭水路邮驿的初步考察——以里耶秦简和张家山汉简为视窗》，《湖南社会科学》2004 年第 5 期，第 136~138 页。

④ 《后汉书·马援传》记马援征五溪之役云："初，军次下隽，有两道可入，从壶头则路近而水崄，从充则涂夷而运远。"也显示经由澧水一线比较迂远。

⑤ 鲁家亮：《里耶秦简所见迁陵三乡补论》（《国学学刊》2015 年第 4 期）用 9-2352 迁陵拔乘马在传送途中摔死之事说明启陵一带的山路艰险，可参看。

⑥ 8-89+8-117 作："☒□利足行，洞庭。""利"上一字残画，似当亦是"邮"。缀合见何有祖：《里耶秦简牍缀合（六则）》，简帛网 2012 年 12 月 24 日，http://www.bsm.org.cn/show_article.php?id=1765。

赀二甲。不急者日暮。……"又 1805 记"令"曰："邮人行书留半日，赀一盾；一日，赀一甲；二日，赀二甲；三日，赎耐；三日以上，耐。"显示普通以邮行的文书，允许滞留半日以内。但标署"急"字的文书，必须立即送出。由此可见，在以邮行的文书中，还存在具体处理上的差异。

前引张家山汉简《二年律令·行书律》简 274 记云："书不当以邮行者，为送告县道，以次传行之。"岳麓秦简 1417 更进一步规定："行书律曰：县請制，唯故檄外盗以邮行之，其它毋敢擅令邮行书。"[1] 这说明，邮作为高效率的国家传递系统，使用上存在明确限制。不能使用邮行的文书，除了以次传之外，应该如后文所述，还可由专人递送。

三、专人行书

在迁陵县内，县廷与各官衙之间的文书往来，十分频繁，在里耶秦简中遗存尤多[2]。除前文所举极少数由邮人传递以外，大多是专门派人递送。以下是几个实例[3]：

> 卅二年四月丙午朔甲寅，少内守是敢言之：廷下御史书举事可为恒程者、洞庭上裙直，书到言。今书已到，敢言之。8-152
> 四月甲寅日中，佐处以来。/欣发。　处手。8-152背
> 四月丙午朔癸丑，迁陵守丞色下少内：谨案致之。书到言，署金布发，它如律令。/欣手。/四月癸丑水十一刻刻下五，守府快行少内。8-155
> 卅二年正月戊寅朔甲午，启陵乡夫敢言之：成里典、启陵邮人缺。除士五(伍)成里匀、成，成为典，匀为邮人，谒令尉以从事。敢言之。8-157
> 正月戊寅朔丁酉，迁陵丞昌卻之启陵：廿七户已有一典，今有(又)除

---

① 陈松长：《岳麓书院藏秦简中的行书律令初论》，《中国史研究》2009 年第 3 期；陈松长主编：《岳麓书院藏秦简〔肆〕》，上海辞书出版社 2015 年版，第 133 页简 197。

② 土口史记指出：县廷作为文书行政的集结点独占上位、下位机关间的联络系统，"官"的文书传达有赖于县廷。见氏撰《战国、秦代的县——以县廷与"官"之关系为中心的考察》，《法律史译评》2013 年卷，中国政法大学出版社 2014 年版，第 1~27 页。邹水杰在同意土口说的同时也指出：8-1515 是贰春乡与司空之间直接往来的文书，虽然只是孤例，但足以说明县属各机构之间是可能存在直接文书往来的。见氏撰《里耶秦简"敢告某主"文书格式再考》，《鲁东大学学报（哲学社会科学版）》2014 年第 5 期，第 75~83 页。

③ 8-173 "吏"原释为"史"，杨先云改释。见氏撰《里耶秦简识字三则》，简帛网 2014 年 2 月 27 日，http://www.bsm.org.cn/show_article.php?id=1993。

成为典,何律令应?尉已除成、勾为启陵邮人,其以律令。/气手。/正
月戊戌日中,守府快行。

正月丁酉旦食时,隶妾冉以来。/欣发。　壬手。8-157背

卅一年六月壬午朔庚戌,库武敢言之:廷书曰令吏操律令诣廷雠,署
书到、吏起时。有追。·今以庚戌遣佐处雠。敢言之。8-173

七月壬子日中,佐处以来。/端发。　处手。8-173背

卅五年七月戊子朔己酉,都乡守沈爰书:高里士五(伍)广自言:谒以
大奴良、完,小奴畴、饶,大婢阑、愿、多、□,禾稼、衣器、钱六万,尽以予子
大女子阳里胡,凡十一物,同券齿。

典弘占。8-1554

七月戊子朔己酉,都乡守沈敢言之:上。敢言之。/□手。

七月己酉日入,沈以来。□□。　沈手。Ⅱ8-1554背

8-152、8-155与前述8-159相关,是在络裙直书送达后,迁陵县内传递的资
料①。8-155在前,是四月癸丑迁陵守丞色派守府快将文书送往少内的记录。8-152
在后,是次日少内守是回复县廷收到文书的记录,由佐处送来。8-157包含有往复
内容。第一部分是启陵乡啬夫夫致县廷的报告,甲午发出,丁酉由隶妾冉送达。第
二部分是丁酉迁陵丞昌批复启陵,次日由守府快送出。8-173是库啬夫午依县廷
指令,派遣佐处诣廷校雠律令,文书庚戌日送出,当天由佐处送来。在这种场合,送
书人与指令执行人合而为一。8-1554为家产分割爰书。都乡守沈于乙酉日作成
爰书后,又亲自送至县廷。可见在县内文书运行中,从隶臣妾到基层官吏,都可担
当投递人。

在县内文书投递方面,以下几条资料值得关注②:

卅四年九月癸亥朔乙酉,富□·
盖侍食羸病马无小,谒令官遣·
病者无小,今止行书徒更戍城父柘□·
之。/卅五年十一月辛卯朔朔日,迁陵□·8-143
如律令。/履手。/十一月壬·

---

① 参看于洪涛:《里耶简"御史问直络群程书"传递复原——兼论秦汉〈行书律〉的实际应用》,《出
　土文献与法律史研究》第2辑,上海人民出版社2013年版。
② 8-904+8-1343"堂"《校释》释为"益","止"原释为"之"。传,疑当释为"傅",傅书,对应于前文
　的"籍"。

十一月辛卯旦,史获以来。/·8-143 背

城旦琐以三月乙酉有遝。今隶妾益行书守府,因止令益治邸代处。谒
令仓、司空薄(簿)琐以三月乙酉不治邸。敢言之。/五月丙子朔甲午,迁
陵守丞色告仓、司空主:以律令从事,传书。/囷手。8-904+8-1343

廿九年十二月丙寅朔己卯,司空色敢言之:廷令隶臣□行书十六封,
曰传言。今已传者,敢言之。8-1524

己卯水下六刻,隶妾畜以来。/绰半。　卻手。8-1524 背

8-143 残缺严重,所记应与 8-904+8-1343 类似。即这两条都是某官署因为缺
少人手,而将前来投递文书者(更戍或隶妾)临时改作它用。可见对士卒、徒隶而
言,行书只是他们从事的多种劳役之一。8-1524 则显示,县廷一次发送到司空的
文书多达 16 封,可见县内通信量之大。而廷令"传言",则表明县内文书传递也需
要在完成之后回复。

迁陵县与洞庭郡之间的通信,在以邮行、以次传之外,也有派专人从事的情形。
我们来看以下几条简文①:

迁陵,故令人行,洞庭。急。8-182

卅四年计九月壬戌〈辰〉朔辛酉,迁陵守丞兹敢言之:迁陵道里毋蛮
(变)更者。敢言之。8-1449+8-1484

十月己卯旦,令佐平行。　平手。8-1449+8-1484 背

廿九年九月壬辰朔辛亥,迁陵丞昌敢言之:令令史感上水火败亡者课
一牒。有不定者,谒令感定。敢言之。8-1511

以九月辛亥水下九刻,感行。　感手。8-1511 背

8-182 是由洞庭送往迁陵的急件。《吕氏春秋·制乐》:"今故兴事动众以增
国城,是重吾罪也。"陈奇猷校释引松皋圆曰:"故者,特为之也。"② 故令人行,即特
地派专人投递。既然如此,这份署"急"的文件应该不通过以邮行或者以次传那样
的方式由多人接力完成。8-1449+8-1484、8-1511 的上书对象,应该均为洞庭郡。
8-1511 中"感定"、"感行"、"感手"的"感",皆即令史感。之所以由他专程投递这
份"水火败亡者课",大概是因为作为经办人,对资料熟悉;若有不确切处,可由他

① "蛮"读为"变",见伊强:《〈里耶秦简〉(壹)字词考释三则》,简帛网 2012 年 9 月 26 日,http://
www.bsm.org.cn/show_article.php?id=1742。

② 陈奇猷:《吕氏春秋新校释》,上海古籍出版社 2002 年版,第 357 页。

确定。8-1449+8-1484 由令佐平专程递送有关"迁陵道里毋变更"的报告,原因或相类似。

里耶秦简中,还有迁陵县派人到洞庭郡之外远地行书的记录 [①]:

卅五年二月庚申朔戊寅,仓【守】择敢言之:隶□馘为狱行辟书彭阳,食尽二月,谒告过所县乡以次牒(续)食。节(即)不能投宿贵。迁陵田能自食。未入关县乡,当成盨,以律令成盨。来复传。敢言之。8-169+8-233+8-407+8-416+8-1185

卅一年七月辛亥朔丙寅,司空□

其一人为田氍养:成□

二人行书咸阳:庆、適□

【一】人有逮:富。□ 8-2111+8-2136

卅一年五月壬子【朔】□

其一人以卅一年二月□□

二人行书【咸阳】□

一人□□□ 8-2134

8-169+8-233+8-407+8-416+8-1185 是迁陵仓守择向县廷请求为隶□馘开具续食文书的报告。彭阳,县名,《汉书·地理志》属安定郡,治所在今甘肃镇原县东。辟书,大概是司法调查函 [②]。张家山汉简《二年律令·行书律》简 276 云:"诸狱辟书五百里以上,及郡县官相付受财物当校计者书,皆以邮行。"在秦始皇三十五年,或许还无此规定,所以远程行书。8-2111+8-2136 和 8-2134 大概均为司空徒簿,时间相近。所记二人行书咸阳,可能是同一件事。即庆、適二人在始皇三十一年五月至七月,都在往返咸阳的行书途中。由于所行文书内容未明,不便多作推测。

[①] 8-2111+8-2136 缀合,见何有祖:《里耶秦简牍缀合(七则)》,简帛网 2012 年 5 月 1 日,http://www.bsm.org.cn/show_article.php?id=1679。8-2134 "咸阳"二字,赵岩释出。见所撰《里耶秦简札记(十二则)》,简帛网 2013 年 11 月 19 日,http://www.bsm.org.cn/show_article.php?id=1952。

[②] 参看陈伟:《岳麓秦简〈奏谳书〉校读》,《古文字与古代史》第 4 辑,台北"中研院"历史语言研究所 2015 年版,第 491~509 页。

结　语

本章尝试探讨了文书制度的几个重要问题。

梳理里耶秦简资料可见，某"手"指文书由某人书写；表示开启文书正式用语的"半"改为"发"，发生在秦始皇三十年六月至九月。

对照里耶秦简相关记载和实物，细究岳麓秦简1162、1169"卒令丙三"中的文字，可知秦人所说"检"仅用于以邮行的文书，大概只是指里耶所出带封泥槽的那类物品；而书有收件方、发件方信息（后者或缺），有时还书有行书方式、开启说明的板形物件，可能通称为"署"。

第三节根据里耶秦简中的行书记录，考察了"以次传"、"以邮行"和专人行书三种方式。与包括我们自己在内的既往认识大不相同的是："以次传"可以与"以邮行"叠加使用，形成高效率的传递网络。专人行书除了在迁陵县内大量使用之外，还有跨县、跨郡，远至咸阳、彭阳的记录。

第二章　里耶秦简所见的"田"与"田官"

中华书局 1981 年出版《云梦秦简研究》,刊载有裘锡圭论文《啬夫初探》[①]。其中对"田啬夫"有专节讨论。作为有关问题的进一步思考,裘先生 1997 年发表了《从出土文字资料看秦和西汉时代官有农田的经营》一文[②]。无论在出土文献领域,还是在战国、秦汉史领域,这两篇论文都具有重要影响。在张家山汉简、里耶秦简相关讨论中,常常被引述,得到重申、验证或切磋[③]。本章亦拟梳理业已刊布的里耶秦简牍资料,尝试对秦迁陵县中"田"与"田官"这两个官署再作探讨,以期有助于秦代农事官制度的认识。

第一节　"田"或"田部"

云梦睡虎地秦简《秦律十八种》的《田律》、《厩苑律》等篇,记有"田啬夫"。整

---

① 裘锡圭:《啬夫初探》,《云梦秦简研究》,中华书局 1981 年版,第 226~301 页;收入《裘锡圭学术文集》第五卷,复旦大学出版社 2012 年版,第 44~106 页。

② 裘锡圭:《从出土文字资料看秦和西汉时代官有农田的经营》,《中国考古学与历史学之整合研究》,台北"中研院"历史语言研究所 1997 年版;收入《裘锡圭学术文集》第五卷,第 210~253 页。

③ 参看廖伯源:《汉初县吏之秩阶及其任命——张家山汉简研究之一》,《社会科学战线》2003 年第 3 期,第 100~107 页;卜宪群:《秦汉之际乡里吏员杂考——以里耶秦简为中心的探讨》,《南都学坛》2006 年第 1 期,第 1~6 页;王勇:《秦汉地方农官建置考述》,《中国农史》2008 年第 3 期,第 16~23 页;王彦辉:《田啬夫、田典考释——对秦及汉初设置两套基层管理机构的一点思考》,《东北师大学报(哲学社会科学版)》2010 年第 2 期,第 49~56 页。

理小组注释说："田啬夫,地方管理农事的小官。"① 裘先生则分析指出:田啬夫总管全县田地等事,其部佐分管各乡田地等事。土地的收授分配当然是田啬夫的主要任务,正因为如此,田啬夫属下的部佐才有"匿诸民田"的可能。其他农业生产资料大概也是由田啬夫管理的。不然关于检查耕牛的厩苑律就不会作出要田啬夫、田典等人对耕牛的饲养使用情况负责的规定。田啬夫的另一个重要任务是督促农民进行生产,那条要田啬夫、部佐禁止"百姓居田舍者"酤酒的田律就说明了这一点②。

在里耶秦简中,有一个称作"田"的官署。其官吏的称谓有"田"、"田守"、"田佐"等。例如③:

(1)田佐□一甲。8-149+8-489

(2)三月丙寅,田壴敢言之☑ 8-179

受仓隶妾二人☑ 8-179 背

(3)小春五人,☑

其三人付田。☑ 8-239

(4)得归不当……【牒】守府敢辞☑

卅三年六月庚子朔壬子,田守武敢言之:上辞一□☑ 8-274+8-2138

(5)田课志。鬓园课。·凡一课。8-383+8-484

(6)田缺吏见一人。8-1118

(7)田佐囚吾死。8-1610

(8)二人付田:偏、婴。8-2101

(9)卅一年七月辛亥朔丙寅,司空☑

其一人为田壴养:成☑

二人行书咸阳:庆、适☑

【一】人有逮:富。☑ 8-2111+8-2136

资料(3)(5)(6)(8)中的"田"为官署名。(2)(9)"田壴"的"田"当为"田啬夫"

---

① 睡虎地秦墓竹简整理小组:《睡虎地秦墓竹简》,文物出版社 1990 年版,"释文、注释"第 22 页。

② 《裘锡圭学术文集》第五卷,复旦大学出版社 2012 年版,第 65~67 页。

③ 里耶第 5、6、8 层资料,见湖南省文物考古研究所:《里耶秦简〔壹〕》,文物出版社 2012 年版;陈伟主编:《里耶秦简牍校释》第一卷,武汉大学出版社 2012 年版,下文简称"《校释》"。8-1118 中的"田",原释为"囚"。8-2111+8-2136 一条,参看何有祖:《里耶秦简牍缀合(七则)》,简帛网 2012 年 5 月 1 日,http://www.bsm.org.cn/show_article.php?id=1679。

省称，"畾"为其私名①。(4)"田守"应是代理田啬夫②。(7)中的"田佐"应是田啬夫之佐③。依照下文对(10)8-269号简的分析，田啬夫属吏还有"田史"。(9)所记"一人为田畾养"，值得注意。睡虎地秦简《秦律十八种·金布律》72号记云："都官有秩吏及离官啬夫，养各一人，其佐、史与共养。"④田畾配有"养"，其官署有佐、史诸职，秩级应与"都官有秩吏"相当。

里耶8-269号简有"田部"一名。简文云：

(10)资中令史阳里釦伐阅：

十一年九月隃为史。

为乡史九岁一日。

为田部史四岁三月十一日。

为令史二月。

□计。

年卅六。

户计。

可直司空曹。

釦曾经任职的"田部"，很可能是"田"这一官署的另称。《二年律令·秩律》记胡、夏阳等县"秩各八百石，有丞、尉者半之，司空、田、乡部二百石"；汾阴、汧等县"秩各六百石，有丞、尉者半之，田、乡部二百石，司空及卫官、校长百六十石"⑤。这里"田"指田啬夫，"乡"指乡啬夫⑥。其中"田、乡部"，应该是"田部"与"乡部"的省

---

① 秦汉时官名的省文，参看《裘锡圭学术文集》第五卷，复旦大学出版社2012年版，第69~70页；李学勤：《〈奏谳书〉与秦汉铭文中的职官省称》，《中国古代法律文献研究》第1辑，巴蜀书社1999年版，第61~63页；刘乐贤：《里耶秦简和孔家坡汉简中的职官省称》，《文物》2007年第9期，第93~96页。"田畾"还见于8-1528号简。

② 陈伟主编《里耶秦简牍校释》第一卷在将8-2138与8-274缀合的同时，对单独存在的8-2138未予删除，并将"牒"误释为"泰"。

③ 王彦辉已从"田"、"田佐"等记载中推测出田啬夫的存在，但未注意到"田畾"的记载。见氏撰《〈里耶秦简〉(壹)所见秦代县乡机构设置问题蠡测》，《古代文明》2012年第4期，第46~57页。

④ 睡虎地秦墓竹简整理小组：《睡虎地秦墓竹简》，文物出版社1990年版，"释文、注释"第37页。

⑤ 张家山二四七号汉墓竹简整理小组：《张家山汉墓竹简〔二四七号墓〕》，文物出版社2001年版，第195~197页；彭浩、陈伟、工藤元男主编：《二年律令与奏谳书》，上海古籍出版社2007年版，第264~270页。下文引述《二年律令》均据此二书。

⑥ 参看[日]冨谷至主编：《江陵张家山二四七號墓出土汉律令研究〔譯注篇〕》，朋友书店2006年版，第287页。

文①。这在佐证对于里耶 8-269 号简"田部"的理解的同时,也表明"田"与乡、司空相当,是隶属于县的官署之一。这与前述从田啬夫有养推定的秩级大致相合。

裘锡圭关于田啬夫总管全县田地等事的论断也受到一些质疑。

《秦律十八种·厩苑律》简 13-14 记云:"以四月、七月、十月、正月膚田牛。卒岁,以正月大课之,最,赐田啬夫壺酉(酒)束脯,为旱〈皂〉者除一更,赐牛长日三旬;殿者,谇田啬夫,罚冗皂者二月。其以牛田,牛减絜,治(笞)主者寸十。有(又)里课之,最者,赐田典日月;殿,治(笞)卅。"② 卜宪群指出:从逻辑关系看,田典以里为单位考核,田啬夫似应由乡为单位来考核;另外,如果每县只设一名田啬夫,也就没有所谓"最"、"殿"的问题了。县中一般啬夫只设到县,其分支机构也只设到乡,不设到里;但田啬夫工作的特殊性也完全可能每乡都设的③。

《二年律令·户律》简 322 云:"代户、贸卖田宅,乡部、田啬夫、吏留弗为定籍,盈一日,罚金各二两。"王彦辉认为:在此,田啬夫列于乡部之后,说明田啬夫设置于乡一级行政单位,并不是县一级官员。睡虎地秦简《效律》简 51-53 云:"官啬夫赀二甲,令、丞赀一甲;官啬夫赀一甲,令、丞赀一盾。其吏主者坐以赀,谇如官啬夫。其它冗吏、令史掾计者,及都仓、库、田、亭啬大坐其离官属于乡者,如令、丞。"王先生依据这条简文,将县一级田啬夫称为"都田啬夫",以与"离官啬夫"(即王先生主张设于乡的"田啬夫")区别④。在稍后的研究中,王先生又提出田啬夫官署负责管理县领官田的观点⑤。

秦封泥有"都田之印"⑥,西北汉简中有"都田啬夫"、"都田佐"等记载⑦。王勇

① 参看廖伯源:《汉初县吏之秩阶及其任命——张家山汉简研究之一》,《社会科学战线》2003 年第 3 期;王彦辉:《田啬夫、田典考释——对秦及汉初设置两套基层管理机构的一点思考》,《东北师大学报(哲学社会科学版)》2010 年第 2 期。

② 睡虎地秦墓竹简整理小组:《睡虎地秦墓竹简》,文物出版社 1990 年版,"释文、注释"第 22 页。

③ 卜宪群:《秦汉之际乡里吏员杂考——以里耶秦简为中心的探讨》(《南都学坛》2006 年第 1 期)。王勇:《秦汉地方农官建置考述》(《中国农史》2008 年第 3 期)、王彦辉:《田啬夫、田典考释——对秦及汉初设置两套基层管理机构的一点思考》(《东北师大学报(哲学社会科学版)》2010 年第 2 期)在主张田啬夫设于乡时也提及《厩苑律》的这条资料。

④ 王彦辉:《田啬夫、田典考释——对秦及汉初设置两套基层管理机构的一点思考》。

⑤ 王彦辉:《〈里耶秦简〉(壹)所见秦代县乡机构设置问题蠡测》。

⑥ 周晓陆、路东之:《秦封泥集》,三秦出版社 2000 年版,第 230 页。

⑦ 如居延新简 EPT59.265 "居成闲田都田啬夫"(甘肃省文物考古研究所等:《居延新简——甲渠候官》上,中华书局 1994 年版,第 164 页),悬泉汉简"都田佐"(胡平生、张德芳:《敦煌悬泉汉简释粹》,上海古籍出版社 2001 年版,第 148 页)。

联系睡虎地秦简中"都仓、库、田、亭啬夫",认为这些职官属于都官系统①。

今按,《秦律十八种·厩苑律》所记"田啬夫",确实不好看作县级的主管官员。这条简文属于厩苑律,除比较费解的"田啬夫"之外,牛长、皂者恐怕也不象是普通乡里的设置,而可能是饲养官牛的职名。因而我们怀疑律文只是针对厩苑而言,这处"田啬夫"是厩苑中的职官,与一般县中的同名官员不同。

《二年律令·户律》简322乡部与田啬夫的行文顺序,也许意味着代户、贸卖田宅的定籍需要先后经过乡部和田啬夫两道程序,并不构成田啬夫设于乡的证据。同样属于《二年律令》的《贼律》简4—5云:"贼燔城、官府及县官积聚,弃市。贼燔寺舍、民室屋庐舍、积聚,黥为城旦舂。其失火延燔之,罚金四两,责所燔。乡部、官啬夫、吏主者弗得,罚金各二两。"这里显然不能因为官啬夫叙于乡部之后,而断定官啬夫设在乡中。

在县中的田啬夫官署,主管全县农田事务,裘锡圭利用睡虎地秦简,已经作有说明。前揭《二年律令》简322规定,当民间发生代户、贸卖田宅活动时,乡部、田啬夫必须及时为之定籍。显示田啬夫与乡官一起,对民间田宅地的转移,负有监管、认定的责任。《二年律令·秩律》在县属官署中,只列出田部、乡部和司空长官的秩级,表明他们负责的是最重要的县属官署。在这种情形下,认为田啬夫主管全县田地而不是公有田地,更合于情理。这些西汉初年的文献,有助于说明秦代同名官署的职责。

里耶秦简中有两条垦田文书颇堪玩味②:

卅五年三月庚寅朔丙辰,贰春乡兹爰书:南里寡妇憼自言:谒狠(垦)草田故桑地百廿步,在故步北,恒以为桑田。
三月丙辰,贰春乡兹敢言之:上。敢言之。/诎手。9—14
卅三年六月庚子朔丁巳,田守武爰书:高里士五(伍)吾武自言:谒狠(垦)草田六亩武门外,能恒藉以为田。典樰占。9—2344

南里为贰春乡所辖③,乡啬夫兹为寡妇憼垦田爰书自是份内之事。然而由于有

---

① 王勇:《秦汉地方农官建置考述》;王勇:《中国古代农官制度》,中国三峡出版社2009年版,第69~72页。
② 资料见郑曙斌、张春龙、宋少华、黄朴华:《湖南出土简牍选编》,岳麓书社2013年版,第98页、第114页。释文参看游逸飞、陈弘音:《里耶秦简博物馆藏第九层简牍释文校释》,简帛网2013年12月22日,http://www.bsm.org.cn/show_article.php?id=1968#_edn44;鲁家亮:《新见里耶秦简牍资料选校(二)》,《简帛》第10辑,上海古籍出版社2015年版,第187~210页。
③ 8—661也显示南里隶属贰春乡。

9-14 存在,9-2344 显得格外费解。高里,晏昌贵根据 8-1443+8-1455、8-1554 指出属都乡①。8-651 记"启陵津船人高里士五(伍)启封当践十二月更",似启陵也有高里。无论如何,高里为迁陵某乡所辖,吾武为该里户人,应无疑义②。在这种情形下,吾武垦田何以由田守武爰书? 9-14 垦田爰书由贰春乡兹出具,9-2344 中垦田爰书由田守武出具,两者关系如何理解? 于此,前揭《二年律令·户律》简 322 似可提供解决的思路。即垦田与"贸卖田宅"一样,需要乡啬夫吏和田啬夫吏双双为之定籍。9-14、9-2344 分别属于乡部、田部的定籍文书。田部为南里寡妇憗出具的定籍文书、乡部为高里士伍吾武出具的定籍文书虽未之见,但却可由二者推知其存在。如果这一推定大致不误,则田部主管全县田地在秦简中得到证实;田部、乡部对田地双重管理的实现,也在新垦田这一环节获得具体了解。

对于睡虎地秦简《效律》"都仓、库、田、亭啬夫",整理小组注释说:"都,总。都田见西汉封泥,都亭见《汉书·赵广利传》,均参看陈直《汉书新证》卷一。"③裘先生作有更细致的分析。他指出:这里"都"字之义可能与都乡、都官之"都"有别,而与见于《汉书·百官表》的都水、都船、都内等官名的"都"字相同,是主管、总管的意思。《仓律》:"入禾仓,万石一积而比黎之为户。县啬夫若丞及仓、乡相杂以印之,而遗仓啬夫及离邑仓佐主禀者各一户以气(饩),自封印。"仓啬夫与都仓啬夫当是一官的异名,离邑仓就是仓啬夫的离官。县属官啬夫的离官,级别比都官设于县的离官又低了一等,所以没有资格设啬夫而只能设佐。《金布律》有"小官毋(无)啬夫"之语,可参④。对于"都田啬夫"的"都"也存在其他解释⑤。但由于与"都亭啬夫"并言,很难归于都官系统。我们还看到,资料(1)记录田佐某接受县廷的赀罚,(5)显示田部接受县廷的考课,(10)反映田部属吏可在县内乡、司空等单位之间流动。这些都与自成系统、独立性较强的都官特质不合。此外,在里耶秦简中,三乡、田官等使用作徒的记载甚多,使用人数也比较多。田部使用作徒的记载只见有(2)(3)(8)(9)四次,人数也少。都官属于经营性或事务性机构⑥。田部较少使用

① 晏昌贵、郭涛:《里耶简牍所见秦迁陵县乡里考》,《简帛》第 10 辑,上海古籍出版社 2015 年版,第 145~154 页。9-984 记酉阳守丞告迁陵丞,将高里士伍顺小妾尔余遣归,迁陵拔批转给都乡啬夫处理。亦显示高里属都乡。
② 晏昌贵、郭涛:《里耶简牍所见秦迁陵县乡里考》提示吾武即 8-1443+8-1455 中武的可能性。
③ 睡虎地秦墓竹简整理小组:《睡虎地秦墓竹简》,文物出版社 1990 年版,"释文、注释"第 75 页。
④ 《裘锡圭学术文集》第五卷,复旦大学出版社 2012 年版,第 49~50 页。
⑤ 栗劲:《〈睡虎地秦墓竹简〉译注斠补》(《吉林大学社会科学学报》1984 年第 5 期)认为:简文"都"与"乡"对应,说明都对乡有统治或管辖关系。
⑥ 于振波:《汉代的都官与离官》,《简帛研究二〇〇二、二〇〇三》,广西师范大学出版社 2005 年版,第 221~227 页。

作徒,更符合管理部门的属性①。

总之,从秦迁陵县"田"这一官署已有资料看,其机构既没有分层因而可以理解为同时设于县乡两级的迹象,也没有分解因而可以理解为同时设于诸乡的迹象。将田啬夫看作全县农事的主管官员,应该是比较合理的判断。

第二节　田　官

裘先生《从出土文字资料看秦和西汉时代官有农田的经营》一文,整理、分析当时所见资料后指出:在秦代,国家掌握着大量土地,直接为官府所经营的公田,数量也一定极为可观。役使隶臣一类人耕种公田,应是秦代官府经营公田的重要方式②。里耶秦简中存有大量关于"田官"的记载,可能与此有关③:

(11)廿九年尽岁田官徒薄(簿)廷。8-16

(12)田官佐贺二甲。8-149+8-489

(13)畜官、田官作徒薄(簿),□及贰春

廿八年 8-285

(14)仓曹计录:禾稼计,贷计,畜计,器计,钱计,徒计;畜官牛计,马计,羊计;田官计。凡十计。史尚主。8-481

(15)贰春乡佐壬,今田官佐。8-580

(16)卅年二月己丑朔壬寅,田官守敬敢言【之】□

官田自食薄(簿),谒言泰守府□□

之。□ 8-672

壬寅旦,史逐以来。/尚半。□ 8-672背

(17)笥九合。　卅五年八月丁巳朔庚申,田官壬□ 8-900

---

① 王彦辉:《〈里耶秦简〉(壹)所见秦代县乡机构设置问题蠡测》(《古代文明》2012年第4期)对王勇将田啬夫看作都官系统已有驳议,可参看。

② 《裘锡圭学术文集》第五卷,复旦大学出版社2012年版,第211页。

③ 8-1194+8-1608缀合,见何有祖:《里耶秦简牍缀合(四)》,简帛网2012年5月21日,http://www.bsm.org.cn/show_article.php?id=1700。9-981,见湖南省文物考古研究所、湘西土家族自治州文物处、龙山县文物管理所:《湖南龙山里耶战国——秦代古城一号井发掘简报》,《文物》2003年第1期,第4~35页。

(18)☑传畜官。贰春乡传田官,别贰春亭、唐亭。☑ 8-1114+8-1150

(19)令史苏、田官矫。8-1194+8-1608

(20)卅年六月丁亥朔甲辰,田官守敬敢言之:疏书日食牍北(背)上。
敢言之。8-1566

城旦、鬼薪十八人。

小城旦十人。

舂廿二人。

小舂三人。

隶妾居赀三人。

戊申,水下五刻,佐壬以来。/ 尚半。 逐手。8-1566背

(21)卅年九月丙辰朔己巳,田官守敬敢言之:廷曰令居赀目取船,弗
予,谩曰亡。亡不定言。论及谳问,不亡,定谩者訾,遣诣廷。问之,船亡,
审。沤枭。迺甲寅夜水多,沤,流包船,船毂(系)绝,亡。求未得,此以未定。
史逐将作者汜中。具志已前上,遣佐壬操副诣廷。敢言之。9-981

九月庚午旦,佐壬以来。/ 扁发。 壬手。9-981背

(11)(13)(14)(18)中的“田官”为官署名。(17)中的“田官壬”、(19)中的“田
官矫”应是田官啬夫加私名的简省表述。(16)(20)(21)中的“田官守”为田官啬夫
代理。(12)(15)中的“田官佐”、以及(16)(21)中的“史逐”,应是田官啬夫的属吏。
可见,迁陵田官与田部的官吏构成大致相同。

与田部较少役使徒隶的情形不同,田官大量使用作徒。8-145+9-2294为卅
二年十月乙亥司空守圂徒作簿[1]。其中成年男性徒隶125人,“廿三人付田官”;成
年女性徒隶87人,“廿四人付田官”;小城旦九人,“六人付田官”;小舂五人,“其
三人付田官”。当天由司空拨付田官的徒隶共56人。10-1170为卅四年十二月仓
徒簿最[2]。其中“大隶妾积二千八百七十六”,“五百一十人付田官”,“卅四人助田官
获”,折合每天18人强[3]。上揭资料(20)记卅年六月甲辰“日食”的男女大小作徒

---

[1] 9-2294见郑曙斌、张春龙、宋少华、黄朴华:《湖南出土简牍选编》。二片缀合,见鲁家亮:《新
见里耶秦简牍资料选校(二)》,简帛网 2014 年 9 月 3 日,http://www.bsm.org.cn/show_article.
php?id=2069。

[2] 见《湖南出土简牍选编》。

[3] 始皇三十四年十二月大,参看许名玱:《秦历朔日复原》,简帛网 2013 年 7 月 27 日,http://www.
bsm.org.cn/show_article.php?id=1871。

56人①，正与大批作徒分拨给田官的记录相呼应②。

《秦律十八种·仓律》简51云："隶臣田者，以二月月禀二石半石，到九月尽而止其半石。"裘先生由此推定秦代用隶臣耕种公田③。迁陵田官役使众多徒隶，相信主要当是用于农作。9-981说"沤枲"④，10-1170说"助田官获"，已经显露一二。

里耶简牍中有大量禀、贷谷物的记载。其中由田官官吏主持、比较完整的记录有：

> （22）径雟粟米一石九斗少半斗。卅一年正月甲寅朔丙辰，田官守敬、佐壬、禀人显出禀赘貣士五（伍）巫中陵免将。
>
> 令史扁视平。　壬手。8-764
>
> （23）卅一年六月壬午朔丁亥，田官守敬、佐郤、禀人婳出貣罚戍簪褭坏（褭）德中里悍。
>
> 令史逐视平。　郤手。8-781+8-1102
>
> （24）☑朔朔日，田官守敬、佐壬、禀人婳出禀居赘士五（伍）江陵东就娿☑
>
> ☑史逐视平。☑8-1328
>
> （25）径雟粟米一石八斗泰半。　卅一年七月辛亥朔癸酉，田官守敬、佐壬、禀人蓉出禀屯戍簪褭襄完里黑、士五（伍）胸忍松涂增六月食，各九斗少半。　令史逐视平。　敦长簪褭襄襄坏（褭）德中里悍出。　壬手。8-1574+8-1787
>
> （26）径雟粟米四石。　卅一年七月辛亥朔朔日，田官守敬、佐壬、禀人婳出禀罚戍公卒襄城武宜都肤、长利士五（伍）虪。
>
> 令史逐视平。　壬手。8-2246

在这5条资料中，出禀4条，对象共6人，分别是（22）"赘貣士五（伍）巫中陵免将"、（24）"居赘士五（伍）江陵东就娿"、（25）"屯戍簪褭襄完里黑、士五（伍）胸

---

① 睡虎地秦简整理小组译文把"日食"解释为按天发给口粮。

② 王彦辉：《〈里耶秦简〉（壹）所见秦代县乡机构设置问题蠡测》（《古代文明》2012年第4期）已指出田官使用徒隶的现象。

③ 《裘锡圭学术文集》第五卷，复旦大学出版社2012年版，第77~78、210~211页。

④ 简文说"史逐将作者氾中"。作者，马怡以为"劳作者"。《睡虎地秦墓竹简·仓律》："小城旦、隶臣作者，月禾一石半石。"《史记·秦始皇本纪》："请且止阿房宫作者。"（马怡：《里耶秦简选校》，《中国社会科学院历史研究所学刊》第4集，商务印书馆2007年版，第155页）"者"也可能读为"诸"。无论如何，为史逐监看在氾中沤枲者，很可能是由徒隶充任的作徒。

忍松涂增"、(26)"罚戍公卒襄城武宜都胅、长利士五(伍)嬴";出贷的 1 条,对象是(23)"罚戍簪襄坏(襄)德中里悍"。"禀"指发放[1],"贷"指借予。后者的具体情形不大确定[2],前者大致当是因为在田官劳作而禀食。8-482"尉课志"记列三课中,就有"卒田课"一项,显示当时士卒必定有从事农作的情形。

9-1869 记云:"元年八月庚午朔庚寅,田官守濯敢言之:上狠(垦)田课一牒。敢言之。"[3] 在里耶简 8-1519 中,记有迁陵县垦田数、税田数、户数与租数,并分别记述三乡各自的垦田数和租数。所记应是全县民户的数据。9-1869 与之有别,所记垦田事似乎独立于三乡之外。

对于里耶秦简田官的性质,存在不同认识。9-981 中的"田官守",张春龙、龙京沙认为是"乡啬夫的佐吏"[4]。卜宪群认为属于基层田官系统,即县设田啬夫,乡设田官,里设田典[5]。王彦辉则从三方面证明属于都官系统。第一,在传世文献和居延汉简中,田官指的是经营公田的机构,或指屯田机构;或指设于内地的都官。汉代屯田的生产者主要是"田卒"或曰"戍卒",而里耶秦简中田官使用的劳动力则以刑徒、奴婢为主。第二,里耶秦简所载田官有自己的粮仓,所上"食者籍"直接上报洞庭郡而非迁陵县。第三,田官、畜官与县领官田、官畜在里耶简中并存[6]。

王彦辉在第三点的举证中指出,在赀罚名籍中"田官佐"与"田佐"并存,在作徒簿中"付田官"与"付田"并存,在考课名目中"田官课志"与"田课志"并存。虽然王先生未及利用"田毚"等资料,已间接推知田啬夫的存在,进而指出在迁陵县田部系统与田官系统并存。这是一个重要的发现。将田官看作乡官的意见,因而应可放弃。

不过,王先生对田官属于都官系统的论证却不够坚确。其一,《史记·平准书》记汉武帝实行"告缗"没收大量土地,"水衡、少府、大农、太仆各置农官,往往即郡县比没入田田之。"王先生写道:"这里的'农官'取义应与'田官'相同,是中央诸官署在郡县设置的经营公田的机构,即'都官'。"在里耶秦简田官方面,目前没有

---

① 参看睡虎地秦简《秦律十八种·田律》11 号简整理小组注释。

② 《秦律十八种·仓律》44 号简云:"宦者、都官吏、都官人有事上为将,令县贵(贷)之,辄移其禀县,禀县以减其禀。已禀者,移居县责之。"是说出差者所之县借以食粮,负责发放食粮的县在其配额中扣除。《秦律十八种·司空》142 号简:"人奴妾毄(系)城旦舂,贵(贷)衣食公,日未备而死者,出其衣食。"是说私家奴婢系城旦舂时,由官府借予衣食。

③ 8-1763 记云:"当狠(垦)田十六亩,已狠(垦)田十九亩。"本简跟 9-1869 一样也是双行书写,所记正象是考课的内容,或许即是 9-1869 所说的"垦田课一牒"。

④ 张春龙、龙京沙:《湘西里耶秦代简牍选释》,《中国历史文物》2003 年第 1 期,第 8~25 页。

⑤ 卜宪群:《秦汉之际乡里吏员杂考——以里耶秦简为中心的探讨》,《南都学坛》2006 年第 1 期。

⑥ 王彦辉:《〈里耶秦简〉(壹)所见秦代县乡机构设置问题蠡测》,《古代文明》2012 年第 4 期。

看到任何直属于中央官署的迹象。况且田官、农官称谓各异,在名义上也有区别。其二,前文揭举田官禀、贷的粟米,(22)(25)(26)均明言出于"径廥"。而迁陵仓官所禀,也多是"径廥"所出,例如8-56、8-762、8-766、8-800、8-1081、8-1239+8-1334、8-1739、8-2249诸简所记。司空也有禀于"径廥"的记录,见8-212+8-426+8-1632。在这方面,迁陵田官与仓、司空并无二致。《秦律十八种·仓律》简37云:"县上食者籍及它费大(太)仓,与计偕。都官以计时雠食者籍。"王先生联系这条秦律认为:(16)所谓"官田自食簿"当与迁陵县上交的食者名籍是分开的,这也说明"田官"非县属,而应是都官。其实,"官田自食簿"的含义目前并不清楚。里耶秦简中为出公差者开具的给食文书,通常有某县"田能自食"的字样。如5-1说"零阳田能自食",8-50+8-422说"迁陵田能自食"。"官田自食簿"或许是这类出公差者"自食"的记录,而不是都官"食者籍"。田官向太守府提交这份簿籍,也许是出于某种特定的目的,而不一定与"都官以计时雠食者籍"有关。何况这份文书由田官呈递给县廷①,并不是直接呈于郡守。而(20)为田官徒隶"日食"记录,正是由田官守敬呈报于县廷。其三,在稍早发表的《田啬夫、田典考释——对秦及汉初设置两套基层管理机构的一点思考》一文中,王先生同意田啬夫一系管理全县农事,只是认为其系统由都田啬夫、田啬夫、田典三级组成。现在王先生将田啬夫一系认为是管理县领官田,却未能举出必要的证据。这样,当地同时有两套官田系统,因而其中必有一个属都官的推论,也就缺乏必要的前提②。

从正面看,田官与县廷存在更多的关联。第一,田官的各种统计资料需要汇报至县廷。除了王先生业已提到的"仓曹计录"包括"田官计"(8-1566所记)以及上已揭举的"日食"记录之外,目前所见资料还有(11)"廿九年尽岁田官徒簿"、(13)廿八年"畜官、田官作徒簿"、8-479"田官课志"。第二,8-580记云:"贰春乡佐壬,今田官佐。"这意味着田官吏员可以在迁陵县诸官署中调动。第三,王先生业已举出的(12)是田官属吏接受迁陵县廷赀罚的记录。而在(21)中,则更清晰地展示出迁陵县廷对田官中可能存在的问题持有追查的权力。就现有资料看,迁陵田官与仓、司空和各乡官无异,是隶属于迁陵县廷的一个官署。

---

① 这可由以下两点推知:(1)文书呈报于"卅年二月己丑朔壬寅",而在当天早上("壬寅旦")即送达("史逐以来");(2)文书"尚半"即由尚开启,而8-1566田官守敬呈报日食文书亦是"尚半"。8-2034少内守敬作徒簿记"尚发",亦是同人开启公函的记录。"半"、"发"作为开启文书用字的变化,参看第一章第一节。

② 与此同时,王先生指出8-495"仓课志"记有畜彘鸡狗、畜鸡产子、死亡的内容,表明畜官与县领官畜并存。《秦律十八种·仓律》63号简记云:"畜鸡。离仓中犬者,畜犬期足。猪、鸡之息子不用者,买(卖)之,别计其钱。"(整理小组标点为"畜鸡离仓。……")仓畜养鸡、猪、犬大概是其副业(养狗应该还有安全方面的用途),并不构成与畜官并立的局面。

　　王彦辉在讨论迁陵田官属性时指出,在传世文献和居延汉简中,田官指屯田机构;看"卒田课"的记载,考虑到秦代刑徒劳动的普遍性,把田官理解为屯田系统也能说得通。若此,里耶秦简中"田官"可以看作是后代军事屯垦的滥觞[①]。考虑到名称相同,以及田官在使用徒隶之外还可能使用屯戍、罚戍等因素,田官与汉武帝以后主要在西北地区实行屯戍制度的田官存在一定的渊源关系,确实是一个值得重视的课题。

结　语

　　以上主要利用里耶秦简牍资料,对秦迁陵县"田"与"田官"这两个机构加以探讨。裘锡圭等学者先前已根据睡虎地秦简的资料指出"田"或"田部"管理全县的农事。里耶秦简在这方面提供了更多证据。9-14、9-2344分别作为乡部、田部呈草爰书,可以从《二年律令·户律》简322所载得到提示,理解为对于民间田地的双重管理。田官有使用大量徒隶和进行农事作业的记录,是迁陵县下管理公田的机构。

---

①　王彦辉《〈里耶秦简〉(壹)所见秦代县乡机构设置问题蠡测》,《古代文明》2012年第4期。

第三章　里耶秦简所见的迁陵县"库"

　　战国、秦汉时期的库，传世文献中资料甚少。新郑郑韩故城兵器窖藏和云梦睡虎地秦简相继发现[1]，引发了学者的研究兴趣。新郑兵器披露后，黄盛璋接连发表论文，对韩国以及三晋的库作有开创性研究[2]。云梦秦简面世后，裘锡圭详细讨论了库的职能、官吏设置以及劳动者身份等问题[3]。佐原康夫则对秦和三晋从中央到郡县的库进行了比较分析[4]。而在尹湾汉简出土后，李均明联系长安武库遗址和西北汉简资料，对《武库永始四年兵车器集簿》作有专门探讨[5]。

　　里耶秦简中，有比较多关于迁陵县库的记载。我们尝试梳理这些资料，希望藉以对秦迁陵县库取得比较系统的了解。

①　郝本性：《新郑"郑韩故城"发现一批战国铜兵器》，《文物》1972 年第 10 期，第 32~40 页；睡虎地秦墓竹简整理小组：《睡虎地秦墓竹简》，文物出版社 1990 年版。

②　黄茂琳(黄盛璋)：《新郑出土战国兵器中的一些问题》，《考古》1973 年第 6 期，第 372~380 页；黄盛璋：《试论三晋兵器的国别和年代及其相关问题》，《考古学报》1974 年第 1 期，第 13~44 页；黄盛璋：《秦兵器分国、断代与有关制度研究》，《古文字研究》第 21 辑，中华书局 2001 年版，第 227~277 页。前两篇论文收入氏撰《历史地理与考古论丛》，齐鲁书社 1982 年版。第一篇收入时有删改。

③　裘锡圭：《啬夫初探》，《云梦秦简研究》中华书局 1981 年版，第 226~301 页；收入《古代文史研究新探》(江苏古籍出版社 1992 年版)增加了几条按语。

④　［日］佐原康夫：《戦国時代の府・庫について》，《東洋史研究》第 43 卷第 1 号，東洋史研究会 1984 年 6 月，第 31~59 页。

⑤　李均明：《尹湾汉墓出土"武库永始四年兵车器集簿"初探》，《尹湾汉墓简牍综论》，科学出版社 1999 年版，第 86~120 页。

第一节　职　掌

　　《说文》："库,兵车藏也。"《急就篇》卷二"墼垒廥厩库东箱",颜师古注："库,兵车所藏也。"保藏兵甲与军车,应该正是迁陵县库的主要职能。里耶简 8-493 记"金布计录"云："库兵计,车计,工用计,工用器计;少内器计,金钱计。凡六计。"在"六计"中,前四计均对库而言。兵、车列于第一、第二,显示二者在库中的突出地位。

　　库保管的"兵",包括兵器与甲衣。这在里耶 8-653、8-458 中可以看得很清楚[①]:

　　　　元年八月庚午朔朔日,迁陵守丞固□□之:守府书曰:上真见兵,会九月朔日守府。·今□□书者一牒。敢言之。/九月己亥朔己酉,迁陵守□□ 8-653 敢言之:写重。敢言之。/赣手。☑
　　　　赣□ 8-653 背
　　　　迁陵库真见兵:
　　　　甲三百卅=九。
　　　　甲冤廿一。
　　　　鞮瞀卅九。
　　　　胄廿八。
　　　　弩二百五十一。
　　　　臂九十七。
　　　　弦千八百一。
　　　　矢四万九百□。
　　　　乾(载)二百五十一。 8-458

[①]　本章引述里耶第五、六、八层释文,据湖南省文物考古研究所:《里耶秦简〔壹〕》(文物出版社 2012 年版)、陈伟主编:《里耶秦简牍校释》第一卷(武汉大学出版社 2012 年版,下文简称"《校释》")。8-653"写重敢言"四字原未释,参看何有祖:《读里耶秦简札记(二)》,简帛网 2015 年 6 月 23 日,http://www.bsm.org.cn/show_article.php?id=2265。这份文书曾在元年八月庚午朔朔日呈报一次。大概未确认送达,所以在九月己酉抄写重发。8-458"胄十八"中的"十",原释为"廿",据 9-29 改释(郑曙斌、张春龙、宋少华、黄朴华:《湖南出土简牍选编》,岳麓书社 2013 年版,第 101 页)。

8-458 第一栏第一列的"真见兵"三字整理者未释。《校释》释出"真"字。李均明释出"真见"二字①。细看图版,在"见"字之下、"胄"字(第二栏第一列首字)之上,尚有一字,其下部"廾"形大致可见。与 8-653 对照,可知是"兵"字。8-653、8-458 内容相关,字迹相似,后者应该就是前者所说的"今□□书者一牒"②。即 8-653、8-458 合为一册,前者是呈文(呈送状),后者则是所呈的簿籍③。

《淮南子·俶真》高诱注:"真,实也。"李均明据此认为:真见,指实见,与实物核对后确定④。今按:里耶秦简用于统计数据的"见",似皆为现有、现存义。如 8-175"上见辒辌轺乘车",8-2004"疏书廿八年以尽卅三年见户数牍北(背)",8-560"用钱八万,毋见钱",8-1137:"吏凡百四人,缺卅五人,今见五十人。"真见兵,应是指真实、准确的现存兵器⑤。

8-458 所载,大致分为甲胄、弩矢和戟三类。与尹湾汉简《武库永始四年兵车器集簿》所载东海郡武库收藏的兵器相比,种类、数量虽然少很多,但记列方式和类别则有相似之处⑥。8-458 所记载的,似应是当时迁陵库存兵器的全部。在里耶秦简中,尚有另外一些兵器的统计资料,如 9-285"金矛二百六十四,有羚(矜)",9-1356"金矛刃一百六十五"⑦。这些是不是某个时间的迁陵库藏,尚待核实。

在收存之外,迁陵库还负责维护和调运兵器。8-686+8-973 记廿九年八月乙酉库守悍作徒簿云"城旦二人缮甲",应即修理或保养甲衣。云梦睡虎地秦简《秦律杂抄》简 15 云:"禀卒兵,不完善(缮),丞、库啬夫、吏赀二甲,灋(废)。"表明县

---

① 李均明:《里耶秦简"真见兵"解》,《出土文献研究》第 11 辑,中西书局 2012 年版,第 130~133 页。
② 比较后文所引 8-175,此句原文盖是"今上应书者一牒"。
③ 有关呈文与簿籍关系,参看永田英正:《居延汉简研究》,广西师范大学出版社 2007 年版,第 266 页;侯旭东:《西北所出汉代簿籍册书简的排列与复原——从东汉永元兵物簿说起》,《史学集刊》2014 年第 1 期,第 58~73 页。上揭李均明文已指出 8-458 为兵器的统计账,是"真见兵"簿;8-653 是上报"真见兵"簿的呈文。此外,《湖南出土简牍选编》刊布的 9-29、9-2045+9-2147,从所记兵器及其数量看,亦应与 8-458、8-653 有关。因残缺较多,暂难详论。9-2045+9-2147 可遥缀,见游逸飞、陈弘音:《里耶秦简博物馆藏第九层简牍释文校释》,简帛网 2013 年 12 月 22 日,http://www.bsm.org.cn/show_article.php?id=1968#_ednref107。
④ 见上揭李均明文。
⑤ 岳麓书院藏秦奏谳类文献案例六简 97(0151/0140)记:"廿一年库计,劾缪(谬)弩百。"可参看。见朱汉民、陈松长主编:《岳麓书院藏秦简〔叁〕》,上海辞书出版社 2013 年版,第 146 页。
⑥ 连云港市博物馆、东海县博物馆、中国社会科学院简帛研究中心、中国文物研究所:《尹湾汉墓简牍》,中华书局 1997 年版,第 17~18(图版)、103~118(释文)页;李均明《尹湾汉墓出土"武库永始四年兵车器集簿"初探》,《尹湾汉墓简牍综论》,科学出版社 1999 年版。
⑦ 见郑曙斌、张春龙、宋少华、黄朴华:《湖南出土简牍选编》。

库对收藏兵器负有保养的责任①。

调运兵器的文书亦有留存。例如：

廿七年三月丙午朔己酉，库后敢言之：兵当输内史，在贰春□□□□
五石一钧七斤，度用船六丈以上者四樓（艘）。谒令司空遣吏、船徒取。敢
言之。8-1510

迁陵已计：卅四年余见弩臂百六十九。

·凡百六十九。

出弩臂四输益阳。

出弩臂三输临沅。

·凡出七。

今九月见弩臂百六十二。8-151

8-1510 显示，存放在贰春乡的兵器，在运往内史时，由库啬夫负责。其中记
数文字有残坏。同时需要调用四艘六丈以上的船，数量相当可观。16-5、16-6 为
二十七年二月庚寅洞庭守礼致属县文书，其中说："今洞庭兵输内史，及巴、南郡、
苍梧输甲兵，当传者多。"② 由于时间相近，所云或与 8-1510 相关。

8-151 中的临沅，为洞庭郡属县③。益阳当时也可能属于洞庭④。然则，这件文书
所记属于洞庭郡内的兵器调拨，但数量不多⑤。

秦县的库是否制造兵器，学者意见不一。

迁陵库是否制造兵器，缺乏直接证据。贰春乡一次性调出大批兵器，似可看

---

① 裘锡圭：《啬夫初探》指出《秦律杂抄》此条的丞当指县丞，库啬夫应该就是《效律》所说的都库
啬夫。当可凭信。

② 湖南省文物考古研究所、湘西土家族自治州文物处、龙山县文物管理所：《湖南龙山里耶战国——
秦代古城一号井发掘简报》，《文物》2003 年第 1 期，第 4~35 页；湖南省文物考古研究所：《里耶
发掘报告》，岳麓书社 2007 年版，第 192~194 页。这句简文整理者读作："今洞庭兵输内史及巴、
南郡、苍梧，输甲兵当传者多节传之。"陈伟《秦苍梧、洞庭二郡刍论》（《历史研究》2003 年第 5 期，
第 168~172 页）改读。以 8-1510 比照，改读为宜。

③ 里耶 9-712 记云："六月壬午朔戊戌，洞庭叚（假）守齮下□：听书从事。临沅下索；门浅、零阳、
上衍，各以道次传。别书临沅下洞庭都水，蓬下铁官。皆以邮行。"这是临沅为洞庭属县的直接证
据。

④ 参看罗仕杰：《里耶秦简地理问题初探》，《简牍学报》第 19 期，台北市简牍学会·中华简牍学会
2006 年版，第 27~42 页。

⑤ 10-1170 "卅四年十二月仓徒簿最"记"女十六人输服（箙）弓"。这与 8-151 所记同年迁陵出弩
臂输益阳、临沅之事是否相关，待考。

作当地制作兵器的间接证明。不过,始皇二十七年在秦占有今湖南一带之后约两年①。恐怕不能排除这一种可能:秦军入主时带来较多兵器,现因当地形势稳定或其他原因而调往内史。

此外,库有接收、购买工用的记载。9-1138 记云②:

　　卅七年迁陵库工用计。受其贰春乡鬏☐
　　桼(漆)三升,升饮水十一升,干重八。☐

8-1555 则记有库佐冗佐“为县买工用”。看 9-1138,“工用”大概是指“工”之用料。在漆之外,应该还包括其他材料。这些材料,既可用于兵器、车器的制造,亦可用于其维修、保养。

裘锡圭认为:秦县的库生产兵器、车器以及其他器物③。黄盛璋、佐原康夫则认为:秦县库只是收藏兵器,地方制造兵器是在县的工室。铭刻中记有库啬夫之名的十七年丞相启状戈、廿二年临汾守曋戈,属于沿用当地先前的三晋旧制④。董珊更认为:这两件戈中的合阳之库、临汾之库只是负责分发和修缮兵器,并不具有铸造权⑤。目前所见里耶秦简的资料,还不足以达成这个问题的解决。

兵器之外,迁陵库还有保管车以及可能理解为制造车部件的记录。

8-686+8-973“廿九年八月乙酉库守悍作徒簿”记云:“城旦一人约车:登。丈城旦一人约车:缶。”《战国策·秦策一》陈轸去楚之秦章“请为子约车”鲍彪注:“约,具也。”约车即准备车驾。8-175 记云:

　　☐☐敢言之:今日上见辒辌轺乘车及
　　☐守府,今上当令者一牒,它毋 8-175
　　☐☐恒会正月七月朔日延。
　　☐佐午行。　午手。8-175 背

① 8-1450:“冗佐八岁上造阳陵西就曰駬,廿五年二月辛巳初视事上衍。”显示始皇二十五年二月上衍已设县。8-755 至 8-759 记卅四年六月时“苍梧为郡九岁”,说明苍梧设郡当在始皇二十五年。
② 资料见于郑曙斌、张春龙、宋少华、黄朴华:《湖南出土简牍选编》,岳麓书社 2013 年版。
③ 裘锡圭:《啬夫初探》,《云梦秦简研究》,中华书局 1981 年版。
④ 黄盛璋:《秦兵器制度及其发展、变迁新考(提要)》,《秦文化论丛》第 3 辑,西北大学出版社 1994 年版,第 426~430 页;黄盛璋:《秦兵器分国、断代与有关制度研究》,《古文字研究》第 21 辑,中华书局 2001 年版;佐原康夫:《戦国時代の府·庫について》,《東洋史研究》第 43 卷第 1 号,東洋史研究会 1994 年 6 月,第 31~59 页。
⑤ 董珊:《战国题铭与工官制度》,北京大学博士学位论文,2002 年 5 月,第 217 页、第 242 页。

吴方基联系 10-1170"卅四年十二月仓徒簿最"中"库佐午"的记载,认为 8-175 的"佐午"亦即"库佐午",因而 8-175 是库管理乘车的例证[①]。

8-1069+8-1434+8-1520"卅二年五月庚子库武作徒簿"记"其十二人为舆"。舆,整理者所释。《校释》改释为"蓂",注释说:"《玉篇·草部》:'酒之美也。'此处也许假为'舆'。"今按:睡虎地秦简日书乙种简 90 中"舆鬼"的"舆",所从的"车"严重变形,其上部脱离中部,而类似"中";下部缺书;中部近似"田"。以此比照,8-1069+8-1434+8-1520 中该字更可能是"舆"[②]。为舆,即制作车箱。

8-686+8-973 还记载说:"城旦一人治输□□。""治"下一字,也可能是"轮"。治轮,即制作车轮。

在有关迁陵库的记载中,出卖祠窖余彻之事令人费 解[③]。张春龙率先披露这批资料,[④]《里耶秦简〔壹〕》刊布了出于第 8 层相关各简的图版和经过修订的释文[⑤]。《校释》对其中几条作有缀合,获得近乎完整的 3 条,尹在硕缀合了另外一条[⑥],即:

卅五年六月戊午朔己巳,库建、佐般出卖祠窖余彻酒二斗八升于□☒
率之,斗二钱。令史歜监。☒ 8-907+8-923+8-1422
卅五年六月戊午朔己巳,库建、佐般出卖祠窖□□□一胊于隶臣徐所,
取钱一。
令史歜监。　　般手。 8-1002+8-1091
卅五年六月戊午朔己巳,库建、佐般出卖祠窖余彻脯一胊于□□□所,
取钱一。
令史歜监。　　般手。 8-1055+8-1579
卅五年六月戊午朔己巳,库建、佐般出卖祠窖余彻食四斗半斗于隶臣
徐所,取钱五。 8-1162+8-1289+8-1709

---

①　吴方基:《论秦代金布的隶属及其性质》,《古代文明》2015 年第 2 期,第 55~64 页。

②　参看何有祖:《读里耶秦简札记(四)》,简帛网 2015 年 7 月 8 日,http://www.bsm.org.cn/show_article.php?id=2271。

③　睡虎地秦简《法律答问》简 27:"可(何)谓'祠未阕'? 置豆俎鬼前未彻乃为'未阕'。"彻,整理者语译为"撤下"。余彻,指祭祀后剩余撤下的祭品。

④　张春龙:《里耶秦简祠先农、祠窖和祠堤校卷》,《简帛》第 2 辑,上海古籍出版社 2007 年版,第 393~396 页。

⑤　库建的"建",张春龙早先释为"律",湖南省文物考古研究所:《里耶秦简〔壹〕》(文物出版社 2012 年版)改释。张春龙:《里耶秦简祠先农、祠窖和祠堤校卷》指祠窖校券集中在第 8 层。其实他所列举的 7-39、16-786 也属于同类记载。

⑥　陈伟主编:《校释》已指出 8-1162"疑与 8-1289 缀合"。[韩]尹在硕《里耶秦简所见秦代县廷祭祀》(《中国学报》第 71 辑,韩国中国学会 2015 年版)指出 8-1162、8-1289、8-1709 这三片实相缀连。

如同彭浩所归纳的那样，"祠窖"记录均发生在始皇三十五年六月己巳，负责售卖余彻物品的均系"库建"①。在始皇三十二年三月丙申，有一组仓啬夫是祠先农并出售余彻酒食的记录②。彭浩认为：仓不仅管理粮食，还管理其他物质。从里耶祠先农简可知，仓支付"祠先农"所用的牂、盐等，余彻物的售卖也由仓负责。据睡虎地秦简，"库"是管理兵器的，库建、佐般出卖祠窖余彻似应是临时的措施，并非库的职能发生变化③。

这里存在另外一种可能，即仓和库是在分别祭祀与本部门有关的神灵。《周礼》中有这类记载。《春官·龟人》："上春衅龟，祭祀先卜。"郑玄注："先卜，始用卜筮者。"《夏官·司爟》："凡祭祀，则祭爟。"郑玄注："报其为明之功，礼如祭爨。"贾公彦疏："祭爨，祭老妇也，则此祭爟谓祭先出火之人。"《夏官·校人》："春祭马祖，执驹。夏祭先牧，颁马，攻特。秋祭马社，臧仆。冬祭马步，献马，讲驭夫。"郑玄注："马祖，天驷也。""先牧，始养马者，其人未闻。""马社，始乘马者。""马步，神为灾害马者。"先农之神，传世文献所载未详④。江陵周家台秦简《先农》记祠先农祝曰："先农筍（苟）令某禾多一邑，先农恒先泰父食。"是保佑丰收之神。这与仓收储粮食有关。库所祠的窖，有一些推测⑤。或许也可从这一角度探究⑥。在这个意义上，库举行祭祀、出买余彻，只是附带之事，不应因而认为它在祭祀和财物管理方面，具有专门的责任⑦。

第二节 吏 员

睡虎地秦简《秦律杂抄》简 15："禀卒兵，不完善（缮），丞、库啬夫、吏赀二甲，

---

① 彭浩：《读里耶秦简"校券"补记》，《里耶古城·秦简与秦文化研究——中国里耶古城·秦简与秦文化国际学术研讨会论文集》，科学出版社 2009 年版，第 196~200 页。"库建"的"建"，彭先生此文沿仍张春龙文作"律"。

② 见上揭张春龙文。

③ 见上揭彭浩文。

④ 参看田旭东：《从里耶秦简"祠先农"的秦的祭祀活动》，《里耶古城·秦简与秦文化研究——中国里耶古城·秦简与秦文化国际学术研讨会论文集》，科学出版社 2009 年版，第 210~217 页。

⑤ 前揭张春龙文推测"窖"或通"窖"，意为地窖或地穴。前揭彭浩文以为可能读为"岸"，指水边高地。

⑥ 16-786 说"库祠卖彻钱"。张春龙以为另祠一神。其实仍应是指祠窖。《后汉书·马严传》记："敕严过武库，祭蚩尤。"似乎意味着汉代祭蚩尤与武库有特别关联。

⑦ 裘锡圭：《啬夫初探》（《云梦秦简研究》，中华书局 1981 年版）提出：从汉代史料看，库还管钱财。居延简有"元寿六月受库钱财物出入薄"，还有讲到从居延库取俸钱之事的自证爰书。史书里也常提到库钱。不知道秦代的库是不是如此。

瀌（废）。"[1] 裘锡圭指出：这里的库啬夫即《效律》所说的都库啬夫，主管全县的库。"女阴侯木笥钥"等器物铭文"女阴库己"中的"库"应该看作"库啬夫"的省文，唾壶及铜鼎铭文"女阴库守欣"，应为"女阴库守啬夫"的省文。居延简有"库佐"(《甲》2252)，当是库啬夫之佐[2]。

县库啬夫的省略表述也见于两件秦兵器。即[3]：

十七年，丞相启状造。合阳嘉，丞兼，库腓，工邪。合阳。十七年丞相启状戈

廿二年，临汾守曋，库係，工欶造。廿二年临汾守曋戈

1986年发表的关于廿二年临汾守曋戈的文章认为："守"应是指临汾郡郡守。"库"可能是武库的简称，指武器的铸造兼收藏之所。"係"可能是地名。几年后，彭适凡检讨旧作认为："临汾守"仍然是指河东郡守，其来往于安邑、汾城，甚至在汾城指挥、监督军工生产，因而出现这一借称。"库"是指设在临汾的铸造兵器或兼收藏兵器的库所。"係"可能是"库"的负责人名[4]。

《啬夫初探》首次发表时，裘锡圭在指出汝阴库诸器"库某"的"库"是库啬夫省文的同时，却把廿二年临汾守曋戈"库係"的"係"读为"毄城旦舂"的"毄"，与下文连属，用以说明库中的劳动者。1992年，这篇论文收入《古代文史研究新探》时，增加按语说：李家浩与江村治树都认为此戈铭的"库"是库啬夫或其他库吏的省称，"係"为人名。此处原来对戈铭的解释恐不确[5]。

1986年，十七年丞相启状戈刊布时，田凤岭、陈雍指出：合阳为秦内史县名，本器与廿二年临汾守曋戈的"库"均是库啬夫简称，其后接库啬夫之名[6]。1999年，李学勤指出廿二年临汾守曋戈"库係"为库啬夫係的省称，"临汾守曋"为临汾县守

---

① 睡虎地秦墓竹简整理小组：《睡虎地秦墓竹简》文物出版社1990年版，"释文注释"第82页。

② 裘锡圭：《啬夫初探》，《云梦秦简研究》，中华书局1981年版。

③ 江西省博物馆、遂川县文化馆（彭适凡、刘诗中、梁德光执笔）：《记江西遂川出土的几件秦代铜兵器》，《考古》1978年第1期，第65~67页；田凤岭、陈雍：《新发现的"十七年丞相启状"戈》，《文物》1986年第3期，第42~43页。

④ 彭适凡：《遂川出土秦戈铭文考释》，《江西历史文物》1980年第3期，第12~16页。

⑤ 裘锡圭：《古代文史研究新探》，江苏古籍出版社1992年版，465页。《裘锡圭学术文集》第五卷（复旦大学出版社2012年版）《啬夫初探》，据《古代文史研究新探》收入。

⑥ 田凤岭、陈雍《新发现的"十七年丞相启状"戈》。

令畽的省称①。

张家山汉简、岳麓书院藏秦简、里耶秦简资料陆续刊布后,秦县级官员有"守"得到更多资料印证②。而"库某"在里耶秦简中多次出现,也丰富了县库啬夫这一省称的实例。

就目前所见资料,历任迁陵库啬夫有以下三位(按在职先后排列,括号中为出现的简号):

库后 始皇二十七年三月(8-1510)

库武 始皇三十一年六月(8-173),三十二年五月(8-1069+8-1434+8-1520),三十二年□月(8-26+8-752),三十四年十二月(10-1170)③

库建 始皇三十五年二月(8-562+8-1820+8-795)④,六月(8-405、8-907+8-923+8-1422、8-993、8-1002+8-1091、8-1055+8-1579、8-1289)

7-67+9-631 "迁陵吏志"记"官啬夫十人"⑤。库啬夫当是其中之一。

库也有设"守"的记录。如:

库守悍 始皇二十九年四月(8-1514),八月(8-686+8-973)

库守遬 年月不明(8-849)

库守大概与县守一样,是当库啬夫不在官署时代行啬夫之职。8-686+8-973为廿九年八月乙酉库守悍作徒簿。对比 8-1069+8-1434+8-1520 "卅二年五月庚

---

① 李学勤:《〈奏谳书〉与秦汉铭文中的职官省称》,《中国古代法律文献研究》第1辑,巴蜀书社1999年版,第61~63页。

② 张家山汉简《奏谳书》案例十八有"攸守媱",岳麓书院藏秦奏谳类文献案例一、二有"州陵守绾",里耶秦简8-1516有"迁陵守禄"、"沮守瘳"、"沮守周"。参看陈伟:《秦苍梧、洞庭二郡刍论》,《历史研究》2003年第5期;陈伟:《"州陵"与"江胡"——岳麓书院藏秦简中的两个地名小考》,《中国历史地理论丛》2009年第1期,第116~119页。

③ 10-1170见郑曙斌、张春龙、宋少华、黄朴华:《湖南出土简牍选编》,岳麓书社2013年版。

④ 缀合见何有祖:《里耶秦简牍缀合(二)》,简帛网2012年5月14日,http://www.bsm.org.cn/show_article.php?id=1695。

⑤ 资料见郑曙斌、张春龙、宋少华、黄朴华:《湖南出土简牍选编》,岳麓书社2013年版;缀合看何有祖:《新见里耶秦简牍资料选校(一)》,简帛网2014年9月1日,http://www.bsm.org.cn/show_article.php?id=2068。

子库武作徒簿",适足可见库守是在履行库啬夫的职务。8-1514 记库守悍向县廷报告执行御史令之事,也有同样的意味。

迁陵县库还有较多佐的记录。例如:

> 佐处 始皇三十一年六月(8-173)
> 佐横 始皇三十二年□月(8-26+8-752)
> 佐午 始皇三十四年十二月(10-1170)①
> 佐般 始皇三十五年六月(8-845、8-907+8-923+8-1422、8-993、8-1002+8-1091、8-1055+8-1579)
> 冗佐王援 年月不明(8-1555)

7-67+9-631"迁陵吏志"记"官佐五十三人",其中当包含库佐的员额。官佐五十三人,为官啬夫十人的五倍多。《秦律十八种·金布律》简 72-75 记云:"都官有秩吏及离官啬夫,养各一人,其佐、史与共养;十人,车牛一两(辆),见牛者一人。都官之佐、史冗者,十人,养一人;十五人,车牛一两(辆),见牛者一人;不盈十人者,各与其官长共养、车牛,都官佐、史不盈十五人者,七人以上鼠(予)车牛、仆,不盈七人者,三人以上鼠(予)养一人;小官毋(无)啬夫者,以此鼠(予)仆、车牛。"②也显示县下诸官中,存在众多佐、史的情形。迁陵库佐的员额,大概应多于一人。目前资料未同时出现二位及更多库佐,可能是由于缺员、徭使或者资料不全的缘故。

在迁陵库的内部分工和结构方面,有两件文书值得关注,即③:

> ☑辛酉,仓守择付库建,车曹佐般受券。8-405
> ☑□钮二。   卅五年二月庚寅朔朔日,仓守择付库建,车曹☑
> 8-562+8-1820+8-795

《校释》于 8-405"车曹"前着顿号,于 8-562+8-1820+8-795"车曹"前后着句号④。王彦辉认为 8-405 应读作"仓守择付库建车,曹佐般受券","曹"指库曹,

---

① 郑曙斌、张春龙、宋少华、黄朴华:《湖南出土简牍选编》,岳麓书社 2013 年版。

② 睡虎地秦墓竹简整理小组:《睡虎地秦墓竹简》文物出版社 1990 年版,"释文注释"第 37~38 页。

③ 8-562+8-1820+8-795 释文、缀合参看何有祖:《里耶秦简牍缀合(二)》,简帛网 2012 年 5 月 14 日,http://www.bsm.org.cn/show_article.php?id=1695。

④ 陈伟主编:《校释》未缀合 8-795。

间接证明迁陵库亦称"曹"①。鲁家亮主张在8-405"车曹"前后皆着句号,认为:从多条出卖祠窖余彻记录看,佐般为库建属吏。8-405是仓向库交付物资,库啬夫属吏接收券。而两处"车曹"可能也是迁陵县中列曹之一,其事务或与车有关②。根据新近学者对里耶秦简的梳理可知,迁陵县的官署,大致分作县下诸官与廷中诸曹两类,前者主管事务,后者则主要在县廷监管诸官③。在这个系统中,库属于诸官,县廷中对库进行监管的则是金布曹④。从这个角度考虑,把"车曹"从中断开以为"曹"指库曹,或者以为"车曹"为县中列曹之一,都难于证成⑤。鲁家亮文中还提到8-769,认为:其结尾标记"户曹"二字,可能与文书抵达县廷之后进一步分曹处理有关。8-405和8-562+8-795+8-1820出现的"车曹"可能也属类似情况。我们看到,8-769位于文书正文之后,其前还用墨点提示,而8-405中"车曹"二字位于文中,未用墨点提示,两者存在明显的差异。鲁家亮文中举出另外一件类似文书⑥:

> ☑甲辰,仓守言付司空守俱,俱受券及行。8-898+8-972

其实,把8-405与8-898+8-972联系起来看,可见当仓官付给库或司空物品之际,库或司空啬夫在接受物品时,可以自己"受券",也可以由部属"受券"。二者

---

① 王彦辉:《〈里耶秦简〉(壹)所见秦代县乡机构设置问题蠡测》,《古代文明》2012年第4期,第46~57页。

② 鲁家亮:《读里耶秦简札记(三则)》,《出土文献研究》第14辑,中西书局2015年版,第117~125页。

③ 参看土口史记:《战国、秦代的县——以县廷与"官"之关系为中心的考察》,《法律史译评》2013卷,中国政法大学出版社2014年版,第1~27页;郭洪伯:《稗官与诸曹——秦汉基层机构的部分设置》,《简帛研究二○一三》,广西师范大学出版社2014年版,第101~127页;孙闻博:《秦县的列曹与诸官——从〈洪范五行传〉一则佚文说起》,简帛网2014年9月17日,http://www.bsm.org.cn/show_article.php?id=2077。

④ 参看吴方基:《论秦代金布的隶属及其性质》,《古代文明》2015年第2期。里耶8-493显示金布曹掌握库之兵、车、工用、工用器之计,应涵盖库之包括车在内的全部业务。

⑤ 鲁家亮文已坦言8-493"金布计录"的这一意味。还可说明的是,这两件文书属于所谓"付券"。其格式大致应如8-562+8-1820+8-795以及8-29+8-271、8-561、8-1170+8-1179+8-2078、8-1544等简所示,所付之物在前,然后是时间、付者"付"受者。因而8-405中的"车"当非所付之物,其后断读的可能性应予排除。"付券"一词见8-1525,参看张春龙、大川俊隆、籾山明:《里耶秦简刻齿简研究——兼论岳麓秦简〈数〉中的未解读简》,《文物》2015年第3期,第53~69页、第96页。

⑥ "守"字,由赵岩补释。见所撰《里耶秦简札记(十二则)》,简帛网2013年11月19日,http://www.bsm.org.cn/show_article.php?id=1952。

在操作层面上相通,而实际效果则应该相当。这样,8-898+8-972其实有助于说明在8-405中,"佐般受券"与"仓守择付库建"密切相关,其间不宜插入其他内容。综合考虑,在8-405中,虽然"车曹"与下文间距稍大(与上文间距其实并不突出),并不构成断读和作其他理解的充分根据。"车曹"更可能是指库中分管车务者,其在8-405中应是冠于佐般之前以标示其职司。8-562+8-1820+8-795上下皆残,"车曹"后或亦有相关文字。

秦代县下诸官中,往往存在进一步分工。里耶9-1至9-12大致相同,是一组阳陵县向洞庭戍卒索取赀赎钱的文书。其中9-1正面记云:

> 卅三年四月辛丑朔丙午,司空腾敢言之:阳陵宜居士五(伍)毋死有
> 赀余钱八千六十四。毋死戍洞庭郡,不智(知)何县署。·今为钱校券一上,
> 谒言洞庭尉,令毋死署所县责,以受阳陵司空——司空不名计。问何县官
> 计,年为报。已訾其家,家贫弗能入,乃移戍所。报署主责发。敢言之。
> 四月己酉,阳陵守丞厨敢言之:写上,谒报,报署金布发。敢言之。/
> 儋手。

这里分两个层次。第一层是阳陵司空啬夫腾致阳陵县廷的文书。"报署主责发",是要求阳陵县廷回复时标明由司空官署中主持赀赎债钱索取的吏员收取、启封[1]。第二层是阳陵守丞厨致洞庭尉的文书。"报署金布发",是要求洞庭尉回复时标明由阳陵县廷中金布曹收取、启封。这说明阳陵司空中存在分管责取赀赎债钱的职司。从里耶8-63、8-135可见,在迁陵县也是由司空主管责取钱物[2]。据里耶所出徒簿记载,隶臣妾由仓掌管,但隶臣妾居赀者,则转交司空掌管[3]。也应与司空"主责"有关。由此得以更好地了解阳陵司空中分设"主责"之职的背景,并可推测迁陵或亦如此。与此类似的是,8-1548记"贰春乡主髹发"。这是一件文书的封署,标记文书接收方。表明贰春乡官中,存在分管漆的职司。秦汉律令中往往有追究县下诸官"吏主者"责任的表述,显示这种分工普通存在。而这种县下诸官内部的

① 参看李学勤:《初读里耶秦简》,《文物》2003年第1期,第73~81页;[日]里耶秦简讲读会:《里耶秦简譯註》,《中国出土资料研究》第8号,中国出土资料学会2004年版,第88~137页;[日]青木俊介:《里耶秦简に見える県の部局組織について》,《中国出土资料研究》第9号,中国出土资料学会2005年版,第103~111页。

② 参看张燕蕊:《里耶秦简债务文书初探》,《简帛研究二〇一二》,广西师范大学出版社2013年版,第70~77页。

③ 如8-145+9-2289"卅二年十月乙亥司空守囷徒作簿"记"隶臣居赀五人"、"隶妾居赀十一人"。参看沈刚:《〈里耶秦简〉(壹)所见作徒管理问题探讨》,《史学月刊》2015年第2期,第22~29页。

职掌分划,与县下诸官之间的分工具有类似之处。9-1 中,"报署主责发"与"报署金布发"对应,可让我们产生这样的联想。

在另一方面,秦简中的"曹"并非特定的官署称谓。在里耶秦简中,迁陵县有"吏曹"、"户曹"、"司空曹"、"仓曹"(8-241、8-263、8-269、8-481),洞庭郡有"中曹"、"兵曹"(8-61+8-293+8-2012、9-712)。又睡虎地秦简《秦律杂抄》简 17-18:"省殿,赀工师一甲,丞及曹长一盾,徒络组廿给。"整理小组注云:"曹长,据简文应为工匠中的班长。"[①]《法律答问》简 199:"可(何)谓'逮卒'? ·有大繇(徭)而曹斗相趣,是谓'逮卒'。"整理小组注云:"曹斗,分成两群互相斗殴。"[②] 在县下诸官内部分管某事的职司,有时被称为"曹",应该是可能的。

基于前文对迁陵县库职能的分析,库佐中应该还有分管兵器者。

第三节　徒　隶

郝本性、吴荣曾都曾讨论过秦官府作坊大量使用徒隶的问题[③]。裘锡圭进一步指出:秦律所记"为工"的隶臣、城旦等人,除了输送给工官以外,大概也会有一部分输送到郡库、县库里去。库的劳动力很可能是以罪人、刑徒、官奴一类人为主的。[④] 这些论述在里耶秦简中,得到具体而确切的验证。

在业已发表的资料中,有四件文书比较完整、典型,兹移录如下[⑤]:

廿九年八月乙酉,库守悍作徒薄(簿):受司空城旦四人、丈城旦一人、春五人、受仓隶臣一人。·凡十一人。

城旦二人缮甲□□。

城旦一人治输□□。

城旦一人约车:登。

① 睡虎地秦墓竹简整理小组:《睡虎地秦墓竹简》,文物出版社 1990 年版,"释文注释"第 83~84 页。

② 睡虎地秦墓竹简整理小组:《睡虎地秦墓竹简》,文物出版社 1990 年版,"释文注释"第 141 页。

③ 郝本性:《新郑"郑韩故城"发现一批战国铜兵器》,《文物》1972 年第 10 期;吴荣曾:《秦的官府手工业》,《云梦秦简研究》,中华书局 1981 年版,第 38~52 页。

④ 裘锡圭:《啬夫初探》,《云梦秦简研究》,中华书局 1981 年版。

⑤ 9-2294、10-1170,见郑曙斌、张春龙、宋少华、黄朴华:《湖南出土简牍选编》,岳麓书社 2013 年版。9-2294 与 8-145 缀合,见鲁家亮:《新见里耶秦简牍资料选校(二)》,简帛网 2014 年 9 月 3 日,http://www.bsm.org.cn/show_article.php?id=2069。

丈城旦一人约车：缶。

隶臣一人门：负解。

春三人级：娇、囗、娃。

廿廿年上之囗 8-686+8-973

八月乙酉，库守悍敢言之：疏书作徒薄（簿）牒北（背）上，敢言之。逐手。

乙酉旦，隶臣负解行廷。 8-686 背 +8-973 背

卅二年五月丙子朔庚子，库武作徒薄：受司空城旦九人、鬼薪一人、春三人；受仓隶臣二人。·凡十五人。

其十二人为舆：奖、庆忌、敫、敫、船、何、最、交、颉、徐、娃、聚。

一人绁：审。

二人捕羽：亥、罗。 8-1069+8-1434+8-1520

卅四年十二月，仓徒薄（簿）最（最）：

大隶臣积九百九十人。

小隶臣积五百一十人。

大隶妾积二千八百七十六。

凡积四千三百七十六。

其男四百廿人吏养。

男廿六人与库武上省。

……

男卅四人库工。

……

女卅人与库佐午取桼。

……

女卅人付库。 10-1170

卅二年十月己酉朔乙亥，司空守囵徒作薄（簿）。

城旦司寇一人。

鬼薪廿人。

城旦八十七人。

仗城旦九人。

隶臣縠（系）城旦三人。

隶臣居赀五人。

·凡百廿五人。

61

其五人付贰春。

……

二人付库。

……

隶妾槧（系）春八人。

隶妾居赀十一人。

受仓隶妾七人。

·凡八十七人。

……

二人付库。

……8-145+9-2294

这四件文书,前两件是库长官作徒簿,记载库守悍和库武从司空接受城旦春、从仓接受隶臣的数目以及这些徒隶具体承担的劳作。后两件是仓与司空长官的徒簿,所记在本官署直接安排的劳作之外,还都有向连同库在内的诸官提供徒隶的资料,正好跟前两件呼应①。

在库长官作徒簿中,详细记列从事各种劳作的人数和名字,反映出徒隶在库中的工作实态。而在仓徒簿中,跟库有关的表述值得注意:一是"男卅四人库工"与"女卅人付库"并列(司空徒簿对男女徒隶均作"付库"),二是"男廿六人与库武上省"、"女卅人与库佐午取桼"与上述为"库工"、"付库"并列。我们或可猜测:跟库吏上省、取漆,应该都是在库外劳作,大概直接由仓派遣,与其他徒隶分派到库、再由库自行安排不同。而派遣到库中的徒隶,则有担当工匠与充任杂役的分别②。

在由仓和司空临时性派遣徒隶外,库中还有所谓"官徒"。8-1514记云:

廿九年四月甲子朔辛巳,库守悍敢言之:御史令曰:各弟（第）官徒丁郑☐

勮（剧）者为甲,次为乙,次为丙,各以其事勮（剧）易次之。·令曰各以☐☐

上。·今牒书当令者三牒,署弟（第）上。敢言之。☐

---

① 其中 10-1170"卅四年十二月仓徒簿最"是一月数据的汇总。"最"的含义,参看胡平生:《也说"作徒簿及最"》,简帛网 2014 年 5 月 31 日, http://www.bsm.org.cn/show_article.php?id=2026。另需注意的是,司空与仓也往往相互付受徒隶。这可能出于某些特别的原因。

② 《秦律十八种·均工》简 113:"隶臣有巧可以为工者,勿以为人仆、养。"可参看。

如果"官徒"是从仓或司空临时派遣而来,想必应由仓或司空统计而不是由库统计。[1] 因而这里的"官徒"更可能归库所有,或者库对他们的掌管相对比较稳定。其中说"牒书当令者三牒",即使每牒记一人,也当有三人。不过,在已发表的里耶秦简中,并未看到库官徒的其他资料。8-686+8-973 背面记:"乙酉旦,隶臣负解行廷。"其正面则记有:"受仓隶臣一人","隶臣一人门:负解。"书于正面的"解",整理者缺释,《校释》释为"剧"。在这种情形下,把文书从库送往县廷者,就当是另外一人,而与当天库从仓所受隶臣无关。但察看字形轮廓,这个字亦当释为"解"。这样,往县廷送信者,其实也就是由仓派来、被库安排守门的同一个人,不能理解为库本身拥有的官徒。库官徒的来源及其在库中的活动,目前还缺乏可考的资料。

第四节　相关问题

廿二年临汾守暨戈中的"库",有学者认为是"武库"简称[2]。十七年丞相启状戈中,合阳称"库"而不是"武库"。里耶秦简中常见的迁陵县"库"从未称"武库"。岳麓书院藏秦奏谳类文献案例六简 097（0151/0140）记江陵丞暨八劾之一为"与从事廿一年库计,劾缪（谬）弩百"[3]。也是称"库"而不是"武库"。在睡虎地秦简中,《效律》简 52 与《秦律杂抄》简 15 称县库啬夫为"库啬夫"而不是"武库啬夫"。综观这些资料应可相信,虽然秦县库与秦郡武库职掌相当,但其称谓乃是"库"而不是"武库"。

睡虎地秦简《秦律十八种·内史杂》简 195-196 云:"有实官高其垣墙。它垣属焉者,独高其置刍廥及仓茅盖者,令人勿犷（近）。舍非其官人殹（也）,毋敢舍焉。善宿卫,闭门辄靡其旁火,慎守唯敬（儆）。有不从令而亡、有败、失火,官吏有重辠（罪）,大啬夫、丞任之。"[4]《岳麓书院藏秦简〔肆〕》简 175-176 与此相关:"·内史

① 官徒还见载于 8-16、8-769,所载与 8-1514 "官徒"是否一事,尚不确定。

② 江西省博物馆、遂川县文化馆:《记江西遂川出土的几件秦代铜兵器》,《考古》1978 年第 1 期;王辉、王伟:《秦出土文献编年订补》,三秦出版社 2014 年版,第 133 页。

③ 朱汉民、陈松长主编:《岳麓书院藏秦简〔叁〕》,上海辞书出版社 2013 年版,146 页。本案例中的暨,应即案例三中的江陵丞暨,见同书 149 页注释 1。

④ 睡虎地秦墓竹简整理小组:《睡虎地秦墓竹简》文物出版社 1990 年版,"释文注释"第 64 页。"舍非其官人殹"之"舍",整理小组释文属上读。陈伟改属下读,认为这个"舍"是名词,指官人宿舍。后一个是动词,指止息或留宿。见陈伟:《云梦睡虎地秦简〈秦律十八种〉校读五则》,《简帛》第 8 辑,上海古籍出版社 2013 年版,第 343~349 页。

杂律曰：黔首室、侍（寺）舍有与廥、仓、库实官补属者，绝之毋下六丈。它垣属焉者，独高其侍。不从律者，赀二甲。"①寺舍，即官舍。也见于张家山汉简《二年律令·贼律》简 4-5。补属，大概指连属②。《秦律十八种·内史杂》简 195-196 要求："它垣属焉者，独高其置刍廥及仓茅盖者，令人勿荻（近）。"《岳麓书院藏秦简〔肆〕》简 175-176 则要求与实官连属的民宅、官舍一律撤除，留出 6 丈以上的空隙，规定似更加严格。这样，秦代县中的库应当相对独立于其他建筑，带有高起的围墙。

《岳麓书院藏秦简〔肆〕》刊布的另一条内史杂律简 169-160 的内容前所未见，其云："·内史杂律曰：刍藁廥、仓、库实官积，垣高毋下丈四尺。它藴（墙）财（裁）为候，晦令人宿，候二人。备火，财（裁）为池□水官中，不可为池者财（裁）为池官旁。"它，整理者释为"瓦"；第一个"池"原释文缺释；后两个"官"字，原释文作"宫"③。在改释诸字并调整断读之后，这条律文对于廥、仓、库等官府夜间警备和防火措施的规定，跃然眼前。

《秦律十八种·效》简 162："实官佐、史被免、徙，官啬夫必与去者效代者。"整理小组引《国语·晋语》注："实，谷也。"今按：看岳麓秦简这两条《内史杂律》，廥、仓、库应均属实官。《左传》文公十八年"聚敛积实"杜预注："实，财也。"《淮南子·精神》"名实不入"高诱注："实，币帛货财之实。"《国语·晋语八》："吾有卿之名，而无其实。"韦昭注："实，财也。"秦人"实官"之名，似乎是基于"实"指财货这一比较广义的意涵。

秦代县廷与属下诸官的衙署不在同一个地方，彼此之间存在所谓"空间性距离"④。作为这方面的例证，下录文书饶有意味⑤：

卅一年六月壬午朔庚戌，库武敢言之：廷书曰令吏操律令诣廷雠，署

---

① 陈松长：《岳麓书院所藏秦简综述》，《文物》2009 年第 3 期；陈松长主编：《岳麓书院藏秦简〔肆〕》，上海辞书出版社 2015 年版，第 126 页。侍，整理者注释："疑为'置'之借字。"恐当读为"庤"。《说文》："储置屋下也。"《玉篇》："储也。"

② 《史记·六国年表》："补庞，城籍姑。"索隐："补者，修也，谓修庞而城籍姑也。"《秦律杂抄》简 40 亦云："戍者城及补城，令姑（嫜）堵一岁。"补属可能是指先前未连属，但修缮后连了起来。

③ 参看陈伟：《岳麓秦简肆校商（贰）》，简帛网 2016 年 3 月 28 日，http://www.bsm.org.cn/show_article.php?id=2504；简帛网简帛论坛《〈岳麓书院藏秦简〔肆〕〉初读》第 4 层"落叶扫秋风"（雷海龙网名）2016 年 3 月 23 日帖，http://www.bsm.org.cn/bbs/read.php?tid=3331。"晦令人宿，候二人"的断读，采用黄浩波在电子邮件中提出的意见。

④ 青木俊介：《里耶秦简に见える县の部局组织について》，《中国出土资料研究》第 9 号，中国出土资料学会 2005 年。

⑤ 吏，原释为"史"，杨先云改释。见氏撰《里耶秦简识字三则》，简帛网 2014 年 2 月 27 日，http://www.bsm.org.cn/show_article.php?id=1993。

书到、吏起时。有追。·今以庚戌遣佐处儠。敢言之。8-173

七月壬子日中，佐处以来。／端发。　　处手。8-173背

佐处六月庚戌受库啬夫派遣到县廷校儠律令，在七月壬子（2日后）到达县廷。由于这样那样的原因，文书所署日期与实际发送日期并不一定完全相等，对所记发送至到达的时间不宜作机械性理解[1]。不过，8-173所记佐处既是文书撰写者、递送者，又是与文书内容关联的中心人物；文书中复述县廷文书明确要求"署书到、吏起时"，随后明言"今以庚戌遣佐处儠"，佐处在庚戌日即启程前往县廷，应该比较可靠。也就是说，佐处此次从库到县廷，至少用了一天半以上的时间。在业已刊布的材料中，文书自库至县廷的用时还有几次记载可稽，即半日内（8-1069+8-1434+8-1520）、一日内（8-1510）、二日内（8-1514）。这些记录中，用时较长的也许有其他原因，比如天气恶劣、路途不顺。若从费时最短的8-1069+8-1434+8-1520来看，库与县廷的距离应该不是太远。

结　语

里耶秦简中，有关迁陵县库的资料比较丰富。本章梳理已刊资料，对库的职掌、吏员设置、徒隶使用等相关问题试加探讨。迁陵县库负责兵器和车辆的储藏、调配，也有制作车辆部件的记录。库中官吏有啬夫和佐，并可能把分管车辆的佐称为"车曹"。库使用较多徒隶。虽然8-1514有"官徒"的记述，但除由仓与司空派来的徒隶之外，并未发现库自身另有徒隶的迹象。秦县库与秦郡武库职掌相当，但其称谓乃是"库"而不是"武库"。库属于"实官"，当相对独立于其他建筑，带有高起的围墙，墙上设有哨亭，官署内或其近旁有用于救火的水池。

---

[1]　土口史记：《战国、秦代的县——以县廷与"官"为中心的考察》（《法律史译评》2013年卷，中国政法大学出版社2014年版）已提示这一问题。

第四章　秦与汉初"入钱缿中"律的几个问题

　　我们所说的"入钱缿中"律,是对本章将要讨论的三条大致相当的律文的简称 [①]。这三条律文在几十年间陆续发现,而晚后出现律文的内容,总是比先前所见更为周详。这就是1975年发现的云梦睡虎地11号秦墓竹简《秦律十八种·关市律》97号简 [②],1983年发现的江陵张家山247号汉墓竹简《二年律令·金布律》429号简的大半部分 [③],以及2007年底湖南大学岳麓书院从香港古物市场购藏秦简中可以编连的三枚简(1411+1399+1403) [④]。

　　秦汉时的"入钱缿中"律,目前在断读上尚存疑异,其含义也有待探究。我们拟在文本校读的基础上,对相关制度和律篇归属试作探讨。

　　张家山汉简《二年律令·金布律》429号末段至430号简书云:"租、质、户赋、园池入钱,县道官勿敢擅用,三月壹上见金、钱数二千石官,二千石官上丞相、御

[①] 秦汉法律文献常见"以某某律论"。如《二年律令》简78-79"以私自假律论"、163"以奴婢律论之"、168"以匿罪人律论"、172"以舍亡人律论之"。这些是节引罪名或身份指代某律文的方法(参看第七章第一节)。这里把相关律文称作"入钱缿中"律,是比照秦汉时以关键字称引律条的作法。

[②] 睡虎地秦墓竹简整理小组:《睡虎地秦墓竹简》,文物出版社1990年版,"图版"第23、"释文注释"第97~98页。

[③] 张家山二四七号汉墓竹简整理小组:《张家山汉墓竹简〔二四七号墓〕》,文物出版社2001年版,第42(图版)页、第190(释文、注)页。参看彭浩、陈伟、工藤元男主编:《二年律令与奏谳书——张家山二四七号汉墓出土法律文献释读》,上海古籍出版社2007年版,第46(图版)页、第254~255(释文、注释)页。

[④] 陈松长:《睡虎地秦简"关市律"辨正》,《史学集刊》2010年第4期,第16~20页。陈松长主编:《岳麓书院藏秦简〔肆〕》(上海辞书出版社2015年版,第108页)编号为简121-123。引述时断读有改变,下文涉及时将作说明。

史。"①整理者给出的释文与"入钱缿中"律连书在一起。其实,在"租"字之上,有一个墨钩,应是表示分章。即从"租、质、户赋、园池入钱"开始为另外一条律文。岳麓书院秦简《金布律》1411+1399+1403,只有相当于《二年律令·金布律》429号简上中段的内容,可相印证。因而,我们虽然在随后讨论中会引述《二年律令·金布律》429末段至430号简的文字,但并不将其看作"入钱缿中"律的组成部分。

第一节　文本考辨

上述三批简册整理者发布的释文如次:

> 为作务及官府市,受钱必辄入其钱缿中,令市者见其入,不从令者赀一甲。　关市睡虎地秦简《秦律十八种·关市》简 97
>
> 金布律曰:官府为作务市,受钱及受贵租、质它稍入钱,皆官为缿,谨为缿空,婴毋令钱能出,以令若丞印封缿而入,与入钱者参辨券之,辄入钱缿中,令入钱者见其入。月壹输缿钱,及上券中辨其县廷;月未尽而缿盈者,辄输之。不如律,赀一甲。岳麓书院秦简 1411、1399、1403
>
> 官为作务、市及受租、质钱,皆为缿,封以令、丞印而入,与参辨券之,辄入钱缿中,上中辨其廷。质者勿与券。张家山汉简《二年律令·金布律》429

这三条简文的断读,都有或多或少的问题。下面先按我们的理解写出释文,然后再对如此处理的理由加以说明。

> 为作务及官府市受钱,必辄入其钱缿中,令市者见其入,不从令者赀一甲。　关市睡虎地秦简《秦律十八种·关市》97
>
> 《金布律》曰:官府为作务、市受钱,及受贵、租、质、它稍入钱,皆官为缿,谨为缿空,婴(务)毋令钱能出,以令若丞印封缿;而入,与入钱者参辨券之,辄入钱缿中,令入钱者见其入。月壹输缿钱及上券中辨其县廷;月未尽而缿盈者,辄输之。不如律,赀一甲。岳麓书院秦简 1411、1399、1403

---

① "县道官"属下读,参看臧知非:《张家山汉简所见西汉矿业税收制度试析——兼谈西汉前期"弛山泽之禁"及商人兼并农民问题》,《史学月刊》2003 年第 3 期,第 26~33 页。

《岳麓书院藏秦简〔肆〕121-123》）

官为作务、市，及受租、质钱，皆为缿，封以令、丞印；而入，与参辨券之，辄入钱缿中，上中辨其廷。质者勿与券。张家山汉简《二年律令·金布律》简429

律文第一句较难判读。睡虎地秦简中的文字，整理小组语译作："从事手工业和为官府出售产品，收钱时必须立即把钱投进缿里，……"吴荣曾认为："律文说明了官府的一部分现金收入乃是来自于'市'及'作务'。市是市贸，即官府所经营的商业。作务则是指手工业生产。作即劳作、役作，后来汉人称刑徒入官府去服役为罚作、输作，役作的场所称作部。……官府作坊向府库交纳盈利一事表明，一部分官手工业产品是带有商品性质的，拿到市场上去销售的官手工业产品自然以盐铁为多。其他象铜器、纺织物、漆器之类的东西多为奢侈品，主要是供宫廷、贵族、官僚直接消费，恐怕只有少量流入于市场。"[1]大致是将"为作务"看作官府作坊，将"官府市"看作官府经营的商业。高敏则将"官府市"看作"官办的店铺"[2]。黄今言认为"为作务"指从事作业技工之流，"官府市"是官营商业[3]。张家山247号汉墓竹简公布后，张伯元认为：《秦律十八种》说"为作务"，《二年律令》说"官为作务"，都是以官府的名义对外作务[4]。杨振红认为：随着张家山汉简的出土，这个问题可迎刃而解。应当认为睡虎地秦简《关市律》中的"为作务及官府市"与张家山汉简《二年律令·金布律》简429的"官为作务、市"所说为一事，只是表达方式略有不同。张家山汉简明确"为作务"的主体为"官"，"官为作务"即吴先生所说的官营手工业；"官府市"即睡虎地秦简整理小组所释"为官府出售产品"。她把睡虎地秦简的这句话译作"官府经营手工业者和买卖者"[5]。

对于张家山汉简整理小组的意见，陈松长提出批评说：首先，"作务"与"市"不是并列关系，与"受租、质钱"也不是并列关系。其次，如果将"作务"、"市"、"受租、质钱"均视为并列关系，那都变成了介词"为"的宾语，那这句话没有谓语了。因此，这句话应根据岳麓秦简来重新句读，去掉"市"字之前的逗号，读为"官为作务市及受租、质钱"，其中"市"与"受租、质钱"是并列的，其所针对的对象都是"作

① 吴荣曾：《秦的官府手工业》，《云梦秦简研究》，中华书局1981年版，第43页。
② 高敏：《云梦秦简初探》（增订本），河南人民出版社1981年版，第230页。
③ 黄今言：《云梦秦简所见秦的商品交换与市场管理》，《秦都咸阳与秦文化研究》，陕西人民教育出版社2003年版，第686~701页；收入氏著《秦汉史丛考》，经济日报出版社2008年版。
④ 张伯元：《出土法律文献研究》，商务印书馆2005年版，第303页。
⑤ 杨振红：《从张家山汉简看秦汉时期的市租》，《中日学者论中国古代城市社会》，三秦出版社2007年版，第50~67页。

务",也就是手工业者。至于睡虎地秦简的文字,陈先生认为是"官府为作务市"的误录①。

在日本学界,对此也存在不同理解。重近启树认为指"进行作务并于官府的市接受钱的场合"②,佐原康夫认为指"进行作务及官府的买卖时接受钱的场合"③,陶安认为指"为了作务及官府进行商业交易的时候接受钱的场合"④,柿沼阳平同意佐原之说,认为指"作务(从事手工业)以及官府所属的人进行商业交易这一行为"⑤。

在前几年发表的论文中,我们曾认为"为作务"作为动宾词组,构成一个与"官"或"官府"类似、因而可以并列的概念,从而把岳麓秦简这条简文的开头文字读作"官府、为作务市",把《二年律令·金布律》这条简文的开头文字读作"官、为作务市"⑥。而由陈松长主编、2015 年出版的《岳麓书院藏秦简〔肆〕》则将岳麓简《金布律》此句改读为"官府为作务、市"⑦。《岳麓书院藏秦简〔肆〕》整理者之一周海锋指出:岳麓秦简 1289(124)"县官有卖殹"的表述,可为岳麓秦简 1411 则《金布律》"官府为作务市受钱"一段的句读提供参考。县官可以在交通要道出售物品,表明秦代官府有专门从事贸易者,据此可知"官府市"与"官府作务"乃并列的行为,故"官府为作务市受钱"一段宜句读为"官府为作务、市受钱"⑧。这为岳麓秦简整理团队的改读作出说明。综合新发表的简牍资料考察,《岳麓书院藏秦简〔肆〕》所作的新断读显然更合理。不过,对于岳麓秦简的这一断读,应该指出三点:第一,有关"官府市"的理解,在参与讨论的学者中其实已有共识。在简牍资料的证据方面,除周海锋所示岳麓秦简 1289(124)之外,里耶秦简 8-102 记"卖牛及筋",8-490+8-501 记"畜官课志"有"徒隶牧畜死负、剥卖课",8-1002+8-1091、14-300+14-764 等记库建、佐般及仓是、佐狗出售祠余彻⑨,大概也都属于官府(官)市的范畴。第二,在岳麓秦简中,存在官府组织"作务"并受钱的记载,这是有助于解读的更关键资

---

① 陈松长:《睡虎地秦简"关市律"辨正》,《史学集刊》2010 年第 4 期。

② [日]重近启树:《秦汉税役體系の研究》汲古书院 1999 年版,第 78 页。翻译采用下揭柿沼阳平文。

③ [日]佐原康夫:《漢代都市機構の研究》汲古书院 2002 年版,第 312 页。翻译采用下揭柿沼阳平文。

④ [德]陶安:《秦漢刑罰體系の研究》,创文社 2009 年版,第 517 页。

⑤ [日]柿沼阳平:《战国及秦汉时代官方"受钱"制度和券书制度》,《简帛》第 5 辑,上海古籍出版社 2010 年版,第 443~456 页。

⑥ 陈伟:《关于秦与汉初"入钱缿中"律的几个问题》,《考古》2012 年第 8 期。

⑦ 陈松长主编:《岳麓书院藏秦简〔肆〕》,上海辞书出版社 2015 年版,第 108 页。

⑧ 周海锋:《秦律令研究——以〈岳麓书院藏秦简〉(肆)为重点》,湖南大学博士学位论文,2016 年 5 月,第 75 页。

⑨ 参看本书第三章第一节。

料。第三,在基本方面,岳麓秦简整理团队的断读,是回到张家山汉简整理小组业已作出的断读方案。

这里说的关键资料,是指《岳麓书院藏秦简〔肆〕》简068-069。这条律文整理者释文写作:

> 隶臣妾及诸当作县【道】官者、仆、庸,为它作务,其钱财当入县道官而遀未入去亡者,有(又)坐遀钱财臧,与盗同灉[1]。

"仆,指驾车人[2],是一种具体的劳作角色。"为它作务"是未确指的具体劳作。"庸"则是指称受雇佣劳作的状态或方式,受"庸"者可能从事多种具体劳作,但"庸"本身却不大可能与"仆"和"为它作务"并举。因而,这条律文恐当读作:

> 隶臣妾及诸当作县【道】官者仆、庸为它作务,其钱财当入县道官而遀未入去亡者,有(又)坐遀钱财臧,与盗同灉。

"庸为它作务",是说受雇佣从事其他"作务"。"其钱财当入县道官",表明这种"仆"与"庸为它作务"都是有收入的,并且收入需要交给县道官。这与受钱入缿律正好对应。"隶臣妾及诸当作县道官者仆、庸为它作务"钱财"入县道官",应该属于"官府为作务受钱"的范畴。简文的"它作务",是相对于"仆"而言。推而言之,"仆"也属于"作务"的一种;而"它作务"大概也与"仆"相仿佛,具有一定程度的类似性[3]。

陈松长在讨论岳麓书院秦律时认为:"赍",付也。"赍租",即所交付的税款。"稍入钱"或可解读为"渐入之钱"。"质它稍入钱"或是典押其他渐入之钱的意思[4]。按照我们的理解,在秦汉时期,赍、租、质各为一事,应该分别点断。以下请逐一说明。

赍,睡虎地秦简有"赍钱"、"赍律"等。如《秦律十八种·工律》102-103云:"公甲兵各以其官名刻久之,其不可刻久者,以丹若鬃书之。其叚(假)百姓甲兵,

---

① 陈松长主编:《岳麓书院藏秦简〔肆〕》,上海辞书出版社2015年版,第61页。

② 睡虎地秦简《秦律十八种·金布律》简72-75:"都官佐、史不盈十五人者,七人以上鼠(予)车牛、仆,不盈七人者,三人以上鼠(予)养一人。小官毋(无)啬夫者,以此鼠(予)仆、车牛。"整理小组注释:仆,《史记·齐世家》集解引贾逵云:"御也。"即赶车的人。见云梦睡虎地秦墓竹简整理小组:《睡虎地秦墓竹简》,文物出版社1990年版,"释文注释"第37~38页。

③ 参看下文对秦汉简牍中"它×"、"它××"的讨论。

④ 陈松长:《睡虎地秦简"关市律"辨正》,《史学集刊》2010年第4期。

必书其久,受之以久。入叚(假)而而毋(无)久及非其官之久也,皆没入公,以《赍律》责之。"① 《秦律十八种·效律》177 云:"效公器赢、不备,以《赍律》论及赏(偿),毋赍者乃直(值)之。"② 《法律答问》90 云:"'邦客与主人斗,以兵刃、投(殳)梃、拳指伤人,辇以布。'可(何)谓'辇'? 辇布入公,如赀布,入赍钱如律。"③ 《法律答问》202 云:"可(何)谓'琼'? '琼'者,玉检殴。节(即)亡玉若人贸易之,视检智(知)小大以论及以赍负之。"④ 彭浩指出:"毋赍者乃直(值)之"句中的"赍"字当如整理小组读为"资",指财币。在此似可理解为"价值"。"毋赍者乃直(值)之"是说赔偿的物品在《赍律》中没标明价值时,要另行估值。"赍"字在此指《赍律》规定的物品价值。"如赀布,入赍钱如律","赀布"是罚缴纳"布","如律"指《金布律》"钱十一当一布","入赍钱"指按"布"的价值纳钱。"视检智(知)小大以论及以赍负之",意为按规定的玉检价值赔付⑤。《周礼·春官·巾车》:"毁折,入赍于职币。"郑玄注:"计所伤败入其直。杜子春云:'赍,读为资。资谓财也。乘官车毁折者,入财以偿缮治之直。'"《周礼》之文,可与上揭秦律对读,而杜子春、郑玄的注释,可作为彭浩之说的佐证。由此可见,岳麓书院秦简"受赍钱",正与睡虎地秦简"入赍钱"相对而言,是接受损坏公物后依价赔偿的钱款⑥。

我们知道,秦与汉初简牍中常常看到"债"的说法。睡虎地《秦律十八种·金布律》简 76 云:"有责(债)于公及赀、赎者居它县,辄移居县责之。"⑦ 又简 80—81 记云:"县、都官坐效、计以负赏(偿)者,已论,啬夫即以其直(值)钱分负其官长及冗吏,而人与参辨券,以效少内,少内以收责之。其入赢者,亦官与辨券,入之。其责(债)毋敢隃(逾)岁,隃(逾)岁而弗入及不如令者,皆以律论之。"⑧ 我们把《金布律》简 80—81 与上揭《效律》简 177 比照,并联系《工律》简 102—103"以《赍律》责之"的表述,怀疑"赍钱"也属于"债"钱。

"租"的含义,学者的认识不尽相同。高敏认为:"租"及"园池入钱",可能就

① 睡虎地秦墓竹简整理小组:《睡虎地秦墓竹简》,文物出版社 1990 年版,"释文注释"第 44 页。
② 睡虎地秦墓竹简整理小组:《睡虎地秦墓竹简》,文物出版社 1990 年版,"释文注释"第 59 页。
③ 睡虎地秦墓竹简整理小组:《睡虎地秦墓竹简》,文物出版社 1990 年版,"释文注释"第 114 页。
④ 睡虎地秦墓竹简整理小组:《睡虎地秦墓竹简》,文物出版社 1990 年版,"释文注释"第 142 页。
⑤ 彭浩:《睡虎地秦简"王室祠"与〈赍律〉考辨》,《简帛》第 1 辑,上海古籍出版社 2006 年版,第 239~248 页。
⑥ 陈松长主编:《岳麓书院藏秦简〔肆〕》,上海辞书出版社 2015 年版,已在"赍"下断读并解释为损害公物后照价赔偿。见第 108 页及第 164 页注 9。
⑦ 睡虎地秦墓竹简整理小组:《睡虎地秦墓竹简》,文物出版社 1990 年版,"释文注释"第 38 页。
⑧ 睡虎地秦墓竹简整理小组:《睡虎地秦墓竹简》,文物出版社 1990 年版,"释文注释"第 39 页。

是《汉书·食货志》所说的"山川园池,市肆租税之人"[1]。似以"租"为"市肆租税",而"园池入钱"为"山川园池"之入[2]。臧知非认为:这里"官为作务、市及受租"之"租"可能是指市租;但是,下文的"租、质、户赋、园池入钱县道官"之"租"和户赋并列,则无疑是指田租,起码包括了田租在内[3]。杨振红则认为:秦汉时期田租征收采用的是实物地租,尚未发现有折成货币交纳的例子。此外,在简429所罗列的各项税目中,除了户赋的性质尚需进一步确认外,质钱、园池入钱显然应属于"山川园池市井(肆)租税之人",它们在汉代前期财政体制中属帝室或王室财政(私)的收入,而与属于国家财政(公)收入的田租、刍藁税截然有别。因此,简文中的租应该理解为"市井(肆)租税"的市租,而非田租[4]。

此外,在张家山汉简《二年律令·金布律》简436-438中,有对煮盐和开采金银铁铅丹征收租税的规定。这些大概也在入钱缿中律所说的"租钱"之列。

质,张家山汉简整理小组注释说:"抵押"。高敏以为"相当于现代的典当"[5]。陈松长与后文连读,以为"'质它稍入钱'或就是典押其他渐入之钱的意思"[6]。今按:《周礼·地官·质人》:"质人掌成市之货贿、人民、牛马、兵器、珍异。凡卖儥者质剂焉,大市以质,小市以剂。"又《廛人》:"廛人掌敛市絘布、总布、质布、罚布、廛布,而入于泉府。"郑玄注:"质布者,质人之所罚犯质剂者之泉也。"孙诒让正义:"王与之云:'质布,质人所税质剂者之布也。质人卖儥之质剂,如今田宅,官给券以收税,谓之质布。'江永云:'罚则当入罚布,何为别名质布,此即偿质剂之布也。古未有纸,大券小券当以帛为之,交易以给买者,而卖者亦藏其半。质剂盖官作之,其上当有玺印,是以量取买卖之泉以偿其费,犹后世契纸有钱也。'按王、江说是

---

① 高敏:《关于汉代有"户赋"、"质钱"及各种矿产税的新证——读〈张家山汉墓竹简〉》,《史学月刊》2003年第4期,第121~122页。

② 高先生在这篇论文偏前位置将《二年律令·金布律》简429开头所述诸钱解释为"由官府经营的手工业作坊收入、市租、受租钱及典当或抵押来的钱"。所云不仅与我们的认识有异,也与他本人在同文稍后所论不尽一致。

③ 臧知非:《张家山汉简所见西汉矿业税收制度试析——兼谈西汉前期"弛山泽之禁"及商人兼并农民问题》,《史学月刊》2003年第3期。

④ 杨振红:《从张家山汉简看秦汉时期的市租》,《中日学者论中国古代城市社会》,三秦出版社2007年版。

⑤ 高敏:《关于汉代有"户赋"、"质钱"及各种矿产税的新证——读〈张家山汉墓竹简〉》。

⑥ 陈松长:《睡虎地秦简"关市律"辨正》,《史学集刊》2010年第4期。陈先生看法后来改变。在他主编的《岳麓书院藏秦简〔肆〕》(上海辞书出版社2015年版)"前言"第2页写道:"其中各级官府为买卖牛马奴婢者质钱的内容,十分详细,是考察久悬未决的'质钱'问题的极佳材料。"第164页注释20说:"质,质钱。指官府为大型交易提供质剂而收取的税钱。"

也。"①张家山汉简《奏谳书》案例一七(秦王政初年事)记云:"亭庆以书言雍廷,曰:毛买(卖)牛一,质,疑盗,谒论。"②岳麓秦简《金布律》简198-206云:"为质,黔首卖奴卑(婢)、马牛及买者,各出廿二钱以质市亭。……卖奴卑(婢)、马、牛者,皆以帛书质。"③买卖奴婢牛马而为质,与《周礼·质人》记载相合。而官府收受质钱,则与王与之、江永所理解的"质布"相当。秦汉入钱缿中律"质钱"与"赘钱"、"租钱"并列,理解作官府为大型商品交易提供质剂而收取的税金,当更可靠。《二年律令·金布律》简429说"质者勿与券",应是因为质者已拥有帛写质书而不需要重复出具凭证。云梦睡虎地秦简《法律答问》148记云:"百姓有责(债),勿敢擅强质,擅强质及和受质者,皆赀二甲。"整理者注释说:"质,抵押。古书中'质'常指以人作为抵押。"④这种"质"与入钱缿中律中的"质"当非一事。

"稍入钱"或"稍入",亦见于新旧居延汉简。《居延汉简》269·10A(甲1414A)云:"肩水候甲戌置左博敢言之谨移稍入□。"最后一字残,陈直释为"钱",认为:《周礼·内宰》,"均其稍食",郑注:"吏禄廪也。"又《大府》"以待稍秣",郑注:"刍秣也",本简则指吏禄而言⑤。于豪亮引述更多的《周礼》文字和注疏,认为简文所说的稍入钱,即月廪所入之钱。"⑥居延新简EPT54·22记云:"☑□出稍入钱市社具☑",EPT5·124B记云:"□□稍入钱出入簿"⑦。《说文》:"稍,出物有渐也。"段注:"凡古言稍者,皆渐进之谓。"据此,陈松长将他连读的"质它稍入钱"解释为"典押其他渐入之钱"。

"它×"、"它××"是秦汉时一种习惯表述方式。它们通常与其前列举的事物相关,或者说均属于某一类型的东西。以云梦睡虎地秦简为例:

(1)早〈旱〉及暴风雨、水潦、螽(蝝)蚔、群它物伤稼者,亦辄言其顷数。

---

① 孙诒让:《周礼正义》,中华书局1987年版,第1082~1083页。

② 参看彭浩、陈伟、[日]工藤元男主编:《二年律令与奏谳书》,上海古籍出版社2007年版,第361页。

③ 陈松长主编:《岳麓书院藏秦简〔肆〕》,上海辞书出版社2015年版,第134~136页。引述时断读有改动。

④ 《二年律令·杂律》简187有相应表述:"诸有责(债)而敢强质者,罚金四两。"

⑤ 陈直:《居延汉简研究》,中华书局2009年版,第217页。邢义田先生告诉作者:查该简红外线照片,"钱"字左半残,但确为"钱"字无误。

⑥ 于豪亮:《〈居延汉简甲编〉补释》,《考古》1961年第8期,第451~455、443页;收入《于豪亮学术文存》,中华书局1985年版。

⑦ 甘肃省文物考古研究所等:《居延新简——甲渠候官》,中华书局1994年版,上册第11页、第132(释文)页,下册第22页、第279(图版)页。EPT5·124B右半残,"稍入钱"三字皆仅存左半,其中"稍"仅存"禾"旁,"钱"仅存"金"旁。

《秦律十八种·田律》2-3

（2）邑之紤（近）皂及它禁苑者，麛时毋敢将犬以之田。《秦律十八种·田律》6-7

（3）县上食者籍及它费大（太）仓，与计偕。《秦律十八种·仓律》37

（4）城旦之垣及它事而劳与垣等者，旦半夕参；其守署及为它事者，参食之。《秦律十八种·仓律》55

（5）官啬夫免，复为啬夫，而坐其故官以赀赏（偿）及有它责（债），贫窭毋（无）以赏（偿）者，稍减其秩、月食以赏（偿）之，弗得82居；其免殹，令以律居之。《秦律十八种·金布律》82-83

（6）隶妾及女子用箴（针）为缮绣它物，女子一人当男子一人。《秦律十八种·工人程》110

（7）禾、刍稾积廥，有赢、不备而匿弗谒，及者（诸）移赢以赏（偿）不备，群它物当负赏（偿）而伪出之以彼（赆）赏（偿），皆与盗同法。《秦律十八种·效律》174-175

（8）闭日，可以劈决池，入臣徒、马牛、它生（牲）。《日书》甲种25正贰

例（1）中的"群它物"，指螽蚰之外的害虫。例2"它禁苑"，指皂之外的禁苑。例（3）"它费"指食之外的消费。例（4）两处"它事"指垣（筑垣）、守署之外的劳务。例（5）"它债"指"坐其故官以赀偿"之外的官方债务。例（6）"它物"指"缮绣"之外的织物。例（7）"群它物"指禾、刍稾之外的公物。例（8）"它牲"指马牛以外的牲畜。例（1）、例（7）皆云"群它物"而所指不同，是这种表述与其前列举事项密切关联的最好说明。以此比照，"它稍入钱"可能与其前列举的事项具有类似的性质，或者说其前所列款项也可能属于稍入钱。岳麓书院秦简《为吏治官及黔首》2176+1501说"路赋、稍赋毋鉙"①。稍赋，可能是"稍入钱"的另一种说法。《广雅·释诂二》："赋，税也。"《吕氏春秋·孟冬》"收水泉池泽之赋"，高诱注："赋，税也。"稍入而以"赋"为称，也是"它稍入钱"与其前所列事项有关的一个证据。

在上揭文例中，有的"它×"只是与其前列举多项事类中文字紧密相连的部分事物相关，而像例（1）的"旱〈旱〉及暴风雨、水潦"、例（8）的"臣徒"，则与后文中的"它×"具有不同的属性。因而简文"它稍入钱"之前所列的五事，即"官府、为作务市受钱"（含二事）、"受赏钱"、"受租钱"、"受质钱"，是全部属于"稍入钱"，还是只有句中位置相近的项目（如租、质）属于"稍入钱"，目前尚不明朗。而《为吏治官

---

① 朱汉民、陈松长主编：《岳麓书院藏秦简〔壹〕》，上海辞书出版社2010年版，第135页。

及黔首》所记"路赋、稍赋毋缿",在不可无缿的"稍赋"之前还提到"路赋",也显示岳麓书院秦简金布律中规定必须入缿的各种受钱,可能不应该全部归于"稍入钱"。

婴,陈松长读为"须",以为犹"要求"。今按,疑当读为"务"[①],为"必须"之义。

"而入",张家山汉简整理者属上读。陈松长于岳麓书院秦简沿用这一读法。针对《二年律令》中的释文,三国时代出土文字资料研究班指出:从字形看,这处"入"应释为"人",以"而人"属下读,并引《秦律十八种·金布》简81所书"而人与参辨券"作为佐证[②]。我们曾赞同这一处理。现在看来,释为"入"、以"而入"单独为句较好。"而"是假设连词[③],"而入"指在发生入钱的场合。相应的,上文"为缿"云云,则指预备之事[④]。

张家山汉简整理者怀疑"券"下脱"书"字。与岳麓秦简与睡虎地秦简《金布律》比看,实本无"书"字[⑤]。《管子·山国轨》:"女贡织帛苟合于国奉者,皆置而券之。"马非百按云:"券即契约。《汉书·高纪》颜师古注曰'以简牍为契券'是也。置即《盐铁论·水旱篇》'民相与市买……不弃作业,置田器各得所欲'之置,犹言购买。'置而券之',即定价收购,订立合同。"[⑥]结合《管子》此句看,"券之"应是战国、秦汉时习语。券,疑是名词的动词用法,即如马非百所云,是订立合同的意思[⑦]。

---

① 从须、从矛得声之字通假,参看张儒、刘毓庆:《汉字通用声素研究》,山西古籍出版社2002年版,第107页。

② 〔日〕冨谷至主编:《江陵張家山二四七號墓出土漢律令の研究〔譯注篇〕》,朋友书店2006年版,第272~273页。

③ 秦简中"而"的这类用法,可参看魏德胜:《〈睡虎地秦墓竹简〉语法研究》,首都师范大学出版社2000年版,第223页。

④ 陈松长主编:《岳麓书院藏秦简〔肆〕》,上海辞书出版社2015年版,简111-113记云:"田律曰:吏归休、有县官事乘乘马及县官乘马过县,欲貣刍稾、禾、粟米及买叔(菽)者,县以朔日平贾(价)受钱,先为钱及券缿,以令、丞印封,令令史、赋主各挟一辨,月尽发缿令、丞前,以中辨券案雠(雠)钱,钱辄输少内,皆相与靡除封印,中辨臧(藏)县廷。"(断读有改动)明确说到"先为钱及券缿",可参看。

⑤ 陈松长:《睡虎地秦简"关市律"辨正》(《史学集刊》2010年第4期)已指出:参校岳麓秦简,"券"字下应没有"书"字。

⑥ 马非百:《管子轻重篇新诠》,中华书局1979年版,第278页。

⑦ 日本"古算书研究会"认为岳麓秦简《数》0939"今误券多五斗"的"券"是动词,"误券"指刻券有误。见所撰《岳麓书院藏秦简〈数〉译注稿(1)》,简帛网2013年1月30日,http://www.bsm.org.cn/show_article.php?id=1824。在陈松长主编的《岳麓书院藏秦简〔肆〕》(上海辞书出版社2015年版)中,也有"券"指券书的用例。如简246"节(即)券繇(徭),令典各操其里繇(徭)徒券来,与券以界繇(徭)徒";简249"牛觢(觭),将牛者不得券繇(徭)"。

第二节　相关制度探析

现在,我们来尝试探讨几个制度层面的问题。

其一,入钱缿中律涉及的款项,是当时地方官府现金收入的全部,抑或只是其中的一部分。

在《二年律令·金布律》中,紧接入钱缿中律之后,在 429 号简末段和 430 号简上,录有另一条律文,其云:"租、质、户赋、园池入钱,县道官勿敢擅用,三月壹上见金钱数二千石官,二千石官上丞相、御史。"这里的租、质,对应于入钱缿中律的租、质[①]。《二年律令·田律》255 记云:"卿以下,五月户出赋十六钱;十月户出刍一石,足其县用,余以入顷刍律入钱。"于振波认为此即汉初户赋,其说可从[②]。《史记·平准书》:"而山川园池市井租税之入,自天子以至于封君汤沐邑,皆各为私奉养焉,不领于天下之经费。"《太平御览》卷六二七引桓谭《新论》曰:"汉定以来,百姓赋敛,一岁为四十余万万,吏俸用其半,余二十万万,藏于都内,为禁财。少府所领园地作务之八十三万,以给宫室供养诸赏赐。"园地,学者多认为是"园池"之误[③]。园池之入,大概是种植、养殖方面的收入[④]。

在秦与汉初简牍中,还可见其他几项钱款收入。即:(1)顷刍槀。《二年律令·田律》240-241 记云:"入顷刍槀,顷入刍三石;上郡地恶,顷入二石;槀皆二石。令各入其岁所有,毋入陈,不从令者罚黄金四两。收入刍槀,县各度一岁用刍槀,足其县用,其余令顷入五十五钱以当刍槀。刍一石当十五钱,槀一石当五钱。"与《二年律令·户律》317 比看,可知这是卿之下人户都必须交纳的。睡虎地《秦律十八种·田

---

① 如前所述,臧知非认为二"租"不同,杨振红有驳正。前后二律均租、质并言,同为一事的可能性当然更大。

② 于振波:《从简牍看汉代的户赋与刍槀税》,《故宫博物院院刊》2005 年第 2 期,第 151~155 页。《岳麓书院藏秦简〔肆〕》所载《金布律》简 118-120 云:"出户赋者自泰庶长以下,十月户出刍一石十五斤,五月户出十六钱。其欲出布者,许之。十月户赋,以十二月朔日入之。五月户赋,以六月望入之。岁输泰守。十月户赋不入刍而入钱者,入十六钱。"这与《二年律令·田律》255 对应,显示秦与汉初户赋一脉相承,为于振波的推论提供了直接证据。

③ 参看〔日〕加藤繁,吴杰译:《中国经济史考证〔第一卷〕》,商务印书馆 1969 年版,第 43 页;马大英:《汉代财政史》,中国财政经济出版社 1983 年版,第 195 页。马大英将相关一句校改为:"少府所领园地(池)作务之入,十三万万"。

④ 参看马大英《汉代财政史》,中国财政经济出版社 1983 年版,第 103~110 页。

律》简 8 也说："入顷刍稾，以其受田之数，无垦（垦）不垦（垦），顷入刍三石、稾二石。"县用之外的部分，在睡虎地秦律行用的时代是否也折合入钱，尚不明。(2) 赀罚。秦律中多见赀甲、盾的记载。如睡虎地秦简《效律》3-4："衡石不正，十六两以上，赀官啬夫一甲；不盈十六两到八两，赀一盾。甬（桶）不正，二升以上，赀一甲；不盈二升到一升，赀一盾。"根据岳麓书院秦简的资料，可知所赀甲、盾是折合为金或者钱执行 [1]。而在汉简《二年律令》中，均写作"罚金 × 两"。(3) 赎。睡虎地秦律有赎刑。《秦律十八种·司空》133-140 说"有罪以赀赎"，"葆子以上居赎刑以上到赎死"。看岳麓秦简，可知赎刑也是分等计钱 [2]。《二年律令·具律》119 则给出了自"赎死"至"赎迁"各等金额。

上述户赋等五种收入，都不在《二年律令》规定入缿的受钱种类当中。这些都是属于常规并且额度较大的收入，似乎也难以归在岳麓秦简律文的"它稍入钱"之中。如然，这些钱款的收受，应该不受入钱缿中律的规范。其所以如此，可能是需要入缿的钱属于即时收受而款额不确定的收入，所以采取特殊的存储方式。

其二，《秦律十八种·金布律》64-65 记云："官府受钱者，千钱一畚，以丞、令印印。不盈千者，亦封印之。钱善不善，杂实之。出钱，献封丞、令，乃发用之。" [3] 这与入钱缿中律是什么关系？

岳麓秦简金布律后文说："月壹输缿钱，及上券中辨其县廷。月未尽而缿盈者，辄输之。"显示实施受钱入缿的，乃是县廷之下的官府。而这些入缿之钱，逐月或者不满月而缿已盛满的时候，需要汇集到县廷。《秦律十八种·金布律》64-65 "出钱，献封丞、令"，整理者语译作："出钱时，要把印封呈献令、丞验视"。这意味着，"千钱一畚"云云，是县廷管理受钱的法规。由此推知，在县以下的官署受钱入缿后，大致定期汇集到县廷。大概在这里钱被从缿中取出，经过核对、点算，再以"千钱一畚"的形式封存 [4]。

前面已经说明，在钱款收受中，户赋、园池等多种收入不在入钱缿中律的规范之列。这些受钱在基层官署以何种形式收集并呈交至县廷，有待进一步探求 [5]。这样，地方政府钱款敛集的方式如表 4-1 所示：

---

① 于振波：《秦律中的甲盾比价及相关问题》，《史学集刊》2010 年第 5 期，第 36~38 页。

② 于振波：《秦律中的甲盾比价及相关问题》，《史学集刊》2010 年第 5 期。

③ 睡虎地秦墓竹简整理小组：《睡虎地秦墓竹简》，文物出版社 1990 年版，"释文注释"第 35 页。

④ ［日］柿沼阳平：《战国及秦汉时代官方"受钱"制度和券书制度》（《简帛》第 5 辑，上海古籍出版社 2010 年版）已指出入缿之钱与畚盛之钱前后相继的关系。

⑤ 邢义田先生曾提示作者说：居延出土某乡"秋赋钱"封检（简 45·1、526·1），疑封检所封即为盛赋钱之橐。

表 4-1　　　　　　　　　地方官府钱款敛集方式

	基层官署	县廷
官府为作务、市受钱,受赍、租、质、它稍入钱	缿→	畚
户赋、园池入钱等	? →	

还可指出的是,睡虎地秦简《法律答问》32 记云:"'府中公金钱私貣用之,与盗同法。'可(何)谓'府中'? 唯县少内为'府中',其它不为。"整理者注释说:"县少内,县中收储钱财的机构。"① 由此可知,《秦律十八种·金布律》64-65 所云钱款集中、封存的具体地点,是在县少内。

其三,县道官受钱的去向。《二年律令·金布律》429-430 记云:"租、质、户赋、园池入钱,县道官勿敢擅用,三月壹上见金、钱数二千石官,二千石官上丞相、御史。"在县道多种收入中,这里对"租、质、户赋、园池入钱"专门予以规范,具有特别的意味。对此,学者有不同解读。高敏认为:这条律文讲的是关于官府各种现金收入的保管和由地方上交中央的法律规定。"租、质、户赋、园池入钱",可能就是《汉书·食货志》所说的"山川园池,市肆租税之入"。这些收入,据《汉书·食货志》是"自天子以至封君汤沐邑,皆各为私奉养,不领于天子之经费"的,即不入国库的,而据此简文,官府经营的手工业作坊之入、市租、户赋及园池之入都要上交二千石官,再由二千石官上交丞相、御史,即入于国库,与《食货志》有些不同,可能是国库经费与"私奉养"的划分还处在变动之中的缘故②。朱德贵也说:这里的园池山泽之税必须上报给郡守,进而上报给御史,至少说明汉初"山海池泽之税"也可以纳入国家财政的管理范围。这也就进一步证明了汉初国家财政和皇室财政的划分不是十分严格③。杨振红认为:除了户赋的性质尚需进一步确认外,质钱、园池入钱显然应属于"山川园池市井(肆)租税之入",它们在汉代前期财政体制中属帝室或王室财政的收入,而与属于国家财政收入的田租、刍稿税截然有别。虽然西汉时帝室财政收入归少府,国家财政收入归大司农,但是,征收时,两者都由地方政府县道统一征收,并通过郡县制的官僚体制逐级向上汇报。可以想见,这些信息到了丞相、

---

① 睡虎地秦墓竹简整理小组:《睡虎地秦墓竹简》,文物出版社 1990 年版,"释文注释"第 101 页。参看于豪亮:《于豪亮学术文存》,中华书局 1985 年版,第 91~94 页。

② 高敏:《关于汉代有"户赋"、"质钱"及各种矿产税的新证——读〈张家山汉墓竹简〉》,《史学月刊》2003 年第 4 期。按:高先生是将入钱缿中律与有关户赋等四种受钱的律文看作一体的。

③ 朱德贵:《汉简与财政管理新证》,中国财政经济出版社 2006 年版,第 32~35 页。

御史后,由丞相、御史将其分别转给大司农和少府①。

杨振红将赋税收纳与使用分辨开来,开启了新的思路。"租、质、户赋、园池入钱"呈报给丞相、御史,并不必定排斥进而划归少府支配的可能。在这种情形下,县道官租、质等四项收入与其他收入的走向,大约存在三种可能:第一,租、质等四项收入包括国家经费和皇室经费,其他收入则归郡县支配。在此情形下,也可能国家经费与皇室经费划分未严,如同高敏、朱德贵所云。第二,租、质等四项收入为皇室经费,其他收入为国家中央及郡县经费。这大致如杨振红所云。第三,租、质等四项收入为国家中央经费,其他收入包括皇室经费和郡县经费。

如同杨振红业已指出的那样,根据前辈学者基于传世文献揭示的西汉财政体制②,租和园池入钱属于少府掌管。质钱,如前文所论,是一种特殊的交易税,意义接近于租。大概也可看作少府之入。户赋的归属,传世文献无考。其在简文中叙于租、质之后,园池之前,属于同一类型的可能性比较大。这样,杨振红主张的第二种情形,应该优先考虑。

第三节　律篇归属

最后,我们讨论睡虎地秦简《秦律十八种·关市》97号律篇的归属问题。

最先发现的入钱缿中律,即《秦律十八种·关市》简97。其简文之末写明"关市"二字,乃是睡虎地秦律《关市律》中仅有的一条律文。张家山汉简《二年律令》公布后,相关律文被整理者列入《金布律》。这引起一些猜测。张伯元怀疑《二年律令》入钱缿中律实当属于《□市律》,而"市"前一字可据此推定为"关"③。杨振红认为:此简的整理的确存在一定问题,但是,判定简429-432特别是简429应属《关市律》,还需要更充分的证据④。

岳麓秦简入钱缿中律在律文开头即写有篇名"金布律"。这验证了张家山汉简整理者对这条律文归属的处理。不过,陈松长在发表岳麓书院秦简1411等三简的

---

① 杨振红:《从张家山汉简看秦汉时期的市租》,《中日学者论中国古代城市社会》,三秦出版社2007年版。

② 参看[日]加藤繁,吴杰译:《中国经济史考证[第一卷]·汉代国家财政和帝室财政的区别以及帝室财政的一斑》,商务印书馆1969年版,第25~124页。

③ 张伯元:《出土法律文献研究》,商务印书馆2005年版,第29~30页。

④ 杨振红:《从张家山汉简看秦汉时期的市租》,《中日学者论中国古代城市社会》,三秦出版社2007年版。

同时，又作出一个相反的推断。他说：睡虎地秦简《关市律》实际上是一条《金布律》。简文后署为"关市"，很可能是抄写者根据的底本有误，或者是抄写者误抄所致。这可以从这条律文词语的颠倒错乱和内容的单一等方面得到印证[①]。陈先生所说"律文词语的颠倒错乱"，是指睡虎地秦简入钱缿中律开头写作"为作务及官府市"，而岳麓秦简写作"官府为作务市"。"单一"是指前者将后者的"许多内容都删掉了"。

其实，入钱缿中的律文，睡虎地秦简和岳麓秦简分别标署关市律与金布律，可以有其他解释。其中一种可能是，睡虎地秦律时属于《关市律》的律条，到岳麓秦简时移属《金布律》。另一种可能是，大致相同的律文，同时见于秦《关市》、《金布》二律。就目前的知识而言，我们倾向于后一种可能。

在睡虎地秦简中，存在类似的情形。《秦律十八种·仓律》21-23所书与《秦律十八种·效》以及单篇《效律》中的两条律文有较多重合。即[②]：

《秦律十八种·仓律》21-23：入禾仓，万石一积而比黎之为户。县啬夫若丞及仓、乡相杂以印之，而遗仓啬夫及离邑仓佐主禀者各一户以气（饩），自封印，皆辄出，余之索而更为发户。啬夫免，效者发，见杂封者，以堤（题）效之，而复杂封之，勿度县，唯仓自封印者是度县。

《秦律十八种·效律》168-170：入禾，万【石一积而】比黎之为户，籍之曰："其廥禾若干石，仓啬夫某、佐某、史某、禀人某。"是县入之，县啬夫若丞及仓、乡相杂以封印之，而遗仓啬夫及离邑仓佐主禀者各一户，以气（饩）人。其出禾，有（又）书其出者，如入禾然。　　效

《秦律十八种·效律》171-173：啬夫免而效，效者见其封及堤（题），以效之，勿度县，唯仓所自封印是度县。终岁而为出凡曰："某廥出禾若干石，其余禾若干石。"仓啬夫及佐、史，其有免去者，新仓啬夫，新佐、史主廥者，必以廥籍度之，其有所疑，谒县啬夫，县啬夫令人复度及与杂出之。禾赢，入之，而以律论不备者。　　效

《效律》27-31：入禾，万石一积而比黎之为户，及籍之曰："某廥禾若干石，仓啬夫某、佐某、史某、禀人某。"是县入之，县啬夫若丞及仓、乡相杂以封印之，而遗仓啬夫及离邑仓佐主禀者各一户，以气（饩）人。其出禾，有（又）书其出者，如入禾然。啬夫免而效，效者见其封及堤（题）以效之，

---

① 　陈松长：《睡虎地秦简"关市律"辨正》，《史学集刊》2010年第4期。

② 　睡虎地秦墓竹简整理小组：《睡虎地秦墓竹简》，文物出版社1990年版，"释文注释"第25页、第58页、第73页。

勿度县,唯仓所自封印是度县。终岁而为出凡曰:"某禀出禾若干石,其余禾若干石。"

上揭《秦律十八种·仓律》与《秦律十八种·效律》以及单独成篇的《效律》文字多有重复。其下以单直线、双直线和波浪线标示的部分,大致分别对应。睡虎地秦简整理者已发现这一现象。因而在《秦律十八种·效律》简168"入禾"下注释说:"本条及下条均参看上面《仓律》'入禾仓'条。"江村治树进一步认为:睡虎地秦简《仓律》、《效律》二者之间具有密切关系,《效律》是在吸收《仓律》部分条文之后形成的①。佐佐木研太也对此作有论述②。

睡虎地秦简与岳麓秦简入钱缿中律分别属于《关市律》与《金布律》,并且一简一繁,也可以如此看待。即在《关市律》中,只涉及跟"市"即交易有关的内容。而在《金布律》中,在此之外,还多出"受赍、租、质、它稍入钱"等相关内容。二者彼此呼应,相辅而行。

《晋书·刑法志》对秦汉旧律有一段尖锐的批评。其中说:"一章之中或事过数十,事类虽同,轻重乖异。而通条连句,上下相蒙,虽大体异篇,实相采入。《盗律》有贼伤之例,《贼律》有盗章之文,《兴律》有上狱之法,《厩律》有逮捕之事,若此之比,错糅无常。"所谓"实相采入"、"错糅无常",恐怕正是指《仓律》与《效律》、《关市律》与《金布律》之间的这种互见或引述。这在当时的立法中,大概是无可避免的现象③。

陈松长指出睡虎地秦简《关市律》"为作务及官府市"与岳麓秦简《金布律》"官府为作务市"表述上的差异,也可有其他解释。睡虎地《秦律十八种·行书律》184记云:"行传书、受书,必书其起及到日月夙莫(暮),以辄相报殹。"岳麓书院秦简1271记云:"《□律》曰:传书受及行之,必书其起及到日月夙暮,以相报。"④开头一句的句序也有类似的情形。这有两种可能:一是两种版本的抄写者(也可能是其中一方)根据自己的表达习惯对文字作有改动,二是时代靠后的岳麓秦简律文作过修订。鉴于岳麓秦简书写年代在秦始皇统一前后,后一种可能性应该更大一些。

① [日]江村治树:《雲夢睡虎地出土秦律の性格をめぐって》,《東洋史研究》第40卷第1号,1981年6月,第1~26页。收入氏著《春秋戦国秦漢時代出土文字資料の研究》,汲古书院2000年版。
② [日]佐佐木研太:《出土秦律书写形态之异同》,《清华大学学报》2004年第4期,第48~55页。
③ 前文揭举岳麓书院秦简《金布律》与张家山汉简《二年律令·田律》均有户赋的规定,也属于同类情形。
④ 陈松长主编:《岳麓书院藏秦简〔肆〕》,上海辞书出版社2015年版,第142页。

结　语

以上讨论把睡虎地秦简《秦律十八种·关市律》97号、张家山汉简《二年律令·金布律》429号上、中段以及岳麓书院秦简《金布律》1411、1399、1403号所书称为"入钱缿中"律,而把《二年律令·金布律》429号末段、430号所书看作另外一条律文。

对于秦汉"入钱缿中"律的断读和理解,我们提出一些新看法:官府"为作务"与官府"市"在里耶秦简、岳麓书院藏秦简中存在相应的记载;赀钱,是损坏公物后依价赔偿的钱款;质钱,是官府为大型交易提供质剂而收取的税金;"它稍入钱"的表述,标示其前若干项亦属"稍入钱"。张家山汉律与岳麓书院秦律"而入"二字,应单独断开,是指在入钱的场合。

在制度方面,入钱缿中律涉及的款项只是地方官府收入的一部分;这些钱由基层官署收受后,送交县少内集中封存;县道官所受钱款中的"租、质、户赋、园池入钱",最有可能是拨付给皇室使用。

在秦律中,入钱缿中律可能同时出现于《关市》、《金布》二律而各有侧重。这与秦简《仓律》、《效律》的一些文字重复出现的情形类似,可能就是《晋书·刑法志》批评秦汉旧律"实相采入"、"错糅无常"的现象。云梦睡虎地秦律与岳麓书院秦律具体文字方面的不同,可能意味着秦统一前后,对律文作过一次修订。

第五章　秦和西汉早期简牍中的粮食计量

在近些年发现的秦和西汉早期的简牍,如睡虎地秦墓竹简、张家山汉简《算数书》和岳麓书院藏秦简《数》中,保存有与粮食计量有关的史料,可补充传世文献的不足,对了解当时的计量和粮食管理制度有很大帮助。学术界对此有过很好的研究,但也存在一些不同的意见。本章拟从有关简文的理解与释读出发,进而探讨当时粮食计量制度。

第一节　简文复原

与粮食计量密切相关的记载,当首推睡虎地秦简《秦律十八种·仓律》41、43号[①]:

> 【粟一】石六斗大半斗,舂之为糲(粝)米一石;糲(粝)米一石为毇(糳)米九斗;九【斗】为毁(糳)米八斗。稻禾一石……为粟廿斗,舂为米十斗;十斗粲,毁(糳)米六斗大半斗。

整理小组指出:简 41 下端窜入他简文字(即引文的省略号部分);简 41 "稻禾一石"与简 43 "为粟廿斗……"连读。并在"石六斗大半斗"前缺字处拟补"粟一"二字,

---

① 　睡虎地秦墓竹简整理小组:《睡虎地秦墓竹简》,文物出版社 1990 年版,"释文注释"第 29 页。

认为"粟一石"的"石"是容量单位,十斗与斛义同①。此说影响甚大,学者多引用②。

《说文》:"糲,粟重一祏为十六斗大半斗,舂为米一斛曰糲。"黄展岳据以认为:《仓律》第一句是说"黍谷一祏相当于十六斗又三分之二斗",其中的"石"作重量单位③。《说文》:"祏,百二十斤也。稻一祏为粟二十斗。禾黍一祏为粟十六斗大半斗。"张世超据以认为简文可补作"禾黍一石,为粟一石六斗大半斗",简文的"石"是容量单位。"禾黍当指带梗之谷类"④。邹大海根据《仓律》"稻禾一石为粟廿斗"、《说文》"祏"字解释和张家山汉简《算数书·程禾》补为"禾黍一"⑤。我们曾据《算数书·程禾》校勘《仓律》简41,复原为"【禾黍一】石【为粟十】六斗大半斗,舂之为糲米一石;糲米一石为凿(糳)米九斗;【凿(糳)米】九【斗】为毁(糳)米八斗。"并证明"禾黍"是带秸秆的谷穗⑥。邹大海后来也有相似的复原方案⑦。

对简文"稻禾一石……为粟廿斗,舂为米十斗;十斗糳,毁(糳)米六斗大半斗"的释读也有不同看法。睡虎地秦墓竹简整理小组的释读如上引文字,并认为,《说文》"糳,稻重一祏为粟二十斗,为米十斗曰毁,为米六斗大半斗曰糳"应依简文校正。裘锡圭也有同样的见解⑧。邹大海、王贵元认为《说文》不误,简文"糳"、"毁(糳)"两字误倒,应为"十斗毁,糳米六斗大半斗"⑨。这些意见还有讨论的余地。与《仓律》简43相似的简文也

---

① 整理小组把石解释为容量单位,可能与补字不当有关。

② 如王忠全认为,《仓律》这条简文的"石"是做为"斛"使用,而且是从秦代人开始的。见氏撰《秦汉时代"钟"、"斛"、"石"新考》,《中国史研究》1988年第1期,第11~23页。周国林认为,《仓律》"【粟一】石六斗大半斗……"的"石"皆指十斗,与斛同。见氏撰《秦汉时期钟、石、斛异同辨》,《华中师范大学学报(哲社版)》1991年第3期,第85~88页。

③ 黄展岳:《关于秦汉人的食粮计量问题》,《考古与文物》1980年第4期,第91~95页。

④ 张世超:《容量"石"的产生及相关问题》,《古文字研究》第21辑,中华书局2001年版,第314~329页。同文又称,"简文于粟称'一石六斗大半斗'……这是目前见到的最早的作为容量单位的'石'",与整理者意见同。王贵元也认为"禾"指带秆的谷穗。参看氏撰《张家山汉简与〈说文解字〉合证》,《古汉语研究》2004年第2期,第46~47页。

⑤ 参看邹大海:《从〈算数书〉和秦简看上古粮米的比率》,《自然科学史研究》第22卷第4期(2003年),第318~328页。

⑥ 彭浩:《睡虎地秦墓竹简〈仓律〉校读(一则)》,《考古学研究(六)庆祝高明先生八十寿辰暨从事考古研究五十年论文集》,科学出版社2006年版,第499~502页。

⑦ 邹大海:《关于〈算数书〉、秦律和粮米计量单位的几个问题》,《内蒙古师范大学学报(自然科学汉文版)》2009年第5期,第508~515页。

⑧ 裘锡圭:《考古发现的秦汉文字资料对于校读古籍的重要性》,《中国社会科学》1980年第5期,第3~28页。

⑨ 邹氏复原为:"稻禾一石为粟廿斗,舂为【毁】米十=斗=(糳毁)【毁为粟】米六斗大半斗。麦十斗,为麵三斗。【麦】、叔、荅、麻十五斗为一石。稟稾秿者,以十斗为石。"见氏撰《从〈算数书〉和秦简看上古粮米的比率》,《内蒙古师范大学学报(自然科学汉文版)》2009年第5期。王贵元:《张家山汉简字词释读考辨》,《盐城师范学院学报(人文社会科学版)》,第23卷第4期(2003年),第85~86页。

见于《算数书》"程禾"简 89 ："程曰：稻禾一石为粟廿斗，舂之为米十斗，为毇粲米六斗泰（大）半斗。"[1]《算数书》于"舂之为米十斗"的"十斗"下无重文符号，用两个"为"字分别表示稻粟舂得的"米"和"毇粲"，简文的意思很清楚。两相比较，《仓律》的"十斗粲，毇米六斗大半斗"似可断作"十斗，粲毇米六斗大半斗"，"粲毇"是"毇粲"的误倒。支持这个判断的证据是岳麓秦简《数》简 87 (0756)："以稻米求毇粲米，三母倍实；以毇米求稻米，倍母三实。"[2] 简文的"稻米"即《仓律》"稻禾一石为粟廿斗，舂为米十斗"的"米"。"稻米求毇粲，三母倍实"即稻米与毇粲的换算率是 3:2 ；"以毇米求稻米，倍母三实"即毇与稻米的换算率是 2:3。稻米与毇粲、毇的换算率相同，皆是 3:2。显然，后一句的"毇"与前一句的"毇粲"是同一粮食之名。可知后句的"毇"字下脱"粲"字。"毇粲"指精细而白的米。由"稻粟"舂成的米只有两个等级，即"米"（或称"稻米"）和"毇粲米"，两者之比是 10:6 与"黍粟"舂成的米分为粝、糳、毇不同。校勘后的《仓律》简 41、43 是："稻禾一石……为粟廿斗，舂为米十斗；十斗，粲毇（毇）米六斗大半斗"。按照《说文》"粲"字的解释，"稻粟"加工后得"毇"、"粲"两种米。这样一来，"毇"既可以指稻"毇"，也可以指黍"毇"，但品种和出米率都不同，如付诸实用，必造成混乱，故不可取。

复原后的《仓律》简 41、43 解释如下。"禾黍一石为粟十六斗大半斗"是说重一石（秦制 120 斤，下同）的带秸秆的黍，可得带壳的籽实（黍）十六斗大半斗。"石"用作重量单位，义同《说文》的"秴"。"十六斗大半斗"的"斗"是容量单位，为避免与重量单位"石"混淆，简文没有采用"一石六斗大半斗"的表述。"粟十六斗大半斗"（容量），换算为体积是 2700 立方寸，即"二尺七寸"，与岳麓秦简《数》简 177 (0801)："粟一石居二尺七寸"相合。按商鞅铜方升容量"爰积十六尊（寸）五分尊（寸）壹为升"（16$\frac{1}{5}$立方寸）折算，即 166 升（16$\frac{2}{3}$斗）。这段简文是禾黍由重量石转换成容量斗的规定。据岳麓秦简《数》简 103 (0780)"黍粟廿三斗六升重一石"，黍"粟十六斗大半斗"折合不足一石重，两者之差是秸秆的重量。"……为粟十六斗大半斗，舂之为糳（粝）米一石；糳（粝）米一石为凿（糳）米九斗；九【斗】为毇（毇）米八斗"是说粝米与糳米、毇米的换算率（或称"出米率"），这里的"石"、

① 彭浩：《张家山汉简〈算数书〉注释》，科学出版社 2001 年版，第 80 页。第 81 页注释④云："对照秦律《仓律》，本题简文'为毇（毇）粲米'句，多'粲'字。"这个断语不对，详下文。张家山二四七号汉墓竹简整理小组：《张家山汉墓竹简〔二四七号墓〕》（释文修订本）标点作"程曰：稻禾一石为粟廿斗，舂之为米十斗为毇（毇），粲米六斗泰（大）半斗"（文物出版社 2006 年版，第 144 页），当改作"程曰：稻禾一石为粟廿斗，舂之为米十斗，为毇（毇）粲米六斗泰（大）半斗。"参看王贵元：《张家山汉简字词释读考辨》，《盐城师范学院学报（人文社会科学版）》，第 23 卷第 4 期（2003 年）。
② 朱汉民、陈松长主编：《岳麓书院藏秦简〔贰〕》，上海辞书出版社 2011 年版，第 80 页。

"斗"都是容量单位。繫米，也称粺米①。由此可知，禾黍重一石，折算成按容量计的
粝米一石，两者的换算极为简单、直接。"稻禾"是带秸秆的稻穗②。"稻禾一石为粟
廿斗……舂为米十斗"是说重一石的带禾秆的稻穗，可得带壳的稻谷籽实（简文称
"粟"）二十斗，舂为米十斗（容量一石），为毇粲米六斗大半斗。据岳麓秦简《数》简
104（0981）"稻粟廿七斗六升重一石"③，稻粟二十斗重约86.9斤，与"稻禾一石"
重120斤的差额是秸秆重量。

　　秦汉时期的主要粮食品种有黍、粟、稻、麦、菽、苔、麻。粟（谷子）的早期名称
是稷。秦汉时期粟或称"禾"④，也用作粮食的代称或指谷物的籽实。岳麓秦简《数》
简104（0981）的"稷毇"、"稷粟"的"稷"应当是更早文献的遗留，指"粟（谷子）"。
黍与粟是当时主要的旱地粮食作物。《仓律》以黍为旱作粮食的换算标准，可能
与黍是确立度量衡的依据有关⑤，也不排除这些律条制定的时间较早，一直沿用下
来。值得注意的是，以"黍"为标准确定的粮食换算率，到秦汉时期被"粟"替代。
最明显的例子是，在《数》和《算数书》的谷物换算题中，粟与粝米、粺、毇的换算率
是50∶30∶27∶24，与《仓律》简41规定的禾黍与粝米、繫（粺）、毇的换算率完全一致。

第二节　粮食计量系统

　　隶臣妾等的月食多以"石"计量，如睡虎地秦简《秦律十八种·仓律》49—52
号⑥：

① 邹大海据《算数书》"程禾""禀毇繫者，以十斗为石"认为，"粺和毇是不同地域的人对同种精度
的米的不同称号。"见氏撰《从〈算数书〉和秦简看上古粮米的比率》，《内蒙古师范大学学报（自然
科学汉文版）2009年第5期。
② 参看张世超：《容量"石"的产生及相关问题》，《古文字研究》第21辑，中华书局2001年版。黄
展岳：《关于秦汉人的食粮计量问题》《考古与文物》1980年第4期认为"稻禾"是脱粒后的稻谷，
恐误。
③ 朱汉民、陈松长主编：《岳麓书院藏秦简〔贰〕》，上海辞书出版社2011年版，第88页。
④ 齐思和：《毛诗谷名考》，《中国史探研》，中华书局1981年版，第1~26页。
⑤ 《汉书·律历志上》"量者，龠、合、升、斗、斛也，所以量多少也。本起于黄钟之龠，用度数审其容，
以子秬黍中者千有二百实其龠，以井水准其概。合龠为合，十合为升，十升为斗，十斗为斛，而
五量嘉矣。……""权者，铢、两、斤、钧、石也，所以称物平施，知轻重也。本起于黄钟之重。一
龠容千二百黍，重十二铢，两之为两。二十四铢为两。十六两为斤。三十斤为钧。四钧为石。"
⑥ 睡虎地秦墓竹简整理小组：《睡虎地秦墓竹简》，文物出版社1990年版，"释文注释"第32页。

隶臣妾其从事公,隶臣月禾二石,隶妾一石半;其不从事,勿稟。小城
旦、隶臣作者,月禾一石半石;未能作者,月禾一石。小妾、舂作者,月禾
一石二斗半斗;未能作者,月禾一石。婴儿之毋(无)母者各半石;虽有母
而与其母冗居公者,亦稟之,禾月半石。隶臣田者,以二月月稟二石半石,
到九月尽而止其半石。舂,月一石半石。隶臣、城旦高不盈六尺五寸,隶妾、
舂高不盈六尺二寸,皆为小;高五尺二寸,皆作之。

简文的"禾"指带壳的粟[1],"禾 × 石"的"石"是容量单位,非重量和体积单
位[2]。主张"石"是重量单位的说法,导致简文"一石二斗半斗"成为重量"石"与容
量"斗"并存,无法给予合理解释。主张"石"是体积的说法则把容量单位(石、斗、
升)与体积单位(立方丈、尺、寸)混同。据黄展岳计算,这条律文规定的月食(以粟
舂出的粝米计)是:从事公隶臣 120 升(21.06 公斤)、隶妾 90 升(15.80 公斤);小
城旦、隶臣作者 90 升(15.80 公斤),未能作者 60 升(10.53 公斤);小妾、舂作者 75
升(13.16 公斤);未能作者 60 升(10.53 公斤);婴儿 30 升(5.27 公斤);隶臣田者
二 ‑‑ 九月 150 升(26.33 公斤)。以上标准与《墨子·杂守》所记基本相符[3]。
《里耶秦简〔壹〕》有一些粮食发放记录,其中两条如下[4]:

径廥粟米一石二斗半斗 ·卅一年十二月戊戌仓妃史感稟人援出稟大
隶妾援。
令史朝视平。8‑762
径廥粟米一石九斗五升六分升五。 卅一年正月甲寅朔丁巳,司空守
增、佐得出以食舂、小城旦渭等卅七人,积卅七日,日四升六分升一。
令史□视平。 得手。8‑212+8‑426+8‑32

简文的"径廥"是秦代迁陵县的一个粮仓名。脱皮后的粟,多称粝米、粺米、毇

---

① 张世超:《容量"石"的产生及相关问题》(《古文字研究》第 21 辑,中华书局 2001 年版)认为,睡
虎地秦简的"禾"指全禾,不是籽粒。

② 参看张世超《容量"石"的产生及相关问题》,《古文字研究》第 21 辑,中华书局 2001 年版。邹大
海:《关于〈算数书〉、秦律和粮米计量单位的几个问题》(《内蒙古师范大学学报(自然科学汉文版)
2009 年第 5 期》认为,这里的"石"是按体积而非重量来量取的。此说与岳麓秦简《数》简 0760
"【稻粟】三尺二寸五寸二一石,麦二尺四寸一石"不合,两者的单位不同。

③ 参看于振波:《"参食"考辨》,《简牍与秦汉社会》,湖南大学出版社 2012 年版,第 345~354 页。

④ 湖南省文物考古研究所:《里耶秦简〔壹〕》,文物出版社 2012 年版,图版第 110 页、第 49 页、第 64 页、
第 17 页;陈伟主编:《里耶秦简牍校释》第一卷,武汉大学出版社 2012 年版,第 219 页、第 115 页。

米,分别表示精细程度不同的米,故简文"粟米"是指未脱皮的粟,这也符合为隶臣妾等人供给粮食的规定。石,容量单位。简 8-212+8-426+8-32 记"舂、小城旦渭等卅七人,积卅七日,日四升六分升一",按每人每天食粟四升六分升一,合月食一石二斗半斗(以三十天计),与《仓律》规定的"小妾、舂作者,月禾一石二斗半斗"同,比小城旦月食一石半石、日食五升的规定要少。简 8-762 记大隶妾援稟"粟米一石二斗半斗",与《仓律》规定的"小妾、舂作者"的月食同,比隶妾月食一石半石少二斗半。以上两例的供食量似乎有偏低的倾向。如果供应的是其他种类的粮食,应当折合成规定的粟量,不过目前尚未见这类实例。

秦律以石重作为标准衡器,见于高奴禾石铜权等器物上的铭文[1]。尽管秦和西汉时期,"石"作为容量单位已普遍使用[2],因各种粮食比重不同,用同一容器所得重量不同,故有彼此换算的需要。当时主要的粮食品种的重量石与容量斗的换算见于岳麓秦简《数》的四枚竹简[3]:

> 黍粟廿三斗六升重一石。·水十五斗重一石[4]。糯(粝)米廿斗重一石。麦廿一斗二升重一石。103(0780)
> 粺米十九【斗】重一石。稷毁(毇)十九斗四升重一石[5]。稻粟廿七斗六升重一石。稷粟廿五斗重一石。104(0981)
> 稻米十九斗二升重一石。105(0886)
> 荅十九斗重一石。麻廿六斗六升重一石。叔(菽)廿斗五升重一石。106(0852)

在秦汉数学著作中常见各种粮食的换算及计算。岳麓秦简《数》简 84(0971)、85(0823)、86(0853)、87(0756)、88(0974)和张家山汉简《算数书》简 109-112 记

---

[1] 参看丘光明、丘隆、杨平:《中国科学技术史·度量衡卷》,科学出版社 2001 年版,第 167~168 页、第 169 页。

[2] 参看杨哲峰:《两汉之际的"十斗"与"石"、"斛"》,《文物》2001 年第 3 期,第 77~79 页。

[3] 朱汉民、陈松长主编:《岳麓书院藏秦简〔贰〕》,上海辞书出版社 2011 年版,第 87~89 页。

[4] 秦标准容器商鞅铜方升实测容量为 202 毫升,15 斗容量为 30300 毫升,所容水 30300 克重,与秦标准衡器高奴禾石铜权 30750 克重接近。

[5] 稷,有多种解释,或说粟、稬、黍、高粱等。《数》这四枚简中,已经有"黍粟",故可以排除释黍之说。从普遍种植的粮食作物看,稷粟,指稷(小米)。稬不是主要的粮食品种。可参考邹树文:《诗经黍稷辨》,《农史研究集刊》第二册,科学出版社 1960 年版,第 18~37 页。李根蟠:《稷粟同物,确凿无疑》,《古今农业》2000 年第 2 期,第 1~15 页、第 44 页。

有各种粮食的换算率和具体的计算方法,以《算数书》的记载较为简明[1]:

> 麻、麦、菽、荅三而当米二,九而当粟十。粟五为米三,米十为粺九,为
> 毇八。麦三而当稻粟四,禾粟五为稻粟四。
>
> 粟求米三之,五而一;粟求麦九之,十而一;粟求粺廿七之,五十而
> 一;粟求毇,廿四之,五十而一;米求粟五之,三而一。

"麻、麦、菽、荅三而当米二",在《秦律十八种·仓律》中表述为"叔(菽)、荅、麻十五斗为一石"。据岳麓秦简《数》简0987"米一升为叔(菽)、荅、麦一升半",可知"叔(菽)、荅、麻十五斗为一石"的"一石"是指粝米一石(容量),即叔(菽)、荅、麻十五斗折合粝米一石。岳麓秦简《数》简0780"粝米廿斗重一石",即容量一石(10斗)重60斤。据岳麓秦简《数》简0852、0981,十五斗菽、荅、麻的重量分别是87斤、94.5斤、67.5斤,皆超过粝米十斗的重量,对粟的兑换率偏低,在价格上自然也不占优势。秦代粟价如《秦律十八种·司空》简143所记"公食当责者,石卅钱"[2],菽、荅、麻的价格当低于此数。因此睡虎地秦简《法律答问》简153记云:"有禀叔(菽)、麦,当出未出,即出禾以当叔(菽)、麦,叔(菽)、麦贾(价)贱禾贵,其论可(何)殹(也)? 当赀一甲。"[3]麻、麦、菽、荅重一石平均折合容量是218.25升,与"黍粟二十三斗六升重一石"的"二十三斗六升"之比约是0.924。"九而当粟十"的规定只采用整数,舍弃小数部分。简文"当"指相当,不是相等。

"粟五为米三,米十为粺九,为毇八"与复原后的《仓律》简"【禾黍一】石【为粟十】六斗大半斗,舂之为糯米一石……"相同。"粟五为米三"即"粟十六斗大半斗"与"粝米一石(10斗)"的比率。

"麦三而当稻粟四",是根据麦、粟一石重折合成对应的容量得出的比率,即"麦二十一斗二升"与"稻粟二十七斗六升"之比,即0.768,实际采用0.75(5:3),是近似数。同理,"禾粟五为稻粟四"是"黍粟二十三斗六升"与"稻粟二十七斗六升"之比,两者之比是0.855,实际采用0.8(5:4),也是近似数。

秦律有一条例外的规定。《秦律十八种·仓律》简43:"·禀毁(毇)粺者,以十斗为石。"[4]这里的"石"也是容量单位。整理者把"粺毇"看作一词,指加工最精

---

[1] 张家山二四七号汉墓竹简整理小组:《张家山汉墓竹简(二四七号墓)》(释文修订本),文物出版社2006年版,第147页。

[2] 睡虎地秦墓竹简整理小组:《睡虎地秦墓竹简》,文物出版社1990年版,"释文注释"第53页。黄展岳:《关于秦汉人的食粮计量问题》(《考古与文物》1980年第4期)认为,这是秦粟(原粮)的价格。

[3] 睡虎地秦墓竹简整理小组:《睡虎地秦墓竹简》,文物出版社1990年版,"释文注释"第129页。

[4] 睡虎地秦墓竹简整理小组:《睡虎地秦墓竹简》,文物出版社1990年版,"释文注释"第30页。

的米。对照《仓律》简 41 "糲（粝）米一石为凿（糳）米九斗；九【斗】为毇（毇）米八斗"，"禀毇（毇）稗者，以十斗为石"显然是为享受"传食"的官员和爵在三、四级及以上者制定的特例，随从和一、二级爵者，只能食用粝米[1]，并非普遍使用的换算率，也与当时以原粮支付官员俸禄、隶臣妾等口粮的规定不同。

仓储粮食的计量常用斗、升等计量外，对大宗粮食还采用容量与体积与互相折算的办法。简文所见折算标准有：

粟一石居二尺七寸《数》177（0801）

（粟）二尺七寸而一石《算数书》146

【稻粟】三尺二寸五分寸二一石，麦二尺四寸一石[2]《数》107（0760）

禾石居十二尺《数》175（0498）

"粟一石居二尺七寸"的"粟"指未去皮的粟。"居"，占据。《商君书·算地》："故为国任地者，山林居什一，薮泽居什一，溪谷流水居什一……此先王之正律也。"简文的"居"是指积粟所占据的空间。"二尺七寸"是体积，即 2700 立方寸，按商鞅铜方升容量"爰积十六尊（寸）五分尊（寸）壹为升"计算[3]，折合 166 $\frac{2}{3}$ 升（16 $\frac{2}{3}$ 斗）。"粟一石居二尺七寸"指原粮粟一石（容量）换算为体积是 2700 立方寸，即十六斗大半斗。《算数书》简 146（粟）"二尺七寸而一石"是说原粮粟的体积二尺七寸（2700 立方寸）换算为容量十六斗大半斗的"一石"。这种"石"见于内蒙古赤峰蜘蛛山出土的秦始皇二十六年陶量，自铭容"十六斗泰（大）半斗"，即居延汉简中的"大石"。【稻粟】三尺二寸五分寸二一石"是稻禾由体积转换为容量。依商鞅方升容量（16 $\frac{1}{5}$ 立方寸）计算，"三尺二寸五分寸二"（3240 立方寸）合二十斗。

据此，可以对相关算题作出进一步的判断，如岳麓秦简《数》简 177（0801）、178（0784）[4]：

仓广五丈，袤七丈，童高二丈，今粟在中，盈与童平，粟一石居二尺七

---

① 《秦律十八种·传食律》规定，供应传食的是稗米和毇米，享用传食的人是有爵位者、官吏及其随从。张世超认为，这条法律规定是对上层人物的格外优待。见所撰《容量"石"的产生及相关问题》（《古文字研究》第 21 辑，中华书局 2001 年版）。

② 整理者认为"石"是重量单位。

③ 国家计量总局、中国历史博物馆、故宫博物院主编：《中国古代度量衡图集》，文物出版社 1984 年版，"图版说明"第 44 页。

④ 朱汉民、陈松长主编：《岳麓书院藏秦简〔贰〕》，上海辞书出版社 2011 年版，第 127 页。整理者对题中的"石"是容量还是重量单位，未作解释。

寸,问仓积尺及容粟各几可(何)? 曰:积尺七万尺,容粟二万五千九百廿五石廿七分石廿五。……

这是由仓的体积求所容粟的问题,由"仓积尺"除以"粟一石居二尺七寸",得"容粟二万五千九百廿五石廿七分石廿五",其中的"石"是容十六斗大半斗的大石。

又如,《算数书》简146-147:

旋粟高五尺,下周三丈,积百廿五尺。·二尺七寸而一石,为粟卅六石廿七分石之八。其述(术)曰:下周自乘,以高乘之,卅六成一。·大积四千五百尺。

这是圆锥状积粟由体积求重量的问题,"为粟卅六石廿七分石之八"是容量[1]。《九章算术·商功》"委粟术"有如下记载:"程粟一斛,积二尺七寸。其米一斛,积一尺六寸五分寸之一。其菽、荅、麻、麦一斛,皆二尺四寸十分寸之三。"刘徽曾指出,"此为以精粗为率,而不等其概也。粟率五,米率三,故米一斛于粟一斛,五分之三;菽、荅、麻、麦亦如本率云。故谓此三量器为概,而皆不合于今斛。"[2] 对"程粟一斛"为何是"积二尺七寸",刘徽未加说明。如果把"委粟术""程粟一斛,积二尺七寸"与《数》"粟一石居二尺七寸"和《算数书》"二尺七寸而一石"比较,就很容易明白,"委粟术"的文字当源自秦和西汉初期曾经存在的"粟一石居二尺七寸"。如果不把《九章算术·商功》"今有委粟平地"题看作虚拟的,那么答案中的"斛"实际应是"石"[3]。由此可以确定,《九章算术》这类算题形成的时间不会早于西汉晚期。

睡虎地秦简《效律》简5-7中有容量单位"桶",容十斗。在岳麓秦简《数》只有以下三例:

☐【桼】甬(桶)少稻石三斗少半斗☐ 110 (0918)

☐桼甬(桶)六之五而得一☐有(又)☐☐☐ 110 (0882)

☐得一以稻甬(桶)求☐ 110 (C100102)

整理者认为这三枚残简原属同简。简文的"桶"是容量单位。在睡虎地秦简《效

---

① 在《张家山汉简〈算数书〉注释》(科学出版社 2001 年版,第 105~106 页)中,误为"粟重"。

② 郭书春、刘钝校点:《算经十书(一)》,辽宁教育出版社 1998 年版,第 53~54 页。

③ "今有委粟平地,下周一十二丈,高二丈。问积及为粟几何。答曰:积八千尺,为粟二千九百六十二斛二十七分斛之二十六。"据"粟一石居二尺七寸",8000 立方尺 ÷2.7 立方尺= 2962 石),其中的"斛"应是"石"。

律》简 3—4 有对量器"桶"精度的规定:"甬(桶)不正,二升以上,赀一甲;不盈二升到一升,赀一盾。"除此之外,在其他律文大量使用的度量单位,却未见"桶"的出现。《里耶秦简〔壹〕》保存的大量仓库出入粮食的记录中,只用石、斗、升计量,并不使用"桶"。西汉初年的《二年律令》和《算数书》中也不见"桶"用作容量单位。这些现象说明,在秦统一中国前后,"桶"已被"石"取代,逐渐退出国家法定的容量单位。岳麓秦简《数》所见的"桶",应当是在此之前的遗留。

结　语

本章第一部分,根据岳麓秦简《数》篇、张家山汉简《算数书》的相关记载,对睡虎地秦简《秦律十八种·仓律》41、43 号进行新的复原。

第二部分大致归纳出秦代粮食计量系统的架构。由标准衡器"石"为起点,先确定禾黍(粟)、稻禾重一石折合成按斗、升计量的原粮(粟、稻)数;按容量计量,确定粟原粮——粝米——糳(粺)米——毇米和稻米——毇糳米的比率。确定粟、稻等主要粮食品种与其他种类粮食按容量计算的互换率(约数值);主要粮食品种与重量石等值的容量(精确值);粟、稻、麦等重量石与体积的折算。这是国家衡器标准"石"向容量的延伸,对度量衡的统一、保证政府的有效管理都有实际的作用。

第六章 睡虎地秦简"十二郡"及相关问题

本章所要讨论的"十二郡",见载于睡虎地秦简《秦律十八种·置吏律》157–158 号,其云 [1]：

> 县、都官、十二郡,免除吏及佐、群官属,以十二月朔日免除,尽三月而止之。其有死亡及故有夬(缺)者,为补,毋须时。

整理者将本条简文语译为："县、都官和十二个郡,任免吏、佐和各官府属员,都从十二月初一日起任免,到三月底截止。如有死亡或因故出缺的,则可补充,不必等到上述规定时间。"关于"十二郡",则注释说："秦所设郡数逐步增加,据《史记》,秦只有十二个郡的时期,至少应在秦始皇五年以前。"秦始皇五年(前 242 年)初置东郡,整理者的意见以为十二郡的设置时间应在秦始皇五年设东郡之前,但对十二郡的具体郡目,则未涉及。

应该说,整理者的态度是相当严谨的,但其结论却不免宽泛。从理论上讲,只要按时间顺序将秦置十二郡依次排出,第十二郡至第十三郡之间的时间应该就是律文确定的时间,这是很简单明了的事情。但由于早期秦郡的设置过程比较复杂,相关记载很不完备,学者的研究非常分歧,难有一致的意见。在本章中,我们将结合新发现的史料,重探秦简"十二郡"问题,兼及早期秦郡的发展过程。文中战国系年取杨宽说 [2],战国地名括注今地据谭其骧主编《中国历史地图集》[3],不一一注明。

---

① 睡虎地秦墓竹简整理小组：《睡虎地秦墓竹简》,文物出版社 1990 年版,第 56 页。
② 杨宽：《战国史》附录三《战国大事年表》,上海人民出版社 2008 年版,第 696~722 页。
③ 谭其骧主编：《中国历史地图集》第一册、第二册,中国地图出版社 1982 年版。

93

第一节　以往研究述评

最早讨论秦律"十二郡"的是黄盛璋,1979 年,黄氏发表《云梦秦简辨正》一文,为了判明秦律的制定时间,黄先生用表格的形式,按时间先后顺序列举的十二郡是[①]:

> 河西郡(前 330 年)、上郡(前 328 年)、汉中郡(前 312 年)、巴郡(前 314 年)、蜀郡(前 311 年)、河东郡(前 286 年)、陇西郡(前 280 年)、北地郡(前 280 年)、南郡(前 278 年)、黔中郡(前 277 年)、南阳郡(前 272 年)、内史(？)、陶郡(前 265 年)。

黄氏所列,实为十三郡(含内史),原因就在于黄氏以为河西郡在秦昭王二十一年(前 286 年)设置河东郡后并入上郡。另有内史,时间未详,但据所举《战国策·秦策三》"应侯谓昭王曰"章,应在昭王四十一年(前 266 年)。所以,黄氏所举十二郡中最晚的一郡为陶郡,时在昭王四十二年(前 265 年),由此可证,云梦秦律的年代应在昭王晚期。黄先生的说法影响很大,日本学者工藤元男在研究云梦秦简时,即采纳其说[②]。

1981 年,林剑鸣出版《秦史稿》,其中谈到"十二郡"问题,所举十二郡是[③]:

> 上郡(前 328 年)、蜀郡(前 316 年)、汉中郡(前 312 年)、巴郡(前 311 年)、陇西郡(前 280 年)、南郡(前 278 年)、黔中郡(前 277 年)、南阳郡(前 273 年)、北地郡(前 271 年)、三川郡(前 249 年)、上党郡(前 247 年)、太原郡(前 247 年)。

[①] 黄盛璋:《云梦秦简辨正》,《考古学报》1979 年第 1 期;兹据氏著《历史地理与考古论丛》,齐鲁书社 1982 年版,第 4~5 页。

[②] ［日］工藤元男:《秦内史》,《史学杂志》90 编第 3 号(1981 年),兹据徐世虹中译本,收入刘俊文主编:《日本中青年学者论中国史·上古秦汉卷》,上海古籍出版社 1995 年版,第 323 页注 20;又见［日］工藤元男,［日］广濑薫雄、曹峰译:《睡虎地秦简所见秦代国家与社会》,上海古籍出版社 2010 年版,第 6 页、第 44~45 页注 16。

[③] 林剑鸣:《秦史稿》,上海人民出版社 1981 年版,第 232~233 页注 8。

　　林氏所举十二郡最晚者为庄襄王三年（前247年）所设上党郡和太原郡，次年秦王政继位，所以，他以为秦律的颁布，最早也要到公元前247年以后，也就是秦王政（始皇）当政时才有可能。限于著作体例，林氏对十二郡设置时间未作具体论证。但同书中却说，公元前272年（秦昭王三十五年）诱杀义渠王后，开始设置陇西、北地和上郡三郡。对于秦郡的总数，则采用谭其骧的四十六郡说，最后总结说："四十六郡的说法也不能彻底解决文献资料记载中的一切矛盾问题，如几种文献对秦所设立的郡名，记载就有出入，故此问题尚有待于进一步探讨。"①可见问题的复杂性。

　　1999年，王辉发表《秦史三题》，其中第二节为"秦十二郡"，所考结论为：

　　　　上郡（前312年或前324年）、蜀郡（前316年或前314年）、汉中郡（前312年）、巴郡（惠文王时），河内郡（昭襄王时）、河东郡（前286年）、陇西郡（前280年）、南郡（前278年）、黔中郡（前277年）、南阳郡（前272年）、北地郡（前271年）、三川郡（前249年）、太原郡（前247年），上党郡（前247年）。

　　通过考察，王氏得出结论：《置吏律》的抄写年代在庄襄王元年至三年之间，不会晚于秦王政五年。这个结论与整理者意见基本一致，与林剑鸣的结论也大体相同。但王氏所举，实为十四郡，具体郡目，也与林氏不同。

　　秦郡问题一直是学术界关注的重点，尤其是近年来简牍资料的发现，重新燃起学者的热情，出现不少有份量的研究成果。不过这些研究，多集中在秦始皇三十六郡和秦郡总数上，较少按时间顺序疏理早期秦郡。

　　在传统秦郡研究中，以全祖望、王国维、谭其骧三家成就突出②，影响最大。2006年，辛德勇刊布长文总结秦郡研究，关于秦始皇三十六郡取裴骃之说，于诸郡始置时代未能一一考定③。辛文发表之后，又有一些研究成果，如后晓荣《秦代政区

---

① 分别见林剑鸣：《秦史稿》，上海人民出版社1981年版，第259页、第361~365页、第409页。

② 全祖望：《汉书地理志稽疑》，收入《二十五史补编》第一册，中华书局1955年版。孙楷撰、徐复订补：《秦会要订补》（中华书局1959年版）即从全祖望说。王国维：《秦郡考》，《观堂集林》，河北教育出版社2001年版，第338~343页。王蘧常：《秦史》（上海古籍出版社2000年版）即从王国维说。谭其骧：《秦郡新考》，《浙江学报》第2卷第1期（1947年12月）；收入氏著《长水集》（上），人民出版社1987年版，第1~11页。马非百：《秦集史》（中华书局1982年版）即从谭说。

③ 辛德勇：《秦始皇三十六郡新考》，《文史》2006年第1、2期；收入氏著《秦汉政区与边界地理研究》，中华书局2009年版，第3~92页。

地理》、李晓杰《中国行政区划通史·先秦卷》等①,这些研究虽然不是专门讨论秦简十二郡问题,但对于秦简十二郡研究不无助益。兹将上述诸家中考证时间较为明确的全、谭、后、李四人的研究结论列作表6-1:

表6-1　　　　　　　　　　诸家所考秦十二郡异同

	全祖望	谭其骧	后晓荣	李晓杰
1	上郡(前328年)	上郡(前328年)	巴郡(前316年)	上郡(前328年)
2	汉中(前312年)	巴郡(前314年)	汉中(前312年)	蜀郡(前314年)
3	蜀郡(前311年)	汉中(前312年)	蜀郡(前311年)	巴郡(前314年)
4	巴郡(前311年)	蜀郡(前311年)	上郡(前304年)	汉中(前312年)
5	河东(前286年)	河东(前286年)	河东(前290年)	河东(前286年)
6	南郡(前278年)	陇西(前279年)	陇西(前279年)	陇西(前280年)
7	黔中(前277年)	南郡(前278年)	南郡(前278年)	南郡(前278年)
8	南阳(前272年)	黔中(前277年)	巫黔(前277年)	南阳(前272年)
9	陇西(昭王时)	南阳(前272年)	南阳(前272年)	北地(前271年)
10	北地(昭王时)	北地(前272年或前271年)	北地(前272年)	上党(前260年)
11	上党(前246年)	上党(前259年)	上党(前259年)	三川(前250年)
12	太原(前246年)	三川(前249年)	太原(前245年)	太原(前246年)

综上所述,十二郡存在的时间最早为昭王四十二年(前265年),最晚为秦王政二年(前245年),所列郡目多达18个,即:

　　河西郡、上郡、汉中郡、巴郡、蜀郡、河东郡、陇西郡、北地郡、南郡、黔
　　中郡、内史、陶郡、南阳郡、三川郡、上党郡、太原郡、河内郡、巫黔郡。

此18郡中,诸家均有而年代相同者,只有汉中郡、南郡,诸家均有而年代相异者,有上郡、巴郡、蜀郡、陇西郡、北地郡、南阳郡。另有10郡诸家各不相同。可见

---

① 后晓荣:《秦代政区地理》,社会科学文献出版社2009年版,第64~72页;李晓杰:《中国行政区划通史·先秦卷》,复旦大学出版社2009年版,第444~454页。

分歧很大,需要重新疏理。

第二节　秦十二郡建置次第考

一、上郡

秦上郡来自战国魏国。《史记·秦本纪》(本章下文引《史记》只出篇名)载孝公元年(前361年):"魏筑长城,自郑滨洛,以北有上郡。"据吴良宝所考,魏上郡的南界在今陕西韩城、黄龙、洛川一带,其北界包括今陕西神木一带,东以黄河为界[①]。秦惠文君十年(前328年),魏尽纳上郡十五县于秦。马非百《秦集史·郡县志》"上郡"条以为此即秦置上郡之年[②]。《张仪列传》:"仪相秦四岁,立惠王为王。居一岁,为秦将,取陕。筑上郡塞。"张仪所筑上郡塞,据史念海所考,在今陕西富县、洛川境内的洛水中游,是秦国在今黄龙岭、子午岭之间的洛水河谷修建的长城[③]。1988年和1991年,考古工作者对富县秦长城遗迹进行踏查,证实了此段秦长城的存在[④]。《张仪列传》所记之"上郡塞"只能是秦上郡之"塞",而不会是魏上郡之"塞",文中明确提到"上郡",可见此时秦设上郡已确定无疑,所以,秦上郡之设早不过惠文君十年,晚不过惠文王后元元年(前324年)[⑤]。这是秦上郡发展的第一阶段。

《水经·河水注》:"奢延水又东,径肤施县南,秦昭王三年(前304年)置上郡治。"论者或以为此为秦上郡始置之年[⑥]。按历年所出秦上郡兵器铭刻为数甚多,初

---

① 吴良宝:《战国时期魏国西河与上郡考》,《中国史研究》2006年第4期,第9~17页。

② 马非百:《秦集史》,中华书局1982年版,第578页。

③ 史念海:《黄河中游战国及秦时诸长城遗迹的探索》,《陕西师范大学学报(哲学社会科学版)》1978年第2期,兹据作者文集《河山集·二集》,三联书店1981年版,第450~453页。

④ 姬乃军:《陕西富县秦"上郡塞"长城踏察》,《考古》1996年第3期,第84~85页、第82页。

⑤ 参看凡国栋:《秦郡新探——以出土文献为主要切入点》,武汉大学博士学位论文,2010年5月,第37~39页。

⑥ 王蘧常:《秦史》,上海古籍出版社2000年版,第106页;后晓荣:《秦代政区地理》第65页、第159页。

步统计共有 30 余件，今按年代先后次序罗列如下 [1]：

（一）惠文王

(1) 王五年上郡疾造，高奴工鬻。

(2) 王六年上郡守疾之造，□礼·□□。

(3) 王七年上郡疾之造，□豊。

（二）昭襄王

(4) 二年上郡守冰造，高工，丞沐叚，工隶臣徒（？）·上郡武库。

(5) 三年上郡守冰造，漆工壮（？），丞□，工城旦□（？）。

(6) 六年上郡守闲之造，高奴工师蕃，鬼薪工臣。·襄沂·□□·阳城·襄城·博望。

(7) 七年上郡守闲造，漆垣工师婴，工鬼薪带。·高奴·平周·平周。

(8) 十二年上郡守寿造，漆垣工师乘，工更长齮。·洛都·洛都·平陆·广衍·欧。

(9) 十三年上郡守寿造，漆垣工师乘，工更长齮。

(10) 十五年上郡守寿之造，漆垣工师乘，丞鬻，冶工隶臣齮。·中阳·西都。

(11) □□年上郡守 [寿] 造，漆垣工师乘，工更长齮。·定阳。

(12) 十八年漆工朐丞巨造，工正。·上郡武库。

(13) 十九年上郡守赵造，高工师灶，丞猪，工隶臣渠。

(14) 廿四年上郡守瘩造，高奴工师灶，丞申，隶臣渠。·上·徒淫·洛都。

(15) 廿五年上郡守厝造，高奴工师灶，丞申，工鬼薪诎。·上武库·洛都。

(16) 廿五年上郡守厝（？）造，高奴工师灶，丞申，工隶臣诲。·阳城·上·原都·平周。

(17) 廿七年上守赵造，漆工师猪，丞恢，工隶臣颊。·□阳。

(18) 卅七年上郡守庆造，漆工盘，丞秦，工城旦贵。

(19) 卅八年上郡守庆造，漆工盘，丞秦，工隶臣于。

(20) 卌年上郡守起 [造]，高工师猪，丞秦，[工] 隶臣庚·东（？）阳。

---

[1] 　王辉：《秦铜器铭文编年辑释》，三秦出版社 1990 年版；黄盛璋：《秦兵器分国、断代与有关制度研究》，《古文字研究》第 21 辑，中华书局 2001 年版，第 227~285 页；董珊：《战国题铭与工官制度》，北京大学博士学位论文，2002 年 5 月，第 225~236 页。本章所引秦兵器铭刻，如非注明，皆出此三文。另参苏辉：《秦三晋纪年兵器研究》，上海古籍出版社 2013 年版，第 161~182 页。

（21）卅年上郡守起造，漆工师盘，丞絢，工隶臣突·平周·周。

（22）卅八年上郡假守鼍造，漆工平，丞冠呼，工驵。·上郡武库·广武·二。

（23）五十年上郡守齮造，工室众工□。

（三）庄襄王

（24）元年上郡假守暨造，漆工壮，丞围，工隶臣□。·平陆·九

（25）二年上郡守［暨］造，漆工壮（？），丞围，工隶臣□。

（四）秦王政时期

（26）三年上郡［假守□造］高［工……］丞申［工□］·徒淫。

（27）三年相邦吕［不韦造，上］郡段（假）守定，高工仑（？），丞申，工地。

（28）三年相邦吕不韦造，上郡段（假）守定，高工□，丞甲（申），工□。·徒淫。

（29）四年相邦吕不韦造，高工仑，丞申，工地。

（30）十八年漆工师朐守丞巨造工□·上郡武库。

（31）廿年漆工师攻（？）丞□造工□·上（后改刻为"巫"[1]）郡武库。

上述上郡兵器铭刻年代最早者为秦惠文王后元五年（前320年），所以秦上郡建置的时代不会晚到昭王三年。《水经注》所记，应理解为秦昭王时将上郡郡治移至肤施，而不是秦上郡始置之时。史念海曾说："所谓公元前304年置郡的事，可能是指秦国取得肤施之后，把上郡的治所确定在那里的年代。"[2] 其他学者也有类似的意见[3]。而据杨宽所考，《水经注》"秦昭王三年"当为"十三年"之误，前脱"十"字，他说[4]：

> 案：《秦本纪》称秦惠文王十年"魏纳上郡十五县"。《魏世家》作"魏尽入上郡于秦"。可知二十四年前秦已有魏之上郡。此后秦不断扩大上郡割（按：当为"辖"字之误）境。但此时肤施尚未为秦所有。《赵世家》

---

[1] 苏辉以为"巫"即"上"字，造成讹变是因为划痕的缘故。苏氏且将此器定在昭王时。见氏著《秦三晋纪年兵器研究》，上海古籍出版社2013年版，第164页。

[2] 史念海：《河山集·二集》，三联书店1981年版，第450页。

[3] 参看凡国栋：《秦郡新探——以出土文献为主要切入点》，武汉大学博士学院论文，2010年5月，第38~39页。

[4] 杨宽：《战国史料编年辑证》，上海人民出版社2001年版，第629页；类似意见亦见同书第702页。

称惠文王三年"灭中山，迁其王于肤施"。赵惠文王三年当秦昭王十一年，可知此时肤施尚为赵地。《水经注》"秦昭王三年"当为"十三年"之误。

随着秦的对外扩张，上郡的辖境亦随之扩大。秦昭王十三年（前294年）夺取原属赵国的肤施（今陕西榆林南）之后，于是将上郡郡治迁至肤施。而从秦上郡兵器铭刻看，迁肤施之前的上郡郡治，很可能在高奴（今陕西延安东北）或漆垣（今陕西铜川北）。迁治的目的，显然是为了对付来自北方和东北方的匈奴和赵国的军事威胁。《秦本纪》载昭王二十年（前287年）："王之汉中，又之上郡、北河。"昭王此时巡游上郡北河，显然具有安抚北方戎人（匈奴）之意，兼具炫耀武力之目的。《赵世家》载赵惠文王十六年（前283年）苏厉为齐遗赵王书曰："秦之上郡近挺关，至于榆中者千五百里，秦以三郡攻王之上党，羊肠之西，句注之南，非王有已。"[1]可证秦上郡确为征伐赵国之军事重镇。这是秦上郡发展的第二阶段。

《匈奴列传》："秦昭王时，义渠戎王与宣太后昭王母乱，有二子。宣太后诈而杀义渠戎王于甘泉，遂起兵伐残义渠。于是秦有陇西、北地、上郡，筑长城以拒胡。"《史记》载匈奴始末，谓昭王时秦置陇西、北地、上郡，筑长城以备胡，乃概括之辞，无具体年代。然此事在《后汉书》则系于周赧王四十三年、秦昭王三十五年（前272年），《西羌传》曰："至王赧四十三年，宣太后诱杀义渠王于甘泉宫，因起兵灭之，始置陇西、北地、上郡焉。"从而将上郡始置之年系于公元前272年，这显然是错误的。按公元前272年乃北地郡始置年代，大约此时秦于设置北地郡，将此前已设置的上郡、陇西又重新调整，从而确定秦北方三郡上郡、陇西、北地的疆界。这是秦上郡发展的第三阶段。

秦上郡设置后，不仅一直存在，而且其辖境屡有扩张，后为秦始皇三十六郡之一，是早期秦郡的典型之一。历年发现的秦上郡兵器铭刻，其年代从惠文王后元五年以至秦王政二十年（前227年），亦可证秦上郡不仅一直存在，且为秦国早期重要的军工基地。马王堆汉墓帛书《刑德》所附《分野》云[2]：

---

[1] 今本《战国策·赵策一》"赵收天下且以伐齐"章，《战国纵横家书》二一"苏秦献书赵王"章，献书者均为苏秦，且无"上郡"，文字多与《史记》不同，《史记》或别有所本。参看马王堆汉墓帛书整理小组：《战国纵横家书》，文物出版社1976年版，第91~93页；范祥雍：《战国策笺证》，上海古籍出版社2006年版，第973页。

[2] 陈松长：《马王堆帛书〈刑德〉甲、乙本的比较研究》，《文物》2000年第3期；收入氏著《简帛研究文稿》，线装书局2007年版，第138~154页；裘锡圭主编：《长沙马王堆汉墓简帛集成〔伍〕》，中华书局2014年版，第16页。参看晏昌贵：《马王堆帛书星宿分野考》，《湖南省博物馆馆刊》第8辑，岳麓书社2012年版，第18~23页。

房左骖,汝上也;其左服,郑地也;房右服,梁(梁)地也;右骖,卫。
婺女,齐南地也。虚,齐北地也。危,齐西地也。营室,鲁。东壁,卫。娄,燕。
胃,魏氏东阳也。参前,魏氏朱县也;其阳,魏氏南阳;其阴,韩氏南阳。毕,
韩氏晋国。觜觿,赵氏西地。罚,赵氏东地。东井,秦上郡。舆鬼,秦南地。
柳,西周。七星,东周。张,荆北地。

在上述地理分野中,秦地被一分为二,其一为秦上郡,其二则为秦南地,亦可见
上郡的重要地位。

二、蜀郡

秦蜀郡之设,主要见于《史记》和《华阳国志》,二书所记略有异同,兹将相关记
载列作表 6-2：

表 6-2 史载蜀郡建置之异同

年代 (公元前)	《六国年表》	《秦本纪》	《华阳国志·蜀志》	备注
316	击蜀,灭之	司马错伐蜀,灭之	秦大夫张仪、司马错,都尉墨等从石牛道伐蜀。蜀王自于葭萌拒之,败绩。王遁走,至武阳,为秦军所害。其相、傅及太子退至逢乡,死于白鹿山。开明氏遂亡	《华阳国志·巴志》：周慎王五年,伐蜀灭之,置巴、蜀、汉中郡
314	公子繇通封蜀	公子通封于蜀	秦惠王封子通国为蜀侯,以陈壮为相,置巴郡,以张若为蜀国守。戎伯尚强,乃移秦民万家实之	《战国策·秦一7》：卒起兵伐蜀,十月取之,遂定蜀。蜀主更号为侯,而使陈壮相蜀。蜀既属,秦益强、富厚,轻诸侯《张仪列传》略同
311	蜀相杀蜀侯	蜀相壮杀蜀侯来降	仪与若城成都	《水经·江水注》：秦惠王二十七年,遣张仪与司马错等灭蜀,遂置蜀郡焉

续表

年代 （公元前）	《六国年表》	《秦本纪》	《华阳国志·蜀志》	备注
310	诛蜀相壮	诛蜀相壮	陈壮反，杀蜀侯通国。秦遣庶长甘茂、张仪、司马错复伐蜀，诛陈壮	《甘茂传》：蜀侯辉、相壮反，秦使甘茂定蜀
308			封子恽为蜀侯	
301	蜀反，司马错往诛蜀守辉，定蜀	蜀侯辉反。司马错定蜀	十四年，蜀侯恽祭山川，献馈于秦昭襄王。恽后母害其宠，加毒以进王。王将尝之。后母曰："馈从二千里来，当试之。"王与近臣，近臣即毙。王大怒，遣司马错赐恽剑，使自裁。恽惧，夫妇自杀。秦诛其臣郎中令婴等二十七人	
300			王封其子绾为蜀侯	
298			闻恽无罪，冤死，使使迎丧葬郭内	
285			疑蜀侯绾反，王复诛之。但置蜀守	

由表 6-2，可知秦对蜀地的经营亦经过三个阶段：首先，秦惠文王后元九年（前 316 年），秦灭蜀，诸书所记略同，唯《张仪列传》将司马错与张仪争论以及灭蜀事系于惠文君前九年（前 329 年），此乃史迁误置，清人早有考辨[1]，可置勿论。但对于秦灭蜀之后是否设置蜀郡，却有不同意见。据《华阳国志·巴志》，灭蜀后设巴、蜀、汉中郡。今按汉中郡之设在此年之后（详下文），若此记载可信，则前 329 年即设蜀郡。二年后，又封蜀国。《六国年表》、《秦本纪》及《华阳国志》均以为被封者为秦公子，《战国策》、《张仪列传》则以为蜀王后裔，贬号为侯。蒙文通力主《战国策》之说，认为"后来屡次所封，都自然是蜀王的子孙，而不是秦王的子孙，是显然的事"[2]。这是很正确的。大约秦惠文王后元九年灭蜀后即设蜀郡，二年后又封蜀王

① 钱大昕：《廿二史考异》，上海古籍出版社 2004 年版，第 65 页。

② 蒙文通：《巴蜀史的问题》，《四川大学学报》1959 年第 5 期，第 1~49 页；又《蒙文通中国古代民族史讲义》，天津古籍出版社 2008 年版，第 210 页。

后裔为侯,实行郡、国并行的制度,以至昭王二十二年(前285年)①。

其次,《水经·江水注》谓秦惠王二十七年置蜀郡,秦惠文王(即惠王)前元十三年,后改称王改元,二十七年系惠文王后元十四年(前311年),然蜀之灭在惠文王前元九年,郦道元误记。据上表,前311年有二事,一为蜀相陈壮杀蜀侯,二为张仪与张若城成都。后一事《华阳国志·蜀志》记载备详,在描述完成都城规模建置,又有"惠王二十七年也"句,郦道元《水经注》所述,当来自《华阳国志》。另据任乃强所考,秦所封蜀王子居广都或新都,不居成都②。如然,则《水经注》本条记事或可理解为,惠王二十七年城成都后,蜀郡治所始移治于成都。

最后,前285年诛蜀侯绾后,"但置蜀守",废除封国,实行单一的郡县制。

秦兵器铭刻属于地方郡监造者除上郡外,就要数蜀郡为多,有以下数件:

(一)昭王

(1)廿七年蜀守若,西工师乘□,工禺。江武库。

(2)卅四年,蜀守□造,西工师□,丞□,工□。·成·十·邛·陕。

(二)秦王政

(3)八年蜀东工(?)□臣甬工悍·蜀[东工]。

(4)九年相邦吕不韦造。蜀守宣,东工守文,丞武,工极(?)。成都·蜀东工。

(5)十三年蜀守□造,西工昌,丞□,工是。·蜀西工。

(6)武·廿六年蜀守武造,东工师宦,丞未,工□。(或以为昭王时)

铭刻记年有昭王廿七年、卅四年,秦王政八年、九年、十三年、廿六年等,可证蜀郡一直存在,且为重要军事和手工业基地。大约上郡用以对付东方的三晋,蜀郡则对付南方的楚国。秦攻灭六国的军事地理战略于此可见一斑。

蜀郡的上述变化,是早期秦郡的另一种类型。秦自占有蜀地后,实力大为增强,《战国策》所谓"蜀既属,秦益强、富厚,轻诸侯",即为真实写照。

三、巴郡

《华阳国志》有两处记载涉及巴郡的设置,一为前316年,一为前314年,俱见上表。关于巴国之灭,《华阳国志·巴志》载:"周慎王五年(前316年),蜀王伐苴,

---

① 参看马非百:《秦集史》,中华书局1982年版,第610页。

② 任乃强:《华阳国志校补图注》,上海古籍出版社1987年版,第129页。

苴侯奔巴。巴为求救于秦。秦惠文王遣张仪、司马错救苴、巴。遂伐蜀，灭之。仪贪巴、苴之富，因取巴，执王以归，置巴、蜀及汉中郡，分其地为四十一县。"此事亦见《张仪列传》，但无取巴置巴郡的记载。湖北荆门包山 2 号楚墓出土竹简，其中一条大事纪年为："大司马悼滑将楚邦之师徒以救郙之岁"，学者据楚历法推算其年代为公元前 316 年，李学勤以为简文"郙"即巴国，可证《华阳国志》的记载是正确的[①]。

四、汉中

秦汉中郡由两部分组成，其西半以南郑为中心，秦厉共公二十六年（前 451 年）在南郑筑城，躁公二年（前 441 年）南郑叛秦，惠公十三年（前 387 年）秦伐蜀，取南郑。其后秦即有效控制这一地区。其东半属楚，文献中或称之为"上庸六县"。公元前 312 年，秦、楚大战于丹阳，秦大胜楚，虏楚将屈丐，斩首八万，攻取楚汉中郡，于是连同秦之汉中地，设置汉中郡。《华阳国志·蜀志》说："（周赧王）三年（前 312 年），分巴、蜀置汉中郡。"所谓分巴、蜀，大约是指秦固有之汉中地而言。至于《巴志》所载周慎王五年（前 316 年）置巴、蜀、及汉中郡。大概是随文连类及之，非谓汉中郡设于此时也。

秦设汉中郡后，秦、楚对于汉中之地屡有交涉，前 304 年至前 280 年，秦曾将汉北上庸一带交还给楚，但秦汉中郡仍然存在。秦兵器铭刻有昭王六年（前 301 年）汉中守戈。昭王十三年（前 294 年）任鄙为汉中守，十九年卒[②]。皆在秦归还楚汉北上庸地期间，足证秦汉中郡一直存在，且其主体不包括上庸一带。

五、河外

河外是新见秦郡。2005 年，周晓陆等率先披露一枚秦封泥"河外府丞"，认为河外为秦郡名，为河东郡曾用名[③]。2010 年，施谢捷刊布一枚图像更为清晰的"河外府丞"封泥，并赞同河外郡为河东郡曾用名之说[④]。据称，类似的"河外"封泥共

---

① 李学勤：《包山楚简郙即巴国说》，《中国文化》2004 年第 21 期，第 14~17 页；收入氏著《文物中的古文明》，商务印书馆 2008 年版，第 447~452 页。

② 《史记·六国年表》。

③ 周晓陆等：《于京新见秦封泥中的地理内容》，《西北大学学报（哲学社会科学版）》2005 年第 4 期，第 116~125 页。

④ 施谢捷：《新见秦汉官印二十例》，《古文字研究》第 28 辑，中华书局 2010 年版，第 560~566 页。

有四件。另据陈伟的讨论,"外"字释读和秦置河外郡均无疑问,但他主张"外"应读为"间",河外郡即河间郡的异写①。"外"与"间"通假,当然没有问题。但既然河外与河间同出,我们首先来看看把"外"读作本字时,秦有没有另置河外郡的可能。在这个问题上,何慕的意见值得重视。她说②:

> 战国时期的各国所指的"河外"不太相同。赵国的河外大致是秦汉的东郡地区,也就是河以东地区。……魏国的河外大致是雒阳附近的河以南地区。……秦统一之后的"河外"肯定是与"河内"对称,并且有着全国的视野来布局诸郡,所以河外郡不应当是河东郡的前身。如果河外在西,河内反而在东,那就是一种坐东朝西的方位观,这样不符合秦统一之后的实际情况。河外郡应当是在黄河以南地区。黄河以南能够设置河外郡的地区,只有三川郡和东郡两个地区。从庄襄王三年秦设置三川郡,到二世时李斯之子李由任三川守,三川郡应当一直都是存在的。东郡则从秦王政五年初置东郡开始,到秦统一之后仍见"东郡坠石"记载,东郡是一直存在的,自来无人怀疑。这样河外郡只能存在于秦统一之前,始皇二十六年统一后并入了三川郡。

这一分析是很精当的,我们同意河外郡为三川郡前身的看法。古文献中常将华山以东,黄河以南的地区称作"河外",《韩策二》"谓公叔曰公欲"章:"公欲得武遂于秦,而不患楚之能扬河外也。"程恩泽曰:"此河外与武遂连文,盖即河南宜阳新城之地。"③《魏策三》"魏将与秦攻韩"章:"(伐楚)若道河外,背大梁而右上蔡、召陵,以与楚兵决于陈郊,秦又不敢也。""河外"均指这一地区。又称"西河外"或"西河之外",《赵世家》:"王与秦昭王会西河外。"《蔺相如传》作"会于西河外渑池",《六国年表》作"与秦会黾池,蔺相如从"。渑(黾)池在今河南渑池西,可见这一带地区亦被称作"西河外"。把这一带称作"西河外",正是以秦人的地理方位观而言。

"河外"或"西河外"地区,是秦窥两周、东伐韩之要道,秦人东进,致力于此。前332年,魏献阴晋给秦,秦更名宁秦(今陕西华阴东)。前330年,魏献河西地,

---

① 陈伟:《关于秦封泥"河外"的讨论》,《出土文献研究》第10辑,中华书局2011年版,第144~149页。4件"河间"封泥的说法亦见陈文引述施谢捷的意见。此外,凡国栋也怀疑周晓陆等人所披露的那枚秦封泥,"外"字很可能是"间",见《秦郡新探——以出土文献为主要切入点》,武汉大学博士学位论文,2010年5月,第83页。

② 何慕:《秦代政区研究》,复旦大学博士学位论文,2009年5月,第52~53页。

③ 程恩泽:《国策地名考》,《丛书集成初编》,中华书局1991年版,第240~241页。

文献中亦称西河之外,包括黄河以南上洛一带[①]。前329年,秦攻取魏焦(今三门峡市北),二年后归还魏焦。前324年,张仪伐魏陕(今三门峡市西北)。前322年,秦攻取魏曲沃(今三门峡西)。曲沃、陕为黄河天险所在,秦人从此占据河外地区两个重要军事据点。前308年,秦攻取韩的军事重镇宜阳(今河南宜阳西)。前303年,秦攻取韩武遂(今山西垣曲南)。前296年,齐、韩、魏联军攻入秦函谷关,秦求和,归还韩河外及武遂,归还魏河外及封陵(今封陵渡)。前290年,韩献武遂地方二百里。从上述军事态势及秦人东向发展看,河外郡之设当在前308年取宜阳之后,前290年韩献武遂地方二百里之前。马非百以为秦占领宜阳后曾设宜阳郡,他说[②]:

> 《史记·甘茂列传》:向寿守宜阳。依据《春申君列传》所谓"淮北地北有齐,其事急,请以郡为便"之例,此时宜阳甫入秦,而边于韩,又为秦人东出之主要通道。事急为郡,实有必要。

文献中称"某守"虽不必为郡守,但宜阳为东出窥周室、伐韩之要道,实有设郡之必要。《秦策二》"秦武王谓甘茂曰"章:"宜阳,大县也;上党、南阳,积之久矣;名为县,其实郡也。"可见宜阳一带,具备设郡的条件。顾颉刚说:"(由此可)知上党南阳粮食军械积贮于宜阳者甚厚,等于一郡,足以供应军资,故甘茂欲为秦拔之也。"[③]《史记·秦始皇本纪》太史公曰引贾谊《过秦论》:"孝公既没,惠王、武王蒙故业,因遗策,南兼汉中,西举巴蜀,东割膏腴之地,收要害之郡,诸侯恐惧,会盟而谋弱秦。"[④]此"要害之郡"或即河外郡。只不过此郡实名"河外",治所则在宜阳。以治所指代郡名,乃秦郡常有之事。至庄襄王元年(前249年)灭东周,置三川郡(出土文献写作"参川"),河外郡即并入三川郡中。由于河外郡存在时间不长,后世习知三川郡之名,以致河外郡湮没无闻。

六、河东

河东地区是秦与三晋争夺的重点,春秋时代秦即曾染指河东,《左传》僖公十五年:"秦始征晋河东,置官司焉。"后归还给晋。战国时代,惠文君八年(前330

[①] 吴良宝:《战国时期魏国西河与上郡考》,《中国史研究》2006年第4期。

[②] 马非百:《秦集史》,中华书局1982年版,第88~589页。

[③] 《顾颉刚读书笔记》第6册,法华读书记(十四)"宜阳因积军实故等于一郡"条,中华书局2011年版,第20~21页。

[④] 《新书》、《文选》"收要害之郡"前有"北"字。

年）魏纳河西地后，次年秦即渡河取汾阴、皮氏，此后秦与三晋（尤其是魏国）在河东地区展开长期斗争。文献中明确提及秦置河东郡的有二条：

（1）《范雎蔡泽列传》载昭王四十一年（前266年）"昭王召王稽，拜为河东守，三岁不上计。"五十二年，"王稽为河东守，与诸侯通，坐法诛。"王稽死事亦见云梦睡虎地秦简《编年记》，可证《史记》确然可据。所以，昭王四十一年是秦置河东郡的下限。

（2）《水经·涑水注》："秦使左更白起取安邑，置河东郡。""秦"，原本作"秦始皇"，杨守敬曰 [①]：

> 取安邑事，在昭王十四年。此"始皇"二字衍，盖浅人习闻始皇分天下为郡，遂意增二字，而不知起事在其先也。然考《秦本纪》云：昭王二十一年，左更"错攻魏河内。魏献安邑，秦出其人，募徙河东，赐爵，赦罪人迁之。"则二十一年乃实有其地。故全祖望《汉志稽疑》谓二十一年置河东郡。

杨守敬谓"始皇"二字为后人妄加，其说当可据。但他从全祖望说，将秦置河东郡置于昭王二十一年，则未必然。即以所引《秦本纪》而言，昭王二十一年攻魏主将为左更错而非左更白起，不合者一；安邑为魏所献，非为白起所取，不合者二。

秦取河东置郡实在昭王十七年（前290年），当年《六国年表》"秦"栏《魏世家》均谓魏将河东地四百里献予秦。《白起王翦列传》载此事的年代有些混乱，其记事为：

> 昭王十三年，而白起为左庶长，将而击韩之新城。是岁，穰侯相秦。任鄙为汉中守。
> 其明年，白起为左更，攻韩、魏于伊阙，斩首二十四万，又虏其将公孙喜，拔五城。起迁为国尉。涉河取韩安邑以东，到干河。
> 明年，白起为大良造。攻魏，拔之，取城小大六十一。

据《六国年表》、《秦本纪》，昭王十三年（前294年）任鄙为汉中守；睡虎地秦简《编年记》当年记事为"攻伊阙"，据《史记正义》引《括地志》："洛州伊川县，本是汉新城县，隋文帝改为伊阙。"是当年《白起传》记事无大误。昭王十四年，白起攻伊阙，《编年记》及《史记》纪、表均同。但《本纪》却无取韩安邑事。其下所述

---

① 杨守敬、熊会贞：《水经注疏》下，谢承仁主编：《杨守敬集》第四册，湖北人民出版社、湖北教育出版社1988年版，第463页。

秦攻魏"取城小大六十一"事,《六国年表》《魏世家》均系于前289年。所以,在此前一年之"涉河取安邑"事,应系于前290年。《白起列传》本段记事应作:

> 昭王十三年,而白起为左庶长,将而击韩之新城。
>
> 其明年,白起为左更,攻韩、魏于伊阙,斩首二十四万,又虏其将公孙
> 喜,拔五城。
>
> [昭王十七年],起迁为国尉。涉河取韩安邑以东,到干河。
>
> 明年,白起为大良造。攻魏,拔之,取城小大六十一。

今本《史记》缺"昭王十七年"或类似字样。经过整理,可以看出司马迁行文,都是先叙某年,接叙官爵,后叙战功,全文一律。《战国策·秦策二》"陉山之事"章:"秦得安邑,善齐以安之,亦必无患矣。"吴师道云:"按《白起传》……昭王之十七年也。"[1] 所论极是。

综上所述,秦置河东郡当在昭王十七年,即公元前290年。

七、陇西

上举《后汉书·西羌传》将秦陇西郡之设系于公元前272年,其说不确。《水经·河水注》:"滥水又西北,径武街城南。又西北径降狄道故城东。……汉陇西郡治,秦昭王二十八年置。"《秦本纪》载昭王二十七年(前280年),"使司马错发陇西,因蜀攻楚黔中,拔之。"马非百据此以为秦陇西郡当置于昭王二十七年前[2]。出土秦兵器铭刻有所谓"陇西守"戈,但据学者研究,所释"陇西"二字有误,当释作"丞相"[3]。王辉最新释文作:"廿六年丞相□(守?)□之造,西工室阑,工□·武库。"[4] 王氏并谓"西工室"之"西"是指西县[5]。按西县属陇西郡,若此说可信,则昭王二十六年尚未有陇西郡,陇西设郡或当在昭王二十七年。

① 范祥雍:《战国策笺证》,上海古籍出版社2006年版,第279页。
② 马非百:《秦集史》,中华书局1982年版,第583页。
③ 黄盛璋:《秦兵器分国、断代与有关制度研究》,《古文字研究》第21辑,中华书局2001年版;董珊:《战国题铭与工官制度》,北京大学博士学位论文,2002年5月,第211页。
④ 王辉:《珍秦斋藏王二十三年戈考》,《故宫博物院院刊》2004年第4期;收入氏著《高山鼓乘集——王辉学术文存二》,中华书局2008年版,第95~100页。
⑤ 王辉:《秦铜器铭文编年辑释》,三秦出版社1990年版,第62~64页;王辉:《珍秦斋藏王二十三年戈考》,《故宫博物院院刊》2004年第4期。

八、南郡

秦昭王二十九年(前 278 年),白起攻楚,取郢,为南郡。见于《六国年表》、《秦本纪》、《白起列传》等,历来研究秦郡者,对南郡的始置年代均无异辞。

九、黔中郡

秦置黔中郡史有明文,《秦本纪》昭王三十年(前 277 年),"蜀守若伐楚,取巫郡及江南为黔中郡。"《水经·沅水注》亦有类似的记载。《华阳国志》记载不同,《巴志》在周慎王五年(前 316 年)条下,叙秦灭巴蜀事后,接着写道:"司马错自巴涪水,取楚商於地,为黔中郡。"《蜀志》周赧王七年(前 308 年)又说:"司马错率巴、蜀众十万,大舶船万艘,米六百万斛,浮江伐楚,取商於之地,为黔中郡。"据任乃强考证,二者实为一事,《蜀志》较《巴志》更详细而已[①]。但对于前 277 年秦对黔中用兵史事,《蜀志》只说:"张若因取笮及楚江南地焉。"并无置黔中郡。司马错伐楚事亦见《秦本纪》,文曰:"司马错发陇西,因蜀攻楚黔中,拔之。"系于昭王二十七年(前 280 年)。《蜀志》这部分记事年代错乱,《华阳国志》又晚出,恐难凭信。从《秦本纪》记事看,先是公元前 280 年司马错攻取楚黔中,三年后,张若又攻取楚巫郡及江南地,于是合此三地为黔中郡。

不过秦黔中郡并没有维持多久,《秦本纪》载昭王三十一年,"楚人反我江南"。《正义》:"黔中郡反归楚。"实则楚人所取仅只秦黔中郡部分地,并非整个黔中郡都反归楚。张守节之说未明晰。《楚世家》记事稍详,文曰:"襄王乃收东地兵,得十余万,复西取秦所拔我江旁十五邑以为郡,距秦。"可见此时楚所取为临江沿岸十五个城邑。相家巷秦封泥有"巫黔右工"、"巫黔□邸",论者以为"巫黔"为秦郡名[②]。很可能秦人在楚攻取"江旁十五邑"后,又将黔中郡改名为巫黔郡。

秦人何时重新占领"江南地",以及巫黔郡又经历怎样的变化,史籍均缺乏记载。近年来,由于秦简牍中出现洞庭、苍梧等新郡名,关于秦黔中郡的变化又出现若干新解释,遂使得黔中郡成为早期秦郡中变化最复杂、最难以理清的典型之一。不过,这种变化恐怕只是郡名的改变和辖境的伸缩,秦人始终在此维持一郡之地[③]。

---

① 任乃强:《华阳国志校补图注》,上海古籍出版社 1987 年版,第 13 页。

② 周晓陆等:《于京新见秦封泥中的地理内容》,《西北大学学报(哲学社会科学版)》2015 年第 4 期。

③ 参看陈伟:《秦苍梧、洞庭二郡刍论》,《历史研究》2003 年第 5 期,第 168~172 页;辛德勇:《秦始皇三十六郡新考》,《文史》2006 年第 1 期。

十、河内

秦置河内郡史无明文。《项羽本纪》："赵将司马卬定河内,故立为殷王,王河内。"清人姚鼐据此以为"盖秦有河内郡也"[①]。出土秦简牍及封泥屡见河内郡,[②]秦置河内郡可确定无疑。关于秦河内郡设置的年代,谭其骧以为秦始皇二十六年后从河东郡分置[③],马非百则以为昭王时,其说云[④]:

> 《六国年表》:昭王二十一年,魏纳安邑及河内。三十三年,魏入南阳。三十九年,攻魏,拔怀。四十一年,取刑丘。自是,遂有河内之大半。安邑即河东。河内在魏及汉均为一郡。在秦亦应为一郡。昭王时有河东守王稽。足证河东在昭王时即已立郡。安邑、河东同时入秦,其立郡亦必在是时甚明。《白起列传》:(昭王四十七年)王自之河内,赐民爵各一级,发民所十五以上悉诣长平,遮绝赵救及粮食。如河内原非一郡,而秦、汉两代又皆无名河内之县邑,则魏所献与昭王所之者,究为何地?而所赐民爵及发年十五以上者又为何地之人?以上文"王之汉中","又之上郡北河"文例观之,所谓"之汉中"者,往汉中郡也,"之上郡北河"者,往上郡属县北河也。则此所之河内,亦必为一郡,实已毫无疑义。《秦始皇本纪》:十八年,大兴兵伐赵,王剪将上地,下井陉,杨端和将河内,羌瘣伐赵。上地,《正义》:上郡上县,今绥州等是也。将上地、将河内,即将上郡及河内所发之兵也。准以司马错发陇西,因蜀攻楚黔中之例,如河内不是一郡而为一县,则杨端和所将之兵,岂能自成一军耶?

马氏说证据确凿,应可信据。《楚世家》载楚顷襄王十八年(前281年)楚人有好戈者游说之辞曰:"王出宝弓,碆新缴、涉郾塞,而待秦之倦也,山东、河内可得而一也。"《正义》:"谓华山之东,怀州河内之郡。"《战国纵横家书》第十六章"朱己谓魏王"章:"若道河内,倍(背)邺、朝歌,绝漳、铺(滏)【水,与赵兵决于】邯郸之鄗(郊),氏(是)知伯之过也,秦又不敢。"[⑤]亦见《魏策三》、《魏世家》,事在前363

---

① 姚鼐:《复谈孝廉书》,《惜抱轩文集》卷六,收入《清人文集地理类汇编》第一册,浙江人民出版社1986年版,第74页。

② 凡国栋:《秦郡新探——以出土文献为主要切入点》,武汉大学博士学位论文,2010年5月,第32~33页。

③ 谭其骧:《秦郡新考》,《长水集》(上),人民出版社1987年版,第9~10页。

④ 马非百:《秦集史》,中华书局1982年版,第594~595页。

⑤ 马王堆汉墓帛书整理小组:《战国纵横家书》,文物出版社1976年版,第59页。

年。凡此皆可证秦占有河内部分地区,可为马说之补证。

秦河内郡设置年代还可进一步具体化,这涉及对《史记》一段记事的考订,《秦本纪》昭王三十四年记事:"秦与魏、韩上庸地为一郡,南阳免臣迁居之。"这句话很不容易理解。马非百以为"与"训"以","谓以韩、魏上庸地为一郡,南阳免臣迁居之。"[①]"与"可训"以"[②],但上庸地从未属韩、魏,其说不通。颇疑本段文字"上庸"与"南阳"互易,原文当作:"秦与魏、韩南阳地为一郡。免臣迁居之上庸。"原为二事,不可混为一谈。秦昭王三十二年秦攻开封,军大梁下,韩来救,秦破韩、魏联军,魏入温(今河南温县西)等三县以和。三十三年秦攻魏蔡(今河南上蔡西南)、中阳(今河南郑州东),拔四城,斩首四万。三十四年秦击破芒卯华阳(今河南郑州南),魏入南阳以和。于是秦将韩、魏南阳地"为一郡"。魏入南阳事,《资治通鉴》卷四《周纪事》赧王四十二年记作:魏王"卒以南阳为和,实修武(今河南获嘉县)。"温、修武(今河南获嘉县)均为河内地。华阳之役,实导因于赵、魏伐韩华阳,韩救于秦,秦出兵,大败赵、魏联军于华阳下。韩为求得秦军支援,或有献南阳地于秦之事,而史书缺载。所以秦以"秦与魏、韩南阳地为一郡",此郡只能是河内郡。是秦河内郡当置于秦昭王三十四年(前273年)。

十一、南阳

《秦本纪》昭王三十五年(前272年),"初置南阳郡"。秦南阳郡来自楚宛郡,战国晚期韩曾拥有南阳部分地区。秦国早在昭王十六年(前291年)即攻取宛城,后又蚕食南阳大部分地区,至此时始设南阳郡。林剑鸣将秦南阳郡始置年代系于昭王三十四年,如果不是笔误,则当是来自《秦本纪》昭王三十四年记事的误解[③]。既然《秦本纪》明确记载南阳郡初置于昭王三十五年,《秦本纪》根据的是秦国的内部资料,具有很高的可信度[④],不可轻易否定。

---

① 马非百:《秦集史》,中华书局1972年版,第921页。

② 杨树达:《词诠》,中华书局2004年版,第438页。

③ 猜测林先生是将此句断为:"秦与魏、韩上庸地为一郡南阳,免臣迁居之。"从而将南阳郡始置年代定在昭王三十四年。关于此句的考订已见上文。

④ [日]藤田胜久,曹峰、[日]广濑薰雄译:《〈史记〉战国史料研究》,上海古籍出版社2010年版,第240~259页。

十二、北地

据上引《后汉书·西羌传》，北地郡当设置于秦昭王三十五年。《后汉书·西羌传》所载宣太后诱杀义渠王事亦见早期记载，《战国策·秦策三》："范雎至，秦王庭迎，谓范雎曰：'寡人宜以身受令久矣。会义渠之事急，寡人日自请太后。今义渠之事已，寡人乃得以身受命。躬窃闵然不敏，敬执宾主之礼。'范雎辞让。"又见《范雎蔡泽列传》："（雎入秦）待命岁余。当是时，昭王已立三十六年。"比照《战国策》、《史记》的记载，《后汉书》所载当可信据。吕祖谦《大事记》将秦灭义渠系于周赧王四十四年，即秦昭王三十六年。这可能是受《史记》的影响。马非百亦谓："义渠事起于三十五年，至三十六年乃始告一结束。"并且认为"吕氏说实较《后汉书》为正确。"[1] 今按《战国策》、《史记》所载，范雎在见秦王前曾有上书一节，"书上，秦王大说"，"使以传车召范雎"。范雎"详为不知永巷而入其中"，从而与宦者发生争执，"昭王至，闻其与宦者争言，遂延迎，谢曰"，于是有了上述一段对话。"今义渠之事已"，"已"是完结、终了之意[2]。将秦王的话理解为："义渠事起于三十五年，至三十六年乃始告一结束，"固然未尝不可；但将此话理解为："义渠事发生在三十五年，现在已经结束了"，亦很顺畅。在没有充分证据的前提下，我们既然相信《后汉书·西羌传》确有所据，则其所述昭王三十五年灭义渠置北地郡就不好轻易否定。

综上所考，秦最早设置的十二郡为：

上郡（前 328 年）、巴郡（前 316 年）、汉中郡（前 312 年）、蜀郡（前 311 年）、黔中郡（前 308 年）、河外郡（约前 307 年）、河东郡（前 290 年）、陇西郡（前 280 年）、南郡（前 278 年）、河内郡（前 273 年）、南阳郡（前 272 年）、北地郡（前 272 年）。

此后秦于庄襄王元年（前 249 年）置三（参）川郡，三年（前 247 年）置上党、太原郡，秦王政五年（前 242 年）置东郡。其间或有陶郡之设，《穰侯列传》："穰侯卒于陶，而因葬焉。秦复收陶以为郡。"王国维据此以为秦设陶郡[3]。穰侯魏冉卒年不可考，然其于昭王四十二年（前 265 年）"出之陶"，秦置陶郡当在此后。另据杨宽

---

[1] 马非百：《秦集史》，中华书局 1982 年版，第 580 页。
[2] 范祥雍：《战国策笺证》，上海古籍出版社 2006 年版，第 316 页。
[3] 王国维：《秦郡考》，《观堂集林》，河北教育出版社 2001 年版。

所考，陶郡曾于前 254 年为魏所攻取 [1]，此后秦重新夺取该地，但并未设郡，其地或并入东郡之中 [2]。

通过本文考述，可知早期秦郡的发展是一个动态的过程，不仅秦郡的数目是不断增加的，即便单个的郡，其名称、境域也在变化之中。本文所考十二郡，可大致分为三种不同的类型：（1）上郡型，其名称不变，但辖境随着秦的对外扩张而逐渐扩大；（2）蜀郡型，由于是少数民族地区，设郡之初又有封国，采取郡、国并行制度；（3）河外型，其名称和辖界均有重大变化，或改名，或省并。黔中郡（或巫黔郡）亦属此类型。其中又以第三种类型的秦郡变化最为复杂。

秦十二郡见诸法律文书，可见有一个相对稳定的存在期，或亦具有某种象征意义，至秦始皇统一全国，并有三十六郡之设。下文即讨论秦十二郡的历史背景及三十六郡的意义。

第三节 "十二郡"的历史背景

"十二郡"之数字 12，在古代具有特别的意蕴，与秦的圣数"十二"有关 [3]。《秦公钟》铭文云："丕显朕皇祖受天命，奄又（有）下国，十又二公不坠在上。严龚夤天命，保业厥秦，虢事蛮夏。"《秦公簋》铭文亦云："丕显朕皇祖受天命，鼏宅禹迹，十又二公在帝之坏。严龚夤天命，保业厥秦，虢事蛮夏。"张政烺对此二器铭之"十又二公"有很精详的阐释，他以为十二之数起于实数，由于它成了天之大数，又变成了虚数。并且认为"十二"来自一年有十二个月 [4]。辛德勇在《秦始皇三十六郡新考》对圣数"十二"亦有综合讨论，他引日本学者的说法，否定"秦以水德王，故数以六为纪"之成说。又引杨先牧说，认为数字 12 乃是数字 3 与 4 之乘积，乃天地积数 [5]。

数字 12 在中国古代文化被称为"天之大数"，并不为秦人所独有。至于数字 12 的来历，除上述张政烺所谓一年十二月之外，尚有其他说法。《周礼·春官·冯

① 杨宽：《战国史》第 420~421 页、第 681 页。
② 谭其骧：《秦郡新考》，《长水集》（上），人民出版社 1987 年版，第 3 页。
③ 工藤元男：《睡虎地秦简所见秦代国家与社会》（上海古籍出版社 2010 年版）第 45 页注 16 引栗原朋信说，以为"这十二郡也有可能不是实数，而与秦的圣数'十二'有关"。
④ 张政烺：《"十又二公"及其相关问题》，《纪念顾颉刚学术论文集》，巴蜀书社 1990 年版；收入《张政烺文史论集》，中华书局 2004 年版，第 790~812 页。
⑤ 辛德勇：《秦汉政区与边界地理研究》，中华书局 2009 年版，第 51~59 页。

相氏》："冯相氏掌十有二岁,十有二月,十有二辰,十日,二十有八星之位,辨其叙事,以会天位。"与数字12有关的除"十二月"外,尚有"十二岁"和"十二辰"。郑玄注:"岁谓大(太)岁。岁星与日同次之月,斗所建之辰。"① 屈原《楚辞·天问》："天何所沓?十二焉分?"王逸注:"言天与地合会何所,十二辰谁所分别乎?"② "十二辰"又称十二次,是古人想象岁星(木星)在星空中的驿站。按现代观测的岁(木)星运行周期是11年10个月零17日,古人观天未密,取其成数为12年,马王堆汉墓帛书《五星占》记载的岁星周期就是12年。岁星十二年一周天,称为"一纪"。古人想象岁星每年在天空的驿站,就是"十二次",即:玄枵、星纪、析木、大火、寿星、鹑尾、鹑火、鹑首、实沈、大梁、降娄、娵訾。十二次又成为日月星辰在天空中运行的坐标体系,古人用之以纪年,其功莫大焉,所以又被称为"天之大数",这也许就是数字12的真实来历。《左传》哀公七年:"周之王也,制礼,上物不过十二,以为天之大数。"杜预注:"天有十二次,故制礼象之。"③ 《国语·晋语四》讲晋公子重耳流亡在外,过卫五鹿,乞食野人,"野人举块以与之"。对此,子犯有一段很著名的议论,他说:"天事必象,十有二年,必获此土。岁在寿星及鹑尾,其有此土乎!天以命矣,复于寿星,必获诸侯,天之道也,由是始之。"据韦昭注解,"岁"即岁星,寿星、鹑尾均为十二次之名。所谓"天之道也",即"天之大数不过十二"④。

所谓"太岁",乃是古人想象的星体,其实并不存在,是为神煞。在古人看来,岁星和其他行星,都是通过众恒星向东作逆时针方向移动的,古人想象有一个"反岁(木)星",它的公转周期与岁(木)星一样,但方向相反,同恒星一道向西移动。这个"反岁(木)星"叫做"太阴"或"太岁"。用于纪年的岁名也有十二个,即:摄提格、单阏、执徐、大荒落、敦牂、协洽、涒滩、作鄂、阉茂、大渊献、困敦、赤奋若。岁星在天,太岁则在地,因之数字12也与大地有了关系,或可称为"地之大数"。《灵枢经·经水第十二》:"黄帝问于岐伯曰:经脉十二者,外合于十二经水,而内属于五藏六府。其有大小深浅广狭远近各不同,五藏六府之高下小大受谷之多少亦不等,相应奈何。"⑤ 所谓"经水",《管子·度地篇》曰:"水之出于山而流入于海者,命曰经水。水别于他水,入于大水及海者,命曰枝水。山之沟,一有水,一毋水者,命曰谷水。水之出于他水沟,流于大水及海者,命曰川水。出地而不流者,命曰渊水。"⑥

① 孙诒让:《周礼正义》,中华书局1987年版,第2103页。
② 洪兴祖:《楚辞补注》,中华书局1983年版,第88页。
③ 《春秋左传集解》,上海人民出版社1977年版,第1748页。
④ 徐元诰:《国语集解》,中华书局2002年版,第322~323页。
⑤ 《灵枢经》,人民卫生出版社1993年版,第41页。
⑥ 黎翔凤:《管子校注》,中华书局2004年版,第1054页。

《水经注原序》称："十二经通,尚或难言;轻流细漾,固难辩究。"陈桥驿以为"十二经"是指十二经书①。辛德勇力辩其非,认为"十二经""应是借用《黄帝内经》、《难经》等早期医书所说十二经脉,来比喻统率小水的大江大河,其义正与下文之'轻流细漾'相对应。"②我们认为辛氏意见可取。数字"十二"既然具有特殊的地理意含,早期秦郡为数十二当然就应有特殊的历史背景。

据上文所考,秦十二郡形成于昭王三十五年,下一个郡的设置则要晚到庄襄王元年,因此,秦简《置吏律》此条当形成于秦昭王三十五年之后,庄襄王元年之前。在此期间,秦国发生了哪些大事呢,据《史记·秦本纪》载,从昭襄王三十六年至五十年,秦与山东六国尤其是三晋有激烈的军事冲突,其后之事有:

> 五十一年……西周君背秦,与诸侯约从,将天下锐兵出伊阙攻秦,令秦毋得通阳城。于是秦使将军摎攻西周。西周君走来自归,顿首受罪,尽献其邑三十六城,口三万。秦王受献,归其君于周。
>
> 五十二年,周民东亡,其器九鼎入秦。周初亡。
>
> 五十三年,天下来宾。
>
> 五十四年,王郊见上帝于雍。
>
> 五十六年秋,昭襄王卒。

昭王晚期灭两周,无疑是一个当时震动天下的大事。次年"天下来宾",又一年昭王"郊见上帝于雍"。《资治通鉴》本条胡三省注,以为秦昭王"欲行天子之礼也"③。昭王自信满满,以为天命所系,故郊见上帝,显示秦继承周之大统,拥有天下的雄心。秦十二郡之设,盖在此时。

睡虎地秦简《编年记》始自昭王元年,此前学者曾有种种猜测,以为与墓主家史有关。但江陵印台秦简、松柏简牍《葉书》中的纪年均以昭王元年开始④,可见以昭王元年作为纪年的开始,乃是秦及汉初纪年的通行方式,以此昭示秦灭周后以秦

① 陈桥驿:《水经注校证》,中华书局2007年版,第3页注11、第9~10页。

② 辛德勇:《默室求深,备其宣导——读陈桥驿教授新著〈水经注校证〉》,《书品》2008年第2期;收入氏著《困学书城》,中华书局2009年版,第69页。

③ 《资治通鉴》,中华书局1956年版,第196页。

④ 郑忠华:《印台墓地出土大批西汉简牍》,《荆州重要考古发现》,文物出版社2009年版,第204~208页;荆州博物馆:《湖北荆州纪南松柏汉墓发掘简报》,《文物》2008年第4期,第24~32页。

纪年取代周纪年以通行天下①。秦简"十二郡"正是在此历史背景下产生的。

由秦简"十二郡"很容易使人联想到秦的"三十六郡",36乃是12的三倍数。在秦"三十六郡"的讨论中,内史的地位被特别提及,或以为秦三十六郡不包括内史,或主张内史应在三十六郡之内。主张三十六郡不计内史的学者,强调内史地位的独特性,与郡有别。这在中国古代是有传统的。主张三十六郡含有内史,则强调秦的"天下观",认为秦即然"分天下为三十六郡",没有理由不把内史包括在内,且36这个数字即含有笼括天地,是天地之积数②。这个问题是可以讨论的。

36之所以具有特别含义,是因为36是12的倍数,12才是"天之大数"。如前文所述,秦的确有过12郡的时期,但彼时秦并未囊括天下,也不包括内史(县)在内。至于"天下"一词,古文献也有特别含义,与现在通行的理解并不完全一致。见于《战国策》有以下数例:

> 《齐策四》10章:"今不听,是恨秦也;听之,是恨天下也。"
> 《赵策四》2章:"李兑约五国以伐秦,无功,留天下之兵于成皋,而阴构于秦。"
> 《赵策四》4章:"且天下散而事秦,是秦制天下也。秦制天下,将何以天下为?"
> 《韩策三》2章:"今天下散而事秦,则韩最轻矣;天下合而离秦,则韩最弱矣;合离之相续,则韩最先危矣。"

上举诸策文皆以"天下"与"秦"对举,则"天下"不包括秦国在内,其义至明。先秦文献中尚多此类用法,不备举。邢义田说:"他(秦始皇)很清楚以六国所在的中原为天下,平六国即一天下。"③其说"天下",似较符合当时人的观念。

明白了"天下"的含义,我们回过头再来看关于秦三十六郡的原始记载,有下列数条:

---

① 《史记·六国年表》将周纪年置于顶栏,秦纪年置于次栏。周赧王死后,周栏空缺,顶栏下接(秦)始皇元年。《资治通鉴》"周纪"止于赧王五十九年,下接"秦纪",始于秦昭襄王五十二年。今通行"纪年表"多如此处理。出土的《编年记》和两种《叶书》均始自秦昭襄王元年,显然出自后来(至少是昭王晚期)之追记。但我们还不知道这是不是当时秦国独有纪年方式,亦不知晓秦国官方如何处理周、秦在纪年方面的矛盾。

② 有关讨论详见辛德勇:《秦汉政区与边界地理研究》,中华书局2009年版,第51~59页。

③ 邢义田:《从古代天下观看长城的象征意义》,《天下一家:皇帝、官僚与社会》,中华书局2011年版,第112页。

《史记·秦本纪》："秦王政立二十六年，初并天下为三十六郡，号为始皇帝。"

《史记·秦始皇本纪》："秦初并天下，……海内为郡县，法令由一统，……分天下以为三十六郡。"（《太平御览》卷八六《皇王部》引《史记》作"分天下之国，以为三十六郡"。）

贾谊《过秦论》："秦兼诸侯山东三十余郡。"

许慎《说文解字》："郡，……至秦初，置三十六郡以监其县。"

应劭《风俗通义》："至秦始皇初，置三十六郡以监县。"（《秦始皇本纪·正义》引）

高诱《吕氏春秋·季夏纪》注："秦始皇兼天下，初置三十六郡以监县耳。"

《汉书·地理志》："本秦京师为内史，分天下作三十六郡。"

上述史料，真正具有史源价值的是《秦始皇本纪》，《秦本纪》乃概括之辞，不足为据。《秦始皇本纪》此条，《太平御览》引作"分天下之国，以为三十六郡"。汉初的贾谊也说："秦兼诸侯山东三十余郡。"陶鸿庆曰："疑有脱文，当云'分天下为三十余郡'。"[1] 但也可能"三十余郡"是指"诸侯山东"，其间并无脱文。"三十余郡"既可以理解为 30 郡，也可以理解为 36 郡。无论如何，这个说法，与"分天下之国以为三十六郡"较为相合，《太平御览》所引，文意更胜。而这个"天下之国"，正是山东诸侯。所以，秦始皇三十六郡也许并不包括关中秦故地，而仅限于山东六国诸侯。

结　语

睡虎地秦简《置吏律》有"县都官十二郡"任免官吏的时间规定，"十二郡"与"县、都官"并列，应指秦内史以外的地方。以往学者对秦十二郡设置时间和郡目有多种不同的说法。通过本章考察，秦十二郡按设置年代的先后，应为：上郡、巴郡、汉中郡、蜀郡、黔中郡、河外郡、河东郡、陇西郡、南郡、河内郡、南阳郡、北地郡。最晚的北地郡置于秦昭襄王三十五年，此后秦于庄襄王元年（前 249 年）置参（三）

---

[1]　阎振益：《新书校注》，中华书局 2000 年版，第 22 页。

川郡,三年(前247年)置上党、太原郡,秦王政五年(前242年)置东郡。所以,秦简《置吏律》应形成于秦昭襄王三十五年至庄襄王元年之间,亦即昭襄王晚期。

秦十二郡可能还有特别的含义。数字"十二"在古代被称为"天之大数",来源于古代岁星(木星)的运转周期,由这个运转周期,又衍生出十二次、十二辰以及岁星纪年(太岁纪年或岁阴纪年)等等不同现象,影响深远。秦青铜器铭刻又有"十又二公在帝之坏"的话,秦以水德王,数以六为纪,而十二乃六的倍数。秦并天下,设三十六郡。凡此均可见数字十二对秦文化的影响。

秦汉《叶书》均从昭王元年开始。参照昭王晚年设置十二郡的历史背景,可见昭王时代在当时人眼中有着特定的意义,标志着秦朝取代周朝,因应天命,一统天下的格局已然到来。

第七章　秦汉法律的编纂

近几十年来秦汉法律文献的不断出土,使秦汉法律的文本在数量上已达到一个相对饱满的程度。尽管从现阶段看,秦汉法律是否具有如唐律般的法律典籍的一般形态,尚属探讨对象,但依据现有文本,从编纂的角度探讨其结构框架、篇章性质及条文拟定,已经具备一定的可能性。基于此点解剖秦汉法律,或有助于从整体上认识中国古代法律的编纂、传承及其演进的过程。

第一节　篇章结构

《晋书·刑法志》在记述汉律时,将其结构与编纂标准表述为"集类为篇,结事为章"。对此,论者的见解并不一致。张建国认为据此文可见汉律分三个层次,即篇、章、条,一事为一条,章由相似之条构成,篇由相似之章构成[1];冨谷至认为篇是构成法典的编目,章是法规条文[2];邢义田据文献记载所见指出,汉世习惯以篇下有章为常,至于晋志所述章的关系,不无混淆[3]。秦汉法律以篇而分,对此人们不存

---

①　张建国:《帝制时代的中国法》,法律出版社 1999 年版,第 106 页。

②　[日]冨谷至:《晋泰始律令への道——第一部　秦漢の律と令》,《東方学報》京都 2000 年 3 月第 72 册,第 85 页。

③　邢义田:《秦或西汉初和奸案中所见的亲属伦理关系——江陵张家山二四七号墓〈奏谳书〉简 180~196 考论》,柳立言主编《传统中国法律的理念与实践》,台北"中研院"历史语言研究所 2008 年版,第 108~109 页。

异见。至于其与下一级单位即章的关系，尚需辨析。

在秦及汉初的文献记载中，用于律令单位的"章"，其含义接近当下人们理解的"条"或"段"。张家山汉简《奏谳书》简187–188"致次不孝、敖悍之律二章"，即指司法官吏为讨论案件而摘录出的数条律文中有关不孝、敖悍这两条律文①。论者据以指出，律条亦可被称为章②。秦汉律文及司法文书中时见"以某某律论"的表述方式。如《奏谳书》简158云"以儋乏不斗律论"，其后征引该律文"律：儋乏不斗，斩"，可知所谓"不孝、敖悍"是指两条具体律文，而"二章"则是其数量与单位的指称。《奏谳书》简156又见"捕章"之语，整理小组注释为"捕律"。"捕律"是立法时使用的正式律名，"捕章"则是官吏于鞫狱时的叙述之语，"未有以捕章捕论"或可理解为"不能以捕律条文逮捕论处"。《史记·高祖本纪》云："与父老约，法三章耳：杀人者死，伤人及盗抵罪。"所言"三章"，正是具体指有关杀人、伤人、盗窃罪的刑罚规定，而非指包含此三种罪行的贼、盗之律。又《史记·晁错列传》载"错所更令三十章"，以晁错修改法令的目的在于"侵削诸侯"而见，"三十章"所指应是法令中涉及诸侯权益的内容，故推测以三十条较为合理。

睡虎地秦简《效律》凡60简，首简背面写有标题"效"字，整理小组推测是一篇首尾完整的律文。以图版观之，该律条文区分明白，下一律条与上一律条并不接连书写，而是提行另书一简，整理小组据此列出三十条律文。这些律文有的只占一简，有的则占数简，无论字数多少，其独立的律条单位就是"章"。真实反映了律篇章结构的材料，又可见云梦睡虎地M77新出汉初《葬律》。据发掘简报所刊图版，该律凡五简，一简书写律名，前有标识墨块，余四简连续书写③，应为一条律文。彭浩认为此似为《葬律》的开始部分，其内容为有关彻侯葬制的规定，《葬律》应当是按爵位高低分别规定用礼的高下④。据《效律》与《葬律》的书写格式可见当时律篇的篇章关系，即若干字构成一章，若干章构成一篇，篇与章形成领属关系。《盐铁论》中贤良称"当今律令百有余篇"，这是较为明确的以篇为律令单位的记载。

不过在以后的史家叙述中，开始出现了以章指篇的现象。如《汉书·刑法志》记述萧何制律时称"作律九章"，述及武帝时"禁罔寖密"的情形为"律令凡

<hr/>

① 张家山二四七号汉墓竹简整理小组：《张家山汉墓竹简〔二四七号墓〕》，文物出版社2001年版，第227页；彭浩、陈伟、工藤元男主编：《二年律令与奏谳书》，上海古籍出版社2007年版，第374页。下文引述《二年律令》、《奏谳书》均据此二书。

② 张忠炜：《秦汉律令法体系研究——从新出简牍看律、令、科及其关系》，中国人民大学博士学位论文，2007年6月，第94页。

③ 湖北省文物考古研究所、云梦县博物馆：《湖北云梦睡虎地M77发掘简报》，《江汉考古》2008年第4期，彩版一五。

④ 彭浩：《读云梦睡虎地M77汉简〈葬律〉》，《江汉考古》2009年第4期，第130~134页。

三百五十九章"；《晋书·刑法志》载魏律序言"于正律九篇为增，于旁章科令为省矣"[1]。这里的"章"，显然应当理解为"篇"。与班固同时代的王充于《论衡·正说》中言"章有体以成篇"，章自成体系即构成篇，篇章或即为著述成果的泛指。另外，在文献记载中以篇名律仍是比较稳定的表述。晋志引魏律序云："旧律所难知者，由于六篇篇少故也。篇少则文荒，文荒则事寡，事寡则罪漏。是以后人稍增，更与本体相离。今制新律，宜都总事类，多其篇条。旧律因秦法经，就增三篇，而具律不移，……非篇章之义。"文中两言"旧律"，前指秦律，后指汉律，其构成皆为篇，而"篇条"一语又是律篇本身结构关系的反映[2]。文中所言之"事"可理解为规范对象——犯罪行为，其文意为：律篇不足则条文粗疏，条文粗疏则犯罪行为涵盖不足，犯罪行为涵盖不足则疏漏犯罪。因此，"结事为章"亦可理解为同类行为的集为一章。当然，此时"章"的容量已与早期的"事寡"大不相同，经"世有增损"已膨胀至"事过数十"的程度。

魏人制新律的目的之一为"多其篇条"，可知魏立法者眼中看到的汉律之篇，应是篇与条的二层结构，这一结构亦为后世律所沿袭。以流传至今的唐律与秦汉律比较，可以看出二者在篇章结构上并无明显不同，甚至在唐《名例律》有关议请减赎条文的疏议中，仍存在着以章名条的用法，称其为"议章"、"请章"、"减章"、"赎章"。这种结构体例至《宋刑统》始出现变化，由篇条二层结构变为篇、门、条三层结构。

以现有文献而见，秦汉律篇一般有固定篇名，但条文未必有固定标题。前述秦《效律》以提行的方式区分条文，《为吏之道》以墨钉分章，行文本身并无条名。在司法实践中，人们在定罪量刑时对律文作简明节引以为依据。如《奏谳书》简93-95，分别征引了三条律文中的相应罪名与刑罚，以此作为对当事人的裁断依据，此反映了当时人们征引律文的具体样态。

关于秦汉律的篇数，秦律除晋志所言六篇外，以考古发现所见，睡虎地秦简见有律名二十余种，而新披露的岳麓书院藏秦简据初步整理，所知律名有十余种，大

---

① 关于"魏律序"，晋志原文为"制新律十八篇，……其序略曰"，［日］内田智雄编《译注中国历代刑法志》对此作注，认为此"序略"是指魏新律序文的大略，还是指涉及新律的序说是名为"序略"的书籍，不得其详（创文社1964年版，第101页）。张建国认为当读作《序》略曰《（帝制时代的中国法》，法律出版社1999年版，第117页），当是。《晋书》中此类表述不一见，如《律历志》"天水姜岌造《三纪甲子元历》，其略曰"，《杜预传》"受诏为黜陟之课，其略曰"等，皆为此类用法，故本文采用"魏律序"这一措辞。

② 下文中的"篇章"，对应前句"具律不移"云云，意谓具律若不改变顺序，则处于不前不后的位置，不符合设立篇章的含义，因此应是泛指行文著述。

多数与睡虎地秦简所出同[①]，可知秦律的篇数难以"六篇"尽指。又如《二年律令》可确定为律名者即有二十七种，其数亦已大溢于"九章"。近年来，论者围绕九章、正律与旁章的概念有较多讨论，见解各异，对秦汉律令体系的解明颇多推进[②]。不过值得注意的是，这些概念均出现于东汉及魏人的著述中，反映了作者对律令体系尤其是"罪名之制"的认识。据晋志，法经六篇"皆罪名之制"，魏人对秦律的指摘亦为"事寡则罪漏"，这实际是基于刑法法规的意识对其做出的判断。汉初萧何"因秦法经，就增三篇"，也是在主体部分沿袭了秦律的罪名之制。以魏律的编修目的而见，一是"多其篇条"以免"事寡而罪漏"，二是"集罪例以为刑名，冠于律首"，二者指向皆不外刑法典的编纂。可见所谓"六篇"、"九章"之名，在东汉及魏人的意识中更多是刑事法律的指代。然而从秦汉律令体系的构成出发，"六篇"、"九章"不是唯一的内容，刑事法律的立法不能涵盖其他法规的存在。据介绍，前述睡虎地 M77 汉简所出汉初律名多达四十种，其多见于睡虎地秦简与《二年律令》，但也有少数为初见。对新见律篇的深入探讨，或将会对秦汉律篇数的变化提供新的认识。

第二节　集类为篇

秦汉律篇的设篇标准与令相同，即以事类分篇。自魏新律后，中国古代律典的刑法性质明朗化，经泰始律而至唐律，其单一刑法典的体例稳定不变。但就汉律而言，其性质并不是单一性的，对此论者已有指出。中田薰于总结汉律令特点时指出：汉律"自身蕴涵着在后世发展为非刑罚之令的诸多种子"[③]。张建国认为："由战国开始使用的律这一法律形式，并非仅仅指刑法，还包括行政法。"[④] 富谷至在谈到律令功能时亦指出："令与律只是法律形式的不同，它意味着在内容上不存在刑罚法规或非刑罚法规的不同。"[⑤] 今以出土法律文献证之，可知在魏新律之前，非刑罚功能确实未从律篇中剥离。

在《二年律令》二十余种律中，除去"罪名之制"的贼、盗、捕、杂、具律外，所抄

① 陈松长：《岳麓书院所藏秦简综述》，《文物》2009 年第 3 期，第 75~88 页。

② 相关评述见徐世虹：《近年来〈二年律令〉与秦汉法律体系研究述评》，《中国古代法律文献研究》第 3 辑，中国政法大学出版社 2007 年版，第 215~235 页。

③ ［日］中田薰：《法制史論集》第四卷《補遺》，岩波书店 1964 年版，第 186 页。

④ 张建国：《中国律令法体系概论》，《北京大学学报》1998 年第 5 期，第 95 页。

⑤ ［日］富谷至：《晉泰始律令への道——第二部　魏晉の律と令》，《東方学報》京都第 73 册，2001年 3 月，第 83 页。

录的亡、收、告、钱、兴律，也具有明显的惩治犯罪的性质。但即使是在捕律之中，也杂有奖赏的内容。如简137-138所载是对捕得死刑犯、刑城旦舂犯、完城旦舂犯的奖赏规定，简139则记载了对举报罪人者的奖励份额。另杂律也有杂以非定罪量刑之条的情况。如简188、189为两条完整的律文，规定了良贱、尊卑者婚生子女及非婚生子女的身份确定。该律文本身并不涉及惩治犯罪，故研读者于此列出唐律、唐令相关条文以明源流，可知唐律视良贱为婚为犯罪而予以惩治，但对所生子女的身份确定则于唐令中予以规范[①]。与汉律相比，情况明显不同。

在其他律中，刑罚规定与非刑罚规定杂糅者更非寡见。此种杂糅可见两种形态。一是制度规定与刑罚规定统于同篇律中。以户律为例，其属于制度规定者有守门者的义务、责任与待遇（简308），有爵者的田宅分配（简313、314），卿以上田租的免除（简317），未受田宅者的立户顺序（简318），有关继承、立户、子归户养老、立户时间的规定（简337-345）等，皆不涉及惩罚。属于罪刑规定的，则有以逃亡罪论处于民里安家之刑徒（简307），以赎城旦惩处诈代户者（简319），以戍边二岁惩治非法占有田宅者（简324），以占年不以实为耐罪（简327）等，皆是以刑罚手段惩治此类犯罪[②]。由于户籍管理、田宅分配、秩序安全直接关系到管理者的履职义务，因而有关对管理者管理职能的规范及相应处罚，也被纳入律篇。如户律简331-333所见，既规定了户籍及其他各种簿籍的收藏、保管及开启程序，也规定了对违反程序者以及对欺骗行为失察者的惩罚；简333-336则记载了对管理者介入百姓以遗嘱析产活动的规定，对于"留难先令"与"弗为券书"的行为，予以罚金一两的处罚。此类情况又见《徭律》简411-415，该律条的大部分内容是对百姓徭役义务与内容的规定，只是在最后加入了对徭役管理者违制的惩罚。这属于另一种杂糅，即同条律文中兼有制度规定与对制度管理者的惩罚规定。

上述这种制度规定与惩罚规定统于一篇、一条的情况应是较为常见的。一些律篇以目前所出律条而见，甚至基本不涉及罪刑，如赐、傅、置后、金布、秩诸律。《置后律》简388、389涉及罚金，但其惩罚对象为主管官吏而非规范对象。前述睡虎地M77汉简《葬律》，内容为彻侯葬制的具体规定，未见罪名之制。这至少可以表明，秦汉律在功能上尚未有意识地区分刑罚与非刑罚的界限。我们曾指出，以目前所见律篇律条为据，大致可以判断当时律的产生，基本是一事一律，所谓"集类为

---

① 参看京都大学人文科学研究所"三国时代出土文字资料研究"班：《江陵張家山漢墓出土〈二年律令〉譯注稿その（二）》，《東方学報》京都第77册，2005年3月，第27页。

② 《行书律》亦可取以为例。在抄录的八条律文中，既有对置邮里数、室数、设施及邮人权利的规定（简264-268），也有对违反文书传递规定行为的惩罚（简269-275），即在一篇律中包含了有关行书的制度规定与违制的惩罚规定。

篇"。正是由于这样一种立法标准的确立,才会在诸律中出现既有刑事法规的罪名刑罚,也有涉及非刑罚的民事、行政、经济等制度规定。换言之,律既可以是刑法的载体,也可以是民事、行政、经济法规的表现形式①。在认识秦汉律篇的性质时,这是应当留意之处。

秦汉律篇一事一律的构造方式,将当时社会需要规范的对象与调整关系尽纳其中,以此控制着国家的运行秩序。这表明当时人们意识中的律概念内涵,要比后人的认识来得宽泛。当然从立法技术审视,刑罚与非刑罚规定统于一篇,在内容庞杂的同时,在结构上也不免令"不可弛于国"的刑法杂糅不一,体例不彰。晋志魏律序言后人因秦六律篇少文荒、事寡罪漏而逐渐增加内容,结果反倒是"更与本体相离"。这里的"本体",可理解为"旧律"的主要特征——罪名之制②。因此魏人修律的目的之一,就是要"都总事类,多其篇条",将符合某种犯罪行为特征的条文归为一类并增加律篇律条。此种修律目的的实现,在弥补律文"大体异篇,实相采入"缺陷的同时,在法典编纂上也剥离了非刑罚因素,令刑法典的功能得以彰显。魏律对汉律的改造结果是:保留了汉律中盗、贼、捕、杂、户五篇,改具律为刑名,新增劫略、诈伪、毁亡、告劾、系讯、断狱、请赇、兴擅、乏留、惊事、偿赃、免坐诸篇③,凡十八篇。尽管魏律目前尚无新资料发现,在一定程度上缺乏可与秦汉律文比照的可能,因而经整合后的魏律在多大程度上剥离了律中的非刑罚因素,尚不得而知,但以魏律新增律篇见之,其规范对象更为明确,所惩治的犯罪行为的本质或特征更具有概括性。至晋律,其编纂方针据晋志所言为"就汉九章增十一篇,仍其族类,正其体号",即在九章律的基础上,按照同类为篇的方法修订体例与律篇名。因此晋律二十篇与汉九章律呈现出一定的对应关系:具——刑名、法例,盗——盗、请赇、诈伪、水火、毁亡,贼——贼,囚——告劾、系讯、断狱,捕——捕,杂——杂,兴——擅兴,厩——厩,户——户,另设卫宫、关市、违制、诸侯。其修律思路仍不出刑律的范畴,"违令有罪则入律"则更明确了律令功能的分途。

尽管秦汉律存在着如后人所批评的"与本体相离"、"通条连句、上下相蒙"、"大体异篇,实相采入"等缺陷,但其一事一律、以类为篇的立法形式则为后世所传承。从秦六篇、汉九篇、魏十八篇、晋二十篇至北齐、隋唐十二篇,篇数代有增损,功

---

① 徐世虹:《汉代社会中的非刑法法律机制》,柳立言主编:《传统中国法律的理念与实践》,台北"中研院"历史语言研究所 2008 年版,第 320 页。

② 此"本体"与下文的"正律"在意义上具有同一性。"刑法志"的本义即为记述刑法的历史,在法的历史叙述中,刑法历来是占据古代法律体系中核心地位的法规。

③ "诈伪",晋志作"诈律",论者指出或是"诈伪律之误"。参看[日]内田智雄编:《译注中国历代刑法志》,创文社 1964 年版,第 102 页注 27。

能亦有分流,但律篇的构成方式却是稳定的技术传承。在被视为代表了中国古代立法水准的唐律中,多数篇名可上溯至六律及九章,如名例——具,户婚——户,厩库——厩,擅兴——兴,贼盗——盗、贼,杂——杂,捕亡——捕、亡,断狱——囚,斗讼——告,体现了秦汉律与唐律的渊源关系。明律虽以六部分类并创设了若干新的律篇,但在一级篇目及二级门类中,仍有不少律篇与传统契合,可谓传承与创新并举。

第三节　罪刑表述

秦汉法律的概念、术语及律文内部的构造用语,是理解其律旨法意的着眼点,对此既有的法律史研究成果中已经有所论及。如冨谷至专文梳理考证了"与某同法"、"与某同罪"、"以某论之"、"坐某为某"等用语,分别揭示了这些用语的含义[①],朱红林对"与同法"、"与同罪"设专节考证[②],张建国则对"其"、"及"、"若"等字在律文中的结构作用有所论述[③]。上述论考,为进一步揭示秦汉法律的法理内涵及逻辑结构做出了有益的探索。以下拟就律文的罪刑表述加以探讨,以从刑事立法技术的角度进一步认识、评价秦汉法律。

秦汉律立法,多采用一事一罚、罪刑法定的方法惩治犯罪[④]。《二年律令·贼律》简4-5为惩治故意或过失烧毁公私财产及官吏于此失职行为的规定,围绕"燔"这一行为,律文在主观上有故意(贼)与过失之别,侵害对象有公私之分,故其量刑有轻重之差。官吏失察之责,亦被纳入此条并处以相应的惩罚。此类律文罪状叙述明白,犯罪构成要件清楚,适用刑罚明确,是秦汉法律中较为多见的罪刑表述方式。

① ［日］冨谷至:《二年律令に见える法律用语——その(一)》,《東方学報》京都第76册,2004年3月,第221~255页。他对各语的定义为:"与某同法"——以什么法理判断该行为及其后果,即对行为事实的认识,而不是说量定对应行为的处罚(228页);"与某同罪"——非指等同某个罪名,而是指所科刑罚相同(234页);"以某律论之"、"坐某为某"——准据"某"规定、条文进行论断(238页),将A的行为、事实视为B罪(239页)。该文还就盗、贼、斗、戏、故、过失、失及谋、欲、牧等法律概念进行了比较分析。
② 朱红林:《张家山汉简〈二年律令〉研究》,黑龙江人民出版社2008年版,第96~115页。作者认为"与同法"属于以罪名比附(第97页),"与同罪"则相当于"与同罚"(第105页)。
③ 张建国:《张家山汉简〈具律〉121简排序辨正——兼析相关各条律文》,《法学研究》2004年第6期,第147~157页。
④ 栗劲对秦律中的罪刑法定主义有所论述,见氏著《秦律通论》,山东人民出版社1985年版,第178~180页。

不过从损害后果看,律文未作进一步的程度区分,其不同法定刑的确定只是以主观要件及侵害对象为依据,而忽略了侵害后果的差异以及由此连带发生的法律责任,这又是其立法未备之所在。唐律中出于同样立法旨意的该条,于此则有明确规定。据唐《杂律》"烧官府私家舍宅"条及疏议可知,凡是实施了"故烧官府廨舍及私家舍宅若财物"这一行为,则无论舍宇大小、财物多少,量刑起点就是徒三年。但与此同时也考虑到了侵害后果的差异,即以计赃法衡量侵害后果,以五匹为加刑起点,满五匹流二千里,十匹处绞。若发生致人死、伤后果,则适用故杀伤之条。唐律该条当承于晋律[①],而晋律或当承于汉魏律而修订。

秦汉律文构造的另一种形式,是以"皆"字统领数种性质相关的行为并量以同一刑罚。如《贼律》简34:"子贼杀伤父母,奴婢贼杀主、主父母妻子,皆枭其首市。"其主体及侵害客体虽然不同,但以身份可分为尊卑且行为同一,故量刑同一。此为主体不同者。又如《盗律》简65-66:

> 群盗及亡从群盗,(1)殴折人枳(肢)、胅体,及令仳(跛)癃(蹇),若缚守将人而强盗之,(2)及投书、县(悬)人书,恐猲人以求钱财,(3)盗杀伤人,盗发冢,(4)略卖人若已略未卖,(5)桥(矫)相以为吏,自以为吏以盗,皆磔。

此律文惩治的犯罪主体为群盗及其随从者,认定的犯罪行为有(1)伤害人身、限制人身自由而强行取财,(2)以匿名书信恐吓人取财,(3)以杀伤人、盗墓的手段取财,(4)劫人出卖与已劫尚未出卖者,(5)伪装官吏、自称官吏行盗等,诸种行为均具有明显的暴力特征,目的皆在于取财,符合张斐所说的"加威势下手取财为强盗"的定义。因此,"皆磔"辐射的是同一主体为同一目的而实施的不同行为。以秦汉律主体为一般人的同类行为的法律责任来看,其惩罚要轻于群盗。如睡虎地秦简《法律答问》简1-2所见,五人盗赃一钱以上即斩左趾,又黥以为城旦,而不足五人盗过六百六十钱,黥劓以为城旦;又如《二年律令·捕律》简137载,略卖人者当获弃市之刑,而群盗的同类行为则获磔刑。这种以"皆"字指代同一主体下数种罪状、终以单一量刑的句式,准确地表达了重惩群盗的立法意图。

此类律文句式,还用于不同主体间同类性质的罪状表述与责任确定。《亡律》简168:

> 取(娶)人妻及亡人以为妻,及为亡人妻,取(娶)及所取(娶),为谋

---

① 晋志记载张斐《注律表》云:"贼燔人庐舍积聚,盗赃五匹以上,弃市。即燔官府积聚盗,亦当与同。"

（媒）者，智（知）其请（情），皆黥以为城旦舂。

其中所惩治的犯罪主体及行为有三，一是娶有夫之妇及逃亡者为妻者，二是嫁予逃亡者为妻者，三是为上述两种人提供媒介者。这三种人在各自知情的情况下仍实施了法律所禁止的行为，与立法意图中所要惩治的重婚罪与逃亡罪相吻合，因而无论是行为实施者还是帮助其实施者，均被视为同犯，处以同等刑罚。

唐律《名例律》"共犯罪本罪别"条对"皆"字于律中的作用给与了解释，即"若本条言'皆'者，罪无首从；不言'皆'者，依首从法"。以秦汉律见之，以"皆"字不分首从已具形态。上述二例，前者的群盗及亡从群盗者，均为诸种行为的亲自实施者，故在认定上不分差异，同处一刑；后者所实施的行为在性质上被认定为重婚罪及等同于藏匿罪人罪①，故实施者及帮助实施者皆被视为共犯，亦处同刑。在秦汉律中，对于犯罪中的教唆者，无论所教唆的行为是否实施，本人是否参与分赃，法律都认定要与行为实施者承担同等责任。《法律答问》简4："甲谋遣乙盗，一日，乙且往盗，未到，得，皆赎黥。"甲教唆乙行盗，尽管甲未参与行为实施且事亦未遂，但甲乙所应承担的刑事责任是对等的。简5中，人臣甲指使人妾乙盗牛，然后卖牛携钱逃跑，所获刑罪亦同。在《二年律令》中，也有谋遣人盗与盗同法的规定②。这表明教唆人者与行为实施者皆被视为正犯，无首从之分。对于知情而帮助实施犯罪的行为视同正犯，在《二年律令》中亦不为寡见。如《盗律》简64"智（知）人为群盗而通歕（饮）食馈遗之，与同罪"，简67"智（知）人略卖人而与贾，与同罪"，《钱律》简203"智（知）人盗铸钱，为买铜、炭，及为行其新钱，若为通之，与同罪"，《爵律》简394"诸詐（诈）伪自爵、爵免、免人者，皆黥为城旦舂。吏智（知）而行者，与同罪"等，这些例子中的为群盗通行饮食者、参与买卖被劫略者行为者、为盗铸钱者购买铜炭者、为盗铸钱实施流通行为者、为以欺骗手段获取爵位及相应权益者实现其目的者，其本身虽未实施群盗、劫略、盗铸钱、诈取爵位等行为，但由于其在知情的情况下仍实施了帮助行为，故亦同正犯，同正犯科以同等之刑。因而所谓的"与同罪"，在罪状认定与量刑决断上与"皆"加量刑的功能相同，皆不分首从。

秦汉法律对罪与非罪的立法表述，也有明确界定。《二年律令·贼律》简17："……而误多少其实，及误脱字，罚金一两。误，其事可行者，勿论。"误是秦汉律区

---

① 《亡律》简167："匿罪人，死罪，黥为城旦舂，它各与同罪。"藏匿罪人的最高刑为黥城旦舂，二罪量刑相等。但藏匿群盗之罪当不同于此，至有弃市之用。《汉书·王子侯表下》："元康元年，坐首匿群盗弃市。"

② 《盗律》简57："谋遣人盗，若教人可（何）盗所，人即以其言□□□□□及智（知）人盗与分，皆与盗同法。"简文有数字不能识，但若以"及"字为义项分割标志，则被认定为"与盗同法"的行为至少有三项，一是教唆人盗，二是指出可盗之所，三是知情参与分赃。

分犯罪主体实施行为时主观心理状态的判断标准之一,其与"故"对举。故误是确定刑事责任轻重的重要依据,所谓"法令有故误,……误者其文则轻"①。以上条文中误的构成要件为误增减数字与误脱漏文字,罚金一两则是其法定刑罚。然而误者既然不存在主观故意,则首先在罪行确定上即可纳入轻罪;再以损害后果衡量,如果误这一行为并未发生实际损害后果,误与不误不存在可据以量刑的要件,则误者不承担刑事责任,不必论处。对此,秦汉律以"勿论"即不论处作为表述词语。与此相似的表述还有"毋罪"。如《贼律》简 32:"妻悍而夫殴笞之,非以兵刃也,虽伤之,毋罪。"该条是对特定主体——丈夫殴打妻子而发生损害结果的非罪认定。其据以认定的要件有二,一是"妻悍",二是未用兵器刀刃,符合这两个要件,即使殴伤其妻亦视为无罪。张家山汉简《奏谳书》简 180-196 记载了女子甲与男子丙和奸一案,廷史申与廷尉敦等在讨论律文适用及罪状认定时,后者以"不当论"、"毋罪"、"毋论"等回应廷史申的诘问,区分了罪与非罪的界限。

除上述"勿论"、"毋罪"外,律文中涉及刑事责任的表述尚有"除"一语。在秦汉律中,"除"字有两种用法。一如睡虎地秦简《法律答问》简 65:"内(纳)奸,赎耐。今内(纳)人,人未蚀奸而得,可(何)论?除。"即允许奸人入内的当事人在奸人未发生侵害后果时将其捕获,则可免除其"赎耐"之罚。又《二年律令·盗律》简 73:"劫人者去,未盈一日,能自颇捕,若偏(徧)告吏,皆除。"指同居者若能在劫人者离开后不超过一天内,自行捕获或向官府告发,则可免除处罚。此是构成犯罪,因其有自捕或告吏的行为而令劫人者落网或为官府追捕,故免除其刑事制裁。《二年律令》中不为寡见的"除其罪"即为此种用法,以今语而言即为免除刑事制裁。二为免予刑事制裁。《贼律》简 21:"贼杀人,斗而杀人,弃市。其过失及戏而杀人,赎死;伤人,除。"对此律文中的"除",研读者或释为"免除罪"②,或释为"该条文规定之外"③。"免除罪"的前提是构成犯罪,以简 73 为例,就是同居者知有人为劫人者提供经济帮助,以及知有人被抢劫而不报告;除其罪亦须要件,如上述即为自捕或告吏,因此简 73 中的"除"为除其罪——免除刑事处罚,此无异议。但简 21 中的"除"当与此不同。"该条文规定之外"有些曲折费解。过失、戏杀人既已定刑为赎死,过失、戏伤人亦当有所规范。从律文本身看,这里的"除"应当表述的是免予制裁之意。在立法者看来,过失、戏伤人的行为或属轻微犯罪或不构成犯罪,

① 《后汉书·郭躬传》。
② 京都大学人文科学研究所"三国时代出土文字资料研究"班:《江陵张家山汉墓出土〈二年律令〉譯注稿その(一)》,《東方学報》京都第 76 册,2004 年 3 月,第 127 页。
③ 专修大学《二年律令》研究会:《张家山漢簡〈二年律令〉訳注(一)——贼律》,[川崎]《專修史学》第 35 号,2003 年 11 月,第 129 页。

故免予刑事制裁[①]。在秦律中，已出现轻罪不予以刑事制裁的记载。如《效律》简58-60 所见，律文规定了对账目不符及出纳超出规定行为的惩罚。符合惩罚要件的价值分为两档，一是二十二钱至六百六十钱，二是六百六十钱以上，赀罚等级据此而定。但律文也设置了一个底线，即不足二十二钱者不视为犯罪，既不承担赀罚之责，亦无须赔偿损失。因此这里的"除"，应当就是免予处罚之意。《二年律令·捕律》简 152 中的"除"字，其无罪之意更为明显。其文为：

> 捕盗贼、罪人，及以劾逮捕人，所捕格斗而杀伤之，及穷之而自杀也，杀伤者除。其当购赏者，半购赏之。

在立法者的意图中，在追捕盗贼、罪犯及抓捕被告之际，因抓捕对象拒捕而将其杀、伤，或抓捕对象因陷入绝境而自杀，抓捕者不仅不应当承担法律责任，符合奖赏规定的还可以得到一半的奖励，可见其中的"除"不是"除其罪"，研读者将其释为"无罪"或"不问罪"[②]，当是。同例又见《杂律》简 190 的"除所强"。律文谓奴若娶女主人及主人的母亲、妻子、女儿为妻，或与其通奸，处以弃市之刑，女方获耐隶妾之刑；若为男方强奸上述女性，则女方无罪，因此所谓"除所强"，就是被强奸者不存在法定的犯罪构成要件，无须承担刑事责任，故不予处罚。以此可见，秦汉律在犯罪认定及刑罚的适用上，对罪与非罪、罚与非罚已经具有了明显区分。

晋惠帝时，三公尚书刘颂于上惠帝书中提出了著名的依律令断罪的观点，即"律法断罪，皆得以法律令正文。若无正文，依附名例断之，其正文名例所不及，皆勿论"[③]，此被视为中国古代法律中罪刑法定的代表性论述。罪刑法定的基本前提就是在立法上对罪与非罪要有清楚的界定，对罪行要有明确的规定，对犯罪构成要件要有准确表述。在这些方面，秦汉律已具有较为清晰的形态。

---

① 尽管这一规定看来不尽合理，如伤人有程度轻重之别，若至重伤，是否仍适用这一律文而令人疑惑，但律文中并未出现"除其罪"所需要的条件，因而只能从立法者的意图推测：视为轻罪或无罪，免予处罚。唐律规定过失杀伤人者，依据情状以赎论；戏杀伤人者减斗杀伤二等，在合理性上显然优于秦汉律。

② "无罪"之解见彭浩、陈伟、工藤元男主编：《二年律令与奏谳书》，上海古籍出版社 2007 年版，第152 页。"不问罪"之解见专修大学《二年律令》研究会：《张家山汉简〈二年律令〉译注（四）——告律、捕律、亡律》，[川崎]《专修史学》第 38 号，2005 年 3 月，第 197 页。

③ 《晋书·刑法志》。

第四节　解释与适用

张斐在其所上《注律表》中概括提出二十个概念明确的法律术语后,随即提出对法律应当"慎其变,审其理"的见解。其切入点之一就是应当辨析"无常之格",如"过失似贼,戏似斗,斗而杀伤傍人又似误,盗伤缚守似强盗,呵人取财似受赇,囚辞所连似告劾,诸勿听理似故纵,持质似恐猲"等等,这些都属于对法律中此罪与彼罪须加区分异同的例证。此罪与彼罪的区分标准,则在于罪状的表述。据张斐例证,同为"威势得财",其罪名有强盗、缚守、恐猲、呵人、受赇、持质之别,"名殊"的关键在于罪状的不同。

张斐所注晋律,"就汉九章增十一篇",可知是在继承汉律的基础上对其进行了扩充,汉律尤其是刑律的主要内容在晋律中得以保留,此以张斐所述法律术语及上述罪名多可征于汉律而明。由此追溯秦汉律,张斐所言及的此罪与彼罪的问题,也是当时人们在立法上所应辨析的对象。今以秦汉律而见,在立法上采用解释的方法明罪状、辨法意,以彰显律文的规范含义,已是当时人们有意而为之的技术之一。

这种解释首先表现为定义解释,即直接为某一主体或罪名进行内涵揭示。定义解释与前述的罪状表述有所不同。定义解释是对律文中涉及的主体、罪名的概念解释,而罪状表述则是对犯罪构成要件的叙述,前者是后者的前提。《二年律令》中属于对主体的概念界定者,见《盗律》简62:"盗五人以上相与功(攻)盗,为群盗。"由于群盗是秦汉法律从重打击的对象,因而明确界定其概念是准确定罪量刑的前提。此后汉律中"群"概念的人数似发生了变化,三人亦可称为群[①]。至张斐注晋律,则明确表述为"三人谓之群,取非其物谓之盗"。又如在秦汉律中,家庭成员的刑事责任因身份的尊卑不同而存在相当大的差异,因而对平民与奴婢的婚生及非婚生子女,法律亦予以身份界定,以明确其法律地位。《杂律》简188:"民为奴妻而有子,子畀奴主;主婢奸,若为它家奴妻,有子,子畀婢主,皆为奴婢。"即为此类解释。

对若干罪名的解释,则可见下例:

(1)斗伤人,而以伤辜二旬中死,为杀人。《贼律》简24

---

　① 《汉书·文帝纪》"酺五日"注:"汉律,三人以上无故群饮酒,罚金四两。"

（2）劾人不审，为失；其轻罪也而故以重罪劾之，为不直。《具律》简
112

（3）一岁中盗贼发而令、丞、尉所不觉智（知）三发以上，皆为不胜任，
免之。《捕律》简 145

例（1）是对此罪至彼罪的解释。斗伤人与斗杀人本属损害后果不同的行为，依
《贼律》简 21"贼杀人、斗而杀人，弃市"，则斗杀人罪至弃市，而斗伤人罪不至此。
但当斗伤人行为在规定的时间内出现死亡后果，则性质由斗伤转变为斗杀，量刑亦
随之而异。例（2）主要是针对"失"与"不直"的行为予以界定。"失"是一个抽象
概念，张斐的定义是"意以为然谓之失"。在这一心理动机的支配下，多种行为可
处于其辐射范围之内，因而符合该心理状态的行为即可视为"失"。"劾人不审"即
劾人的事实不清楚，但又非故意，故界定为"失"。反之，"其知而犯之谓之故"，故
意将轻罪劾为重罪，则属于不直罪。睡虎地秦简《法律答问》简 34、36 对官吏故意
不及时估赃及故意轻重被告之罪的行为，亦解释为"不直"。例（3）中的"不胜任"，
虽然是对官吏未能履行职责行为的表述，但这一行为的构成并非单一，需要具体认
定。如以居延汉简所见，"软弱不胜任"之由就有"兵弩不繁持"（EPF22.689）、"病聋"
（284.27）、"不任候望"（110.29）等①，反映了其构成要件的不确定性。此例中不胜
任的构成要件为一年中盗贼兴起，而令、丞、尉无所察觉三次以上。

将某一具体行为或事实解释为某一概括性罪名的含义，其功效在于使概括性
罪名的内涵更为丰富，包容性更强。大庭脩曾就汉律中的"不道"罪内涵予以考证，
指出其包含了诬罔、罔上、迷国、诽谤、狡猾、惑众、亏恩等罪名②，其行为各有其构
成要件。唐律"十恶"中的"不孝"罪，则由以下数罪构成：告言、诅詈祖父母、父母，
祖父母、父母在别籍异财，供养有阙，居父母丧身自嫁娶、作乐、释服从吉，闻祖父母
丧而匿不举哀，诈称祖父母、父母死。因而类似这种概括性很强的罪名，在立法上
具有一定的包容性、灵活性，立法者可以通过解释的方式将某种行为纳入其中，以
扩大罪名的涵盖面。

在秦汉法律中，还可发现立法者往往就某一律文的适用对象或行为做出一定
的限制，以规范其确切含义。此类解释的代表用语，就是"不用此律"。《贼律》简
18 所载，是对挟带毒矢或毒物以及制作毒物行为的严厉处罚，实施此行为者将获

---

① 甘肃省文物考古研究所等：《居延新简——甲渠候官》上册，中华书局 1994 年版，第 231 页；谢
桂华、李均明、朱国炤：《居延汉简释文合校》，文物出版社 1987 年版，第 479 页、第 179 页。
② ［日］大庭脩：《汉律中"不道"的概念》，《中国法制史考证 丙编 第一卷——日本学者考证中国法
制史重要成果选译 通代先秦秦汉卷》，中国社会科学出版社 2003 年版，第 413 页。

弃市之刑。但律文对此也做了一定限制，即该律文为一般情况下的适用，若持有、制作者为诏令所命而为之，则不适用该律条。同样的限定解释又见《传食律》简232-235，所谓"以诏使及乘置传，不用此律"，意谓奉诏而行的使者、乘置传者，不受前述律文有关传食规定的限制。此种限制解释，在打击犯罪、规范制度的同时，也确保了通过诏令这种法源而得以实施的公权的贯通。

秦汉律中的限制解释，未必皆以"不用此律"为释，有时也以叙述语句表示限制之意。前述《贼律》简32"妻悍而夫殴笞之，非以兵刃也，虽伤之，毋罪"，其限定的条件是不以兵刃殴笞，若以杀伤力较人力为强的兵刃向悍妻施行暴力并致伤，则超出律文的限定，应当承担刑事责任。又如《贼律》简27-28所见，律文规定了斗殴伤人的刑事制裁，一为完城旦舂，一为耐。前者限定了斗殴器具，只要使用了刀刃等金属器具并造成伤害后果，无论何种器具，一律处以完城旦舂；后者对非使用金属器具而造成的伤害后果加以具体限定，伤害若达到令人一目失明，折断肢、齿、指，脱臼，撕裂鼻、耳之程度，即处以耐刑。对于未造成伤害后果者，律文也有一定限定，并非一概不论。

限制解释的作用在于使律文的含义更为明确，罪与非罪的界限更为清晰，罪的轻重等差更为明显，以达到准确适用律条的目的。以上述诸例可见，秦汉律的立法已经在有意识地使用此种方法。

除定义解释与限制解释外，律文所见还有扩大解释的方法。所谓扩大解释，即在表述此罪之后，以与此行为性质相关的彼罪律文作为论罪依据，以此扩大律文的适用，其较多见的表述即为"以某某律论"。扩大解释有一个重要特征，就是此罪与彼罪存在一定的关联，在立法者的意图中被认定为同一类型的犯罪。换言之，所引证的罪名与此罪具有可比照性。以《盗律》简78-79"以私自假律论"为例，"私自假贷"罪见《盗律》简77，系明文规定，而假借公物逾期不还及不明确申告假借关系的存在，与私自假贷行为有可能给公有财产带来的损害后果是一致的，因而"私自假贷"的适用由此扩大至这两种行为。又如"鞫狱故不直"罪，是针对官吏于司法审判中故意轻重其罪行为的表述，本事有专指。但在现实中，如《具律》简113、118所见无告劾而擅自立案调查，或虽有告劾而在审讯中恣意求取它罪，或以匿名信拘禁、审讯人等行为，都属于官吏在履行司法职能时的不法之举，且具有一定的主观故意，故立法者以"鞫狱故不直"辐射此数罪，将其视为同类犯罪。"鞫狱故纵"也是如此，此指官吏于司法活动中故意放纵罪人的行为。若有人向官吏告发群盗、盗贼案件，官吏隐瞒不报或拖延一天上报，以此造成群盗、盗贼逃逸的后果，其行为亦等同于故意放纵罪人，因而亦可将该律文的适用扩大于此。

此种扩大解释有时亦用于一般条文后的特殊规定。前引《亡律》简168所见，对于娶他人之妻及亡人为妻、嫁于亡人为妻的行为,无论娶者、被娶者还是为媒者,一律处以黥城旦舂刑。其后律文又补充规定,"其真罪重,以匿罪人律论",谓亡人本身所犯之罪重于黥城旦舂,则依据匿罪人律论处。匿罪人律即前条简167:"匿罪人,死罪,黥为城旦舂,它各与同罪。"在此,律文的适用因亡人的罪状设定而发生变化。尽管匿罪人律的最高刑为黥城旦舂,与娶人妻等行为所获刑相等,但既然是以彼罪之律论此罪,则彼罪适用的加减、赎免亦适用此罪,被比照者亦视为真犯,因此匿罪人律中的除罪要件("其所匿未去而告之")、减罪要件(罪人自出或先自言,亦减舍匿者罪),也适用于此罪。由此看来,二律文虽然刑罚相等,但匿罪人律所设定的免除、减轻责任的相关内容则是娶人妻律所不具备的,这正是二者的差异所在。唐律《名例》"称反坐罪之等"条云:"称'以枉法论'及'以盗论'之类,皆与真犯同。"疏议:"……所犯并与真枉法、真盗同,其除、免、倍赃悉依正犯。"唐律在立法技巧的运用上显然有其所本。

以"以某某论"为固定表述的扩大解释,在立法上具有避免文繁、简约律文、扩充罪状的功效,因而一直为后世所沿用。清人王明德于《读律佩觿》中梳理出明清律"以某某论"五十余条,广涉各篇律义,反映出自秦汉以来这一技术的稳定传承。

结　语

秦汉法律的编纂在技术上为后世留下了诸多经验:其篇章结构为魏晋所承,又延伸至隋唐,至明清仍存续其间;其以规范对象或打击行为为立篇标准的设篇方式,一直为后世所沿用;其罪刑的表述方式及律文的适用解释,不仅在方法上为后世所传承,也为律学的勃兴奠定了基础。基于被视为代表了帝国立法最高成就的唐律反观,二者间的源流不难辨析。

当然在后人看来,秦汉律的编纂并非不存在技术缺陷。魏人就汉律指摘其两点,一是"具律不移","非篇章之义"。即汉九章律为沿袭秦六律增三篇而成,秦六律以具律为末,尚合篇章之义[1],但汉增三篇后未作移动,致使其处于不前不后的位置。为此魏人予以改动,将具律改为刑名并置于律典之首。魏人将刑名置于首位,除旨在符合篇章之义外,在一定程度上也强调了刑名在刑法典中的总则作用。此种认识延伸至魏末晋初,被张斐深化为精湛的刑法理论,即"经略罪法之轻重,正

---

[1] 沈家本认为《名例》即李悝之《具法》,"古人序例都在全书之后,故《具法》居终"。《沈家本全集》第四卷,中国政法大学出版社2010年版,第150页。

加减之等差,明发众篇之多义,补其章条之不足,较举上下纲领"①。魏人所见秦汉律的缺陷之二,以晋志之语而言就是"大体异篇,实相采入"。对此,魏律进行了全面调整,按"都总事类"的标准将性质无明显区别的律文归为一篇,以求律篇分类的合理。此外从律的承载功能看,律中所包含的非刑法因素也使得律概念的内涵过于宽泛,刑法与非刑法的规定混载其间,一定程度上遮蔽了刑事法律的特征,因而继魏以刑法典为目标编纂成魏律十八篇后,晋泰始律进一步明确了律的刑法性质,所谓"律以正罪名,令以存事制",令律令功能焕然区分,律作为刑法典的载体一成而不变。

---

① 《晋书·刑法志》。

第八章 秦代的法律形式——以令、式、课为中心

法律形式是指国家制定的具有不同的法律地位和效力的法的类别。秦简所见的律、令、法律答问（或称律说）、廷行事、程、课、式等，引起人们持续的探讨。这些法律形式有的渊源甚古，有些则为秦所初创，理清它们的法律地位及相互关系无疑是必要的，本章将对令、式这两种法律形式进行研究，并利用新见的里耶秦简探讨秦课。

第一节 令

秦国的律处于改法为律后的最初阶段①，国家所制定的律不但调整刑事司法领域，亦规范国家政治、经济制度。秦朝统一后，仍然沿用这种模式。令的出现要早于律，秦令经历了国王的命令、各级长官的命令、皇帝专享的命令制诏的不同形式和发展阶段。令在秦朝还没有发展为调整特定对象或特定范围的法律形式，但其调整特定对象的趋向正在形成，为魏晋令内涵的固定化铺垫着道路。随着魏晋律内涵的固定化，令最终与律划清界线，同向并行。

---

① 这里所说的秦国，始自商鞅变法。秦国统一后，始皇在制度上进行了较大的改革，但秦朝短命，所以在不影响所论问题性质的情况下，就以"秦"代指秦国和秦朝，必须说明特定时代的性质和制度时，则称秦国或秦朝。

一、制令与诏

命、令、制、诏是古代君王(皇帝)颁令天下或指示臣属的表达形式,有些也是国家当然的法律形式。但是,何为命令,何为制诏,后人常常混淆。《史记·秦始皇本纪》记始皇二十六年,君臣议定名号,始定"命为制,令为诏"。张守节《正义》说:"制诏三代无文,秦始有之。"可见这是一种新的制度。既然命为制,令为诏,是否就是令称为诏,命称为制呢?若此,则以后不应再出现命令,而应被制诏所替代。事实是,秦朝以及承秦制的汉朝命令制诏仍然存在。刚刚改制后的秦朝还对令进行了系统的编辑,如岳麓秦简有《内史仓曹令》、《四司空共令》、《内史郡二千石官共令》等多种名称的令①。那么,制诏命令到底如何划分,此次始皇改制的意义何在,这是需要我们探究的。

《秦始皇本纪》"命为'制',令为'诏'",裴骃《集解》:"蔡邕曰:'制书,帝者制度之命也,其文曰制。诏,诏书。诏,告也。'"《后汉书·光武帝纪》注引《汉制度》曰:"制书者,帝者制度之命,其文曰制诏三公,皆玺封,尚书令印重封,露布州郡也。诏者,告也,其文曰告某官云云,如故事。"可见汉人论"制"多以制度解之,《独断》更强调"制者,王者之言,必为法制也","制书者,帝者制度之命也,其文曰'制诏三公',赦令、赎令之属是也。"以上解释都从"制"的内容上阐述了制与诏的区别,特别是蔡邕所谓"赦令、赎令之属是也",将制的性质说得极其明了。若全方位观察《汉制度》所述帝者"四书"之制度,策、制、诏、诫敕除自身材质的差别外,其施用对象也有区别,即策"以命诸侯王。三公以罪免亦赐策";"诫敕者,谓敕刺史、太守";诏告某官云云,这些都有特定的诏告对象。制书虽"制诏三公",但"皆玺封,尚书令印重封",其发布的对象是"露布州郡也",是向天下颁布的一种制度。在发布主体上,《独断·制诰》强调"王者之言",这与贾子《等齐篇》"天子之言曰令"在本质上是一样的。可见制书的内容一是王者之言,二是制度之命。这种帝者"四书"制度至少在东汉时已经成熟,其形成当然要有一个过程。

《秦始皇本纪》载,丞相绾等议名号,始皇制曰"可"。李斯请求焚诗书,制曰"可"。张家山汉简《津关令》的令文出台有两种路径,一种为有职权的职官提出建议,皇帝制曰"可"。另一种为皇帝直接向相关职官下制诏,从诏文内容分析,往往自言为令。《史记·孝文本纪》:丞相臣嘉等言太祖、太宗之庙的仪制,皇帝制曰"可"。从上述材料可以看出,诸家意见还是蔡邕所言近是。即:制是皇帝准予颁行制度所用,这种许可国家某项制度颁行的文书称为制书。制书包括制度出台的

---

① 陈松长:《岳麓书院所藏秦简综述》,《文物》2009年第3期,第75~88页。

原因,基本内容,皇帝许可三个部分。制书的产生过程,实际上就是令的产生过程。正如《艺文类聚》卷五十四引《风俗通》所言:"时【主】所制曰令,……言当承宪履绳,动不失律令也。"制书在出台程序上,首先多经臣下议论,然后上奏皇帝。皇帝同意则制曰"可"。其次,制所认可的内容或事项,多与制度有关,较少针对具体的人或事。最后,认可群下所请多为"制"。

大多数情况下"制可"的内容是国家的制度和政策,而传达这种制度的法律形式就是令。经过"制可"的内容直接就是"国家之令",而诏指示的内容则相当广泛。归纳"制可"的内容并比较"议著令"的程序可以看出,自群臣所议始,讫皇帝裁决终,是制的特有程序,而通过这种程序出台的制度性规范就是国家的法令。

《说文》:"制,裁也。"古籍中多与"折"通。制从其本意到后来的制度之义都是一种肯定方式的语意,而且与文体无关。只是秦皇改制,对臣属意见的肯定,才有了"制曰"的一种发布方式。"制曰"所关乎事类,都应是肯定的语气。在程序上,制的适用是:臣请(议)→皇帝认可(制曰)→下达臣属。皇帝下达诏书可以依据自己的意思行事,根本不必有臣属议请这个环节。准请臣下之议所以用"制",也正是"制"字本义是裁断。"制曰"最为重要的,或者说更准确的定位似乎应是皇帝之命的下达方式。从皇帝裁断群臣之议的角度,《文心雕龙·诏策》"制者,裁也"的说法也还是正确的。在秦及西汉,制、诏最初强调的是皇命发布的形式和场合,而非是文体的差别,《文心雕龙·诏策》"远诏近命,习秦制也",范文澜注云:"远诏,谓书于简策者。近命,则面谕也。"[1] 所以上引诸条"制曰可"多为面谕群臣同意所议,正是这个道理。

秦朝之前令诏是不分的,或者说诏并未纳入国家政治制度。即诏发布后并不能立即成为国家法律,不能直接成为具有普遍性的法律形式,需要一个"具为令"或"著为令"的过程。也就是说"制可"的内容,在君臣集议时往往就是制度性的内容,"制可"后也就成为法律了。而诏书所下,群臣需要执行,但可能不具有成为法律的现实性。如果所诏内容需要成为法律,则又需有一个"著为令"、"议著令"的过程[2]。如《汉书·景帝纪》秋七月诏曰:"吏受所监临,以饮食免,重。受财物,贱买贵卖,论轻。廷尉与丞相更议著令。"显然,此诏具有建议的成分,它需要廷尉与丞相重新讨论然后成为定法。

制诏的区别一方面是内容的区别,制文所下多为国人当遵守之制度,诏文所下内容庞杂;另一方面还体现在出台程序上,这从《津关令》等相关资料可以看出端

---

① 范文澜:《文心雕龙注》,人民出版社1958年版,第364页。
② 相关研究可参看[日]大庭脩,林剑鸣等译:《秦汉法制史研究》,上海人民出版社1991年版,第189~190页。

倪。秦汉时中央百官及地方官可据实情提出建议，或立法，或采取必要措施。中央百官、地方官吏建议立法在史籍及《二年律令》中都有表现，其建议立法也有规则可循。《二年律令·置吏律》简 219–220 ："县道官有请而当为律令者，各请属所二千石官，二千石官上相国、御史，相国、御史案致，当请，请之，毋得径请。径请者，罚金四两。"① 皇帝认可所请内容，则制曰"可"。

诏所颁内容多针对事，少针对制度，不具反复实施的可能，如"于是夜下诏书曰"、"太尉身率襄平侯通持节承诏入北军"、"于是诏罢丞相兵"、"前日吾诏列侯就国"等等②，都不具有成为法律制度的可能性。当然，皇帝所言，如不从制诏策书制度方面讲，则不管是肯定的还是疑问的，不论是针对人还是针对事，一般皆可称为诏。诏的施用面要大，有公开的，有秘密的，但制书是要求众人执行的，故不能有秘密的。《两汉诏令·原序》言两汉之制："二曰制书，其文曰制诏三公。三曰诏书，其文曰告某官如故事。……诏有制诏、亲诏、密诏、特诏、优诏、中诏、清诏、手笔下诏、遗诏。"③ 说明了诏的种类较制为繁杂，制在本质上也是诏的一种。这种区别是其程序和内容所决定的，即诏多对具体的人，具体的事，诏可直接下达并实施，可以没有自下而上奏请和讨论的程序，这就是制诏在下达程序上的区别所在。

秦汉的诏、令内涵不同，汉代简牍亦见有诏、令并列而述的文书用语，如居延汉简 65.18 号的"如诏书、律令"④，额济纳汉简 2000ES9SF4:20 A 中的"如诏条、律令"⑤，这里的诏书、诏条显然是特别指令，而律、令则为普遍性规则。后人往往诏、令合称，然而作为国家法律形式的令，其内涵与诏相比要狭窄的多。陈梦家考证："令虽亦出于诏书，但著为令以后，书于三尺之木，而诏书所用木则短于此。"他在整理汉诏令简牍时发现，汉诏书简有两类，一类是各代皇帝当时所下的诏书，另一类是作为"令"的诏书，二者长短有别⑥。悬泉汉简有"告县、置食传马皆为□札，三尺廷令齐壹三封之"的简文⑦，居延简诏令目录简长约三尺，这些与典籍的记载是

---

① 张家山二四七号汉墓竹简整理小组：《张家山汉墓竹简〔二四七号墓〕》，文物出版社 2001 年版，第 163 页；彭浩、陈伟、工藤元男主编：《二年律令与奏谳书》，上海古籍出版社 2007 年版，第 179 页。下引张家山汉简均据此二书。县道官建议立法遵循这个规则，其他官吏亦如是。《津关令》简 517："相国上长沙丞相书言……相国、御史以闻，请许给买马。·制曰：可。"《津关令》简 520："丞相上鲁御史书言，鲁侯居长安，请得买马关中。·丞相、御史以闻，请许给买马。制曰：可。"这两条令文说明，就是诸侯王有关官吏上请有关事宜，也要经过这一路径。

② 《史记·孝文本纪》《史记·绛侯周勃世家》。

③ 林虙、楼昉：《两汉诏令》，文渊阁本《四库全书》史部诏令奏议类。

④ 谢桂华、李均明、朱国炤：《居延汉简释文合校》，文物出版社 1987 年版，第 113 页。

⑤ 孙家洲主编：《额济纳汉简释文校本》，文物出版社 2007 年版，第 88 页。

⑥ 陈梦家：《汉简缀述》，中华书局 1980 年版，第 275 页。

⑦ 胡平生、张德芳：《敦煌悬泉汉简释粹》，上海古籍出版社 2001 年版，第 18 页。

一致的。《汉书·杜周传》"君为天下平,不循三尺法",注引孟康曰"以三尺竹简书法律也";又《朱博传》"奉三尺律令以从事耳"。这些材料应当说明,汉诏、令是有区别的。在法律效力上,汉令与律是相同的。张家山汉简《二年律令》反映了西汉初年律令的内涵没有严格的区分,律令不但规定惩罚性规则,也规定国家有关部门和人员的行为准则。

冨谷至认为,汉时令、诏的区别只是名称的不同,本质上"制诏即为汉令","概言之,皇帝命令即为'令'"。但是他又认为"大体上,皇帝的诏可以分两种:其一为暂时性或一时性命令,因此没有必要履行废止等程序;其二为作为命令发出的行政或司法规定,它具有长远的持续性,其效果在再次采取改废措施之前是一直存在的。所谓官吏和民众当遵守之规范的'令',是指此二者中的后者。"[①] 冨谷至所言为是,因为汉令、诏之分不在形式而在内容以及发布时所附加的程序要求。但他"制诏即为汉令"的提法似乎有点欠缺,因为诏、令名称在逻辑关系上虽为涵盖或统属关系,但在内容或下达程序上还是不尽相同的。不过,汉令也确实存在"长沙王忠"以及《津关令》中指向个别对象的令,这些令不具持续性与普遍性,因此我们同意冨谷氏关于汉令"作为成文法规的成熟度是比较低的"结论。

二、令的编辑

岳麓书院 2007 年 12 月从香港抢救性购藏的一批秦简内有大量秦令的内容,这批资料对于秦汉令的研究具有极大的促进作用。从已公布的内容和带有纪年的简文综合分析,将这批简的年代确定在秦朝这个大的时段内则不会有问题[②]。《律令杂抄》简文第一次向世人展示了不同类别的秦令,经初步清理,令名多达 20 余种,如《内史郡二千石官共令》《内史官共令》《四司空共令》《迁吏令》《内史仓曹令》《内史旁金布令》等等。

从秦令所调整的范围和行为主体两方面考虑,可将秦令划分为两大类,一为事项令,二为部门令或职事令。在部门令中,又可分为单个主体之令(如《内史仓曹令》)与多个主体之令(如《四司空共令》)。秦令的编辑方式也分为两种,第一种方式是在令名之下按干支排列篇序,如岳麓秦简所见《内史郡二千石官共令》的篇序有"第甲"至"第庚"七个篇目,按这种方式编辑的秦令在类别上只存在一个级别;再者,这个编辑方式证明《汉书·萧望之传》颜师古所注"令甲者,其篇甲乙之次"

① ［日］冨谷至,朱腾译:《通往晋泰始律令之路(Ⅰ):魏晋的律与令》,《日本学者中国法论著选译》上册,中国政法大学出版社 2012 年版,第 144~148 页。

② 陈松长:《岳麓书院所藏秦简综述》,《文物》2009 年第 3 期。

的排列方式在秦代是存在的。这种编辑方式与汉初《津关令》的编排本质是一致的，只不过《津关令》是将干支置换为数字并置于令文之首而已。

第二种方式是令名之后先按干支划分，干支后面再以数字排序，如《县官田令》甲十六、《迁吏令》甲廿八、《内史仓曹令》甲十六、《内史旁金布令》乙四等。令名后面的干支表示的只能是该令之内的次一级类别，干支后面的数字则表示序号。这样，秦令在类别的划分上至少分为两个层次：第一层次是令名，第二个层次是令内以干支相区别的小类。据上述划分可知，干支在不同场合有时表示顺序，有时表示为类别。表示类别时，秦令则出现二级分类。现将我们划分的秦令类别图示如下（图8-1）：

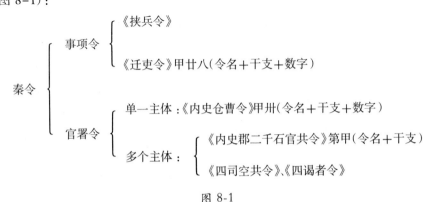

图 8-1

综上所述，按管辖范围及行为主体，秦令可分为两大类，一类是以事项命名的，另一类是以部门或职事命名的。这种划分与汉令的划分一样，是现代学者为研究方便进行的分类。不过，这种划分的意义在于，事项令调整的是某一方面的事务，如《田令》是关于土地方面的规定，而职事令或部门令则是关于某一机构的活动准则。这两种类别的令在秦只能是平行的，不可能是含概（统属）关系。具体在某一特定令的编辑方式上，或直接按干支排列序号，或先按干支划分本令的次一级的类别，然后再排列数字序号。干支加第字，则表示顺序，不加第则表示类别。与汉令比较，令甲、令乙、令丙表示的是类别应当得到肯定。凡国栋将秦汉令一同划分类别①，现在看来秦汉令的编辑还是有差别的，如秦令的干支皆为某令下采用，或表示令下的一个类别，或作为顺序号使用，而汉令的令甲、令乙、令丙与官署令或事项令是平行的。

岳麓秦简对于揭示秦朝政治、法律制度具有重要意义。秦令除按职事或事项

---

① 凡国栋：《秦汉法律文献所见"令"的编序问题》，《出土文献研究》中华书局 2011 年版第 10 辑，第 160~168 页。

作为调整的范围并定令名外,在令的分类上至少存在二级分类,如将某一令算作第一个级别,则某令之下的甲、乙、丙应为第二个级别。秦令在某令下面的令条排列上还没有固定的形式标准,有时按天干排列序号,在天干下面又按数字排列序号,况且这种编辑都是在某一令之下的编辑,至今还没有见到将不同的令按某一标准编辑在一起的令集,或者按时代顺序进行编辑的令集,这些都反映了秦令编辑的原始性。凡国栋认为"各级各类官署在其各自的令文体系中自行按照时间的先后顺序分别给予编号的"观点[①],对于秦令而言应当是正确的。按令典的编辑应是唯一的这个标准,秦令显然还没有形成令典。不过,秦朝将令作为成文法的重要法律形式是非常明确的。

以下再通过释义"共令"来看秦令的编辑。

岳麓秦简披露的共令有《四司空共令》、《内史郡二千石官共令》、《内史官共令》、《安口居室居室共令》、《食官共令》、《给共令》等,这里的关键是如何解读共字。凡国栋将"共令"解释为"适用于多个官署的共同遵循的令"[②]。也就是说,共令所规范的主体不是单一的,而应是多个,凡名共令者,其主体都应是多个,《四司空共令》等令名都应符合这种要求。若此,则秦令在编辑上不但有共令这一类型或编辑方式,而且秦朝出现以一种令同时规范若干同类部门的法令,这应是法律编辑史上的重大进步。

"四司空"之义有三种可能,一是令名中的"四"做"第四"解;二是"四司空"为一专有司空机构的名称;再就是所谓"四司空"的"四"为量词,秦时司空机构不只一个,四司空是某四个司空机构的合称。"四司空"作为一个机构名称的可能微乎其微,而作"第四司空"解释亦不具合理性,本文也倾向于"四司空"是指某四个司空机构[③]。司空的职责主要是管理工程和刑徒,秦汉凡涉"司空"之职责也不会超出这个范围,这就为"四司空"特指某四个司空机构提供了条件。各司空皆管领刑徒和土木工程,其业务性质具有较强的同一性。秦朝的刑徒虽然分管在各不同的部门,但对其管理的规定应是一致的;各司空负责的工程不同,但相关的要求应是统一的,所以才有颁行《四司空共令》、《四司空卒令》的基础。因此,将规范众"司空"的相关法令名之为《四司空共令》、《四司空卒令》是可能的。

《四司空卒令》中的卒字,应当指司空部门的士卒。《二年律令·秩律》简445"中发弩、枸(勾)指发弩、中司空、轻车;郡发弩、司空、轻车,秩各八百石,有

① 凡国栋《秦汉法律文献所见"令"的编序问题》,《出土文献研究》中华书局2011年版第10辑。

② 凡国栋:《"挈令"新论》,《简帛》上海古籍出版社2010年版第5辑,第457~466页。

③ 秦汉中央各机构与地方机构普遍设有司空官,参看宋杰:《秦汉国家统治机构中的"司空"》,《历史研究》2011年第4期,第15~34页。

丞者三百石",这里的主体所涉职事都与军事武备有关。《尉缭子》有《经卒令》《勒卒令》两篇,是关于训练、统帅士卒方法的兵书①。秦朝各司空管领刑徒,又负责工程,因此,各部门司空配备若干正规士卒是可能的。《四司空卒令》《郡卒令》《卒令》与《尉郡卒令》一样,应是规范各部门士卒的法规②。至于"四司空'具体指哪四个司空,是专指中央机构的某些空司,还是兼指地方各级的司空则需在新材料发表后进一步考证。

既然《四司空共令》等主体是多个,那么令名中的"共"作"共同"解也就顺理成章了。然而,《食官共令》《给共令》这两个令名中的"共"也可以作"供给"解。

《周礼·天官·序官》郑玄注:"膳夫,食官之长也。"《汉书·百官公卿表》:"奉常,秦官,掌宗庙礼仪。……属官有太乐、太祝、太宰、太史、太卜、太医六令丞,又均官、都水两长丞,又诸庙寝食官令长丞……。"可知秦时诸庙寝设食官。这种食官是为死人供奉膳食的,其制侍死如生,应按时、按季供奉不同的祭品。此外,皇太子、公主皆有食官。《后汉书·皇后纪下附皇女纪》李贤注引《汉官仪》:"长公主傅一人,私府长一人,食官一人……"《续汉书·百官志》"太子食官令一人,六百石"本注曰:"主饮食。"食官在皇家设置不止上述几处,《史记·梁孝王世家》载,梁共王母"李太后亦与食官长及郎中尹霸等士通乱",则诸侯王亦设有食官。这类食官当然是为生者提供饮食品的。《二年律令·秩律》简467有"未央食官、食监",随后则为詹事诸官。未央宫为西汉朝会之所,皇帝亦居此宫,且"食官"后紧排列"食监"之官,故此处食官、食监应是为皇帝供奉膳食的。岳麓秦简《食官共令》应当是秦皇颁布的为皇室备膳羞的法令,但也不排除是为皇家诸陵庙寝提供享祭食品的规定。不过,供奉生者的可能性要大。此外,《给共令》也应称为《给供令》,应当是为国家机关提供物资的法规。上述资料证明《食官共令》《给共令》之"共"作"供"解更为合适。

岳麓秦简还见有《内史官共令》,与内史有关的还有《内史户曹令》《内史仓曹令》《内史旁金布令》乙四等,内史除负责京畿事务外,同时还掌管秦朝钱粮仓廪,如将《内史官共令》之"共"作"共同"解,虽然也通,但内史职责是向全国各机关供给物资钱粮,故将"共"仍作"供给"解可能会更合适。进一步分析,《四司空共令》之"共"也可作"供给"解,即向相关部门提供刑徒劳役或工程材料等;这样的解释也不影响《四司空共令》的多个主体的释义。《四司空共令》与《四司空卒令》的主体应是相同的,若《四司空共令》之"共"作"共同"解,那《四司空卒令》所规

① 华陆综:《尉缭子注译》,中华书局1979年版,第60页、第62页。
② 岳麓秦简还有《尉郡卒令》《廷卒》甲二、《廷》一,显然《廷卒》甲二、《廷》一是《廷卒令》的省称;而《郡卒令》《卒令》可能是《尉郡卒令》的省称。

范的内容对四司空都应适用,则《四司空卒令》完全可以并入《四司空共令》之中,无需单独另立令名;考虑到"四司空"令所规范的不同内容,可以按甲乙丙排列或分类。因此将《四司空共令》、《四司空卒令》作为四司空的两个事项——供给和管领卒伍来理解,即《四司空共令》、《四司空卒令》是规范同一类部门的两个职事之令,此"共令"作"供令"来理解似乎更为合适。

共令的解读涉及到秦令编辑的类别,如共令作"共同遵守"之令成立,秦令在编辑上将多出一个类别,如作"供给"解释,则共令将分别归属在事项令或职事令之中,故对"共令"的正确解释十分重要。以上所论是对共令释义的探讨,在没有见到岳麓简条文的具体内容时,这些仅仅是推测,是否正确还有待更多材料的验证。

再者,探讨秦令的编辑必然涉及到编辑的主体问题。如按凡国栋"各官署以'某某令'著首按照顺序编号。不同部门编序自成一体,互不相涉"的观点[1],则秦令的编辑主体必然是各自的职能部门,但多个主体之令的编辑主体是多个相关的职能部门,还是中央某一权威机构如御史大夫等,这些都需要继续研究。

三、律令关系

所谓律令关系就是律与令在法律体系中的交融和相互影响。律令连称在我国古代法律文献中早就存在,当时就同一项制度往往律、令并用,律与令在调整人们的行为时共同发挥着作用。

(一)律对令的保护

秦国曾以令的形式颁布重要的改革措施,如《分户令》、《垦草令》、《逐客令》等,这种措施具有紧迫性,随着形势发展的需要,很多令所规定的内容成为相对固定的国家制度。这种令所表述的制度,自上而下被贯彻实施,上级官府据令发布官文书,指导下级官吏的行为。睡虎地秦简、岳麓书院秦简的文字也透露出令文规定的大多是各领域的准则性规定,因此应当承认相当一部分秦令的行政色彩是很浓厚的,并不是补充"六律"意义上的刑事规范,甚至这部分令文的主旨在律文中并不见,以后也未必转换成律。睡虎地秦简《法律答问》简 142:"可(何)如为'犯令'、'灋(废)令'?律所谓者,令曰勿为而为之,是谓'犯令';令曰为之弗为,是谓'灋(废)令'殹(也)。廷行事皆以'犯'令论。"[2] 又《秦律十八种·内史杂》简 191:"非史

---

① 凡国栋:《秦汉出土法律文献所见"令"的编序问题》,《出土文献研究》中华书局 2011 年第 10 辑。

② 睡虎地秦墓竹简整理小组:《睡虎地秦墓竹简》,文物出版社 1990 年版,第 126 页。下引睡虎地秦简均据此书。

子殹(也),毋敢学学室,犯令者有罪。"龙岗秦简 117 号亦见规定:"田不从令者,论之如律。"① 特别是龙岗秦简的这条规定,明确告诉百姓,在田事不按令,则按相关律文惩处。说明在当时的律文中,不但令律的区别已显现,也说明秦律对令的保护是相当严密的。

惩罚性规则在律这种法律形式中占较重要的地位,秦令文则不应以惩罚性规则为主。令作为国家制度是人们必须遵守的准则,所以律文往往以令文的规定作为是否犯罪的标准,然后依律断刑,二者的侧重面事实上并不相同。秦官文书与律文自身的文字表述,已使律令二者的作用有所区分,睡虎地秦简《语书》与张家山汉简《奏谳书》案例十八都反映了这种情况。我们先看睡虎地秦简《语书》8 的有关记载:

> 今且令人案行之,举劾不从令者,致以律,论及令、丞。

池田温的译文是:"现在即将派人案行,举劾不从令者,以律治罪,论及令、丞。"② 按他的理解,律令在《语书》中显示了不同的功用。

冨谷至认为:"睡虎地秦简为秦统一以前的遗存,因此秦简所见之'令'相当于后来的'诏',自然不能视同为汉令、晋令中的'令'。换句话说,以秦简所见之'令'直接解释律令之'令',是必须慎之又慎的。"他还认为,即使睡虎地秦简出现了所谓事项令的某令的名称,也是不能证明与律相对应的"令"的存在的。出土于江陵的这些资料也不能充分证明秦令的存在③。我们认为,冨谷氏的谨慎和分析当然有其道理。但是,睡虎地秦简及江陵《奏谳书》所记诸"令"虽然指王者之命令,不过这里是以王令这种法律形式颁布新的制度,其内涵的准则特征十分明显,与同期律的功用还是有所区分的。

(二)令对律的补充

秦律如果只是刑事规范,则秦令大多就不是秦律的补充法。如果秦律既包括刑事规范,也包括各类行政规范,律只是一种比较稳定的、相对成熟的法律规范,令在适当时候会转化为律,那么,相当一部分秦令就应是律的补充法。秦朝及西汉初年《二年律令》的各种律文包括很多制度性(准则性)规定,因此将秦及汉的部分令

---

① 中国文物研究所、湖北省文物考古研究所:《龙岗秦简》,中华书局 2001 年版,第 110 页。

② [日]池田温:《律令法》,收入《中国法制史考证》丙编第一卷,中国社会科学出版社 2001 年版,第 105 页。

③ [日]冨谷至,朱腾译:《通往晋泰始律令之路(Ⅰ):魏晋的律与令》,《日本学者中国法论著选译》上册,中国政法大学出版社 2012 年版。

看作律的补充法是正确的。

令对律的补充主要在两个方面：一是以令文的形式扩大律的适用范围，二是直接解释补充律文。江陵张家山汉简《奏谳书》案十八《南郡卒史盖庐、挚田、段卒史瞗复攸庫等狱簿》记载的内容支持这种看法，简157–158记云[①]：

> 令："所取荆新地多群盗，吏所兴与群盗遇，去北，以儋乏不斗律论。"
> 律：儋乏不斗，斩。纂遂纵囚，死罪囚，黥为城旦，上造以上，耐为鬼薪。

"儋乏不斗，斩"，此系秦律条，儋乏不斗是罪名，斩是结果。那么儋乏不斗包含哪些表现呢？现代法律多以法律解释的形式来说明，但在当时的形势下，国家则以令的形式告诉人们："所取荆新地多群盗，吏所兴与群盗遇，去北，以儋乏不斗律论。"在此，令既强调了地域的特殊性，又说明了此时儋乏不斗应当包括的表现形式。令文对"儋乏不斗"做了补充解释，但是具体的处罚规则仍以"儋乏不斗"的律条为依据。这种律令引用形式，汉时依然，如《奏谳书》所记汉高祖八年安陆丞忠刻（劾）狱史平舍匿无名数大男子种一案，判处的结果是："平当耐为隶臣，锢，毋得以爵当、赏免。"当时的令规定："诸无名数者，皆令自占书名数，令到县道官，盈卅日，不自占书名数，皆耐为隶臣妾，锢，勿令以爵、赏免，舍匿者与同罪。"此令无疑是对户口登记与舍匿罪的补充规定，令文既规定了自占名数的期限，也对舍匿罪的行为进行了补充。《二年律令·亡律》规定了匿罪人、舍匿亡人及罪人的处罚规定，《奏谳书》所记该令则是对舍匿不占名数者的处罚规定。《二年律令·亡律》简167规定"匿罪人，死罪，黥为城旦舂，它各与同罪"，本令规定："诸无名数者，皆令自占书名数，令到县道官，盈卅日，不自占书名数，皆耐为隶臣妾。"而此案对舍匿无名数大男子种的狱史平的判决是："平当耐为隶臣"，与《亡律》规定的"它各与同罪"的处罚精神相一致。

（三）律的法源与律令转换

律的法源应当是多方面的：一是承袭了此前国家重要的制度规范；二是承袭了此前的刑事规范；三是将新形势下发布的令以律的形式包容进来。因此，早期律的内容必然庞杂。从睡虎地秦简可知，秦皆为单篇之律，有相当多的律篇规定国家各部门及其官员的行为准则，亦即国家管理制度。因此，有两点我们可以肯定：一是当律作为一种法律形式出现后，时人认为律的调整范围广泛，有些制度性规范直接以律的形式发布；二是令无疑是律的法源，而律绝不是令的法源[②]。

---

① 此狱簿记于始皇二十八年，此令当在二十八年之前发布。

② 杨振红：《出土简牍与秦汉社会》，广西师范大学出版社2009年版，第56~68页。

　　从现有资料看,秦律零散,又多为制度性律篇,至今也未见较为完整的、专门的刑事惩罚性律篇;这些都影响我们对秦律修订过程的探讨。参考汉律可知,汉廷对刑律的刑罚原则、刑制规范需要修改,或以诏或以令的形式颁发。如《汉书·宣帝纪》:"自今以来,诸年八十以上,非诬告杀伤人,佗皆勿坐。"《韦玄成传》:"故定著令,敢有擅议者弃市。"这些诏令先是直接对刑律予以补充,条件成熟后则入律。律是经国家有关机构制定的比较成熟的并以国家名义颁布的法律规范,而令则是根据统治形势的需要,经过一定的议定程序后以皇帝的名义颁布的法律规范,其主要作用是对律或对现有的令起补充法的作用。大庭脩将汉令称之为律的补充法是非常恰当的。从汉颁制诏情况,我们可以取得这样的认识,制诏的直接结果是令的产生,这种令或是对前令的补充修改,条件成熟后入律。其入律的程序是:诏→议著令→律。情况紧急时诏或直接入律。

　　关于令入律的时间,以往学者一般认为是后主将先帝的令转换为律,其根据就是《汉书·杜周传》所说的"前主所是著为律,后主所是疏为令"。这只是令入律的一般程序。即在编修律典时,前朝皇帝的令根据形势的需要,有些令是入律的,而律典编修完毕,当朝皇帝再有新的指令,只能以令的形式颁示天下。但是,当朝皇帝的令并非绝对不能入律,如正在修订律典以及形势需要必须立即将皇帝的诏令编修入律时,对于本朝修律之前的令,或当下皇帝之诏令,根据需要也会编辑入律的。这就是文颖所说的"天子诏所增损,不在律上者为令"的道理[①]。至于哪些令适合入律,有的学者也做出了阐述。诏令可以著为令,也可以直接入律,这主要取决于诏令的内容、人主的要求以及形势的需要。下引资料可以证明这样的转换:《汉书·文帝纪》载,诏曰:"今法有诽谤妖言之罪,是使众臣不敢尽情,而上无由闻过失也。将何以来远方之贤良?其除之。"汉初律有"诽谤妖言之罪",文帝二年五月之诏虽未增加律条,却使原有相关律条作废,其本质是诏令直接对律文的修改。《汉书·刑法志》:"夫刑至断支体,刻肌肤,终身不息,何其刑之痛而不德也!岂称为民父母之意哉?其除肉刑,有以易之。及令罪人各以轻重,不亡逃,有年而免。具为令。"是以诏令废肉刑并将更定刑期。因具体的刑期方案并没有议定,此诏文后所附"具为令",表明了旧有的律文必须废除,新的律文当在议定中。同《志》载,丞相张苍、御史大夫冯敬奏言关于更定刑期的建议案,文帝制曰"可",是以制诏确

---

① 　杨振红对此有着另外的解读:"以往研究者只简单直观地理解'不在律上者为令',而没有注意到它的潜台词'在律上者则……',显然文颖的意思是,如果皇帝颁布的令是针对九章律原有律条的,那么就在律上直接加以修改。它表明汉代的律典是可以不断被修订的。"虽然杨振红认为当世皇帝之令是可以入律的,但必须在九章律范围内,否则只能为令而不能转换为律。见前揭《出土简牍与秦汉社会》,第57页。

定了律文的修改。可见,诏在当朝不但可成为令,亦可直接废除、修改相关的律条。前主之令有三种去向:一是入律,二是仍然以令的形式存在,三是被废除。而当朝皇帝之令,在修律之时或入律,不适合入律的也会以令的形式存在下去。

律令是中国古代法律体系中最主要的法律形式,一方面律是战国变法革新的产物;另一方面律的出现又促进了法律形式的变革。从典籍与出土文献看,秦国与秦朝存在令这种法律形式,而且秦朝当时对令进行了系统的编辑。汉承秦制,在令制上没有本质差别。在数百年的司法实践与发展中,汉时律以刑为主而兼制度规范之功能,令则以制度规范为先亦及于惩处;令适时入律,其余按类编辑,仍以令为名。相较而言律较稳定,而令的变化较律为快。在体制上律令杂糅,界线不甚分明,这其中的主要原因是秦汉律的功能没有专注于刑事规范。

第二节　式

式首先是一种范式,对人们的行为具有指导意义。但是作为法律形式的式,对人们的行为就不仅仅是指导,而是起约束作用。式在不同的历史时期,内涵也不同。作为法律形式之式也有一个发展过程,法律形式之式是以国家强制力为后盾的。国家在维持政权、维持社会运行的时候,需要各种法律规范,规范的内容不同,法律形式也往往不同。不同的法律形式其效力也不同。

一、式的类型

式之初意为范式、样式,人们在日常生活和生产活动中也必然会设立许多供人学习、模仿、制作的模式,以使人们在生产、生活中有一定规范可寻。这种式涉及各个方面,或潜隐在人们的生产、生活习惯中,或以文字的形式规定下来,重要的则上升为国家的法律。就目前文献资料所见,式所规范的对象有如下几类:

(一)品物之式

所谓品物之式,就是在生活、生产中对有关具体对象的尺寸、质地或形状的规定,这些可以称之为式的规则,有些显然已上升为具有强制力的国家法律,《秦律十八种·金布律》简66:

布袤八尺,福(幅)二尺五寸。布恶,其广袤不如式者,不行。

这条规则显然是国家规定的布的尺幅标准,即长宽不符合规定的不能在市场流通。布的广袤标准放在《金布律》中,说明布在当时还充当着价值尺度的作用,因此,有必要以法律的形式规定下来。

秦时有关式的资料相当少,但从汉代资料中,可以见到较多式的规定,由此也可窥秦汉式的传承。汉代资料显示,当时的式仍然以规定实物的尺幅为主,如《盐铁论·错币》:

> 于是废天下诸钱,而专命水衡三官作。吏匠侵利,或不中式,故有薄厚轻重。

从“或不中式,故有薄厚轻重”分析,此处之式,显然是关于铸币规格、品质的规定。

类似式在敦煌悬泉汉简也可见到,简Ⅱ0111①:279[①]:

> 羌,备城坞垣,时当增治厨传,当式。

本简意为建筑城垣墙坞,要增治厨传设施,并要符合尺符标准。所谓“当式”,显然说明当时已有修治城坞的规范样式。张俊民言“以传舍所用器物簿为例,传舍的内部设施首先是有一个可以遵循的标准,当时称为‘式’”[②],此说是。

悬泉简还有关于边县厩器物等方面的规定,当时也通过式的形式表述。悬泉简Ⅰ900DXT0110-①:091[③]:

> ·建始元年二月乙未朔癸丑,督邮史光告效谷:往者厩器物不齐或少,相膡(胜)甚不可(合)。亭坞椎多古,不任用。·今移式,书到,巫作治,务令釭坚,壮事齐壹,毋(勿)出三月十日毕(必)成,以书言光。循行课毋(无)状者,必亲……

简文中所言“移式”,应当理解为向效谷下发关于“厩器物”及亭坞设施方面的规定,属于成文法范畴。此简大意是敦煌郡督邮史光告诉效谷县,以往厩中器物不齐备或不符合规定,亭坞设施陈旧不能任用,现将关于这些规定的式规下发,要求

① 胡平生、张德芳:《敦煌悬泉汉简释粹》,上海古籍出版社2001年版,第170页。

② 张俊民:《悬泉置遗址出土简牍文书功能性质初探》,《简牍学研究》甘肃人民出版社2004年版第4辑,第76~85页。

③ 甘肃省文物考古研究所:《敦煌悬泉汉简内容概述》,《文物》2000年第5期,第22页。

效谷县立即整治,务必在三月十日之前完成。

悬泉简还有关于县置接待西域客人的规定,其中有关于陈设物品的式规。Ⅰ 90DXT0114-①:112A[①]:

> ·右使者到县置,其舍递传大县,更传舍如式:龟兹王、王夫人舍次使者传。堂上置八尺床卧一张,皂若青帷,堂内□上四卧□□□,皆张帷,传舍门内张帷,有为贵人坐者,以二人道。

简文后部应当是关于为龟兹王及其夫人在传舍提供设施的规定,堂内如何设置,四卧皆应张挂帷帐,床的尺寸等堂内布置皆规定得非常详细。这些传舍设置应当就是简文所谓的"更传舍如式"的内容。这条简文十分重要,因为,唐朝存在以式这种形式规定接待少数民族或蕃居人士的式文。霍存福对唐式进行了辑佚研究,其所辑下列各条可兹比较[②]:

> 《唐式》:鸿胪蕃客等器皿、油单及杂物,并令少府监支造。
> 蕃客准《式》:季支主宾格(客)鸿胪诸蕃官客食,宜令御史按察。有供给不如法,随事纠弹。
> 《主客式》:诸蕃夷进献,若诸色无估价物,鸿胪寺量之酬答。

此外,《唐六典》卷十八鸿胪寺典客署条有近似规定,有学者以为《唐六典》此条似为式中更为具体化的规定[③]。唐朝接待蕃客的行政规定或在《主客式》,或在《少府式》,其规范非常详细,特别是《倭名类聚抄》卷六中的"诸蕃入朝,调度帐幕、鞍鞯、秋辔,量事供给"[④],与悬泉简内容性质相同,悬泉简明言"更传舍如式",说明汉时已用式这种法律形式作为接待蕃属的规范了。

那些关系到生产或生活的重大问题,或涉及国家与社会稳定运行的规则,一般就上升为具有强制力的法律规范了。这种对器物的形状、尺寸、质地的强制性规定,应当以文字的形式表现出来,这时式便正式成为国家的法律形式了。

《考工记·匠人》:"凡沟防,必一日先深之以为式。"郑注:"程人功也。"贾疏:"'程人功'者,将欲造沟防,先以人数一日之中所作尺数,是程人功法式,后则以此

---

① 甘肃省文物考古研究所:《敦煌悬泉汉简内容概述》,《文物》2000 年第 5 期,第 23 页。
② 霍存福:《唐式辑佚》,社会科学文献出版社 2009 年版,第 403~404 页。
③ 霍存福:《唐式辑佚》,社会科学文献出版社 2009 年版,第 403 页。
④ 霍存福:《唐式辑佚》,社会科学文献出版社 2009 年版,第 402 页。

功程,赋其丈尺步数。"《考工记》这段话的意思是:凡挖掘沟防,一定先让固定的人数看其一日挖掘的进度,然后按这个方式推进以后的工程。联系下一句"里(已)为式,然后可以傅众力",这里的式应为标准、样式之意。《考工记》至迟为汉代作品,应当反映了汉代工程等基层部门以式作为规章的情况。《周礼·天官·冢宰》:"酒正掌酒之政令,以式法授酒材。"郑注:"式法,作酒之法式。作酒既有米麹之数,又有功沽之巧。《月令》曰:'乃命大酋,秫稻必齐,麹蘗必时,湛饎必洁,水泉必香,陶器必良,火齐必得。'"此"式法"说的是作酒的技术规则,"既有米麹之数,又有功沽之巧",《月令》虽有原则规定,但细部技术问题还是在式法中规定。

(二)文书样式

文献记载,古人临字、写文章皆有范式,这些被临摹、效仿的字帖、文章也可以称为式。《汉书·扬雄传上》:"先是时,蜀有司马相如,作赋甚弘丽温雅,雄心壮之,每作赋,常拟之以为式。"长卿所拟赋文可"以为式",其他文书也有称为式的,秦汉简中就有相关记载,里耶秦简 8-768[①]:

> ·迁陵守丞有敢言之:守府下四时献者上吏缺式,曰:放式上,今牒书
> 应书者一牒上,敢言之。

此式显然是秦朝规定的一种文书格式。里耶秦简 8-94 言"群志式具此中","群志"即各种志,如庸作志(8-949)、禾稼租志(8-1246 背)、户当出户赋者志(8-518),又 8-434 简"三月壹上发黔首有治为不当计者守府上簿式"等,"群志式"就是各种簿书的格式。《居延新简》EPT52 : 576:"☑拘校,令与计薄相应,放式移遣服治☑"[②]。其中"放式"与里耶秦简 8-768 所云是同一语。规定官文书格式的规范——式,应当是法律形式的一种,相关部门的人员必须遵从。

此外,汉简还见"☑出式"之语[③]。张俊民对悬泉置简牍文书性质的论述,对"出式"一词的理解颇具启发。他认为悬泉置首先是一个官属服务性的机构,故其物品的支出、收入必须详细登记,"物品的接收,即'入'类文书;而另一类相伴而产生的是'出'类文书,记录物品的使用情况。从其性质而言,悬泉置的'入'本身就是为了'出'。由'出、入'二字产生的文书,可以说涵盖了悬泉汉简的绝大部

① 湖南省文物考古研究所:《里耶秦简〔壹〕》,文物出版社 2012 年版,第 75 页。参看陈伟主编:《校释》,武汉大学出版社 2012 年版,第 345~347 页。本章下引里耶秦简除另行说明者外,均据此二书。

② 甘肃省文物考古研究所等:《居延新简》,文物出版社 1990 年版,第 266 页。

③ 吴礽骧、李永良、马建华:《敦煌汉简释文》,甘肃人民出版社 1991 年版,第 139 页。

分。"① 悬泉置简牍有粮食出入簿、钱物出入簿、茭出入簿、鸡出入簿等。类似出入簿在居延汉简中亦可见到,如286.28"元寿六月受库钱财物出入簿",286.20"入布二百九十五匹,出一匹库买钱见"。此"出式"应当就是"出类文书"的书写标准,秦汉简牍的相关记载为这种联系提供了信息。综合以上"出入簿"内容可知,"出入簿"应有记录格式的要求,即时间、地点、人物是不可或缺的,如居延汉简286.19A、B简为购买肉、内脏及各部位的账目,记录甚详,除分记斤量外,还有凡某某斤,并值某某。更能证明这一点的是,秦律就有国家有关出入簿的法律规定,《秦律十八种·仓律》简28"入禾稼、刍、稾,辄为廥籍",即入国家仓廪的稼、刍、稾每次都要立即在廥籍上登记。登记的要求是"而书入禾增积者之名事、邑里于廥籍"。《秦律十八种·效》简168更是明确规定:"入禾,万【石一积而】比黎之为户,籍之曰:其廥禾若干石,仓啬夫某、佐某、史某、廪人某。"可见入禾增积者在廥籍上不但要写姓名、籍贯,还要写入禾数量以及各负责人的姓名,一应俱全。该规定应是秦仓廪廥籍入式的规定,同样秦律也有出式规定,如同律简169-170:"其出禾,有(又)书其出者,如入禾然。"上述相关出入簿并非一个地点发现,悬泉、居延等地都存在。汉有各类出入簿及出式,秦亦存在各类入库簿籍以及相关规定,因此我们认为,出入式的相关规定在秦汉是有传承的,并在全国普遍实施。

据邢义田研究,最早指出存在文书范本的是夏鼐。夏鼐通过在敦煌小方盘城北郭发现的两枚汉简上的文字"☒某年某月☒"、"☒某君某县☒",指出"年月郡县之上,皆用不定称之'某'字,疑为供实学者练习写字及草撰文稿之范本"②。邢义田对简牍中的文书范本也有很好的研究,他指出汉简中以"甲、乙、丙、丁"、"某"等为特征的简牍,与《秦律十八种》和《封诊式》中有"甲、乙、丙、丁……"、"某"、"若干"字样的简牍情形相同,至少有些部分是文书范本。汉代称这样的文书范本,很可能就是汉代"律、令、品、式、科、比"里的"式"。他认为,睡虎地秦简《封诊式》存在这些特征,文书自名为"式",可以作为判定带有"某"、"若干"及天干词语的汉简是某种文书之式的旁证③。汉简这种带有"某"、"若干"及天干词语的文式主要是文书写作上的范本,它们当然可以称为式,而《封诊式》除文书范式外,更主要的是司法程序的规则,虽然也称为式,但程序规定的对象主要是针对人的行为。因此,本文将其列为式的另一种类型。

---

① 张俊民:《悬泉置遗址出土简牍文书功能性质初探》,《简牍学研究》第4辑,甘肃人民出版社2004年版。

② 邢义田:《从简牍看汉代的行政文书范本——式》,《简帛研究》第3辑,广西教育出版社1998年版,第295~311页。

③ 邢义田:《从简牍看汉代的行政文书范本——式》,《简帛研究》第3辑,广西教育出版社1998年版。

151

（三）程序之式

将办事程序以式的形式加以规定的，目前见有《封诊式》。《封诊式》是战国末期至秦时的法律文献，是关于审讯、查封、勘验方面的法律规定。睡虎地秦简"封诊式"三字位于全篇最后一支简，说明《封诊式》为篇题。全篇共 25 节，每节第一支简首写有小标题，这对认识文献的性质以及各小节的核心内容至关重要。

《封诊式》前两篇分别名为《治狱》、《讯狱》，是关于审讯方式、程序以及讯狱爰书方面的原则性规定。《封诊式》其余各篇多用不确定代词或量词，这种情况与敦煌、居延出土的文书式简相同，如《有鞫》"敢告某县主：男子某有鞫"，《封守》"乡某爰书"，《复》"敢告某县主：男子某辞曰"等等，说明这些都是国家特定机关按照司法运行的要求起草的法律文书范式。《封守》爰书的内容，明确说明是乡衙接到县廷的指示，查封被审讯者的家室并派人看守，然后向县廷汇报的法律文书范式。这里虽然确定为文书范式，但文书中所述的各项程序（事项）显然也是乡机关在实施封守工作时所必须遵守的准则。

《封诊式》第六篇到最后第二十五篇，是乡、县二级机关在受理当事人、举报人报案后根据一定的格式、要点制作司法文书的范式，所以每篇篇题下都有"爰书"二字，其后才是爰书要求记录的案件内容。各爰书的篇题就如同现在在起诉书中的案由一样，起着点题的作用。爰书以范式的形式规定各类案件如何记录报案人、被告人或举报人的报案，如何讯问当事人等。程序要求受理案件后要派人查验有关人员情况、现场情况。与此相应，爰书的内容亦可划分为记录报案爰书、记录讯问爰书、查验爰书等。《封诊式》所举各类案件应是根据实案总结、概括出来的，作为式这种法律形式，文中所举个案应当属于虚拟案例。案件性质有刑事，也有民事。从案件的启动看，有向乡衙举报的，乡有关人员即制作受理的爰书，也有县廷有关人员制作的受案记录。这就从各方面为习法人员或初从法律事务的人员提供了各类案件受理时应当掌握的程序与事项。如《告子》爰书是县廷在接到士伍甲告子不孝后，首先派令史前往缉捕，归案后由县丞审讯，爰书记录了县丞讯问后对案件的初步结论："甲亲子，诚不孝甲所，毋（无）它坐罪。"又《出子》爰书不但规定了承办机关应遵守的程序，同时也规定了爰书的写作规范，"其一式曰：令隶妾数字者某某诊甲，皆言甲前旁有干血，今尚血出而少，非朔事殹（也）"。《封诊式》通过爰书的示范性，规定了受理案件、查验案件的程序规则。因此，《封珍式》既是治狱程序的规定，也是司法文书记录规则的样式规定，这应当是《封珍式》的两个主要功用。

式这种法律形式指向法律程序在战国中期就已出现，《商君书·定分》："主法令之吏有迁徙物故，辄使学读法令所谓。为之程式，使日数而知法令之所谓；不中程,为法令以罪之。"① "不中程",就是达不到规定的要求。《封珍式》的发现,为我们提供了程序规则方面的第一手资料。

以上是从式所规范的对象划分式的类型。从理论上讲,只要式成为一种法律形式,那它所规范的对象就绝对不会只有上述三种。凡是需要以式来规范的都会以式这种形式命名。岳麓书院藏秦简《为吏治官及黔首》载:"此治官、黔首及身之要也与(欤)? 它官课有式,令能最。欲毋殿,欲毋罪,皆不可得。"② 如将"它官课有式"的"式"解释为一种法律形式,则此句的解释就是:它官的考核有式这种法律形式(或它官以式这种形式进行考核)。如果将式作为一种法律泛称或概称,则可解释为它官的考核有法律规定。比较上述解释,将式作为一种泛称更为合适。因为,在经史文献中,将式作为法律的泛称是存在的。

二、式的性质及其在法律形式中的地位

式最初本是生产品的样式,供人们生产中参照、模仿以便按此形式再生产出新的同类产品;这时的式还仅指生产品中的实物。随着式这种含义在其他领域的应用,文章范式也称为式,一定的行为模式、程序也可称为式。这时的式,就升华为既有特定的对象所指,也有内涵丰富的规则性条文。但是,作为国家法律形式的式必须以国家强制力为后盾,并非称式的规范都属于法律形式。因此,只有那些以国家名义颁布的,以国家强制力作为后盾的式,才属于法律形式。按照这个标准,前引《秦律十八种·金布律》及《盐铁论·错币》中的"式",都应当属于法律规范。《封诊式》既是司法文书范本,也是治狱程序规则,因此,《封诊式》也属于法律规范。它们都是法律形式的一种,如果违反,就会受到相关法律的惩处。

式在先秦的本意为范式,文献中常常借用式字的引申之意,代指国家法令。最迟从战国开始,式已经明确成为法律形式之一种,并常与品、程、法相连,组成品式、程序、法式等,这些词代指国家法令,如《史记·秦始皇本纪》"治道运行,诸产得宜,皆有法式","初平法式,审别职任,以立恒常";《汉书·刑法志》"此为国者之程式也";《宣帝纪》"枢机周密,品式备具,上下相安";《孔光传》"光以高弟为尚书,观故事品式,数岁明习汉制及法令";居延汉简214.144"☐☐☐如品式"等等③。正因为战国以来,式正式成为国家法律,所以才有法式、程式、品式等不同法律形式组合而成的名称以代指国家法令。可见,式这种独立身份的法律形式在社会上的

---

① 蒋礼鸿:《商君书锥指》,中华书局 1986 年版,第 140~141 页。

② 朱汉民、陈松长主编:《岳麓书院藏秦简〔壹〕》,上海辞书出版社 2010 年版,第 191 页。

③ 谢桂华、李均明、朱国炤:《居延汉简释文合校》,文物出版社 1987 年版,第 344 页。

出现是上述合成名称出现的前提。

式初始以具体的品物为规范对象，以后逐渐发展到司法文书之式、司法程序之式等等；所以秦及以后的汉代，式也多以具体的事物为规范对象。正因为式起源于生产中的范式，因此，早期的式多与技术规范或生产活动紧密相联。如果式只是由生产部门作为生产中的样式，违反后只是受到相关部门内部的处罚，这种式自然就不是法律形式。特别是某些文书样式，如果只是供人们学习的范式，即使某些人不以其为榜样，其结果只是在习俗上不被人们认可而已，并不会受到国家性质的责罚，这种式就更不属于法律形式。只有那些在生产、生活中，在司法活动领域由国家相关机关颁布，供人们习用、遵守的成文法式，如果违犯，或不被国家认可，或受到相关处分的式，才能称为法律形式。

在帝制国家，规范内容不同的法律往往分属于不同的法律形式，不同的法律形式效力等级也不同。有权发布法律形式的国家机关一般只有中央一级，中央一级似乎也只有皇帝认可才能颁布法律。不同法律形式存在的原因，不在于制定、颁布法律的国家机关，而主要在于规范对象和规范内容的不同，或者说是规范领域的不同，由此造成不同的法律形式的重要性和强制力也不同。式是从物品的样式发展而来，多规范具体物品的规格或文书的范式，以现代法律类别的划分，多归属在行政法范围。因此，越是接近具体生产规范的式，在法律形式中所处的位阶越低，违反后受到的处罚也就越轻。律令一般多规范国家的政治制度以及人们的犯罪行为，以维护专制政权为首要内容的律令自然比规范生产领域以及其他领域的具体、细节制度的式的地位高，二者的强制力也不同。因此就一般而论，违律令比违品式处罚的要重[①]。

三、式对后世的影响

秦汉式有非法律意义上的文书样式、国家法律形式之分。国家法律形式之式，有实体规范、司法文书的程式，也有司法程序之式。文书之范式唐宋依然存在，邢

---

① 目前我们虽然还没有见到可以对违反秦汉律、令、式的处罚进行比较的条文，但从律令式所规定的内容可以得出律令的重要性要高于式的看法。关于这一点，可参看唐律违式的相关条款。不论秦汉还是魏晋，违律重者有死刑，轻者有笞杖。《唐律疏议·杂律》："诸违令者笞五十，别式减一等。"疏议曰："谓《礼部式》'五品以上服紫服，六品以下服朱'之类，违式文而着服色者，笞四十。"由此亦可知，式为准则性规定，只是较令规定得更具体。凡重大犯罪皆有律条规定，按疏议解释，凡令有禁制，律无罪名，违者得笞五十。同样，违式减一等，笞四十。其处罚的轻重程度自然明了。

义田对此有过充分论述①。

西晋以后,式这种法律形式向经济、政治领域延伸,规范更加广泛,如《晋书·食货志》所记户调式,包括有占田制、户调制和品官占田荫客制三项内容。西魏的《大统式》所规范的内容比户调式更为广泛,其内容仍然不具处罚性质。霍存福认为:"《大统式》不应是一部刑事法典,而是一个行政类的法典,类似隋唐的令式,这也是隋唐时期沿用其体、袭用其名的缘故。"②说是。从法律规范的逻辑结构上看,《大统式》仍然属于准用性行为模式,尽管其所规范的内容向政治方面扩展。唐式规范面最广,六部二十四司及相关寺、监皆有各自所依凭的式。但其法律性质仍然"属于非刑事性规范,这是唐式的第一个属性",唐式应是"行政法为主,间有军事法、民事法及诉讼法规范掺杂其间的综合法律形式"③。关于令式关系,从前面令式的考察可知,令是从上级、王的命令转化而来,其针对性本来就是比较重要、紧迫的国家事项,其规范对象偏重于政事以及对刑事规则的补充,汉魏时以准则性条款的特征逐步向国家政治、经济领域推进并与律渐分渐离。而式是从产品样式演化而来,其规范对象与令相比偏重于生产性、物质性,且规范的要求更具体、细致,所以《唐六典》说"式以轨物程事"从一个侧面说明了式所规范的对象。魏晋以后,式不断向政治、经济领域拓展。因式与令同属准则性规范,特别是在魏晋以后,因此隋唐以后令式交叉、互补或者式作为令的补充也是自然不过的事。又因为式天生以来就以规范具体、细部为己任,故隋唐以后式作为令的补充就顺理成章了。这里不存在式"是从令中转化出来的"问题,秦汉之式向魏晋、隋唐之式传承、演变的流脉还是有迹可寻的。

第三节　课

在里耶秦简面世前,人们对课的性质认识来自两种文书。一是睡虎地秦简《秦律杂抄》简31的牛羊课,其性质为规范。这也是一般中国法制史教科书所认为的法律形式之一。二是汉简所见诸课,如居延汉简 EPT52:83 简的"邮书课"、EPF22-391 简的"军书课"、EPF22:640 简的"驿马课"、肩水金关汉简

---

① 邢义田:《从简牍看汉代的行政文书范本——式》,《简帛研究》广西教育出版社 1998 年版第 3 辑。

② 霍存福:《唐式辑佚》,社会科学文献出版社 2009 年版,第 6 页。

③ 霍存福:《唐式辑佚》,社会科学文献出版社 2009 年版,第 41 页、第 44 页。

73EJT10:127 简的"表出入界课"等①,其"课"为检验、核定之意,某某课即为有关某某的核验文书,它产生于日常工作中上级对属下的监督与检查之中。永田英正指出邮书课的"课"指依照程序调查②,因而就其本身性质而言是行政文书而非规范。可见就目前所知资料而言,同是课字,其文本性质有所不同。秦简牛羊课是规范,汉简所见课则是核验相关规范执行结果的文书。

在新近出版的《里耶秦简〔壹〕》中出现了数量不少的各种"课",增加了人们对秦课的认识。这些课的文本形态如何,性质、功能如何,与律令关系如何,是研究秦汉法律值得关注的问题。

一、里耶秦简中的"课"

里耶秦简中"课志"简的出现,令人对课的认识进一步加深。"课志"简一般两栏或三栏书写,首栏首行为"某某课志",下胪列各课,末以"·凡某课"结束,颇类目录。论者指出"课志"意为考核记录,"课"亦是专用于考核的文书名称③。

以"课志"简中的田官课、尉课、乡课、司空课、畜官课、仓课、田课等名称可知,其类别以各种不同的机构划分,机构或职官下的课细目则是其职责的具体反映。如畜官课志(8-490+8-501)事涉八项,即徒隶牧畜死负剥卖课、徒隶牧畜畜死不请课、马产子课、畜牛死亡课、畜牛产子课、畜羊死亡课、畜羊产子课;仓课志(8-495)亦涉八项,即畜彘鸡狗产子课、畜彘鸡狗死亡课、徒隶死亡课、徒隶产子课、作务产钱课、徒隶行徭课、畜雁死亡课、畜雁产子课。

关于里耶秦简中的诸课,可通过课在公文往来及官吏实务中的动态反映获得片断认识。如 8-645、8-1511 简记载了县乡官吏上报水火败亡课:

廿九年九月壬辰朔辛亥,贰春乡守根敢言之:牒书水火败亡课一牒上。敢言之。8-645

九月辛亥旦,史邛以来。/感半。 邛手。8-645 背

廿九年九月壬辰朔辛亥,迁陵丞昌敢言之:令令史感上水火败亡者课

---

① 甘肃省文物考古研究所等:《居延新简——甲渠候官》上册,中华书局 1994 年版,第 99 页、第 222 页、第 230 页;甘肃简牍保护研究中心等:《肩水金关汉简〔壹〕》下册,中西书局 2011 年版,第 137 页。

② [日]永田英正:《居延汉简の研究》,同朋舍 1989 年版,第 365 页。永田先生又谓"如何称谓此类记录簿,目下不详",此姑统言为"行政文书"。

③ 李均明:《里耶秦简"计录"与"课志"解》,《简帛》第 8 辑,上海古籍出版社 2013 年版,第 149~159 页。

一牒。有不定者,谒令感定。敢言之。 8-1511

水火败亡,指因水火而造成财产损害的后果。《秦律十八种·内史杂》简196:
"有实官高其垣墙。它垣属焉者,独高其置刍廥及仓茅盖者。……善宿卫,闭门辄
靡其旁火,慎守唯敬(儆)。有不从令而亡、有败、失火,官吏有重罪,大啬夫、丞任
之。"规定官仓若出现失窃、损坏、失火等损害后果,官吏须承担刑事责任。此是失
职所致。就一般而言,"水火败亡"包括因故意纵火、决水、溺水或与此相关的过失
行为而导致的损害后果,也包括不可抗力造成的损害后果。县乡将相关损失情况
核验上报,体现了国家垂直行政控制的一个侧面[①];而负责报送的令史感经允许后
还有权解释不确定之处,又体现了办事官吏的干练。再从文书的传递时间看,贰春
乡于九月辛亥将文书送到后,迁陵县即于当日上报,反映了较高的行政效率。反之,
当出现未及时上报的情况时,县丞便会发文催要。如简 8-137:

☑□朔戊午,迁陵丞迁告畜官仆足,令
☑□毋书史,畜官课有未上。书到,亟日
☑□守府事已,复视官事如故,而子弗 8-137
☑事,以其故不上,且致劾论子,它承
☑　　就手。 8-137 背

据文意,因畜官尚未提交畜官课,故县丞迁向其催要,要求尽快上报。
或与仓课中"畜彘鸡狗产子课"相关事例又可见 8-1516 简:

廿六年十二月癸丑朔庚申,迁陵守禄敢言之:沮守瘳言:课廿四年畜
息子得钱殿,沮守周主,为新地吏,令县论言夬(决)。·问之,周不在迁陵。
敢言之。·以荆山道丞印行。 8-1516
丙寅水下三刻,启陵乘城卒秭归□里士五(伍)顺行旁。　壬手 8-1516
背

揆度公文往来过程:沮守瘳给洞庭郡行文,言本县二十四年的小牲畜出售得
利的考核位列末等,而当时本县的负责人周现在秦新领地任职,于是洞庭郡向迁陵
县发文要求核查,迁陵县随后于二十六年十二月庚申回复调查结果,说明周不在迁

---

① 睡虎地秦简《为吏之道》有"水火盗贼"之诫,《二年律令·户律》简305-306所见可破例通行里
门的情况中,也包含了"救水火,追盗贼"的行为。可见对于乡里而言,水火与盗贼同为重大事项。

陵。《秦律十八种·仓律》简 63 有出卖猪鸡"息子"的规定,可透视考课依律而为,获利多少即意味着繁殖率的高低、工作业绩的优劣。在具有官箴性质的《为吏之道》中,也有"息子多少"的告诫。

尉课志中有"卒死亡课",8-132+8-334 简或是其残文:

> ☑冗慕群戍卒百卌三人。
> ☑廿六人。·死一人。
> ☑六百廿六人而死者一人。
> 尉守狐课。
> 十一月己酉视事,尽十二月辛未。

从尉课志所属"卒死亡课"、"司寇田课"、"卒田课"三课看,尉的管理对象至少有卒与司寇。尉负责管理戍卒,则由其统计、核验戍卒的死亡率自是必然。上述"尉守狐"所课,当是核验结果。文末的"十一月己酉视事,尽十二月辛未",或指狐考课的时间,简 6-16:"守丞大夫敬课。视事卅八日。"也是同类记载。

在里耶秦简中,8-454 简所载可能是金布所上课的副本目录:

课上金布副	园栗—	县官有买用钱 铸段(锻)—
泰课—	采铁—	竹箭—
作务—	市课—	水火所败亡 园课 采金—
畴竹—	作务徒死亡—	赀赎责(债)毋不收课
池课—	所不能自给而求输—	

该简简首有长方形墨块,表示以下所书为汇总性内容[1]。下分三栏书写,其中的"—"为竖划符号,或表示钩校[2],内容则包括了金布职责范围内的应课事项,涉及经济活动收入、财产刑及债务收入、从事手工业的刑徒死亡状况、输入所不能自给的物资等。

总之,以里耶秦简所见课文书,其性质仍不出前述行政文书的范围,即它是依据既定的标准对机构或官吏职责予以核验而产生的文书,与睡虎地秦简中的"牛

---

[1] 简首有同样墨块者,如简 8-300 为乡吏被赏的汇总记录,简 8-1095 是都乡隶妾等人数总汇,简 8-1143+8-1631 是贰春乡作徒簿,汇总了各种刑徒的人数及其劳作内容。

[2] 居延汉简 EPT56.290 及尹湾汉简 6D12 也有此符号,李均明认为是钩校符号,见氏著《秦汉简牍文书分类辑解》,文物出版社 2009 年版,第 395~398 页。里耶秦简 8-300 首栏三行简文分别是"乡守履赏十四甲"、"乡佐就赏一甲"、"乡佐□赏六甲",各行下也有一道竖划。

羊课"性质不一。

二、课与律

所谓既定的标准,意谓核验必有所本。秦简律令、文书中习见的"如律令",体现的是"治道运行……皆有法式"的严格贯彻[①]。如不进行年终统计、乡不按时赋敛,则被视为"不应律"[②];提出任命里典、邮人的要求若受到上级质疑,则会受到"何律令应"的责问[③];所论不当则被劾为"不应律令"[④]。就课而言,若将里耶秦简中的课与秦律比较,亦可见二者渊源有自。

仓课除"畜彘鸡狗产子课"可与《仓律》简 63 对读外,"徒隶死亡课"、"徒隶产子课"也与《仓律》相关。《仓律》的内容特征之一,就是规定了向为官府服役的刑徒供应口粮的各种标准,如简 49—52 即规定了隶臣妾、小隶臣妾及婴儿的月定量。再以里耶秦简仓吏的出禀记录 8–762、8–1551、8–1540 简所见,其出禀对象涉及大隶妾、小隶臣以及隶妾婴儿,与《仓律》规定的口粮发放对象基本一致。又,县乡各部门在分配到刑徒后都有制作徒簿的义务,以记录其总人数以及分别从事的劳作。如 8–686+8–973 简[⑤]:

> 廿九年八月乙酉,库守悍作徒薄(簿):受司空城旦四人、丈城旦一人、
> 春五人,受仓隶臣一人。·凡十一人。
> 　城旦二人缮甲□□。
> 　城旦一人治输□□。
> 　城旦一人约车:登。
> 　丈城旦一人约车:缶。
> 　隶臣一人门:负解。
> 　春三人级:垮、□、娃。

---

① 《史记·秦始皇本纪》。

② 简 8–508:"岁不计,甚不应律。"简 8–1454+8–1629:"都乡柀不以五月敛之,不应律。"

③ 简 8–157:"卅二年正月戊寅朔甲午,启陵乡夫敢言之:成里典、启陵邮人缺。除士五(伍)成里匄、成、成为典,匄为邮人,谒令尉以从事。敢言之。正月戊寅朔丁酉,迁陵丞昌却之:启陵廿七户已有一典,今有(又)除成为典,何律令应?""何律令应"即应何律令,其句式与"何论"、"何解"同。

④ 简 8–754+8–1007:"即与史义论赀渠、获各三甲,不智(知)劾云赀三甲不应律令。故皆毋它坐。它如官书。"

⑤ "解"字释读,参看本书第三章第三节。

徒作簿首先要写明受领徒隶的来源,其次写受领的总人数,再写具体人数与劳作内容。8-142都乡徒簿、8-199+8-688畜官作徒簿、8-962+8-1087贰春乡徒簿、8-1069+8-1434+8-1520库武作徒簿、8-1278+8-1757启陵乡守作徒簿的要件与此相同。从这些作徒簿的第一项看,一般言受司空城旦春,受仓隶臣妾,似司空与仓曹所管理的刑徒有所分别。在目前所见诸曹的"计录"中,只有仓曹与司空曹有"徒计",这恐怕也是分司其职所致。仓既然负责隶臣妾的管理,则相关的死亡率与出生率自是其职责之一。里耶秦简10-1170卅四年十二月仓徒簿最[①],记载了大隶臣、小隶臣、大隶妾各自的累计人数,三项总数达4376人;其分配去向主要是本县县乡各机构,也有去往它县者;其劳作内容与人数按男女分列,种类相当繁多。据此可知,仓曹负责管理的是全县的隶臣妾。

再看畜官八课,大致可分为制度执行与牲畜繁殖率、死亡率两类。"徒隶牧畜死负剥卖课"与"徒隶牧畜畜死不请课",皆涉制度执行。看《秦律十八种·厩苑律》简16-18,《二年律令·金布律》简433-434,可知公马牛死后当立即报告相关负责人,由其执行检验、接收、出售或收缴可得利益部分的程序,如因程序执行不力而造成损害后果,则按完全损失与可得利益损失分"以平贾(价)偿"与"贾以减偿"两种方式赔偿,这是秦汉时期一直执行的对官有畜产管理的法律规定。畜官作为公家畜产的直接管理者,对其职责的要求不仅限于提高繁殖率、降低死亡率,即使是对死亡牲畜也要求确保利益不失,因此必受律规范,依律行事。

在里耶秦简所见诸课中,金布课目较多,而目前已知的秦汉《金布律》有睡虎地秦简《秦律十八种·金布律》、岳麓书院藏秦简《金布律》、张家山汉简《二年律令·金布律》、晋志《魏律序》所见《金布律》(为行文之便,此四种《金布律》以下分别表示为A、B、C、D),将课目与这些《金布律》内容做一比较,如"作务"、"市课"与B、C的"官府为作务、市受钱"、A、B的"各婴其贾(价)",漆、畴竹、园栗、竹箭、池等经营收入与C的"园池入钱","县官有买用钱"与A的"毋敢择行钱、布"[②],"所不能自给而求输"与A的"官相输",即不难发现二者间的对应关系。"赀赎责(债)毋不收课"则更明显反映了与《金布律》的关系。A有公私债务的追偿规定,其主体涉及吏民、隶臣妾;C中规定,应当缴纳的罚、赎、责(债)之金,允许以平价折算为钱缴纳;D中的"毁伤亡失县官财物"与"罚赎入责以呈黄金为价",前者当侧重

---

① 郑曙斌、张春龙、宋少华、黄朴华:《湖南出土简牍选编》,岳麓书社2013年版,第117页。
② 买用钱:交易用钱。《说文》:"买,市也。"睡虎地秦简《金布律》简65:"百姓市用钱,美恶杂之,勿敢异。"

于赔偿责任的确定①，后者则与C同，明确的是执行罚赎债时的计算标准。《金布律》规范对象与"赀赎责（债）毋不收课"的对应，可看出金布的职务受律规范。此外与前述的"息子多少"相同，在岳麓书院藏秦简《为吏治官及黔首》中，也有对不履职行为的警示，其中之一就是"赀责（债）不收"②。

从上述课与律的关系来看，考核或查验与律密切相关。反之亦可言律在一定程度上是课的标准。以秦律所见，行为的定量标准往往由律承载，这在睡虎地秦简《效律》中尤为明显，如简5："斗不正，半升以上，赀一甲。"其结构为行为＋量化标准＋惩罚；《二年律令·行书律》所见亦如此，如简273："邮人行书，一日一夜行二百里。不中程半日，笞五十。"其结构为量化标准＋行为＋惩罚。这种结构方式恐怕是由秦汉律的编纂性质所决定的，即事制与罪名杂于一篇。晋志载，晋律修订时提出了"违令有罪则入律"的功能区分，杜预解释二者的关系是"律以正罪名，令以存事制，二者相须为用"。唐时，违令入罪的形态已相当成熟。如《厩库律》"牧畜产死失及课不充"条，对此类行为的惩罚基线是笞三十，最高徒三年，而此类行为的定量标准则由《厩牧令》规定③，如未达到令中所规定的具体指标，即入罪入律。以该条所见，律令功能截然二分，然而在秦尚难见此区分。此外从诸课与律的对应关系还可以发现一个现象，即秦律律名与行政机构或职官的职能具有一定的

---

① 《晋书·刑法志》："《贼律》有……《金布律》有毁伤亡失县官财物，故分为《毁亡律》。"《二年律令·金布律》简433："亡、杀、伤县官畜产，不可复以为畜产，及牧之而疾死，其肉、革腐败毋用，皆令以平贾（价）偿。入死、伤县官，贾以减偿。"简434："亡、毁、伤县官器物，令以平贾（价）偿。入毁伤县官，贾以减偿。"简433、434所确定的并不是损害县官财物行为的刑事责任，而是赔偿责任，即"平价偿"。相关的刑事责任或行政责任当在另律规定。如《贼律》简6-8是有关因水运而造成人身、财产损害后果的规定，律文规定了具体的刑事责任如赎耐、迁、罚金等；同时也规定了赔偿责任，但赔偿责任只是区分了主体与比例，具体执行当由《金布律》规范。故晋志《金布律》所言应与汉初律差异不大，所侧重的是赔偿责任及其操作方式。同样的表述也可见秦律。如《秦律十八种·工律》简106-107"擅叚（假）公器者有罪，毁伤公器及□者令赏（偿）"，此不言有何罪且如何罚，亦不言如何偿，当是相关规定已然存在。如私自假借官有财产，在《二年律令》归属《盗律》，轻者罚金二两，重者与盗同法（简77）。唐律涉及弃毁官私器物的处罚皆入《杂律》，但刑事责任与赔偿责任分条规定，前者"准盗论"，后者"各备偿"；在技术上呈现出与秦汉律的传承关系。

② 朱汉民、陈松长主编：《岳麓书院藏秦简〔壹〕》，上海辞书出版社2010年版，第140页。

③ 疏议曰："《厩牧令》：'诸牧杂畜死耗者，每年率一百头论，驼除七头，骡除六头，马、牛、驴、羖羊除十，白羊除十五。从外蕃新来者，马、牛、驴、羖羊皆听除二十，第二年除十五；驼除十四，第二年除十；骡除十二，第二年除九；白羊除二十五，第二年除二十；第三年皆与旧同。'"

关系,如司空课——司空律,仓课——仓律,金布课——金布律,尉课——尉杂[①],田官课——田律,畜官课——厩苑律等。此种对应关系,意味着律篇之设在以"事类为篇"的另一面,又与行政机构的职能密切相关。

三、课的法律地位

睡虎地秦简《秦律杂抄》所见"牛羊课",从性质上看属于制裁规范而不属于行政文书。由此产生的问题是,秦的法律体系中有无课这样一种法律形式。

何四维在论及"牛羊课"时指出:"我认为记载该文后续部分的简缺失了。由于最后一语的前面有黑点,所以整理者认为是标题'牛羊课',然而这是一个奇特的例外。因为其他的标题均伴有'律'字。"[②]论者亦指出"仅以此三字为据而论'课'这种法源的存在,应慎重"[③]。论者的谨慎不无道理,因为毕竟在睡虎地秦简的法律文本中,某某课仅此一例。不过这一问题还可进一步思考。林清源曾辨析过《秦律杂抄》中章题书写位置与间隔符的关系,指出其有三种样式。一是章题位于简文中时,其前后皆有间隔符,如中劳律;二是章题位于简末时,则后面的间隔符被

---

① 关于"尉杂",睡虎地秦简所见只有两条。一是简 199"岁雠辟律于御史",二是简 200"□其官之吏□□□□□□□□□□法律程籍,勿敢行,行者有罪"。整理小组注"尉杂"为"关于廷尉职务的各种法律规定"。此说尚可探讨。从目前所知的《尉律》内容看,有《说文》许序所引的试学童为史,《汉书·昭帝纪》如淳注所引的卒践更之制。沈家本在解释《尉律》之义时指出:"惟许序所引律文乃汉初取人之法,不专指廷尉。《昭纪》如淳注云……所言亦非治狱之事。……汉之以尉名官者,曰太尉,掌武事……安见尉律之必专指廷尉也?"沈氏最后的结论是:"尉"是"凡自上按下之称,是其本义不专属于刑狱"(《沈家本全集》第四卷《汉律摭遗》,中国政法大学出版社 2010 年版,第 168 页)。尽管沈氏的结论在今天看来仍需推敲,但其尉律不专指廷尉之说,不拘于"尉"的狭义理解,对《尉律》的性质揭示不无裨益。由此再看秦简所见尉的职权,如县尉有置吏权(可参邹水杰《里耶简牍所见秦代县廷官吏设置》,《咸阳师范学院学报》2007 年第 3 期,第 10 页;杨振红《秦汉时期的"尉"、"尉律"与"置吏"、"除吏"——兼论"吏"的属性》,《简帛》第 8 辑,上海古籍出版社 2013 年版,第 333~339 页),此与"取人之法"相关;里耶秦简"尉课"中有关"卒田"的管理职能,或与卒更不无关系。当然,《尉杂》与《尉律》的关系目前尚不明确,但如果《秦律十八种》是集县与都官职能的主要条文而成,而都官也是地方行政机构([日]江村治树:《春秋战国秦汉时代出土文字资料的研究》,汲古书院 2000 年版,第 697~698 页),则其适用主体自然是县与都官。论者已指出可将"尉律"之"尉"理解为中尉、郡尉、与县尉系统的职官(王伟:《张家山汉简＜二年律令＞札记三则》,《中国古代法律文献研究》第 4 辑,法律出版社 2010 年版,第 79 页),将尉律性质的揭示推进了一步。

② A.F.P.Hulsewé, *Remnants of Ch'in Law*,Leiden: Brill, 1985: 115. 承籾山明教授提供日文译文,谨致谢忱。

③ [日]籾山明:《中国古代訴訟制度の研究》,京都大学学術出版会 2006 年版,第 295 页。

省略,如游士律、臧(藏)律、牛羊课、傅律、敦(屯)表律;三是章题位于简首时,则省略前面的间隔符,如除吏律、除弟子律[①]。简言之,此三种格式即为"·中劳律·"、"·游士律"、"除吏律·"。在《秦律杂抄》所见的 11 种律及课名中,位于简末者有 5 种[②],另公车司马猎律位于 26 号简末与 27 号简首,即"·公车司马"与"猎律·",格式上符合第二、三样式,而连读后的格式也符合第一样式,即"·公车司马猎律·"。这些律、课名的所涉内容皆与下简两分,不太可能每种律都有后续文字[③]。再从牛羊课规范的内容看,所惩治的行为是牛羊繁殖率低下,名实相符。另从上述间隔符的使用可知,书写者至少对这些律文与律名的区分意识是很清楚的[④]。由此亦可推知,如果这些律名是书写者所录对象,则牛羊课也与此同类。

课作为规范的名称,自下简又可见出端倪[⑤]:

岁并县官见积户数,以负算以为程。·课省甲十一 16–521

"见积",现有总计。"负算",减分,算是评价单位、计分筹码[⑥]。程,标准。这是涉及县户数考核的规定。其考核对象是每年全县的总户数,考核方式是以减分多少为标准。这里值得关注的是间隔符后面的"课省甲十一"。"课省"为同义复合,省亦为考核、核验之义。"甲十一"应是编号,即甲编第十一。"课省甲十一"的结构为事项名称 + 干支 + 序列号,与岳麓书院藏秦简所见秦令名有完全一致者,如县官田令甲十六、迁吏令甲廿八、内史旁金布令乙四、卒令丙二等[⑦]。如果释文不错,则意味着"课省"不仅是规范名称,且所包含的条文已达一定数量。由此还令人推

---

① 林清源:《睡虎地秦简标题格式析论》,台北《"中央研究院"历史语言研究所集刊》第 73 本第 4 分,2002 年 12 月,第 773~779 页。

② 此五种中,游士律、牛羊课、敦(屯)表律的书写位置处于简末,而藏律与傅律未至简末,其下各有留白,未如第一种样式的中劳律般接续书写,未知何解。

③ 唯"公车司马猎律"有些例外,由于它具有与它律相比而显得过长的律名,故令论者怀疑此当为"猎律",而"公车司马"为律文之首,下或有它简(林清源:《睡虎地秦简标题格式析论》,台北《"中央研究院"历史语言研究所集刊》第 73 本第 4 分,2002 年 12 月)。若此,按照第三种样式,"猎律"前应是与猎相关的条文,然而审视《秦律杂抄》律文,似并无与此相关者。

④ 不过也有相当一部分律文未标示律名。这些律文在内容上皆不与其下律文所缀律名相合,且篇幅占有《秦律杂抄》的一半,何以如此,俟考。

⑤ 见张春龙:《里耶秦简所见的户籍和人口管理》,《里耶古城·秦简与秦文化研究——中国里耶古城·秦简与秦文化国际学术研讨会论文集》,科学出版社 2009 年版,第 188 页。

⑥ [日]永田英正:《居延汉简の研究》,同朋舍 1989 年,第 540 页;于振波:《汉简"得算"、"负算"考》,《简帛研究》第 2 辑,法律出版社 1996 年版,第 324~331 页。

⑦ 陈松长:《岳麓书院所藏秦简综述》,《文物》2009 年第 3 期。

想,既然是"以负筭以为程",则其必有负某算的量化标准或具体事项,如居延汉简EPT59:6所见"堠户厌破不事用,负二算"。《秦律杂抄》中的"省殿"、"繇园殿"、"采山重殿"、"采铁课殿"等,也应是依据相应的量化标准而确定的末位。

结　语

战国秦就存在令这种法律形式,秦朝已对令进行了系统的编辑。汉承秦制,在令制上没有本质差别。汉时律以刑为主而兼负制度规范之功能,令则以制度规范为先亦及于惩罚;令适时入律,其余按类编辑,仍以令为名。相较而言律较稳定,而令的变化较律为快。在体制上律令杂糅,这其中的主要原因是秦汉律的功能还没有专注于刑事规范。

秦汉式有非法律意义上的文书样式及国家法律形式之分。国家法律形式之式,有实体规范、司法文书的程式,也有司法程序之式。西晋以后,式这种法律形式向经济、政治领域延伸,如《晋书·食货志》所记户调式,包括有占田制、户调制和品官占田荫客制三项内容。式这种带有范式的内在特质一直没有改变,式只是准则性法律,其条文自身并不带有处罚性的内容。

秦汉简牍中所见的课有行政文书与规范之别,考核、查验之课与律令、式关系密切。从"牛羊课"及"课省"的规范效力看,其具有法律渊源外在形式的功能。不过它是否如律一样,原本是由若干条文组成的一篇法律文本,而书写者只是抄写了其中的一条?由于目前所见资料唯此一条,还很难做出判断。换言之,课的法源为何,整体形态如何,与律令关系如何,在律令体系中的地位如何,还有待更多资料的出现以深入探讨[①]。

---

① 据睡虎地 M77 号汉墓发掘报告,与众多律同时出土的还有"工作课"(湖北省文物考古研究所、云梦县博物馆:《湖北云梦睡虎地 M77 发掘简报》,《江汉考古》2008 年第 4 期,第 35 页),未知可否为课的探讨增加新资料。

第九章 秦律用语与律义内涵

法律用语作为法律制度的载体有其自身特性，与日常用语相比更注重"言简意赅"，因此其在应用过程中被赋予的制度内涵，远非其文字形式所能透彻表达，必须通过对相关条文的综合考察才能了解这些法律用语的真实含义。换言之，正确解读相关法律文献，阐释法律制度的必由之路，就是发掘出这些法律用语文字形式之下的真实旨意。

本章将以在睡虎地秦简及汉初律简中出现频度较高的"坐赃"、"以律论"等法律用语为对象，探讨其具体含义以及在律文、律篇中的作用，以此获得对秦律更深一步的认识。

第一节 "坐赃"

"坐赃"这一法律术语多见于中国古代文献之中，除见有单独使用的"坐赃"外，更见有"坐赃为盗"这种组合方式。"坐赃"一语从传世资料来看，多与官吏犯贪赃罪的情况相联系，因此往往易于在两者间划上等号。秦简面世之后，其中出现了一些与官吏贪赃行为无直接联系的"坐赃"用例，如睡虎地秦简《法律答问》简12[1]：

---

① 睡虎地秦墓竹简整理小组：《睡虎地秦墓竹简》，文物出版社1990年版，第96页。下文引述睡虎地秦简均据此书。

　　甲乙雅不相智（知），甲往盗丙，龟（纏）到，乙亦往盗丙，与甲言，即各盗，其臧直各四百，已去而偕得。其前谋，当并臧以论；不谋，各坐臧。

　　这里的"臧（赃）"自然是指盗赃。甲乙二人在同一时空内实施了盗窃活动，但由于其是否存在事先"谋"这一情形的差异，而最终导致了处置方式有所不同。当存在"谋"的情形时，按照二人盗得的赃物总额论处。《二年律令·盗律》简58："谋偕盗而各有取也，并直（值）其臧（赃）以论之。"① 可为其佐证。如果"不谋"，则仅以其各自盗得的赃物数额为处罚依据。从"前谋"和"不谋"的对应关系而言，该条中的"并赃"和"各坐赃"是直接对应的，并赃实际上就是"并坐赃"的缩略。由此可见，"坐赃"本身是指计算赃值，也就是汉律中的"直（值）其臧（赃）"。因此，"计赃"是秦汉律中"坐赃"的实质内涵。

　　从立法功能角度而言，"坐赃"这一术语起到了指引法律适用的重要作用。冨谷至曾指出："坐某为某"，其含义为准据"某"规定、条文进行论断②。这一观点具有重要的启发意义。"坐赃"之意本为"直（值）其臧（赃）"，即其本身并不具有定罪量刑的意义，但它为之后的定罪量刑规定指定了准据法。

　　如《二年律令·盗律》简60所见对"受赇枉法"行为的处罚。"受赇枉法"一语多见于文献之中，但它本身并非是一个直接对应刑罚的具体罪名，而是一种实质上的法律适用原则，即对"受赇枉法"的处罚实际有赖于具体法律条文的规定。就结构而言，"受赇枉法"实际由受赇和枉法两部分构成，而所谓"枉法"并非一种具体行为。从已知的秦汉律规定来看，除"受赇枉法"这一表述，并无其他地方出现过"枉法"。但从"歪曲、破坏法律"这一意义而言，各种主体破坏法律正常运行的行为都可以被视为"枉法"。对于各种"枉法"行为，法律都有相对明确的处罚办法，如针对"鞫（鞫）狱故纵"等行为，《二年律令·具律》93、94简规定"死罪，斩左止（趾）为城旦，它各以其罪论之"。但当出现"受赇"这一新的犯罪情节时，对于枉法行为的处罚就变得复杂起来。"受赇"行为本身必须与"枉法"相联系才成立其法律上的意义，而单纯接受他人财物的行为并非违法。因此从《二年律令·具律》简95的规定"其受赇者，驾（加）其罪二等"来看，"受赇"属于"枉法"行为的加重情节，并非二罪。但另一方面，与"枉法"行为紧密联系的"受赇"，其本身也具有违法的

---

① 张家山二四七号汉墓竹简整理小组：《张家山汉墓竹简〔二四七号墓〕》，文物出版社2001年版，第142页；彭浩、陈伟、工藤元男主编：《二年律令与奏谳书》，上海古籍出版社2007年版，第112页。下文引述张家山汉简均据此二书。

② ［日］冨谷至：《二年律令に见える法律用语——その（一）》，《東方学報》京都第76册，2004年3月，第238页。

特性,在司法实践中很可能出现所受财物重,但枉法情节较轻的现象,故仅就违法行为加以处罚,显属不当。更为重要的是,"受赇枉法"罪成立的同时还存在"行赇"之人,其给予他人钱财,希图达到非法目的的行为同样应受惩处。但在如《二年律令·具律》简93—94的规定情形下,"行赇"者一般无法成为"鞠(鞫)狱故纵"等"枉法"行为的主体,无法以处罚"枉法"行为的规则加以处罚,因此在立法上有必要设置针对"受赇"和"行赇"两种行为都可适用的处罚措施。此时能将两种行为主体连接起来的最为直接的因素,即是"受赇"和"行赇"行为中所涉及的财物,于是"坐赃"即起到了重要的作用,它将对"受赇"和"行赇"行为共同的处罚措施,指向并限定于按照涉案财物金额定罪的范围之内,而最能表达这一意图的,即是法律中处罚"盗"这一行为的措施。

那么应如何理解"坐赃"在律篇中的功能呢?从现在已知的资料来看,"坐赃"一般只和处罚"盗"的规则相联系,如"坐赃为盗"或"坐赃/坐某赃与盗同法"。但这里需要指出的是,就处罚"盗"的规定而言,一般情况下确定赃值并根据赃值定罪是处罚盗罪的基本规则。如睡虎地秦简《法律答问》33—34:

> 士五(伍)甲盗,以得时直(值)臧(赃),臧(赃)直(值)过六百六十,吏弗直(值),其狱鞠乃直(值)臧(赃),臧(赃)直(值)百一十,以论耐,问甲及吏可(何)论? 甲当黥为城旦;吏为失刑罪,或端为,为不直。

换言之,强调某种行为"为盗"时,其本身已经包括了"坐赃"的要求。但是这并不意味着在"坐赃为盗"等法律用语中,"坐赃"是一个可有可无的成分。从法律功能而言,"坐赃"在律篇结构中承担了"冲突规范"的作用,即指明某一种法律关系应如何适用法律的专门规定。如《法律答问》简131:

> 把其叚(假)以亡,得及自出,当为盗不当? 自出,以亡论。其得,坐臧(赃)为盗;盗罪轻于亡,以亡论。

其文意为:当出现携带所借官物逃亡的情况时,根据行为人被捕获或自首的不同情节分别处置。当行为人自首时,按照其所犯"亡"罪加以处罚,而当行为人被捕获时,则对其行为的处罚根据不同情况,分别适用"坐赃为盗"和"以亡论"两种处罚方式。但除了其"亡"所得处罚重于"坐赃为盗"的情况外,都依照"坐赃为盗"对行为人加以处分。此处出现的"坐赃",表明在这一具体条件下,对该行为的处罚以涉案金额的数量为依据实施,同时也就排除了可能适用的处罚"亡"的法律。

又如《二年律令·盗律》简60中对"受赇枉法"行为的规定,其中的"坐赃"起到了区别两种不同情况加以处罚的作用。即在一般情况下根据赃值定罪,而不适用《具律》简93-94中的相关规定。

第二节 "以律论"

"以律论"一语多见于睡虎地秦简。如《秦律十八种·金布律》简80-81:

> 县、都官坐效、计以负赏(偿)者,已论,啬夫即以其直(值)钱分负其官长及冗吏,而人与参辨券,以效少内,少内以收责之。其入赢者,亦官与辨券,入之。其责(债)毋敢隃(逾)岁,隃(逾)岁而弗入及不如令者,皆以律论之。

《秦律十八种·置吏律》简159、《秦律十八种·效》简167与173、《行书律》简183以及《法律答问》简26也有其例。

整理小组对"以律论"并未给予注释,仅在译文中将其翻译为"依法论处"。从字面意义而言,这一解释亦无不妥,但就其功能而言,这一用语的指向性仍有进一步探讨的意义。从律文可知,"以律论"的适用包括以下几种情形。

其一,某种具体处断措施的省略。《秦律十八种·行书律》简183:

> 行命书及书署急者,辄行之;不急者,日觱(毕),勿敢留。留者以律论之。

此处的简183中的"以律论"究竟如何处置,原文不详,但近年披露的岳麓书院藏秦简《行书律》1250、0792号则包括了对于这种行为的明确处罚①:

> 行书律曰:传行书,署急辄行,不辄行,赀二甲,不急者,日觱(毕);留三日,赀一盾,四日以上,赀一甲;二千石官书留弗行,盈五日,赀一盾;五日至十日,赀一甲,过十日到廿日,赀二甲;后有盈十日,辄加一甲。

---

① 陈松长:《岳麓书院藏秦简中的行书律令初论》,《中国史研究》2009年第3期,第31页。

由此可见，简 183 中的"以律论"实际是比较复杂的处罚方式的一种缩略表述，其中所谓的律就是指《行书律》本条中的规定。这种用法很可能不是法律文本的本来样态。对比文本可以看出，二者实际上都包括了两个层面的规定，一层是正面的关于传递紧急程度不同书信的具体要求，另一层则从消极方面明确了对违反规定义务者的处罚。这两种文献在相同问题上呈现出一致的条文形式，表明彼此间具有明显的关联性。睡虎地秦简所记载的条文形式显然是不完整的缩略形态，但这种形态应不是秦律的正常样态。实际上，如果没有岳麓书院藏秦简中所记载的相关规定，睡虎地秦简中所规定的罚则便无法执行，徒为具文。这如果不是立法者的疏漏，则只能理解为文本抄写者为避免繁琐，而有意以不影响文意的表达方式进行缩略。

其二，处理事项性质一致。《法律答问》简 25-26：

"公祠未闻，盗其具，当赀以下耐为隶臣。"今或盗一肾，盗一肾臧（赃）不盈一钱，何论？祠固用心肾及它肢物，皆各为一具，一具之臧（赃）不盈一钱，盗之当耐。或值廿钱，而被盗之，不尽一具，及盗不置者，以律论。

上述简文涉及了盗窃祭祀用品的规定。从该条内容来看，"盗"正在使用的祭祀物品属于一般盗罪的加重情节。就所盗得物品的赃值而言，在一般情况下应判处"赀"以下的刑罚，因所盗物品为祭祀用品，故刑罚加重为耐为隶臣妾。但若所盗仅为祭祀品的一部分，或所得物品并未用于祭祀活动，则"以律论"。此处作为应采用的处罚措施"以律论"，指与特殊情况下的重处措施相对的一般处罚"盗"的规定。

其三，一般性规则的适用。《秦律十八种·效》167 号简：

度禾、刍稾而不备十分一以下，令复其故数；过十分以上，先索以稟人，而以律论其不备。

从睡虎地秦简《效律》1 号简"其有赢、不备，物直（值）之，以其贾（价）多者罪之"的规定可知，此处的"以律论"应如《效律》简 12-16 中所规定的：

县料而不备其见（现）数五分一以上，直（值）其贾（价），其赀、谇如数者然。十分一以到不盈五分一，直（值）过二百廿钱以到千一百钱，谇官啬夫；过千一百钱以到二千二百钱，赀官啬夫一盾；过二千二百钱以上，赀

官啬夫一甲。百分一以到不盈十分一，直（值）过千一百钱以到二千二百
钱，谇官啬夫；过二千二百钱以上，赀官啬夫一盾。

即指《效律》中处罚"县料而不备"的规定。从《效律》的条文内容来看，该律
篇是"关于核验官府物资财产的法律"[①]。物资出现"赢、不备"是核查过程中最常
见的问题，在现在已知的《效律》以及如《仓律》等其他涉及物资核查的法律规定
中，涉及这一问题的条款数量颇多。但如果对比《秦律十八种·仓律》简21-24和
《效律》简27-33就可以发现，两条规定在内容上虽然有高度相似之处，但在出现
"赢、不备"问题时，处理方式有所差异。《仓律》处理"不备"的方式为"负之"，与
《效律》"以律论不备者"不同。这种差异表明，《仓律》和《效律》的侧重点有所不
同。前者侧重于对仓库管理方式进行规定，因此要求通过责任人"负之"即补偿的
方式维持仓库物资数量的平衡；后者则侧重于对在核查过程中数量短缺的责任人
的处罚措施[②]。由此可以看出，就《效律》的性质而言，它是关于在核查物资过程中
发现"赢、不备"问题时，对责任人实施处罚的法律规定的汇集。那么涉及处罚措
施的《效律》简8-10、12-16在律篇中显然具有重要的地位。同时还应注意到《效
律》简45和《秦律十八种·效》简177的相关规定。尽管它们在设定对行为责任
人的处罚措施时所依据的法律是不同的，前者"以职（识）耳不当之律论之"，后者
则"以赀律论"，但两条规定所排除适用的法律却一致指向"赢、不备"的规定。前
者强调对"殳、戟、弩，纂羽相易"的问题，"毋以为赢、不备"；后者强调出现"效公
器赢、不备"时，直接适用"赀律"加以处罚，而不按照《效律》简1中所规定的先对
"赢、不备"的物资数量进行估值再实施处罚的方式处置。从中可以看到，在《效律》
中一旦需要排除适用有关"赢、不备"的规定时，必须有所明示。这表明简8-10、
12-16中依照估值处罚"赢、不备"责任人的规定，在《效律》规则体系中具有一般
性规定的意义，因此当出现不适用这一规定的情况时，必须进行专门规定，从而形
成特别法。由此可见，在《效律》中未明确指向"以律论"的，所适用的即应为《效律》
简8-10、12-16所记载的一般性规定，因此也就无需再加以特别说明。

由以上用例可见，"以律论"的使用必须有赖于以下条件：首先，"律"规定的

① 睡虎地秦墓竹简整理小组：《睡虎地秦墓竹简》，文物出版社1990年版，"释文注释"第57页简
162-163注释1。

② 这两条规定实为一条。从《秦律十八种·效律》简177"效公器赢、不备，以赀律论及赏（偿）"规
定来看，出现物资短缺等情况，并非只"罚"或只"偿"，而是"罚"、"偿"并举，那么在处置仓库粮
食短缺问题时，似应包括"负"和"以律论"两种处置措施。就这一意义而言，上述《仓律》和《效律》
的规定都是不完整的。很可能是这一条文产生后，在以"集类为篇"原则划分篇章时，被分别归于
两个侧重点不同的篇目之中。

内容应与依照"以律论"确定其准据法的行为在性质上一致。其次,"以律论"的存在有赖于相关律篇在分篇和篇章结构上的相对确定性。仅就"以律论"的使用来看,法律在当时至少已经出现了"约定俗成"的分篇形式,某类事项的规定已经相对集中,并在条文的整体结构上存在一般规定和具体处分措施之间的关系,如此,才能使"以律论"这样的法律用语具有其存在的实际意义。

值得注意的是,秦律中还存在着"以某律论"的形式。冨谷至指出其含义为准据"某"规定、条文进行论断[①]。从这一术语适用的范围来看,其主要体现了以下几种作用。

第一,起到了"扩大解释"的作用[②]。如《效律》简45:

> 殳、戟、弩,鬈汈相易殹(也),毋以为赢、不备,以职(识)耳不当之律论之。

该条所谓"职(识)耳不当之律",应指简43"器职(识)耳不当籍者,大者赀官啬夫一盾,小者除"的规定。"殳、戟、弩,鬈汈相易"和简43所规定的行为结果相同,都会导致物品在辨识上的困难,因此既有的对"职(识)耳不当"的处罚规定扩大适用于对"鬈汈相易"的处罚。

第二,在相关的法律规定中欠缺对特定行为进行处置的规定,需要引据其他规定进行处置。如《秦律十八种·仓律》简57:

> 日食城旦,尽月而以其余益为后九月禀所。城旦为安事而益其食,以犯令律论吏主者。

所谓"犯令",即《法律答问》简142所言"令曰勿为,而为之,是谓'犯令'"。

秦代存在法律渊源意义上的"令"似乎已经不是一个问题,特别是近年岳麓书院藏秦简的部分披露,已经从事实上证明秦代存在着数量可观的法律渊源意义上的"令"[③]。但这并不能说明"犯令"就是一般意义上违反令的规定。诚如有研究者指出的那样:"所谓律是当为、禁止性规定,所以在此意义上的律就具有命令的形态。也就是说,秦律条文中所指示的'令',并非单行法令保留在律文中的遗痕,是

---

① [日]冨谷至:《二年律令に見える法律用語——その(一)》,《東方学報》京都第76册,2004年3月,第238页。

② 参看本书第七章第四节。

③ 参看本书第八章第一节。

律已将当为、禁止这一命令作为自身的属性而包容在内了。"①此说可从。秦简中涉及"犯令"的规定十分有限,但从相关规定来看,在"以犯令论"或"以犯令律论"的语境中,所谓"犯令"不应当是泛指违反作为法律渊源的"令"的规定,而是指违反具体"律"的一个具体罪名。

首先,如《法律答问》简142所见:

> 可(何)如为"犯令"、"灋(废)令"? 律所谓者,令曰勿为,而为之,是谓"犯令";令曰为之,弗为,是谓"灋(废)令"殴(也)。廷行事皆以"犯令"论。

如果此处"犯令"和"废令"是一对存在对应关系的概念,二者指一般意义上的违反令规定的行为,那么何以不见"犯律"和"废律"的区分? 实际上应为而不为或不应为而为,就其本质而言都是违背了法律规定的义务,因此具有了应受处罚的性质。从具体的犯罪构成而言,应为而不为或不应为而为,作为犯罪的主观状态而影响到犯罪的构成,如所谓的"废格诏书"。但在古今法律中都无将犯罪行为区分为"犯"和"废"两个类型的例证。可见若从一般违法意义而言,区分"犯令"和"废令"与区分"犯律"和"废律"一样,是毫无意义可言的。

其次,如《法律答问》144简:

> 郡县除佐,事它郡县而不视其事者,可(何)论? 以小犯令论。

如果将"犯令"解读为一般意义上的违反令的规定,此条中的"小犯令"则应解释为程度较轻的违反令的规定。然而从《法律答问》的文例来看,所谓"可(何)论"是一个表示咨询处置方式的用语,在其后都会给出一个明确的处置意见。如简19:"'父盗子,不为盗。'·今叚(假)父盗叚(假)子,可(何)论? 当为盗。"如果将"以小犯令论"解释为程度轻微的违反令的行为,那么实际仍未解决对这种"轻微的犯令行为"究竟如何处置的问题。只有假设有一个规定"郡县除佐"令的存在,而且这一令中必须包括有明确将违反该令的行为区分为"犯令"或"小犯令"以及相应处罚方式的内容,才能够使"小犯令"在114简中具有实际意义。即如果在这假设存在的"令"中,存在关于违反其令时应如何处置的规定,那么也应当存在对那种行为认定是"小犯令"的具体规定,否则,这些处罚措施就无法实施。但

---

① 〔日〕冨谷至,朱腾译:《通往晋泰始律令之路(Ⅰ):秦汉的律与令》,《日本学者中国法论著选译》上册,中国政法大学出版社2012年版,第139~140页。

问题是,如果存在这样一个对"小犯令"有具体界定的令,114简中的设问就失去了意义。反之,如果没有这样的规定,那么首先应当解决的就是法律的适用问题。如果不解决,就如同要判断一个行为是否构成"挢(矫)制,害",却只问某行为"害与不害"一样不得要领。

由此可见,对"以小犯令论"的合理解释,应是一个已经有明确量刑的具体罪名。从前引《秦律十八种·仓律》简57"以犯令律论"这样的表述方式观之,其应有具体的"律"文对这一行为的处罚加以规定。这一罪名,固然如滋贺秀三已经指出的,不宜直观的认为其相当于《杂律》中的"违令",但也非如其指出的,与唐律《职制律》中的"被制书施行有违"对应 ①。我们认为"犯令"在法律功能上,更接近于唐律《杂律》中的"不应得为"。换言之,"犯令"并不是以特定的规范性文件中设定的义务性规定为其存在前提的,所谓"犯令"就是指某种行为违反了律本身所设定的义务性规定。实际上这一论证也适用于"律",即犯令也不会是一般意义上的违反律。因此其只能是指一种尽管违反了律的义务性规定,但由于律条本身并未(或者说不值得)对其设置相应规定,故设立一个普遍适用的专门性条款对其加以处置。此正如《唐律疏议·杂律》"不应得为"中所谓:"杂犯轻罪,触类弘多,金科玉条包罗难尽。其有在律在令无有正条,若不轻重相明,无文可以比附,临时处断,量情为罪,庶补遗阙。"

在此再回到《秦律十八种·仓律》简57的相关规定,看"以犯令律论"在律文中的具体作用。《仓律》的内容主要为关于粮草仓库管理的一系列规定,其内容侧重于"设范立制",而在处置相关违法行为的规定方面,仅有如简23"其不备,出者负之"、简25"后节(即)不备,后入者独负之"这种仅适用于物资出现短缺的情况下针对性极强的措施。简57和之前的简55—56对城旦等刑徒的粮食供给做了规定。城旦每日口粮根据其劳动强度不同而分别采用不同的标准,当出现城旦从事较轻劳动而负责官吏却给予了超过正当标准的口粮时,对责任者的处罚就显然不适用简23、25针对特定情形的"负之"方式,故此处引据"犯令律"对责任者实施处罚。

第三,用于其他法律优先适用的情况。特别法在适用上优于一般规则。如《秦律十八种·效》简177:

> 效公器赢、不备,以赍律论及赏(偿),毋赍者乃直(值)之。

---

① ［日］滋贺秀三:《中国法制史論集》,创文社2003年版,第40页。

整理小组认为："赍，通资字，资财。《赍律》当为关于财物的法律。"[1]有研究者进一步指出，《赍律》的主要内容应是记录府库内各类公物（或称"公器"）的价值，也可称作法定价值。其作用在于：第一，核定生产成本和财政统计的依据……第二，赔偿公物的价值依据……第三，以"居"抵"赍"、"偿"的换算标准[2]。此说确有见地。从秦律的一些条文来看，这种专门针对物品价格进行规定的法律是客观存在的。如《秦律十八种·厩苑律》简16-20规定，当出现公马牛死伤的情形，"即入其筋、革、角，及橐（索）入其贾（价）钱。钱少律者，令其人备之而告官"。此处的"钱少律者"，若无专门规定物资价值的法律存在，则意义就变得十分模糊。

就简177的规定而言，当校验官有器物出现超出或不足的情况时，存在两种处理方式。一是按照《效律》1号简"物直（值）之"的方式决定其处罚。所谓"直（值）"，整理小组解释为"估价"。此处的"值"作"估价"解是有其特定内涵的。据《法律答问》简33载，甲所盗物品在"得时"和"狱鞫"时所"值"得的结果相差六倍。这说明"值"物会因某种条件的改变而发生变化。换言之，"值"是一种根据具体条件确定物品价值的估价方式。这也就是说，当出现物资与账面数目不合的情况时，需要通过估算不足或超出物品的现实价值以确定对责任者的处罚。二是由于某些"公器"的特殊性，《赍律》就其价值做了明确的规定。即按照《赍律》所规定的价值标准，确定超出或不足的官物的价值，以决定对责任人的处罚方式。从所有《效律》条文来看，第一种处理方式属于一般性规定，普遍适用于各种"赢、不备"的情形，也包括"公器"的"赢、不备"。但另一方面由于《赍律》对某些特殊"公器"的价值做了明确规定，故在这一情形下，不再适用一般规定确定的物品价值，而依照《赍律》中的法定价值确定对责任人的处罚。

通过列举"以律论"和"以某律论"的用法可见，二者在使用上有着明显的区别。前者反映了同一篇章条文之间的整体性关系，而后者则反映了整个律篇中条文之间的紧密联系。从功能上看，首先，二者都起到了简化行文的目的；其次，二者规定中所谓的"律论"，其所关注的内容仍然是相关律条中的处置性规定，之所以称为"以……律论"，是以彼罪之律论此罪，则彼罪适用的加减、赎免亦适用此罪，被比照者亦视为真犯，因此各律中的其他要件也同时适用，进而达到不同条文之间的协调性关系，强化了律篇结构的内在联系。

---

① 睡虎地秦墓竹简整理小组：《睡虎地秦墓竹简》"释文注释"第44页，简102-103注释4。
② 彭浩：《睡虎地秦简"王室祠"与〈赍律〉考辩》，《简帛》第1辑，上海古籍出版社2006年版，第239~248页。

第三节 "与同法"

秦汉法律文献中有"与同法"这一术语,其常见者为"与盗同法",如《秦律十八种·效》简174-175:

> 禾、刍藁积廥,有赢、不备而匿弗谒,及者(诸)移赢以赏(偿)不备,群它物当负赏(偿)而伪出之以彼(貱)赏(偿),皆与盗同法。

整理小组认为其意指与盗窃犯同罪。《二年律令》披露后,涉及"与同法"这一术语的资料更为丰富,如《贼律》简20、《□市律》简261见有"坐某赃与盗同法",《贼律》简49、《盗律》简57、74-75、77、《收律》简180、《田律》简221见有"与盗同法"。此外,还有两种前所未见的用例,即《贼律》简26和《奏谳书》简94的"与贼同法",《奏谳书》简185的"与父母同法"。

在先行研究成果中,朱红林认为"与同法"与唐律中的"以……论"意义相当,是以罪名比附,他认同"把此行为附于彼罪名、主体、主观心理状态、量刑方法之下,完全以彼罪名、彼种状态、彼种方法所在法条的罚则论断,且无罪止规定,适用加重罚"的说法,指出所谓"与盗同法","一般指的是当事人本身并没有犯盗窃或与盗窃相关的罪,但由于其行为失当,从而给国家造成财产损失,法律出于从重惩处的原则,根据其所造成损失的大小,以盗窃罪论处"[1]。冨谷至认为:"与某同法"是对行为事实的认识,非指裁量对应行为的处罚[2]。周敏华逐条分析涉及"与盗同法"、"与贼同法"条文的含义,并将这些条文与唐律中的制度进行对比,认为"与……同法"并不直接导致具体法律的适用,而是一种为司法官员提供"上下比罪"的判断尺度[3]。这些研究成果对"与同法"的内涵揭示不无裨益。不过,对这一法律用语的意义和功能还可进一步探讨。

首先,我们认为"与同法"是对一种事实状态的陈述。如果将诸多"与盗同法"

---

[1]　朱红林:《张家山汉简〈二年律令〉研究》,黑龙江人民出版社2008年版,第97页。参看霍存福、丁相顺:《〈唐律疏议〉"以""准"字例析》,《吉林大学社会科学学报》1994年第5期,第44页。

[2]　[日]冨谷至:《二年律令に见える法律用语——その(一)》,《東方学报》京都第76册,2004年3月,第226页。

[3]　周敏华:《〈二年律令〉中的"与……同法"试探》,《故宫学术季刊》第26卷第3期,2009年,第22页。

的用例加以排比,那么确乎可以从这些事类繁杂的"犯罪情节"中找到共性,即都与物质利益密切相关,表现为对公私财产权的侵害。但值得注意的是,如果将包括"与盗同法"在内的"与……法"这一用语作为类推,可能会忽略类推这种法律方法存在的必要前提,即"解释的事实必须是法律无明文规定的事项"[①]。如果我们将分析对象扩大到"与盗同法"之外的其他"与……同法"的用例上时,便可以看到两者间的龃龉。

这里仅以"与父母同法"为对象进行分析。《二年律令·具律》简 107 有"诸律令中曰与同法、同罪"之语,考虑到《具律》本身具有通常所说的法律总则的性质,那么可以将简 107 中的"与同法"看做是对各种具体的"与……同法"的概述。各种"与……同法"之所以能在《具律》中被概括为"与同法",进而规定其"如耐罪然"的前提条件,自然是各种"与……同法"在法律意义上存在着一致性。换言之,"与……同法"是一个内涵相对固定的法律用语,不论是"与盗同法"或是"与贼同法",在法律结构中所起到的作用性质是相同的。这一点是我们立论的基础。

"与父母同法"一语见《奏谳书》简 180-196 "杜泸女子甲和奸"案。该案案情为,女子甲在其夫死后,于夜晚守灵期间与他人在丈夫灵堂通奸,次日被其婆母告发。由于法律中没有明确规定丈夫死后妻子与人"奸丧旁"应如何处断,因此围绕着对这一问题的法律适用,廷尉以及属吏进行了讨论。在廷尉教等部分官吏看来,这一案件在性质上等同于父死而子"奸丧旁",按照法律规定,父死而子"奸丧旁"的性质为不孝,应处以"弃市"。但令教等不能决断的是,如何在涉及夫妻关系的问题上适用涉及父子关系的法律规范。即找出同时涉及处置父子、夫妻关系的规定作为参照,是教等官吏解决如何将夫死而妻"奸丧旁"行为比附于父死而子"奸丧旁"的前提条件。

教等作为参照的规定如下简 185:

> 律:死置后之次,妻次父母;妻死归宁,与父母同法。

从该案的前文可知,简 185 的所谓"律",即指该案引用的两条律文(简 180-181):

> 故律曰:死夫以男为后。毋男以父母,毋父母以妻,毋妻以子女为后。

[①] 薛瑞麟:《论刑法中的类推解释》,《中国法学》1995 年第 3 期,第 73 页。

　　律曰：诸有县官事，而父母若妻死者，归宁卅日；大父母、同产十五日。

　　从以上所引条文可见，简185显然是对简180-181所涉及内容的概括。有关"妻死归宁"的处置方式，实际已经为法律所明确规定为三十天，并非是一个需要通过某种推理的方式加以确认的待定事项。显然，比附定罪并非是"与同法"这一术语所体现的法律功能。

　　再从"与……同法"的用例来看，它所陈述的对象是两种处置方式的相同性。如前所述，如果"与同法"是对事实的陈述，那么其陈述的对象是什么，换言之，"与同法"要表达什么与什么"同"？此处仍以"与父母同法"为例加以分析。

　　张建国曾指出：在汉律中，"若"在句中的作用相当于"和"、"或"那样的连词含义；"及"则进一步把性质不大相同的词、短语或句分开；"及"字所构成的并列可以通过与条文其他成分的组合构成更小的句子，如果展开，实质上类似于现代法律中条款下面的"项"[1]。此说甚确。实际上，无论是"父母若妻死者，归宁卅日"还是"父母及妻不幸死者已葬卅日……之官"[2]，都可以分解为两条独立的关于亲属死亡给假的明确规定。这说明法律中对于父母死给假的规定和妻死给假的规定是两条平行设置的条款，妻死归宁并不能解读为因为父子关系和夫妻关系具有某种相似性，因而在处理妻子问题上也采取相同的办法。事实上只是由于在给予丧假问题上处理办法的竞合，才会以"与父母同法"这种方式表达出来。"妻死归宁，与父母同法"，应解释为"（有关）妻死归宁的规定与父母死归宁的规定相同"。

　　换言之，在"妻死归宁，与父母同法"之间，不存在必然导致其"同法"的关系。假设"妻死归宁，与父母同法"的社会关系基础是就与本人的关系而言，父子关系等同于夫妻关系，令人不解的则是在《奏谳书》简185的"死置后之次，妻次父母"这一规定中，父子关系明显异于夫妻关系。从该案此后的叙述可知，引用以上法条的敤等官吏选择了"以律置后之次人事计之"作为处理该案的基本依据，也正说明在提出"妻死归宁，与父母同法"之际，并没有父子关系同于夫妻关系的认识。也就是说尽管妻与父母是不同身份并处于不同的社会关系之下，但妻死和父母死的性质得以等同，是缘于死这一事实的发生。由此不难看出，"妻死归宁，与父母同法"，并不以父（母）子关系与夫妻关系在某种条件下存在共性为其成立的基础。

　　概言之，在"与父母同法"这一用例中，"妻死归宁"与"父母死归宁"在法律上并无使二者等同的因素存在，只是因法律给予二者的假期同为30天，故表述为"妻

---

① 张建国：《张家山汉简〈具律〉121简排序辨正》，《法学研究》2004年第6期，第150页。
② 《二年律令·置后律》，简377。

死归宁,与父母同法"。如果用一个简单的形式表示这一关系,则为:A:妻死归宁,
D:假30天;B:父母死归宁,D:假30天。因对二者的规定同为D——假30天,
故表述为"A(妻死归宁)与B(父母死归宁)同法"。可见"与同法"的本质,是对
具有某种牵连关系的事项采取相同或近似的处置方式。所谓A与B同法,即指A
与B在处置方式上的一致性。"与盗同法"等用例也可以用上述模式解析。如《法
律答问》简32:"府中公金钱私貣用之,与盗同法。"这里A是"私贷用府中公金
钱",B是"盗",D是对盗的处罚方式,"与盗同法"是在立法上明确规定A与B处
置相同,即"与盗同法"是法律对"府中公金钱私貣用"行为的直接规定,如其金额
在"六百六十钱"以上,即处以"黥为城旦舂",而不能单纯理解为将A罪完全比附
于B罪。

第四节 "坐赃为盗"

简牍法律文献中常见有"坐赃为盗",如《法律答问》简131:

> 把其叚(假)以亡,得及自出,当为盗不当? 自出,以亡论。其得,坐臧
> (赃)为盗;盗罪轻于亡,以亡论。

同语又见《二年律令·贼律》简14、《盗律》简60。相同的句式又有"坐……
为盗",如《法律答问》简154:

> 吏有故当止食,弗止,尽稟出之,论可(何)殹(也)? 当坐所赢出为盗。

又见《二年律令·传食律》简230、《□市律》简260。
根据相关简文不难发现,尽管犯罪主体、情节有所差异,但其均涉及各种公私
财物,在适用上也都将对各种具体犯罪行为的处罚引向对"盗"的犯罪处罚。这一
点与前文叙述的"与盗同法"似乎颇有类似之处。
然而从两个法律用语的意义来看,"与盗同法"和"坐赃为盗"差异明显。在"坐
赃为盗"一语中,"坐赃"二字的意义十分重要。如前所述,"坐赃"虽然不是一个
具体的犯罪形态,其中亦无具体定罪量刑的意义,但却为定罪量刑提供了准据法上
的作用。"坐赃"的出现表明,在对犯罪人的处罚上,应以涉案财物金额为"连接点",

以确定其应适用的具体法律规定。特别是在同一犯罪行为侵害到多个犯罪客体，如《法律答问》简131和《二年律令·盗律》简60的情况下，其对定罪量刑的指引性作用体现得更为明显。与之相比，"与盗同法"的内涵则宽泛得多。前文提出"A与B同法"这一表述形式，意在说明法律对A事项与B事项的处理方式的一致性，"与盗同法"的内涵即是对某事项的处理方式与处置"盗"的方式相同。但这一法律用语概念的外延，在具体条件下是不一致的。在形式上按照"与盗同法"加以处置的不同犯罪行为，在现实中仍须根据与之相关的具体对"盗"的处罚确定量刑。换言之，"抽象"的"与盗同法"并不能实际起到量刑的作用，这显然不能与具有明确的定罪方式指向意义的"坐赃为盗"等同。事实上，如果"与盗同法"与"坐赃为盗"的意义相同，《二年律令·贼律》简20、《□市律》简261所见的"坐赃/坐某赃与盗同法"则会失去表述意义。

那么能否认为"坐赃为盗"和"坐赃/坐某赃与盗同法"意义一致呢？诚然，二者在功能上存在一定的相似性。前文指出，"坐赃"一语起到了指导法律适用的重要作用。事实上这种意义也体现在"坐赃/坐某赃与盗同法"之中。如《二年律令·贼律》简20中"坐脯肉臧（赃），与盗同法"的规定，起到了排除《贼律》简18中规定的适用，而将对行为人的处罚导向了以脯肉价值为"连接点"的"盗"的处罚规定。换言之，此处的"坐脯肉臧（赃），与盗同法"，实际承担了《法律答问》简131和《二年律令·盗律》简60中的"坐赃为盗"的功能。在这两条规定中，"坐赃为盗"不仅起到了确定准据法的作用，同时也在一定条件下排除了其他法律规定的适用[1]。由此不难看出，"坐赃/坐某赃与盗同法"与"坐赃为盗"在法律文本中的功能是相同的，即对某种行为的处罚，以涉案财物金额为"连接点"指向相应的"盗"的规范。就这一意义而言，"坐赃为盗"和"坐赃与盗同法"都起到了确定待定事项准据法律的作用。

但是，如果就此认为"坐赃为盗"和"坐赃与盗同法"是两个意义完全相同而仅在表述形式有所不同的法律用语，那么仍然需要追问是，其产生的必要性何在？以常理度之，以相同的形式表达同一意义更符合法律对于明确的要求。如《唐律疏议·诈伪律》分别有"诈欺官私取物"和"诈为官私文书增减"两条，前者包括了各种一般情形下骗取财物的行为，规定"诸诈欺官私以取财物者，准盗论（诈欺百端皆是）"，而后者规定"诸诈为官私文书及增减文书（谓券抄及簿帐之类），欺妄以求财赏及避没入备偿者，准盗论"。从其规定的内容来看，对于这两类行为的处罚都采取了"准盗论"的方式。这表明法律文本须通过使用相同的法律用语来表达

---

① 参看本章第一节的相关分析。

定罪量刑标准的一致性。反之，当需要量刑等差时，唐律则会使用不同的表述来反映这种差异。如《贼盗律》"诈欺官私取物"条规定"知情而取者坐赃论"，"疏议曰：知情而取者，谓知前人诈欺得物，而乞取者，坐赃论。一尺笞二十，一匹加一等，十匹徒一年"；而"准盗论"则按照《名例律》规定，比照处罚"盗"的规定，即"不得财笞五十，一尺杖六十，一匹加一等，五匹徒一年，五匹加一等，五十匹加役流"，但其"罪止于流三千里"。由此反观汉律中涉及"诈"的规定，如《二年律令·□市律》简261：

> 诸詐（诈）给人以有取，及有贩卖贸买而詐（诈）给人，皆坐臧与盗同法。

又《贼律》简14：

> □诸詐（诈）增减券书，及为书故詐（诈）弗副，其以避负偿，若受赏赐财物，皆坐臧（赃）为盗。

以上两条涉及了两种欺诈行为，前者为一般情形下的骗取他人财物的行为，而后者则是专门针对制作文书过程中，出于非法获益目的而对文书内容予以增减，或故意不录制副本的行为的处罚，其内容基本与上述唐律《诈伪律》律条吻合。但值得注意的是，两条规定的处罚分别使用"坐赃与盗同法"和"坐赃为盗"加以表述。如果二者含义相同，何以不使用相同的方式进行表述？

从立法意图而言，两个相同的意思在同一文本中采用两种不同的方式加以表述，其目的只能是避免行为重复。然而令人不解的是，其必要性何在？反之，同一用语在同一律篇中重复使用则不乏其例。如"与盗同法"，在《二年律令·贼律》中两见（简20、49），《盗律》中四见（简57、74–75、77），其中简74–75同一条文中两次出现，以确定对犯罪情节相近的行为人的处罚。这说明在法律文本的产生过程中，似乎不考虑法律用语是否重复出现的问题。以《盗律》简74–75的文例观之，重复使用同一法律用语，更能在原则上体现对不同条件下犯罪主体的处理方式的一致。由此看来，"坐赃为盗"不应是"与盗同法"的另一表述方式。

从结构上看，"坐赃为盗"实际包含了两个成分，即"坐赃"和"为盗"。"坐赃"本身并无定罪量刑的意义，而是起到了指引法律适用的作用——将处置待定事项的准据法指向有关盗的规定。决定"坐赃为盗"意义的关键在于"为盗"。"为盗"侧重于对待决事项法律性质的认定，即某事项依法被认定为"盗"，并依据相关规定实施处罚——以盗罪论处。《法律答问》简 19：

> "父盗子，不为盗。"·今叚（假）父盗叚（假）子，可（何）论？当为盗。

该条言"父盗子"以及"叚（假）父盗叚（假）子"，表明该条假设的条件是"盗"这一行为的现实存在。但由于"盗"这一行为分别发生在社会关系存在差异的"父子"与"叚（假）父子"之间，因此在处理上分别有"不为盗"和"为盗"两种结果。从事实角度而言，在该条中"盗"已经是一个客观存在的行为，但结果却出现"不为盗"和"为盗"两种情形，这说明此处的"为盗"或"不为盗"不是一种对事实的判断，而是对"父盗子"或"叚（假）父盗叚（假）子"行为的法律性质做出的判断，即"父盗子"不属于法律意义上的"盗"，而"叚（假）父盗叚（假）子"则属于法律规定的"盗罪"的范畴。

通过以上对"为盗"的分析，可知这种表述方式意在说明待定事项的法律性质，起到了确定罪名的作用。在法律实践中，通过这种表述方式扩大某些罪名的适用范围，也正是"坐赃为盗"这一法律术语的基本功能，即以"坐赃"表明对某种特定行为的处罚以涉案财物金额为"连接点"，进而将此种行为性质确定为盗，适用相关法律进行处罚。

那么强调某种行为"为盗"的意义何在？此处不妨借用后世法典中的"真盗"概念加以说明[①]。唐律对"真盗"有着特别的处罚规定，如《名例律》"徒应役无兼丁"条规定，"犯徒应役而家无兼丁者"在原判刑罚的执行上可以有所减免，但"盗及伤人者不用此律"。疏议又特别指出，这里的盗指"真盗"。秦汉律中虽然尚无"真盗"这一概念，但相近的规定实际也存在于这一时期的法律中，如《法律答问》简 1、2：

> "害盗别徼而盗，驾（加）罪之。"？可（何）谓"驾（加）罪"？·五人盗，臧（赃）一钱以上，斩左止，有（又）黥以为城旦；不盈五人，盗过六百六十钱，黥劓（劓）以为城旦；不盈六百六十到二百廿钱，黥为城旦；不盈二百廿以下到一钱，罨（迁）之。求盗比此。

此处的"盗"显然指"盗"的行为而言，也就是所谓"真盗"。该条对"害盗"等

[①] 所谓"真盗"，唐律中未见有专门说明。唐律与之接近的概念为"真犯"。钱大群：《唐律疏议新注》将真犯解释为"实际实施某种犯罪的罪犯，适用本罪本条五刑刑罚外，还要执行《名例》中有关的一起罪罚制度"（南京大学出版社 2007 年版，第 219 页）。此说可用来解释"真盗"，即实际实施某种犯罪的罪犯。

主体所实施的"盗"行为做出了加重处罚的规定。尽管此处不能忽视"害盗"等主体的身份对其最终量刑加重的影响,但从已知的秦汉简牍法律文献来看,这种影响显然不能和对奴婢等主体的犯罪加重处罚相提并论。除个别情况外,如《二年律令·杂律》简19所见的将吏与人和奸论定为强奸,对有官方身份的主体犯罪加重处罚并非普遍现象。换言之,是否对其加重处罚,影响因素并不仅来自犯罪主体的身份,犯罪自身的属性实际也起到了作用。由此观之,此处"害盗"等主体犯"盗"而"驾(加)罪",与其所犯盗罪之间应存在必然联系。这也就是说,很可能是因其所犯为"盗"以及其特殊身份而导致了处罚加重的后果。

将某一行为确定为"盗",在法律适用层面上的意义十分明显。它意味着可能导致所受实际刑罚的加重。即当某行为被定性为"盗"时,不仅适用处罚"盗"的一般性规定,如按照赃值确定刑罚,同时也应适用法律处置"盗"的其他特别规定。这些规定可能在一定条件下直接导致对某行为实际处罚结果的加重。

结　语

以上对"坐赃"、"以律论"、"以某律论"、"与同法"以及"坐赃为盗"的法律意义进行了探讨。这些法律用语的存在与适用,反映了当时的立法者对不同犯罪共性的认知。如"坐赃"的应用,正是基于对其所涉各类犯罪行为中共同存在的经济性因素这一共性的认知。更为重要的是,立法者还从各种具体犯罪情节的经济因素中,提炼出"赃"的概念,也就是将不同的财物形态抽象为可以比较的金钱数值,赋予其应受处罚的特性,进而以此为"连接点"适用相关法律。由此可见,这些法律用语的出现和应用反映了秦代立法者对法律制度的认知水平和概括能力。同时,在秦汉律立法一事一罚、罪刑法定的方法特征和"集类为篇"的编纂形式下,这些用语又在一定程度上增强了法律的可操作性,强化了律篇的内在联系,起到了避免文繁、简约律文、扩充罪状以及调节刑罚以使罪刑相应的功能。

第十章 从十二律占看战国晚期到汉初的律数制

择日术是课占时日吉凶的方术。自春秋以降,早期文献对该法的实际用例多有记载。《汉书·艺文志》中即提到几部具有择日术特征的书目,但这些古籍早已佚逸。目前存世的年代最早的择日专书为唐人著作[①]。值得庆幸的是,自二十世纪七十年代以来的考古发现却出人意料地填补了先秦两汉文献的阙如。迄今为止,出土战国至秦汉时期简牍的墓葬有一百多处,其中有二十多处都发现了择日方面的材料。1975 年,湖北云梦睡虎地十一号秦墓(年代为公元前 217 年)出土了两种择日简册,其中的乙种标有"日书"字样,有鉴于此,学界就把此类文献统一定名为"日书"。各地的出土情况表明,战国秦汉时期日书的使用持续时间长,分布地域广。单就秦简而言,目前正式出版的日书至少有 7 种,另外还有以发掘简报形式发表的资料,如北京大学所藏秦简日书和王家台日书[②]。

出土后的日书会由考古学家和古文字学家进行整理、释读并按内容编次,有时在内容编排上也存在着这样那样的问题。从内容上说,日书本身就是由性质、类别不同的篇目组成的汇编或杂抄,而常见的宜、忌事项则是所有日书的共有内容。需要指出

---

① 有关《左传》择日术资料的研究,参看刘瑛:《〈左传〉、〈国语〉方术研究》,人民文学出版社 2006 年版,第 56~62 页。有关敦煌择日文献的介绍,参看马克主编, Divination et société dans la Chine médiévale. Étude des manuscrits de Dunhuang de la Bibliothèque nationale et France et de la British Library (《中国中世时期的占卜与社会:法国国家图书馆与英国大不列颠图书馆所藏敦煌写本研究》), Paris, Bibliothèque nationale de France, 2003, 213-299。

② 迄今已正式出版的日书有睡虎地日书两种,放马滩日书两种,岳山秦牍日书和周家台日书两种。王家台日书简报见荆州地区博物馆:《江陵王家台 15 号秦墓》,《文物》1995 年第 1 期,第 37~43 页。北大秦简日书的简报见陈侃理:《北大秦简中的方术书》,《文物》2012 年第 6 期,第 90~94 页、第 96 页。

的是,有些内容却是仅见于一种日书的特殊资料,如睡虎地日书甲种的《诘咎篇》与周家台日书的《二十八宿占》。下面要探讨的放马滩秦简日书乙种中的律历占就属于此类文献,其内容独特,既不见于其他日书,传世文献中也未发现同类占法。

1986 年发掘的放马滩墓地位于甘肃省西部天水市东南七十公里处的渭河南岸。在迄今发掘的十四座墓葬中,十三座为秦代墓葬,只有 5 号墓属西汉初期。其中 1 号墓不仅规模最大、器物最丰富,而且埋葬时间比较明确,即不早于公元前238 年(秦王嬴政"八年八月己巳"),也不晚于秦代末年[①]。

1 号墓的墓主为秦国地方官员。墓中木椁呈长方形,长 3.3 米,宽 1.5 米,高 1.5米。椁内有棺,棺内即墓主的尸骸。在棺椁内部,共发现了三十多件随葬品,而竹简就放在棺内死者头骨右侧,出土时呈散落状。在棺内同一地点,还出土一支装在笔套里的毛笔和一个可能用来敲击编磬的磬槌[②]。需要说明的是,如果说毛笔是出土竹简的墓葬中常见的共存器物的话,那么随葬磬槌则是放马滩 1 号墓仅见的现象。竹简、毛笔和磬槌是棺内仅见的随葬品,应该与墓主的职业和爱好有关,也有可能与简册中述及的极为特殊的音律与律历占内容有某种联系。

经过考古学家与不同领域的专家十余年的清理、修复,1 号墓的竹简及简文已基本恢复原貌。尽管用来连接竹简的三道编绳已腐朽不存,但我们还是能够看出,总数为 461 根的竹简可分成三类,第一类(即日书甲种)由 73 枚高 27.5 厘米的竹简组成,出土时堆在中心部位,第二类(即日书乙种)和第三类(即《志怪故事》七简)由 388 枚约 23 厘米长的竹简组成,出土时散落在第一种的周围,大部分保存状况良好。

自 20 世纪 90 年代起,甲种日书的全部释文和乙种日书的部分释文先后发表。由于其中的许多段落都与音律有关,因而也很快引起了中国古典音律学者的关注。此期间发表的多篇论文都结合传世文献记载的音律理论对其中的谐律内容进行了对比研究,进而揭示了其在中国音律学史上的重要地位。2009 年,放马滩日书全本出版,其中收录了所有竹简的原版图片和完整释文。在乙种日书中,与音律及律占有关的内容占三分之一强。但该书的质量却不无遗憾之处,一是图版质量较差,二是释文问题较多,三是排简缀合较为随意,因此尚有改进的必要。有鉴于此,相

---

① 有关放马滩 1 号墓入葬时间的讨论,参看孙占宇:《天水放马滩秦简集释》(本章以下简称《集释》),甘肃文化出版社 2013 年版,"概述"第 1~2 页;海老根量介:《放马滩秦简钞写年代蠡测》,《简帛》第 7 辑,上海古籍出版社 2012 年版,第 159~170 页。

② 关于 1 号墓平面图及出土器物分布,见甘肃省文物考古研究所:《天水放马滩秦简》,中华书局2009 年版,第 140 页图九。磬槌长 45.8 厘米,与曾侯乙墓所出磬槌的形制类似(第 118 页)。照片见图版五六 -3(第 70 页),复原图见图一七(第 146 页)。

关人员又为所有竹简拍摄了红外线照片,古文字学家也曾在简文的隶定、释读方面提出了诸多新见,晏昌贵更于2010年发表了分篇释文①。2013年,孙占宇出版了融新图、释文、集释于一体的新版《天水放马滩秦简集释》,其中与音律及律占有关的内容摆在书的最后一部分,在日书乙种93篇中独占40篇②。

基于上述成果,本文拟对放马滩日书中的音律内容进行全面考察。我们将首先对早于《史记·律书》的战国中晚期至西汉初期传世文献中的音律资料进行简要回顾,然后再回头来探讨放马滩秦简的资料,并尝试在简文与传世文献之间建立承继联系,最后将讨论早期音律理论在形成过程中的思想文化背景。

第一节　传世文献中的音律资料

在《史记·律书》之前的古典文献中,有关音律的资料数量既少,又语焉不详,所以我们难以据此了解其学术背景③。然而,正是这些资料构成了中国古代音律理论的基石,也是后世对音律谐和比进行思考的源泉,并为自宋代兴起的中国特有的平均律理论做出了贡献。下面将对有关的经典文献逐一进行梳理,并指出其与放马滩音律简有直接关联的特征。

一、《周礼》和《国语》中的音律资料

虽然《周礼》是描述西周制度的著作,《国语》是关于春秋时代的轶事,但二者的成书年代却要迟至战国中晚期至西汉之间。正是得益于这两部典籍的记载,我们可以了解到中国音律学的早期状态④。二书中出现了最早的乐律专有词汇,一为

---

① 晏昌贵:《天水放马滩秦简乙种〈日书〉分篇释文(稿)》,《简帛》第5辑,上海古籍出版社2010年版,第17~50页。

② 即自第五十三篇(《五音一》)至第九十二篇(《中数中律》),见《集释》第182~268页。其后,陈伟主编,孙占宇、晏昌贵撰著的《秦简牍合集〔四〕·放马滩秦墓简牍》(武汉大学出版社2014年版,本章下文简称"《合集》")对分篇、释文作又有大的调整、改进,可参看。

③ 关于中国音律史,见李约瑟(Joseph Needham)、肯尼思·鲁宾逊(Kenneth Robinson),"Sound (Acoustics)"(《声(声学)》),载 *Science and Civilisation in China*,4-1,Cambridge,Cambridge University Press,1962,126–228。中文版见李约瑟:《中国科学技术史》第四卷第一分册,科学出版社2003年版。

④ 见《周礼·大司乐》、《周礼·大师》及《国语·周语下》。

构成中国音乐基本五声调式的"音",二为确定半音音阶中的十二半音的"律"。不过,二书中并没有给出"音"、"律"二体系的对应关系。不仅如此,对"律"的安排也不是按从低音到高音的单一顺序排列,而是按两组连续的六个半音排列,一组为六正律,又称"阳律"或"六律";一组为六间律,又称"阴律"或"六吕"(参见表10-1和表10-2)[①]。

表 10-1　　　　　　　中国传统五声调式与五度音阶[②]

五度音阶			A	B
宫	F	主音	1	0
商	G	二度音	8/9	200
角	A	三度音	4/5	400
徵	C	五度音	2/3	700
羽	D	六度音	3/5	900

注:A 为毕达哥拉斯音率,B 为五音在一个十二半音音阶中的平均分数:一个半音 =100 分

表 10-2　　　　　　　构成十二律的两组六个半音[③]

六正律(阳)		六间律(阴)	
黄钟	1-F	大吕	2- F#
太蔟	3-G	夹钟	4- G#
姑洗	5-A	仲吕	6- A#
蕤宾	7-B	林钟	8-C
夷则	9-C#	南吕	10-D
无射	11-D#	应钟	12-E

注:表中数字为自浊 1-F 至清 12-E 的十二半音音阶

1977 年,湖北随州市曾侯乙墓(约公元前 433 年入葬)出土了一套由 65 口铜钟组成的精美编钟。在编钟、支架、悬钩及同样放置在墓室中的编磬上,都铸有或

[①]　《国语》称中间律为"间",《周礼》称"同"。"吕"在传世文献中首见于《吕氏春秋》,也见于放马滩日书乙种第 285 号简。

[②]　据约定规则,"宫"为 F,其他四音分别为 G,A,C,D。

[③]　据约定规则,黄钟为 1-F,其他半音自浊至清的顺序为 2-F#,3-G 等等。《周礼》中的个别律名与表中不同,且六间律由清至浊排序,与传统序列相反。

刻有多套音阶和乐律名称符号体系。这套符号极为复杂,在别处几乎未有发现,已成为研究中国早期音乐理论不可或缺的珍贵资料①。首先,这些符号只有先秦律名体系中的六正律(如"黄钟"等)之名,即平均六音音阶序列 (1-F, 3-G, 5-A, 7-B, 9-C#, 11-D#),但没有《周礼》和《国语》中的六间律名。其次,《周礼》和《国语》中的六正律名也没有在各地通用,其他地域,特别是楚地,使用的是另一套六正律名称。第三,当时给十二半音系统中的每个半音命名的可能性是存在的,比如在楚地的十二律名称中,六间律的名称是在六正律的名称之前加上"浊"字来表示的②。同样,当时也可以通过用非常独特的、与钟磬音乐密切相关的五音记音体系来表达十二音阶中的十二个半音③。第四,正如罗泰(Lothar von Falkenhausen)所论,在这一背景下,"律"、"音"这两个记音系统的功能是明显不同的:"律"是用来调正演奏某一乐曲的调式,"音"是用来指示同一八度音程(四度、五度等)中不同音高的协音关系。因此,至少从理论上说,一首乐曲可以在任何调式上进行转换和演奏,条件是乐师可以在十二半音上找到合适的音阶。比如,"黄钟之宫"的意思是,要演奏的乐曲的主音(宫),就必须定在黄钟(1-F)这一调式上④。就曾侯乙编钟的情况来看,其谐音主调有二,一是甬钟的姑洗 (5-A),一是大部分钮钟的无射 (11-D#)。由此,我们就可以得出与本研究有关的最后一个要点:在当时演奏钟、磬礼乐的乐师中,没有任何证据证明他们已开始重视后来成为中国律学基础调式和绝对标准的"黄钟之宫"这一音位。近几十年来,乐律学者对曾侯乙编钟的制造与演奏的数学原理进行了不遗余力的研究,但相关结论都只能是假说性的⑤。由曾侯乙墓

---

① 关于该墓的情况,见湖北省博物馆:《曾侯乙墓》,文物出版社1989年版。关于曾侯乙墓编钟的研究,参看罗泰(Lothar von Falkenhausen),*Suspended Music. Chime-bells in the Culture of Bronze Age China*(《悬乐:中国青铜时代文化中的编钟》),Berkeley and Los Angeles,University of California Press,1993;又见罗泰,"On the Early Development of Chinese Musical Theory: The Rise of Pitch-Standards"(《中国音乐理论的早期发展:标准音调的产生》),*Journal of American Oriental Society*,112.3 (1992),433-439。又参看 Chen Cheng-Yih(主编),*Two-tone Set-bells of Marquis Yi*(《曾侯乙双音编钟》),Singapore,World Scientific Publishing Co,1994。

② 比如,六间律中的林钟(8-C)在楚国为"浊文王",是参照楚国正律中的"文王"(9-C#)而命名的。

③ 如宫 (F),宫角 (A),宫曾 (C#),商 (G),商角 (B),商曾 (D#),等等;见罗泰《悬乐:中国青铜时代文化中的编钟》,Berkeley and Los Angles,University of Califonia Press,1993,第283-285页。

④ 用西方的乐律词汇来说,要演奏的乐曲是在1-F(黄钟,见表10-2)的调式上演奏(即以宫为主音,见表10-1)的。见罗泰:《悬乐:中国青铜时代文化中的编钟》,Berkeley and Los Angles,University of Califonia Press,1993,第299~300页。

⑤ 见贝格利(Robert Bagley),"The Prehistory of Chinese Music Theory"(《史前中国的音乐理论》),*Proceedings of the British Academy*,130 (2005),86,注47。

编钟的诸多声学特征及精确、复杂的记音体系来看,上述数学原理应该是确实存在过的。但是,即使如此,也没有任何证据能够证明,这一原理就是下文要介绍的传世文献中记载的原理,并且也发展到了文献记载同样的水平。

二、《吕氏春秋》中的音律资料

《吕氏春秋》成书于公元前239年。其中所论音律[①],已不再是严格意义上的音乐理论,而是进入了由历数家和阴阳家发展出来的属于五行系统的宽泛的律学体系,并由此将音律原则应用于政治、道德等领域。正是在《吕氏春秋》中,出现了最早的、年代明确的历法化音律体系的基本原则,即在十二律半音序列与十二个月份及季节序列之间建立起对应关系。就自然层面而言,这相当于在自然界运行的不同的“气”之间建立起一个内在、永恒的关系,而音和风是最易感知的“气”的外在表现,是天文变化,特别太阳、月亮变化的最明显的表现。在这一背景下,黄钟之宫就被一成不变地固定在天文年的首月,即一年中出现冬至日的夏正十一月。该月因此就成了“本音”之月,并由此形成其他“音”与其他月份、季节配合序列(参见表10-3)[②]。

表10-3　　　　　　十二律、十二月份及其方位与季节

十二律 / 半音音阶		月	十二辰 / 斗建	太阳年
黄钟	1–F	十一	子 –1, 正北	冬至
大吕	2–F#	十二	丑 –2, 北偏东	
太蔟	3–G	一	寅 –3, 东偏北	
夹钟	4–G#	二	卯 –4, 正东	春分
姑洗	5–A	三	辰 –5, 东偏南	
仲吕	6–A#	四	巳 –6, 南 – 东南	
蕤宾	7–B	五	午 –7, 正南	夏至
林钟	8–C	六	未 –8, 南偏西	
夷则	9–C#	七	申 –9, 西偏南	
南吕	10–D	八	酉 –10, 正西	秋分
无射	11–D#	九	戌 –11, 西偏北	
应钟	12–E	十	亥 –12, 北偏西	

---

① 见《吕氏春秋·音律》。
② 《吕氏春秋》前十二卷(《十二纪》)的第一篇构成了月令体的历法,其中也列出了十二律与十二个月份的对应关系。关于黄钟之宫中的“宫”的概念,参看《吕氏春秋·古乐》。

《吕氏春秋·音律》所述音律体系的最大特点,是介绍了独具中国特色的"三分损益法",也即十二律管"升五度"、"降四度"的交替相生法(音符及黑体字为笔者标识):

　　黄钟 (1-F) 生林钟 (8-C),林钟生大簇 (3-G),大簇生南吕 (10-D),南吕生姑洗 (5-A),姑洗生应钟 (12-E),应钟生蕤宾 (7-B),蕤宾生大吕 (2-F#),大吕生夷则 (9-C#),夷则生夹钟 (4-G#),夹钟生无射 (11-D#),无射生仲吕 (6-A#)。三分所生,益之一分以上生。三分所生,去其一分以下生。黄钟 (1-F)、大吕 (2-F#)、大簇 (3-G)、夹钟 (4-G#)、姑洗 (5-A)、仲吕 (6-A#)、蕤宾 (7-B) 为上,林钟 (8-C)、夷则 (9-C#)、南吕 (10-D)、无射 (11-D#)、应钟 (12-E) 为下。

这段文字极为简略,也缺少数字模式方面资料,因此显得较为非常模糊。文中第一部分是依序排列的十二律次序表,但不是十二半音音阶序列,而是"相生次序"。以该法得出的十二律次序 (F, C, G, D, A, E, B, F#, G#, D#, A# [F]) 表面上与毕达哥拉斯的"五度相生法"得出的次序并无二致。但是,文中第二部分所述十二律的生律模式却与毕氏完全不同。古希腊的生律法是把升五度排在七个连续的音程之中,而中国的生律法是在名为"下生"的升五度和名为"上生"的降四度之间进行交替。所谓"上"生,就是把律管长度增加 1/3,这样就会得到一个降四度的律管,如 $F^0 \times 4/3 = C^{-1}$①。所谓"下"生,则是把律管长度减少 1/3,这样就会得到一个升五度的律管,如 $F^0 \times 2/3 = C^0$。因此,只要把位于两个连续升四度的第六、第七律之间的升五度和降四度交替规则颠倒过来,这个连续的交替就不会超出一个八度音程,就能够在律管长度、律数和十二个月份之间建立起自然联系(可见下文表 10-6)。上文中非常晦涩的后半部分表达的就是这个意思,其中七个"为上"和五个"为下"的十二律次序是按十二半音音阶顺序、而非按生律顺序排列的②。
　　"为上"和"为下"这两个含混的概念给后人在理解生律法方面造成了极大的

---

① 此格式中,音符右上角的小号数字表示音程变化:"0"为从 F0 到 E0 的基准八度音程,"-1"表示从 F-1 到 E-1 的低八度音程,"+1"表示从 F+1 到 E+1 的高八度音程。
② "为上"指从黄钟到蕤宾的前七律,"为下"指从林钟到应钟的后五律,参看表 10-4。

困惑,而曾侯乙墓的音律符号更增加了对这一问题的争议并形成两派观点 [1]。第一种观点(以下称为"A 说")认为前七律直接产生降四度(为上),后五律直接产生升五度(为下)。问题是,这样一来,就会导致认为作为"七上"之首的"黄钟"($1\text{-}F^0$)产生属于低八度音程的降四度(林钟,$8\text{-}C^{-1}$)。这一说法与古文献强调的黄钟是第一律、也是最"浊"的律这一规则相悖。第二种观点(以下称为"B 说")认为,"为上"是被动意义上的意指,指的不是十二半音中前七个律管生出降四度,而是由降四度生出来的前七律;同理,十二半音音阶中的后五律也是由升五度音生出来的。如果我们把十二半音按前七后五两组依次标出的话,就不难发现,只有 B 说才能得出从仲吕($6\text{-}A^{\#0}$)到 姑洗($5\text{-}A^0$)的生律次序,而且都包括在与所生律相同的一个八度音程内(参见表 10-4)。反观 A 说,被生律的高音会分布在从低八度音程的林钟($8\text{-}C^{-1}$)到高八度音程的蕤宾($7\text{-}B^{+1}$)之间三个间隔的音程之中 [2]。从后面我们要研究的放马滩秦简中关于这一问题的简文来看,B 说无疑是正确的。

表 10-4　　　　　　对《吕氏春秋》"为上"(降四度,4/3)、
　　　　　　　　　　 "为下"(升五度,2/3)生律法的两种解释 [3]

所生律 (B 说)		十二半音体系				被生律 (A 说)	
仲吕	$6\text{-}A^{\#0}$	4/3 →	黄钟	$1\text{-}F^0$	4/3 →	林钟	$8\text{-}C^{-1}$
蕤宾	$7\text{-}B^0$	4/3 →	大吕	$2\text{-}F^{\#0}$	4/3 →	夷则	$9\text{-}C^{\#-1}$
林钟	$8\text{-}C^0$	4/3 →	太蔟	$3\text{-}G^0$	4/3 →	南吕	$10\text{-}D^{-1}$
夷则	$9\text{-}C^{\#0}$	4/3 →	夹钟	$4\text{-}G^{\#0}$	4/3 →	无射	$11\text{-}D^{\#-1}$
南吕	$10\text{-}D^0$	4/3 →	姑洗	$5\text{-}A^0$	4/3 →	应钟	$12\text{-}E^{-1}$
无射	$11\text{-}D^{\#0}$	4/3 →	仲吕	$6\text{-}A^{\#0}$	4/3 →	黄钟	$1\text{-}F^0$
应钟	$12\text{-}E^0$	4/3 →	蕤宾	$7\text{-}B^0$	4/3 →	大吕	$2\text{-}F^{\#0}$

[1] 自 20 世纪 80 年代以来,两派学者展开论争,并有多篇论文问世。持第一种观点的有上海音乐学院的陈应时,主要论文有《五行说和早期的律学》,《音乐艺术》2005 年第 1 期,第 39~45 页;《再谈〈吕氏春秋〉的生律法——兼评〈从放马滩秦简律书再论"吕氏春秋"生律次序〉》,《音乐研究》2005 年第 4 期,第 39~46 页。对于第二种观点的综合介绍,见谷杰:《从放马滩秦简律书再论〈吕氏春秋〉生律次序》,《音乐研究》2005 年第 3 期,第 29~34 页。有关两种观点的综合介绍,见刘喜国:《也谈〈吕氏春秋〉生律法——对"上生"、"下生"与"为上"、"为下"再认识》,《天津音乐学院学报》2009 年第 3 期,第 21~27 页。

[2] 为了解决这个难题,A 说学者多对"七上"、"五下"系统进行调整。兹不赘引。

[3] 以林钟($8\text{-}C0$)为例,A 说认为该律按"下生"法向下生出位于一个高五度的太蔟($3\text{-}G+1$);B 说认为该律属于"下生"那一组律,因为该律自身是被黄钟($1\text{-}F0$)按下生规则(高五度)生出的。

续表

所生律（B 说）		十二半音体系			被生律（A 说）	
黄钟	1-F^0	2/3 →	林钟	8-C^0	2/3 →	太蔟	3-G^{+1}
大吕	2-F#^{0}	2/3 →	夷则	9-C#^{0}	2/3 →	夹钟	4-G#$^{+1}$
太蔟	3-G^0	2/3 →	南吕	10-D^0	2/3 →	姑洗	5-A^{+1}
夹钟	4-G#^{0}	2/3 →	无射	11-D#^{0}	2/3 →	仲吕	6-A#$^{+1}$
姑洗	5-A^0	2/3 →	应钟	12-E^0	2/3 →	蕤宾	7-B^{+1}

三、《淮南子·天文训》中的音律资料

《淮南子》约成书于公元前 139 年，比《吕氏春秋》晚一个世纪，其中第三卷《天文训》是了解汉初太初改历（前 104 年）和《史记》之前的星历学传统的重要资料。近几十年来，有关先秦天文律历的考古证据续有发现，特别是放马滩日书乙种的最新资料，都在相当程度上证明《天文训》中的诸多说法都渊源有自，绝非空穴来风的臆造[1]。

历法化音律体系在《天文训》中占有举足轻重的重要地位，其确定乐律原理的基础与《吕氏春秋》并无二致，其中有关"黄钟"为所有音律范式的论述与《吕氏春秋》如出一辙：

> 以三参物，三三如九，故黄钟之律，九寸而宫音调[2]。

按《天文训》中的说法，三分法是一切事物肇始的开端，然后再以自数相乘得 9。这就是管长 9 寸的黄钟之律能够谐定为"主音"（宫）的根本原因。接下来的文字并没有用 9 去计算其他"律"的长度，而是直接把黄钟之数定为 81。不过，81 这个数字已不再是表示律管长度的"律寸数"，而是被看成可以表达所有事物完美比例的象征和声数：

> 九九八十一，故黄钟之数立焉。

9 以自数相乘得 81，是为黄钟之数，亦为宇宙完美和声之数。以此数为基准按

---

[1]　参看陶磊：《〈淮南子·天文〉研究——从数术史的角度》，齐鲁书社 2003 年版。
[2]　此段文字之前引述了《老子》第四十二章"一生二，二生三，三生万物"的化生原则。

比例增减,则可生出其他各律之和声数[1]:

> 故律历之数,天地之道也。下生者倍,以三除之;上生者四,以三除之。

如此,律历之数就与天地之道协调了起来。"下生"之数是先乘以 2 然后再除以 3,"上生"之数是先乘以 4 再除以 3。我们知道,上文引述的《吕氏春秋》后半段谈到的生律法是上五度与下四度交替相生,即所谓"三分损益法"。接下来,《天文训》继续论述十二律和十二辰、十二月之间的对应关系及其生律方式:

> 黄钟位子,其数八十一,主十一月,下生林钟。林钟之数五十四,主六月,上生太蔟……

兹将各律和声数及其损益数列如表 10-5 所示。

表 10-5   《天文训》中的十二月律、和声数及被生律

十二律及其和声数			月 / 辰	损益法	被生律	
黄钟	1-F⁰	81	十一子	2/3 下生	林钟	8-C⁰
大吕	2-F#⁰	76	十二丑	2/3 下生	夷则	9-C#⁰
太蔟	3-G⁰	72	正寅	2/3 下生	南吕	10-D⁰
夹钟	4-G#⁰	68	二卯	2/3 下生	无射	11-D#⁰
姑洗	5-A⁰	64	三辰	2/3 下生	应钟	12-E⁰
仲吕	6-A#⁰	60	四巳	极不生 [黄钟]		
蕤宾	7-B⁰	57	五午	4/3 上生	大吕	2-F#⁰
林钟	8-C⁰	54	六未	4/3 上生	太蔟	3-G⁰
夷则	9-C#⁰	51	七申	4/3 上生	夹钟	4-G#⁰
南吕	10-D⁰	48	八酉	4/3 上生	姑洗	5-A⁰
无射	11-D#⁰	45	九戌	4/3 上生	仲吕	6-A#⁰
应钟	12-E⁰	42	十亥	4/3 上生	蕤宾	7-B⁰

由表 10-5 可知,在生律模式上,《天文训》的体系与《吕氏春秋》生律法 B 说(表 10-4)解释"下生"(高五度,从黄钟到姑洗)和"上生"(低四度,从仲吕到应

---

[1] 需要说明的是,《史记·律书》中提到的和声数是用来计算十二律管的具体长度的,如黄钟长八寸一分,林钟长七寸二分,其他依次类推。

钟）所用体系完全一致。二者的唯一区别在于，《天文训》把最后一个被生律"仲吕"看成是无法超越、不能再生的"极"："极不生"。换句话说，在《淮南子》中，如果说下生律仍然是 5 个的话，那么上生律实际上只有 6 个，因为第 7 个，即最后一个被生律"仲吕"(6-A#) 所能够产生的和声数都不符合"黄钟之数为八十一"的数理规则[1]。由此可见，上引《吕氏春秋》第一部分列出的十二律，也是以仲吕为最后一律结束的，也没有赋予仲吕任何生律的作用。因此，从生律顺序上看，《吕氏春秋》与《淮南子》所用的方法完全是一致的（参见表 10-6)。

表 10-6　　　　　　十二律的生律模式与顺序[2]

十二律及其和声数			损益法	
黄钟	81	1F	下生	$81 \times 2/3 = 54$
林钟	54	8-C	上生	$54 \times 4/3 = 72$
太蔟	72	3-G	下生	$72 \times 2/3 = 48$
南吕	48	10-D	上生	$48 \times 4/3 = 64$
姑洗	64	5-A	下生	$64 \times 2/3 = 42^{2/3}$
应钟	42	12-E	上生	$42^{2/3} \times 4/3 = 56^{8/9}$
蕤宾	57	7-B	上生	$56^{8/9} \times 4/3 = 75^{23/27}$
大吕	76	2-F#	下生	$75^{23/27} \times 2/3 = 50^{46/81}$
夷则	51	9-C#	上生	$50^{46/81} \times 4/3 = 67^{103/243}$
夹钟	68	4-G#	下生	$67^{103/243} \times 2/3 = 44^{692/729}$
无射	45	11D#	上生	$44^{692/729} \times 4/3 = 59^{2039/2187}$
仲吕	60	6-A#		———

[1] 如果仲吕(60)继续生律，就应该重新回到生律起点的黄钟(81 或 40.5)，但是不管是用上生法 (60 × 4/3 = 80)，还是用下生法 (60 × 2/3 = 40)，都会产生数差。这种类似于毕达哥拉斯"音差" (comma) 的现象，在中国古代文献中未见明确记载。沙畹虽然正确地指出，"中国古代文人只提到了十二律体系，却没有提到第十三律的谐和比"。但是，他却没有注意到，其实汉代文人是认识到了这个现象的。比如，京房(公元前 1 世纪)的六十律体系所论，也正是这一音差问题。见《续汉书·律历志上》，中华书局 1965 年版，第 3003 页、第 3008 页。参看沙畹，"Des rapports de la musique grecque avec la musique chinoise"(《古希腊与古中国音乐之关系》)；载于沙氏《史记》法译本：*Les mémoires historiques de Se-ma Ts'ien*, Paris, Adrien-Maisonneuve, 1967-1969, 第三卷，附录二，633。

[2] 需要说明的是，上生、下生这两个生律法从蕤宾开始就颠倒过来了。这样才可以使同一个八度音程内的和声数保持在稳定状态。本表中最右边各栏为十二律和声数的实际值。有关该值与毕达哥拉斯率的对应关系，见李约瑟前引书第 175 页。

《天文训》的最后一个贡献是在另一处文字中第一次提到了黄钟大数：

> 十二各以三成，故置一而十一三之，为积分十七万七千一百四十七，黄钟大数立焉。

这里只提到了黄钟律之大数①。由此数自然可以生成其他律的大数，但具体方法无从得知。后人对此多有构拟，均无从验证。在这一点上，放马滩日书中出现的十二律大数可以说是真正弥足珍贵的实证材料。

第二节　放马滩日书乙种中的十二律

放马滩日书乙种中共有一百多枚竹简与五音十二律占法有关，其中约四分之一涉及音律规则等理论问题。本文拟讨论的，主要是从简文中摘录出的三个律表和几枚散简上的文字。

律表1　十二律相生次序②
黄钟下生林钟 179 陸，林钟生大簇 180 陸，大簇生南吕，181 陸 南吕生姑洗，182 陸 姑洗生应钟，183 陸 应钟生蕤宾，184 陸 蕤宾生大吕，185 陸 大吕生夷则，186 陸 夷则【生夹钟】，187 陸 夹钟生毋射，188 陸【毋射】生中吕。189 陸

律表2　十二律半音音阶次序及其和声数③
黄钟八十一，□山，179 柒 大吕七十六，□山，180 柒 大簇七十二，参阿，181 柒 夹钟六十八，参阿，182 柒 姑洗六十四，汤谷，183 柒 中吕六十，俗山，184 柒 蕤宾五十七，鼋都，185 柒 林钟五十四，俗山，186 柒【夷则五十一，□□】，187 柒 南吕卌八，俗山，188 柒 毋射卌五，昏阳，189 柒 应钟卌二，并间。190 柒

---

① 关于大数概念及其作用，请详看下文。
② 《集释》，第 197 页《生律法（一）》；《合集》，第 124~125 页《生律》。
③ 《集释》，第 198 页《律数二》；《合集》，第 125~127 页《律数二》。

律表 3　十二律半音音阶次序及其大数 ①

黄【钟】十七万七千一百卅七，下【林钟】194 贰，大吕十六万五千
【八】百八十八，下【夷则】，195 贰【大簇十五万七千】四百六十四，下
南【吕】196 贰，夹【钟】十四万七千四百五十六，下毋射，197 贰姑洗
十三万九千九百六十八，下应【钟】，198 贰中吕十三万一千七十二，
下生黄 ②，199 贰蕤宾十二万四千四百一十六，上大吕，200 贰林钟
十一万八千九十八，上大簇，201 贰夷则十一万五百九十二，上夹
【钟】，202 贰南吕十【四】万四千九百七十六，上姑【洗】，203 贰毋射
九万八千三百四，上中吕，204 贰应钟九万三千三百一十二，上蕤【宾】。
205 贰

以上三个律表涵盖了前引传世文献中有关律法的所有内容，但彼此之间也存
在着明显差别。如果说律表 1 与《吕氏春秋》第一部分内容几乎完全相同的话，那
么，在第一个生律即黄钟 (1–F) 生林钟 (8–C) 句中，简文中正好多出了一个"下"
字，这就明确指出了第一律 (1–F⁰) 生出的是一个升五度音 (8–C⁰) 而非降四度音
(8–C⁻¹)。尽管简文没有提到其他律管的相生方式，但与解释《吕氏春秋》生律法的
B 说主张的观点应该说是基本一致的。

律表 2 和律表 3 则直接关系到《淮南子·天文训》中记载的体系。律表 2 列出
的是十二半音音阶中的十二律次序及其和声数(从黄钟的 81 到应钟的 42)，另外还
给出了与十二律对应的十二个地理标志，但这些标志的意义与作用并不明确。至于
律表 3，其内容未见于放马滩乙种以外的任何资料，但显然是对上引《天文训》中提
到的十二律大数的整体描述(《天文训》只提到黄钟一个大数)。除了大数以外，律
表 3 还用"下"、"上"二字标出每一律大数的被生律及其生律方式(即下生或上生)。

放马滩日书乙种构成了目前研究战国晚期律学原理与律数方面的最完整的资
料。尽管与传世文献中的记载之间存在着一些细微的差别，但还是非常有益于我
们阐明下面的几个问题。

一、上生和下生的概念

上文中我们已清楚地界定了十二律的"下"(律数向下降，音上升五度)、"上"

---

① 　《集释》，第 186 页《律数一》；《合集》，第 113~117 页《律数一》。

② 　下，孙占宇疑为"上"字之误。据 193 简("从中吕以至应钟皆上生")，仲吕属于"上生"的一组律。

(律数向上升,音下降四度)两种生律方法。也就是说,要得到"下生"的升五度,就需要减短律管 1/3 的长度或减少 1/3 的律数,是为"损";反之,要得到"上生"的降四度,就需要增加律管 1/3 的长度或 1/3 的律数,是为"益"。此即传统的"三分损益法"。那么,为什么一定要把"损"的生律过程叫作"下生"、把"益"的生律过程叫作"上生"呢?请看放马滩日书乙种的一处文字[1]:

> 下八而生者,三而为二。上六而生者,三而为四。 169 叁

"下八"和"上六"两个词未见于传世文献[2]。我们认为,这种表达方式涉及十二律的十二音音阶次序的排列方式。从上面介绍的表 10-2 和表 10-3 的十二律次序中,我们很容易推断出,"下八"的意思就是,如果使用下生的方式,从某一个律到其所生出的律之间正好隔八位,即从黄钟 1-F 往下数到第八位就得出黄钟的被生律林钟 8-C,从大吕 2-F# 往下数到第八位就得出大吕的被生律夷则 9-C#,其他依此类推。同样,"上六"的意思是,如果用上生的方式,从某一个律到其所生出的律正好隔六位,即从林钟 8-C 往上数到第六位就得出林钟的被生律太蔟 3-G,从夷则 9-C# 往上数到第六位就得出夷则的被生律夹钟 4-G#,其他依此类推(参见表 10-7)。

表 10-7　　由各律在半音序列内的位置确定的十二律相生关系

所生律			生律方位	被生律		
黄钟	1-F	81	下八	林钟	8-C	54
大吕	2-F#	76	下八	夷则	9-C#	51
太蔟	3-G	72	下八	南吕	10-D	48
夹钟	4-G#	68	下八	无射	11-D#	45
姑洗	5-A	64	下八	应钟	12-E	43
仲吕	6-A#	60	——	[黄钟]	[1-F]	[81]
蕤宾	7-B	57	上六	大吕	2-F#	76
林钟	8-C	54	上六	太蔟	3-G	72

---

[1]　《集释》,第 206 页;《合集》,第 140 页。

[2]　不过,后期传世文献中却有"顺八逆六"的说法,应该是与此类似的。 参看武田时昌:《五音と五行——音律理论と占術のあいだ》,《阴阳五行のサィエンス:思想编》,京都大学人文科学研究所 2011 年版,第 14 页。

续表

所生律			生律方位	被生律		
夷则	9–C#	51	上六	夹钟	4–G#	68
南吕	10–D	48	上六	姑洗	5–A	64
无射	11–D#	45	上六	仲吕	6–A#	60
应钟	12–E	43	上六	蕤宾	7–B	57

我们应该怎么去理解"下八"、"上六"这两种十二律相生法的方法呢？一种可能是,该方法只是一种记忆十二律生律法的简便手段,适用于放马滩日书乙种中的律数占之类的演算①。另一种可能是,该方法与以十二律半音音阶为主的律数理论的历法化过程有密切的关系。无论是哪一种情况,"下八"和"上六"都关涉到生律过程中十二律在十二半音音阶中的往返运动,或是从 81 (1–F) 到 42 (12–E) 的下降,或是从 42 到 81 的上升。这样看来,简文中单独使用的"上"、"下"两个词,与传世文献中普遍使用的"上生"、"下生"一样,都可能是律数术士为了特定目的对同一音律原理的不同表达方式②。

二、《吕氏春秋》的生律法之谜

前面我们介绍了《吕氏春秋》在论述生律时把十二律分成"七上"、"五下"的含混之处,及由此引起的对"为上"、"为下"意指的两种不同释读,一是释为向上、向下的所生律(A 说),二是释为由"上"、由"下"所生的"被生律"(B 说)。具体来说,A 说把降四度 (黄钟 81 × 4/3 = 林钟 108) 作为生律程序的开端,进而展开从浊音的林钟 (8–C) 到清音的蕤宾 (7–B) 的半音序列。A 说认为,该法要比《天文训》中谈到的由黄钟 (1–F) 到应钟 (12–E) 的古法还要古老。为此,论者多以《管子·地员》的五声调式生律法为证,指出其中的生律次序也是由降四度开始的,③ 而由此得出的和声数也与由"上生"(降四度)开始的前五律的次序相同(参见表 10–8)。

---

① 在上引简 169 叁的文字前,还有如下一段文字:"投日、辰、时数并而三之以为母。"(173 叁)这就明确地显示了该简使用"下八"、"上六"两个词语的占卜背景。

② "上"、"下"二词并未出现在曾侯乙墓编钟的音乐符号中(其中的"下角"是用来代替大三度的"宫角")。见罗泰《悬乐：中国青铜时代文化中的编钟》第 284 页。

③ 《管子·地员》。英译本见, W. Allyn Rickett, *Guanzi. Political, Economical, and Philosophical Essays from Early China*, Princeton, Princeton University Press, 1985 (卷 1), 1998 (卷 2)。关于五音生律的段落,见英译本第二卷,263 页。关于 A 说,见陈应时：《〈管子〉、〈吕氏春秋〉的生律法及其他》,《黄钟》2000 年第 3 期,第 64~68 页。

表 10-8　《管子》的五音体系与解释《吕氏春秋》生律法 A 说比较

管子		吕氏春秋 (A 说)		生律法		
宫 $-F^0$	81	黄钟, $1-F^0$	81	上	降四度	$81 \times 4/3 = 108$
征 $-C^{-1}$	108	林钟, $8-C^{-1}$	108	下	升五度	$108 \times 2/3 = 72$
商 $-G^0$	72	太蔟, $3-G^0$	72	上	降四度	$72 \times 4/3 = 96$
羽 $-D^{-1}$	96	南吕, $10-D^{-1}$	96	下	升五度	$96 \times 2/3 = 64$
角 $-A^0$	64	姑洗, $5-A^0$	64			

　　问题在于,《管子·地员》所载生律法在年代上并非没有问题,因为《地员》篇的成书年代并无定论:有人大胆地认为成书于公元前四至三世纪的战国中晚期,而比较谨慎的人则认为成书于汉武帝在位期间(公元前 140 年 ~ 公元前 87 年)[1]。而且,那种认为谐声原则首先建立五声调式基础之上、而后又引发了对律管思考的说法,也无非是论者的一厢情愿,因为《地员》显示的方法并非如此[2]。一方面,《地员》中对生律法的叙述是由一个特定算式开始,得出黄钟的和声数 81 并定为"宫"数[3]。由此得知,《地员》的作者对《吕氏春秋》、《淮南子》等论述的十二律相生理论早已了然于心。另一方面,《地员》的生律法是在特定的"土壤"背景下展开的,其中的五音只是用五方—五行法划分五等土壤的体系之一。在这个体系中,宫及其律数 81 代表中央"土",另四音及其律数代表另外四等土壤,由此构成 64–72–⃞81⃞–96–108 的律数次序[4]。《地员》的作者要展现的,只是五音与五种土壤在空间体系上的对称关系,而不是以任何一种方式表现符合 C/108–D/96–F/81–G/72–A /64 这一音律次序的生律方法。

　　现在我们再回到放马滩日书乙种来。简 193 云[5]:

　　　黄钟以至姑洗皆下生,三而二。从中吕以至应钟皆上生,三而四。

---

① 在英译本《地员》章的导言中,译者详细介绍了该章的成书年代问题,并倾向于认为公元前 3 世纪末这一折衷的看法。见 Rickett 前引书第 256~259 页。

② 这一说法的倾向性太强,因为音乐谐和比的结构表达了给定的音阶内部不同声音之间的协和关系。五声调式内的五音就是如此,其间的关系可以轻易地通过除钟磬以外的乐器、特别是弦乐器界定出来。但是,构成平均六音音阶的六正律从理论上说却不能提供表达包括四度(5 个半音)或五度(7 个半音)在内的半音关系的可能性。参看前揭罗泰书第 304~305 页;又见前揭贝格利文第 69~70 页。

③ 原文为:"凡将起五音凡首,先主一而三之,四开以合九九,以是生黄钟小素之首,以成宫。三分而益之一,为百有八,为征。不无有三分而去其乘,适足,以是生商。有三分,而复于其所,以是成羽。有三分,去其乘,适足,以是成角。"

④ 《地员》只是在开篇对五音生律做了极简略的介绍,其后通篇都是对五种土壤特性及其适宜植物、作物的论述。

⑤ 《集释》,第 200 页;《合集》,第 114 页。

这里的生律法和《吕氏春秋》提到的方法具有明显的相似性,其中后者的"为上"、"为下"的模糊说法被这里的"下生"和"上生"取代。由于放马滩日书乙种明确提到了相生数(见前),因此简193所表述的无疑就是:在十二律半音音阶次序中,前五律由下生法生出升五度,后七律由上生法生出的降四度(参见表10-5)。换句话说,这里的生律法与《吕氏春秋》生律法B说是一致的,也与《淮南子·天文训》中的生律法一致。如此,《吕氏春秋》生律法A说所认为的《吕氏春秋》生律法比《天文训》更为古老的说法,也就不攻自破,因为放马滩1号墓在《吕氏春秋》成书的同一年或稍晚就已入葬了。如此看来,对《吕氏春秋》生律法的争论在很大程度上是对一个虚假命题进行的无意义的争论,是建立在对《史记·律历志》之前的战国至汉初历法化律学原理错误理解的基础上产生的争论。

我们在上文(表10-5)已经了解到,《淮南子》中给出的十二律和声数是从浊(81)到清(42)的半声序列。放马滩日书乙种出现的同一序列已充分证明了《淮南子》生律法的权威性。需要强调的是,《淮南子》和放马滩日书乙种的律数表所具有一个共同特点,就是二者都有两个序列的十二律:一为"所生律"序列,即配合十二律数和天文年的十二个月而形成的从黄钟 (1-F, 81, 十一月) 到应钟 (12-E, 42, 十月) 的典型的十二半音序列;二为"被生律"序列,即从林钟 (8-C, 54) 开始的第二个相同的半音序列(参见表10-9)。

表10-9   **《淮南子》与放马滩日书乙种所列**

与十二律相关的和声数中的两个半音序列

所生律					被生律		
黄钟	1-F^0	81	11	下	林钟	8-C^0	54
大吕	2-F#^{0}	76	12	下	夷则	9-C#^{0}	51
太簇	3-G^0	72	1	下	南吕	10-D^0	48
夹钟	4-G#^{0}	68	2	下	无射	11-D#^{0}	45
姑洗	5-A^0	64	3	下	应钟	12-E^0	43
仲吕	6-A#^{0}	60	4	[上]	[黄钟]	[1-F]	[81]
蕤宾	7-B^0	57	5	上	大吕	2-F#^{0}	76
林钟	8-C^0	54	6	上	太簇	3-G^0	72
夷则	9-C#^{0}	51	7	上	夹钟	4-G#^{0}	68
南吕	10-D^0	48	8	上	姑洗	5-A^0	64
无射	11-D#^{0}	45	9	上	仲吕	6-A#^{0}	60
应钟	12-E^0	43	10	上	蕤宾	7-B^0	57

如此,不管是上生还是下生,十二律的相生规则都可以用"所生律"或"被生律"这两种不同的序列表达出来,前者如林钟的 54 上生出太蔟的 72,即由 8-C 到降四度的 3-G,后者如林钟的 54 是被黄钟的 81 下生出来的,即由 1-F 到升五度的 8-C。也就是说,这里涉及的不过是用两种不同方法来表达同一事实,根本不存在两种相矛盾的、相互排斥的生律法。由此也就再次说明,如果把黄钟当作十二律之首,放马滩乙种日书简 193 采用的是"五下七上"的"所生律"次序,而《吕氏春秋》采用的是"七上五下"的"被生律"次序①。

三、大数理论

《淮南子·天文训》仅提到了黄钟的大数($177147 = 3^{11}$)。此后要一直等到公元 3 世纪末,才在司马彪著《续汉书·律历志》中出现完整的十二律大数表②。在律表 3 中,十二律的大数只是以分数的形式列出了通过三分损益法得出的十二律和声数的准确值。对于前五个生律 (F, C, G, D, A),不论是用和声数 (81, 54, 72, 48, 64) 还是用大数计算的结果 ($177147 \times 2/3 = 118098, 118098 \times 4/3 = 157464$,以此类推) 进行表述都无关紧要。但这一方法却不适用于后七个生律,因为这里的和声数都被归纳成升或降的单位 ($42^{2/3}$ 到 42, $56^{8/9}$ 到 57 等;见表 10-6)。

需要指出的是,十二被生律的名称及与之配合的上生或下生规则只出现在日书乙种带有大数的律表 3 中,而没有出现带有和声数的律表 2 中。这有可能说明,当时的历法化律学及其在数术占卜方面的应用,已经吸收了三分损益法具有的相当严格、极为精确的数学生律计算。如果像有些研究者那样认为的,《淮南子》中的十二律理论因为没有把和声数分数的余数考虑进去,因而是"完全错误的",那么,面对放马滩日书乙种的两个律数表,这一武断的结论也就无从论起了③。放马滩日书乙种完整大数的面世,不仅证明了自公元前 3 世纪已存在的大数体系的古老性,而且也可以使我们更好地理解一个半世纪后司马迁在《史记·律书》中记载的大数体系的独特性。对于《律书》中的大数体系,研究者也曾穷心竭虑,试图在太史公的体系和由其他古籍构拟出来的体系之间建立联系。放马滩日书乙种的两

---

① 这就解释了为什么《吕氏春秋》先有"七上"后有"五下",因为这里的"上"、"下"所表达的是某一律的"被生"关系;而在放马滩日书乙种中,"上"、"下"表达的却是某一律的"所生"关系,所以就要先提"五下"后提"七上"。

② 《续汉书·律历志上》将十二律大数纳入京房 (公元前 1 世纪) 六十律体系之中。放马滩日书乙种的证据表明,至少在公元前 3 世纪就已经奠定该数理律学的基础。

③ 见前揭沙畹文 631 页。另,沙畹也没有提到《天文训》中给出的 117147 这个黄钟大数。

个律数表似乎表明,这两个体系显示的是两个具有不同特征的数学原则。从律学发展的历史上看,《史记·律书》中的律学理论标志着其与前述古典历法化律学理论的割裂。对这一问题的讨论,已超出了本书的研究范围①。

表10-10 《史记·律书》和放马滩简日书乙种的大数体系

《史记·律书》系统				《放马滩日书乙种》系统				
子 –1	1	2/3 下生	$2^0/3^0$	黄钟	1–F	$177147/3^{11}$	1	2/3 下生
丑 –2	2/3	4/3 上生	$2^1/3^1$	林钟	8–C	$118098/3^{11}$	2/3	4/3 上生
寅 –3	8/9	2/3 下生	$2^3/3^2$	太蔟	3–G	$157464/3^{11}$	8/9	2/3 下生
卯 –4	16/27	4/3 上生	$2^4/3^3$	南吕	10–D	$104976/3^{11}$	16/27	4/3 上生
辰 –5	64/81	2/3 下生	$2^6/3^4$	姑洗	5–A	$139968/3^{11}$	64/81	2/3 下生
巳 –6	128/243	4/3 上生	$2^7/3^5$	应钟	12–E	$93312/3^{11}$	128/243	4/3 上生
午 –7	512/729	2/3 下生	$2^9/3^6$	蕤宾	7–B	$124416/3^{11}$	512/729	4/3 上生
未 –8	1024/2187	4/3 上生	$2^{10}/3^7$	大吕	2–F#	$165888/3^{11}$	2048/2187	2/3 下生
申 –9	4096/6561	2/3 下生	$2^{12}/3^8$	夷则	9–C#	$110592/3^{11}$	4096/6561	4/3 上生
酉 –10	8192/19683	4/3 上生	$2^{13}/3^9$	夹钟	4–G#	$147456/3^{11}$	16384/19683	2/3 下生
戌 –11	32768/59049	2/3 下生	$2^{15}/3^{10}$	无射	11D#	$98304/3^{11}$	32768/59049	4/3 上生
亥 –12	65536/177147	4/3 上生	$2^{16}/3^{11}$	仲吕	6–A#	$131072/3^{11}$	131072/177147	——

结　语

长期以来,从事中国古典音律研究的学者多习惯于把传世文献中的零散资料置于以文献年代为基础的时代框架中,进而构拟出连续发展的历史进程。如此,《周礼》和《国语》中最早出现的十二律专名就成为《吕氏春秋》生律体系的前身,而《淮

---

① 《史记》律历区别于放马滩与其他上古典籍律历的地方,就是前者的上五度、下四度交替制始终恒定在第一律到最后一律。如此,属于奇数列的六正律总是生出升五度(下生法),而属于偶数列的六间律总是生出降四度(上生法)。由于这样会造成后三个间律超出一个八度音程,所以唐宋律家如司马贞(8世纪)和蔡元定(1135–1198)等都竭尽心机,试图修正这三个间律的分数值,以订正他们所认为的司马迁造成的"错误"。沙畹(见前引文第315~316页、第632页)及后来的李约瑟(见前引书第173~175页)亦步其后尘,但没有去考虑《史记》律学之所以如此构设的原因,也没有去考察为什么《律书》中的大数不是和十二律而是和十二辰连在一起的内在原因(见表10-10左栏)。

南子·天文训》中的谐声数也为司马迁《律书》中集大成的律学体系开辟了道路。然而,曾侯乙墓编钟音律符号的发现却动摇了这个高度理想化的、直线式的早期律学发展观。

今天,得益于放马滩日书乙种的律占资料,我们已可以确信,早在公元前三世纪,就已经产生了集所有早期传世音律知识于一体的完整律学体系。较之传世文献中最早记载十二律大数的《续汉志》,放马滩日书乙种把产生完整大数体系的时代提前了差不多六个世纪。尤为重要的是,日书乙种记录的是一种完善的占卜方式,其中音律又是不可或缺的要素。这里的音律所具有的主要功能是律历占,而不是为了制定严格意义上的乐律法则。

至战国时期,有关十二律的数字与等音关系的理论已汇入历法思想与四时阴阳说的大背景之中。这一点对于今天的我们来说已不再是什么秘密,相关领域的研究者对此也颇能心领神会[①]。不过,在具体研究中,相关学者却无意探究这一背景在音律理论形成过程中所起的作用,而是满足于从中抽绎出其对后代的和声学产生的"积极"影响,即所谓的"去芜存菁"。放马滩日书乙种的律数占资料表明,在公元前4世纪与公元前3世纪之交,完整的历法化音律学业已凿然有之,而且直到《淮南子·天文训》的成书时代,也一直具有不可撼动的权威地位。此外,集传世音律资料之大成的放马滩日书律数表,不仅为我们提供了弥足珍贵的原始资料,而且也是我们解决古籍中孤立的、看起来矛盾重重的音律法则的锁钥。由此出发,我们得以充分认识到中国古典乐律学的诸种基质及构建此基质的文化背景的重要性。中国乐律学也由此形成了自己特有的学术体系和传统。较之西方文化背景中形成的"宇宙音乐"理论,二者既有形式上的类同,同时又有着本质上的区别。在这个体系中,十二律半音序列,包括升五度与降四度之间的"上"、"下"交替方式,则是和声数理论的最基本原则。今天,在我们研究这一独特理论的产生背景与发展进程时,如果脱离了对中国早期的历法化宇宙模式的参照与思考,就会进退失据,也无从得到正解[②]。

[①]　对"律生数、数生历"的思想在汉代天文历法体系中的影响,参看陈美东:《中国古代天文学思想》,中国科学技术出版社2008年版,第341~343页。

[②]　相关研究可参看刘国胜:《楚地出土数术文献与古宇宙结构理论》,《楚地简帛思想研究》(二),湖北教育出版社2005年版,第238~252页;马克:《先秦岁历文化及其在早期宇宙生成论中的功用》,《文史》2006年第2辑,第5~22页。

第十一章　放马滩秦简《星分度》相关问题考察

　　放马滩秦简日书乙种《星分度》篇是研究古代天文学的重要资料。整理者释文缺释较多，未作分栏处理，编连上也存在调整余地①。今据红外影像，改写释文如下②：

　　角十二，【八月】。167 壹亢十二。174 壹氐十七，九月。168+374 壹房七。173 壹心十、十二，十月。169 壹尾九。176 壹箕十。175 壹

　　斗廿三、廿二，十一月。170+325 壹【牛……女……】十二月。361 壹虚十四。171 壹危九。177 壹营宫廿，正月。172 壹东壁十三。178 壹

　　【奎】十五，二月。167 贰娄十三。174 贰胃十四、十三，三月。168+374 贰【昴十】五。173 贰毕十五，四月。169 贰此（觜）鑴六。176 贰参九。175 贰

　　东井廿九，【五月】。170+325 贰【舆鬼】五。361 贰【柳】□□，六月。171 贰七星十三。177 贰张□□，七月。172 贰翼十三，轸十五。178 贰

　　这是迄今所见有关二十八宿距度及逐月日躔之次的最早记录。中国古代曾有甘氏、石氏、巫咸氏三家星宿体系。《隋书·天文志》："三国时，吴太史令陈卓，始立甘、石、巫咸三家星官，著于图录。并注占赞，总有二百五十四官，一千二百八十三星，并二十八宿及辅官附坐一百八十二星，总二百八十三官，一千四百六十五星。"其中巫咸氏体系已佚，后世所见仅甘氏、石氏两种。从《史

---

① 甘肃省文物考古研究所：《天水放马滩秦简》，中华书局 2009 年版，第 95~96 页。
② 参看陈伟主编，孙占宇、晏昌贵撰著：《秦简牍合集〔四〕·放马滩秦墓简牍》，武汉大学出版社 2014 年版，第 135~139 页。

记·律书》《汉书·天文志》等文献来看,这两种体系所采用的星宿名称大体相同,但甘氏体系中建星、留、浊、罚、狼、弧、注等宿名不见于石氏,而石氏体系中斗、觜觿、东井、舆鬼、柳等宿名不见于甘氏,且两者中参、张、七星等宿的排列次序亦不一致。本篇中有"斗"等宿名而无"建"等宿名,说明其中星宿体系属石氏。现将相关问题考述如下:

第一节　距度系统

后世所见石氏体系距度系统又有两种:一种是见于《淮南子·天文训》《汉书·律历志》等书中的今度(又称"石氏距度"、"传统距度")系统,具体数值小有出入;另一种是见于阜阳西汉汝阴侯墓"二十八宿盘"及《开元占经》所引刘向《洪范传》中的古度系统①,二者数值有一定差别,但总体接近。试将前文所见二十四宿距度与今度及两种古度比较,如表 11-1 所示。

表 11-1　　　　　　放马滩秦简距度与古、今度对比

四象	宿名	放马滩秦简距度	二十八宿盘古度	《洪范传》古度	《汉书》今度	四象	宿名	放马滩秦简距度	二十八宿盘古度	《洪范传》古度	《汉书》今度
东方苍龙	角	12	1□	12	12	西方白虎	奎	15	14	12	16
	亢	12	11	9、8	9		娄	13	15	15	12
	氐	17	1□	17	15		胃	14、13	11	11	14
	房	7	7	7	5		昴	15	15	15	11
	心	10、12	11	12	5		毕	15	15	15	16
	尾	9	9	9	18		觜觿	6	6	6	2
	箕	10	10	10、11.25	11		参	9	9	10	9

---

① "二十八宿盘"见安徽省文物工作队等:《阜阳双古堆西汉汝阴侯墓发掘简报》,《文物》1978 年第 8 期,第 12~31 页。《洪范传》古度见《开元占经》卷 60~63 "刘向《洪范传》曰"。其中亢宿古度缺载,表 11-1 中为推测值。

续表

四象	宿名	放马滩秦简距度	二十八宿盘古度	《洪范传》古度	《汉书》今度	四象	宿名	放马滩秦简距度	二十八宿盘古度	《洪范传》古度	《汉书》今度
北方玄武	斗	23、22	22	22	26	南方朱雀	东井	29	26	29	33
	牛		9	9	8		舆鬼	5	5	5	4
	婺女		10	10	12		柳		18	18	15
	虚	14	14	14	10		七星	13	12	13	7
	危	9	6	9	17		张			13	18
	营宫	20	20	20	16		翼	13		13	18
	东壁	13	15	15	9		轸	15		16	17

如表 11-1 所示，本篇距度与《洪范传》古度相比，有十七宿完全相合，其余七宿相差均在三度之内；与"二十八宿盘"古度相比，有十一宿完全相合，其余九宿的差距也在三度之内。而与《汉书》今度相比，只有三宿完全相合，其余二十一宿均不合，最大差距有九度。从这些情况来看，本篇距度应当属于以《洪范传》古度为代表的古距度系统。本篇形成年代不晚于秦末，汝阴侯墓的主人夏侯灶卒于公元前 165 年，而《洪范传》的作者刘向生活在公元前 77 年至公元前 6 年，本篇与后二者距度的差异可能是后人对观测资料不断修订的结果，也可能是距星的选取发生变化的结果。

《新唐书·历志》："秦历十二次，立春在营室五度……昏，毕八度中……晨，心八度中"①。其中心宿距度为八，与今度五度不合，但与本篇十一度、十二度契合，这说明本篇中古度系统可能应用于秦代所用颛顼历中。因此，这一材料的发现对于我国古代二十八宿距星的选择、距度的修订，乃至"古六历"等方面的研究都有重要参考价值。值得重视的是，过去学界曾通过推定古籍所载天象的观测年代来解决历史年代学中的若干关键性问题。如利用《尚书·尧典》"四仲中星"的记载来确定夏代纪年；利用《国语·周语》"武王伐殷，岁在鹑火，月在天驷，日在析木之津，辰在斗柄，星在天鼋"的记载来确定武王灭商年代等。这些研究虽然取得了丰

----

① 《新唐书·历志》，中华书局 1975 年版，第 610 页。

硕成果,但受当时条件的限制,都毫无例外地使用今度为座标,而忽视了古代,特别是先秦秦汉时期还存在着古度系统的座标。有迹象表明先秦历法所用的距离系统即为古度而非今度,如果利用古度系统座标来解决这些年代学问题可能更接近于古史的本来面目。

第二节　日躔问题

已有研究者注意到睡虎地秦简日书《除》、《玄戈》、《官》等篇中诸月所对应的星宿与《吕氏春秋·十二纪》等篇中所载日躔之宿有不少一致的地方,指出这些内容亦与日躔有关。由于缺乏直接证据,此说遭到部分学者反对。但从本篇来看,这些日书中星月搭配与日躔的密切关系是可以肯定的。古代天文学认为太阳巡行周天历经二十八宿用时三百六十五日,日行一度。简文将二十八宿按其距离分配于十二月,说明其中月序是基于太阳视运动周期划分的节气月,而不是基于月亮视运动周期划分的朔望月。因此,本篇中的十二月应该就是古代天文家所说的"十二星次",它与二十八宿配合使用,准确地反映出太阳在任何一个节气月,甚至某一天中所处的星宿。由于睡虎地秦简中十二组星月对应与本篇完全一致,我们可以将它看作每月日躔之宿的一种简化表示。

但传世典籍与出土日书所载日躔还存在不少差异,不能不引起我们重视。试录《十二纪》中相关记述 [1]:

> 孟春之月,日在营室……仲春之月,日在奎……季春之月,日在胃……孟夏之月,日在毕……仲夏之月,日在东井……季夏之月,日在柳……孟秋之月,日在翼……仲秋之月,日在角……季秋之月,日在房……孟冬之月,日在尾……仲冬之月,日在斗……季冬之月,日在婺女

《礼记·月令》中亦有与上引《十二纪》完全相同的记述,文繁不录。《淮南子·天

---

[1] 《吕氏春秋·十二纪》,中华书局 1954 年"诸子集成"本,第 1~114 页。

文训》中也有类似的内容[①]：

> 星：正月建营室，二月建奎、娄，三月建胃，四月建毕，五月建东井，六月建张，七月建翼，八月建亢，九月建房，十月建尾，十一月建牵牛，十二月建虚。

本篇日躔与《十二纪》所述有几处明显不同：七月，本篇张，《十二纪》翼；九月，本篇氐，《十二纪》房；十月，本篇心，《十二纪》尾。二者均形成于战国晚期，岁差的因素可以不去考虑，问题何在？我们注意到《十二纪》中还有"仲春之月，日在奎，昏弧中，旦建星中"的天象记载[②]，其中"弧"和"建星"等宿名属甘氏体系，而本篇宿名属石氏。前文已指出，甘、石两种体系在宿名、排列次序等方面均存在一定差异，因此本篇日躔与《十二纪》所记有几处不同当在情理之中。《月令》内容与《十二纪》完全相同，历来注家多认为其文即取自后者。孔颖达《礼记正义》引郑玄《目录》云："名曰《月令》者，以其记十二月政之所行也，本《吕氏春秋·十二月纪》之首章也，以礼家好事抄合之，后人因题之名曰《礼记》，言周公所作，其中官名时事多不合周法。"[③]因此本篇日躔与《月令》的不同之处也容易理解。

本篇与《天文训》所述六至十二月日躔之宿均不同。但二者所用星宿体系俱为石氏，成书年代也较为接近，原因何在？我们认为这是由于二者所用距度体系不同所造成的。《天文训》所用为今度，而本篇用古度，据此推算出的逐月日躔之宿自然不会完全一致，月份越往后，差异越大。前人在研究睡虎地秦简星月对应问题时很少提及它与《天文训》每月日躔之宿的关系，其原因可能是二者之间差异过大而不好比较。但从前者与本篇中星月对应关系完全一致的情况来看，其星宿距度用古度体系的可能性是很大的。

既然传世典籍与出土日书所用距度体系有所不同，为什么二者所见逐月日躔又有着很大的一致性？这又是我们必须回答的问题。

我们来看一下《天文训》中日躔之宿是如何确定的。《汉书·律历志》曾使用今度体系对当时十二星次的起止范围进行过界定，各星次分别以十二节气为起始

---

① 《淮南子集释·天文训》，中华书局1998年"新编诸子集成"本，第271页。高诱注："'星'，宜言'日'。《明堂月令》：'孟春之月，日在营室；仲春之月，在奎、娄；季春之月，在胃'。此言'星：正月建营室'，字之误也。"钱塘补注："皆谓日所在星也。《大衍历议》云：'秦历十二次，立春在营室五度。'"王引之云："不言日所建者，承上文两'日'字而省。高注以'星'为'日'之误，非也。"

② 《吕氏春秋·仲春纪》，中华书局1954年"诸子集成"本，第12页。

③ 《礼记正义·月令》，《十三经注疏》，中华书局1980年影印本，第124页。

点,所反映的实际上就是太阳在十二个节气月中所处的位置。《天文训》星宿及距度体系与《律历志》相同,二者所处时代又较为接近,因此《律历志》十二星次中太阳所在星宿可为《天文训》所取日躔之宿的参考。试比较如下(参见表11-2)。

表11-2 《律历志》每月太阳所在星宿与《天文训》每月日躔之宿比较

月序	星次	初节所在	中气所在	太阳所在星宿	《天文训》日躔之宿
十一	星纪	大雪,斗12	冬至,牛1	斗、牛、女	牵牛
十二	玄枵	小寒,女8	大寒,危1	女、虚、危	虚
正	娵訾	立春,危16	惊蛰,室14	危、室、壁、奎	营室
二	降娄	雨水,奎5	春分,娄4	奎、娄、胃	奎、娄
三	大梁	谷雨,胃7	清明,昴8	胃、昴、毕	胃
四	实沈	立夏,毕12	小满,井1	毕、觜、参、井	毕
五	鹑首	芒种,井16	夏至,井31	井、鬼、柳	东井
六	鹑火	小暑,柳9	大暑,张3	柳、星、张	张
七	鹑尾	立秋,张18	处暑,翼15	张、翼、轸	翼
八	寿星	白露,轸12	秋分,角10	轸、角、亢、氐	亢
九	大火	寒露,氐5	霜降,房5	氐、房、心、尾	房
十	析木	立冬,尾10	小雪,箕7	尾、箕、斗	尾

从表11-2我们可以看出,若采用今度计算,一月之内太阳运行所经过的星宿有三至四个,《天文训》只选取其中一宿(二月两宿)作为当月的日躔之宿。其实,王引之早就注意到这一问题,他认为《月令》等篇中每月日躔之宿仅存其一,是后人简化的结果,"独(《天文训》)二月建奎、娄,尚仍其旧"[1],其说至确。

王胜利采用《洪范传》古度对战国时期十二个节气月中太阳所在星宿进行过推算[2],我们再将他的推算结果与日书所见日躔之宿做一比较(参见表11-3)。

---

① 《淮南子集释·天文训》,中华书局1998年"新编诸子集成"本,第271页。
② 王胜利:《睡虎地〈日书〉"除"篇、"官"篇月星关系考》,《中国历史文物》2004年第5期,第47~54页。

表11-3　　　《洪范传》古度所推每月日躔之宿与日书比较

月序	星次	初节所在	中气所在	太阳所在星宿	睡虎地日书《官》篇躔宿	睡虎地日书《除》篇躔宿
十一	星纪	大雪,斗8	冬至,牛1	斗、牛、女	斗,牵牛	斗
十二	玄枵	小寒,女7	大寒,虚12	女、虚、危、室	婺女,虚,危	须
正	娵訾	立春,室5	惊蛰,室20	室、壁	营室,东壁	营
二	降娄	雨水,奎1	春分,娄4	奎、娄、胃	奎、娄	奎
三	大梁	谷雨,胃4	清明,昴8	胃、昴、毕	胃、昴	胃
四	实沈	立夏,毕8	小满,参3	毕、觜、参、井	毕、觜、参	毕
五	鹑首	芒种,井9	夏至,井24	井、鬼、柳	东井,舆鬼	东
六	鹑火	小暑,柳5	大暑,星3	柳、星、张	柳,七星	柳
七	鹑尾	立秋,张5	处暑,翼7	张、翼、轸	张、翼、轸	张
八	寿星	白露,轸9	秋分,角8	轸、角、亢、氐	角、亢	角
九	大火	寒露,氐4	霜降,房1	氐、房、心	氐,房	氐
十	析木	立冬,心9	小雪,箕3	心、尾、箕、斗	心,尾,箕	心

从表11-3我们可以看出,若采用《洪范传》古度计算,一月之内太阳运行所经过的星宿有二至四个,日书只选取其中一宿或二至三宿作为当月的日躔之宿代表,但和《天文训》一样,日书所取的日躔之宿也不是当月太阳所经过的所有星宿。

如果将表11-2与表11-3"太阳所在星宿"一栏进行比较,我们发现尽管二者所处时代有先后,所采用的距度体系也不一样,但计算结果所示太阳在十二节气月中所在位置却大致相同。而日书和传世典籍都是从当月太阳经过的所有星宿中选取其中的一宿或二至三宿作为日躔之宿,因此不同距度体系下日躔之宿重合的地方就比较多。

第三节　用途蠡测

目前我们已经知道睡虎地秦简《官》、周家台秦简《系行》、孔家坡汉简《星官》等篇中十二月与二十八宿的搭配主要是作为时间座标,用以占断时日吉凶的。但本篇却不见任何占断之辞,那么本篇中的星月搭配及二十八宿距度究竟有何用途？我们的推测大致有以下两种：

其一，历法家用以推算历法。

《尚书·尧典》中有通过观察"四仲中星"的变化来确定四季的记载，其时历法尚处于观象授时的阶段。当古人对天文现象有了更多了解，尤其是掌握了日月的运行规律以后，就可以预先推断季节交替了，真正意义上的历法开始出现。而对于二十八宿的划分及其距度的测定则是准确把握日月行度的重要前提。属于战国早期的随县曾侯乙墓一件衣箱盖上已有了完整的二十八宿名称，战国时期的甘德、石申等人各自对二十八宿进行过长期观测，其中石氏距度一直使用到现在。在后人制定历法的过程中，二十八宿距度是确立"二分"、"二至"等关键节气点的唯一座标，而这些节气点的精确与否关系到历法是否准确反映天象与物候的变化。因此，星宿距度对于历法的重要性是不言而喻的。

联想到放马滩秦简中还有大量与律吕相关的内容，而律吕又与历法同出一源，古人认为"律以统气类物"、"吕以宣阳宜气"，与时令密切相关。且历法及生律法中的推算都从天地之道推衍而来，在数位上可以互通。正是基于这一点，历代正史《律历志》都以历律并叙。《史记》、《汉书》以十二律配十二月，《淮南子》以十二律配二十四节都是很好的例证。放马滩秦简中两处"日夜表"也与天文历法密切相关，这两个表准确地反映了一年十二个月中昼夜长短的变化，说明当时民间对于太阳运动的规律有着较为深刻的观察与认识。

以上情况表明放马滩秦简日书的主人对于天文历算之学颇有研究，在朝廷颁布正朔的情况下，可以方便地利用本篇中的星宿距度来排定一年中的节气，推算历法。

其二，历占家用以占断吉凶。

本篇不见任何占断之辞，但这并不意味着它与占卜无关。成家彻郎认为睡虎地秦简日书《官》篇是根据太阳运行所在位置进行占卜的，这种占法也用于汝阴侯墓所出式盘，而与之同出的二十八宿盘就是测定日躔的辅助工具。其使用方法是：观察半夜出现在南中天位置的星宿为何，"知道这个星宿后，则把二十八宿盘上盘直线的一端与下盘的那个星宿位置重合，这样一来，直线的另一端所指即太阳所在"[①]。

此说颇为新颖，但操作性不强。首先，这种观测方法很容易受到天气的影响，如果遇到天阴等异常天气时就无从知道当日太阳所在；其次，作为一般的占家，他们往往有其他职业（从墓葬发掘情况来看日书的主人一般都是低级官吏），不可能有精力长期从事这样一些繁琐的工作。

---

① 成家彻郎，苌岚译：《中国古代的占星术和占星盘》，《文博》1989年第6期，第67~78页。

其实他们也没有必要日复一日去做这样的观测,只要他们掌握了二十八宿的距度,又知道某一节气中太阳所在的位置(这是固定的,如冬至在牵牛初度、立春在营室五度等),他们就能够方便快捷地推算出任何一天的日躔之宿,这就是所谓的"推历考宿"。我们认为《官》篇实际上就是用这种办法来推算每日太阳所在的星宿,然后依据文中所对应的占辞来占断当日行事宜忌的,这种占法可称为"历占"。《汉书·日者列传》有占卜家曰"历家",而据陶磊考证,《淮南子·天文训》的某些章节就是汉初历家的占卜纲领①。历占虽然缺少式占的神秘性,但比后者更为简便易行。在这种以"推历考宿"为主要手段的历占法中二十八宿距度则是必不可少的推算工具,因此本篇中星宿距度用以占卜的可能性也是很大的。

结　语

中国古代曾有甘氏、石氏及巫咸氏三家星宿体系,《星分度》所见星宿名称与石氏一致。现存石氏体系中的距度又有古、今两种,该篇所见距度数值与阜阳西汉汝阴侯墓"二十八宿盘"及《开元占经》所引刘向《洪范传》中的古度较为接近,应属同一系统。

该篇中的星月固定搭配反映了秦人对日躔问题的认识,其中月序是基于太阳视运动周期划分的节气月,而不是基于月亮视运动周期划分的朔望月。其中逐月日躔之宿与《吕氏春秋·十二纪》及《淮南子·天文训》有所不同,前者是由于二者所用星宿体系不同所致,后者是由于二者所取距度系统不同所致。

最后,我们对《星分度》的用途试作推测,认为可能是历法家用以推算历法或者历占家用以占断吉凶。

---

①　陶磊:《〈淮南子·天文〉研究——从数术史的角度》,齐鲁书社 2003 年版,第 144~158 页。

第十二章　秦汉时分纪时制再探

　　我国古代,流行将一昼夜划分为若干时段、每一时段都赋予一定名称的纪时制度,是为时分纪时制[①]。时分纪时制起源于何时不详。从殷墟甲骨文看,至迟商代晚期,时分纪时法已经比较成熟,有学者统计出的时段名称多达30余个[②],其中有的尚可讨论,但像旦、大采、食日、大食、中日、昃、郭兮、小食、小采、暮、昏等时称,都已得到公认。两周也通行时分纪时。西周早期小盂鼎有时称"昧爽",春秋夫跌申鼎有"舖虒(施)时"、自余钟有"乘晨",春秋战国之交的郳子受钟有"昧爽"[③],湖北江陵天星

---

① 　参看陈梦家:《汉简年历表叙》,《考古学报》1965年第2期,第103~149页;收入《汉简缀述》,中华书局1980年版。他将"汉代纪时"分为时刻("刻漏之制")、时辰("以子丑寅卯为十二时之制")、时分("一日分时之制")三种(下文引述陈先生意见均出此文)。又,宋镇豪云:"中国古代的纪时制度,大致有三种,曰刻漏之制,十二时辰之制,分段纪时之制","分段纪时之制,是最古老的沿用历史最悠久的中国古代纪时法,是本之于日月运行以及人类的生活习俗和生产活动规律的划分时段的纪时法"。氏撰《试论殷代的纪时制度——兼谈中国古代分段纪时制》,《考古学研究(五):庆祝邹衡先生七十五寿辰暨从事考古研究五十年论文集》上册,科学出版社2003年版,第398~423页(下文引述宋先生意见均出此文)。所谓"分段纪时之制",即本章的"时分纪时制"。时分纪时制中的十二制与十二时辰是相对应的,所以本章讨论十二制时,会附带提及十二辰。

② 　参看宋镇豪:《试论殷代的纪时制度——兼谈中国古代分段纪时制》,《考古学研究(五):庆祝邹衡先生七十五寿辰暨从事考古研究五十年论文集》上册,科学出版社2003年版。

③ 　"乘晨",即《史记》中的"乘明",和"昧爽"一样,相当于秦汉十二制中的"平旦"(即寅时)。参看李家浩:《夫跌申鼎、自余钟与郳子受钟铭文研究》,《俞伟超先生纪念文集·学术卷》,文物出版社2009年版,第241~253页。

观战国楚简有"夜中"、"夜过分"①。又《尚书·无逸》有"朝"、"日中昃"，《春秋》经传有旦、鸡鸣、食日、日未中、日中、日下昃、日入、昏、夜中、夜半等等。② 不过商周时期的时分体系究竟是怎样的，限于资料比较零碎而且偏少、字句释读有歧异等诸多因素，还需要做进一步的研究和证明。

与商周相比，秦汉时期的纪时资料丰富很多，尤其是有不少成系统的记载，为深入研究时分纪时制提供了可能。这些资料中的大部分来自出土文献。出土文献中与纪时有关的资料相对集中，主要有两类，一类是西北汉简尤其是居延汉简中的邮书，一类是湖北云梦睡虎地秦简、关沮周家台秦简、随州孔家坡汉简和甘肃天水放马滩秦简、永昌水泉子汉简以及香港中文大学文物馆所藏汉简等秦汉简牍中的《日书》。此外，秦汉简帛中的医药养生类文书、法律文书、一般公文等等也有一些跟时制相关的内容。传世文献中的记载虽然不及出土文献丰富，但是为出土文献的解读提供了不可或缺的支撑，同时也是出土文献的有力补充。

目前，有关秦汉纪时制度的研究已经比较全面和深入，但也存在着这样或那样的问题。时分纪时制的类别，主要有十二、十六、十八时说等，其中十二时说已得到公认，近年十六时说也得到越来越多学者的支持。时分纪时中各时段的划分、时段名称的解释，学者间既有共识，也存在较大争议。这里我们拟对已有研究成果进行梳理，并根据日益增多的秦汉简帛资料，结合相关传世文献，对秦汉时分纪时制做进一步考察。

第一节 十二时制

十二时制是指把一昼夜等分为十二个时段的纪时制度。这种时制中的时称，可以依次用十二地支表示，所以又称十二辰。十二时见于传世文献，完整、系统的记录，最早出现在《左传》昭公五年的晋杜预注里："日中当王，食时当公，平旦

---

① "夜中"相当于"夜半"；"分"古有"半"、"中"之意，"夜过分"相当于"夜过中"或"夜过半"。参看陈伟：《新发表楚简资料所见的纪时制度》，《第三届国际中国古文字学研讨会论文集》，香港中文大学1997年版，第608~610页。

② 用例如《春秋》定公十五年"戊午日下昃，乃克葬"；《左传》宣公十二年"右广鸡鸣而驾，日中而说；左则受之，日入而说"，襄公二十三年"昏而受命，日未中而弃之，何以事君"，定公十年"亦以徒七十人旦门焉，步左右，皆至而立，如植。日中不启门，乃退"，哀公十六年"醉而送之。夜半而遣之"等等。宋镇豪统计认为《左传》的时称有十八个，我们觉得其中的"终夜"、"终夕"等大概是通称，不一定是时段的专有名称。

为卿，鸡鸣为士，夜半为皂，人定为舆，黄昏为隶，日入为僚，晡时为仆，日昳为台。隅中、日出，阙不在第，尊王公，旷其位。"东汉王充《论衡·调时》有一日分为十二时的说法，并与十二地支相配："一日之中，分为十二时，平旦寅，日出卯也。"学者普遍认为这种说法应该与杜预注的"十二时"属于同一系统。据杜预注，可以将《论衡》"十二时"补足如下：

> 平旦寅、日出卯、食时辰、隅中巳、日中午、日昳未、晡时申、日入酉、黄
> 昏戌、人定亥、夜半子、鸡鸣丑

十二时制在中国沿用至明清，关于它的起源却众说纷纭。明顾炎武《日知录》卷二十"古无一日分为十二时"条云："古无以一日分为十二时之说。……自汉以下，历法渐密，于是以一日分为十二时。盖不知始于何人，而至今遵用不废。"[①] 清赵翼《陔余丛考》卷三十四"一日十二时始于汉"条云："古时本无一日十二时之分……其以一日分十二时，而以干支为纪，盖自太初改正朔之后，历家之术益精，故定此法。如《五行志》'日加辰巳'之类，皆汉法也。"[②] 陈槃认为："十二分说，其迹象之见于先秦古籍者，事例非一。左暄氏以为'不始于汉以后'，此言宜不谬。但当早推至于何世，今则未可轻易遂下结论尔。"[③] 李学勤认为，杜预对《左传》昭公五年之文的解释是正确的，"可能在春秋时已有十二时分，但未与地支结合"[④]。上述各家之说无论认为起源于何时，证据都似乎不很充分。

1975 年出土的云梦睡虎地秦简《日书》乙种 156 号简文，是一份有关十二时的记录，原文首尾有残缺，根据同出的其他简文可以补足残文作[⑤]：

> 【鸡鸣丑、平旦】寅、日出卯、食时辰、暮食巳、日中午、臬＜日昳＞未、
> 下市申、舂日酉、牛羊入戌、黄昏亥、人定【子】

睡虎地秦简的时代大体属于秦始皇时期，竹简中书写早的可能早至战国末

① 顾炎武著，黄汝成集释，秦克诚点校：《日知录集释》，岳麓书社 1994 年版，第 708~709 页。
② 赵翼：《陔余丛考》，商务印书馆 1957 年版，第 725 页。
③ 陈槃：《汉晋遗简偶述》，"中央研究院"历史语言研究所集刊》第 16 本，1948 年 1 月，第 338 页。
④ 李学勤：《时分与〈吴越春秋〉》，《历史教学问题》1991 年第 4 期，第 17~20 页。
⑤ 于豪亮：《秦简〈日书〉记时记月诸问题》，《云梦秦简研究》，中华书局 1981 年版，第 351~357 页；收入《于豪亮学术文存》，中华书局 1985 年版。下文引述于先生意见均出此文。

年①。于豪亮最早披露这份资料，指出"它不仅是迄今为止关于十二时最早的记载，同时又是以子、丑等十二辰表示十二时的最早的记载。这种方法至迟也开始于春秋战国时期，随着天文历法的发展而产生"②。直到现在，它依然是我们所能见到的十二时的最早的完整记录，它不能让我们确定十二时起源的具体时间，但为前人十二时制起源于汉代的说法划上了句号。

2008 年，永昌水泉子汉墓群 5 号木椁墓出土《日书》，整理者推测该墓群木椁墓的年代为西汉末年至东汉早、中期③，5 号墓《日书》年代可以据此大体框定。《文物》2009 年第 10 期公布了这批《日书》的若干内容④，其封二所载 12 号简文，自名为"时□"，其下分两栏记录时段，一栏从"夜半"开始，一栏从"日中"开始，原简下部有残缺，图版不清晰，现存的两栏简文，整理者释文作：

夜半、鸡鸣、平旦、日出、食时、隅中、日中、日昳、暮餔▪
日中、日昳、暮餔、日入、昏时、人定、夜半、鸡鸣、平旦▪

从释文看，两栏所记时段应该相同，属于同一系统。两相参照，知两栏各缺失三个时段，可以互补，补足后的时段体系如下：

鸡鸣、平旦、日出、食时、隅中、日中、日昳、暮餔、日入、昏时、人定、夜半

这无疑属于十二时制。

十二时制的材料，在 2000 年出土、2006 年公布的随州孔家坡西汉早期《日书》简中也有发现。孔家坡《日书》"死"篇（简 352–363）内容之一，是以十二地支为据，占卜某日的哪一时段有疾，哪种颜色的人死，其"巳"条、"酉"条不见时称，整理者推测是讹脱所致，"巳"条可据上下文补为"日中"⑤。这样从"子"到"亥"，其时段依次为：

① 睡虎地秦墓竹简整理小组：《睡虎地秦墓竹简》，文物出版社 1990 年版，"出版说明"第 1 页。下文引述睡虎地秦简均据此书。

② 饶宗颐也有类似说法，见氏撰《云梦秦简日书研究》，《楚地出土文献三种研究》，中华书局 1993 年版，第 425 页。

③ 甘肃省文物考古研究所：《甘肃永昌水泉子汉墓发掘简报》，《文物》2009 年第 10 期，第 52~61 页。

④ 张存良、吴荭：《水泉子汉简初识》，《文物》2009 年第 10 期，第 88~91 页。下文引述水泉子汉简均出此文。

⑤ 湖北省文物考古研究所、随州市考古队：《随州孔家坡汉墓简牍》，文物出版社 2006 年版，第 172 页。下文引述孔家坡汉简均据此书。

鸡鸣、平旦、日出、蚤食、暮食、【日中】、日昳、口市、暮市、【□□】、黄昏、人定

为方便比较,我们把上述四份十二时大体依照时代顺序排列如下:

睡虎地秦简:鸡鸣丑、平旦寅、日出卯、食时辰、暮食巳、日中午、日昳未、下市申、春日酉、牛羊入戌、黄昏亥、人定子

孔家坡汉简:鸡鸣、平旦、日出、蚤食、暮食、日中、日昳、口市、暮市、□□、黄昏、人定

水泉子汉简:鸡鸣、平旦、日出、食时、隅中、日中、日昳、暮铺、日入、昏时、人定、夜半

《论衡》:鸡鸣丑、平旦寅、日出卯、食时辰、隅中巳、日中午、日昳未、晡时申、日入酉、黄昏戌、人定亥、夜半子

它们无疑属于同一体系。有意思的是,时代比较接近的睡虎地秦简和孔家坡汉简、水泉子汉简和《论衡》(杜预注),其十二时的名称,也比较一致。如前两者的"暮食",后两者均作"隅中";前两者的"黄昏"、"人定",分别相当于后两者的"人定"、"夜半";睡虎地简的"春日",孔家坡简作"暮市",后两者均作"日入";睡虎地简的"牛羊入",后两者一作"昏时",一作"黄昏",称谓也比较接近。另外睡虎地简的"下市",孔家坡简作"口市",都有"市"字;水泉子简与之相当的时称作"暮铺"、杜预注作"晡时",而"铺"、"晡"是异体字。

在睡虎地秦简《日书》十二时出土之前,人们所见完整地以十二地支表示十二时的资料,大约始自唐代。如敦煌唐写本遗书(伯希和 3821 号)记有完整的"十二辰"[1],1979 年西安市发现的唐"都管七国六瓣银盒"上,也铭刻有"十二辰"[2]:

写本:夜半子、鸡鸣丑、平旦寅、日出卯、食时辰、隅中巳、正南午、日昃未、晡时申、日入酉、黄昏戌、人定亥

银盒:子时半夜、丑时鸡鸣、寅时平旦、卯时日出、辰时食时、巳时隅中、午时正中、未时日睁、申时晡时、酉时日入、戌时黄昏、亥时人定

① 转引自饶宗颐:《云梦秦简日书研究》,《楚地出土文献三种研究》,中华书局 1993 年版,第 425~426 页。

② 张达宏、王长启:《西安市文管会收藏的几件珍贵文物》,《考古与文物》1984 年第 4 期,第 22~27 页。

　　这两份唐十二时的名称，显然和水泉子简、《论衡》更为接近，如"隅中"及自"晡时"（暮舗）至"夜半"的称谓，都跟它们一致。所以，睡虎地秦简和孔家坡汉简、水泉子汉简和杜预注十二时称分别较为接近的现象也许具有片面性，但比照唐代十二时，可知这种现象起码在一定程度上反映了时称的时代变化。同时也说明，十二时称，至迟到东汉时已经大体稳定。不过从睡虎地秦简十二时以至敦煌唐写本遗书和西安唐银盒十二时，十二地支所代表的时段没有发生过变化；也就是说，沿用至明清的十二辰，至迟在秦代就已经定型。

　　水泉子汉简和杜预注的时称，基本为后世所沿袭，含义比较容易理解，睡虎地秦简十二时的"下市"、"春日"、"牛羊入"和孔家坡汉简的"暮市"则比较特殊。关于睡虎地简的三个时称，学者已做有很好的解释[①]。《周礼·地官·司市》云："大市日昃而市，百族为主；朝市朝时而市，商贾为主；夕市夕时而市，贩夫贩妇为主。"所谓"日昃"相当于"日昳"，那么"下市"字面含义或指"日昃"之市行将结束，所以作为时称位于"日昳"之后。春，传说中的山名，太阳由此下落。《集韵》钟韵："春，山名，日所入。"因此睡虎地简以"春日"表示"日入"时段[②]。《淮南子·天文训》记有时称"高春"、"下春"，均指太阳西斜下落的时段，可与秦简互参。《诗·王风·君子于役》有"日之夕矣，牛羊下来"之语，所以"牛羊入"可以表示昏夕时段。孔家坡简的"暮市"，相当于水泉子简"日入"，不过从其他材料看，这一时称的内涵似乎不可一概而论。

　　睡虎地秦简《日书》甲种有两篇"禹须臾"，天水放马滩秦简《日书》乙种也有"禹须臾"[③]，它的原理是以白天的五个时段占测出行结果，其中睡虎地简"禹须臾

① 饶宗颐，宋会群、李振宏，尚民杰做过这方面研究，下文参考并综合了他们的意见。参看饶宗颐：《云梦秦简日书研究》，《楚地出土文献三种研究》，中华书局1993年版，第424页；宋会群、李振宏：《秦汉时制研究》，《历史研究》1993年第6期，第3~15页，下文引述宋、李之说均出此文；尚民杰：《云梦〈日书〉十二时名称考辨》，《华夏考古》1997年第3期，第68~75页、第79页。

② 马王堆汉墓帛书《出行占》有关出行吉凶的一段文字中也有时称"春日"，但《出行占》可能使用十六时制，其"春日"位于"日入"之前，与睡虎地秦简内涵有别。《出行占》原归入《隶书阴阳五行》，此从陈松长说改题，参看刘乐贤：《睡虎地秦简〈日书〉释读札记》，《华学》第6辑，紫禁城出版社2003年版，第120页注3；陈松长：《帛书〈出行占〉中的几个时称概念略考》，《出土文献研究》第7辑，上海古籍出版社2005年版，第82~87页。于豪亮最早指出《隶书阴阳五行》有"春日"。

③ 甘肃省文物考古研究所：《天水放马滩秦简》，中华书局2009年版，第91页；陈伟主编，孙占宇、晏昌贵撰著：《秦简牍合集〔四〕·放马滩秦墓简牍》，武汉大学出版社2014年版，第58~60页。下文引述放马滩秦简均据此二书。

（二）"有"暮市"，与其他两篇"禹须臾"的"夕"相对应①：

旦、日中、餔时、夕 睡虎地日书甲种135 "禹须臾（一）"
旦、暮食、日中、市日、暮市 睡虎地日书甲种97背－101背"禹须臾（二）"
平旦、暮食、日中、日昳、夕 放马滩日书乙种78壹－82壹

　　尚民杰指出睡虎地简五时段的排列遵循着对应关系，即以"日中"居中，"日中"之前、之后的时段分别两两相对。"禹须臾（二）"的"市日"相当于杜预注的"日昳"，"暮市"则由《周礼·地官·司市》"夕市，夕时而市"中的"夕市"得名，亦即"夕"②。十二时制中"日昳"正与"暮食"相对。"夕"在这里与"旦"相对，"旦"为寅时，"夕"则应为"牛羊入戌"时，一在"日出"之前，一在"日入"之后，"夕"相当于后世十二时的"昏时"或"黄昏"③。刘乐贤更明确地说，"市日"相当于"日昃"，可能是从《周礼》"日昃而市"为"大市"而得名④。放马滩简"禹须臾"与之相当的两个时段分别作"日昳"、"夕"，证明尚、刘两位先生的说法似乎可以成立。我们还可以为"夕"相当于"黄昏"找到旁证。如下文将要提到的孔家坡简《日书》"击"篇十二时段中，"日入"之后，"人定"之前有"昏"、"夕"两个时段，"夕"与后世十二时"日入"、"人定"之间的"黄昏"自然有关。

　　《日书》中还有一些篇章使用五时段进行占验，如各地《日书》常见的"禹须臾所以见人日"篇、"吏"篇。为方便比较，我们也把它们的五时段排列如下⑤：

《禹须臾所以见人日》
旦、晏食、日中、日昳、夕日 放马滩日书乙种25贰－34贰
旦、晏食、日中、日昳、夕日 孔家坡日书159贰－171贰

---

① 帛书《出行占》有类似"禹须臾"的内容，按照对应关系，其五时段依次是平旦、晏食、日中、食时、暮市，最后一个时称也是"暮市"，与睡虎地简"禹须臾（二）"相同。刘乐贤怀疑其"食时"是"餔时"的讹写，参氏撰《睡虎地秦简〈日书〉释读札记（《华学》第6辑，紫禁城出版）。

② 刘乐贤将睡虎地简两篇"禹须臾"相对比，最早提出"暮市"相当于"夕"。见氏著《睡虎地秦简日书研究》，第163页。

③ 参看尚民杰：《云梦〈日书〉十二时名称考辨》，《华夏考古》1997年3月。

④ 刘乐贤：《睡虎地秦简〈日书〉释读札记》，《华学》第6辑，紫禁城出版社2003年版。

⑤ 周家台秦简见湖北省荆州市周梁玉桥遗址博物馆：《关沮秦汉墓简牍》，中华书局2001年版，第118~119页；陈伟主编，刘国胜撰著：《秦简牍合集〔三〕·周家台秦墓简牍》，武汉大学出版社2014年版，第38~41页。下文引述周家台秦简均据此二书。香港中文大学藏简见陈松长：《香港中文大学文物馆藏简牍》，香港中文大学文物馆2001年版，第42页、第44~45页。

旦、晏食、日中、日昳、夕香港中文大学藏简 84

《吏》

朝、晏 、 昼、 日虒、夕睡虎地日书甲种 157-166

旦、晏食、昼、 日昳、夕香港中文大学藏简 88-93

朝、暮食、日中、日昳、夕时周家台日书 245-257

    这些五时段的用字和放马滩简"禹须臾"互有些微差别,但内涵一致。"旦"、"朝"、"平旦"是一回事。"晏食"相当于"暮食",都是上午时段,"晏"、"暮"与"蚤食"、"夙食"中的"蚤"、"夙"相对而言,都是早晚之"晚"的意思,与夜晚无关①。"昼"即"日中",《玉篇》晝部:"晝,日正中。""日虒",饶宗颐谓即贾谊赋的"日施(暆)",亦作"日斜"②,正与"日昳"相当。那么古人占验时,对五时段的采用,似乎相当一致,很有规律,这对"市日"即"日昳"、"暮市"即"夕"的看法也是很好的佐证。

    但是,这样的看法实际上存在着矛盾。首先,睡虎地简"禹须臾(一)"与"市日"对应的时段作"餔时"。在系统的时制材料中,"餔时"位于"日昳"之后,两者是不同时段。其次,孔家坡简"死"篇的"暮市",相当于"日入",也不同于"黄昏"。刘乐贤曾针对睡虎地"禹须臾"篇"餔时"与"市日"的矛盾解释说:古人使用五时段进行占测时,对某些相邻时段的区分并不十分严格,"日昳"(即"市日")与"餔时"在时制系统中前后比邻,所以"禹须臾"篇"市日"可以与"餔时"相当③。如果这种解释成立,十二时制"日入"和"夕"(即"黄昏")也前后比邻,睡虎地简"暮市"就可能不是"夕"的异称,而可据孔家坡简"死篇"十二时认为是"日入"的异称。

    应该说明,我们是把睡虎地简和孔家坡简的"暮市"当做同一时段来看待的,事实上两者的"暮市"所指也有可能不同。尚民杰认为"暮市"由《周礼》"夕市,夕时而市"的"夕市"得名④。周家台《日书》简 367 依早晚之序记录有白天的

---

①   参看尚民杰:《云梦〈日书〉十二时名称考辨》(《华夏考古》1997 年 3 月);刘乐贤:《睡虎地秦简〈日书〉释读札记》(《华学》第 6 辑,紫禁城出版社 2003 年版)。刘先生还指出,《史记·天官书》描述太白星的运行时说,"出西方,昏而出阴,阴兵强;暮食出,小弱;夜半出,中弱;鸡鸣出,大弱:是谓阴陷于阳","暮食"位于"昏"和"夜半"之间,其"暮"字用的是本义,"暮食"似相当于周家台秦简《日书》二十八时段中位于"黄昏"之后的"夕食",跟这里的"暮食"并非同一时段,其说可信。张家山汉简《引书》40-42 记录治疗腿足之疾,方法类似今天的"荡秋千",云"朝为千,日中为千,暮食为千,夜半为千",每天按时段各做一千次,其"暮食"位于"日中"和"夜半"之间,大概和《天官书》中的"暮食"指同一时段,参看李天虹:《分段纪时制与秦汉社会生活举隅》,《出土文献研究》第 10 辑,中华书局 2011 年版,第 156 页。

②   饶宗颐:《云梦秦简〈日书〉研究》,《楚地出土文献三种研究》,中华书局 1993 年版,第 426 页。

③   刘乐贤:《睡虎地秦简〈日书〉释读札记》,《华学》第 6 辑,紫禁城出版社 2003 年版。

④   刘乐贤有相同看法,见《睡虎地秦简〈日书〉释读札记》,《华学》第 6 辑,紫禁城出版社 2003 年版。

7 个时段,文云:"平旦晋,日出俊,食时钱,日中式,餔时浚儿,夕市时□□,日入鸡……"其中的时称"夕市时",从字面上看,与《周礼》"夕市,夕时而市"的关系更为密切,而"夕市时"位于"日入"之前,不同于"日入",更不同于"黄昏"。因此,尚先生的这个看法实际上需要进一步考虑。有些时称,在不同场合或不同语境下可能代表不同时段,前面我们已经有所涉及(如"春日"、"暮食"),时称"夕"或"夕时"、"夕日"也是一个很好的例子。后文将提到的孔家坡汉简《日书》"日时"篇、周家台秦简《日书》二十八时段、悬泉置汉牍三十二时段中[①],"夕时"都位于"日入"之前,很可能与周家台 367 号简的"夕市时"相当,而跟《日书》中以五时段占验各篇及孔家坡简"击"篇中大体相当于后世"黄昏"的"夕(夕时、夕日)"不同。对这种情况既需要通盘考虑,也需要具体分析,否则很容易引发错误的论证或结论,恐怕值得专门讨论。

需要指出,孔家坡汉简《日书》"死失"篇的第三部分(简 324-344),按六十甲子顺序占测人在什么时段死后,"失"的去向及吉凶情况。简文原有残缺,但大体完整,提到的时段有鸡鸣、旦、平旦、日出、夙食、暮食、日中、日是、市时、少暮、暮、夕、晦、黄昏、昏、夜半,共十六个。这容易使人联想到十六时制。不过从其他资料看,时称"旦"往往是"平旦"的省称,"昏"可以是"黄昏"的省称,由此推测"少暮"或者相当于"暮","晦"也许相当于"夕"。放马滩秦简《日书》乙种 297、359 号,都把白天分为旦至日中、日中至晦两个阶段,以"旦"和"晦"对称,而《日书》中"旦"常常跟"夕"对称。《易·随》:"君子以向晦入宴息",孔疏引郑玄云:"晦,宴也。犹人君既夕之后,入于宴寝而止息。"这样整合后得到十二个时称:

鸡鸣、平旦、日出、夙食、暮食、日中、日是、市时、暮、夕、黄昏、夜半

如果整合不误,这段文字可能和"死"篇一样,也运用了十二时制[②],其"夙食"即"蚤食";"日是"可读为"日昳",即"日昳"。古是、施音近可通。《尔雅·释器》:"竿谓之箷。"《释文》:"箷,李本作'箷'。""市时"相当于睡虎地秦简"十二时"篇的"下市",即后世的"餔时";"暮"可能相当于"死"篇的"暮市",指"日入"时段;"夕"即后世的"黄昏";"夜半"相当于"死"篇的"人定"。

孔家坡简《日书》"击"篇(简 78-89)还有一份比较特殊的十二时段资料,该

---

① 参看张德芳:《悬泉汉简中若干"时称"问题的考察》,《出土文献研究》第 6 辑,上海古籍出版社 2004 年版,第 190~191 页;张德芳:《简论汉唐时期河西及敦煌地区的十二时制和十六时制》,《考古与文物》2005 年第 2 期,第 67~75 页。

② 应该承认,这种整合推测性较大。

篇讲述一年十二个月中,每月十二支日某物所"击"的时段,与十二支相应,时段也有十二个,依次为:

鸡鸣、平旦、日出、食时、【日中】、日昳、日入、昏、夕、人定、夜半、夜过半

这份十二时和上述自秦传承到明清的十二时有明显区别,夜晚时段的划分比较详细。首先,"日出"和"日中"之间、"日中"和"日入"之间,它分别只有一个时段,而上述十二时资料都有两个时段。其次,"人定"之前、"夜半"之后,它又分别比上述十二时多出一个时段"夕"、"夜过半"。不过它似乎也是等分制,"夜半"到"食时"终止、"日中"到"人定"终止,都是六时。

秦汉《日书》中流行十二时制,并且用十二地支表示十二时段,但从其他资料看,起码西汉时期,十二时制似乎没有在日常生活中得到普遍运用。传世秦汉文献中的时称资料比较零碎,仅据时称似乎难以判断其通行的时制。陈梦家考证说,传世文献以十二支纪时,最早见于西汉元帝、成帝之时。时代主要为西汉中晚期的西北汉简有大量的时称资料,其中关于十二辰的极少。此外,居延汉简的纪时材料证明,西汉中晚期,西北边塞流行十六时制。戍边军队实行的时制,应该是官方时制,因此西汉政府推行的应该就是十六时制,中原地区也通行十六时。基于上述,有学者指出,十二时制的出现尽管很早,但它大约局限于某种特殊用途,在日常生活中的普遍运用可能较晚。如于豪亮说:"从《史记》、《汉书》、《素问·藏气法时论》诸书以及居延汉简所记时辰来看,秦汉民间普遍使用的是十六时制,十二时制只为历法家等少数人所使用。十二时制在民间的普遍通行,大约是在西汉末年或新莽之时。"宋镇豪认为,与其将睡虎地秦简"十二时""视为秦代流行十二时辰之制的证据,不如说是当时出于某种需要,而有意将时分纪时之制中的十二时段与十二时辰所作的对照……十二时辰之制的广泛流行或应迟至南北朝时期"。尚民杰认为,"虽然在秦简中已经出现了十二时制的名称,虽然当时在一些地区已经实行了十二时制,但直到西汉时期,计时制度大约仍以十六时制为主","结合文献资料似乎可以认为至少在东汉时期已普遍实行十二时制"[1]。我们认为,秦汉时期《日书》类文献盛行,人们日常生活的重要方面几乎都在《日书》中有所反映,[2]《日书》和日常生活的关系非常密切,那么《日书》中流行的时制,即使在现实生活中没有通行,应该也能为一般民众所了解,并能与现实中通行的时制相比附,当时的人们对十二时制

① 尚民杰:《居延汉简时制问题探讨》,《文物》1999 年第 11 期,第 80~86 页。

② 参看李零:《"式"与中国古代的宇宙模式》,《中国文化》第 4 期(1991 年春季号),三联书店 1992 年版,第 1~30 页。

起码不会感到陌生①。

第二节　十八时说

十八时说不见于文献记载。1965年,陈梦家根据西北汉简(主要是居延旧简)、同时辅以传世文献考察汉代时制②,提出十八时制说。今天来看,这个观点是存在问题的。不过陈先生最早利用出土资料对秦汉时制进行系统、细致的考察,其方法和论证在很大程度上影响了后续研究,时至今日,依然值得学习和借鉴。

居延汉简与时制有关的资料主要是邮书。邮书中出现的时称,大体依早晚之序有平旦、日出、蚤食、食时、食坐、隅中、日东中、日中、日西中、日昳、日昳中、日过中、餔时、参餔时、下餔、日入、昏时、夜食、人定、夜少半、夜半、夜大半、夜过半、鸡前鸣、鸡鸣、鸡中鸣、鸡后鸣。不见于邮书,但见于其他类简文(其中有的可能与邮书有关)的时称还有晨时(25.13,EPF16:4)、日出一干(EPT58:17)、日出二干(308.35)、餔坐(160.7,EPT31:6)、日且入(EPT59:2,EPT68:83)、桑榆(EPT56:336,EPW67)、夜中(EPT52:370)等。敦煌汉简还可见时称"夜未半"(1578)、"大晨"(842,2189)。陈梦家对他当年所能见到的时称资料作穷尽性检索,然后进行梳理、整合,得到十八时段,指出:"如此一昼夜平分为十八等分",凡记十八时的资料,"多属自西汉武帝末至东汉建武时期的汉简",但根据额济纳河流域查科尔帖出土的永元年间简,十八时"到了东汉和帝永元十七年以前,似乎一直存在","故知至此时仍然以西汉以来的十八时制作为官制"。

陈先生所主十八时依次是:

---

① 本章曾呈日本学者森和指教。他说,他怀疑十六时制是民间普遍使用的,或是主流的说法。可是因为汉代西北地区的邮人和戍卒等在十六时制中活动的人们和用《日书》选择判断时日吉凶的人们都属于同一社会,所以在官方的十六时制和《日书》的十二时制之间应该有一定关系。参看氏撰「日書」と中国古代史研究—時稱と時制の問題を例に—,《史滴》第30号,早稻田大学东洋史恳话会2008年12月,第25~44页。

② 本章依惯例将1930年和20世纪70年代出土的居延汉简分称居延旧简、居延新简,统称居延汉简。文中所引用的相关资料见谢桂华、李均明、朱国炤:《居延汉简释文合校》,文物出版社1987年版;甘肃省文物考古研究所、甘肃省博物馆、文化部古文献研究室、中国社会科学院历史研究所:《居延新简——甲渠候官与第四燧》,文物出版社1990年版;甘肃省文物考古研究所、甘肃省博物馆、中国文物研究所、中国社会科学院历史研究所:《居延新简——甲渠候官》,中华书局1994年版。

平旦、日出、蚤食、食时、东中、日中、西中、餔时、下餔、日入、昏时、夜食、人定、夜少半、夜半、夜大半、鸡鸣、晨时

其中"鸡鸣"包括"鸡前鸣"、"鸡中鸣"、"鸡后鸣",认为"夜少半"同"夜未半","晨时"同"大晨","日出"包括"日出一干"、"日出二干","食时"、"餔时"分别同"食坐"、"餔坐"①,"东中"同"隅中","西中"与"日昳"、"日昳中"、"日过中"指同一时段,"夜食"同"参餔"、即文献的"晏餔"。

今按,在悬泉置汉牍的三十二时段中,也有时称"大晨",但位于"鸡前鸣"之前;又有"几旦",位于"鸡后鸣"与"平旦"之间,张德芳认为相当于"晨时"②。"参餔时"也见于敦煌简(2020),悬泉置简又有"参下餔"③,这类"参"字的用法应该相同,疑"参餔时"、"参下餔"应分别包含在"餔时"、"下餔"时段之中。周家台简二十八时段有"夜三分之一"之称,位于"夜少半"之前,而"参"古有"三分"之意,"参餔时"这类时称的含义或许可以和"夜三分之一"相类比。邮书还有"夜过半",陈先生疑在"夜半"范围内,学者大都认为相当于"夜大半"。顺便指出,这里"食时"均位于"蚤食"之后,相当于十二时制中的"暮食"。而十二时制中的"食时"和"蚤食"是同一时段的异称。因而此处"食时"与十二时制中的"食时"内涵有别,需要特别留意。西北简似不见"暮食"、"晏食"之称,大概均以"食时"代之。

陈梦家是最早利用出土文献对秦汉时制进行系统研究的学者,十八时说甫出,在学界产生很大影响。随着出土资料的不断公布以及研究的不断深入,近年十八时说已少有学者认可。十八时说主要是由居延旧简资料条理、归纳得出的,没有直接、确凿的证据;后文我们将提到,居延新简有相当可靠的记载,证明其时通行十六时制,十八时说令人质疑在情理之中。由陈先生对资料的分析和取舍看,十八时说也确实有一定程度的主观性或者说片面性。如关于半夜三时段的划分,陈先生解释说"夜少半"和"夜大半"都有精确到"分"的记录(夜少半四分 224.23+188.3④;夜大半三分 49.22+185.3),"则少半和大半应是两个'时段',

---

① 两"坐"字,原文误为"尘"。曾宪通认为"食坐"、"餔坐"或指食、餔即将终止之时,"坐"与"尽"字意义相当,参氏撰《秦汉时制刍议》,《中山大学学报》1992 年第 4 期,第 106~113 页。下文引述曾先生意见,均出此文。

② 张德芳:《悬泉汉简中若干"时称"问题的考察》,《出土文献研究》第 6 辑,上海古籍出版社 2004 年版。本章关于悬泉三十二时段的内容介绍及张德芳对三十二时段的考证均引自此文及氏撰《简论汉唐时期河西及敦煌地区的十二时制和十六时制》(《考古与文物》2005 年第 2 期),不一一出注。

③ 胡平生、张德芳:《敦煌悬泉汉简释粹》,上海古籍出版社 2001 年版,第 88 页 106 号简。

④ 此号陈梦家:《汉简缀述》,中华书局 1980 年版,第 248 页作"188.32+224.23",兹据谢桂华、李均明、朱国炤《居延汉简释文合校》,文物出版社 1987 年版。

或不是一个夜半'时段'的前、后两半";中午三分为东中、日中与西中(东中六分506.6,西中二分495.3)"和半夜一段时间三分为夜少半、夜半和夜大半,其例相同。"但是,简文所见鸡鸣三时段"鸡前鸣"、"鸡鸣(鸡中鸣)"、"鸡后鸣"的划分与半夜、中午三时段类同,而且它们也有精确到"分"的记录(如鸡鸣五分104.44、鸡后鸣五分193.2、鸡前鸣七分EPT52:52),陈先生却予以合并,显得自相矛盾。需要指出,陈先生对此并没有完全肯定,在对十八时说做总结时,他提到各时段都可以确定,"只有夜半分为夜少半、夜半、夜大半三段相等的时分,尚有待于进一步的确定",并进一步说明:"西汉时至少有了十六时分,很可能是十八时分"。学者似乎大多强调陈先生主十八时制说,而相对忽视了他对十八时说的保留[①]。

十八时说虽然存在问题,但陈梦家对西汉时制的探索,奠定了秦汉十六时制研究的基础,学者对十六时段、时序的探讨,或多或少大都受到了他的影响,十八时说的功绩不能低估。

第三节 十六时制

十六时制在传世文献中没有明确记载,也是学者将出土与传世文献结合起来研究得出的。随着研究的不断深入,秦汉通行十六时制已经在学界基本达成共识,但是有关十六时制时段、时序的研究却存在较大争议。

一、十六时制的提出与论定

1981年,受出土文献启发,于豪亮首次提出秦汉通行十六时制说。于先生认为有两点理由可以证成十六时制。其一,马王堆帛书隶书本《阴阳五行》(笔者按:即《出行占》)共有平旦、日出、食时、暮食、东中、西中、日昳、下昳、下餔、春日、日入、定昏等时称十二个,帛书残缺不全,加上古籍中常见的夜半、鸡鸣、日中、餔时,恰恰是十六时。其二,睡虎地秦简《日书》甲种有两份"日夕表"(简64正–67正、60背–68背)[②],各月昼夜总合正是十六时,这是当时将一昼夜分为十六时的最好证据。

---

① 当然,陈先生的保留,也许受到钱宝琮、夏鼐二氏不同意见的影响,参氏著《汉简缀述》,中华书局1980年版,第256页注释。

② 于先生称"昼夕消长表"。此采刘乐贤说,参氏著《睡虎地秦简日书研究》,文津出版社1994年版,第268~269页。

从现有资料看,秦汉时期确实存在十六时制,但是西汉的时称情况比较复杂,简单地对帛书时称进行拟补恐怕会失之于片面,不过《日书》"日夕表"确实可能与十六时制有关。

除睡虎地秦简外,香港中文大学文物馆藏汉简《日书》(简76)、放马滩秦简《日书》乙种(简78–86)都有所谓"日夕表",其核心内容是将一昼夜划分为十六等分,兹以睡虎地秦简《日书》(简60背–68背)为例移录"日夕表"如下:

> 正月日七夕九,二月日八夕八,三月日九夕七,四月日十夕六,五月日十一夕五,六月日十夕六,七月日九夕七,八月日八夕八,九月日七夕九,十月日六夕十,十一月日五夕十一,十二月日六夕十 ①。

王充《论衡·说日》有与"日夕表"相同的理论,谓之"日行天十六道":

> 儒者或曰日月有九道,故曰日行有远近,昼夜有长短也。夫复五月之时,昼十一分,夜五分;六月,昼十分,夜六分;从六月往至十一月,月减一分。此则日行月从一分道也。岁日行天十六道也,岂徒九道?

《淮南子·天文训》有日"行九州七舍"之说,高诱注:"自阳谷至虞渊,凡十六所,为九州七舍也。"前人早已指出,所谓"十六所"应与《论衡》"十六道"相当②。

于先生之后,一些学者提出类似观点,即昼夜十六分说很可能和十六时制有关,并有比较详细的论述。如曾宪通说,"我们还疑心秦简日书中一昼夜所经历的十六个单位,与《淮南子·天文篇》的'日行九州七舍历十六所'、王充《论衡》的'日行十六道'都是同一背景下的产物,其理论与十六时段的产生和确立可能很有关系……日行十六所可能是古代堪舆家观测日出、日入建立起来的一种理论,而十六时制则是基于这种理论之上的一种比较实用的时刻制,两者既有所区别,又是互相联系的"。宋会群、李振宏认为,十二时制起源于对天穹以北极为中心的十二个方位的划分③,"所谓十六分或十六道,很明显是和十二辰一样,是对天穹上十六个方位的均匀划分,也指一昼夜内的十六个时段","像十二时制的来源一样,十六时制

---

① 文中的"夕",其他两种均作"夜",另外香港中文大学藏简只见大月。
② 参何宁:《淮南子集释》(上)第237页引清人钱塘"补曰"(中华书局1998年版);曾宪通:《秦汉时制刍议》,《中山大学学报》,1992年第4期。
③ 参看陈久金:《中国古代时制研究及其换算》,《自然科学史研究》1983年第2卷第2期,第118~132页。

亦以太阳所经天穹的十六方位作为划分时段的基础"。

也有学者认为十六分说与十六时制无关。如陈梦家提出,"王充的昼夜十六分比法,可能是当时民间的简易比法","只是概略的说明四季十二月昼夜长短,它们与史官的漏制既无关系,也不能据此以为当时分一日为十六时或十二时。王充的十六分是指日行月从的十六分道或十六道,而他在《調时篇》说'一日之中,分为十二时'才指时间"。张闻玉的看法和陈先生相近,认为"王充是用日月行度解释昼夜长短分度十六分制,并不是有一种十六时纪时制","日夕十六分度记各月昼夜长短有别,非纪时之法制"①。

我们认为,"日夕表"或者说昼夜十六分说、"十六道"、"十六所"应该和十六时制有关,十六时制可能就是在这类理论的基础上建立起来的,上述第一类看法大约符合事实。"日夕表"的昼夜十六分,与《论衡》"日行天十六道"相应,"十六道"又与《淮南子》所谓日"行九州七舍"的"十六所"相当。今传《淮南子》有关"十六所"的文字如下②:

> 日出于旸谷,浴于咸池,拂于扶桑,是谓晨明。登于扶桑,爰始将行,是谓朏明。至于曲阿,是谓旦明。至于曾泉,是谓蚤食。至于桑野,是谓晏食。至于衡阳,是谓隅中。至于昆吾,是谓正中。至于鸟次,是谓小迁。至于悲谷,是谓铺时。至于女纪,是谓大迁。至于渊隅,是谓高春。至于连石,是谓下春。爰止羲和,爰息六螭,是谓愚车。薄于虞泉,是谓黄昏。沦于蒙谷,是谓定昏。日入于虞渊之汜,曙于蒙谷之浦,行九州七舍,有五亿万七千三百九里。禹以为朝、昼、昏、夜。

其总结语日"行九州七舍","禹以为朝、昼、昏、夜",意思是说太阳运行十六所,成为一昼夜。与之相呼应,它此前的文字,应该是讲述太阳一昼夜所经历的十六所以及太阳到达每一所时所值时段,亦即十六所依次对应一昼夜的十六时,因此学者或说《淮南子》所载是十六时制的反映,应该符合事实。《淮南子》现存文字只有十五个时段③,根据其他文献,可知是脱文所致。与"日入于虞渊之汜,

---

① 张闻玉:《云梦秦简〈日书〉初探》,《江汉论坛》1987年第4期,第68~73页。
② 两"迁"字原作"还","渊隅"之"隅"原作"虞",参何宁:《淮南子集释》(上),中华书局1988年版,第234~235页。
③ 陈梦家提出《淮南子》叙述的是太阳在白昼的行程及一日的十五个时称,不包括夜晚。此说恐不确,参看李解民:《秦汉时期的一日十六时制》,《简帛研究》第2辑,法律出版社1996年版,第80~88页。

曙于蒙谷之浦"相当的文字,唐徐坚《初学记》引作"日入崦嵫,经于细柳,入虞泉之池,曙于蒙谷之浦。日西垂景在树端,谓之桑榆"[1],"桑榆",不见于今本,但作为时称见于居延新简,可见《初学记》引文必有所据。加上"桑榆",《淮南子》所载正好是十六时[2]。不过,一般认为"桑榆"指日暮时段,按理说不应位于"定昏"之后,这里或许也存在讹文。有学者没有利用《初学记》等文献的引文,也指出今本《淮南子》当有一个未载或讹脱的时称[3]。不管怎样,《淮南子》中的"九州七舍"十六所,对应着昼夜十六时,应该是没有问题的,只是其十六时的名称和次序究竟如何,还存在疑问。

因此,将《日书》"日夕表"和《论衡》《淮南子》的相关材料结合起来看,恐怕很难否认昼夜十六分说与十六时的关系。

70年代发现、90年代公布的居延新简中,有比较明确的西北边塞实行十六时制的证据,已为学者指出,见下简[4]:

> 官去府七十里,书一日一夜当行百六十里,书积二日少半日乃到,解
> 何?书到,各推辟界中,必得。事案到,如律令言。EPS4T2:8
> 不中程百里罚金半两,过百里至二百里一两,过二百里二两……
> EPS4T2:8背

简文大意是,按照规定,西北边塞邮书一昼夜应行一百六十里,对行书"不中程"即延迟者,将视情节轻重予以处罚。张家山汉简《二年律令·行书律》273号简文与此类似[5]:

> 邮人行书,一日一夜行二百里。行不中程半日笞五十,过半日至盈一

---

[1] 《初学记》卷一天部上日第二,中华书局1962年版,第5页。

[2] 何宁疑今本《淮南子》"'日入'下夺'崦嵫经细柳入'六字,盖两'入'字相乱而误"(《淮南子集释》上,中华书局1988年版,第237页),对"日西垂景在树端,谓之桑榆"诸字未予评说。李解民认为"桑榆"当是今本脱落的时称,见氏撰《秦汉时期的一日十六时制》,《简帛研究》第2辑,法律出版社1996年版。

[3] 如宋会群、李振宏在"定昏"之后补"鸡鸣",与"旸谷"相配;尚民杰认为"旦明"之后当有"日出"(《居延汉简时制问题探讨》,《文物》1999年第11期);李零认为《淮南子》"定昏"之后脱漏一个时称(《"式"与中国古代的宇宙模式》,《中国文化》第4期,三联书店1992年版)。

[4] 宋会群、李振宏最早利用此简说明十六时制的存在;李解民有更详细的考释,见氏撰《秦汉时期的一日十六时制》,《简帛研究》第2辑,法律出版社1996年版。本章下面所述参考了他们的意见。

[5] 张家山二四七号汉墓竹简整理小组:《张家山汉墓竹简〔二四七号墓〕》,文物出版社2001年版,第170页。

日笞百,过一日罚金二两。

相关资料又见于睡虎地秦简《行书律》和岳麓书院所藏秦简《卒令》①:

　　行命书及书署急者,辄行之;不急者,日毕,勿敢留。留者以律论之。
《秦律十八种·行书律》183
　　令曰:邮人行书留半日赀一盾,一日赀一甲,二日赀二甲,三日赎耐,
过三日以上耐。岳麓书院秦简 1805

　　相互对照,可知居延简所谓"书一日一夜当行百六十里"及对不中程的惩罚措
施,不是特例,而应属于律令条文,所谓"如律令言"中的"律令",大概即指此。我
们知道居延简邮书的规定时速是十里②,十六时当行一百六十里,如此一昼夜正好
是十六时。"书一日一夜当行百六十里"属于律令,由此反映出来的昼夜十六时,
自然属于官制。

　　放马滩秦简《日书》"生子"篇(甲简 16—17、19,乙简 142—143)按照昼夜十六
时段占卜生男生女情况,学者普遍认为是十六时制的反映。其十六时段依次是:

　　平旦、日出、夙食、暮食、日中、日过中、日则、日下则、日未入、日入、
昏、夜暮、夜未中、夜中、夜过中、鸡鸣

　　建立在昼夜十六分基础上的十六时,按理说应该是等分制。西北汉简中的
十六时,如果不是等分制,显然在实际工作中难以执行。但是放马滩简的十六时段
似乎不是等分,"日中"之后、"夜中"之前时段的划分比较详细,从"夜中"到"暮食"
终止是七个时段,从"日中"到"夜未中"终止却是九个时段。不少学者注意到"生
子"篇十六时的不等分现象,有的给出了解释,如宋振豪认为这"显示了当时纪时
的地区性差异",尚民杰推测"造成这种状况的原因可能有二:一是当时或许就是

---

① 岳麓书院秦简 1805 见陈松长:《岳麓书院藏秦简中的行书律令初论》,《中国史研究》2009 年第
3 期,第 31~38 页。本章所引岳麓秦简资料均出自此文。释文参看陈伟:《岳麓书院秦简行书
律令校读》,简帛网 2009 年 11 月 21 日,http://www.bsm.org.cn/show_article.php?id=1177;赵宠
亮:《岳麓书院秦简行书律令释读补正》,简帛网 2009 年 12 月 7 日,http://www.bsm.org.cn/show_
article.php?id=1189。
② 李均明最早指出这一点,参氏撰《汉简所见一日十八时、一时十分记时制》,《文史》第 22 辑,中华
书局 1984 年版,第 23~24 页。

实行这种不规范的十六时计时方法；二是简文或释文有误"①。

　　如果说"生子"篇确实运用了十六时制，并且其十六时与日常生活中的十六时制相当②，尚民杰所作简文有误的推测可能有一定道理，简文"日中"也许是"隅中"之误③，"日过中"或应作"日中"④。《淮南子》十六时"晏食"（亦即"暮食"）之后、"正中"（亦即"日中"）之前的时称为"隅中"，可资参证。至于放马滩简甲、乙种"生子"篇十六时称相同，即两种《日书》发生同样的书写错误，也许是它们之间有传承关系所致。如其整理者认为：从字体看，甲种有战国古文之风，乙种多有秦隶之意，甲种抄写时代当早于乙种。甲种共八篇，全部见于乙种，其中七篇（包括"生子"篇）两种内容全同，当系乙种抄于甲种⑤。这样，自"日中"（即简文"日过中"）到"夜未中"终止、"夜中"到"隅中"（即简文"日中"）终止都是八时，"生子"篇十六时就成为等分制。

　　总之，就目前的资料和研究看，秦汉通行有十六时制，昼夜十六分说可能是十六时制的理论基础。据放马滩秦简《日书》"生子"篇，我们或许可以说，至迟战国晚期，十六时制已经出现，和学界据睡虎地秦简得出的十二时制出现的时间差不多。对于两种时制孰早孰晚，学者看法不一，如陈久金认为"十六时制建立在前，十二时辰的时制产生在后"⑥，李学勤则说"商至西周已对一日时间作了分划。可能在春秋时已有十二时分，但未与地支结合。到秦代，十二时分已与地支结合，并发展出十六时分"，"十六时分是从十二时分发展而来。这种制度流行的时间不太久，后来通行的仍然是十二时分"⑦。这个问题有待进一步研究。

二、居延汉简所见十六时制的时段、时序

　　已知秦汉通行十六时制，但如上所述，有关其时段和时序的系统、完整的记载

①　尚民杰：《居延汉简时制问题探讨》，《文物》1999 年第 11 期。
②　我们还怀疑"生子"篇十六时的特殊性与其《日书》的性质有关，此十六时或许不能与日常生活中的十六时制完全划等号。
③　"隅中"与"东中"是相同时段的异称。考虑到"东中"与"西中"是对称，而放简"十六时"与"西中"相当的时称作"日则"，所以这里取"隅中"。
④　尚民杰曾提出：十六时段具有可变性，有的月份"日过中"其实就是"日中"，而"日中"则可能代表了"日东中"（《从〈日书〉看十六时制》，《文博》1996 年第 4 期，第 81~86 页）。"日过中"的"过"，尚文原作"西"，系据 1989 年发表的放马滩《日书》甲种释文。
⑤　甘肃省文物考古研究所：《天水放马滩秦简》，中华书局 2009 年版，第 123 页、第 129 页。
⑥　陈久金：《中国古代时制研究及其换算》，《自然科学史研究》第 2 卷第 2 期，1983 年。
⑦　李学勤：《时分与〈吴越春秋〉》，《历史教学》1991 年第 4 期。

比较少见,传世文献只有《淮南子·天文训》,出土简帛只有放马滩秦简《日书》"生子"篇,而这两份资料似乎都有些问题,《淮南子》的时称也比较特殊,劳干就说过,"淮南子之十五时名则含义深蕴,显然为文人术士所创,非家人闾里所能行"[①]。因此十六时制的内涵,还需要从其他时称资料里发掘、条析和总结。《史记》、《汉书》、《素问》等文献及出土秦汉简帛都有时称方面的记载,据陈梦家整理,《史记》有乘明、旦、日出、蚤食、食时、日中、日昳、餔时、下餔、日入、昏、暮食、夜半、鸡鸣等十四个时称,《汉书》有晨、旦(旦明)、日出、蚤食、食时、日中(正中)、餔时、下餔、昏、夜过半(夜过中)、鸡鸣等十一个[②],《素问》有大晨、平旦、日出、早食、晏食、日中、日昳、下餔、日入(日夕)、黄昏、晏餔、人定(合夜)、夜半、夜半后、鸡鸣等十五个[③];于豪亮说马王堆帛书隶书本《阴阳五行》有平旦、日出、食时、暮食、东中、西中、日昳、下昳、下餔、春日、日入、定昏等十二个,但是这些资料都不完整。对比而言,居延汉简,特别是其邮书中的时称资料最为丰富,时称的记载也最为细致和规范,所以学者们多以此为主要依据来研究十六时制的时段、时序,我们也以居延简中的邮书为切入点对相关问题作进一步考察。

首先需要说明,于豪亮根据马王堆帛书和其他古籍、宋镇豪结合秦简、马王堆帛书及《史记》分别推定十六时如下[④]:

平旦、日出、食时、暮食、东中、日中、西中、日昳、下昳、餔时、下餔、春日、日入、定昏、夜半、鸡鸣(于豪亮)

清旦、日出、食时、暮食、东中、日中、西中、日昳、餔时、下市、春日、日入、黄昏、人定、夜半、鸡鸣(宋镇豪)

两位先生没有对其结论展开论证,而且没有利用西北汉简资料,这里姑置不论。

就我们所见,学界有关十六时段、时序的意见,大致可以划分为四种,其分歧主要表现在是否将半夜、鸡鸣、中午三个时间段各自三分,即各说对"夜少半"、"夜

① 劳干:《居延汉简考释·考证之部》卷二,《汉简研究文献四种》下册,北京图书馆出版社 2007 年版,第 177 页。

② 《史记》、《汉书》还有时称"平明"、"平旦",载《史记·项羽本纪》、《淮阴侯列传》、《汉书·张良传》、《李广传》等;另外《史记·屈原贾生列传》有"日施",《汉书·贾谊传》作"日斜"。

③ 日夕,李零认为相当于"黄昏",似乎更为合理。见氏撰《"式"与中国古代的宇宙模式》,《中国文化》第 4 期,三联书店 1992 年版。

④ 各家排列时段的起点不同,或"夜半",或"晨时",或"平旦",有的代表了学者对日界的看法,有的不明。从西北汉简看,西汉日界可能在"平旦"(参看黄琳:《居延汉简纪时研究》,华东师范大学硕士学位论文,2006 年 4 月,第 67 页),为方便排比,本章以下时段的排列均从"平旦"开始。

半"、"夜大半","鸡前鸣"、"鸡鸣"、"鸡后鸣","东中"、"日中"、"西中"的分合看法不一。

于先生提出十六时说之后,大约是陈久金最早撰文赞同,其十六时,直接建立在陈梦家十八时说基础之上,认为所谓十八时中的"夜少半"、"夜大半"不是独立时段,应该纳入"夜半"[1]。曾宪通结合居延新简资料,指出陈梦家由居延旧简归纳出的时段大体可信,但是"夜半时三分为夜少半、夜半和夜大半,同鸡鸣时三分为鸡前鸣、鸡中鸣与鸡后鸣应属同类现象。陈表于前者取分而后者不分,标准殊不一致。若两者皆三分,则为二十时段,若两者皆不分,则为十六时段,并不以十八时段为限。鉴于汉简中未见'夜半时若干分'和'鸡中鸣若干分',且'夜少半'与'鸡后鸣'均不缀以'时'字,我认为'不分'的可能性更大些"。这样,陈、曾两位先生的十六时说相同,与十八时说的区别只在于将半夜的三时段予以合并:

平旦、日出、蚤食、食时、东中、日中、西中、餔时、下餔、日入、昏时、夜食、人定、夜半(夜少半、夜半、夜大半)、鸡鸣(鸡前鸣、鸡中鸣、鸡后鸣)、晨时

张德芳将包括居延汉简(含尚未正式发表的居延新简)、敦煌汉简、悬泉置汉简在内的西北汉简所见时称进行排比统计和整合,然后取出现频次排在前十六位的时称,作为十六时的具体名称。其十六时段本质与陈、曾十六时无别,只是将"东中"称为"日未中","西中"称为"日失"[2]。

上述可视为十六时制的第一种意见。

第二种意见由尚民杰提出。他依据居延旧简,归纳十六时段为:

平旦(鸡后鸣)、日出、蚤食、食时、东中、日中、西中、餔时、下餔、日入、昏时、夜食、人定(夜少半)、夜半、夜过半(鸡前鸣)、鸡鸣(鸡中鸣)[3]

与第一种意见的区别首先在于将半夜、鸡鸣两阶段分别三分,三分后的"夜少半"、"鸡前鸣"、"鸡后鸣",分别相当于"人定"、"夜过半"、"平旦",即把"夜少半"、"鸡前鸣"、"鸡后鸣",分别看作"人定"、"夜过半"、"平旦"的异称。其次去掉时段

① 陈久金:《中国古代时制研究及其换算》,《自然科学史研究》1983 年版第 2 卷第 2 期。

② 张德芳:《悬泉汉简中若干"时称"问题的考察》,《出土文献研究》第 6 辑,上海古籍出版社 2004 年版;又氏撰《简论汉唐时期河西及敦煌地区的十二时制和十六时制》,《考古与文物》2005 年第 2 期。

③ 尚民杰:《居延汉简时制问题探讨》,《文物》1999 年第 11 期。

"晨时"。尚先生没有讲他取消"晨时"的理由。我们推测："晨时"在已发表的居延简里很少出现①，而且不见于记录时称最丰富、最规范的邮书，可能不是一个常用时称；再者如果加上"晨时"，昼夜时段就超出十六个，或许尚先生对这两点有所考虑。

宋会群、李振宏指出，半夜等时间段的三分，显示了时制由粗略向精细的发展趋向。先秦时期，白天的时段划分较细，而夜间的划分过于粗略。如由夜半、鸡鸣分化而来的夜少半、夜大半、鸡前鸣、鸡后鸣，仅"鸡前鸣"在《礼记》中有记载（作"鸡初鸣"）；由日中分化而来的东中、西中，在先秦则常见。随着天文科学的发展，到了汉代，对夜晚时段的划分趋于细致和准确。因此，通过对居延汉简时称资料的通盘整理，他们认为，夜少半、夜大半两个新出现的夜间时段，很可能在十六时称之列；而汉简中从未发现过"东中"到"西中"、"鸡前鸣"到"鸡后鸣"的邮程记载，"东中"和"西中"有可能归并入"日中"，"鸡前鸣"、"鸡后鸣"有可能归并入"鸡鸣"。这样，十六时段为②：

平旦、日出、蚤食、食时、日中（东中、日中、西中）、餔时、下餔、日入、昏时、夜食、人定、夜少半、夜半、夜大半、鸡鸣（鸡前鸣、鸡中鸣、鸡后鸣）、晨时

这种意见跟十八时说的不同之处，只是将中午阶段的"东中"、"西中"合并入"日中"。

第四种意见由黄琳提出。他对居延汉简纪时资料作过全面整理和研究，认为"晨时"极少见，可能与"鸡后鸣"为同一时段，依例类推，"鸡前鸣"可能相当于"夜大半"；诣官文书所记录的签到日时，中午阶段只有"日中"，不见"东中"和"西中"，因此"日中"极可能是一个独立时段，分为"东中"和"西中"。这样，汉简十六时可定为③：

平旦、日出、蚤食、食时、日中（东中、西中）、餔时、下餔、日入、昏时、夜食、人定、夜少半、夜半、夜大半（鸡前鸣）、鸡鸣（鸡中鸣）、晨时（鸡后鸣）

此说与第三种意见字面相同，实际内涵有别。

① 我们只找到三例，即25.13A、EPT56.340、EPF16.42。
② 居延新简中的时称"桑榆"，被认为是"日入"的异称。
③ 黄琳：《居延汉简纪时研究》，华东师范大学硕士学位论文，2006年4月，第64~72页。时称"参餔"归属于"餔时"。

通过对现有居延汉简时分资料的统计,我们发现,中午、半夜、鸡鸣三个时间段似乎均应三分。中午、半夜、鸡鸣阶段带"分"的时称例子如:

隅中五分(270.2),日东中六分(506.6),日中四分(EPT51.504),西中二分(495.3A)

夜少半四分(224.23+188.3),夜大半三分(EPT52.83)、五分(305.15)

鸡前鸣七分(EPT52.52),鸡鸣五分(EPT52.83),鸡后鸣五分(193.2)、九分(EPT51.6)

据邮书资料,这些"分"都是同一时间单位,一时等于十分。[①] 如果认为东中、西中,夜少半、夜大半,鸡前鸣、鸡后鸣应该分别合并到"日中"、"夜半"、"鸡鸣","东中六分"、"西中二分"与"日中四分",[②] "夜少半四分"、"夜大半三分"与"夜半","鸡前鸣七分"、"鸡后鸣五分"与"鸡鸣五分"彼此之间究竟是什么关系,恐怕就很难解释了。

三个时间段分别三分后,再加上其他时段,一昼夜的时段就会超出十六个,那么三分后的时段,有的应该和其他时段重合,亦即三分后的时称,有的应和其他时称互为同一时段的异称。

上述四种意见,只有尚民杰的十六时是将中午、半夜、鸡鸣三个时间段分别三分的。尚先生在做十六时段的推定时,因为放马滩《日书》"生子"篇十六时不是等分,所以首先声明没有把"生子"篇十六时作为标准[③]。我们把他推定的十六时和"生子"篇十六时对比如下:

平旦、日出、蚤食、食时、东中、日中、西中、铺时、下铺、日入、昏时、夜食、人定、夜半、夜过半、鸡鸣(尚民杰)

平旦、日出、夙食、暮食、日中、日过中、日则、日下则、日未入、日入、昏、夜暮、夜未中、夜中、夜过中、鸡鸣(放马滩秦简)

如果说十六时必须遵循等分制,"生子"篇的"日中"本应作"隅中(即东中)","日过中"本应作"日中",尚说和"生子"篇十六时似乎就没有本质区别。尽管"生子"篇十六时可能存在问题,但它毕竟是目前所见最系统、完整的十六时资料,所

---

① 参看李均明:《汉简所见一日十八时、一时十分记时制》,《文史》第 22 辑,中华书局 1984 年版。

② "东中六分"这一时分的存在,说明"东中"不可能是一个"日中"时段的前半。

③ 尚民杰:《居延汉简时制问题探讨》,《文物》1999 年第 11 期。

以在对十六时进行研究时不能忽略它的作用。这样看来,尚先生的十六时说似乎是最为合理的。然而以邮书资料验证,这种意见也存在问题。先来看下面两支简:

(1)正月甲申鸡后鸣当曲燧卒猪受收降亭卒青,乙酉平旦五分付不侵卒放,食时五分付执胡卒捐。EPT51.273

(2)十二月丁卯夜半尽时,卒宪受不今卒恭。鸡前鸣时,沙头卒忠付驿北卒护。503.1

简(1)的当曲燧卒从甲申"鸡后鸣"开始传递邮书,乙酉"平旦五分"交付不侵燧卒,可知"鸡后鸣"和"平旦"不当为同一时段。简(2)中的邮书,从"夜半尽"时开始传递,"鸡前鸣"时交付。按照通常用法,"尽"是终止之意,"夜半尽"之时,当即后一时段开始之时,这个时段在"鸡前鸣"之前,应该是"夜大半"[①],如此"夜大半"和"鸡前鸣"也不是同一时段。

以上所述四种意见所存在的问题都比较直观,通过对居延简邮书资料的综合考察,可以发现,这四种意见和邮书记载还有其他很难调和的矛盾。

秦汉时期对邮书的传行时限有严格要求,已见前文。除外,对邮书传行过程的记录也有严格规定,如睡虎地秦简《行书律》简184云:"行传书、受书,必书其起及到日月夙暮,以辄相报殹。"基本相同的内容又见于岳麓秦简《行书律》(简1271)。汉承秦制,从居延简邮书资料看,这类规定应该在西北边塞得到了贯彻执行。其中记录最完备的一类邮书简含收书、付书的时间、地点或邮程里数以及传书时长、中程与否等内容,对于时段的研究来说是最可凭信的资料。现见资料中这类邮书简约有如下九条:

(3)五月壬戌下餔,临木卒护受卅井城敎北燧卒则。癸亥蚤食五分,当曲卒汤付□□卒□执胡□□收降卒□□。定行九时五分,中程。229.4

(4)九月庚午下餔七分,临木卒副受卅井卒弘。鸡鸣时,当曲卒昌付收降卒福。界中九十五里,定行八时三分,□行一时二分。157.14

(5)八月庚戌夜少半,临木卒午受卅井……禺中五分,当曲卒同付居延收降卒□……五里,定行九时五分,中程。270.2[②]

(6)正月戊午夜半,临木卒赏受城敎卒胜。己未日入,当曲卒□付收降

---

① 悬泉置三十二时段中,"夜大半"与"鸡前鸣"之间有"大晨",但是"大晨"不见于居延简。

② "九时五分"从李均明释,见氏撰《汉简所见一日十八时、一时十分记时制》,《文史》第22辑,中华书局1984年版。

卒海。界中九十八里,定行十二时,过程二时二分。 EPC26

(7)正月戊申食时,当曲卒王受收降卒敞。日入,临木卒仆付卅井卒得。界中八十里,定行五时,不及三时。 EPT51.357

(8)五月己丑餔时,当曲卒骓受……夜半,临木卒周付卅井卒元……定行六时,不及行二时。 EPT51：351

(9)三月癸卯鸡鸣时,当曲卒便受收降卒文。甲辰下餔时,临木卒得付卅井城敖北卒参。界中九十八里,定行十时,中程。 EPW1

(10)(十八日乙未)下餔八分,明付吞远助隧长董习。习留不以时行,其昏时习以檄寄长,长持檄道宿,不以时行檄,月廿日食时到府。吞远燧去居延百卅里,檄当行十三时,定行廿九时二分,除界中十三时…… EPF22.143-148

(11)四月乙卯日东中时,起万世隧。其日下餔五分时,第六隧卒周付府门。界中卅五里,函行四时五分,中程。 73EJT23.764[①]

还有三支简尽管没有记录传书时长,但所载邮程相同,都是临木燧与诚北燧区间,界中十七里,根据里数再加彼此参证可以推知所用时长都是一时七分:

(12)……□夜昏时,临木卒□受诚敖北燧卒通。武贤燧以夜食七分时付诚北卒寿。□十七里,中程。 173.1

(13)……□月丁未日中四分时,诚北卒□受执胡卒□,日下餔……分时付临木卒楚。界中十七里,中程。 EPT51.504

(14)二月辛丑夜半时,诚北卒胸受吞远卒寿,鸡前鸣七分付临木卒常。 EPT52.52

(3)-(14)中各时段之间的关系分别是[②]:

下餔至蚤食五分为九时五分,则下餔至蚤食为九时　　　　　　(3)

下餔七分至鸡鸣为八时三分,则下餔至鸡鸣为九时　　　　　　(4)

① 甘肃简牍保护研究中心等:《肩水金关汉简〔贰〕》上册,中西书局 2012 年版,第 212 页。下文引述金关简资料,除另行说明者外均出自此书。

② 劳干云:"盖汉简所记从各时之零分算起","各时之零分虽无零分之名,然所记单用本时之名不着分数者应即零分也",其说当是。见氏著《居延汉简考释·考证之部》卷二,《汉简研究文献四种》下册,北京图书馆出版社 2007 年版,第 178 页。

235

夜少半至禺中五分为九时五分,则夜少半至禺中为九时　　　　　(5)

夜半至日入为十二时　　　　　　　　　　　　　　　　　　　　(6)

食时至日入为五时　　　　　　　　　　　　　　　　　　　　　(7)

餔时至夜半为六时　　　　　　　　　　　　　　　　　　　　　(8)

鸡鸣至下餔为十时　　　　　　　　　　　　　　　　　　　　　(9)

下餔八分至后天食时为廿九时二分,则下餔至后天食时为三十时(10)

东中至下餔为四时　　　　　　　　　　　　　　　　　　　　　(11)

昏时至夜食七分为一时七分,则昏时至夜食为一时　　　　　　　(12)

日中四分至下餔一分为一时七分,则日中至下餔为二时　　　　　(13)

夜半至鸡前鸣七分为一时七分,则夜半至鸡前鸣为一时　　　　　(14)

这里需要指出,跟简(12)－(14)类似的内容比较简单、尤其没有注明"中程"与否的邮书简,多数情况下似不宜作为时段研究的第一手资料,只能当作参考。它们即便注明"中程",对时段关系的研究来说,有时作用也非常有限:

(15)正月戊午食时,当曲卒汤受居延收降卒褒。下餔,临木卒护付诚

敖北燧卒则。当曲囗囗敖北……时,中程。56.37

上简注明"中程",容易使人认为其传书时长是标准时长。据简(9),当曲、临木到诚敖北燧这一邮程长98里,按照每时十里的标准计算,传书应用时约十时。而在十六时制里,从"食时"到"下餔",无论如何不能长达十时。那么,这里的"中程"大概是邮书在规定时间即十时以内传到的意思,不是正好用时"十时";就本简来说,"食时"到"下餔"肯定在十时以内,但很难判定究竟是几时。因此,利用没有传书时长的资料,需要格外谨慎。

兹将据简(3)－(14)得出的时段关系和关于十六时制的四种研究意见对比如表12-1(邮书记录与研究意见相符时以黑体字表示)。

表 12-1　　　　时段关系与关于十六时制的四种意见对比

邮书简	意见一 (陈、曾、张)	意见二 (尚)	意见三 (宋、李)	意见四 (黄)
下餔至蚤食九时(3)	十时	十时	十二时	十二时
下餔至鸡鸣九时(4)	六时	七时	八时	八时
夜少半至禺中九时(5)	七时	八时	**九时**	**九时**

续表

邮书简	意见一 （陈、曾、张）	意见二 （尚）	意见三 （宋、李）	意见四 （黄）
夜半至日入十二时（6）	**十二时**	**十二时**	十一时	十一时
食时至日入五时（7）	六时	六时	四时	四时
餔时至夜半六时（8）	**六时**	**六时**	七时	七时
鸡鸣至下餔十时（9）	十时	九时	八时	八时
下餔至后天食时三十时（10）	二十七时	二十七时	二十九时	二十九时
东中至下餔四时（11）	**四时**	**四时**	二时	二时
昏时至夜食一时（12）	一时	一时	一时	一时
日中至下餔二时（13）	三时	三时	**二时**	**二时**
夜半至鸡前鸣一时（14）	一时	一时	二时	一时

可知没有一种意见和这十二条邮书资料完全相符，而且符合率偏低，从第一到第四种意见分别符合6、5、3、4条，最多占到50%①。此前已有学者注意到自己的结论与邮书记录有不合之处，比如宋会群、李振宏，但没有给出解释；尚民杰认为简文计算传书时长的方法不一致，有时候将受书时间计算在内，有时候不予计算，这样会造成时长计算上的差异，比如简(3)应该没有将受书时间"下餔"计算在内，"日入"到"蚤食"时称十个，时长正好九时；另外邮书记载可能有误，比如简(4)的"下餔"当是"餔时"之误，而且此简将受书时间计算在内②。尚先生从调和邮书与自己结论的矛盾出发，对邮书的内涵进行剖析，笔误之说容有可能，但说受书时间或计算、或不予计算，似乎不合情理，与邮书制度的严格性也不相符。

邮书记录和学者的研究结论不相符合，我们推测至少有两方面原因。

其一，学者的研究可能存在偏差或失误。除去半夜、鸡鸣、中午三时段是否三分的问题，比如大家都认为"食时"和"食坐"是同一时段的不同称谓，实际上也存在疑问。如EPF22.140-150是一份问责行檄留迟的文书，文中记录的行檄时间依

---

① 西北边塞对烽火传递的速度也有严格规定，即每时百里（参看李均明《汉简所见一日十八时、一时十分记时制》，《文史》第22辑，中华书局1984年版），对烽火传递的记录有时和邮书一样细致，可以据以推测时段间的关系，如73EJT24.46记载："入亡人赤表一壹通南，正月癸巳日下餔八分时，万福隧卒同受平乐隧卒同，即日日入一分半分时，东望隧卒□……完军隧长音。界中卅五里，表行三分半分，中程。"下餔八分至日入一分半为三分半分，则下餔至日入为一时，和四种意见均相符。不过这类资料不多，可据以研究时段关系的内容很少。

② 尚民杰：《居延汉简时制问题探讨》，《文物》1999年第11期。

次为乙未食坐五分、餔时、下餔八分、昏时，直至丁酉食时。如果说居延简文书传递时限须依照十六时制，我们就有理由认为这份文书记录的时段都包含在十六时制之内。这份文书既有"食坐"，也有"食时"，"食坐"甚至带有"分"[1]，提示我们这两个时称的内涵应该是有区别的。又如 73EJT23.972：

平旦表四	日食坐时表四	日……
日出时表四	日东中时表三	日餔时表三
日蚤食时表七	日中时表四	日下餔时□□
日食时表三		

上简表明，"食时"和"食坐"也不是同一时段，而除"食坐"之外的八个时段，学者都认为属于十六时制。

其二，邮书记录本身似乎存在着矛盾。一个突出的例子：据简(3)，下餔至蚤食为九时；而据简(4)，下餔至鸡鸣也是九时，这显然是矛盾的。李均明提出，从劳干《居延汉简考释》图版看，(4)中的"鸡鸣时"，当是"鸡后鸣"的误释[2]。如果此说成立，(3)、(4)之间的矛盾就更大。再比如简(11)，"东中"至"下餔"为四时。按现有知识，"东中"与"日中"是前后比邻的时段，则"日中"至"下餔"当为三时；而简(13)中，"日中"至"下餔"只有两时。据简(14)，"夜半"至"鸡前鸣"为一时，如果说十六时有"夜大半"，它就只能和"鸡前鸣"属于同一时段；而据简(2)，"夜大半"和"鸡前鸣"不应是同一时段。李均明曾以简(5)佐证十八时制，说"禺中为日中前一时，夜少半为夜半前一时，则夜半至日中的时间长当与禺中至夜少半的时间长相等，亦为九时。半天为九时，则一昼夜为十八时"[3]。但简文有比较明确的十六时制的证据，而且和上述十二条邮书资料相对比，十八时说也只与其中(5)、(9)、(11)、(12)这4条相符。数量相对有限的邮书资料里，存在不止一对似乎彼此矛盾的例子，如果单纯以笔误来解释，恐怕很难让人信服，或许有更深层次的背景或内涵，导致了这些矛盾的存在，仅凭现有资料和认识，很难协调这些矛盾。

从我们对研究状况的叙述可以看到，因为居延简有通行十六时制的证据，近年来学者大都是从十六时制出发，想办法把居延邮书出现的时称纳入到十六时里去。这一出发点或者说思路，是否存在问题，或许也是值得反思的。

---

[1]　其他简中"食时"也有带有"分"的记录，如"食时二分"（505.2）、"食时五分"（EPT51.14）。
[2]　李均明：《汉简所见一日十八时、一时十分记时制》，《文史》第 22 辑，中华书局 1984 年版。
[3]　李均明：《汉简所见一日十八时、一时十分记时制》，《文史》第 22 辑，中华书局 1984 年版。需要说明，李先生不久后就放弃十八时说而肯定十六时制。

　　尽管我们尽可能地搜罗了与十六时制相关的资料,并认真做排比、分析,但最终得出的结论似乎令人失望。应该说,经过多年探索,学者有关十六时段、时序的研究已经比较深入,未来悬泉置汉简及出土于金关、地湾的居延新简的发表,必将推动这一问题的研究,或许会为这一问题的研究画上圆满句号。

　　下面附带谈一下边塞烽燧计时器配备的问题。因为简文中难以发现确切的有关计时器的资料,有学者怀疑"计时工作或工具由高级机关如候官、部候长掌握,统一向各部发布"[①]。但从邮书记录看,邮书到达各个邮站的时间,往往以某时某分来计算;邮站如果没有计时设备,恐怕达不到这样的精确度,而邮站不一定是部的所在地,如频繁出现的邮站当曲燧属于不侵部(EPT51.234、EPT56.28),就不是部的所在地,不侵部的所在地是不侵燧,不侵燧也是邮站之一。马怡认为各边燧应该都有计时设备,简文所载边燧"守御器簿"中的"地表"、成对的"汲落"和"储水罌",可能与计时器有关[②]。从邮书看,边燧的各个邮站应该备有计时器,其他烽燧则有待更多资料的证明。

第四节　相关问题

　　秦汉时分纪时中存在十二时制已得到公认,十六时制也基本成为共识,而十八时说在秦汉时分纪时制的研究上占有独特地位。此外有一定影响的意见还有十时说。出土秦汉资料中所见时段远超过十六个,其中周家台秦简《日书》二十八宿占盘上的二十八时段、悬泉置汉牍上的三十二时段最具有代表性,它们的内涵很值得思考。下面我们试对这些问题做简要介绍和分析。

一、十时说与天干纪时

　　《左传》昭公五年载卜楚丘曰:"日之数十,故有十时,亦当十位。"大意是一日有与十天干相配的"十时","十时"又与人的"十位"相配。杜预注用十二时来解释"十时",认为日中、食时、平旦、鸡鸣、夜半、人定、黄昏、日入、晡时、日昳分别与王、公、卿、士、皂、舆、隶、僚、仆、台相配,"隅中、日出,阙不在第"。清人惠栋对此

①　初师宾:《汉边塞守御器备考略》,《汉简研究文集》,甘肃人民出版社1984年版,第172页。

②　马怡:《汉代的计时器及相关问题》,《中国史研究》2006年第3期,第17~36页。

提出异议,说"此言十时,谓分一日为十时,以当王至台之十位,杜注用十二时,与传不合。十时据日,十二时据辰"①,认为"十时"指一昼夜分为十时。

今人对《左传》"十时"的看法大体分为两种。其一赞成杜说或与杜说相近。如宋镇豪认为"此'十时'是取整数喻人事,难以视为实用之制"。李学勤说,"很多学者以为这是当时流行十时分的证据,其实是不对的。卜楚丘所说,是解释《明夷》之《谦》,即《明夷》初九。因《明夷》《离》下《坤》上,与日有关,推及'日之数十'。'日之数十'即指天干甲至癸,一日之内也有与甲至癸结合的十时。按古代一般以地支即十二辰与时分结合,天干和时分结合则很少,大约是一种特殊的数术观念",《左传》"是为了凑合十天干,空出日出、隅中,于是成为'十时'。我们知道,如果平旦到日中一共只有三时,就无法把一日等分为十时,所以杜预的解释是正确的"②。其二与惠说相同。如陈久金提出,"以此看来,春秋时曾有将一昼夜分为十个时段的方法"③,张闻玉更将《隋书·天文志》"昼有朝、有禺、有中、有晡、有夕,夜有甲、乙、丙、丁、戊"的记载看作十时制的一个实例④。我们注意到,《隋书》白昼的五时段,可以和秦汉《日书》"禹须臾"、"禹须臾所以见人日"、"吏"等篇中的五时段相比附,而《日书》中的五时段,并不是白昼时段的全部,所以《隋书》所列时段也许具有举例或择要的性质,恐怕不能和时制等同起来。

有意思的是,孔家坡汉简《日书》"日时"篇(简365–366),把一昼夜划分为十个时间段,并和十天干相配,与《左传》所谓"日之数十,故有十时"正相呼应。原简有残缺,现存文字如下:

……食到隅中丁,日中戊,日昳己,日昳到夕时庚,夕时到日入辛,日入到人定【壬】,人定到夜半癸

它没有为与十天干相配的十时单独命名,而是直接采用其他时制中的时称或者合并其他时制中的时段以与干名相配,使得其"十时"无法做到等分。这似乎表明尽管"十时"确实存在过,但它不是实用的时制,宋镇豪、李学勤等学者的看法很可能符合或接近事实。

① 惠栋:《春秋左传补注》,《清经解 清经解续编〔叁〕》,凤凰出版社2005年版,第2782页。
② 李学勤:《时分与〈吴越春秋〉》,《历史教学问题》1991年第4期。
③ 陈久金:《中国古代时制研究及其换算》,《自然科学史研究》1983年第2卷第2期。
④ 张闻玉:《云梦秦简〈日书〉初探》。汉代已经将夜间划分为五个时段,谓之"五夜"或"五更",即甲夜、乙夜、丙夜、丁夜、戊夜或一更、二更、三更、四更、五更,陈梦家以其十八时说中的夜食、人定、夜少半、夜半、夜大半分别当之,参《汉简缀述》,中华书局1980年版,第256~257页。

二、周家台二十八时

1993 年，沙市周家台 30 号秦墓出土竹简《日书》，其所载二十八宿占盘上，记有与二十八宿相配的昼夜二十八时段（简 156–181），依次为 [①]：

> 平旦、日出、日出时、蚤食、食时、晏食、廷食、日未中、日中、日过中、日昳、铺时、下铺、夕时、日毚入、日入、黄昏、定昏、夕食、人定、夜三分之一、夜未半、夜半、夜过半、鸡未鸣、前鸣、鸡后鸣、毚旦

二十八个时称大都见于西北汉简，或者能在西北汉简中找到相对应的时称。如"鸡未鸣"、"夕食"应即"鸡前鸣"、"夜食"。"日出时"可能相当于悬泉三十二时段"日出"之后、"蚤食"之前的"二干"，"二干"即"日出二干" [②]。"日未中"相当于"日东中"。"日毚入"可能相当于悬泉三十二时段"日入"之前的"日未入"，居延简的"日且入"（EPT59.2，EPT68.83） [③]。"毚旦"相当于悬泉三十二时段中的"几旦"。"夜三分之一"一语不见于西北简。古谓三分之一为少半，三分之二为大半，而这里的"夜三分之一"位于"夜未半"之前，应大体相当于悬泉三十二时段中的"（夜）几少半"。"廷食"之称也不见于西北简，悬泉三十二时段"食时"与"日未中"之间只有一个时段"食坐"。睡虎地秦简《编年记》34 号记："廿七年，八月己亥廷食时，产穿耳。"整理小组注："廷，《后汉书·郭太传》注引《仓颉》：'直也。'此处意为适值。食时，据秦简《日书》乙种即辰时，廷食时，正当辰时。" [④] 把"廷食时"理解为正值食时，"廷"是时称"食时"的修饰语。由这里的"廷食"，可知睡虎地简整理者的看法有误，"廷食"本是时称，"廷食时"应是"廷食"的繁称，是"廷食的时候"之意。这

---

① 周家台简整理者注云："据文例，'前鸣'之前脱一'鸡'字。"湖北省荆州市周梁玉桥遗址博物馆：《关沮秦汉墓简牍》，中华书局 2001 年版，第 110 页注 6。今按，据文例，"前鸣"之"前"可能是"鸡"字之讹。

② 居延简 306.12 记"爰书：隧长盖之等乃辛酉日出时"，也有"日出时"之语，但有可能是"日出的时候"之意，跟时称"日出时"有别。

③ 参看张德芳：《悬泉汉简中若干"时称"问题的考察》，《出土文献研究》第 6 辑，上海古籍出版社 2004 年版。里耶秦简 8–660 背有"日垂入"之称，与"日未入"、"日且入"等很可能相当，参看陈伟主编，何有祖、鲁家亮、凡国栋撰著：《里耶秦简牍校释》第一卷，武汉大学出版社 2012 年版，第 195 页。

④ 睡虎地秦墓竹简整理小组：《睡虎地秦墓竹简》，文物出版社 1990 年版，"释文注释"第 10 页注释 65。

241

也说明"廷食"这个时称在秦并不罕见。

尽管周家台《日书》二十八时段名称大都见于其他材料,但是这种昼夜二十八时段的划分,不见于其他资料,其目的应该是与二十八宿相配,可能出自术数的需要,与现实社会通行的时制无关①。

三、悬泉置三十二时

20世纪90年代初,甘肃敦煌悬泉置遗址出土两万余枚汉简,其中一枚木牍上,依次记有一昼夜的三十二个时段,即:

> 平旦、日出、二干、蚤食、食时、食坐、日未中、日中、日失、蚤餔、餔时、餔坐、下餔、夕时、日未入、日入、昏时、定昏、夜食、人定、几少半、夜少半、夜过少半、夜几半、夜半、过半、夜大半、大晨、鸡前鸣、中鸣、后鸣、几旦

三十二时段的一个突出特点是半夜阶段的划分非常详细,多达七个时段。与西北其他地点出土汉简相比,其"(夜)几少半"、"夜过少半"、"夜几半"不见于其他地点,"夜过少半"在悬泉也仅此一见。"(夜)过半"和"夜大半",从字面看含义差不多,研究十六时制的学者一般把两者看作同一时段。居延简"夜大半"比较多见,悬泉简似乎通行"夜过半","夜大半"只此一例。其他如"蚤餔"、"定昏"在悬泉比较流行,此外只在金关简里各有一见②。"几旦"也仅见于悬泉,一共两例。这些比较特殊的时称,在西北之外的出土资料中同样少见,似乎只有"定昏"、"(夜)几少半"、"几旦"可以在周家台二十八时段中找到比较明确的相应者。

悬泉汉牍三十二时段中某些时称,罕见于其他资料,有的其本身也极少使用。它对半夜阶段,尤其是前半夜的划分非常细致,比较特别,或是为特殊目的而设③,不能因为它而认为秦汉社会通行三十二时制。

---

① 宋镇豪认为,周家台二十八时段"只是少数历法家出于对照之便利而制,并非当时真将一日分为二十八时"。

② 参看张德芳:《悬泉汉简中若干"时称"问题的考察》,《出土文献研究》第6辑,上海古籍出版社2004年版。

③ 彭浩函告作者,古人多认为"子"是一天的开始,也是"元气"发生之时,故医学、气功等书均对此时段有进一步的细分,悬泉三十二时段对半夜阶段的划分并不奇怪。

结　语

综合上述，秦汉时期的时分纪时制，可以肯定的有两类，即十二时制和十六时制，在时分纪时制的研究上产生过重要影响的十八时说，恐怕存在问题，不能成立。十六时制是西汉（至少是西汉中晚期）通行的时制，十二时制在现实生活中的通行大约较晚。

关于十六时制的时段、时序，现阶段似乎无法得出令人完全信服的结论。出土资料散见时称大大超过十六个，理清这些时称彼此之间的关系，对这一问题的解决至关重要，但是现有时制资料的系统性仍嫌不足，使这方面的研究受到局限。同一时段可以有不同的称谓，而同一时称在不同场合或不同语境下也可能代表不同时段，这一问题恐怕需要另行探讨。我们认为，不能仅据周家台秦简二十八时段和悬泉汉牍三十二时段，而认为秦汉社会有二十八时制和三十二时制，但它们的意义很值得关注。居延金关新简、敦煌悬泉置汉简尚未系统、完整地公布，从学者的披露看，两批简，尤其是悬泉汉简中的时制资料相当丰富，令人期待。

第十三章　放马滩木板地图新探

　　1989 年《文物》第 2 期发表放马滩墓地的考古发掘简报的同时[1]，还刊发何双全关于放马滩木板地图的资料介绍和初步研究文章[2]。由于木板地图的重要性，此文刊发后，立即引起众多学者参与讨论，比较重要的有曹婉如、张修桂、藤田胜久、雍际春等学者[3]。2009 年 8 月，中华书局出版《天水放马滩秦简》一书[4]，除公布放马滩木板地图全部资料外，还附有《天水放马滩墓葬发掘报告》。2010 年 6 月，武汉大学简帛研究中心利用红外照相技术对放马滩木板地图重新拍摄，并进行解读，不仅看到地图的线条更为清晰，而且还发现一些以前利用常规照相技术没有发现

---

① 甘肃省文物考古研究所、天水市北道区文化馆：《甘肃天水放马滩战国秦汉墓群的发掘》，《文物》
　　1989 年第 2 期，第 1~11 页、第 31 页。

② 何双全：《天水放马滩秦墓出土地图初探》，《文物》1989 年第 2 期，第 12~22 页。下文引述何双全
　　说皆出此文。

③ 曹婉如：《有关天水放马滩秦墓出土地图的几个问题》，《文物》1989 年第 12 期，第 78~85 页。下
　　文引述曹先生说皆据此文。张修桂：《天水〈放马滩地图〉的绘制年代》，《复旦大学学报》1991 年
　　1 期；《当前考古所见最早的地图——天水〈放马滩地图〉研究》，《历史地理》第 10 辑，上海人民
　　出版社 1992 年版。二文均收入氏著《中国历史地貌与古地图研究》，社会科学文献出版社 2006
　　年版，第 519~554 页。下文引述张先生说皆据此书。［日］藤田胜久，李淑萍译：《战国时秦的领
　　域形成和交通路线》，《秦文化论丛》第 6 辑，西北大学出版社 1998 年版，第 358~404 页。下文引
　　述藤田先生说皆据此文。雍际春：《天水放马滩地图注记及其内容初探》，《中国历史地理论丛》
　　1998 年第 1 期；雍际春、党安荣：《天水放马滩木板地图版式组合与地图复原新探》，《中国历史
　　地理论丛》2000 年第 4 期；雍际春、陈逸平：《天水放马滩地图作者与绘制年代问题新探》，《陕西
　　历史博物馆馆刊》第 9 辑，三秦出版社 2002 年版。三文均收入雍际春《天水放马滩木板地图研究》，
　　甘肃人民出版社 2002 年版。下文引述雍先生说皆据此书。

④ 甘肃省文物考古研究所：《天水放马滩秦简》，中华书局 2009 年版。下文引述时简称"整理者"。

的文字字迹,其中最重要的,是在木板地图上发现了"北方"二字,由此二字,可以确定木板地图方位是上南下北,与此前考古发现另两件古地图实物——中山国·"兆域图"和长沙马王堆汉代帛地图——的方位一致,而与此前研究者所设定的"上北下南"方位正好相反[1]。在此基础上,我们重新审视各幅地图的相互关系,对放马滩地图进行了新的探讨。讨论的重点放在地图的复原以及所表现的今地域范围上。兹先将木板地图资料作简要介绍,以为讨论的前提。

第一节 资料介绍

根据木板地图红外影像,结合何双全、《天水放马滩秦简》的介绍,木板地图出土于一号秦墓椁内头端,出土时沉没在椁底泥浆之中。因木板较厚,虽浸水达2000余年,仍基本完好。出土后采取了避水、避高温、避风裂和逐渐减少水分的保护措施,完全脱水后,木质坚硬,字迹、线条较清晰。

木板地图共六块,均为松木质,编号为 M1·7、8、9、11、12、21,其中 7、8、11 三块原为一块,因压裂分为三块,可拼为一块。所以实为四块木板,其中一块一面绘图,三块双面绘制,实有地图七幅。第一块(M1·7、8、11)长 26.7 厘米,宽 18.1 厘米,厚 1.1 厘米。表面剖削平整,两面绘制,基本画满板面,因水浸腐蚀,画面多有不清。A 面,绘有不同的线条等,注明地名 10 处,使用方框为图示。B 面,绘法与 A 面相同,注明地名 9 处,其中"中田"、"广堂"外加方框。图中还有束腰形符号,下有注记文字。另有一亭形符号,但无注记文字。图下方写有提示该图正读方向的文字。第二块(M1·9)长 26.6 厘米,宽 15 厘米,厚 1.1 厘米。一面绘制。绘有线条以及半圆、椭圆形符号,共计 5 处。注明地名 10 处,还有 6 处注明间距的里程。第三块(M1·12)长 26.5 厘米,宽 18.1 厘米,厚 1.1 厘米[2]。两面绘制。A 面绘有不同的曲线和直线。注明地名 11 处,标出木材种类 5 种。全图的中间绘有两条线,一条弯弯曲曲,另一条线不与其合,且较直。图的周边,亦有不封合的曲线。B 面,绘有未封合的曲线以及三角形、尖钉状等符号,无文字。第四块(M1·21)长 26.8 厘米,宽 16.9 厘米,厚 1 厘米。两面绘制。A 面。绘有线条及一处椭圆形束腰符号,注明地名 18 处。B 面构图相对简单,也未绘满板面。绘有线条,注明地名 9 处。

---

[1] 详看陈伟主编,孙占宇、晏昌贵撰著:《秦简牍合集〔四〕·放马滩秦墓简牍》,武汉大学出版社 2014 年版,第 208~221(释文、注释)页、第 347~353(图版)页。

[2] 甘肃省文物考古研究所:《天水放马滩秦简》(中华书局 2009 年版)作"2.1 厘米",当为印制之误。

对于这七幅地图,何双全、曹婉如、藤田胜久、祝中熹和《中国古代地图集(战国——元)》(简称《地图集》)有不同的称呼[1],兹将木板地图形制及诸家称谓列作表 13-1。

表 13-1　　　　　　　木板地图尺寸与诸家称述　　　　　　（单位：厘米）

木板号	器物号	长	宽	厚	正反面	何双全	曹婉如	地图集	藤田胜久	祝中熹
1	7、8、11	26.7	18.1	1.1	A 面	图 1、2	图 1	图 4	1A	图 1
					B 面	图 3	图 2	图 5	1B	图 2
2	9	26.6	15	1.1	A 面	图 4	图 3	图 7	2A	图 6
3	12	26.5	18.1	1.1	A 面	图 5、6	图 4	图 6	3A	图 4
					B 面	图 7	图 5	图 3	3B	图 7
4	21	26.8	16.9	1	A 面	图 8	图 6	图 1	4A	图 3
					B 面	图 9、10	图 7	图 2	4B	图 5

其中曹婉如的说法比较流行,今沿用其称呼指代各幅地图。

第二节　以往研究述评

如上所述,放马滩木板地图自刊布以来,研究者甚众。研究的重点,是 7 幅地图的摆列方式、各图之间的相互关系以及所反映的今地域范围。

何双全认为:各图中相同地名和相近的图形等,为编缀全图提供了依据。全图由 6 幅分图编缀而成。图一是以"邦丘"(今按:实为"封丘")为中心的行政区域图,有主要河流和山脉,同时有乡里地名,但四周无界线,可以肯定应是全图的中心区域。图三重点描绘了以亭形建筑标记为中心一带的地形。其中图下方"中田"、"广堂"二地与图一地名相同,地形一致,所标"上"(今按:实为"北方")的方位与图一相符,这样图一、三就连在一起了。又图九有地名"广堂史"(今按:实为"广堂

---

①　祝中熹:《对天水放马滩木版地图的几点新认识》,《陇右文博》2001 年第 2 期,第 15~23 页,收入氏著《秦史求知录》,上海古籍出版社 2012 年版,第 490~504 页;曹婉如等编《中国古代地图集(战国——元)》,文物出版社 1990 年版。

夬"）与图三同名，附近河流二图也符合，所以图九与图三可重合相接。这样图一、
三、九就形成了一块大面积图。图一居中，图三位于西北，图九位于西南，构成了以
邽丘为主体的西半部地图。图五、图八的地形、地名大都相同，但各有侧重。图五
意在表现东部界线、地形、河流状态、道路及木材分布情况，所绘比较细致。图八则
较简单，与图五不同的是延长了其西边区域，增加了其所没有绘出的地形、地名，着
意表形西边区域的大概地形。图四中的"上临"、"苦谷"及关隘位置均与图五相同。
这样图四、五、八拼为一图，以图五、八为主体，图四位于东北，构成了邽丘行政区
的东半部地图。东、西两半部地图，其东北边缘均有界线，线外无图；西南未到界，
交接处即图一的东边和图五的西边，没有相同的地名，但主要河流和支流的图形是
一致的，可以相接。这样将两半图相拼，就构成了一幅全图。何氏认为，这些地图
是战国秦邽县的区域图，其范围东至今陕西宝鸡市以西约 20 公里处，北至今甘肃
天水市秦安、清水县，西至天水市秦城区天水乡，南至两当、徽县北部。全图的实有
范围为东西 312 里（今 270 里），南北 204 里（今 176 里），总面积 63648 平方里（今
47520 平方里）。何双全是最早从事放马滩地图研究的学者，他有关 7 幅地图可以
编联的思路对后来的研究者影响很大，但错误也不少。

曹婉如认为：图一、二、七因有"广堂"或"广堂夬"的注记，从而可以辨明它
们之间的关系。另三幅（图三、四、六），因均记有"上临"、"苦谷"，可以看出它们之
间的密切关系。她认为，图一是一幅总图，其他有文字注记的五幅（图二、三、四、
六、七）均为分图，或称局部图。五幅局部图，从图形和文字注记来看，图二为总图
的左上部分，这不论从地名和图形来看，都十分清楚，无容置疑。图七在总图中未
全部画出，但是图上注记有"广堂夬"，因此它在总图中的位置也是明确的，可视为
"广堂"、"南田"地区的细部图。图四和图六基本上是同一地区，也是毫无疑问的。
它们在总图中的位置，虽然缺少文字注记的依据，但是从水系的特点来看，与总图
的右上部分颇为相似，它们被视为总图右上部分的详图也是合适的。图三的右半
部为图四或图六的一部分，即为图四或图六水系的上游；而图三左半部在总图中
没有表示，不过它与右边水系的关系却很清楚，是与右边水系流向相反的另一条水
系。总图所绘为两条水系，右边一条，其上段是今放马滩所在的花庙河（永宁河上
段，嘉陵江上游河流之一）；左边一条是嘉陵江上游的西汉水。总之，放马滩木板
有文字注记的六幅地图，绘有三条水系，一条是放马滩所在的自北向南流的永宁河
上游花庙河，一条是亭形建筑所在的自东向西流的西汉水，再一条是自南向北流入
渭河的水，或即东柯河或永川河。曹氏以深厚的历史地图学功底，判明木板地图中
花庙河的所在，诚为卓识。

日本学者藤田胜久在研究秦代交通时亦涉及放马滩地图。他认为：首先必须

考虑到这些地图不是单方向读的地图,而是以某个中心为基准点,读时要转动着看。其次,这些木板地图原本是 4 块,要同时看画在其正反两面的 7 幅地图是不可能的。因而他认为,应根据每块木板正反面的实际情况来分析地图的内容,没有必要非把 7 幅地图复原为一幅整图。在基本复原时更应重视的是各地图中的部分共通性。根据上述原则,他认为:2A 图(图三)所显示的范围最大,是范围最大的一幅地图,可以说它是各图的总图。2A 分水岭西侧部分放大后的地图是 3A(图四),而将 3A 图中部分放大后的地图是 4A(图六)。4B(图七)基本上应该与 4A 相联系着解释,可以推测 4B 图中的分水岭可能就是 4A 右侧边界扩大后的部分。根据今卫星拍摄的地图分析,可以推测出包括有"邸"这一地名的出土地图的范围相当于嶓冢山北侧的西汉水上游地区。其中心地区表示的是嶓冢山北侧的西汉水上游地区的西侧支流地区。我们认为,藤田氏的主要贡献有二,一是指出 7 幅地图并不存在编联关系,不能由此编缀出一幅"总图";二是认为在 7 幅地图中,图三是各图的总图。

历史地理和古地图学专家张修桂则认为:7 幅地图除 5 号图属半成品外,其余 6 幅,按所绘水系的相关形态,可分为两个相关图组。第一图组包括 1 号图和 2 号图。2 号图是 1 号图左半部的局部扩大图,从图面下方所注"上"(今按:实为"北方")字判断,第一图组的版式属竖列北南方向。上北下南,与现代地图的版式方向一致,但与马王堆出土的《地形图》方向相反。第二组包括 3、4、6 号图,3 号图是 4、6 号图分水岭源流区接合关系图,4 号图是 6 号图的局部扩大图。至于 7 号图,张氏认为应把它归入 3、4、6 号图所属的第二图组,是 3 号图的局部扩大图。第二图组是以 4 号图和 6 号图的水系干流为图幅的基本骨架,准确判断其流向,即可断此图组的版式方向。6 号图干流两侧支流,旁注"东卢"与"西卢",据此即可判断,此干流当属北南流向;4 号图支流"上辟磨"与"九员"左岸,分别注有"阳尽柏木"(今按:"柏木"应作"桐木")、"阳有剽木",因水北为阳,可以断定这两条支流均属自西向东流的河道。由于这两条支流近于垂直方向注入干流,所以干流的方向无疑只能断为北南方向。由此可见,与第一图组一致,第二图组的版式方向也属竖列北南向。第一图组的地域范围,包括今天水市伯阳镇以西北的整个渭河流域,含有 1 市 13 县的广大地区。关于第二图组,据图上"舆溪"的长度和注记的里程,可知其所绘的两个水系,源出同一分水岭,北向水系源流区较为开阔,干流全长在 25 公里之内;南向水系源流较为闭塞,图面截取的干流长度也在 25 公里之内。在仔细分析天水地区之内所有大小河流流域之后,他认为唯有放马滩南北的花庙河上游和东柯河流域,才完全符合上述前提条件,除此之外,无论是渭河流域或嘉陵江流域的其他地区,绝对再找不出如此对应的水系系统。3 号图分水岭,无疑即今放马滩分水岭。6 号图所绘南干流的最大长度在 25 公里之内。由于图上的东卢、西卢,即今花庙的东沟、西沟,说明原图作者所截取的南干流,终止于今花庙附近。今自花庙以上的花庙河长度为22公里,与6号图南干流的长度基本一致。北流水系干流的总长度在25公里之内,今东柯河自河源至河口的长度为21公里,二者长度基本一致。总之,第二图组所示地域,包括放马滩南北的花庙河、东柯河上游地区。该图组又巧妙地通过东柯河下游,与第一图组所示的东柯河联系在一起,从而形成一个更大范围的总体地域概念。张文的最大贡献,是在曹婉如的基础上,进一步确认了花庙河的存在。

甘肃天水地方史专家雍际春长期从事放马滩木板地图研究,撰有专书。他在张修桂的基础上,将7幅地图分为二组,在讨论地图方位摆列方式的基础上,认为第一图组为竖列北南版式,1号图是第一图组的总图,2号图是1号左上侧"中田"以西水系的详图或扩大图。第二图组为横列北南向版式,其中7号图的横列方向与所公布的横列方向相反。第二图组绘有两条逆向而行的水系,3号图是两条水系相对方位的接合图,也是第二图组的中心图。4号图是3号图西流水系自源头至中游的扩展图,6号图则是3、4号图西游水系自源头至下游的扩展图。7号所绘水系与3号图右上侧东流水系基本一致,7号图较3号图东流水系更为详尽,7号图属3号图右上东流水系的详图。两个图既相独立又相关联,可分可合。第一图组为渭河水系,绘制了除渭河源头段以下西起散渡河,东至天水市北道区伯阳镇西毛峪河以西的渭河干流及北岸的主要支流,南岸支流仅有耤河和东柯河两条。所绘水系及地域西起甘肃定西地区通渭县,东到天水市张家川回族自治县和清水二县的陕甘省界,北端起宁夏回族自治区南缘西吉县,南达耤河与西汉水分水岭,其中最南端在东柯河源头处,位置约当著名石窟麦积山一带。第二图组所绘有两条水系,即属渭河水系支流的耤河和嘉陵江上游西支源头的西汉水,西到西汉水支流谷峪沟河上源罗坝乡,北起天水市秦城区,南达陇南西和县西汉水支流漾水源头处。放马滩地图实际包括的地域范围,东西最宽140公里,南北最长240公里,其范围东起甘肃清水县牛头河源,西至通渭县,经达宁夏西吉县,南界甘肃西和县,约合今23000平方公里。

此外,尚有学者讨论地图的年代、地图的性质、地图的价值和成就,等等。在此不能一一详述。从上述学者所作的研究看,都很注重各图幅之间的相互关系,在判定相互关系的基础上,试图复原木板地图所表现的今地域范围,只有确定了木板地图所绘的实际区域,才能对木板地图所表现的测量绘图成就作出科学正确的评价。

第三节　地图方位、各图关系及其所表示的今地域范围

一、地图方位

图 2 中原被释为"上"的字既然应该释作"北方",这就表明该图幅的方位为上南下北,与前此研究者的理解正好相反,而与中山国"兆域图"、马王堆汉代帛地图的方位一致。由于图 2 绘于图 1 的背面,是图 1 左侧"广堂"、"中田"所在那条水系的详图,两图文字书写的视方向一致,描绘河流山谷走向的线条相同,所以图 1 的方位也是上南下北,这是没有疑问的。

这一地图方位,还可以从图中的文字注记得到证明。图 1 中有"中田"、"右田",另有"南田",这是一组表示方位而又彼此相关的地名。先秦两汉文献多有描述左右方位的记述,如:《国语·郑语》记郑桓公欲迁徙其国而问于史伯,史伯建议迁往济、洛、河、颍之间,对于其方位,则说"前颍后河,右洛左济"[1]。而按实际地理方位,则济水在东,洛水在西。《战国策·魏策一》"魏武侯与诸大夫浮于西河"章记吴起云:"昔者三苗之居,左彭蠡之波,右洞庭之水,文山在其南,而衡山在其北。"[2]彭蠡当即今江西鄱阳湖或其附近,洞庭即今湖南洞庭湖,彭蠡在东称"左",洞庭在西称"右"。《盐铁论·险固》称:"秦左殽函,右陇阺,前蜀汉,后山河,四塞以为固。"[3]殽函在东,称"左";陇阺在西,称"右"。《汉官仪》:"左、右曹受尚书事。前世文士,以中书在右,因谓中书为右曹,又称西掖。"[4]也是以西为"右"。在先秦两汉以西为右的大背景下,地图中的"右田"也许指西田,若然,则亦可证明该地图的上南下北方位。

流行说法因误释图 2"北方"为"上",而将地图方位理解为上北下南。事实上,即便此字确是"上"字,也并不能由此推断出地图方位为上北下南,注记文字"上"与地图方位作上北下南之间并不存必然的逻辑联系。放马滩木板地图注记文字多有"上""下"等表示方位字,如上临、下临,上杨、下杨,上辟磨、下辟磨,等等,但这种方位名词皆以水流方向为准,所谓"上",是指河流的上游,"下"是指河流的下游,

---

[1]　徐元诰:《国语集解》,中华书局 2002 年版,第 464 页。
[2]　范祥雍:《战国策笺证》,上海古籍出版社 2006 年版,第 1252 页。
[3]　王利器:《盐铁论校注》,中华书局 1992 年版,第 525 页。
[4]　孙星衍等辑:《汉官六种》,中华书局 1990 年版,第 141 页。

无一例外。所以"上"不一定表示南方,也不能由此推断地图方位为上北下南。

此外,从文字书的位置看,这个"上"字也是很奇怪的。这个"上"字写在 2 号图的下方,它究竟指何处为"上"呢?如果是指图中文字视方向即河流的上游为上方,那么这个"上"字就应该写在木板的顶端(上方)。如今看到的文字写在木板的下方,却称言为"上",这不是上下颠倒了吗?所以,即便从地图方位与文字书写的位置来看,这个"上"字也是很可疑的。流行说法仅凭这个所谓的"上"字,就断定地图方位为上北下南,却从未有人对此作详细认真的论证。现在我们既然据红外影像辨识此处为"北方"而非"上"字,"北方"二字的视方向与图上文字刚好相反,它表示的是下方为北而上方为南,原来因误释为"上"而引发的诸多疑点就涣然冰释了。

图 3、图 4、图 6 的注记文字皆顺水流方向书写,没有一定之规。图 4 有表示地理方位的"北谷口",图 6 有表示地理方位的"东卢""西卢",但由于这些注记文字都是沿着水流方向书写的,不容易判断地图方位,或者说地图不存在严格的地理方位,读图人可以随意摆放木板,取其所需,读到某条水系(或山谷)时,图上文字的视方向就是地图的方位。这就像中国古代的绘画等视觉艺术形式,并不存在某一个固定的透视焦点,而是有多个视角焦点,移步换影,物随人走。但既然图 1、图 2 作上南下北,我们当然有理由也把这幅地图理解为上南下北。换言之,我们也可以用上南下北的地图方位模式统一解释其余各图幅。如下文将要指出的,图 3 中与上临、苦谷注记河流相对的那条河流应该就是见于图 2 左上方河流的细部图,所以图 3 也是上南下北式。图 4、图 5 中的上临、苦谷亦见于图 3,按图 3 的地图方位,图 4、图 6 也可以理解为上南下北。而按照整理者的摆放方式,图 4 中的注记文字"北谷口"正好位于地图的下方,这是地图方位作上南下北的明证,而用上北下南方位的模式是无法解释的。同样,按上南下北的方位模式,图 6 中的"西卢"在右、"东卢"在左,与上文"右田"在西相合。图 7 按文字的视方向解读,也应该是上南下北,但整理者将图倒置了①。总之,我们认为放马滩出土的 7 幅木板地图都是上南下北竖列版式,地图方位与唐以前古地图方位一致,而与今地图方位相反。

二、各图关系

在各幅地图的相互关系上,图 2 的"中田"、"广堂"见于图 1,图 2 是图 1 左侧(西部)的局部详图,二者的水系画法、走向也一致。图 6 的上临、下临、苦谷、九员、上辟磨、下辟磨等地名注记,均见于图 4;图 6 中的上杨、下杨,在图 4 中则标注为上

---

① 甘肃省文物考古研究所:《天水放马滩秦简》,中华书局 2009 年版,第 155 页。

杨谷、下杨谷；图6有虎溪，图4则有虎谷；二者表示河流、山谷的线条走也大致相似；不同的是，图4写绘止于舆溪和下辟磨，图6则更向上方（南方）延伸，多绘出了韭园、东卢、西卢等5条水系，所以图6是图4的延伸扩大图。图4、图6中的"上临"、"苦谷"又见于图3，它们表现都是同一条水系。所以图4、图6是图3左侧（东部）水系的扩大图，或者说图3左侧（东部）表示的是图4、图6的位置示意图。上述诸点皆有注记文字可证，其相互间的关系比较清楚明白，这也是此前的研究者都同意的。

至于图7，从地图方位看，我们认为它与图1、图2的关系更为密切些，它所表现的，应该就是图2中"□西山"所在的那条水系的局部扩大图。它同时还是图3下方（南方）那条水系。图7中的"广堂夬"与图1、图2中的"广堂"，存在某种关联。图7中"苦夬"，亦与图3、图4、图6中的"苦谷"存在某种联系。唯有将图7摆放图3下方（南方）的位置，才能更合理地解释诸图之间的相互关系。因为图1、2中的"广堂"与图7"广堂夬"，原本就绘在同一条水系上；"苦谷"（图3、4、6）与"苦夬"（图7），则仅相隔一道分水岭。关于这一点，在下文今地域的复原中，还会有更详细的论证。

总之，放马滩7幅木板地图，除图5为未完成的半成品外，其余6幅地图可分为两组，图1、图2、图7为第一图组，图4、图6为第二图组，图3为总图或拼合图。图3所表现的，正是第一图组与第二图组的组合拼接关系，其中第一图组位于图3右下方，水系从南往北流；第二图组位于左上方，水系从南往北流，中间那条曲线，正是这两条水系的分水岭。

按照这种方案，诸图关系（读图次序）可表示为：3号图（总图）——4号图（2号图左侧东部详图）——6号图（4号图的扩展图）——1号图（2号图右侧西部的扩展全图，以上为木板正面）——2号图（1号图左侧东部详图）——7号图（1号图左侧东部支流详图，亦即3号图之右侧图）——5号图。这种读读法的好处是：先读正面，再读背面。3号图背面没有绘制地图，可能与此种读法有关。按发掘报告所见木板地图的摆放位置，亦可理解为：第2块木板（3号图）居中，第1板（1号图、2号图）居右表示的3号图右侧部分，第3板（4号图）居左表示3号图左侧详图。第4板正面图（6号图）是对4号图说明，其背面7号图则是对2号左侧的部分说明。由于图2只是图1的局部扩大图，图7为图2的细部图，图6仅为图4的扩展图，图3表示的也只是第一图组与第二图组的相互关系，所以严格说来，诸图幅并不存在所谓的编缀关系，不能由各图幅编缀成一幅总幅。由各相关图幅表示的水系山谷大体相同，以及各图幅中相关地名所在水系山谷的画法并不完全相同这些特点来看，当初的绘图者也没有编缀各图幅的明显意图和打算。

三、地图所表示的今地域范围

判定木板地图所表示的今河流、山谷及其地域范围，大致有两条途径：其一，是比对木板地图所写绘河流、山谷与今地环境的相似性。其二，是利用地图的注记地名与传世文献所载地名定位的一致性。此前的研究者皆不出此二途。此外，还必须充分考虑木板地图各图幅之间的内在联系。

学者对第二图组表现的水系的研究最为出色，张修桂首先通过图中里程资料，将其水系干流局限在25公里范围内，然后通过源流方向、峡谷位置、支流对应、干流长度四个方面详细考证图4、图6所表示的就是今花庙河，它源出放马滩东北，西南流至放马滩南，折南流经燕子关、党川、黄家坪、花庙，最后继续南流进入徽县称永宁河而注入嘉陵江[①]。曹婉如则指出今地图上的东沟、西沟即木板地图之东卢、西卢，今燕子关即木板地图之"燔央闭"（曹文作"杨央闭"）[②]。唯张氏说："燕子关之名与燔史关尚有谐音关系，或是语音文字演变的结果。"[③] 则似不确。晚清民国编修地方志都说燕子关原为现子关[④]。现子关见《方舆胜览》卷六十九利州西路·天水军·山川"现子关"条："去天水县百里，对陇州吴山路。"[⑤]《读史方舆纪要》卷五十九巩昌府附巩昌卫"石榴关"条下亦云："现子关当陇川、吴山之大路。"[⑥] 嘉庆重修《大清一统志》卷二百七十四甘肃统部·直隶秦州·山川"燕子山"条："在州东南一百十里，有燕子关。地多林木，党水出焉，东流入嘉陵江。"卷二百七十五关隘"石榴关"条下云："又有现子关，去天水县百里。《元统志》：……现子关对陇州吴山路。《通志》：石榴关在州东南九十里。又十里为燕子关，即'现子'之讹也。"[⑦] 可见此关南宋称现子关，后讹为燕子关，以迄于今。木板地图作"燔央闭"，当是不同历史时期有不同名称的缘故，恐与读音无关。

曹婉如、张修桂对第二图组论证详确，对图中水系应该就是今自花庙以上的花

① 张修桂：《中国历史地貌与古地图研究》，社会科学文献出版社2006年版，第545~548页。

② 曹婉如：《有关天水放马滩秦墓出土地图的几个问题》，《文物》1989年第12期。

③ 张修桂：《中国历史地貌与古地图研究》，社会科学文献出版社2006年版，第547页。

④ 如费廷珍纂修：《直隶秦州新志》（乾隆二十九年刊本，台北成文出版社有限公司影印，中国地方志丛书·华北地方·第五六三号）卷五上《武备·关隘寨堡附》"现子"条："俗讹为燕子，东南一百一十里。"民国《天水县志》（兰州国民印刷局排印本，无页码）卷二《建置志·关梁》"现子关"条："在县治东南一百一十里，俗讹为燕子。两山对峙，仅容一骑。"

⑤ 祝穆：《方舆胜览》（施和金点校本），中华书局2003年版，第1210页。参看《宋本方舆胜览》，上海古籍出版社1991年影印本，第584页下栏。

⑥ 顾祖禹：《读史方舆纪要》，中华书局2005年版，第2839页。

⑦ 嘉庆重修《大清一统志》，中华书局1986年版，第13408~13409页、第13447页。

庙河的指认,无可置疑。二位先生之所以在摆错地图方位的前提下仍能准确判断此地图所表示的今地理范围,盖因第二图组所绘河流有东卢、西卢、北道口等方位名词,即便是摆错地图方位,也不影响对该河流实际流向的判断。东、西卢既位于河流两岸,北道口位于河流上游,则此河干流只能是自北向南流,而无论南方在上还是北方在上都不影响对河流实际流向的判断。但对第一图组而言,由于没有类似的方位指示词,地图方位摆错则意味着河流流向完全相反。前此学者皆认为木板地图为北上南下方位,则第一图组所绘两条河流就只能是从北往南流,从而完全将河流的流向弄反了。

现在我们既然知道了第二图组为自北向南流之花庙河,则与它相对而流,隔着一道分水岭的,理应就是今东柯河和永川河。这是由前文论证各图之间相互关系推导出来的。此外,我们还可以从下述四个方面加强论证。

首先,东柯河、永川河从南向北注入渭河,图1左边(东边)那条河即东柯河,右边(西边)那条即永川河。图1下方的那条弯折的曲线和图2下方的横线亦即渭河。图1中位于"□里"与"邵"之间的那条短横线,当是从西向东流注入渭河的藉河。渭河和藉河不是地图表现的重点内容,地图的作者并没有完全表示,仅作示意而已。从总体上看,木板地图与今地图相符。

其次,图1右边的永川河右边有四条支流,今永川河亦有四条支流。今永川河在甘泉(甘泉寺)附近分叉,其上流另有五条小支流,木板地图1之上流亦有五条支流,只不过木板地图的支流较偏向左边(东边),与今地图居中稍偏西略有差异,这也许是古地图画法不够精确的缘故。今东柯河在街子以分叉,表现为众多的支流。图1左边(东边)在中田附近分叉,亦表现为众多支流。从图2看,乍格、光成所在那条支流,当是今地图中流径陈家山的那条支流;图2中的明溪,则与今流仙人崖的那条支流相当;图2"□西山"、"故束谷"所在的那条支流,则与今滩子(滩子头)处的分叉支流形似。图1在封丘附近有一条自西向东折北入今东柯河的支流,在今地图上不见,然而在20世纪50年代1比5万的军用地图上,还分明可见有一条干涸的古河道与之相当,可见这条小河今已消失不见了。所以,从永川河、东柯河的流向,及其支流的分布看,与木板地图也是大体相当的。

第三,图3表示的分水岭界线,与今花庙河与永川河、东柯河的分水岭界线、走向完全一致。

最后,今东柯河上游有苦托峡,又名霩霭峡,当是音近讹变。从上文各图相互关系的分析看,此峡应即图7的苦奂。此外,木板地图的苦谷,从图中所处地理位置和河流走向看,应即今花庙河上游之窄峡子沟。由苦奂的地理位置,又可推导出广堂奂的位置。现将苦奂、苦谷、广堂奂、广堂画在今地图上(见示意图),图中可见苦央与苦谷仅隔一道分水岭,广堂央与广堂亦彼此邻近。由这4个地名的内在联系,亦可证明木板地图所表现的即今东柯河、永川河与花庙河。

总之,整个放马滩地图主要表示了三条河流,即东柯河、永川河以及永宁河上游的花庙河,其地域范围,东西约40公里,南北约50公里,约计2000平方公里(参见图13-1)。

图 13-1 **木板地图今地示意图**

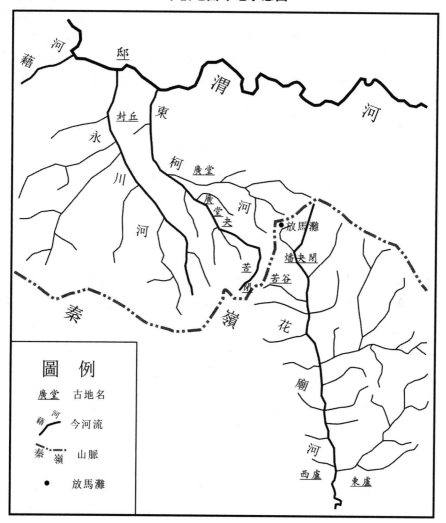

这个地域范围,还可以有两点旁证。

第一,按照本方案,第一图组与第二图组表示的地域范围大致相当。由于木板的大小相当,由此亦可推测二个图组的比例尺也是相近的,不致于相差太大。根据整理者的意见,木板地图"从木质、尺寸、制作痕迹看,系一次制作而成。地图内容,从用笔技术、地形、水状、图形走向、构图思路、地名、字体墨迹看,不仅是一次绘制而成,而且各图之间有必然的联系。"① 这个意见,可以印证我们的结论。

第二,考古工作者根据墓葬规模和随葬器物,推测放马滩一号墓主为士一级人物②。我们以为其职务大概相当于县乡一级的地方官吏。王庸曾推测秦代地图由御史中丞掌管③。新出里耶秦简牍有云:"其旁郡县与楼(接)界者毋下二县,以□为审,即令卒史主者操图诣御史,御史案雠更并,定为舆地图。有不雠、非实者,自守以下主者……"④ 可知秦对地图管理严格,各级官员各负其责。以秦对地图管理的严格和对人身控制的严厉,放马滩墓主人恐不能将涵盖地域广泛的地图随葬地下。而按我们考定,放马滩地图东西40公里、南北50公里,这样的地域范围,与墓主人的身份地位也是相当的。

第四节　年代与性质

一、年代

考古工作者根据墓葬随器物型式,推断放马滩墓的年代在战国中晚期,又根据一号墓中出土的竹简书《志怪故事》,推测一号墓的年代在公元前239年以后⑤。其他研究者亦多据此以推断墓葬的年代(详下文)。我们的看法略有不同,以下试作讨论。

所谓《志怪故事》,讲述一个名叫"丹"的人死而复生,并言说祭祀宜忌诸事项。孙占宇曾依据红外影像对简文进行重新释写,对诸家意见进行集释,并将篇名改称为《丹》⑥。其后,复又进一步写定释文⑦。下面先移录简牍,篇题则从胡平生说,作

① 甘肃省文物考古研究所:《天水放马滩竹简》,中华书局2009年版,第121页。
② 甘肃省文物考古研究所:《天水放马滩竹简》,中华书局2009年版,第129页。
③ 王庸:《中国地理学史》,商务印书馆1998年版,第42~44页。
④ 陈伟主编:《里耶秦简牍校释》第一卷,武汉大学出版社2012年版,第118页。
⑤ 甘肃省文物考古研究所:《天水放马滩竹简》,中华书局2009年版,第127页、第128页。
⑥ 孙占宇:《放马滩秦简〈丹〉篇校注》,简帛网2012年7月31日,http://www.bsm.org.cn/show_article.php?id=1725。
⑦ 陈伟主编,孙占宇、晏昌贵撰著:《秦简牍合集〔四〕·放马滩秦墓简牍》,武汉大学出版社2014年版,第202~207页。

《邸丞谒御史书》①：

> ■八年八月己巳，邸丞赤敢谒御史：大梁人王里□徒曰丹，□今七年，
> 丹刺伤人垣离里中，因自刺殴，□之于市三日，葬之垣离南门外。三年，丹
> 而复生。丹所以得复生者，吾犀武舍人。犀武论其舍人尚命者，以丹未当
> 死，因告司命史公孙强，因令白狐穴屈（掘）出。丹立墓上三日，因与司命
> 史公孙强北之赵氏之北地柏丘之上。盈四年，乃闻犬狐鸡鸣而人食。其
> 状类益、少麋（眉），墨，四支（肢）不用。丹言曰：死者不欲多衣。死人以
> 白茅为富，其鬼贱于它而富。……

简书的时间推定有赖于地点的确认。简书涉及地名有二个是确定无疑的，即战国魏国都城大梁（今河南开封）和赵氏，赵氏即赵国。围绕丹"刺伤人"和死葬地另有二个地名：王里和垣离。王里，或以为属魏大梁，或以为属秦氐道②。我们同意王里属大梁的意见，一个间接的证据就是，"王里"或与"王"有关，属于魏都大梁的可能性更大些。至于垣离，孙氏以为属大梁，当是。这是第一组地名，以魏国都城大梁为中心。

三年之后丹复生，涉及第二组地名，即"丹立墓上三日，因与司命史公孙强北之赵氏之北地柏丘之上"。简文中的第一个"之"是动词，义为"前往"、"到"。第二、第三两个"之"字则为语助词。赵氏即赵国，北地为赵国的北部地方，为区域名，柏丘则为北地之具体小地名。《史记·赵世家》载："（惠文王）三年，灭中山，迁其王肤施。起灵寿，北地方从，代道大通。"是赵国有"北地"之称。马王堆帛书《刑德》甲、乙本附篇《分野》另有"赵氏西地"、"赵氏东地"的说法，分别对应二十八星宿中的"觜觿"和"罚"。帛书的年代当在公元前328年至前290年之间③，与放马滩简的年代相近（详下文）。柏丘无考。战国赵货币有"白人刀"，兵器有"柏人戈"，柏人在今河北隆尧、临城之间④。西汉巨鹿郡又有柏乡侯国，治今河北柏乡、临城间，正当柏人的北方⑤。简文柏丘或当在此。这里正当赵国北部地方，当然也位于魏都大梁的北方。

简文开头提到的"邸丞"之邸，我们以为也是赵地。1978年3月，河北省元氏

---

① 胡平生、李天虹：《长江流域出土简牍与研究》，湖北教育出版社2004年版，第230页。

② 李学勤：《放马滩简中的志怪故事》，《文物》1990年第4期，第43~47页；李零：《秦简的定名与分类》，《简帛》第6辑，上海古籍出版社2011年版，第1~11页。

③ 晏昌贵：《马王堆帛书星宿分野考》，《湖南省博物馆馆刊》第8辑，岳麓书社2012年版，第18~23页。

④ 谭其骧主编：《中国历史地图集》第一册，中国地图出版社1982年版，图幅第37~38。

⑤ 谭其骧主编：《中国历史地图集》第一册，中国地图出版社1982年版，图幅第37~38。

县西张村发现西周遗址和墓葬，出土青铜器《臣谏簋》有铭文："唯戎大出【于】軝，井（邢）侯博戎，延令臣谏以□□亚旅处于軝。"另一件青铜器《叔趯父卣》有铭云："叔趯父曰：余考，不克御事，唯汝倏其敬乂乃身，毋尚为小子。余兄为汝兹郁葬，汝其用飨乃辟軝侯，逆造出入使人。"①李学勤、唐云明引《汉书·地理志》元氏县云："泜水（旧误作沮水），首受中丘西山穷泉谷，东至堂阳，入黄河。"又引《大清一统志》："槐河源出赞皇县西，东北流入顺德府境，径元氏县南，又东流入高邑县界，即古泜水，讹为'沮水'者也，此为北泜水。"认这今天的槐河就是古代的泜水。铜器铭文表明墓主是軝侯之臣，这里是軝国的一处墓地，"軝"应读为"泜"，軝国实由地处泜水流域而得名②。

《铁云藏货》著录一方足布，郭若愚释为"邸"。邸布又见《大系》2021号，李家浩以为邸即泜，并联系河北省元氏县西张村西周铜器铭文中的軝，认为："邸"从"邑"，大概是为位于泜水流域的"軝"邑而造的专字。《说文》邑部训为"属国舍"的"邸"字，可能是地名"邸"的假借，也可能是后造的一个字，与地名"邸"字无关。战国时期泜水在赵国的疆域之内，邸布应当是赵国铸造的货币③。黄锡全亦有续论，认为三晋地区古泜水有二，一为北泜水，见《史记·陈余列传》及《淮阴侯列传》，发源于元氏县西群山中，即今之槐水。二为南泜水，见《山海经·北山经》，源出临城西南敦舆山北，东流经唐山、隆平入晋宁泊④。

综合以上学者的讨论，可知赵国北境今河北元氏、临城、隆尧间确有"邸"地，它源自西周軝国，战国中晚期赵国设为邸县⑤，柏丘则可能位于邸县境内。当丹死而复活并从魏国大梁北上至赵国北地之柏丘时，邸县之丞得闻其事，于是上报御史⑥。竹简所载，正是邸丞谒报御史的官府文书，或者是模仿此类官府文书的"阴府冥书"⑦。

无独有偶，北大藏秦简《泰原有死者》，亦叙及人死复活之事⑧，其发生地"泰

① 河北省文物管理处：《河北元氏县西张村的西周遗址和墓葬》，《考古》1979年第1期，第23~26页。
② 李学勤、唐云明：《元氏铜器与西周邢国》，《考古》1979年第1期，第56~59页、第88页。
③ 李家浩：《战国货币考（七篇）》，《中国钱币学会成立十周年纪念文集》，金融出版社1992年版；兹据《著名中年语言学家自选集·李家浩卷》，安徽教育出版社2002年版，第176页。
④ 黄锡全：《赵国方足布七考》之四"'氏金'方足布考"，《华夏考古》1995年第2期，兹据氏著《先秦货币研究》，中华书局2001年版，第95页。
⑤ 参看李晓杰：《中国行政区划通史·先秦卷》，复旦大学出版社2009年版，第336页。
⑥ 赵有御史，见杨宽、吴浩坤主编：《战国会要》，上海古籍出版社2005年版，第535页。
⑦ 参看[美]夏德安、陈松长、熊建国译：《战国民间宗教中的复活问题》，《简帛研究译丛》第1辑，湖南出版社1996年版，第27~43页。
⑧ 李零：《北大秦牍〈泰原有死者〉简介》，《文物》2012年第6期，第81~84页。

原",陈伟以为即秦泰原(太原)郡①。古文献中"太原"亦指晋阳。无论太原或晋阳,战国时均为赵地。《史记·赵世家》所载赵国史事颇多神异故事,引起后世正统史家诟病。但据现代史家研究,《赵世家》之"诬谬庞怪",正是先秦赵氏日常生活中宗教崇拜的实录②。目前所见两件时代最早的死者复活故事皆以赵国为背景,恐怕不是偶然的。《赵世家》载肥义引谚语云:"死者复生,生者不愧。"恐怕也不仅仅是一句虚浮的比喻吧。

应该说,将简书中的"邸"理解为赵地,是符合简书内在逻辑最为合理的解释。但在考虑简书所反映的地理背景方面,另有二个外在的"隐性"条件也必须考虑在内,这两个外在的"隐性"因素,一个是出土该件文书的墓葬所在地,另一个是同墓所出木板地图上亦有"邸"字标记。这两个外在的"隐性"条件都共同地指向秦国,而非赵国。目前的研究者,几乎无一例外地都将"邸"解释为秦国地名③,这是一个最为重要的原因。下面对此试作解释。

关于第一点,墓葬所在地甘肃天水市在战国中晚期无疑是属于秦国的,放马滩墓地从出土器物形态看也是秦墓。但这并不表明墓中所出的文献就一定属于秦国。《邸丞谒御史书》是一篇独立的文献,其中记录的"丹"并非墓主,与墓主也不一定存在必然联系④。放马滩的墓主人,生前听闻此类奇闻异事,从而抄录随葬(或者还有其他意图),而无论此事发生在秦、赵抑或其他国家,都没有关系。这是不言自明的,无需深辩。

关于第二点,放马滩木板地图有"邸"字。这个"邸"通常被解释为秦汉时期的氏道。但秦汉氏道在今甘肃省武山县、岷县及礼县交界处⑤。木板地图所表示的地区,并不包括秦汉氏道在内(详上文)。而木板地图的"邸"只是一个小的地名,与氏道和《邸丞谒御史书》之"邸"作为县级政区亦不相当。

下面来谈时间问题。

简书共记录了四个时间:八年八月己巳(A)、七年(B)、三年(C)和四年(D)。其中时间 B 和时间 C 之间的关系比较清楚,学者间没有异议:时间 C 是时间 B 之后的三年。时间 D 简文称"盈四年",这可以有两种理解:(a)时间 C 之后又过了四年

① 陈伟:《北大藏秦简〈泰原有死者〉识小》,简帛网 2012 年 7 月 14 日,http://www.bsm.org.cn/show_article.php?id=1718。
② 沈长云等:《赵国史稿》,中华书局 2000 年版,第 527 页。
③ 或以为"邸丞"为邸舍之丞。但李学勤已指出:"邸"前无前缀地名,"邸丞"并非邸舍之丞。参看李学勤:《放马滩简中的志怪故事》,《文物》1990 年第 4 期。
④ 参看孙占宇:《放马滩秦简乙 360-366 号"墓主记"说商榷》,《西北师大学报》2010 年第 5 期,第 46~49 页。
⑤ 周振鹤:《汉书地理志汇释》,安徽教育出版社 2006 年版,第 342 页。

259

和(b)时间 B 之后过了四年。换言之，第一种理解是说丹死后第三年复生、第七年"乃闻犬吠鸡鸣而人食"；而按第二种理解，则是丹死后第四年就可以"人食"了。

比较成问题的是时间 A 与时间 B 的关系。此前的研究者多将时间 B 看作与时间 A 一样具有纪年性质，但这样一来时间 A 与时间 B 二者之间就存在不可调和的矛盾，最早研究这篇简书的李学勤对此有充分揭示，他说[1]：

> 丹在七年刺伤人，被弃市后掩埋，三年后复活，又过四年而有闻能食，
> 这加在一起，已到十四年，所以简文开头历朔不可能是八年。

因而李主张简文"八"字前面还有字迹残痕，应是"卅"字，这样时间 A 就应当为"卅八年"，它与下面几个时间之间的矛盾就迎刃而解了。不过，根据红外影像，竹简"八"字前面并无其他文字，而是墨块。简书是八年而非卅八年。

既然时间 A 不是"卅八年"而是"八年"，那么如何协调它与时间 B、C、D 之间的矛盾呢？目前所见，学者有两种思路。一种思路是：时间 A 为秦惠文更元八年（公元前 317 年），时间 B 为秦惠文王前元七年（前 331 年）[2]。按这种思路，"丹"在公元前 331 年死亡，三年之后复活，又过四年有闻能食，时间当在秦惠文王更元前后，与前 317 年并不矛盾。但是，这个年代与简文所述犀武的活动年代不合，犀武见于史载的最后年代是公元前 293 年，这也可能是犀武死亡的年代[3]。二者的年代不合，此说恐不可信。

另一种思路，是将邸丞谒御史的内容仅仅局限在"丹"自杀的情节上，而将"三年丹而复生"置于邸丞谒报内容之外[4]。这样一来，此后的时间 C、时间 D 均与时间 A 无关，从而巧妙地消解了时间 A 与时间 B、C、D 之间的矛盾。但是，我们从文书的形式看，丹的死而复生及有闻能食乃是一种连贯的叙事，人为地将丹之死与丹的复活分割为两个部分似嫌牵强，果真如此，邸丞谒报御事也就失去了其意义。我们认为邸丞谒御史的内容当包括整个丹死而复生的全过程，"丹言"以下的部分则是"邸丞谒御史"文书的附件。

然则时间 A 与 B、C、D 之间究竟是何种关系？窃以为时间 B 并不具备纪年性质，而是与时间 C、D 一样，只表示一种相对的时间概念，它旨在说明某事在时间 A 之前七年发生。为了说明这一问题，不妨先看一个最近公布的岳麓书院藏秦简中

---

① 李学勤：《放马滩简中的志怪故事》，《文物》，1990 年第 4 期。

② 雍际春：《天水放马滩木板地图研究》，甘肃人民出版社 2002 年版，第 37~42 页。

③ 李学勤：《放马滩简中的志怪故事》，《文物》1990 年第 4 期。

④ 李零：《秦简的定名与分类》，《简帛》第 6 辑，上海古籍出版社 2011 年版，"附录"。

《多小未能与谋案》的例子①：

> 【敢】谳之：十二月戊午，军巫闲曰：攻荆庐溪【□□】故秦人邦亡荆
> 者男子多。多曰：小走马。以十年时，与母儿邦亡荆。亡时小，未能与儿谋。
> 它如军巫书。儿死不讯。问：多初亡时，年十二岁，今廿二岁；已削爵为
> 士伍。它如辞。……

该件司法文书涉及的第一个时间"十二月戊午"，整理者以为"应为秦王政二十二年十二月丙午朔十三日"。简文涉及的第二个时间"以十年时"，整理者认为相当于"于十年前"。整理者还列举了其他简书中省略"以"的例子②。从该篇下文"多初亡时，年十二岁，今廿二岁"来看，整理者的意见无疑是正确的。从这个例子看，放马滩简《邸丞谒御史书》中的时间 B 也应该理解为邸丞谒御史的前七年。上引《邸丞谒御史书》简文"七年"前二字为缺文，李学勤补作"□今"③，宋华强又补出"今"前的"去"字，所缺二字当为"去今"④。从红外影像看，"今"字大致近似，其上一字则难以辨认。但宋华强对简文的理解具有一定的合理性。

经过上文疏理，可知《邸丞谒御史书》只有一个纪年时间，即时间 A 的"八年八月己巳"。目前学术界比较通行的说法是秦昭王七年或秦王政八年，但李学勤已经指出："秦昭王八年即公元前 299 年，秦王政八年即公元前 239 年，八月均无己巳日。"李先生同时还提到魏国纪年的可能性，但由于李先生相信简文此处是"卅八年"，而"这一时期的魏王，没有一个在位达三十八年"，从而也排除了这种可能性⑤。

我们认为简文"八年八月己巳"当是赵国纪年，上文对简文地名的考证显示此事最后的落脚点是在赵国，"邸丞"为赵国邸县之丞，用赵国纪年当然是合乎情理的。在这期间的赵国纪年应为赵惠文王八年（前 291 年），查张培瑜《中国先秦史历表》，赵惠文王八年八月实历丙寅朔，其他各历或丙寅朔或乙丑朔⑥，则己巳为第4日或第5日。

《邸丞谒御史书》中"丹"并非墓主，其故事亦与墓主无关。但由于这是该墓随

---

① 朱汉民、陈松长主编：《岳麓书院藏秦简〔叁〕》，上海辞书出版社 2013 年版，第 141~144 页。

② 朱汉民、陈松长主编：《岳麓书院藏秦简〔叁〕》，上海辞书出版社 2013 年版，第 143 页、第 144 页。

③ 李学勤：《放马滩简中的志怪故事》，《文物》1990 年第 4 期。李先生理解"今七年"为"今王七年"。

④ 宋华强：《放马滩秦简〈邸丞谒御史书〉释读札记》，《出土文献研究》第 10 辑，中华书局 2011 年版，第 137~143 页。

⑤ 李学勤：《放马滩简中的志怪故事》，《文物》1990 年第 4 期。

⑥ 张培瑜：《中国先秦史历表》，齐鲁书社 1987 年版，第 207 页。

葬品中有纪年可考的文物，所以不惮词费，详为考证。由本文所考该纪年为公元前291年，则墓葬下葬年代当在此后，或离之不远。地图绘制的年代应早于墓葬下葬的年代，其年代当在公元前300年前后。

二、性质

关于地图的性质，何双全将各图分别称为《政区图》、《地形图》和《经济图》，并认为在战事频繁的战国时代，地图均带有军事性质，是军用地图[①]。这是以地图的实际内容所作分类，将各图分别看作各种专题图。后来的研究者多循此思路，或突出地图的某方面的特征，而各有不同的称呼。最近还有学者将放马滩地图称之为"林区图"或"林区运输线路图"。[②] 我们打算换一种思路讨论地图的性质。

首先，我们必须承认放马滩各图表现的地理因素确有不同，图1的地名全都加方框，表示居民点。但由于各居民点之间并无界线，所以严格地说，并非"政区图"。图2居民点"广堂"、"中田"加方框，其余光成、□西山等则不加，表示一般地名或河谷山川名。图中的关隘用半月形或椭圆形符号表示，并注明"闭"字。由此推测，其余各图未加方框者皆应表示一般河谷山川关隘之名，而在图3、图4、图6上还注明林木分布地点和里程（图6无里程）。可见地图的编绘者确有分类表示各图地理因素的倾向，不同类型的地图可能有不同实际功效，所以，放马滩地图具有实用应用功能是没有疑问的。

从整体上观察，放马滩地图的最大的特点，是同一条河流多次出现，比如花庙河（或其部分）就出现了三次（图3左半、图4、图6），东柯河（或其部分）出现了四次（图1左半、图2、图3右半、图7）。同一条河流多次反复出现，构成放马滩地图最显著的一个特征。这或许与某种仪式有关。而在不同图幅表现同一条河流时，看不出有明显的分工意图，如图4、图6都是表现花庙河，从注记文字看，内容虽略有小异，但总体上是相同或相似的：都是山川河谷和林木分布，只不过图4多了二条里程记录。同样的情形也见于图1、图2。它们的不同，主要表现在地域范围上，如图4比图6多出舆溪、下辟磨以下的下游河段。图1比图2多绘出整条永川河。同一条河流多次出现，地域范围不断扩大或缩小，其中心汇聚点则在集中在放马滩墓地上。这在图3表现得最为突出。图3位于各图的中间，是4块木板唯一单面写绘的地图，地位特殊。从放马滩墓地出发，往南，经燔卖闭到上临、苦谷（图3注

[①] 何双全：《天水放马滩秦墓出土地图初探》，《文物》1989年第2期。

[②] 王子今、李斯：《放马滩秦地图林业交通史料研究》，《中国历史地理论丛》2013年第2期，第5~10页。

记"到口廿五里"),然后过渡到图4,行至舆溪(注明"去谷口可五里")、下辟磨(注明"去口可八里"),再到图6,止于东卢、西卢,而不再注明里程。往北,卅里至析谷,过渡到图2,最后至图1。反向而行,南北河流汇聚地亦在放马滩。总之,从地图表现的内容和组合方式看,放马滩木板地图主要表现放马滩墓地南北的三条河流:花庙河、东柯河、永川河,从而更显突出放马滩墓地的中心地位。而不同地域范围的地图可能显示墓主人生前在不同时期掌管土地范围的差异:图3是初期小地域,图2、图4合起来是中期地域,图1、图6加起来则是后来扩张了的领地。放马滩墓主人将生前所使用的地图死后带入地下,可能是为了证明墓主生前为一方(一乡或一县)之主,掌理一方的土地和人民,在死后的世界继续享有生前所具有的政治权力,希冀他们的权位在地下仍能继续,甚至提升 [①]。《史记·秦始皇本纪》载始皇陵墓,称其"以水银为百川江河大海,机相灌输,上具天文,下具地理"。我们虽然无法目睹始皇陵内"上具天文,下具地理"的具体情形,但我们相信,放马滩墓主人和秦始皇对死后世界的信仰是相通的。

结　语

综合上述讨论,可将本章要点总结如下:

(1)依据红外影像,释出放马滩木板地图中"北方"二字,从而确定地图的方位为上南下北,与目前已知的战国中山国"兆域图"和马王堆汉代帛地图的方位一致,而与现今地图的方位相反。由此或可证明,上南下北乃是唐以前中国古地图绘制的通行做法。

(2)在确定地图方位的前提下,判定图1以及图2所绘的两条河流皆自南向北流,与图4、图6所表示的那条河自北向南流的流向正好相反。而图3所表示的,正好是两条南北相向对流的河流,它们仅隔一道分水岭,从逻辑关系上,这两条河应该就是图2和图4、图6所见的两条河流的上游。又据图7描绘的河流走向以及注记文字,尤其是"苦央"与图3、图4、图6中的"苦谷","广堂央"与图1、图2中的"广堂",这两组地名的相互关系,更进一步加强论证,从而确认放马滩地图主要表现的实为三条水系,即花庙河、东柯河和永川河,其地域范围,东西约40公里,

---

① 参看[美]余定国,姜道章译:《中国地图学史》,北京大学出版社2006年版,第60页;邢义田:《治国安邦》,中华书局2011年版,第317页。

南北约 50 公里。这一结果，不同于此前的任何研究者，但它最符合木板地图的内在逻辑和图幅所表现的比例关系，也符合墓主人生前的身份等级和社会地位。

（3）根据同墓所出竹简《邸丞谒御史书》，推断地图的绘制年代或在公元前 300 年前后。这一结论，虽与此前的研究者差相近似，但论证的途径不同。无论如何，放马滩木板地图是目前所见年代最早的古代地图实物，具有很高的科学价值和文物价值。

（4）由木板地图的内容，可知其性质是墓主人生前实用地图，各图所反映地域的大小，或系墓主人生前职掌地域范围有所变化之故。墓主人所以要将这些地图随葬地下，或可表明墓主希求后死仍享有生前的权力。由木板地图的组合方式、地图内容，以及地图注记里程，可以推断木板地图乃是以墓主人的墓地——放马滩为中心，此亦显示墓主人有将其死后墓地置于"地图世界"之中心的企图。

第十四章 秦简"所"、"可 / 可以"的语法及相关问题

近几十年来大量秦简的出土,为汉语史的研究提供了宝贵材料。学者们从词汇、语法等不同角度进行探讨,取得了不少成果①。本章仅就秦简中个别有特点的语法现象试作较为全面的考察研究,并力求在语法考察的同时,与字词考证、文句解读结合起来。

本章利用的秦简牍资料,以正式、集中刊布者为准。那些零星发表的材料,如在论文中陆续披露的岳麓秦简、里耶秦简内容,以及王家台秦简、北大秦简,一般不作统计和引用。

为行文方便,本章首次称引简文时出处用全称,随后用省称。如《岳麓书院藏秦简〔叁〕》称为"岳麓〔叁〕";睡虎地秦简《日书》和放马滩秦简《日书》,分别省称为"睡《日书》"和"放《日书》"。

第一节 "所"字的结构助词及名词用法

秦简中"所"字共出现了 373 例,用法最多的结构助词有 189 例,其次是名词有 102 例,二者分别占"所"字用例总数的 51% 和 27%。而根据王克仲对先

---

① 参看朱湘蓉:《秦简词汇初探》,中国社会科学出版社 2012 年版,第 9~17 页"秦简语言研究概况"。

秦 21 部古籍的统计,"所"字共出现了 6484 次,用法最多的结构助词有 6252 例,其次是名词 134 例①,二者分别占"所"字用例总数的 96.4% 与 0.02%。可以看出,相对于先秦 21 部古籍,秦简中的结构助词所占比例要低很多,而名词用法却高不少。下面就分别讨论秦简中"所"字的这两种用法,及与二者关系密切的"动·所·名"结构。

一、结构助词"所"

"所"字用在动词前,使整个结构具有名词性,也就是一般说的"所·动"用法。此种用法的"所"字,其词性归属目前尚有争论,此取结构助词说②。秦简中"所"字的结构助词,其用法从结构形式上可以分为六小类。

1. "所·动","所"用在动词前,使整个结构具有名词性。传世文献里,"所"字后可以是形容词、名词、代词或数词等,只是它们都已经活用为动词③。秦简共 90 例(睡虎地 46,放马滩 9,周家台 2,里耶 24,岳麓 13),动词前或有副词"当"(1)、"必"(1)、"已"(1)、"定"(1),形容词"远"(1)、"新"(1)。

(1) 其所利及好恶不同。睡虎地秦简《语书》1
(2) 唯仓所自封印是度县。睡虎地秦简《秦律十八种》171

魏德胜将"仓所自封印"理解为"名 + '所'字结构"④,即"仓 / 所自封印"。与"唯仓自封印者是度县"(《秦律十八种》23)对比,可知"所"与"者"都是结构助词,使整个结构名词化。另外在睡虎地秦简未见有名词"仓所"的说法。

(3) 所城有坏者,县司空署君子将者,赀各一甲。睡虎地秦简《秦律杂抄》40
(4) 今夬(决)耳故不穿,所夬(决)非珥所入殿。睡虎地秦简《法律答问》80
(5) 所捕耐罪以上得取。《法律答问》130

---

① 参看王克仲:《关于先秦"所"字词性的调查报告》,《古汉语研究论文集》,北京出版社 1982 年版,第 70 页;张玉金:《出土战国文献虚词研究》,人民出版社 2011 年版,第 484~514 页。

② 王克仲:《关于先秦"所"字词性的调查报告》,《古汉语研究论文集》,第 70 页。

③ 可参看王克仲:《关于先秦"所"字词性的调查报告》,《古汉语研究论文集》,第 71 页;易孟醇:《先秦语法》(修订本),湖南大学出版社 2005 年版,第 255~256 页。

④ 魏德胜:《〈睡虎地秦墓竹简〉语法研究》,首都师范大学出版社 2000 年版,第 270 页。

(6)"州告"者,告罪人,其所告且不审,有(又)以它事告之。《法律答问》100

(7)王室所当祠固有矣,擅有鬼立(位)殹,为"奇",它不为。《法律答问》161

(8)一曰不察所亲,不察所亲则怨数至。睡虎地秦简《为吏之道》24 贰

(9)人各食其所耆(嗜),不蹲以贫(分)人。《为吏之道》35 伍

(10)鬼之所恶。睡《日书》甲 25 背壹

(11)皋陶所出。放马滩秦简《日书》乙 284

(12)直之所在主岁。放《日书》乙 308

(13)即斗所乘也。周家台秦简 243

(14)操两瓦,之东西垣日出所烛。周家台 329

(15)毋令庆有所远之。里耶 8-78

"远"为形容词状语,"之"为动词。

(16)寡门,不寡,濡泥兴,兴毋所定处,不吉,必叁寡。放《日书》乙 1 贰

"定"为副词作状语。

(17)非亲毋亲,多所智(知)。岳麓秦简《为吏治官及黔首》43 壹、44 壹

(18)不祭(察)所使,亲人不固。《为吏治官及黔首》54 叁

(19)毋失四时之所宜。岳麓秦简《占梦书》3 正

(20)各直(置)一日所织。岳麓秦简《数》128

(21)以所已乾(干)为法。《数》2

(22)安乐之所必戒。《为吏治官及黔首》28 贰

(23)受人货材(财)以枉律令,其所枉当赀以上,受者、货者皆坐臧(赃)为盗,有律,不当谳。岳麓〔叁〕29

(24)☑□□所新缮。里耶 8-2480

(25)☑所遣乃里耶 8-278

末一例,由于简文残缺,其"所"字的用法还值得讨论。

2."所·动·者",41 例(睡虎地 4,放马滩 5,周家台 30,里耶 2),动词前或有副词"恒"(1)。

(1)律所谓者,令曰勿为,而为之,是谓"犯令"。《法律答问》142

267

（2）所干者规也。放《日书》乙 197 壹

（3）所言者急事也。周家台 187

（4）人所恒炊（吹）者，上橐莫以九礜，大如扁（蝙）蝠矢而干之。即发，以酭四分升一饮之。周家台 321

（5）问迁陵所请不迁者廿人录☐里耶 8-2217

张玉金认为（4）的"所"字是假设连词①，此说不确，"所"为结构助词，"人所恒炊（吹）者"即"人之所恒炊（吹）者"，即有"恒炊（吹）"病症的人。最后一例，由于简文残缺，"所请不迁者"其具体意思及与前后文如何断读尚需讨论。

3. "所·动·名"，"所·动"与紧接其后的"名词"，何乐士认为是偏正关系，"所·动"具有定语的性质，名词为中心语②。或认为"名词"是前者的修饰成分③。无论何种分析，有一点是比较清楚的，即"所·动·名"结构比"所·动"结构的表意更清楚具体。34 例（睡虎地 7，放马滩 2，周家台 3，龙岗 5，里耶 12，岳麓 7）。动词前或有形容词"新"（1）、副词"共"（1）。

（1）稼已生后而雨，亦辄言雨少多、所利顷数。睡虎地《秦律十八种》1

（2）河（呵）禁所杀犬，皆完入公。《秦律十八种》7

（3）县所葆禁苑之傅山、远山，其土恶不能雨，夏有坏者，毋稍缮补。《秦律十八种》119

（4）军人禀所、所过县百姓买其禀，赀二甲，入粟公。《秦律杂抄》14

（5）此所谓艮山。睡《日书》甲 47 正叁

（6）即以所中钟数为卜。放《日书》乙 293

（7）此所谓戎磨日也。周家台 132 叁

（8）即以所操瓦而盖☐周家台 330

（9）所谓"牛"者，头虫也。周家台 328

（10）分以上，直（值）其所失臧（赃）及所受臧（赃），皆与盗同☐龙岗 137

（11）坐其所匿税臧（赃），与灋（法）没入其匿田之稼。龙岗 147

（12）嘉、谷、尉各谨案所部县卒、徒隶、居赀赎责（债）、司寇、隐官践更县者簿。里耶 J1（16）5

① 张玉金：《出土战国文献虚词研究》，人民出版社 2011 年版，第 407 页。
② 何乐士：《〈左传〉虚词研究》（修订本），商务印书馆 2004 年版，第 235~241 页。
③ 易孟醇：《先秦语法》（修订本），湖南大学出版社 2005 年版，第 257 页。

"司寇、隐官践更县者"与前面的"县卒""徒隶"等并列,而非"所部……者"结构①。

(13)令曰:恒以朔日上所买徒隶数。里耶 8-154

(14)☑敬入所捕白翰羽千☑里耶 8-2510

(15)以所得禾数为法。《数》1

(16)亦令所奥步一为八十一。《数》30

(17)亦直(置)所新得寸数,糈令相乘也。《数》34

(18)以所券租数为法。《数》15

古算书研究会认为"券"当用为动词,把这句话翻译为"以误刻券的租数为法"②。

(19)所出购,备鼠(予)琐等,有券。岳麓〔叁〕29

(20)朵子士五(伍)方贩棺其枊下,芮利买(卖)所共盖公地,卒(？)又(？)盖□□□□与材共□□□芮分方曰:……岳麓〔叁〕74

有些作处所成分的"所·动·名"结构,其中的"动·名"也可以单独作处所词语,如下面的例子:

(21)军人买(卖)禀禀所及过县,赀戍二岁;同车食、敦(屯)长、仆射弗告,戍一岁;县司空、司空佐史、士吏将者弗得,赀一甲;邦司空一盾。·军人禀所、所过县百姓买其禀,赀二甲,入粟公;吏部弗得,及令、丞赀各一甲。《秦律杂抄》12-15

至于为什么前面用"过县"而后面用"所过县",我们认为大概与防止句子产生歧义有关。在秦简里,"禀"有名词和动词两种用法;再者,处所成分作补语时,常

---

① 王焕林:"马怡《里耶秦简选校》以'县卒'为读,误。质言之,县字实领'卒'、'徒隶'、'居赀赎债'、'司寇'六者为言。"见氏著:《里耶秦简校诂》,中国文联出版社2007年版,第108页。今按,"司寇、隐官"与"践更县者"连读,参看陈伟:《岳麓书院藏秦简先王之令解读及相关问题探讨》,台北《历史语言研究所集刊》第八十八本第一分,2017年。

② 〔日〕古算书研究会,〔日〕大川俊隆、马彪译:《岳麓书院藏秦简〈数〉译注稿(1)》,简帛网2013年1月30日,http://www.bsm.org.cn/show_article.php?id=1824。

不用介词引介,如:

(22)有贼杀伤人衝(冲)术,偝旁人不援,百步中比野,当赀二甲。《法
律答问》101

(23)令甲以布帬剗狸(埋)男子某所。《封诊式》61

(24)二月利兴土西方,八月东方,三月南方,九月北方。睡《日书》甲
110 正壹

如果将"所过县"改为"过县"的话,"军人禀所、过县"就可能理解成"军人禀
(于)所过县"。因此,为句意明确计,作为处所词的"所过县"此处就不能用"过县"
代替。

4."所·动·名·者",2 例(岳麓 2)。

(1)为之述(术)曰:直(置)所得四升半升者,曰半者倍为九,有(又)
三□之为廿一,以为法。亦直(置)所取三步者,十而五之为三百,即除廿
七步而得一步。《数》5-6

5."所·动·之·名",只是在"所·动·名"结构的"名词"之前加一"之"字。
3 例(放马滩 2,龙岗 1)。

(1)其所中之钟。放《日书》乙 287

(2)其所中之辰。放《日书》乙 338

(3)传者入门,必行其所当行之道。龙岗 3

6."所·介·动(者)",14 例(睡虎地 6,放马滩 4,周家台 1,里耶 2,岳麓 1),介
词有"以"(9)、"道"(4)、"为"(1)。

(1)其所以埱者类旁凿。《封诊式》76

(2)春三月甲乙,不可以杀,天所以张生时。睡《日书》甲 102 背

(3)禹须史所以见人日。放《日书》甲 42

(4)凡所以相生者。放《日书》乙 337

(5)丹所以得复生者。放马滩秦简《志怪故事》2

(6)盗所道入者及臧(藏)处。周家台 260

(7) 说所为除赘者名吏（事）里、它坐、訾遣　里耶 8-1090

(8) 所道来甚远居　里耶 8-2000

(9) 䰜所道来，毋云莫智（知）之①。《为吏治官及黔首》68 肆

(10) 可（何）胃（谓）"署人"、"更人"？耤（藉）牢有六署，囚道一署旞，所道旞者命曰"署人"，其它皆为更人；或曰守囚即"更人"殹，原者"署"人殹。《法律答问》196

(10) 的"所道旞"，整理者说："道，由、从。旞，读为遂，《广雅·释诂一》：'行也。'道一署遂，经由一处看守地段通行。"同时还提出另一种读法："'藉牢有六署囚道，一署遂所道，遂者命曰署人'，按照这种读法，遂应读为述，《诗·日月》传：'循也。'可解释为巡查。"按照第一种解释，"所道旞者"即"所·介·动"结构。整理者引《广雅》，将"遂"解释"行"，大概认为这个"行"即经行之意。查王念孙《广雅疏证》"行也"的解释，只是引了《国语·晋语二》"无不遂也"韦昭注"遂，行也。"②但这里的"遂"不能理解为通行之意，当是"成功"之意③。今按，《法律答问》26："豹旞，不得，赀一盾。"整理者注释说："遂，《说文》：'亡也。'即逃掉。"因此，(10) 的"旞"也可能是逃掉之义。张家山汉简《二年律令·津关令》404："乘徼，亡人道其署出入，弗觉，罚金□▪"整理者注释说："道其署，由其岗位。"与之对照来看，(10) 的两例"道"皆可理解为动词。

二、名词"所"及"动·所·名"结构

"所"似可单用为处所词，2 例。

(1) 票（飘）风入人宫而有取焉，乃投以屦，得其所，取盎之中道；若弗得，乃弃其屦于中道，则亡恙矣。不出一岁，家必有恙。睡《日书》甲 57 背叁 -59 背叁

(2) 不智（知）器及左券在所未　里耶 8-435

---

① 陈剑认为"䰜"是"思过（祸）"二字，见复旦大学出土文献与古文字研究中心研究生读书会：《读〈岳麓书院藏秦简（壹）〉》，复旦大学出土文献与古文字研究中心网站 2011 年 2 月 28 日，http://www.gwz.fudan.edu.cn/SrcShow.asp?Src_ID=1416 学者评论。

② 王念孙：《广雅疏证》，中华书局 1983 年版，第 42 页。

③ 参邬国龙、胡果文、李晓路：《国语译注》，上海古籍出版社 1994 年版，第 251 页。

(1)的"得其所"在句意上不好理解,与前后文该如何断句也需讨论。(2)很可能是个反复问句,如《史记·魏其武安侯列传》:"上乃曰:君除吏已尽未?"只是秦简未见有"未"用在句末的反复问句。"在所"也可能是名词,由于竹简上下文已缺,因此还需讨论。

"所"字在"其"、"某"、"它"、"甲"等指代词后,构成处所词,4例(睡虎地3,放马滩1)。

(3)大神,其所不可吊(过)也。睡《日书》甲27背贰
(4)令甲以布幂剞狸(埋)男子某所。《封诊式》61
(5)其为人方面、黄领、羼目,盗它所,卜殿,不得。放《日书》乙68
(6)丞某讯丙,辞曰:"甲亲子,诚不孝甲所,毋(无)它坐罪。"《封诊式》51

"所"也可以放在名词、形容词和动词后结合为处所名词,96例(睡32,放马滩8,龙岗1,周家台2,里耶43,岳麓10)。"所"字前为名词的如:

(7)夫盗千钱,妻所匿三百,可(何)以论妻?《法律答问》14
(8)其头所不齐腠腠然。《封诊式》36
(9)男子死(尸)所到某亭百步①。《封诊式》60
(10)走归豹竒之所。睡《日书》甲13背
(11)癸未,野之丑夫所。岳麓秦简《廿七年质日》9肆
(12)沛……曰:沛有子翼所四人,不取(娶)妻矣。岳麓〔叁〕114
(13)▪四斗半斗于隶臣徐所,取钱五。里耶8-1709

(12),整理者语译为:"我跟婗有了四个孩子,不(再)娶妻了"。但从原文看,"婗所"应该是个处所成分,语译为"沛有四个孩子在婗处"似更合适一些。

(11)-(13)这类"所"字用在人名后的例子,刘乐贤在汉简和古书里也找到了一些,并且进一步指出这类"表示处所的'所'字似乎有虚化倾向,在句子中可有可无"②。下面是刘乐贤举的两组例子之一:

---

① "死所"之"死",整理者注为"尸",大概认为"死"是"尸"的假借字。但是在古书里有"死所"的用例,如《史记·周本纪》"至纣死所",又同书《孙子吴起列传》:"往年吴公吮其父,其父战不旋踵,遂死于敌。吴公今又吮其子,妾不知其死所矣。"因此简文中的"死"亦可照本字解。
② 刘乐贤:《谈秦汉文献中"所"字的一种用法》,《中国文字学报》第3辑,商务印书馆2010年版,第136~140页。

　　(14)田叔者,赵陉城人也。其先,齐田氏苗裔也。叔喜剑,学黄老术于乐巨公所。《史记·田叔列传》

　　田叔,赵陉城人也。其先,齐田氏也。叔好剑,学黄老术于乐巨公。《汉书·田叔列传》

　　就上举两例看,"学黄老术于乐巨公所"、"学黄老术于乐巨公",前者"乐巨公所"为处所补语,后者"乐巨公"为对象补语,但二者在表示"曾向乐巨公学习黄老术"之类意思上,都很通顺,因此"所"字就显得可有可无。需要注意的是(6),"不孝甲所"似有些不够通顺。但如果把"所"字去掉,"不孝甲"就有会产生歧义。因此,"甲所"的"所",仍可看做名词,只是词义很虚而已。

　　"所"字前为形容词的如:

　　(15)为人美,不捡,名曰环,远所殴,不得。放《日书》乙74壹
　　(16)梦见项者,有亲道远所来者。《占梦书》22壹

　　"所"字前为动词的如:

　　(17)计其输所远近。《秦律十八种》70
　　(18)当巻(迁)疠巻(迁)所。《法律答问》123
　　(19)诸马牛到所,毋敢穿窜及置它机。龙岗103
　　(20)鸟兽恒鸣人之室,燔蠹(鬃)及六畜毛遰(氇)其止所,则止矣。睡《日书》甲47背叁

　　此类"动·所"结构的名词,其后又可以接处所名词,构成"动·所·名"结构,如:

　　(21)将牧公马牛,马【牛】死者,亟谒死所县,县亟诊而入之。《秦律十八种》16
　　(22)谒告过所县乡以次续食。里耶5-1

　　这种用法的"所"字也见于汉代简牍和古书。

　　(23)气(乞)鞠者各辞在所县道,县道官令、长、丞谨听,书其气(乞)

鞫，上狱属所二千石官。张家山汉简《二年律令·具律》116①

（24）都官除吏官在所及旁县道。都官在长安、栎阳、雒阳者，得除吏官在所郡及旁郡。《二年律令·置吏律》218

（25）女子已坐亡赎耐，后复亡当赎耐者，耐以为隶妾。司寇、隐官坐亡罪隶臣以上，输作所官。《二年律令·亡律》158

（26）节（即）归休、繇（徭）使，郎中为传出津关，马死，死所县道官诊上。《二年律令·津关令》514

以上是张家山汉简的例子，而传世古书中的用例，据我们初步检索，最早见于《新书·等齐》：

（27）诸侯王所在之宫卫，织履蹲夷，以皇帝在所宫法论之②。

《史记》有2例：

（28）郡不出铁者，置小铁官，便属在所县。《史记·平准书》（《汉书·食货志》：郡不出铁者，置小铁官，使属在所县。）

（29）郡国县道邑有好文学，敬长上，肃政教，顺乡里，出入不悖所闻者，令相长丞上属所二千石，二千石谨察可者，当与计偕，诣太常，得受业如弟子。《史记·儒林列传》（《汉书·儒林传》：郡国县官有好文学，敬长上，肃政教，顺乡里，出入不悖，所闻，令相长丞上属所二千石。二千石谨察可者，常与计偕，诣太常，得受业如弟子。）

其中的"属所二千石"，在张家山汉简中也有6例。从所在文句看，二者在句中都作为动作行为的终点，因此为行文方便，"属所二千石"也按照处所词来处理。

---

① 张家山汉简资料，见彭浩、陈伟、［日］工藤元男主编：《二年律令与奏谳书》，上海古籍出版社2007年版。

② 贾谊撰、阎振益、钟夏校注：《新书校注》，中华书局2000年版，第48页。"在所宫"，俞樾认为："建本作'皇帝在所宫法论之'，非也。上句云'诸侯王所在之宫卫织履蹲夷'，则此句当作'皇帝所在宫'明矣，两'所在'正相应也。卢校本反从建本作'在所'，殊误。"（《诸子平议·贾子一》，中华书局1956年版，第547页）又吴云、李春台《贾谊集校注（增订版）》（天津古籍出版社2010年版）亦作"所在宫"，其校注说"建本作'在所'"。今案，从本文讨论的秦汉简中大量的"动·所·名"结构来看，当以作"在所宫"为是；再者，从《等齐》前后文看，"在所宫"与前面的"所在之宫"意思相同，句式不同大概是避复。

在《汉书》里也有 7 个用例,其中 2 例是承自《史记》,见上文。另外 5 例如下:

(30) 诸取众物鸟兽鱼鳖百虫于山林水泽及畜牧者,嫔妇桑蚕织纴纺绩补缝,工匠医巫卜祝及它方技商贩贾人坐肆列里区谒舍,皆各自占所为于其<u>在所</u>之县官。《汉书·食货志》

(31) <u>在所</u>闾里尽满客。《汉书·游侠传》

(32) 乃械致都护但钦<u>在所</u>圩娄城。《汉书·西域传》

(33) 莽闻恶之,留霸<u>在所</u>新丰,更其姓曰巨母氏,谓因文母太后而霸王符也。《汉书·王莽传》

(34) 汉遣车骑都尉韩昌迎,发<u>过所</u>七郡郡二千骑,为陈道上。《汉书·王莽传》

这种"动·所·名"结构中的"所"字其性质问题,目前有不同的说法。先来看看前人的意见。

(35) 郡国县道邑有好文学,敬长上,肃政教,顺乡里,出入不悖所闻者,令相长丞上<u>属所</u>二千石,二千石谨察可者,当与计偕,诣太常,得受业如弟子。《史记·儒林列传》

"属所二千石",司马贞《索隐》:"属,委也。所二千石,谓于所部之郡守相。"很明显,《索隐》是把"属所二千石"分析为"属 / 所二千石",二者相当于现在所说的动补关系。

(36) 诏曰:"惟宗室列侯为王莽所废,先灵无所依归,朕甚愍之。其并复故国。若侯身已殁,<u>属所</u>上其子孙见名尚书,封拜。"《后汉书·光武帝纪》

"属所",李贤注:"属所谓侯子孙<u>所</u>属之郡县也。"很明显李贤是把"属所"理解为"所属郡县"之省略。

张家山汉简"属所二千石官"的"属所",整理者无说,郝慧芳将"所"解释为"官府"[①],但"属所"该怎么解释却置之未提。里耶秦简中的"署所县""在所县",王焕林解释说:"质言之,就上下文的特定语境看,'在所县'只能理解为'所在之县';

---

① 郝慧芳:《张家山汉简语词通释》,华东师范大学博士学位论文,2008 年 4 月,第 418 页。

'署所县'只能理解为'所署之县'。"①

另外与此有关的就是学者们对居延汉简中"过所"的分析。"过所"在居延简中或单独作处所名词,或在名词前结合成"动·所·名"结构,如:

  (37)建武三年十二月乙亥,甲渠候君移<u>过所</u>,遣城北隧长。 EPT26·1b

  (38)建平五年十二月辛卯朔庚寅,东乡啬夫护敢言之。嘉平……□□中,愿以令取传,乡案忠等毋官狱征事,谒移<u>过所县</u>邑门亭河津关,毋苛留,敢言之。495·12、506·20c

对于"过所"的分析,一种意见认为"过所"即"所过"④,也就是"所动"用法的倒置;如《中国简牍集成》:"汉代语言多倒置结构,'过所'即'所经过',此处(今案:即上文《居延新简》26·1)指'所经过诸地方',东汉以后演变为文书名,称'过所',犹后世之通关文牒和今日之通行证。"其所说"汉代语言多倒置",并无任何引证。二是把"所"看成名词,如吉仕梅的看法,她认为"过所"是名词性偏正结构⑤。

"所"字作结构助词的"动·所·名"结构与这种"动·所·名"结构都可以表处所。但二者在古书和秦简中的用例却大不相同。前者据易孟醇的统计,先秦比较少见,汉代之后才多起来⑥,据我们统计,以下典籍共 27 例(参见表 14-1)。

表 14-1   "动·所·名"结构用例统计

书名	周易	诗经	尚书	论语	孟子	左传	管子
用例次数	0	0	1	0	1	0	5
庄子	老子	国语	荀子	韩非子	孙子兵法	商君书	墨子
1	0	1	0	2	0	0	0
公孙龙子	吕氏春秋	战国策	晏子春秋	公羊传	谷梁传	周礼	
0	0	8	0	3	0	5	

① 王焕林:《里耶秦简校诂》,第 151 页。

② 甘肃省文物考古研究所等:《居延新简——甲渠候官与第四燧》,文物出版社 1990 年版,第 76 页。

③ 谢桂华、李均明、朱国炤:《居延汉简释文合校》,文物出版社 1987 年版,第 594 页。

④ 详见沈刚:《居延汉简语词汇释》,科学出版社 2008 年版,第 75 页。另,张国艳:《居延汉简虚词研究》(华东师范大学博士学位论文,2005 年 4 月,第 320~320 页)在讨论助词"所"时,与"过所"有关的简文皆未提及,大概认为"过所"之"所"不是虚词。葛红丽:《〈居延新简〉词语通释》(华东师范大学博士学位论文,2007 年 4 月)亦未提及。

⑤ 详见吉仕梅:《秦汉简帛语言研究》,巴蜀书社 2004 年版,第 93 页。

⑥ 易孟醇:《先秦语法》(修订本),湖南大学出版社 2005 年版,第 257 页。

但后者却没有用例。而在秦汉简中,二者的使用情况却正好相反(参见表14-2)。

表 14-2　　"动·所·名"、"所·动·名"结构用例比较

	先秦古书	《史记》	《汉书》	秦简	张家山汉简
所·动·名	27	52	168	8	1
动·所·名	0	2	7	20	18

这两种结构在表处所时,可以相互转换而意义不变,加之"动·所·名"结构在古书中相对于"所·动·名"少的多,这大概是学者们把"动·所·名"中的"动·所"看成所字结构倒置的原因。如上文所引《新书·等齐》中的"在所宫",俞樾就认为当作"所在宫",原因似也在此。从表意上说,"所·动"、"动·所"表处所时表意比较概括而抽象。与之不同的是,其后加名词构成的"所·动·名"、"动·所·名"结构,表意会更明确而具体。上文已言,在秦简里,"所"作名词用在全部"所"字用例中,所占比例比古书要高很多。因此上文所讨论的传世古籍及秦汉简中表处所的"动·所·名"结构,我们认为当是在"动·所"基础上表意更明确具体的结果。当然也不排除一种可能,就是这两种结构都可以用来表处所,因此相互影响甚至有混用的可能。

根据以上讨论,再来看秦简中的"计所官"该如何解释。

(39)官作居赀赎责(债)而远其计所宫者,尽八月各以其作日及衣数告其计所宫。毋过九月而廥(毕)到其官,官相邻(近)者,尽九月而告其计所官,计之其作年。《秦律十八种》139-140

整理者将其语译为"原计帐官府"。从简文"毋过九月而廥(毕)到其官"可知,这个"官"指的是"计所官",因此"计所官"之"官"只能理解为名词。里耶简中还有"近所官"的例子:

(40)卅一年后九月庚辰朔甲□,……却之:诸徒隶当为吏仆养者皆属仓……仓及卒长彭所署仓,非弗智(知)殹,盖……可(何)故不腾书?近所宜亘(恒)上真书。状何……□□□□□□□☑里耶 8-130+8-190+8-193

上例可以分析为"计所＋官"的结构。只是不像"在所县"、"过所县"、"死所县"

等词在古书及出土文献能找到"在所"、"过所"、"死所"等单独作处所名词的例子，而在秦简及古书里面尚未发现"计所"单独作处所名词的用例。

上文已指出，表处所的"动·所·名"结构都可以转换为"所·动·名"结构而意义不变。因此，"计所官"也可以转换为"所计官"来理解。根据朱德熙的意见，"所·动"一般是提取动词的宾语，在古汉语里只能是受事、与事与工具[1]。照此来看，"所计"应该指其受事，但这样在简文中又很难讲通。有学者指出，在古汉语里也有"所·动"结构提取施事的情况[2]，如下面的例子：

(41) 夙兴夜寐，无忝尔所生。《诗经·小雅·小宛》

(42) 冀之北土，马之所生。《左传》昭公四年

(43) 夫所借衣车者，非亲友则兄弟也。《战国策·赵策一》

(44) 庄襄王所母华阳后为华阳太后，其母夏姬尊以为夏太后。《史记·吕不韦列传》

其中的"马之所生"，也有学者主张是"所"字后介词的省略。如吕叔湘就认为"马之所生"应该是"马之所于生"的省略[3]。由此来看"所计官"，无论是理解为提取"计"的施事，还是看成"计"前的介词省略，将其理解为"原计帐官府"都是没有问题的。

第二节　秦简中的"可"和"可以"

《马氏文通》卷四说："'可''足'两助动字后，所续其他动字，概有受动之

---

① 　朱德熙：《自指和转指——汉语名词化标记"的、者、所、之"的语法功能和语义功能》，《朱德熙文集》第三卷，商务印书馆 1999 年版，第 26 页。

② 　杨伯峻、何乐士：《古汉语语法及其发展》（修订本），语文出版社 2001 年版，第 487 页；王克仲：《关于先秦"所"字词性的调查报告》，《古汉语研究论文集》，第 70 页。吕叔湘曾指出"在古书里间或有'所'字指示原为起词的端语，但是照通常的用法，只有端语原为止词或补语时才用这个'所'字"，但并未举"'所'字指示原为起词的端语"的例子，见《吕叔湘文集第一卷·中国文法要略》，商务印书馆 1990 年版，第 81 页。

③ 　见《吕叔湘文集第一卷·中国文法要略》，商务印书馆 1990 年版，第 84 页。相同观点还有王克仲：《关于先秦"所"字词性的调查报告》，《古汉语研究论文集》，第 90 页；易孟醇：《先秦语法》（修订本），湖南大学出版社 2005 年版，第 266 页。

意。""……诸'可'字后所有动字,皆受动也。"① 后来王力进一步指出,助动词"可"与"可以"有两点区别②:

(1)"可"字后面的动词是被动义的,"可以"后面的动词是主动意义的。

(2)"可"字后面的动词不能带宾语,而"可以"后面的动词经常带宾语。

就传世先秦文献看,这一说法大致来说没什么问题。周法高也有类似的结论③:

通常用"可"字时,起词往往为"可"字后面动词的止词:换句话说,"可"后动字往往含受动之意。用"可以"时则不然。往往起词即为司词。

杨伯峻、何乐士则总结为④:

"可"和"不可"后的动词大都不带宾语,受事主语可移位到动词之后而意义基本不变。"可以"和"不可以"后的动词多带宾语,其宾语不是复指主语的"之"。不带宾语者,主语也不能移位到动词之后。

朱冠明考察的结论与王力的观点一致⑤。何乐士对《左传》的考察也符合王力的看法⑥。殷国光分析认为,《吕氏春秋》中"可"和"可以"区别大致符合王力的说法,但也有例外⑦。王力又指出,"到了后代,'能'、'可'、'可以'的分别就逐渐混乱了。"⑧朱冠明指出,这种"混乱"局面的造成,先是从先秦晚期到魏晋六朝,"可"的句法功能逐渐侵占了"可以"的领地。在先秦晚期"可"偶尔出现于施事主语句中,而汉以后则有逐渐增多之势⑨。下表是其对《论语》、《史记》(列传第三十至

① 马建忠:《马氏文通》,商务印书馆 1983 年版,第 164 页、第 165 页。

② 王力:《汉语语法史》,商务印书馆 1989 年版,第 243~244 页。

③ 周法高:《上古语法札记》,《中国语言学论集》,联经出版公司 1975 年版,第 313 页。

④ 杨伯峻、何乐士:《古汉语语法及其发展》(修订本)第 765 页。

⑤ 朱冠明:《再谈助动词"可以"的形成和发展》,《汉语史研究集刊》第 6 辑,巴蜀书社 2003 年版,第 51~70 页。

⑥ 何乐士:《〈左传〉虚词研究》(修订本),商务印书馆 2004 年版,第 162 页。

⑦ 殷国光:《〈吕氏春秋〉词类研究》,商务印书馆 2008 年版,第 362~361 页。

⑧ 王力:《汉语语法史》,商务印书馆 1989 年版,第 245 页。

⑨ 朱冠明:《再谈助动词"可以"的形成和发展》,《汉语史研究集刊》第 6 辑,巴蜀书社 2003 年版。

四十四)、《论衡》(卷一至卷四)、《世说新语》(前十卷)有关的统计,如表14-3所示。

表14-3 "可"的用法统计

	论语	史记	论衡	世说新语
助动词"可"	131	103	149	128
施事主语	0	24	19	49

而"可以"的句法功能侵占"可"的领地,以上几部书(统计范围同上)也有,但比较少见(参见表14-4)。

表14-4 "可以"的用法统计

	论语	史记	论衡	世说新语
助动词"可以"	25	21	5	7
受事主语	0	1	0	1

古书及出土文献中的"可以"可做双音节助动词,也可指助动词"可"加介词"以"。为了论述的方便,前者我们称之为"可以₁",后者为"可以₂"。

一般认为,"可以₁"是由"可以₂"发展而来。由于"可以₂"的"以"后一般极少带宾语,加之"可"与"以"频繁连缀使用,使得"以"介词功能逐渐弱化而与"可"凝固为双音节的助动词"可以₁"[1]。另外,根据朱冠明的意见,"可以₁"有一部分可能来源于"可 + 以(连词)"[2],由于这一问题与本文关系不大,所以不做讨论。

《马氏文通》卷四说:"助动之后,往往介以'以'字,而直接所助之动字者,明其所以助也。"又说:"诸所引句。'可'后'以'字,其司词非其起语,即其前文,故不重书也。"[3]其观点是将上古汉语的"可以"分析为助动词"可"加介词"以"。王力也持类似的看法,他说:"上古汉语的'以为'和'可以'并不等于现代汉语的'以为'和'可以'。现代汉语的'以为'和'可以'都是双音词(单词);上古的'以为'

① 郭锡良:《介词"于"的起源和发展》,《古汉语语法论集》,语文出版社1998年版,第88~103页;刘利:《从〈国语〉的用例看先秦汉语的"可以"》,《中国语文》1994年第5期,第382~388页;朱冠明:《再谈助动词"可以"的形成和发展》,《汉语史研究集刊》第6辑,巴蜀书社2003年版;大西克也:《再论上古汉语中的"可"和"可以"——古汉语的语态试探之二》,《中国语言学》第1辑,山东教育出版社2008年版,第149~164页。

② 朱冠明:《再谈助动词"可以"的形成和发展》,《汉语史研究集刊》第6辑,巴蜀书社2003年版。

③ 马建忠:《马氏文通》第185页、第186页。

和'可以'都应该了解为两个词的结合,而'以'字后面还省略了一个宾语。"又说:"汉代以后,'以为'和'可以'才逐渐凝固成为复音词。"①但刘利通过对《论语》《国语》《左传》《孟子》和《战国策》五部古籍的考察,统计"可以₁"与"可以₂"的出现次数分别为 334 和 107,并认为"与现代汉语相同的复音词'可以'至少在战国初期就已经形成并在先秦文献中得到较为广泛的使用。"②

在秦简中,"可"及"可以"的使用情况是什么样呢?我们初步的考察发现,在非《日书》类文献中,"可"和"可以"的用法与王力的结论基本一致,而《日书》类文献则有明显差异。另外,日书中常见的"可以"应该是双音节的助动词,而非助动词可加介词以。下面分别论述之。

一、非《日书》类文献中的"可"、"可以"

睡虎地秦简《日书》类以外的文献(包括《语书》、《秦律十八种》、《效律》、《秦律杂抄》、《法律答问》、《封诊式》、《为吏之道》),共计"可" 52 例,其主语都是"受事",完全符合王力的看法。句例如:

(1)恶吏不明法律令,⋯⋯故如此者不可不为罚。《语书》13

(2)县都官以七月粪公器不可缮者。《秦律十八种》86

(3)公甲兵各以其官名刻久之,其不可久刻者,以丹若漆书之。《秦律十八种》102

(4)令县及都官取柳及木楘(柔)可用书者,方之以书。《秦律十八种》131

(5)禾粟虽败而尚可飤(食)殹,程之。《效律》22

(6)权大一围,袤三尺,西去堪二尺,堪上可道终索。地坚,不可智(知)人迹。《封诊式》67

(7)草实可食殹。《法律答问》210

再来看里耶秦简的情况。在《里耶秦简〔壹〕》中,助动词"可"有 10 例③,有些

---

① 王力:《汉语史稿》,中华书局 1980 年版,第 461 页。

② 刘利:《从〈国语〉的用例看先秦汉语的"可以"》,《中国语文》1994 年第 5 期。

③ 在里耶简中有两例"可不可"的选择问句,分别见是:"敬讯而负之,可不可?"(8-644 背)"欲令虽华治狱,可不可? 报图□☑"(8-1470)这个"可"应该是动词。里耶秦简第 5、6、8 层资料见湖南省文物考古研究所:《里耶秦简〔壹〕》,文物出版社 2012 年版;陈伟主编:《里耶秦简牍校释》第一卷,武汉大学出版社 2012 年版。

由于竹简断残文意不清,但就文句较为完整的几例来看,与王力的说法基本相合。

(8)□未朔己未,巴叚(假)守丞敢告洞庭守主:卒人可令县论……卒人,卒人已论,它如令。敢告主。不疑手。以江州印行事。里耶 8-61+8-293+8-2012

(9)□□毋物可问者,欲□□里耶 8-103

(10)卅二年四月丙午朔甲寅,少内守是敢言之:廷下御史书举事可为恒程者、洞庭上帬(裙)直,书到言。今书已到,敢言之。里耶 8-152

(11)□【寒尽死。今其后多少(小),未可别雌雄。至】五月【有往来者】,□□里耶 8-1495

(12)羽皆已备,今已甲午属司空佐田,可定薄(簿)。敢告主。里耶 8-1515

(13)三月辛亥,旬阳丞滂敢告迁陵丞主:写移,移券,可为报。里耶 8-63

(12)、(13)的“可”字,参看下文。

岳麓〔叁〕中有三例文句比较完整的“可”,也基本符合王力的说法:

(14)达谓敲:“巳(已)到前,不得锡。今冢中尚有器,器巳(已)出,买(卖)敲所。”时(莳)告达:“请与敲出余器,分敲。”达曰:“发冢一岁矣,今勶(彻),敲乃来,不可与敲。”达等相将之水旁,有顷,来告敲曰:“与敲。敲来后,前者为二面,敲为一面。”岳麓〔叁〕56-57

(15)芮、朵谓更:棺列旁有公空列,可受。岳麓〔叁〕66

(16)(嚚)佗(施)行出高门,视可盗者。岳麓〔叁〕162

(14)“不可与敲”,整理者语译为“不能跟他合伙(分赃)”。从简文前后文看,“不可与敲”的主语理解为器物也未尝不可。(15)“可受”的主语为承前省略的“公空列”。

再来看“可以”的情况,睡虎地秦简《日书》外文献“可以₁”的 1 个句例是:

(17)粪其有物可以须时,求先买(卖),以书时谒其状内史。《秦律十八种》87

这一例"可以"的主语"有物",其"施事"特征也不典型①。在古汉语里"须"也可以是自主动词也可以是非自主动词,从秦简这句话看,"须"的主语为"有物",因此"须"当是非自主动词②。但是由于"以"字后面不能补出复指代词"之",并且"须"带宾语"时",因此"可以"还是理解为"可以₁"比较合适。

另外还有 3 例,应该是"可以₂":

(18)隶臣有巧可以为工者,毋以为人仆、养。《秦律十八种》113

(19)木可以伐者为梃。《法律答问》91

(20)凡粪其不可买(卖)而可以为薪及盖髊者,用之。《秦律十八种》88

(18)"可以为"与"毋以为"相对,并且从句意看"隶臣"当是受事,因此"可以为"当是分析为"可以₂"。(19)也当如此。其中的"可以"不能改换为"可",那样的话意思就全变了。(20)中的"可以",徐昌华认为是助动词,"'可以'与助动词'可'有连词'而'加以连接,更说明其已是复合助动词,用来修饰其后的并列动宾词组'为薪及盖髊者。'"③ 按这里的"可以为"之"可"恰与前面的"不可"相对,因此"可以为"当分析为"可以₂",只是"以"后省略了"之"字而已。这 3 例中的"可",也符合王力的说法,其主语从句意上说都是受事。睡虎地秦简《日书》外文献中"可"与"可以₁"的比例是52:1,与朱冠明统计的先秦古籍的使用情况也是基本一致的④。

里耶秦简有 6 例"可以",简文较为完整的 4 例,为了论述方便,把相关简文完整地引在下面:

(21)☐朔甲午,尉守偘敢言之:迁陵丞昌曰:屯戍士五(伍)桑唐赵归……日已,以乃十一月戊寅遣之署。迁陵曰:赵不到,具为报·问审以卅……【署】,不智(知)赵不到故,谒告迁陵以从事。敢言之。／六月甲午,临沮丞禿敢告迁陵丞主:令史可以律令从事。敢告主。／胥手

九月庚戌朔丁卯,迁陵丞昌告尉主:以律令从事。／气手。／九月戊辰旦,手府快行。里耶 8-140

---

① 参看沈家煊:《不对称和标记论》,江西教育出版社 2008 年版,第 15 页、第 208 页。

② 关于"非自主动词",参看陆俭明、沈阳:《汉语和汉语研究十五讲》,北京大学出版社 2003 年版,第 181 页。

③ 熊昌华:《秦简介词"以"浅论》,《简帛语言文字研究》第 4 辑,巴蜀书社 2010 年版,第 64 页。

④ 朱冠明:《再谈助动词"可以"的形成和发展》,《汉语史研究集刊》第 6 辑,巴蜀书社 2003 年版。

283

(22)七月辛巳,上轩守丞敬敢告迁陵丞主:写移,令史<u>可以</u>律令从【事,移】……<mark>里耶 8-1219</mark>

(23)计以具付器计廿八年来报,敢言之。/□□□□□□……写移,令史<u>可以</u>律令从事,敢【告】……<mark>里耶 8-21</mark>

(24)☑署其犯濡【为】非年月日,不<u>可</u>以定课,今写报<mark>里耶 8-746+8-1588</mark>

(25)☑□杂具廷钱不□……报……<mark>里耶 8-195</mark>

☑不到迁陵,故当……□□□令史<u>可以</u>☑<mark>里耶 8-195 背</mark>

(25)简文虽然很残,但从"令史可以"四字看,与(21)–(23)中的"可以"应该用法一致。需要注意的是(21),其中既有"可以律令从事",又见"以律令从事",仅从二者对比看,"可以律令从事"应该切分为"可/以律令从事",因此"可以"不是双音节的助动词。陈剑在讨论秦简中的"谒令尉以从事"时,将官文书与告地书相对比,指出:"如凤凰山 168 号汉墓告地书末云'可令吏以从事',与'谒令尉以从事'字字对应,区别只在于因有平级与上下级之不同,故一用'可'字一用'谒'字而已。"[1]就(21)看,这件文书可以分几层,"可以律令从事"所在的部分是一件平行文书,而"以律令从事"所在的部分是下行文书。这种"可"的用法,比较明显的,秦简中还有如下一例[2]:

(26)廿八年八月戊辰朔丁丑,酉阳守丞又敢告迁陵丞主:亭里士五(伍)顺小妾玺余有逮,事己(已),丁丑遣归。<u>令史可听书从事</u>,敢告主。/八月甲午迁陵拔谓<mark>里耶 9-984</mark>正乡啬夫:<u>以律令从事</u>。/朝手。即走印行都乡。

八月壬辰水下八刻,隶妾以来。/朝手。樛手。<mark>里耶 9-984 背</mark>

陈剑认为(26)"令史可听书从事"的"史"读作"吏",根据是下面两个例子[3]:

---

[1] 陈剑:《读秦汉简札记三篇》,《出土文献与古文字研究》第 4 辑,上海古籍出版社 20011 年版,第 373~474 页。

[2] 湖南省文物考古研究所、湘西土家族自治州文物处、龙山县文物管理所:《湖南龙山里耶战国——秦代古城一号井发掘简报》,《文物》2003 年第 1 期,第 4~35 页。

[3] 释文据刘国胜:《西汉丧葬文书札记》,《江汉考古》2011 年第 3 期,第 116~119 页;刘国胜:《谢家桥一号汉墓〈告地书〉牍的初步考察》,《江汉考古》2009 年第 3 期,第 120~122 页。

(27)十二年八月壬寅朔己未,建乡畴敢告地下主:□阳关内侯寡大女精死,自言以家属、马牛徙。今牒书所与徙者七十三牒移。此家复不事。<u>可令吏受数以从事</u>,它如律令。敢告主。 毛家园1号汉墓告地书

(28)五年十一月癸卯朔庚午,西乡辰敢言之:郎中【五】大夫自言:大女子恚死,以衣裳、藏具及从者子、妇、偏妻、奴婢、马、牛、物,人一牒,牒百九十七枚,昌家复毋有所与,有诏令。谒告地下丞以从事。敢言之。 谢家桥1号汉墓告地书牍1

十一月庚午,江陵丞虚移地下丞:<u>可令吏以从事</u>。/ 臧手。 谢家桥1号汉墓告地书牍2

我们认为,陈剑的说法值得商榷。在(21)(22)(26)中,"令史"应是指代文书的接受者,即迁陵县丞。[①] (25)大概也应如此。收到其他县廷发来的平行文书后,迁陵县丞还会进一步批转给下属执行,如(21)中的"尉",(26)中的"乡啬夫"。(27)(28)中的"吏",与(21)的"尉"、(26)的"乡啬夫"相当,而不是与"令史"相当。因此,(21)–(28)中的"可"用法是一致的。这个"可"字应该是个助动词,表示"应该""应可"一类意思。只是这个"可"字都用在平行文书里面,下面一个例子是贰春乡守发给司空主的平行文书,同样用到"可":

(29)卅年十月辛卯朔乙未,贰春乡守绰敢告司空主:主令鬼薪轸、小城旦乾人为贰春乡捕鸟及羽。羽皆已备,今已以甲午属司空佐田,可定簿。敢告主。 里耶8-1515

那么这个"可"字的"主语"是施事呢还是受事呢?还是以(21)为例,在这件文书里,"可以律令从事"其主语是被要求或准许"以律令行事",因此站在发文者的角度,其主语即收文者可以看作受事。因此,这类"可"字的用法也符合王力的看法。另外,需要说明的是,这类"可"字有些副词的意味。在秦简中与"可"字处在同一语法位置上的,还有"其"字:

(30)九月庚辰,迁陵守丞敦狐却之:司空自以二月叚(假)狼船,何故弗蚤辟,至今而誧(甫)日谒问复狱卒史衰、义。衰、义事已,不智(知)所居。

---

① 参看陈伟:《秦平行文书中的"令史"与"卒人"》,《古文字研究》第31辑,中华书局2016年版,第443~448页。

<u>其听书从事</u>。/ 廮手。即令走□行司空。 `里耶 8-135`

（31）正月戊寅朔丁酉，迁陵丞昌卻之启陵：廿七户已有一典，今有
（又）除成为典，何律令应？尉已除成、匀为启陵邮人，<u>其以律令从事</u>。/ 气
手。 `里耶 8-157 背`

上两例中的"其听书从事"、"其以律令从事"都出现在下行文书里，"其"有祈
使、命令的语气，可译作"要"、"一定"。与这个"其"相比，"可"用在平行文书里，
似有允许、应当的语气。

二、《日书》中的"可"、"可以"

睡虎地《日书》有"可"114 例，"可以"92 例；放马滩秦简《日书》有"可"68 例，
"可以" 22 例。先来看主语为施事、受事的情况：

（1）犬恒入人室，执丈夫，戏女子，不<u>可</u>得也。 `睡《日书》甲 47 背壹`
（2）大神，其所不<u>可</u>过也。 `睡《日书》27 背贰`
（3）大袜（魅）恒入人室，不<u>可</u>止，以桃更（梗）击之，则止矣。 `睡《日书》`
`甲 27 背叁`
（4）灶毋（无）故不<u>可以</u>孰（熟）食。 `睡《日书》甲 54 背壹`

以上四例，"可"字的使用与王力的说法是一致的，主语都是受事。最后一例，
"以"语义明显指向"灶"，只能理解为介词。但下面的例子就有些例外：

（5）鬼恒责人，<u>不可辞</u>，是暴鬼，以牡棘之剑，则不来矣。 `睡《日书》甲`
`42 背贰`
（6）鬼恒从人游，<u>不可以辞</u>，取女笔以拓之，则不来矣。 `睡《日书》46`
`背贰`

（5）"不可辞"，吴小强语译为"鬼经常责备人，不能摆脱它"[1]；（6）"不可以辞"，
吴小强语译为"鬼经常跟随着人往游，没有办法摆脱掉"[2]。李家浩则通过与秦简日

---

① 吴小强：《秦简日书集释》，岳麓书社 2000 年版，第 141 页。
② 吴小强：《秦简日书集释》，岳麓书社 2000 年版，第 141 页。

书《诘咎篇》相关文句的比较,认为:"'辞'的意思当与'去'、'止'、'御'类似,疑应当训为'遣'。《左传》襄公二十二年'蒍子冯……辞八人者,而后王安之',杜预注:'辞,遣也。'《吕氏春秋·士容》'客有见田骈者……田骈听之毕而辞之',高诱注:'辞,遣也。'"[①] (5) (6) 两简文中的"不可辞""不可以辞"的主语应该都是"鬼",则"可以"已经混同于"可"。下面一例当也是这种情况:

　　(7)一室中卧者眯也,<u>不可以居</u>,是□鬼居之。睡《日书》甲24背叁

　　就"不可以居"而言,如果以"一室"为承前省略的主语,"可以"就是"可以₁";如果以"卧者"为主语,则"可以"就可理解为"可以₂"。从文气的连贯上说,我们倾向于前者。

　　在秦简里,还有大量"可"和"可以"交错使用的例子:

　　(8)彻,是胃(谓)六甲相逆。利以战伐,<u>不可以见人</u>,取(娶)妇、家(嫁)女,出入货及生(牲)。<u>不可祠祀</u>、哥(歌)乐。以生子,子死。亡者,得,不得必死。系,久不已。<u>不可又(有)为</u>也。睡《日书》甲44正

　　(9)【柳】……<u>可以寇〈冠〉</u>,<u>可请谒</u>,<u>可田邋〈猎〉</u>。睡《日书》甲91正壹

　　(10)<u>可始寇〈冠〉</u>,<u>可请谒</u>,<u>可田邋〈猎〉</u>。睡《日书》乙291壹

　　(11)<u>不可以垣</u>,必死。睡《日书》甲108正壹
　　　　<u>不可垣</u>,必死。睡《日书》甲109正壹

　　(12)<u>不可种之</u>及初获出入之。睡《日书》甲21正叁
　　<u>不可以始种</u>及获赏(尝)。睡《日书》甲152背

　　(13)冲日,<u>可以攻军</u>、入城及行,<u>不可祠</u>。睡《日书》乙43壹

　　(14)辰<u>不可以哭</u>,穿肆〈肆〉,且有工丧,<u>不可卜宁</u>、为屋。睡《日书》乙191贰

　　(15)四废日<u>不可以为室屋</u>内,为囷仓及盖。放《日书》乙103
　　　己酉<u>不可以为室</u>。放《日书》乙120
　　　壬辰<u>不可为室</u>。睡《日书》乙122

　　(16)建日,良日殹,<u>可为啬夫</u>,<u>可以祝祠</u>,<u>可以畜六生</u>,<u>不可入黔首</u>。放

[①] 李家浩:《读睡虎地秦简〈日书〉"占盗疾"札记三则》,《北京大学古文献研究所集刊》(一),北京燕山出版社1999年版,第335页。

《日书》甲 13

平日，可取（娶）妻，祝祠、赐客，可以入黔首。 **放《日书》乙 16 壹**

并且"可"后动词也有带宾语的例子如(15)中的"不可为室"，"可以"后动词又有不带宾语的如"可以行作"（睡《日书》甲 9 贰）。皆与以上王力的看法不一致。学者们在讨论秦简中的"可""可以"时都注意过上述现象。

这些简文的句式比较简单一致，都是"时间，可以／不可以 VP"。其中的"可以"，目前有两种看法，一种认为是"可以$_1$"，一种认为是"可以$_2$"。持前一种意见的如段莉芬[1]：

> "可"和"可以"的用例区分不明，有许多相同文意的地方，二者互有使用。……又有照先秦通则用"可以"的地方，《日书》用可。……至于《日书》中"可"或"可以"的意思，因《日书》本是古代日者来占候时日宜忌，预测人事休咎以教人如何避凶趋吉的历书，故以"可"（"可以"）、"不可"（"不可以"）表示可行或禁止，与今言"可以"、"不可以"同。

持后一种意见的，如魏德胜、张玉金、熊昌华等[2]。周守晋认为"可以 +VP"和"可 +VP"可能各有其源，即"时间，VP"和"时间，以 VP"都可以加入"可"就形成了"时间，可 VP"和"时间，可以 VP"两种形式。如下面一例：

(17)以己丑、酉、巳，不可家（嫁）女，取（娶）妻；交徙人也，可也。**睡《日书》甲 7 背贰**

周守晋分析说："'不可家（嫁）女'可以变换为'不可以嫁女'，'交徙人也，可也'可以变换成'以交徙人也，可也'；但是'交徙人也，可也'决不能变换为'交徙人也，可以也'。可见，'可'和'可以'并不总是能够自由替换，而'可'是加在'VP'前还是加在'以 VP'前却有一定的自由度。"[3] 其实，用"'交徙人也，可也'决不能

① 段莉芬：《秦简释词》，私立东海大学中国文学研究所硕士学位论文，1989 年 4 月，第 56 页。
② 魏德胜：《〈睡虎地秦墓竹简〉语法研究》，首都师范大学出版社 2000 年版，第 289 页；张玉金：《出土战国文献虚词研究》，人民出版社 2011 年版，第 182 页；张玉金《出土战国文献中用"以"作词素的复音词》，《出土文献》第 2 辑，中西书局 2011 年版，第 225 页；胡波：《秦简介词"以"浅论》，《简帛语言文字研究》第 4 辑，巴蜀书社 2010 年版，第 43~73 页。
③ 周守晋：《战国简帛中介引时间的"以"》，《古汉语研究》2004 年第 4 期，第 45~50 页。

变换为'交徙人也,可以也'"来说明秦简中的"可"和"可以"不能自由替换是没有意义的。"可以"能作谓语是明末清初才出现的[①],先秦秦汉的古书里面"……,可也"这样的句式是很多的,从不见"……,可以也"的句式。但是作为助动词,"可"和"可以"却是可以互换的。

对于日书中这类"可以"到底是"可以[1]"还是"可以[2]",我们还是费些口舌,从以下两个角度来辨析一下。

首先,主语及施事、受事的角度。对于这种"时间,可以/不可以 VP"的句式,按照目前结构分析方法,一般把"时间"看作主语。这种主语,在现代汉语里,朱德熙称之为"时间主语",以"指明事件或状态发生的时间"[②]。赵元任指出:"时间词作主语,常常是提供一个背景。"又说:"(表时间、处所、条件的词语)但汉语句子的主语作用只是引进话题,动作者无须出现,除非防止产生歧义。"[③]前面已指出,王力在论述"可"和"可以"的区别时,是从语意——"施事"和"受事"、"主动"和"被动"的角度来分析的。因为"时间"作为主语不具备"施事"和"受事"的能力,因此,把秦简中的"时间"词看作主语,再用王力的意见来分析秦简中的"可以"是复合助动词还是助动词"可"加介词"以"就不具备可操作性。如果按照赵元任的看法,不妨认为,秦简中这类"时间,可/可以 VP"(否定形式为:时间,不可/不可以 VP),"时间"只是个背景,其施事或受事没有出现,那么再来分析其中的"可"和"可以"问题,则可以利用王力对二者的区分的意见了。由于日书是用来根据日期来预测休咎吉凶的,因此秦简中"时间,可/可以 VP"的动作者应该是来占卜的"人",只能理解为施事。作为有生命的人,是最典型的施事[④]。因此按照王力的说法,这类句式里的"可以"理解为双音节助动词是最合适的,而"时间,可/不可 VP"中的"可",可以看作与"可以"用法意义的混同。在秦简的律令类文献里,"可""可以"的混用只占一小部分,而"日书"类文献中的"可""可以"的混用,大概跟所在的"时间,可/可以 VP"句式有关。在这样的句式里,"时间"虽然作为形式上的主语,但其不具备施事和受事的典型性,而"可/可以 VP"的实际施事或受事主语又无法说出,这就使得这样的句式用"可"还是"可以"具有两可性,因此才大量存在二者混用的可能。

类似的问题,在分析《诗经》中的"可以"时也曾出现过;据朱冠明的统计,在《诗经》中"可以[2]"共出现了17次,全是"NP 可以 VP"的句式,NP 是 VP 句子的主语,

---

① 朱冠明:《再谈助动词"可以"的形成和发展》,《汉语史研究集刊》第6辑,巴蜀书社2003年版。

② 朱德熙:《语法讲义》,商务印书馆1982年版,第98页。

③ 赵元任:《汉语口语语法》,商务印书馆1979年版,第245页。

④ 参看沈家煊:《不对称和标记论》,江西教育出版社2008年版,第208页。

289

逻辑上是"以"的宾语,而 VP 的施事都没有出现①。

(18)维南有箕,不可以簸扬;维北有斗,不可以挹酒浆。《诗经·小雅·大东》

这种 NP 表示动作 VP 所凭借工具的共 13 例。

(19)横门之下,可以栖迟。《诗经·陈风·衡门》

这种 NP 表示动作 VP 所凭借的处所的共 4 例。类似的例子,如秦简:

(20)木可以伐者为梃。睡虎地《法律答问》91

NP "木"即是 VP "伐"的凭借。

其次,"以"的语义指向角度。刘利曾指出,"可以₂"从语义上说,"以"的语义指向是主语;而"可以₁"则没有语义指向。实际上也就是是否可以在"以"后补出复指代词"之"②。其实《马氏文通》早就指出:"诸所引句,'可'后'以'字,其司词非其起词,即其前文,故不重书。'可以'两字,经籍习用有如此者。"③ 也就是说"可以₂"中,"以"字后面都可以补出一个复指代词"之",并且补出之后句意才更清楚;而"可以₁"后面无法补出复指代词"之"。秦简中的"时间,可以/不可以 VP"句式里,"以"字后面虽可补出"之",但却是没必要的;并且在秦简里找不到"时间,可以之/不可以之 VP"的例子。因此把日书中的这类"可以"理解为"可以₁"似更合适。从另外一个角度说,正是这类具有两可性的"可以"的大量使用,更加促成了"可以₂"的"以"的虚化而凝固成"可以₁"。

需要说明的是,段莉芬曾指出,睡虎地秦简中"可以₂"的介词"以"后宾语没有省略的例子只有四例:

(21)丁卯不可以船行,六壬不可以船行,六庚不可以行。睡《日书》甲 97—99 背贰

(22)丁卯不可以船行,六壬不可以船行,六庚不可以行。睡《日书》甲 128 背

---

① 朱冠明:《再谈助动词"可以"的形成和发展》,《汉语史研究集刊》第 6 辑,巴蜀书社 2003 年版。

② 刘利:《先秦汉语助动词研究》,北京师范大学出版社 2000 年版,第 47 页。

③ 马建忠:《马氏文通》,商务印书馆 1983 年版,第 186 页。

其实同样的文句,还有如下一条:

(23)丁卯<u>不可以船行</u>,六壬<u>不可以船行</u>,六庚<u>不可以行</u>。睡《日书》乙
44 贰

以上 6 个划线句子,与我们讨论的"时间,可以/不可以 VP"有很大的不同,"不可以船行"其中的"以"字后面引介的是工具凭借"船"[1],与形式上的主语"丁卯"等时间词不存在共指问题,而"时间,可以/不可以 VP"中一般认为"以"后面省略的部分与"时间"是同指的。前已指出,在秦简里面见不到"时间,可以/不可以 VP"句式"以"字后不省略时间词或时间代词的例子。下面是比较特殊的例子:

(24)正月丑,二月戌,三月未,四月辰,五月丑,六月戌,七月未,八月辰,九月辰,十月戌丑,十一月未,十二月辰。凡此日<u>不可以行</u>,不吉。睡《日书》甲 134 壹
(25)战役□若有所□使,千里外顾复归,<u>不可以壬癸到家</u>,以壬癸到家,必死。放《日书》乙 19

(24)的"此日不可以行",如果认为"以"后省略了"之",试着加上会感觉语义重复。(25)的"不可以壬癸到家",是因为"壬癸"不可以省略,与"可+介词以(之)"不一样。因此,把"可以"理解为双音节助动词更好。

结　语

---

[1]　"船行"是否可以分析为"船"是名词作状语呢？"名词表示工具处所方位时作状语,相当于在这类名词前加上一个表示相应行为的介词或动词。"(俞理明:《名词词类活用的语法—语义分析》,《汉语史研究集刊》第 12 辑,巴蜀书社 2009 年版,第 4 页)在古汉语里有不少名词作工具状语的例子(何乐士:《〈左传〉〈史记〉名词作状语的比较》,《〈史记〉语法特点研究》,商务印书馆 2007年版;孙良明:《古汉语语法变化研究》,语文出版社 1994 年版),如:《汉书·霍光传》:"群臣后应者,臣请剑斩之。"《淮南子·原道》:"陆处宜牛马,舟行宜多水。"所以说"不可以舟行"分析为"不可以/舟行"也未尝不可。

上文主要讨论了秦简中的"所"字的有关用法，及"可""可以"在秦简中的使用情况。就秦简中的"所"字的结构助词、名词两种用法而言，相对于传世古书，结构助词用法的用例要低不少，而名词用法则高很多。在表处所时，"动·所·名"和"所·动·名"两种结构在传世文献和秦简中的使用情况则有很大差异。二者虽然有时候可以互换而意思不变，但"动·所·名"应当是"动·所"表意更明确具体的发展结果。秦简中的"可"、"可以"，在非《日书》类的文献中，其用法与王力对古书的总结基本一致。在《日书》类文献里，"可"的用法虽与王力的看法一致，但"可以"则有较大差距。《日书》的"时间，可以VP"类句子中的"可以"，应该理解为双音节助动词。

附录一　西文秦简牍研究概述

　　鉴于秦代在中国历史上的重要地位,欧美学者很早就开始关注与秦有关的资料。以法国为例,早在1893年,沙畹就在《亚洲学报》发表《秦石刻》一文,专门介绍、翻译并研究秦石刻,而彭亚伯神父也于1909年在上海出版第一部有关秦国历史的法文专著①。得益于这一悠久的传统,1975年睡虎地秦简这一大量秦代第一手新资料甫一发现,就很快引起欧美学者的关注。

　　为了介绍20世纪70年代以来欧美学者对秦简的研究成果,我们编写这份西文秦简牍研究概述。收录文献的标准是文献的语言而非作者的国籍,因此,欧美学者以中文和日文发表的著述未予收录,相反却收进了少量中国和日本学者的西文论著。我们这样做的原因有二,一是中日文的相关文献目录已有学者整理发表②,二是中日学者的西文著作更容易引起西方学者的广泛关注,特别是非出土文献专业学者的关注。

　　概述共收录了66部论文和专书,其中英文文献占70%以上,其他为法、德、俄、匈等语种的西文文献③。由于语言的障碍和资料的分散,我们在收集的过程中可能会有所疏漏。不过,整体而言,本概要和目录提要应该能比较全面地反映睡虎地秦

---

① Edouard Chavannes 沙畹 , "Les inscriptions des Ts'in" 秦石刻 , *Journal Asiatique* 亚洲学报 , 1893. P. Albert Tschepe 彭亚伯神父 , *Royaume de Ts'in* 秦王国 , Shanghai: Imprimerie de la mission catholique, 1909.

② 见李静 :《秦简牍研究论著目录》,《简帛》第 4 辑,上海古籍出版社 2009 年版 ;工藤元男等 :《日本秦简研究现状》,《简帛》第 6 辑,上海古籍出版社 2011 年版 ;工藤元男 :《日本秦简研究现状(续)》,《简帛》第 9 辑,上海古籍出版社 2014 年版。后二文整合为本书附录二《日本的秦简牍研究》。

③ 各语种论著的具体篇目为 :英文 51 篇、法文 6 篇、德文 4 篇、俄文 4 篇、匈牙利文 1 篇。

简发现以来的西文秦简研究概况。

为了方便读者参考,我们的介绍按简牍的出土单位编排。就数量而言,由于睡虎地秦简是最早发现和公布的秦简资料,所以有关的研究著述数量最多,约占文献总数的 1/3 强。就内容而言,最受西方学者关注的秦简多集中在法律和数术方面。另外,由于第二部分对研究文献作有提要,所以第一部分对文献内容的描述一般都比较简单,二者可以参看(概览部分各论著后的编号与目录及提要部分的编号对应)。

第一节　研究概览

一、睡虎地 11 号墓竹简

1975 年睡虎地秦简发现的消息公布之后,很快就引起西方学者的兴趣。相关的论著比较多,这里主要根据论著的内容进行介绍。

（一）对秦简的发现与内容介绍

1976 年,《文物》杂志连续发表了几篇介绍睡虎地秦简发现过程和内容的文章。西方学者很快就对这些文章做了译介和概述,如鲁惟一 [1] 和夏德安 [2] 在 1977 年发表的两篇论文。夏氏还在论文中根据云梦秦墓竹简整理小组编写的《云梦秦简释文(三)》(《文物》1976 年第 8 期)把部分秦简翻译成英文。其后,何四维在 1978 年的论文 [3] 中对睡虎地秦简的发现过程和内容做了更为详细的介绍,其中特别涉及他所关心的法律文献,并对其中的某些法律用语提出自己的看法,进行初步研究。1986 年,郭罗瓦诺夫在论文 [4] 中不仅介绍了睡虎地秦简的发现和内容,还特别提到几篇引用睡虎地资料的俄文著作,同时也讨论了该批资料的性质。

（二）编年记

有关睡虎地秦简《编年记》的学术论文并不多。马恩斯的论文 [5] 特别注意到《编年记》的避讳字问题,认为该文献说明秦代与汉代及其以后的避讳制度是有区别的,因此虽文献记载因秦始皇名政而避讳"正"字,可是秦简中却出现了"正"字。闵道安在有关《编年记》的两篇文章中都谈到该简的性质,同时也研究了它与传世历史文献的关系。在第一篇文章中 [6],他还研究了《编年记》与当时冥间信仰的关系;在第二篇文章中 [7],他特别强调了《编年记》的部分内容与《左传》提到的《军志》之间可能存在的关系。

（三）法律文书

睡虎地法律文献是西方学者最为关注的资料,相关论文占到西文秦简研究文献的 40% 以上。而收录的两部专著,内容均与睡虎地法律秦简有关。

睡虎地秦简部分资料在 1976 年的《文物》上发表以后,西方学者很快就指出其中法律文献的重要性。最早的专题论文是詹纳尔发表在 1977 年的《古代中国》(*Early China*)上的论文,是作者根据其在 1976 年的美国会议上的演讲稿改定而成,文中主要介绍这批资料的发现过程和相关内容 [8]。其后随着更多资料的公布和新研究成果的出现,欧美学者也进入了研究阶段。如 1981 年叶山就把《封诊式》的全文翻成英文并加了详注 [9]。同年,何四维也发表了三篇有关睡虎地法律文献的论文,其中不仅有对自己 1978 年论文的补记,即指出"隶臣"的特殊身份 [10],而且也涉及秦国的度量衡法律与度量衡改革的实施方面的关系 [11],最后还谈到秦律与法家的关系。作者认为,虽然法家思想对秦律有重大的影响,但并非制定秦律的唯一因素,秦律的发展与秦国的历史也有很密切的关系 [12]。同样的论点也见于何四维 1985 年发表的另一篇文章 [13],作者指出,睡虎地秦简所反映的法律很可能也接近战国晚期一些国家使用的法律。 20 世纪 80 年代初,西方学者还发表两篇专门探讨睡虎地资料中的一些特殊问题的论文。王德迈在 1981 年关于中国古代官方公文程序的论文中指出,睡虎地秦简证明这种用于统治的公文程序在战国晚期已经相当发达 [14]。德克·卜德在 1982 年关于《封诊式》疾病记载的论文中 [15],指出其中有些记载非常详细,并对秦朝法律对麻风病人犯罪者的特殊处理条例做了专题研究。另外,睡虎地秦简对非自由劳动的详细记载也引起一些学者的浓厚兴趣,如瓦西里耶夫就在 1984 年发表专门讨论秦国服役劳动的论文 [16],文中强调,当时的服役劳动者在秦国人口中所占比例应该是相当可观的。同年,何四维 [17] 亦在有关徭役的一篇文章中指出秦代徭役的特点及其对当时政府重大工程的重要性。

1985 年何四维出版了研究睡虎地法律文献的第一本西文专著《秦律遗文》 [18]。此后该书在欧美成为该领域研究的基础著作,在中国也受到不少学者的重视。书中不仅详细介绍了睡虎地法律秦简的发现和内容,而且还提供了相关秦简的全部英译。在注释中,何氏更在前人研究基础上增加自己的不少看法和研究成果,在分析过程中还经常利用汉简资料。该书出版后,叶山于 1987 年发表专题书评,对该书的价值予以充分肯定,但同时也指出书中存在的一些枝节问题 [19]。第二本关于睡虎地秦简的西文专著是 2003 年出版的绍拉特·盖勒盖利的匈牙利文著作《古代中国刑法——睡虎地文献所反映的秦国法律》[20]。书中主要研究了睡虎地秦简所反映的秦律以及中国早期法律的演变,并且把部分秦简资料翻译成匈牙利文。

1986年，剑桥大学出版社出版剑桥历史丛书中的中国史第一册，即秦汉分册。此书由鲁惟一任主编，由欧美该领域的名家权威合作而成。在第九章《秦汉法律》中，何四维就通过大量征引秦汉简牍资料研究了秦汉时期的法律概况[21]。

此后，何四维在两篇论文中结合传世文献和简牍资料（特别是睡虎地秦简），对秦汉法律的两个问题进行深入思考。在1987年的论文中，作者研究了法律在中国早期帝国权威建立过程中的重要作用，即通过法律，政府可以控制对国家权威不利的国内其他权威[22]。在另一篇论文中，作者对"盗"字在古代文献中的意义演变作有详细考释，并指出该字在早期的使用要比晋代以后更为广泛，另外作者还附带探讨了对盗贼的处罚，即可以根据被盗者的身份或发生盗窃的场所对处罚尺度进行调整[23]。

另有一些学者还特别专注于睡虎地法律简中有关秦代农业的资料。郭罗瓦诺夫在1988年的论文中介绍了研究睡虎地秦简几篇重要的俄文和英文论著，还把有关农业的几条法律秦简翻译成俄文并做了简注[24]。瓦西里耶夫在1989年的论文中根据《秦律十八种·田律》对秦代农民的社会地位进行探讨，特别强调秦政府严格控制农民的条例与措施[25]。叶山于1987年发表的关于"士伍"的论文则主要探讨了该阶层人物的社会身份问题，作者分析了秦汉时代及汉以后"士伍"阶层的区别，认为这一制度是秦代社会非常重要的组成部分[26]。另外，克劳尔在1990年的论文专门研究古代社会身份体系重要构造因素的爵制，并着重介绍了秦汉军爵制度及其与秦汉法律的关系[27]。

睡虎地法律简是研究古代官制的重要资料，不过发表的相关西文论文极少。我们在附录中只能收录两篇讨论官制的西文论文。一是日本学者山田胜芳1990年关于秦始皇实行官制改革情况的论文[28]。二是叶山1995年对秦代官僚制度诸多具体问题（特别是秦代管制与信仰的关系）的详细研究[29]。最后，何意志在1990年发表了一篇专门探讨秦代法律与官制关系的文章，载于《长城那方 —— 秦始皇帝及其兵马俑》展览图录中，不仅介绍了睡虎地秦简的相关资料，而且也提到秦汉法律演变过程中的一些问题[30]。

1997年，夏含夷主编的《中国古代史新资料：阅读写本和铭文入门》出版。该书的大部分内容都是对不同出土文字资料的简介和选文注释（如甲骨文、西周金文、侯马与温县的盟书等），而每一个专章论述都由欧美相关专家撰写，如何四维就负责完成了《秦汉法律文书》专章[31]。该书面世后很快就成为欧美中国研究学者和研究生研究古代中国社会的重要参考书。

2001年张家山247号墓汉竹简正式发表，欧美学者也得以对中国古代法律进行更深入研究。劳武利于 2005 年根据睡虎地和张家山法律竹简完成了专论中国古代私法的论文 [32]，其中特别强调对家庭罪行的处理条例。作者认为，虽然秦朝法律非常严酷，但对在家庭这一特殊环境下出现的罪行，其处理方法与一般公共场所犯罪行为还是有所区别，律令中多表现出尊重家主传统权威的特征。此后，陈力强讨论了秦代司法仪式对秦代法制的重要性 [33]，他也指出当时平民何以利用法律体系传达对他们有利的讯息 [34]。陈力强还在另一篇文章中指出，从秦汉法律可以看到当时政府对自然资源保护的重视 [35]。2011 年马硕 [36] 分析了秦汉法律中的审讯程序，认为该程序对增加国民对中央政府权威的尊重起了很大的作用。

除了上述以法律为专题的论作以外，有的学者还从其他角度研究了睡虎地的法律简。如 1993 年何莫邪从语言学的角度研究马王堆《老子》帛书和睡虎地法律秦简中"弗"字的用法。他认为"弗"这一否定词只用于有关人类的活动，因此，在将该字翻译成英文时，应该根据人与被否定的动词之间的关系翻译成不同的词 [37]。有的学者还从哲学的角度对睡虎地法律秦简的一些现象进行思考，如塞尼斯基在 2004 年发表一篇论述秦简逻辑理论的论文，他否定了有的学者把这批法律资料中出现的甲、乙、丙、丁与亚里士多德的"逻辑可变因素"联系起来的看法，而认为后者是一个更为抽象的概念 [38]。

最后要指出的是，鉴于睡虎地法律秦简在中国古史中的重要地位，很多有关中国历史的专著和教材都曾提及这批资料并加以引用，对秦简的发现和内容作有简介并提供部分资料的译文。伊佩霞 1993 年在《中国文明史料》中就曾发表过一篇这样的论文 [39]。不过，由于此类文章大多都比较简略，所以我们未予收录。需要特别提及的是 1980 年苏联出版的《古代东方历史读本》，书中可刘阔夫提供了十几条睡虎地法律简文的俄译并附有简释。此书成为 20 世纪八九十年代苏联大学历史系的必读参考，影响了俄国的一代历史学家 [①]。

（四）日书甲种、乙种

1981 年睡虎地《日书》简文公布后不久，西方学者的第一批研究成果即接踵问世，此后陆续有新成果发表。这里我们主要介绍以《日书》为主题的研究论作，共收录 1986 年到 2009 年期间发表的十四篇英文、法文和德文论文，另外还收录了六篇中国台湾地区和日本学者的英文论文。从内容上说，这些论文可以分为两组，一组是对《日书》的整体研究，另一组是对某一方面的专题研究。

在第一组论文中，首先要介绍的是马克 [40] 和鲁惟一 [41] 在 20 世纪 80 年代

---

① ［苏］可刘阔夫等：《古代东方历史读本》第二册，莫斯科，高等学校出版社 1980 年版，第 181~184 页、第 190~192 页、第 199~200 页、第 204 页。

对《日书》进行的总体介绍与研究 (1986、1988)。鲁文侧重于探讨《日书》在秦汉传世文献中的地位问题,同时也揭示了《日书》与岁时月令的密切关系。马克的论文则集中研究《日书》的择日法,并第一次对甲本和乙本中的择日法和占卜程序进行分类。其次要介绍的是 20 世纪 90 年代发表的三篇论文,其特点都是把《日书》放在特定的历史与文化背景中进行考察。工藤元男在 1990 年的论文 [42] 中认为,作为睡虎地秦简的组成部分,《日书》是秦、楚两种文化交汇影响下的产物;此外,作者还对《日书》与睡虎地法律文献的关系问题提出了自己的看法。蒲慕州的两篇论文 [43、44] 则着重研究《日书》所处时代的社会与文化背景,并通过对睡虎地秦简的研究,揭示当时流行的宗教信仰和方术实践,进而探讨《日书》宗教思维的类型问题。夏德安 1997 年的论文 [45] 则侧重于研究《日书》在秦汉阴阳学和数术方技中的地位问题,他还把《日书》中的有关医占的片段译成英文并加以注解[①]。最后要提及的是最近发表的两篇对《日书》进行外在研究的论文。其一是耿幽静 2006 年关于《日书》在睡虎地 11 号墓中的放置位置的研究 [46]。作者认为,甲本《日书》中《人字篇》在墓中的位置很可能具有某种象征意义,它应该与马王堆 3 号墓出土的《胎产书》一样,是某种宇宙论(如人体与干支的关系)或占卜术原则的折射和反映。另一篇是马克 [47] 在 2008 年发表的关于《日书》编撰原则的研究。作者通过对甲本《日书》的细部分析,发现它在内容和章节的编排方面都具有精细、严密的特征,在很大程度上体现了预先严格设定的编撰计划和规则,而这一点恰好与乙本《日书》及后来发现的其他大部分《日书》的编撰模式相反,后者在内容和形式上都更多地体现出松散、随意的特征。

第二组论文是专题方面的研究。早在 1985 年,夏德安 [48] 就把甲本《日书》中的重要篇章之一《诘篇》放在秦汉与六朝鬼神信仰的宗教背景中进行深入考察。在该文中,作者对《诘篇》开头部分作出仔细分析,并对"诘"字和其他几个技术性词汇,如"屈卧"、"箕坐"等,作出自己的解释。1986 年,作者又发表《诘篇》的全文英译[②]。1996 年,胡司德 [49] 对甲本《日书》中的《马篇》进行精细的专题研究,并附有全文英译。同年,马克 [50] 也发表了研究睡虎地《日书》二十八宿纪日法的专文。该文是作者继 1986 年"择日法"论文的后续研究,文中追溯了该法在秦汉时代的演进发展,并考察了它和随佛教一道传入中国的印度天文学的关系,以及它与宋代开始使用的纪日法的关系。最后一篇是蒲慕州 [51] 在 2005 年发表对甲本《日书》中《生子》与《人字》两篇简文中所反映的"命运观"的研究。在该文中,作

---

① 夏德安:《中国早期医学中的医占与诊断》,许小丽主编:《中国传统医学的发明与创造》,剑桥大学出版社 2001 年版,第 99~120 页。

② 唐纳德·洛佩兹主编:《实践中的中国宗教》,普林斯顿大学出版社 1996 年版,第 241~250 页。

者深入分析了简文中的两种命运观及二者之间的矛盾，一种是一个人出生时由其生日甲子而注定的"天命"，另一种是一个人在出生后可以通过禁忌行为和驱邪仪式改变自己的命运。作者认为，这一矛盾与此类命书所传承的民间宗教思想有关。

另外，与第二组研究相关的，还有两篇间接涉及睡虎地《日书》的专题论文。一篇是 2009 年李建民 [52] 研究战国至唐代"病因观"演变过程的论文，其中部分引述并研究了《诘篇》的有关内容。同一年出版的另一篇是刘增贵 [53] 关于秦汉历日禁忌的重要研究论文，其中大量征引了睡虎地《日书》中的资料。需要说明的是，由于睡虎地《日书》近年来已成为秦汉文化与宗教习俗研究领域不可或缺的重要资料来源，相关的间接研究层出不穷，我们的论文目录未予收录，如夏德安对《日书》中有关"梦"的简文和敦煌写本《白泽精怪图》进行的对比研究 (《中国上古与中古时期的魇梦术》，《唐学报》6, 1988 年)。

（五）其他

1997 年鲁威仪在《战国的起源与礼仪》一文中指出，传世典籍中经常强调法家与儒家、法家与信仰的矛盾，不过从包山楚简和睡虎地秦简中可以看出，当时的法律与传统文化和宗教信仰之间存在着密切的关系，并非像许多人认为的那样泾渭分明 [54]。另外，尤锐于 2004 年发表的《新出土文献对于秦史的新解释》一文也注意到了出土资料为研究领域带来的新认识，并指出新出土的金文、竹简、石刻等资料都有助于我们了解秦国在统一六国过程中遇到的诸多问题和矛盾 [55]。

二、里耶 1 号井简牍

由于里耶秦简牍的出土较晚，公布的资料比较有限，因此还没有引起很多学者的注意。目前发表的相关专题研究的西文论文不多。在纪安诺 2005 年对秦汉出土文书签署印记的详细研究中，作者所利用和翻译的简牍资料大部分是西域的汉代资料，不过文中也把里耶的一枚木牍作为重要例子加以引用 [56]。作者指出，中国古代的签署与现代西方的签字习惯有着明显的差别。在 2013 年瑞士伯尔尼历史博物馆举办了《秦 — 永恒皇帝与其兵马俑》特展，在展览图录中，陈力强写了一篇文章介绍秦代的国家制度与法律，就引用了来自睡虎地 11 号墓以及里耶 1 号井的秦简牍资料 [57]。2008 年风仪诚也把里耶秦简列为他研究秦系文字特点和演变论文的重要参考资料之一 [58]，此后，秦文字专家陈昭容，在 2013 年上述展览图录中发表了更加详细的专题论文 [59]。此外，在 2012 年风仪诚讨论了有关秦代避讳字与秦人用字习惯 [60]。

三、放马滩 1 号墓简牍

在 2009 年收录齐全的《天水放马滩秦简》出版之前,西方学者就已经开始对先期发表的"地图"和当时所谓的"墓主记"进行考察和研究。徐美玲 1993 年的论文发表在专业地图学期刊上 [61],介绍了放马滩和马王堆出土的地图,同时揭示了这两幅地图的诸多特征,并探讨它们对中国传统地图学形成阶段的贡献。另外,放马滩地图也同样出现在多部地图学专著中,如余定国所撰《对中国传统地理图的再认识》[1]。还有一篇论文是夏德安在 1994 年发表对放马滩《墓主记》中的志怪故事的研究 [62]。文章通过对放马滩复活故事与六朝志怪小说的渊源与传承关系的考察,专门陈述了该故事赖以产生的战国两汉时期的宗教与文化背景。最后一篇是马克 [63] 在 2011 年对战国晚期到西汉初的律数制演变过程的初步研究。他认为放马滩秦简《日书》的十二律占所包含的资料充分证明了在公元前 3 世纪时中国已有一套完整的音律体系,代表了司马迁《史记·律书》之前的律数制度。放马滩秦简不仅帮助我们解决了文献里散乱出现的有关音律的解说片段性不完整而且互相矛盾的问题,还显示出中国传统音律实际上与阴阳家和数术家所发展的历数概念紧密相联,是从八度音阶之内的十二半音与一年之中的十二月之间自然对应关系衍生建立的。

四、王家台 15 号墓竹简

王家台 15 号墓的重大发现之一是秦简《归藏》。1995 年简文甫一披露,就吸引了周易筮占方面学者的极大关注。1998 年柯鹤立首先向英语读者做了概要介绍和个别片段的翻译 [64]。另外,夏含夷 [65] 和邢文 [66] 也分别在 2002 年和 2003 年对秦简《归藏》的内容进行了分析,并与传世本《归藏》及《周易》进行了较详尽的比较。邢氏的论文侧重于综合分析,而夏氏则着重于从细节上揭示《归藏》中"卦辞"的内在结构,认为该结构的不同组成部分有助于我们对《周易》的编写过程的研究和理解。两位作者都认为,秦简《归藏》的发现充分证明,当时曾存在着多个易类文本的传承学派,它们事实上都与战国时期的著占习俗密切相关。

---

[1] 载于 J. B. Harley & D. Woodward:《地图学史》芝加哥大学出版社 1987 年版第一卷,第 37~40 页。

第二节　目录及提要

一、睡虎地 11 号墓竹简

（一）秦简的发现与简介

[1] Loewe, Michael 鲁惟一，"Manuscripts Found Recently in China: A Preliminary Survey" 中国新发现简牍的初步考察，*T'oung Pao* 通报，63(1977): 99–136.（英）

本文为最早介绍睡虎地秦简资料的西文论文之一，主要介绍 1972~1977 年期间中国发表的新出土的简牍资料。作为一篇综合性论文，作者主要介绍了马王堆 3 号墓、银雀山汉墓及睡虎地 11 号墓的出土资料。此外，鲁氏对云梦睡虎地 4 号墓、凤凰山诸墓、连云港网疃庄汉墓等处出土的非著名简牍资料也作了简要介绍。

[2] Harper, Donald 夏德安，"The Twelve Qin Tombs at Shuihudi, Hubei: New Texts and Archeological Data" 湖北睡虎地十二座秦墓出土的新文献与考古资料，*Early China* 古代中国，3 (1977): 100–104.（英）

本文介绍了 1976 年《文物》杂志发表的有关睡虎地秦简的六篇文章（即《湖北云梦睡虎地十一座秦墓发掘简报》《湖北云梦睡虎地十一号秦墓发掘简报》《湖北云梦睡虎地秦简概述》《云梦秦简释文》一、二、三）及其主要内容。并且提供了"封诊式"的全部翻译，包括治狱、讯狱、盗自告、告臣、黥妾、迁子、告子、疠、毒言。

[3] Hulsewé, A.F.P. 何四维，"The Ch'in Documents Discovered in Hu-pei in 1975" 1975 年湖北省发现的秦代文书，*T'oung Pao* 通报，64 (1978): 175–217+338.（英）

本文首先介绍了睡虎地秦简资料的发现和公布情况，并提出了有关发表释文和注释中在格式和内容上还存在的一些的问题。随后，作者又较详细地介绍了与法律相关的资料（而对其他资料的描述都很简单），文中还对秦律十八种和秦律杂抄的每一条都做了简介。最后，作者还介绍了自己对这批资料的初步研究，具体讨论了与内史、大史、少史、都官、啬夫、告归、赀、隶臣、徒等官名和词语的相关问题。

[4] Голованов, Е. В. [E.V. Golovanov] 郭罗瓦诺夫，"Опыт классификации письменных источников из циньского комплекса в Шуйхуди" 试论秦睡虎地文字资料的分类，*Общество и государство в Китае. Семнадцатая научная конференция. Тезисы докладов* 第 17 届中国社会与国家学术讨论会发言摘要，

Москва: Наука, 1986, Часть I: 26–29.（俄）

本文简述了睡虎地秦简的发现,介绍了当时已发表的主要著作,并提到了利用这些资料的俄文著作。郭罗瓦诺夫还把睡虎地秦简资料分为以下三种类别:第一类是社会、经济方面的资料(所有制、生产、劳动、秦代社会阶级、自由人与奴隶、家庭);第二类是政治史方面的资料,第三类是政治思想方面的资料。作者认为,第一类资料最有价值。

（二）编年记

[5] Mansvelt Beck, Burchard J. 马恩斯 , "The First Emperor's Taboo Character and the Three Day Reign of King Xiaowen: Two Moot Points Raised by the Qin Chronicle Unearthed in Shuihudi in 1975" 秦始皇避讳和孝文王三天在位: 对1975 年睡虎地出土秦代《编年记》的两个疑问 , *T'oung Pao* 通报 , 73.1–3 (1987): 68–85.（英）

本文研究了与睡虎地《编年记》有关的两个问题,一为"正"字的避讳,二为秦孝文王在位的时间和背景。在汉以后的文献中,有关秦代"正"字避讳的记载比较多,但在睡虎地《编年记》中,却多次使用了"正"字。作者认为,这种现象的产生,是因为在战国和秦代的避讳制度只适用于在位国王(或皇帝)已去世的父亲之名,并不涉及活着的国君之名,而过去认为由于《编年记》是私人文书或者是由抄写者故意违反避讳而造成的说法是不合适的。作者还认为,睡虎地中的"端"字未必与避讳有关,而这批资料中出现的"楚"字表明,在抄写这批文献时,秦始皇的父亲尚未去世。另外,作者还根据《编年记》中的"后九月"的记载,认为《史记》中有关秦孝文王在位的资料只能用传统的夏历(而不是以十月为正月的秦历)才可以得出比较合理的解释。

[6] Mittag, Achim 闵道安 , "Historische Aufzeichnungen als Grabbeigabe—Das Beispiel der *Qin-Bambusannalen*" 作为随葬品的历史记录:以秦《编年记》为例 , in *Auf den Spuren des Jenseits: Chinesische Grabkultur in den Facetten von Wirklichkeit* 冥间之迹 —— 中国丧葬文化的不同方面:实事、历史以及死人崇拜 , ed. Angela Schottenhammer, Geschichte und Totenkult. Europäische Hochschulschriften 27.89, Frankfurt: Peter Lang, 2003: 119–140.（德）

本文主要研究了睡虎地秦简《编年记》的性质。作者认为,该资料应该是由两个人共同写成的(分为上下部),其中上部很可能出自某一军事部门,下部很可能是墓主本人即喜所写。作者指出,喜文中找不到一些学者所谓的复楚思想。作者还进一步指出,这一资料之所以会出现在墓葬中,很可能与当时人们的冥间信仰有关。最后,作者通过比较研究,认为在传世文献《汲冢竹书纪年》与《编年记》之间存在着密切的关系,可惜今天看到的《竹书纪年》已经不是原貌。因此,要想真正了解《编年记》的性质,还有待于新的考古发现。

[7] Mittag, Achim 闵道安 , "The Qin Bamboo Annals of Shuihudi: A Random Note from the Perspective of Chinese Historiography" 从中国史学的角度略谈睡虎地秦《编年记》, *Monumenta Serica* 华裔杂志 , 51 (2003): 543–570.(英)

本文分析了睡虎地秦简《编年记》的结构和内容,认为这一点对了解《春秋》与《左传》的关系有相当的帮助。但是,《编年记》中未避讳皇帝之名而且不用"崩"字记载国王去世的事实,也同样不能用传统的"微言大义"这一行文习惯来解释。作者认为,《编年记》的部分资料可能与《左传》提到的《军志》有关。作者把《编年记》的内容分为秦国军事事件、重大事件和墓主人私人事件三部分,而《春秋》中也可以发现对同类现象的记载。该文章附录还附有更详细的中文提要。

(三)法律文书

[8] Jenner, W.J.F 詹纳尔 , "The Ch'in Legal Texts from Yunmeng: A First Reading" 初读云梦秦律文献 , *Early China* 古代中国 , 3 (1977): 124.(英)

本文是詹纳尔 1976 年 10 月在美国亚里桑那州旗杆市举行的亚洲研究协会西方分支年会上的演讲稿。文中强调了云梦睡虎地秦简的重要性,并且特别指出了秦律的严格性以及奴婢在秦代社会中的重要地位。

[9] Yates, Robin 叶山 and McLeod, Katrina, "Forms of Ch'in Law: An Annotated Translation of the Feng-chen shih" 秦 律 的 形 式:《封 诊 式》的 翻 译 与 注 释 , *Harvard Journal of Asiatic Studies* 哈佛亚洲研究杂志 , 41 (1981): 111–163.(英)

本文介绍并翻译了睡虎地 11 号墓出土的秦简《封诊式》一文。文中首先概要介绍了相关资料的发现、年代和性质,随后翻译了《封诊式》全文并附以详注。两位作者还特别说明了翻译过程中遇到的疑难问题及其对不同解释、说法的取舍理由。

[10] Hulsewé, A.F.P. 何四维 , " Supplementary Note on Li ch'en ch'ieh " "隶臣妾" 补记 , *T'oung Pao* 通报 , 67.3–5 (1981): 361.(英)

本 文 是 何 四 维 对 1975 年 文 章("The Ch'in Documents Discovered in Hupei in 1975" 1975 年湖北省发现的秦代文书 , *T'oung Pao* 通报 , 64 (1978): 175–217+338)所做的补记,文中作者赞同并接受了林剑鸣在《"隶臣妾"辨》(《中国史研究》1980 年第 2 期)一文中对 "隶臣妾" 一词的解释。

[11] Hulsewé, A.F.P. 何四维 , "Weights and Measures in Ch'in Law" 秦律中的衡与量 , in *State and Law in East Asia, Festschrift Karl Bünger* 东亚国家与法律——卡夫 . 宾洛尔纪念集 , ed. Dieter Eikemeier 迪特·艾克迈尔 and Herbert

303

Franke 傅海波，Wiesbaden: Harrassowitz, 1981: 25–39.（英）

本文特别研究了在睡虎地秦简中有关衡量制度的记载与《说文解字》的相关注解之间存在的诸多相似之处。作者还利用《九章算术》对秦简中的一些艰涩难解的内容进行了解释，并且也涉及了《金布律》中有关货币的一些问题。总的来看，作者认为秦律对违反衡量制度的人所做的处罚并不算非常严格，这可能与当时在具体实施衡量统一过程中遇到的困难有关。最后，作者还讨论了"参"字的意义。

[12] Hulsewé, A.F.P. 何四维，"The 'Legalist' and the Law of Qin" 法家与秦律，in *Leyden Studies in Sinology: Papers Presented at the Conference Held in Celebration of the Fiftieth Anniversary of the Sinological Institute of Leyden University Dec. 8-12 1980*, ed. Wilt L. Idema, Leiden: Brill, 1981: 1–22.（英）

本文认为睡虎地秦简法律文书是了解法家的重要资料之一。作者在文中还特别研究了秦简资料与法家思想有关的几个具体问题，如罪人的原有身份与处罚轻重的关系、对家庭杀人案的处理以及田律、仓律、赎、傅等问题。总之，作者认为秦律的起源应该早于商鞅，而且与秦人的历史有关。另外，法家思想对秦律的系统性构造也产生了一定的影响。

[13] Hulsewé, A.F.P. 何四维，"The Influence of the 'Legalist' Government of Qin on the Economy as Reflected in the Texts Discovered in Yunmeng County" 云梦秦简中所反映的秦代法家政府对经济的影响，in *The Scope of State Power in China* 中国国家权威的范围，ed. Stuart R. Schram, New York: St. Martin's, 1985: 211-235.（英）

本文介绍并研究了睡虎地秦简所涉及的秦代农业、粮仓、耕田、货币、贸易和手工业等方面的法律问题和基本内容。作者指出，睡虎地秦简法律文书只是秦律的一部分，而且这批资料与法家及商鞅的关系并不像许多学者所说的那么密切。整体而言，这批资料不仅反映了秦国的法律，而且很可能也反映战国时期其他国家通用的法律。

[14] Vandermeersch, Léon 王德迈，"Le développement de la procédure écrite dans l'administration chinoise à l'époque ancienne" 中国古代官方书写手续的发展，in *State and Law in East Asia. Festschrift Karl Bünger* 东亚国家与法律 – 卡夫·宾洛尔纪念集，ed. Dieter Eikemeier 迪特·艾克迈尔 and Herbert Franke 傅海波，Wiesbaden: Harrassowitz, 1981: 1-24（法）

本文首先指出，敦煌、居延汉简所见的官方书写手续已经十分发达，并认为这批汉代资料所反映的书写手续其实在战国时期就已经存在了，只是尚未发现该时期的相关出土资料而已。通过睡虎地11号墓秦简可以看出，至战国晚期，这一书写手续已相当发达。作者还引用了不少睡虎地秦简的资料并翻译成法文,并多次援引《周礼》的记载加以说明。另外,作者还探讨了这一官方书写习惯的发展与春秋时期法家思想之间的密切关系。

[15] Bodde, Derk. 德克·卜德, "Forensic Medicine in Pre-Imperial China" 中国先秦法医学, *Journal of African and Oriental Studies* 非亚研究学刊, 102 (1982): 1–15.（英）

本文对《封诊式》的四条简文进行了翻译、分析和讨论。作者认为,虽然简文中使用了甲、乙、丙等序号作为抽象的人名,但简文所描写的案件特别详细,因此简文中记述的这些案件只能是根据真实的档案资料而改定的。在讨论"贼死"和"经死"两条简文时,作者还注意到二者的描述方式与南宋宋慈《洗冤集录》的描述方式具有诸多相似特征。在有关"出子"简文的研究中,作者还援引了一位医生的看法,并指出其中的一些难以理解的现象。作者还指出,"疠"条简文中有对麻风病的详细记载,并特别指出睡虎地法律文书中有对麻风病人犯罪的特殊处理方法。作者认为,从资料中可以看出,秦代已出现了专门为麻风病罪人设置的隔离处所,但这一点在秦代以后的文献中似乎并没有相关记载。最后,作者强调指出,"疠"条简文不仅是中国,而且也是世界上目前有关麻风病的最早记载。

[16] Васильев, К.В. [K.V. Vasilyev] 瓦西里耶夫, "Подневольный труд в царстве Цинь (IV - III вв. до н.э.)" 秦国的劳役（公元前 4 世纪～公元前 3 世纪）, *Проблемы социальных отношений и форм зависимости на древнем Востоке* 古代东方的社会关系与从属形式问题, Москва: Наука, 1984: 227-237.（俄）

本文研究了战国末期秦国多种非自愿劳动者问题。作者主要根据睡虎地秦简资料对隶臣的情况进行了详细介绍和研究,指出秦代的隶臣身份并不像汉代那样有期限限制。作者还研究了与其他非自愿劳动者有关的问题,如城旦或人奴妾,并指出此类非自由劳动者在当时秦国人口中所占比例应该是相当可观的。

[17] Hulsewé, A. F. P. 何四维, "Some Remarks on Statute Labour during the Ch'in and Han Period" 简谈秦汉时期的徭役, in M. Sabattini dir, *Orientalia Venetiana* 威尼斯东方学报 I, Firenze, Olschki, 1984: 195-204.（英）

赋役制度为秦、汉朝的核心制度。在这篇文章中,作者介绍与其中的徭役制度有关的几个问题,如服徭役人员的年龄限制、针对抵抗逃避徭役人员的法律、徭役对国家建设工程的重要性等。为此,何四维主要利用睡虎地 11 号墓秦简法律文书,也涉及与西域汉简有关的几部研究著作。

[18] Hulsewé, A.F.P. 何四维, *Remnants of Ch'in Law: An Annotated Translation of the Ch'in Legal and Administrative Rules of the 3rd century B.C. Discovered*

305

in Yün-meng Prefecture, Hu-pei Province, in 1975 秦律遗文：1975 年湖北省云梦县发现的公元前 3 世纪秦法律和行政规定的注释，Sinica Leidensia 17, Leiden: Brill, 1985.（英）

书中除云梦出土秦简外，还收入四川青川郝家坪发现的秦木牍。在对秦简的发掘经过和著录情况作了介绍之后，还评价了秦简出土的意义，并指出发现的秦律条文，并非秦律的全部，而是供下级官吏使用的一部分。他认为从秦简律文中可以说明中国古代法律的法典化较之人们的传统认识要早，至少在公元前 7 世纪左右已开始，正和逐步强化的中央集权相一致。通过秦律，他反驳了马伯乐等学者认为秦国落后的观点。《秦律遗文》在译注中广泛征引中外学者的研究成果，在许多方面提供了富有启示性的意见，而且何四维还注引汉简以说明秦简，可以说《秦律遗文》是西方世界颇有影响的第一部介绍中国出土秦简的专著（参看郑有国：《简牍学综论》，华东师范大学出版社 2008 年版，189–190 页）。

[19] Yates, Robin D.S. 叶山，"Some Notes on Ch'in Law" 秦律随笔，*Early China* 古代中国，11–12 (1985–1987): 243–275.（英）

本文是叶山为何四维《秦律遗文》一书所作的书评。作者认为该书具有很高的学术价值，是西方学者研究中国早期帝国法律和官制的必读之书。作者也提到了书中一些有待商榷的问题，如词汇、断句、翻译等问题。另外，作者还指出，睡虎地《日书》的某些内容对理解法律文书中的疑难字词具有相当的重要性。

[20] Salát, Gergely 绍拉特·盖勒盖利，*Büntetőjog az ókori Kínában, Qin állam törvényei a shuihudi leletek alapján* 古代中国刑法——睡虎地文献所反映的秦国法律，Budapest: Balassi Kiadó, 2003, Sinológiai Műhely 3.（匈）

本书是匈牙利第一部研究中国古代法律的专著。此文依据 1975 年出土的睡虎地竹简资料介绍早期中国法律系统的发展、实行和特点。这里的数百条法律奠定了秦后两千年间中国官制系统的基础。绍拉特氏也讲到秦律的历史与思想背景、有关中国早期法律制度演变的其他古代文献、睡虎地秦简的形式和内容特点。最后，作者还提供了睡虎地与刑事诉讼法有关资料的匈牙利译文。

[21] Hulsewé, A.F.P. 何四维，"Ch'in and Han Law" 秦汉法律，in *The Cambridge History of China, vol. I: The Ch'in and Han Empires, 221 B.C.-A.D. 220* 剑桥中国秦汉史：公元前 221 年至公元 220 年，eds. Denis Twitchett and Michael Loewe, Cambridge: Cambridge University Press, 1986: 520-544.（英）

《剑桥中国秦汉史》是西方学者于 20 世纪 80 年代完成的秦汉史研究方面的经典之作，其中第九章是何四维撰写的具有概论性质的《秦汉法律》专章。文中通过大量传世文献和出土文献介绍了当时法律的基本情况。在出土文献方面，作者主要利用了秦简和汉简资料,而秦简资料则主要是睡虎地 11 号墓出土的法律文献。该章包括史料、总则、法典、司法当局、司法程序、刑罚种类、行政法规、司法等部分。该书已译成中文,由中国社会科学出版社于 1992 年出版。

[22] Hulsewé, A.F.P. 何四维,"Law as one of the Foundations of State Power in Early Imperial China" 作为中国早期帝国权威基础的法律,in *Foundations and Limits of State Power in China* 中国国家权威的基础和限制,ed. Stuart R. Schram 施拉姆,London-Hong Kong: SOAS - Chinese University Press, 1987: 11-32.(英)

本文首先指出,中国传统法律所要规范的主要方面是人民的义务,相反却很少涉及人民权利,这是中国和西方传统法律的基本区别所在。从传世文献和出土文献来看,秦汉时代还没有形成独立的贸易法和家庭法,但有关公民法律的资料却比较多。另外,在传世文献中也有许多有关地方管理的法律,这一点也同样可以得到睡虎地秦简及西域汉简资料的补充和佐证。作者还指出,爵位与刑罚的关系也是秦汉法律中的重要问题。作者还特别强调,法律的主要目的是使国人都服从国家规定,但同时也是为了巩固个人在社会中的地位,因此可以说法律是国家权威的基础。从大的原则上来看,法律所赋予国家的权威似乎是无限大的,但在实际操作上,要实现律书中的法律规定却并非易事,这不仅是只存在于中国历史上的问题,也是一个世界性的问题。

[23] Hulsewé, A.F.P. 何四维,"The Wide Scope of Tao 盗 'Theft' in Ch'in-Han Law" 秦汉律中"盗"字的广义考察,*Early China* 古代中国,13(1988): 166–200(英)

本文主要通过对睡虎地秦简、居延汉简以及传世文献等相关资料的研究,分析了"盗"字在秦汉法律文献中的用法与用例。作者认为,该字在秦汉法律文献中的用法要比晋代以后的用法更加宽泛,秦代的"盗"的适用范围包括偷盗、侵吞与拐骗财产、金钱等多种行为。作者还指出,秦代对盗贼的处罚不仅与所盗取的物品价值有关,也与被盗者的身份及发生盗窃场所的重要性有关。

[24] Голованов, Е. В. 郭罗瓦诺夫,"Сельское хозяйство в Цинь: бамбуковые планки из Шуйхуди" 睡虎地秦简所涉及的秦代农业,*Народы Азии и Африки. История, экономика, культура* 亚非人民:历史、经济与文化,6(1988), Москва: Наука, 1988: 125–135.(俄)

本文特别强调了新出土文献在补充传世文献不足方面所具有的重要性。作者首先介绍了睡虎地秦简的发现过程及相应的整理、注释和编辑等成果,随后在正文中把该资料分为五组并介绍了各组的主要内容。在研究各组资料的年代问题之后,作者还介绍了中国、欧美和俄国学者所完成的翻译和研究成果。文章的最后部分还把《秦律十八种》中的《田律》、《厩苑律》及《仓律》翻译成俄文并附有简注。

[25] Васильев, К.В. 瓦西里耶夫，"Некоторые черты положения земледельцев в империи Цинь (221-207 гг. до н.э.)" 秦国农民身份的几个特点，*Государство и социальные структуры на древнем Востоке* 古代东方的国家和社会结构，Москва: Наука, 1989: 128–131.（俄）

本文分析了秦代农民的社会地位问题。作者参照睡虎地《秦律十八种》的田律指出，当时私人拥有土地的现象并不像一些古书记载的那么普遍，而且，秦国的农民有时还要向官府租用农具。作者指出，这一现象揭示了秦政府对所有阶层民众（包括农民在内）的严格控制，但并不能说明所有土地都归国家所有。

[26] Yates, Robin D.S. 叶山，"Social Status in the Ch'in: Evidence from the Yün-Meng Legal Documents. Part One: Commoners" 秦代社会身份：云梦法律文书中证据——第一部：士伍，*Harvard Journal of Asiatic Studies* 哈佛亚洲研究杂志，47.1 (1987): 197–237.（英）

本文首先概要介绍了睡虎地秦简法律文书，随后在正文中考释了秦简中"士伍"一词。作者认为，秦代把没有爵称的人称为"士伍"，并不像汉代和汉以后那样只适用于先有爵位但后来因为有罪剥夺爵位的人。文中还讨论了秦代男人必须进行户籍登记（即傅）的年龄问题及成人和未成年人在犯罪惩罚方面的差别。作者还强调"伍老"和"里典"在法律上的责任及秦汉时期的连坐制，并根据出土文献和其他考古资料进一步说明，当时士伍群体中存在的贫富差别可以很大。作者认为，士伍阶层应该是秦代社会包括农民和商人的主要社会阶级，也是构成完成统一六国大业的秦国军队的主体阶层。

[27] Kroll, J.L. 克劳尔，"Notes on Ch'in and Han Law" 秦汉律随笔，in *Thought and Law in Qin and Han China: Studies Dedicated to Anthony Hulsewé on the Occasion of His Eightieth Birthday* 秦汉思想与法律：何四维诞辰八十周年纪念论文集，eds. Wilt L. Idema 伊维德，and E. Zürcher 许理和，Sinica Leidensia 24, Leiden: Brill, 1990: 63–78.（英）

本文主要研究了睡虎地法律文书中涉及的秦汉军爵制度及相关的法律问题。作者指出，秦代军爵是可以世袭的，并且也可以用来抵罪。在早期，斩敌的首级和捕获的战俘数量也是提升军爵的标准之一，诚如《韩非子》所提到的，从一级到四级的标准是斩一首升一级，但五级以上是多首才升一级，而文献中并没有记载具体数目。

[28] Yamada, Katsuyoshi 山田胜芳，"Offices and Officials of Works, Markets and Lands in the Ch'in Dynasty" 秦代官署、工官、市与田，*Acta Asiatica* 亚细亚

档案，58 (1990): 1–23.（英）

本文通过睡虎地秦简法律文书、相关的传世文献和其他出土文字资料对秦代官制的演变进行详细的分析。从传世文献中，我们可以知道在秦王政当皇帝之前，曾对中央政府进行了改革。在本文中，作者研究了云梦文献中所揭示的有关这一改革对当地县政府的工官、市和田等部门的影响。

[29] Yates, Robin D.S. 叶山，"State Control of Bureaucrats under the Qin: Techniques and Procedures" 秦朝对官员控制的技术与程式，*Early China* 古代中国，20 (1995): 331–365.（英）

本文主要介绍和分析了秦代官僚制度中的一些具体问题，涉及选官制度、年龄、其他限制条件、任期、保任制度、上计制度、考核官员成绩、俸禄等八个方面。作者特别指出，如果用现代管制概念分析秦代官制一定会遇到许多难解的现象，所以要了解秦代官制，就一定要把它放在秦代的社会背景中去考察，特别是要注意那些与官制无直接关系的信仰、世界观等方面的因素。

[30] Heuser, Robert 何意志，"Verwaltung und Recht im Reich des Ersten Kaisers" 秦始皇时期的法律与官制，in *Jenseits der Grossen Mauer. Der Erste Kaiser von China und seine Terrakotta-Armee* (Beyond the Great Wall: The First Emperor of China and his Terracotta Army) 长城那方 —— 秦始皇帝及其兵马俑，eds. Lothar Ledderose 雷德侯 und Adele Schlombs, Gütersloh-München: Bertelsmann Lexikon Verlag, 1990: 66–75.（德）

本文是 1990 年 8 月 12 日至 11 月 11 日在德国多特蒙德举办的秦兵马俑展的展览图录《长城那方 —— 秦始皇帝及其兵马俑》中有关秦代法律的专章。作者认为，完善的法律往往被视为建立集中国家的重要基础之一，因此商鞅变法在秦国的兴起与强盛过程中起到重要作用。不过，睡虎地秦简所反映的只是当时秦律的一部分，而且多以行政法为主。不过，因为主要适用于地方官员执法，所以睡虎地秦简并没有涉及国家的郡县制度等问题。另外，从睡虎地秦简中可以看出，秦律的施行并不像传世文献说的那样是没有区别的苛律，比如就可以视犯罪者的身份而制定刑罚的轻重。但到了汉代，人们认为秦律的太过严酷，因此在法律之外，又强调了礼制的同等重要性。作者认为，这一法、理结合的思想对中国，甚至对整个东北亚地区的法律史进程都产生了相当重要的影响。

[31] Hulsewé, A.F.P. 何四维，"Qin and Han Legal Manuscripts" 秦汉法律文书，in *New Sources of Early Chinese History: An Introduction to the Reading of Inscriptions and Manuscripts* 中国古代史新资料：阅读写本和铭文入门，ed. Edward L. Shaughnessy 夏含夷，Early China Special Monograph Series 3, Berkeley:

University of California Press, 1997: 193-221.（英）

本文主要用选读的方式介绍了与秦汉法律有关的出土文献。作者首先介绍和翻译了青川郝家坪出土的战国秦牍,随后又选出几条睡虎地法律简文进一步介绍这批资料的内容和意义。最后,作者还提到了西域出土的与汉代法律有关的几枚木简,而且还特别强调了当时尚未正式发表的张家山汉简对于秦汉法律研究的重要性。

[32] Lau, Ulrich 劳武利 , "The Scope of Private Jurisdiction in Early Medieval China – The evidence of newly excavated legal documents" 古代中国私人司法范围——新出土司法文书的证据 , *Asiatische Studien/Études Asiatiques* 亚洲研究 , 59.1 (2005): 353-387.（英）

本文主要通过睡虎地秦简和张家山汉简的法律文书研究了中国古代法律中对家族范围犯罪案件的处理问题。作者首先研究了在国家法律与儒家家庭思想之间所存在的矛盾,进而强调了家主在处理家庭犯罪案件中的重要作用,即家主在很多情况下有权自己处理家里的案件并惩罚地位比自己低的家人。但如果是大罪,家主也可以要求官方来审判案件。另外,作者还讨论了"家罪"的概念及适用范围。作者还指出,由当时法律对家庭中性关系的合法性的宽容来看,也证明家主在家庭执法的特殊地位。只有在家人被击成重伤或者被杀的情况下,或者在案件涉及别的家庭或机构(特别是国家)的情况下,官方才有权利处理家庭案件。作者认为,尽管传世文献中多有秦代和汉初政府不尊重儒家家庭价值的论述,但就目前发现的秦汉法律文书而言,其律例内容恰恰反映出,秦汉政府在一定程度上是尊重和保护儒家的家庭价值观的。

[33] Sanft, Charles 陈力强 , "Notes on Penal Ritual and Subjective Truth Under the Qin" 关于秦代司法仪式与主观真实性的杂记 , *Asia Major* 大亚洲 third series , 21.2 (2008): 35-57.（英）

传统观点认为,秦朝有着极为严格而重视客观判断的法律系统。然而通过对睡虎地 11 号秦简以及相关传世文献的阅读,陈力强注意到秦律中也很重视有意犯罪和无意犯罪的区别。而在区分两种犯罪的时候,更多的是由负责官员的意见来判定。在这种情况下作者认为,司法仪式非常有利于出席者顺利接受官员的这种判决。

[34] Sanft, Charles 陈力强 , "Law and Communication in Qin and Western Han China" 中国秦代西汉时期的法律与信息交流 , *Journal of the Economic and Social History of the Orient* 东方经济社会史学报 , 53 (2010): 679-711.（英）

在这篇文章中,作者指出秦代和西汉时期的法律不仅有利于制止对社会有害的行动,而且也是当时传播信息的重要手段。平民中也会有人对法律有基本的知识,他们知道如何利用法律向上级官僚传达对自己有利的信息。这里,陈力强主要依靠《汉书》等传世文献研究这个问题,可是也常提到秦汉出土文献作为旁证(如睡虎地 11 号墓秦简或岳麓书院秦简)。

[35] Sanft, Charles 陈力强, "Environment and Law in Early Imperial China (3rd c. BCE - 1st c. CE): Qin and Han Statutes Concerning Natural Resources" 早期中国帝国的环境与法律(公元前 3 世纪~公元 1 世纪):有关自然资源的秦汉律令, *Environmental History* 环境史, 15.4 (2010): 701–721.(英)

自然保护是一个令人非常关注的问题。作者指出,在出土法律文献中,可以看到不少资料反映古人在秦汉时期已经很重视自然资源的保护。这里他主要举了三个例子:睡虎地 11 号墓《秦律十八中》的《田律》、张家山 247 号墓《二年律令》中的《田律》以及敦煌悬泉置《四时月令诏条》。可是,由于某种原因,这些律令没有达到预期的效果。

[36] Korolkov, Maxim 马硕, "Arguing about Law: Interrogation Procedure under the Qin and Former Han dynasties" 法律辩论:秦汉审讯程序, *Études chinoises* 中国研究, 30 (2011): 37–71.(英)

在此文中,作者分析讨论了秦汉司法程序与中华帝国形成的联系,并且把审讯程序视为重要的政治策略,其目标在于建构统一的社会伦理辩论范围,在于使原先具有不同的伦理和价值观之人群接受被中央集权政府所确定的解决社会矛盾的统一方式。马硕使用张家山 247 号汉墓法律文书作为核心参考资料,同时也把睡虎地 11 号墓秦简法律文书作为重要参考资料。

[37] Harbsmeier, Christoph 何莫邪, "Fú in the Mawangdui Manuscripts of the Laozi and in the Remnants of Qin Law" 马王堆老子以及秦律遗文中的 "弗" 字, in *From Classical Fú to 'Three Inches High'—Studies in Honor of Erik Zürcher* 自 "弗" 字至 "三寸高"——许里和纪念论文集, eds. James C.P. Liang and Rint P.E. Sybesma, Leuven-Appeldorn: Garant, 1993: 1–59.(英)

本文研究了马王堆《老子》与秦律简文 "弗" 字的用法。通过与大量传世资料的比较研究,作者认为该字早期只用于与人类活动有关的否定方面。因此,在理解与翻译该字时,应根据具体语境进行处理。如果与人无法控制成败的动词连在一起,就应该解释为 "不能够"、"未能"(如 "弗得" = "未能得到");如果与人能控制成败的动词连在一起,应该解释为 "拒绝"、"不要"(如 "弗听" = "不要听")。

[38] Sypniewski, Bernard Paul 塞尼斯基, "The Use of Variables in the Remnants of Qin Law" 秦律遗文中的可变因素的用法, *Monumenta Serica* 华裔杂志, 52

(2004): 345-361.（英）

作者本人并不是汉学家,本文中他通过何四维 (A.F.P. Hulsewé) 和何莫邪 (Christoph Harbsmeier) 的论著和译文对睡虎地法律文书的逻辑问题进行了研究。何莫邪在《中国科学与文明》之《语言与逻辑》卷中,曾把睡虎地法律文书中的甲、乙、丙、丁及"某"字的用法与古希腊亚里士多德提出的"逻辑可变因素"相提并论。对此,塞尼斯基持不同的看法,认为二者所涉及的是不同的概念。他指出,秦简法律文书中的甲、乙、丙、丁等所代表的是某一人名或地名,但亚里士多德的"逻辑可变因素"是更为抽象的概念,而且,后者出现在亚里士多德具有浓厚逻辑性的思辨作品中,而睡虎地法律文书则完全是实用性的文书。

[39] Ebrey, Patricia B. 伊佩霞, "Penal Servitude in Qin Law"秦律中的劳役制度, in *Chinese Civilization: A Sourcebook* 中国文明史料 (Chapter 11), ed. Patricia B. Ebrey 伊佩霞, New York: The Free Press. Second edition, 1993: 51-53.（英）

本文首先概要介绍了睡虎地秦简的发现过程,随后将法律文献中有关城旦舂制度和隶臣妾的几条律令翻译成英文(但没有标明每一条的来源)。

（四）日书甲种、乙种

[40] Kalinowski, Marc 马克, "Les traités de Shuihudi et l'hémérologie chinoise à la fin des Royaumes combattants" 睡虎地简书与战国末期的择日术, *T'oung Pao* 通报, 72 (1986): 175-228.（法）

本文介绍了睡虎地《日书》的概况并对其中的择日法进行了专门的研究。作者首先分析了此书的结构并根据书中提到的择日法对各部分内容进行了调整,随后又研究了《日书》在中国天文历法及阴阳五行学说历史方面所提供的新资料和新知识。作者特别注意到该简文在内容上给我们提供了许多珍贵的新资料,如六十甲子纳音、二十八宿纪日法以及与岁星、太岁毫无关系的"岁"周期纪年法。

[41] Loewe, Michael 鲁惟一, "The Almanacs (*jih-shu*) from Shui-hu-ti : A Preliminary Survey" 睡虎地《日书》初探, *Asia Major* 大亚洲, Third Series, 1.2 (1988): 1-27.（英）

本文从四个方面介绍了睡虎地秦简的两种《日书》:（一）竹简出土的考古背景及竹简的形制;（二）《日书》的主要内容,即"建除十二客"的不同形式及传世文献中所记载的择日方式;（三）睡虎地《日书》在古代数术传统中的地位及其与古代多种时令系统的关系,如《夏小正》《礼记·月令》《氾胜之书》《四民月令》等;（四）王充、王符等汉代学者对于择日禁忌的批评。最后,作者还指出睡虎地《日书》在研究中国古代纪时制度、阴阳五行学说、宗教信仰和祭祀活动方面的重要性。

[42] Kudō Motoo 工藤元男, "The Ch'in Bamboo Strip Book of Divination (Jih-shu) and Ch'in Legalism" 秦简占书(《日书》)与秦律, *Acta Asiatica* 亚细亚档案, 58 (1990): 24–37.（英）

本文首先概要介绍了睡虎地《日书》的基本内容,随后又总结介绍了作者本人对这批资料的研究成果,进而强调了《日书》研究在了解秦统一六国方面的重要性。作者认为,作为古楚国疆域内出土的资料,睡虎地《日书》应该在很大程度上反映了楚地的占卜传统。作者还指出,《日书》中提到的行神应该就是大禹,因此我们也应该把《日书》与《行神》篇的有关部分、以及后世由道士发展出来的“禹步”联系起来进行研究。作者还根据《日书》中出现的楚秦月名对照表,对楚、秦日历中存在的三个月的差别及其对秦地方政府在行政管理方面的影响进行了思考和研究,指出《秦律十八种》中《田律》的内容只有按照楚历去理解才能得出比较合理的认识。作者最后还引用了睡虎地秦简《语书》的材料来说明秦国在每次灭了他国之后,并没有一刀切地按照秦国的制度去控制这些新征服的地区,相反却会部分地保留原有的行政体系。由此观之,秦国的统一并非像后世文献所描写的那样完全颠复了六国原有的旧制度。

[43] Poo, Mu-chou 蒲慕州, "Popular Religion in Pre-Imperial China: Observations on the Almanacs of Shui-hu-ti" 中国先秦的民间宗教:睡虎地《日书》试探, *T'oung Pao* 通报, 79 (1993): 225-248.（英）

本文主要研究了睡虎地《日书》的成书时代,即战国秦汉时代的社会和宗教背景。作者在文中批评了20世纪80年代学者通常把《日书》看成迷信文化,或者说是一种不成熟的文化的观点。作者指出,《日书》中所提到的信仰和占卜活动在当时各地的社会中下层都非常流行。尽管《日书》的内容看起来有些杂乱且注重实用,但与服务于统治者的《月令》类的时令书却有着明显的关系。需要说明的是,作者在本文发表之前,已有内容相同的中文论文发表(即《睡虎地秦简〈日书〉的世界》,《史语所集刊》第62本第4分,1993年),本文为中文本的英译本,同时还为了照顾英文读者的要求和习惯做了少许修改。

[44] Poo, Mu-chou 蒲慕州, "Newly Discovered Daybooks and Everyday Religion" 新发现的日书资料与日常宗教活动, Poo Mu-chou, *In Search of Personal Welfare: A View of Ancient Chinese Religion,* SUNY Series in Chinese Philosophy and Culture, State University of New York Press, New-York, 1998: 69-101.（英）

本文是作者专著《追寻一己之福——中国古代的信仰世界》(允晨文化实业股份有限公司1995年版)第四章两个部分的译文。第一部分(69–92页)是为作者1993年中文论文的英译(即《睡虎地秦简〈日书〉的世界》,《史语所集刊》第62

本第 4 分,1993 年);第二部分是对《日书》和《山海经》鬼神观念的比较研究。

[45] Harper, Donald 夏德安, "Warring States, Qin, and Han Manuscripts Related to Natural Philosophy and the Occult" 战国秦汉时期有关术数阴阳的简帛资料, in *New Sources of Early Chinese History: An Introduction to the Reading of Inscriptions and Manuscripts* 中国古代史新资料:阅读写本和铭文入门, ed. Edward L. Shaughnessy, Early China Special Monograph Series 3, Berkeley: University of California Press, 1997: 223-252.(英)

本文概要介绍了战国至秦汉时期简帛中的方术资料,主要依据是睡虎地《日书》与马王堆医书中的相关资料。在本文中,作者提供了《日书》中《人字》篇(237–240 页)、《禹须臾》篇(240–243 页)的全文英译和《日书甲种》的《诘》篇的部分(243–244 页)英译。在研究部分,作者还把《日书》与马王堆《养生方》《五十二病方》等资料进行了比较。最后作者还特别研究了上述资料之在秦汉时期的产生问题及与当时上、中层社会的信仰和宗教的关系问题。

[46] Gentz, Joachim 耿幽静, "Zur Deutung früher Grabbefunde: Das Renzi pian aus Shuihudi 解释古代墓葬的发现:睡虎地《人字》篇, in *Han-Zeit: Festschrift für Hans Stumpfeldt aus Anlaß seines 65 Geburtstages* 汉代:司徒汉先生六十五岁纪念论文集, ed. Michael Friedrich, Wiesbaden: Harrassowitz, 2006: 535-553.(德)

本文主要研究了睡虎地日书《人字》篇的内容与睡虎地 11 号墓随葬各种竹简编册放置位置的关系。作者首先指出,迄今为止,我们对古代墓葬中随葬品的组合放置方式所具有的意义尚未有深入的理解和把握,因而也很难了解古人把简牍资料随葬在墓中的深层原因。作者认为,墓中简牍的放置方式很可能确实有某种特殊的意义。睡虎地 11 号墓就是一个比较典型的例子,该墓中的竹简编册在尸体周围的位置很可能不是随意为之,而是依靠某种像《人字》篇中提到的十二支围绕人体的吉凶排列那样而有意放置而造成的。作者强调说,这一看法只不过是一种假设,更可靠的结论尚有待于进一步的研究才能得出。

[47] Kalinowski, Marc 马克, "Les livres des jours (rishu) des Qin et des Han: la logique éditoriale du recueil A de Shuihudi (217 avant notre ère)" 秦汉日书:睡虎地日书甲(公元前 217 年)的编辑逻辑, *T'oung Pao* 通报, 第 94 辑 (2008 年): 1–48.(法)

本文着重探讨了睡虎地《日书甲种》在内容和形式上所反映的特殊编撰逻辑。作者通过对甲、乙两种《日书》的仔细观察和深入研究,发现两种日书在内容和形式方面都存在明显的差别,即甲种在内容上体现出一种严格的编写计划,在形式上有严密的章节安排,而乙种的内容则显得比较松散,章节安排也有一定的随意性。作者指出,这两种不同的编辑模式很可能说明,简文抄写的质量不仅与抄写者的能力有关,而且也与两种抄本的具体用途有关。

[48] Harper, Donald 夏德安, "A Chinese Demonography of the Third Century B.C." 公元前 3 世纪的一篇中国鬼怪故事, *Harvard Journal of Asiatic Studies* 哈佛亚洲研究杂志, 45.2 (1985): 459-498.(英)

作者首先描述睡虎地《日书》甲种的形式以及其编辑逻辑,然后集中考察了《诘》篇的鬼祟问题。作者对"诘"字进行了详细分析并翻译成"spellbinding"。作者还解释了与"诘"有关的几个字,翻译了《诘》篇的开头部分(872–870 简背上栏)并加以解释。最后,他还把《诘》篇的内容与先秦至六朝的志怪故事进行了比较研究。

[49] Sterckx, Roel 胡司德, "An Ancient Chinese Horse Ritual" 古代中国的祭马仪式, *Early China* 古代中国, 21 (1996): 47-79.(英)

本文是探讨了睡虎地《日书·马》篇中的一些释读问题并把全部简文翻译成英文。作者指出,《马》篇的内容表明,在战国晚期和秦代初期,动物崇拜其实是上层社会日常宗教活动中的一个组成部分,而这一点曾被一些先秦思想家严加抨击。此外,作者还通过对简文与传世文献中有关马的资料进行了对比研究,进一步研究了该简文的内容,并揭示出其所具有的重要价值。最后,作者指出,该简文对研究先秦两汉的中国早期动物史、对研究动物崇拜等方面都具有重要的史料价值。

[50] Kalinowski, Marc 马克, "The Use of the Twenty-Eight Xiu as a Day-Count in Early China" 中国早期的二十八宿纪日法, *Chinese Science* 中国科学, 13 (1996): 55-81.(英)

本文通过对睡虎地《日书》中的纪日法和出土的早期六壬栻盘的对比研究,指出在秦汉时期的占卜师和历数专家的实践当中,曾流行过一种以二十八宿为基础的纪日法。作者进一步研究了该纪日法与隋唐时期自印度传入的纪日法、与宋代黄历中的纪日法以及与至今仍在使用的传统日历上的二十八宿纪日法等不同系统之间的关系问题。

[51] Poo, Mu-chou 蒲慕州, "How to Steer through Life. Negotiating Fate in the Daybook" 如何驾驭人生:《日书》中的谈命, in *The Magnitude of Ming. Command, Allotment, and Fate in Chinese Culture* 命的世界:中国文化上的天命、命定论与命运观, ed. Christopher Lupke, Honolulu: University of Hawai'i Press, 2005: 107–125.(英)

本文集中研究了睡虎地《日书》中"命"的概念。作者认为,简文中表现出两种命运观,一是可改变的命运,即通过禁忌行为和驱邪仪式改变自己的命运,一种是不可改变的命运,即《日书》中《生子》篇和《人字》篇中提到的由出生日期注定的"天命"。作者认为,这一矛盾与此类书籍所传承的民间宗教思想有着密切的关系。

[52] Li, Jianmin 李建民, "They Shall Expel Demons: Etiology, the Medical Canon and the Transformation of Medical Techniques Before the Tang" 鬼神、仪式与医疗——中国古代病因观及其变迁, in *Early Chinese Religion: Part One: Shang through Han (1250 BC – 220 AD)* 早期中国宗教,第一卷:从商到汉(公元前1250年到公元220年), eds. John Lagerwey 劳格文 and Marc Kalinowski 马克, Leiden: Brill, 2009: 1103-1150.(英)

本文研究了战国至六朝时期"解逐"和"祝由"在诊断病因过程中所起的重要作用。作者通过研究睡虎地日书《诘咎》篇的大量简文,并参照周家台秦简中的相关资料,认为把鬼祟看作主要病因是战国和秦代普遍流行的诊病思想。至东汉,这些观念和技法又被融入了当时的医学文献中。

[53] Liu, Tseng-kuei 刘增贵, "Taboos: an Aspect of Belief in the Qin and Han" 禁忌:秦汉信仰的一个侧面, in *Early Chinese Religion : Part One : Shang through Han (1250 BC – 220 AD)* 早期中国宗教,第一卷:从商到汉(公元前1250年到公元220年), eds. John Lagerwey 劳格文 and Marc Kalinowski 马克, Leiden: Brill, 2009: 881-948.(英)

本文是第一篇对秦汉禁忌进行系统研究的论文。论文共分为三部分,一是与阴阳五行和天文历法有关的禁忌,二是与风俗习惯和生命循环有关的禁忌,三是鬼神在禁忌信仰中的作用。作者用于研究的资料主要是睡虎地《日书》,但也涉及了放马滩与周家台出土的两种《日书》。另外,作者还把这些文献与汉墓出土的资料及传世文献(如王充的《论衡》)中的资料进行了综合性的比较研究。

(五)其他

[54] Lewis, Mark Edward 鲁威仪, "Ritual Origins of the Warring States" 战国的起源与礼仪, *Bulletin de l'École française d'Extrême-Orient* 法国远东研究院年刊, 84(1997): 73-98.(英)

本文是作者对战国时期儒家与法家关系进行的探讨。作者通过对大量古籍和出土文献的研究,认为法家典籍所提倡的许多新法律、新管理方法和新思想等其实大多可以在儒家所尊奉的"礼"中找到根源。在出土文献方面,作者通过研究包山楚简和睡虎地秦简的相关资料,论证了战国时期在法律与传统文化及宗教信仰方面所存在的密切关系。此外,作者还指出,虽然战国晚期法家思想在很大程度上影响了各国的统治,但法家也明显地继承了儒家的礼仪规范。另外,战国时期所发生的深刻的社会变革,尤其是官制改革,也在很大程度上影响了人们对死后世界的信仰构造(见放马滩秦简《墓主记》)。

[55] Pines, Yuri 尤锐 , "The Question of Interpretation: Qin History in Light of New Epigraphic Sources" 新出土文献对于秦史的新解释, *Early China* 古代中国, 29 (2004): 1-44.(英)

本文通过对华山玉版、秦瓦书、铜器铭文及竹简等有关秦国的出土资料的分析,发现有些资料比较重视秦与周的密切关系(见秦景公磬铭文),但另一些资料却又强调秦与华夏之间存在的区别(见睡虎地秦简《法律答问》)。作者认为,秦早期的统治者都非常重视周文化和周王室,不过到了战国时期,秦国进行了政治改革,这就使得许多出身低的人得到了晋升(当时的人员流动情况在《日书》中也有反映),从而形成了一个新的上层阶级,进而秦国上层成员与东国贵族之间开始出现文化隔阂。不过,秦国在统一天下的过程中,还是要借助于六国人民最容易接受的周文化,因此在周文化和秦文化之间产生一定的矛盾。这在出土文献和传世文献中都有所反映(尤氏文前第 xviii 页有较详细的中文提要)。

二、里耶一号井简牍

[56] Giele, Enno 纪安诺 , "Signatures of 'Scribes' in Early Imperial China" 中国早期帝国抄写人的署名 , *Asiatische Studien/Études Asiatiques* 亚洲研究, 59.1 (2005): 353-387.(英)

本文研究了秦汉出土文献中出现的署名与现代署名的概念与关系。作者首先探讨了古代印章的使用范围和重要性,并由此揭示了署名制度在古代社会的作用,随后又通过几件秦汉印章资料介绍了当时签署印的具体使用情况。作者还特地选出里耶出土的一枚木牍作为重要例证,并把它翻译成英文,同时也分析了这一官方文书的结构。另外,作者还对居延和敦煌出土的几件汉代文字资料进行了深入研究。作者指出,秦汉出土文献中的签署与现代(尤其是西方)的签字习惯存在着一定的区别。其主要表现是,在大多数情况下,出土资料中所署名字并非抄写者自己的签名,而是所抄事件负责人的名字。因此,秦汉时代的署名只是实现了现代签字的部分功能,即指明谁负责。至于现代签字所具有的权威象征,在中国古代看来只有印章(特别是官方印章)才具有此种作用。

[57] Sanft, Charles 陈力强 , "Qin Government: Structures, Principles and Practices" 秦政府:组织结构、原理和实践 , *in* ed. Maria Khayutina 夏玉婷 , *Qin –The Eternal*

Emperor and His Terracotta Warriors 秦—永恒皇帝与其兵马俑, Bern, Bernisches Historisches Museum, 2013：118-129.（英文,此外也有德文版和法文版）

在这篇短文中,作者介绍了秦国的官制、首都、大工程、统一化、司法体系等秦政府的主要特点以及秦始皇巡游天下的相关内容。除了传世文献之外,作者还大量利用出土文献资料,如睡虎地 11 号墓秦简和里耶 1 号井秦简牍。

[58] Venture, Olivier 风仪诚, "L'écriture de Qin" 秦系文字, in *Les soldats de l'éternité – l'armée de Xi'an* 陕西秦兵马俑展, eds. Alain Thote 杜德兰 and Lothar von Falkenhausen 罗泰, Paris: Pinacothèque de Paris, 2008: 209-216.（法）

本文通过对包括石刻、金文和简牍等多种出土资料的考察,特别是通过对作为秦系文字直接证据的四川青川郝家坪秦牍与已公布的里耶秦牍的考察,探讨了秦系文字的特征及秦始皇统一文字的历史背景和具体过程。作者还指出了出土秦系文字与传世本《说文解字》所收录的篆文存在着一定的差别。

[59] Ch'en Chao-jung 陈昭容, "Die Vereinheitlichung der Schrift" 文字统一, in ed. Maria Khayutina 夏玉婷, *Qin – Der unsterbliche Kaiser und seine Terrakottakrieger* 秦—永恒皇帝与其兵马俑, Bern, Bernisches Historisches Museum, 2013：130-137.（德文,此外也有英文版和法文版）

作者通过引用如秦公簋、石鼓文、琅琊石刻、秦陵徭役刑徒墓志等相当数量的出土文字资料,来介绍秦国统一文字的过程和和意义,此外,也把睡虎地 11 号墓秦简和里耶 1 号井秦简牍作为说明的主要参考资料。最后,作者还指出,汉代出土的文字资料证明秦始皇统一文字的政策实行得非常成功。

[60] Venture, Olivier 风仪诚, "Caractères interdits et vocabulaire officiel sous les Qin: l'apport des documents administratifs de Liye" 秦代讳字及官方词语—里耶秦简新证, *Études chinoises* 中国研究, 30 (2011)：73-98.（法）

秦代因为避讳而严格禁止使用正、政、楚等字的说法已广泛被中外学者接受。然而目前已公布的大量秦代出土资料却难以证明这一点。通过对一些出土资料的分析,如里耶秦简 8-461 及其他资料,作者认为以往被看作秦代避讳的痕迹很可能与秦国用语习惯有密切的关系,而长期以来被认为是秦始皇统一中国以后的新词汇,其实早在战国时期就已经存在(该文章出版后,作者在其基础上增加了更加详细的内容,写出《秦代讳字、官方词语以及秦代用字习惯—从里耶秦简说起》一文,载于《简帛》第 7 辑,上海古籍出版社 2012 年版)。

三、放马滩 1 号墓简牍

[61] Hsu, Meiling 徐美玲, "The Qin Maps: A Clue to Later Chinese Cartographic Development" 秦代地图：对中国地图的后来发展的影响, *Imago Mundi* 世界图像, 45 (1993): 90-100.（英）

本文主要通过对放马滩和马王堆地图的研究介绍并探讨了中国古代地图的概况。作者指出,放马滩地图中对水流的描述比较准确。通过对该图与马王堆地图的比较,作者发现二者存在以下不同,首先,马王堆地图与中国后世的传统地图一样是以南为上的,而放马滩地图则与现代地图一样以北为上。二者都是区域地图,且均以水流为主要的地理标志。作者指出,东汉裴秀曾对古老的地图进行过批评,这使后人对汉以前的古地图表现出一定的偏见,但是,就出土的上古原貌地图来看,我们可以发现,至少在秦代就已经出现了比较准确的区域地图了。最后,作者对中国为何没有发展出科学的地理学这一问题也提出自己的看法,认为与其他的学科一样,中国古代的传统科学在科学理论和实践方面存在着分离的现象。

[62] Harper, Donald 夏德安, "Resurrection in Warring States Popular Religion" 战国民间宗教中的复活, *Taoist Resources* 道教资料, 5-2 (1994): 13-28.（英）

本文主要根据李学勤在《文物》1990 年第 4 期发表的文章,对放马滩 1 号秦墓出土的《志怪故事》所记载的有关战国时期宗教信仰与官僚制度的关系进行了考察研究。作者指出,《志怪故事》的内容充分表明,西汉墓葬出土的《告地策》所反映的某些信仰在战国中晚期就已经存在了,其演进过程与索安(Anna Seidel)早就所指出的东汉以来的道教官僚化进程是一脉相承的。另外,作者还分析《志怪故事》所载丹的复活过程,并且与传世文献中的类似记载进行了比较,进而也讨论了该故事与"尸解"、"仙人"这两种概念的关系。

[63] Kalinowski, Marc 马克, "Musique et harmonie calendaire à la fin des Royaumes combattants : les livres des jours de Fangmatan (239 avant J.-C.)" 从放马滩秦简（约公元前 239 年）十二律占看战国晚期到西汉初的律数制, *Études chinoises* 中国研究, 30 (2011)：99-138.（法）

1986 年出土的天水放马滩 1 号秦墓竹简,证明了在公元前 3 世纪时中国已有一套完整的音律体系。这份秦简不仅可以帮助我们解决文献里散乱出现有关音律的片段解说而看起来矛盾的问题,还显示了中国传统音律之特征实际上与阴阳家和数术士所发展的概念是紧密相联的,这些概念乃是从八度音阶之内的十二半音与一年之中的十二月之间对应的自然法则衍生建立的。

四、王家台 15 号墓竹简

[64] Cook, Constance A. 柯鹤立，"Myth and Fragments of a Qin *Yi* Text: A Research Note and Translation" 秦《易》残简与传说：研究随笔与翻译，*Journal of Chinese Religions* 中国宗教学报，26 (1998): 135-143.（英）

本文介绍了王家台 15 号秦墓出土的《归藏》简的基本情况。作者首先介绍了该简文与已发现的其他《易》类之书的差别，进而指出在中国古代，不同的占卜方法曾同时并存。作者还指出，此墓出土的骰子很可能说明，当时人们是把骰子和《归藏》结合起来使用的。在附录中，作者还附上了对王家台《归藏》三枚竹简的释文、注释和翻译。

[65] Shaughnessy, Edward L. 夏含夷，"The Wangjiatai Gui cang: An Alternative to Yijing Divination" 王家台归藏：易经以外的另一种占法，in *Facets of Tibetan religious tradition and contacts with neighbouring cultural areas* 西藏宗教民俗的多面貌及其与毗邻文化区的关系，eds. Alfredo Cadonna and Ester Bianchi, Firenze: Leo S. Olschki, 2002: 95-126.（英）

本文着重探讨了王家台秦简的《归藏》的性质和内容。作者首先介绍了《归藏》一书的流传和遗失情况，进而通过对已发表的《归藏》零散残简和传世文献引文的比较考察，研究了《归藏》的性质和内容。作者认为，王家台《归藏》在用词方面与睡虎地《日书》和阜阳《周易》表现出不少相似之处。另外，作者还翻译了相当数量的《归藏》残简及传世文献的引文。作者还指出，古书中经常出现的《易》书引文有时并不见于今本《周易》，这说明当时确实存在多个版本的《易》书，而《归藏》应该就是其中之一。

[66] Xing, Wen 邢文，"Hexagram Pictures and Early *Yi* Schools: Reconsidering the Book of Changes in Light of Excavated *Yi* Texts" 卦画与古易学派：易类出土文献与《周易》的再认识，*Monumenta Serica* 华裔杂志，51 (2003): 571-604.（英）

本文探讨了出土《易》类文献在卦画之间的差别，并指出这些差别表明当时曾同时存在着多个《易》书学派。作者还对记载了数字卦或阴阳爻的出土文献（包括天星观、包山、双古堆、马王堆等地出土的简帛资料）进行了详细的分析，进而指出今本《周易》并非某个学派的著作，而应该是有着不同来源的整理之作（文章后附有详细的中文提要，可参看）。

附录二　日本的秦简牍研究

1975 年末在湖北省云梦县睡虎地发现了 11 号秦墓，出土 1100 余枚竹简[①]。这引起了日本学界的极大关注，从某种意义上可以说对日本的中国古代史研究起了决定性的影响。其后又陆续出土了青川秦木牍、放马滩秦简、龙岗秦简、王家台秦简、周家台秦简、里耶秦简等，这些新资料的发现，不仅对秦史的研究，而且对整个古代史研究都起到了很大的推动作用。而在这当中，睡虎地秦简的研究一直充当着火车头的角色。在此期间，因西汉初期的张家山汉简《二年律令》《奏谳书》的出土，特别是在法制史的领域，又对以往的睡虎地秦简进行了再释读，并在其成果的基础上，促进了汉律的研究。

日本学界对以睡虎地秦简为核心的秦简研究，是从译注和研究两个方面同时进行的。译注方面成果如下：

一、睡虎地秦简《编年记》、《语书》、《为吏之道》

秦简讲读会：《〈睡虎地秦墓竹简〉译注初稿（承前）3——南郡守腾文书〈语书〉、〈为吏之道〉》，《〈中央大学大学院〉论究》12-1，1980 年。

早稻田大学秦简研究会：《云梦睡虎地秦墓竹简〈为吏之道〉译注初稿（一）》，《史滴》9，1988 年。

早稻田大学秦简研究会：《云梦睡虎地秦墓竹简〈为吏之道〉译注初稿（二）》，《史滴》10，1989 年。

---

① 本文使用睡虎地秦简的简号，依据《云梦睡虎地秦墓》编写组：《云梦睡虎地秦墓》，文物出版社 1981 年版。

早稻田大学秦简研究会:《云梦睡虎地秦墓竹简〈语书〉译注初稿
(一)》,《史滴》11,1990年。

早稻田大学秦简研究会:《云梦睡虎地秦墓竹简〈语书〉译注初稿
(二)》,《史滴》12,1991年。

高桥庸一郎:《睡虎地秦简〈编年记〉〈语书〉释文注解》,朋友书店
2004年版。

二、睡虎地秦简《秦律十八种》、《秦律杂抄》、《效律》

秦简讲读会:《〈湖北睡虎地秦墓竹简〉译注初稿——田律·廐苑律·仓
律·金布律·关市律·工律·工人程·均工律·徭律·司空律》,《(中
央大学大学院)论究》10-1,1978年。

秦简讲读会:《〈云梦睡虎地秦墓竹简〉译注初稿(承前)——秦律
十八种(军爵律·置吏律·效·传食律·行书·内史杂·尉杂·属邦)、效律、
秦律杂抄》,《(中央大学大学院)论究》11-1,1979年。

石冈浩:《战国秦的"徭"与军政——睡虎地秦简 秦律十八种〈徭律〉
译注》,《法史学研究会会报》9,2004年。

石冈浩:《睡虎地秦简〈秦律十八种〉司空律译注(上)——司空管辖
的物品类》,《(早稻田大学本庄高等学院研究纪要)教育与研究》23,2005
年。

石冈浩:《睡虎地秦简〈秦律十八种〉司空律译注(下)——居赀赎
债与城旦春劳动》,《(早稻田大学本庄高等学院研究纪要)教育与研究》
24,2006年。

太田幸男:《战国末期秦的仓库——〈云梦秦简〉秦律十八种·仓律
的分析》,《东京学艺大学纪要(第三部门社会科学)》31、32,1980年;收
入《中国古代国家形成史论》,汲古书院2007年版。

三、睡虎地秦简《法律答问》

秦简讲读会:《〈云梦睡虎地秦墓竹简〉释注初稿(承前4)法律答问
(上)》,《(中央大学大学院)论究》13-1,1981年。

秦简讲读会:《〈云梦睡虎地秦墓竹简〉释注初稿(承前5)法律答问
(下)》,《(中央大学大学院)论究》14-1,1982年。

早稻田大学秦简研究会:《云梦睡虎地秦墓竹简〈法律答问〉译注初
稿(一)》,《史滴》20,1998年。

早稻田大学秦简研究会：《云梦睡虎地秦墓竹简〈法律答问〉译注初稿(二)》，《史滴》21,1999 年。

松崎つね子：《睡虎地秦简》，明德出版社 2000 年版。

四、睡虎地秦简《封诊式》

秦简讲读会：《〈云梦睡虎地秦墓竹简〉释注初稿(承前 6)封诊式》，《(中央大学大学院)论究》15-1,1983 年。

早稻田大学秦简研究会：《云梦睡虎地秦墓竹简〈封诊式〉译注初稿(一)》，《史滴》13,1992 年。

早稻田大学秦简研究会：《云梦睡虎地秦墓竹简〈封诊式〉译注初稿(二)》，《史滴》14,1993 年。

早稻田大学秦简研究会：《云梦睡虎地秦墓竹简〈封诊式〉译注初稿(三)》，《史滴》15,1994 年。

早稻田大学秦简研究会：《云梦睡虎地秦墓竹简〈封诊式〉译注初稿(四)》，《史滴》16,1994 年。

早稻田大学秦简研究会：《云梦睡虎地秦墓竹简〈封诊式〉译注初稿(五)》，《史滴》17,1995 年。

早稻田大学秦简研究会：《云梦睡虎地秦墓竹简〈封诊式〉译注初稿(六)》，《史滴》18,1996 年。

五、龙岗秦简、里耶秦简、岳麓书院藏秦简

佐々木研太、下田诚：《龙岗秦简译注(前编)》，《中国出土资料研究》14,2010 年。

佐々木研太、下田诚：《龙岗秦简译注(后编)》，《中国出土资料研究》15,2011 年。

佐々木研太、下田诚：《龙岗六号秦墓木牍译注》，《中国出土资料研究》16,2012 年。

马彪：《龙岗秦简译注(凡十一篇)》，《异文化研究》6,2012 年。

马彪：《龙岗秦简译注(一〇篇)》，收录于《秦帝国的领土经营——云梦龙岗秦简与始皇帝的禁苑》，京都大学学术出版会 2013 年版。

里耶秦简讲读会：《里耶秦简译注》，《中国出土资料研究》8,2004 年。

中国古算书研究会：《岳麓书院藏秦简〈数〉译注稿(一)》，《大阪产业大学论集(人文·社会科学编)》16,2012 年。

中国古算书研究会：《岳麓书院藏秦简〈数〉译注稿(二)》，《大阪产
业大学论集(人文・社会科学编)》17,2013 年。
中国古算书研究会：《岳麓书院藏秦简〈数〉译注稿(三)》，《大阪产
业大学论集(人文・社会科学编)》18,2013 年。

关于秦简的论文，要列举出准确的数据很难，因为不同的论文，使用秦简的频
度和着重点是不同的。使用到何种程度，可以将其划分为秦简研究的专论，这一
点非常难把握①。在书籍中也存在相同的问题。以下分十四个专题加以介绍。

第一节　律令的编纂、继承

《晋书・刑法志》等这样说明先秦至汉代的法典编纂史：战国时期魏国的李悝
收集整理春秋时期以前的刑法典编纂了《法经》六篇。之后，商鞅将该法典带入秦
国。西汉建立后，萧何在六律基础上增加事律三篇编成《九章律》。此外，董说《七
国考・魏刑法》所引用的《桓谭新书》中，有李悝《法经》的原文。秦简出土以前，
仁井田升、贝冢茂树认为因为《法经》为李悝所著这一说法在《史记》与《汉书》中
并无记载，所以应是伪书②。T. Pokora 则认为董说《七国考》中所引用的《桓谭新书》
并非引自桓谭《新论》③。守屋美都雄对 Pokora 的观点提出不同意见，认为不能完
全否定《七国考》中所引用的《桓谭新书》是从桓谭《新论》引用的可能性④。如上
所述，在秦简出土以前，围绕李悝《法经》是否存在的问题有过争论，否定其存在
的观点占多数。

另外，中田薰在程树德、沈家本等收集汉律令佚文成果的基础上⑤，认为汉代萧

---

① 附带提一下，工藤研究室的专用数据库内保存的论文有 519 篇。
② 仁井田升：《唐令拾遗》，东京大学出版会 1933 年版；贝冢茂树：《李悝法经考》，《東方学報》京
都第 4 册，1933 年 12 月；收入《貝冢茂樹著作集・第 3 卷・殷周古代史の再構成》，中央公论社
1977 年版。
③ Pokora,Timoteus, "The Canon of Laws by Li K'uei—A Double Falsification?", *Archiv*
Orientalni,27(1959).
④ 守屋美都雄：《李悝の法経に関する一問題》，《中国古代史研究 第二》，吉川弘文馆 1965 年版，
收入《中国古代の家族と国家》，东洋史研究会 1968 年版。
⑤ 程树德：《九朝律考》，中华书局 1963 年版；沈家本：《汉律摭遗》，《历代刑法考》下册，商务印书
馆 2011 年版。

何将以前的仅仅是单行法的令与律合并编纂成法典,并指出汉令根据编纂方法不同,可分为干支令("甲令"、"乙令"等)、特别令书("金布令"、"养老令"等)、挈令("廷尉挈令"、"太尉挈令"等)[①]。秦简出土以前,主要通过散见于文献史料中的汉律令佚文展开对秦汉时期律令的形态以及编纂方法的研究。

睡虎地秦简出土后,从其中的《秦律十八种》、《秦律杂抄》、《效律》中发现了李悝《法经》六篇中所不存在的律令。而且,《法律答问》中反复出现符合商鞅六律以及商鞅变法精神的秦律[②],在《为吏之道》中还引用了战国时期的魏律。因此,在日本,围绕这些法制史料在《晋书·刑法志》等所记录的法典编纂史中处于什么位置这一问题引起了议论。大庭脩认为《秦律十八种》的律均为在正法商鞅六律后增加的法令,在秦国,正法与追加法都被叫作律,不存在令。大庭还在此基础上推测指出,西汉建国后萧何编纂《九章律》时,才初次明确区分了作为正法的律与作为追加法的令[③]。堀敏一注意到秦律中有"犯令"、"不从令"等说法,指出秦国首先遵照王命制定单行法的令,之后这些法令又被编纂成法典的律,还在此基础上推测认为,萧何将在商鞅六律之后形成的法令编成事律三篇,与李悝以后的六律合起来编成《九章律》,而另一方面单行法的令也被编纂成令典[④]。宫宅洁关注到睡虎地秦简《语书》中的"田令",认为秦王的命令有时也按照事项不同而分类编纂。宫宅还注意到张家山汉简《二年律令》中有《津关令》这一点,推测汉代按照事项分类的令是沿用秦国的,而干支令与挈令则是西汉景帝、武帝以后成立的[⑤]。池田雄一收集睡虎地秦简、龙岗秦简、张家山汉简《奏谳书》中显示秦令存在的史料,指出秦国把正法和追加法都称为律,把临时制定的法规称为令,在制定作为追加法的律时,令以原文形式编入律[⑥]。冨谷至认为,秦汉时期的律是在商鞅六律《九章律》等正法的基础上增加单行法《旁章》后得到扩充和完备的,令并不是与律相

① 中田薫:《支那における律令法系の発達について》,《比較法研究》1-4,1952年;《「律令法系の発達について」補考》,《法制史研究》3,1953年1月。均收入《法制史論集 第4巻 補遺》,岩波书店1964年版。
② 季勋:《云梦睡虎地秦简概述》,《文物》1976年第5期。
③ 大庭脩:《雲夢出土竹書秦律の研究》,《関西大学文学論集》27-1,1977年;《律令法體系の変遷》,《泊園》13,1974年。均收入《秦漢法制史の研究》,創文社1982年版。
④ 堀敏一:《中国の律令制と農民支配》,《世界史認識における民族と国家》,青木书店1978年版;《晉泰始律令の成立》,《東洋文化》61,1980年。均收入《律令制と東アジア世界—私の中国史学(二)—》,汲古书院1994年版。
⑤ 宫宅洁:《漢令の起源とその編纂》,《中国史学》5,1995年。
⑥ 池田雄一:《秦代の律令について》,《(中央大学文学部)紀要》168,1997年;收入《中国古代の律令と社会》,汲古书院2008年版。

对的追加法，而是君王或皇帝的命令，未被作为令典编纂①。滋贺秀三认为，睡虎地秦简《法律答问》"使人连想到六律"，战国时期的秦国编纂了刑法典商鞅六律，并没有编纂单行法的令②。如上所述，秦简出土后，秦律条文的具体内容逐步为人所知，在日本，认为李悝《法经》以及商鞅六律确实存在的观点占了主流。其中，秦律在正法商鞅六律的基础上，通过不断增加各种各样的律文而逐步扩充、完备这一观点得到了共识。但是，关于令还存在如下不同观点：秦令不存在（大庭）；秦令是单行法或君王的命令，并没有被编纂成令典（堀、池田、冨谷、滋贺）；秦令是存在的，其中有些是作为君王的命令集编纂的（宫宅）。

另一方面，也有观点认为原本秦汉时代并未编纂律、令这样的法典。陶安认为自李悝《法经》六篇开始的法典编纂史都是虚构的，否定了秦汉时代编纂律、令为法典的这个大前提，并指出《九章律》为西汉后期到东汉初期的学者的著作，出土文字资料以及文献史料中的"田律"、"功令"等律名与令名只不过是特定的人或官厅给单个条文取定的便于称呼的名称而已③。广濑薰雄针对《晋书·刑法志》中的法典编纂史指出，萧何编纂《九章律》这样的传说自汉代起就已存在，三国时期在萧何《九章律》前增加了商鞅六律，唐代时在商鞅六律前增加了李悝的《法经》，并且还认为，萧何的《九章律》也是西汉后期至东汉初期所著的法律学者的经典。此外，广濑还指出，秦汉时期的令是君王或皇帝的命令，在传达给各官府的过程中，增加官府的名称以及干支、编号等进行保存、整理，将令中有效力的部分抽取出来编成律，法典的编纂并不是一次就完成的。广濑又指出，除律、令之外，"故事"这一皇室与官府的内部规定也具有法律效力，睡虎地秦简《法律答问》、张家山汉简《奏谳书》就是在汇集律令所适用的实例"廷尉故事"的基础上，在南郡进行整理、编纂而成的④。陶安、广濑的意见从根本上推翻有关秦律与汉律编纂方面的观点。但是，水间大辅反对广濑的观点，认为《晋书·刑法志》等中的法典编纂史是后世的创作，即使说秦律、汉律是根据君王与皇帝的命令逐条制定的，但并不能否认秦汉时期的律与令是作为法典编纂的⑤。从睡虎地秦简出土到现在，有许多法制史料出土，预计今后还会有秦律与汉律被发现和公布，因此，围绕秦汉时期是否编纂了律令这个问题，将会进一步展开议论。

① 冨谷至：《晋泰始律令への道—第一部　秦漢の律と令—》，《東方学報》京都第 72 册，2000 年。
② 滋贺秀三：《法典編纂の歴史》，《中国法制史論集—法典と刑罰—》，创文社 2003 年版。
③ 陶安：《法典編纂史再考——漢篇：再び文献史料を中心に据えて》，《東洋文化研究所紀要》140，2000 年。
④ 广濑薰雄：《秦漢律令研究》，汲古书院 2010 年版。
⑤ 水间大辅：《廣瀬薰雄著『秦漢律令研究』》，《中国出土資料研究》14，2010 年。

　　与此同时，也有研究通过比较秦律与汉律的条文来判明秦律的前后相互关系以及从秦律到汉律的继承关系。睡虎地秦简被发现公布后，江村治树将《秦律十八种·仓律》、《秦律十八种·效律》、《效律》进行比较，得出结论认为《效律》是由于管理各官府物品的需要而吸取其他律文编成的较新的律，《秦律十八种》则是将与县、都官的管理业务相关的律文汇总而成的①。此后，随着包含秦代秦律的龙岗秦简以及含有西汉初期汉律的张家山汉简的公布，不仅是秦律的发展过程，验证从秦律到汉律的继承过程也成为可能。池田雄一将睡虎地秦简《秦律十八种·田律》、《秦律十八种·厩苑律》、龙岗秦简、张家山汉简《二年律令·田律》相互比较后发现，战国时期的秦律是禁苑、公田等王室财政管理方面的规定，秦代以及西汉初期，应民田税收、户籍管理等国家运营方面的需要也制定了相应的条文②。水间大辅将睡虎地秦简、龙岗秦简、张家山汉简的条文进行比较后指出，秦律中"赀一甲"等有关罚款的条文到汉律时变化为"罚金二两"等，战国时期的秦律中称民众为"百姓"、"民"，而秦代的秦律中则统一为"黔首"，还有，秦律中称私人奴隶为"臣妾"，而在汉律中则统一为"奴婢"，西汉初期的汉律在具有去除秦国苛法的缓刑主义倾向的同时，还具有在继承秦苛法的过程中进一步强化的重刑主义倾向③。汉代继承秦国的律令是众所周知的事实，通过比较分析出土文字资料中的秦律与汉律，将会进一步明确其继承过程。

　　此外，还有从其他不同角度研究探讨秦律与汉律的成果。吉本道雅将《墨子·号令》与睡虎地秦简、张家山汉简进行比较后推测，《墨子》除《号令》诸篇都是在齐国编纂的，而《号令》则受到秦律的很大影响④。工藤元男关注到睡虎地秦简《秦律十八种·田律》中依照楚国旧历管制土木工程与山林采伐方面的条文，并且上述规定散见于《逸周书》等先秦诸文献中，据此推测出秦律是在其之前就存在的各地习惯法规的基础上形成的⑤。工藤还关注到睡虎地秦简《秦律十八种·田律》的律

①　江村治树：《雲夢睡虎地出土秦律の性格をめぐって》，《東洋史研究》40-1,1981 年；收入《春秋戦国秦漢時代出土文字資料の研究》，汲古书院 2000 年版。

②　池田雄一：《湖北雲夢睡虎地秦墓管見》，《(中央大学文学部)紀要》100,1981 年；《湖北雲夢睡虎地出土の秦律—王室の家法から国家法へ—》，《律令制—中国朝鲜の法と国家—》，汲古书院 1986 年版；《吕后『二年律令』をめぐる諸問題》。均收入《中国古代の律令と社会》。

③　水间大辅：《張家山漢簡『二年律令』刑法雑考—睡虎地秦簡出土以降の秦漢刑法研究の再検討—》，《中国出土資料研究》6,2002 年；《秦律から漢律への繼承と變革—睡虎地秦簡·龍崗秦簡·張家山漢簡の比較を中心として—》，《中国出土資料研究》10,2006 年。

④　吉本道雅：《墨子兵技巧諸篇小考》，《東洋史研究》62-2,2003 年。

⑤　工藤元男：《睡虎地秦簡よりみた戦国秦の法と習俗》，《木簡研究》10,1988 年；收入《睡虎地秦簡よりみた秦代の国家と社会》，創文社 1998 年版。

文与张家山汉简《二年律令·田律》的内容几乎完全相同,并且《二年律令·置吏律》中有规定指出县、道的官吏可通过二千石官员向皇帝申请制定律令这些情况,指出汉律在编纂过程中也有可能受到各地习惯法规、习俗的影响①。这种有关秦律与汉律对其他典籍造成的影响、以及秦律与汉律在编纂过程中所受地域习俗影响的研究,对探明当时律令编纂的真实情况也是很重要的。

综上所述,中国出土的文字资料被陆续发现与公布,其中含有大量秦律与汉律条文,因此,围绕下列问题展开了议论:(1)秦汉时期的律与令是何种形式;(2)秦律与汉律是否作为法典编纂;(3)秦律在被汉律继承的过程中,律与令发生了什么样的变化;(4)秦律与汉律的条文在编订过程中在何种程度上受到了地域习俗的影响。今后,随着秦律与汉律条文进一步的发现,相信将会出现更多方面的研究。

第二节　司法、刑罚

本节介绍有关(1)刑罚(2)犯罪及其处罚(3)刑事程序等三个问题的研究动向。

首先,关于(1)刑罚方面,在日本有着数量庞大的研究成果,在此无法逐一介绍。关于刑罚的研究动向,水间大辅已作了整理②,可参看其论文。秦汉刑罚研究中,目前议论最为集中的问题是秦及文帝十三年以前的汉朝是按照何种标准将劳役刑(城旦舂、鬼薪白粲、隶臣妾、司寇等)进行分等的,在此对有关这个问题的研究动态进行介绍。

睡虎地秦简出土以后,日本也同中国一样,围绕秦及文帝十三年以前汉朝的劳役刑是否设有刑期这一问题展开了论争③,现在无期刑说渐渐成为定论。但是,假使如无期刑说所主张的,劳役刑没有设刑期,也就是说没有按刑期将劳役刑分等级的话,则劳役刑是按照何种标准进行分等的,就成为了需要解决的问题。早

---

① 工藤元男:《中国古代の「日書」にみえる時間と占卜—田律の分析を中心として—》,《メトロポリタン史学》5,2009年。

② 水间大辅:《秦律・漢律の刑罰制度》,《中国史学》14,2004年;收入《秦漢刑法研究》,知泉书館2007年版。

③ 籾山明:《秦漢刑罰史研究の現状》,《中国史学》5,1995年;收入《中国古代訴訟制度の研究》,京都大学学术出版会2006年版。

期的无期刑说认为是按照劳役的内容或苛刻程度分等级的[①]。但是,近年有些学说主张劳役刑不一定是按照劳役内容分等级的。濑川敬也认为劳役刑是按照跟劳役一起加上的肉刑、赭衣和桎梏等身体上标志的种类与多少分等级的[②];石冈浩在指出劳役内容设有严格的轻重差别的同时,进而认为劳役刑还按照如下事项进行分等:是否被处以"收"(妻子儿女与财产的没收),是否被处以肉刑,是否允许从刑徒身份恢复到良民身份等等[③];宫宅洁认为劳役刑是按照如下对刑徒及其家属的待遇分等级的:是否允许住在"民里",是否被分发土地,是否被没收妻子儿女与财产,刑徒身份是否被其子继承等[④];鹰取祐司认为城旦舂、鬼薪白粲、隶臣妾、司寇都是爵制身份序列上的身份标识,加以这些的刑罚不应该称为劳役刑,而是以降低其身份为第一要义的制裁的身份刑。并且,劳役的内容与频度,对家属居住地的限制,刑徒身份的继承,从田宅分发对象中被排除等,刑徒所受的不利待遇按照刑徒的身份不同而不同,按照这样的差异分成从城旦舂到司寇的等级[⑤];陶安亦认为从城旦舂到司寇是一种身份,是与基于爵制的身份相连续的。并且,刑徒的劳役内容、服役形式和社会行为能力等,也根据这些身份的高低而不同。不过,他又认为从城旦舂到司寇都不是主刑,也不是附加刑,不是像"刑"与"耐"等作为衡量犯罪轻重的尺度来使用的,而只不过是附带跟刑与耐一起加上的[⑥]。但是,从早期的秦律中看到了如下倾向:对一部分犯罪,根据隶臣妾与司寇之间的身份上的差异,对耐罪个别设定轻重差异[⑦]。

其次,关于(2)在秦律中将怎样的行为定为犯罪,而这些犯罪的处罚又是如何

① 冨谷至:《漢代の労役刑—刑期と刑役—》,《中国貴族制社会の研究》,京都大学人文科学研究所1987年版,收入《秦漢刑罰制度の研究》同朋舎1998年版;堀敏一:《雲夢秦簡にみえる奴隷身分》,《中国古代の身分制—良と賤—》汲古書院1987年版;滋賀秀三:《前漢文帝の刑制改革をめぐって—漢書刑法志脱文の疑い—》,《東方学》79,1990年,收入《中国法制史論集—法典と刑罰—》,創文社2003年版;籾山明:《秦漢刑罰史研究の現状—刑期をめぐる論争を中心に—》,《中国史学》5,1995年。

② 瀬川敬也:《秦代刑罰の再検討—いわゆる「労役刑」を中心に—》,《鷹陵史学》24,1998年;《秦漢時代の身體刑と労役刑—文帝刑制改革をはさんで—》,《中国出土資料研究》7,2003年。

③ 石冈浩:《収制度の廃止にみる前漢文帝刑法改革の発端—爵制の混乱から刑罰の破綻へ—》,《歴史学研究》805,2005年;《秦の城旦舂刑の特殊性—前漢文帝刑法改革のもう一つの発端—》,《東洋学報》88-2,2006年。

④ 宫宅洁:《労役刑體系の構造と変遷》,《東方学報》京都第78冊,2006年;收入《中国古代刑制史の研究》,京都大学学术出版会2011年版。

⑤ 鷹取祐司:《秦漢時代の刑罰と爵制的身分序列》,《立命館史学》608,2008年;《秦漢時代の司寇・隸臣妾・鬼薪白粲・城旦舂》,《中国史学》19,2009年。

⑥ 陶安:《刑罰と身分》,《秦漢刑罰體系の研究》,創文社2009年版。

⑦ 陶安:《刑罰體系の細分化》,《秦漢刑罰體系の研究》,創文社2009年版。

规定的呢？因为以往无法得知秦律的具体内容，所以关于此问题几乎没进行过研究，由于睡虎地秦简的出土，对这个问题的正式研究才成为可能。水间大辅将张家山汉简《奏谳书》及《二年律令》也作为讨论的史料，对此问题进行了综合性研究。他探讨了在秦律与汉律中，对杀人、伤害和盗窃等各种犯罪是如何处理的，以及对未遂、预备、阴谋、共犯、事后共犯和连坐等各种犯罪的共通问题是如何处理的。研究结果表明，秦律、汉律在处罚犯罪上有比后世唐律更重的倾向，对所谓的"一般预防"（用法律条文中对犯罪制定的刑罚，或实际对犯罪者执行刑罚，来警告一般社会上的民众使其不犯罪，以预防犯罪发生）有着过度重视的倾向[①]。除此以外还有各种各样的研究，关于这些研究在水间大辅的著书中都有介绍，请参看。

其次，(3)关于在秦从犯罪搜查到判决的刑事程序是如何进行的问题，还是由于睡虎地秦简的出土才得以进行正式的研究。首先，籾山明在1985年发表了一篇题为《秦の裁判制度の復元》的论文，通过对睡虎地秦简中出现的审判相关用语进行了整理、考证，对复原秦县的刑事程序进行了尝试[②]。其后，《奏谳书》《二年律令》公布之后，他又参照张家山汉简及其有关研究修改了旧稿，探讨了秦、汉初的刑事诉讼是根据怎样的原理、按照怎样的程序来进行的。据他的研究，县的刑事程序如下：县廷受理告发，掌握了犯罪的发生，即逮捕、羁押嫌疑犯，然后进行讯问。讯问以如下为最理想：不依靠拷问，通过录取供述与诘问使嫌疑犯自己承认罪状，以求真实。然后，将指示查询嫌疑犯的姓名、身份和经历以及扣押其资产、家属的文件，寄到嫌疑犯籍贯所在的县或乡。对查询结束后的嫌疑犯，通过讯问定其罪状，然后就按照其罪状定以相应的刑罚。当审判结束时，如嫌疑犯对判决有异议，则允许请求再审[③]。

籾山进而对秦汉诉讼制度进行综合性探讨，大致作出如下结论：在当时的刑事诉讼制度中，县狱吏进行审理时，如不能判断法律的解释或是否适用时，则上谳给二千石的官来审议，最终请求中央廷尉来判决。如此，司法实务中出现的各种各样问题，跟审判的过程与结果一起都被积累在廷尉处。而不知什么时候这些被整理编纂成册，为了提供给狱吏用于实务参考而向全国颁布。我们可以认为睡虎地秦简《法律答问》与张家山汉简《奏谳书》等就是如此而来的文本。如上所述，狱吏的各个司法实务经验被集中到中央经过整理，再被发放到地方，这正是中国

---

① 水间大辅：《秦漢刑法研究》，知泉书馆2007年版。

② 籾山明：《秦の裁判制度の復元》，《戦国時代出土文物の研究》，京都大学人文科学研究所1985年版。

③ 籾山明：《秦漢時代の訴訟制度》，《中国古代訴訟制度の研究》，京都大学学术出版会2006年版。

广阔的领域能够得以统治的条件之一①。

籾山的旧稿《秦の裁判制度の復元》可以说成为为日本秦汉刑事程序制度研究之起点。《奏谳书》、《二年律令》公布后，很多研究者对他的学说进行再讨论，或自行针对刑事程序的内容、与程序有关的文件格式等问题进行研究②。尤其，宫宅洁以《奏谳书》为史料，再论以睡虎地秦简等为史料的刑事程序制度研究，认为县的刑事程序是按如下顺序进行的：县为具有判决权的最基层的机关，但只是在听取嫌疑犯的供述这一点上，有时在乡、亭也进行。当嫌疑犯在该县的辖区之外时，要发出召唤状，将嫌疑犯本人送至主持该审判的县。审判从听取供述开始，经过诘问来确定事实关系。然后总括已明确的事实关系，整理量刑所需要的材料。在此基础上，确认应处罚者的身份及应处罚的行为的内容，选择适用的律令条文。他还指出长吏具有作判决的权限，但从听取供述到诘问都是小吏办理的，小吏在审判中起着主导作用③。

第三节　官制

在传世文献中有为数不少的关于秦的官制的记载。在秦简出土以前，都是据《汉书·百官公卿表》的记述来对其性质和职掌等进行理解的。随着睡虎地秦简的出土，传世文献中未见的内容得以揭示，有关当中记载的几种官职，在日本也开始展开研究。其中特别值得注意的是，争论热烈的"内史"、"大内"、"少内"、"都官"和"啬夫"。

据《汉书·百官公卿表上》的记载，"内史"是掌治京师的官。基于这一解释，西嶋定生论及了其与汉代治粟内史的关系，推测秦的内史是被汉代的治粟内史所

---

① 籾山明：《司法経験の再分配》，《中国古代訴訟制度の研究》，京都大学学术出版会 2006 年版。

② 池田雄一：《漢代の讞制——江陵張家山『奏讞書』の出土によせて》，《(中央大学文学部)紀要》159，1995 年；《『奏讞書』の構成》，《堀敏一先生古稀記念　中国古代の国家と民衆》，汲古书院 1995 年版；《戦国秦の獄簿》，《東方学会創立五十周年紀念東方學論集》，1997 年。均收入《中国古代の律令と社会》，汲古书院 2008 年版。饭岛和俊：《「解」字義覚え書き—江陵張家山『奏讞書』所出の「解」字の解釈をめぐって—》，《奏讞書—中国古代の裁判記録—》，刀水书房 2002 年版；《「鞠…審」の構圖(奏讞書研究)—『封診式』『奏讞書』による再構筑—》，《アジア史における社会と国家》，中央大学出版部 2005 年版。鷹取祐司：《二年律令九三簡「診報辟故弗窮審」條についての一考察》，《江陵張家山二四七號墓出土漢律令の研究〔論考篇〕》，朋友书店 2006 年版。

③ 宫宅洁：《秦漢時代の裁判制度—張家山漢簡〈奏讞書〉より見た—》，《史林》81-2，1998 年。

沿袭了的①。之后，随着睡虎地秦简的出土，弄清了内史不仅仅掌治京师，还掌管财政。于是开始对内史与治粟内史的关系、周的内史到秦汉的内史的变迁过程等展开重新的讨论。在这个问题上着先鞭的是工藤元男②。关于其职掌，工藤认为秦的内史超越了关中范围，是对秦的整个县仓的簿籍、公器进行管辖的，在其统属下配置太仓和大内，通过这些对县及都官的粮草、财货进行管理。进而对其与治粟内史的关系，进行了如下的分析，即在六国统一后的官制改革时，大内和太仓从内史中分离开来，以大内与太仓为基干，构成了治粟内史，另一方面这时内史成为了掌治京师的官，而汉代则是继承了这样的内史和治粟内史。对于工藤的这一论说，江村治树认为，从出土秦律难以明确工藤所说的内史与大内、太仓的关系，认同大内、太仓属于治粟内史，但认为它们不一定是属于内史的官，出土秦律里的内史应该还是掌治京师的内史③。就这些议论，藤田胜久依照江村的论说，认为秦律中所见的内史应还是掌治京师的内史，关于其职掌应是以财务为首，并通过其他的规定，对县进行统括的行政机构。藤田还通过对 1979 年出土的青川木牍记载的分析，指出在武王二年时丞相——内史这样一个文官系统已经设立，秦的内史是在秦始皇以前就设立了的④。张家山汉简公布以后，森谷一树结合了《二年律令》中所见"内史"的用例，对以往这些意见进行了再探讨。森谷就《秦律十八种·仓律》简 95 中"入禾稼、刍稿，辄为簿籍，上内史。刍稾各万石一积，咸阳二万一积。其出入、增积及效如禾"的记载，以及《二年律令·田律》简 256 中"官各以二尺牒疏书一岁马、牛它物用稾数，余见刍稾数，上内史，恒会八月望"的记载，指出汉初内史的职掌和睡虎地秦简中所见的职掌有着相同之处，从而对工藤的论说进行了部分补充⑤。

在进行如上述的对内史探讨的同时，大内、少内等官职也引起关注。秦简出土以前，有大庭脩、山田胜芳的论说，推测大内是属于少府的⑥，少内是主管整个少

① 西嶋定生：《秦漢帝国》，讲谈社 1974 年版。

② 工藤元男：《秦の内史—主として睡虎地秦墓竹簡による—》，《史學雜志》90-3,1981 年；收入《睡虎地秦簡よりみた秦代の国家と社会》，创文社 1998 年。

③ 江村治树：《雲夢睡虎地出土秦律の性格をめぐって》，《東洋史研究》40-1,1981 年；收入《春秋戦国秦漢時代出土文字資料の研究》，汲古書院 2000 年版。

④ 藤田胜久：《中国古代の関中開発—戦国秦の郡県制形成—》，《佐藤博士退官記念 中国水利史論叢》，国书刊行会 1984 年版；收入《中国古代国家と郡県社会》，汲古書院 2005 年版。

⑤ 森谷一树：《〈二年律令〉に見える内史について》，《江陵張家山二四七號墓出土漢律令の研究〔論考篇〕》，朋友书店 2006 年版。

⑥ 山田胜芳：《漢代財政制度に関する一考察》，《北海道教育大学紀要（第 1 部 B 社会科学編）》23-1,1972 年。

府收入的官①。秦简出土以后,又开始对大内、少内的性质及其与汉代大内、少内性质的关系重新加以讨论。工藤元男在对这个问题进行探讨的同时,还对相对于掌握国家财政的治粟内史而言,掌握帝室财政的少府是如何形成的问题作有深入研究②。这是秦简出土以后,首次对少府设立这个问题本身进行探讨的尝试。工藤批评山田将大内、少内看作是属于少府的御府而大内是储藏赋敛收入的观点,认为大内和太仓同样都在内史的统属之下,专门掌管粮草和财货。另外,还指出少内是在大内的监督下,被安置在县及都官,掌管地方行政机构公款的财库官,其中特别是安置在县的少内被称作府中。少府是战国秦的内史重组以后,与治粟内史一同形成的。对于以上的批评,山田作有反驳③。对于工藤不称县以外的少内为府中这一观点,举出《秦律十八种·内史杂》中可见"藏府"、"书府"等字样为证,认为各官厅的少内也被称为"少府"、"府",而且不能判定各官厅的少内受到中央的大内的直接监督。此外,更正了以往大内属于少府的观点,认为大内是在内史的统管之下,对咸阳及邻县的都官储藏的衣物、铜铁、钱布进行统管,是储藏各县富余物资的中央财库。佐原康夫、越智重明基本上按照工藤的观点,论述秦的府库和财政制度④。特别是佐原将"大内"解释为在咸阳管理官有器物和官方发放衣物的财库,而少内则是县级的钱款收支负责人。另外,里耶秦简中也可见"少内",故里耶秦简讲读会将其解释为"与郡县的钱款收支相关的部门"⑤。

关于都官的解释,存在着应将其视为中央的官还是地方官的分歧。睡虎地秦简公布后不久,大庭脩就将其解释为与汉代的"中都官"同义,是直属朝廷的机构⑥。江村治树认为都官是属于县的官,是指中央京师的诸官府,同时也指其驻在地方的机构⑦。工藤元男则认为,都官是为使其统治达到"都",而由秦国政府设置的官府,在秦代是几乎与县同级的地方行政机关。在汉代都官则变成指王国的中央官府,都的意思被限定在京师,这样一来,汉代的中央官府也开始被称作都官,

① 大庭脩:《漢の嗇夫》,《東洋史研究》14-1、2,1955 年;收入《秦漢法制史の研究》,创文社 1982年版。

② 工藤元男:《睡虎地秦墓竹簡に見える大内と少府—秦の少府の成立をめぐって—》,《史観》105,1981 年;收入《睡虎地秦簡よりみた秦代の国家と社会》,创文社 1998 年。

③ 山田胜芳:《秦漢時代の大内と少内》,《集刊東洋学》57,1987 年。

④ 佐原康夫:《戦国時代の府・庫について》,《東洋史研究》43-1,1984 年;收入《漢代都市機構の研究》,汲古書院 2002 年版;越智重明:《秦の国家財政制度》,《九州大学東洋史論集》15,1986年。

⑤ 里耶秦简讲读会:《里耶秦簡譯註》,《中国出土資料研究》8,2004 年。

⑥ 大庭脩:《雲夢出土竹書秦律の研究》,《関西大学文学論集》27-1,1977 年。

⑦ 江村治树:《雲夢睡虎地出土秦律の性格をめぐって》,《東洋史研究》40-1,1981 年;收入《春秋戦国秦漢時代出土文字資料の研究》,汲古書院 2000 年版。

333

因此为了与王国的都官相区别，开始称其为中都官①。近年来，高村武幸对《二年律令》以及尹湾汉简等资料中的"都官"进行了研究，对秦到汉都官的连续性做了探讨②。关于西汉的都官，高村认为位于京师的中央官府和位于地方的中央官府的驻外机构都称为都官，秦代的都官与汉代的都官基本上没有什么差别，从与汉代的连续性这一角度来考虑，也是持位于京师的中央官府与位于地方的中央官府的驻外机构都称为都官这一立场。这可以说是对江村观点的发展性继承。关于位于地方的都官，进而发表了如下见解，即其多数是在大司农、少府的统属之下，而汉初的都官大多数是在少府的统属之下。

关于啬夫，在秦简出土以前，主要以《汉书·百官公卿表上》中对啬夫的记述进行解释。鎌田重雄认为啬夫是管理一个乡的人，并掌管力役、赋役、狱讼③。大庭脩除了传世文献以外，还对敦煌汉简、居延汉简中所见的啬夫分别进行了探讨，特别是对其统属系统，提出了大致为令——丞——啬夫这样一种构成的观点④。但是，只要是根据传世文献和汉简，还是只限于汉的啬夫，且对其性质的解释也只停留于"小吏"。睡虎地秦简出土以后，率先运用秦律对啬夫进行研究的是堀毅。堀将秦简中所见的"啬夫"进行了体系化，对其职掌、统属系统、秩禄等进行了探讨。通过探讨指出秦代的乡官中不存在啬夫，秦的啬夫有广义和狭义两种，但原本是表示县的官的啬夫⑤。之后，重近启树又从围绕乡里制的问题论及啬夫⑥，相对于堀毅"秦代的乡官中不存在啬夫"这一论说，重近则站在高敏秦代已经存在乡啬夫的观点上⑦，根据睡虎地秦简《效律》的记述，指出了县、乡、里的统治机构。此外，工藤元男、饭尾秀幸对秦简中的县啬夫、大啬夫进行了探讨，认为在战国秦县的行政中，县啬夫、大啬夫实际上是尽了县令的职责⑧。

---

① 工藤元男：《戦国秦の都官—主として睡虎地秦墓竹簡による—》，《東方学》63,1982 年；收入《睡虎地秦簡よりみた秦代の国家と社会》，創文社 1998 年。

② 高村武幸：《秦漢時代の都官》，《東洋学報》87-2,2005 年；收入《漢代の地方官吏と地域社会》，汲古書院 2008 年版。

③ 鎌田重雄：《郷官》，《史潮》7-1,1937 年；收入《秦漢政治制度の研究》日本学术振興会 1962 年版。

④ 大庭脩：《漢の啬夫》，《東洋史研究》14-1、2,1955 年；收入《秦漢法制史の研究》，創文社 1982 年版。

⑤ 堀毅：《秦漢時代の啬夫について》，《史滴》2,1981 年。

⑥ 重近启树：《秦漢の郷里制をめぐる諸問題》，《歴史評論》403-11,1983 年。

⑦ 高敏：《论〈秦律〉中的"啬夫"一官》，《社会科学战线》1979-1；收入《云梦秦简初探》，河南人民出版社 1979 年版。

⑧ 工藤元男：《雲夢睡虎地秦墓竹簡に見える県・道啬夫と大啬夫について》，《中国禮法と日本律令制》，东方书店 1992 年版，收入《睡虎地秦簡よりみた秦代の国家と社会》，創文社 1998 年；饭尾秀幸：《中国古代国家における在地支配機構成立の一側面—睡虎地秦簡の啬夫をめぐって—》，东方书店 1992 年。

随着睡虎地秦简的出土，秦的乡、里、亭的官制机构的情况也趋明朗。这些机构依据《汉书·百官公卿表》，原被看作同于汉代的机构，于此有宫崎市定、日比野丈夫等的讨论[1]。但是根据睡虎地秦简，将秦代的乡、里、亭等组织和汉代的相比，发现在名称、实际状况上都有很大的不同。堀毅整理睡虎地秦简《效律》中的县、乡、里的相互关系，指出作为直属县的各种官的吏——"佐"的存在，还指出其与乡啬夫之间没有统属关系，由这个"佐"来负责乡里多数的实际工作[2]。另外，堀敏一论及关于睡虎地秦简里的"亭"的各种问题[3]。他从睡虎地秦简《秦律杂抄》简366–367所载"求盗勿令送逆为它，令送逆为它事者，赀二甲"，推断出秦简中的"亭"也有迎送旅客的职责，而又从睡虎地秦简《效律》简320–321中所载的"其他冗吏、令史掾计者，及都仓、库、田、亭啬夫坐其离官属于乡者，如令、丞"，推断出将亭的官吏称为"离官"这一点。

第四节　地方行政制度与文书行政

在秦简出土以前的地方行政制度研究方面，严耕望等认为是以县的上级机关郡为核心实行地方行政的[4]。此外，围绕乡、亭、里的关系，日比野丈夫认为亭为行政机构，宫崎市定等则认为村落为行政机构，对此展开了争论[5]。

睡虎地秦简出土后，人们普遍认为秦汉时期的县为地方行政中心，郡与县的关系被重新认识。重近启树认为，秦代与西汉初期，县拥有征兵、调兵、编制军队的权限，而郡虽对属县持有检查权与军队指挥权，但只不过是中央政府的地方机

[1] 宫崎市定：《読史箚記》，《宫崎市定全集 17 中国文明》，岩波书店 1993 年版，原载《史林》21–1,1936 年等。日比野丈夫：《郷里亭についての研究》。
[2] 堀毅《秦漢時代の啬夫について—『漢書』「百官表」と雲夢秦簡による一考察—》，《史滴》2，1981 年。
[3] 堀敏一：《中国古代の亭をめぐる諸問題》。
[4] 严耕望：《中国地方行政制度史 上篇 秦汉地方行政制度（初版）》，台北"中研院"历史语言研究所 1963 年版。
[5] 宫崎市定：《読史箚記》，《宫崎市定全集 17 中国文明》，岩波书店 1993 年版，原载《史林》21–1，1936 年等；日比野丈夫：《郷里亭についての研究》，《東洋史研究》14–1、2,1955 年；收入《中国歴史地理研究》，同朋舍 1977 年版。

335

关①。大栉敦弘则认为,秦汉时期,谷物等物资是以县为单位运送的②。

此外,古贺登通过睡虎地秦简再次确认,亭是行政机构,且统属于乡③。基于这一观点,重近启树认为乡以里为单位统管民众,以亭为单位控制土地④。佐竹靖彦探讨青川木牍《田律》后认为亭管理阡道、陌道⑤。堀敏一的观点与此不同,认为乡与亭均承担在从属于县的地方机关维持治安的任务,两者之间不存在统属关系⑥。

工藤元男对战国秦的统治体制作有以下探讨。秦国通过在"都"(由都邑与一些离邑组成的行政机构)设置与县廷几乎同级的地方行政机构,将宗室贵戚的势力据点旧邑纳入郡县制的同时,管理由军功褒赏制而产生的封邑。此外,秦国为了将地方势力较大的县啬夫纳入管辖范围,中央政府派遣令、丞与县啬夫共同管理县邑。由拥有大仓、大内这样属官的中央官员内史来管理秦国所有的县、都官的粮草与公器。还有,秦国为了将已被征服的异族纳入本国编制,在其居住地设置由一些"道"组成的臣邦(属邦),在这些"道"内设置与县廷几乎同级的行政机构道官。战国秦就这样逐步将占领地与异族统辖在了其中央集权体制下⑦。

围绕郡县制的形成过程与战国秦的领域形成这些问题,藤田胜久认为内史是统管战国秦直辖的京师地区的县的行政机构,并且,在京师地区,最初中尉等军政机构在内史、县等民政机构之上,随着民政机构的逐步完备,形成了类似于郡县制的"内史——县"。藤田还认为,秦国在本国领域形成的过程中,把在毗邻别国的前线处设置的县纳入自己的领域内,并取而代之在前线设置关卡⑧。

此外,还有研究认为睡虎地秦简中出现的乡、里、邑等是"共同体"。太田幸男认为秦国在商鞅变法之前由"共同体"来管理仓,之后国家管理仓以及国家与"共同体"共同管理仓这两种状态并存⑨。饭尾秀幸指出,里典等首长层以及啬夫,是"共同体"内部各种关系的基础,其成员形成阶级关系,这些关系发生矛盾时,为

① 重近启树:《兵制の研究—地方常備軍制を中心に—》,《人文論集(静岡大学人文学部社会学科·人文学科研究報告)》36,1986 年;收入《秦漢税役體系の研究》,汲古書院 1999 年版。
② 大栉敦弘:《秦漢国家の陸運組織に関する一考察—居延漢簡の事例の検討から—》,《東洋文化》68,1988 年。
③ 古贺登:《漢長安城と阡陌·県郷亭里制度》,雄山閣 1980 年版。
④ 重近启树:《秦漢の郷里制をめぐる諸問題》,《歴史評論》403—11,1983 年。
⑤ 佐竹靖彦:《県郷亭里制度考証》,《(東京都立大学)人文学報》199,1988 年;收入《中国古代の田制と邑制》,岩波書店 2006 年版。
⑥ 堀敏一:《中国古代の亭をめぐる諸問題》,《布目潮渢博士古稀紀念論集 東アジアの法と社会》,汲古書院 1990 年版;收入《中国古代の家と集落》,汲古書院 1996 年版。
⑦ 工藤元男:《睡虎地秦簡よりみた秦代の国家と社会》,創文社 1998 年版。
⑧ 藤田胜久:《中国古代国家と郡県社会》,汲古書院 2005 年版。
⑨ 太田幸男:《中国古代国家形成史論》,汲古書院 2007 年版。

了维持"共同体"内部的各种关系,有别于这些阶级关系的、作为第三权利的国家成立,啬夫被纳入监督"共同体"的县这一机构内①。

其后,由于张家山汉简的公布以及里耶秦简、岳麓书院藏秦简的部分公布,睡虎地秦简作为这些简牍的比较对象而重新受到关注。土口史记认为,郡统辖县这一制度,是秦在战国中期迅速扩大疆域时为提高地方行政的效率而建立起来的②。此外,土口关于战国末期—秦代的县作了如下阐述:在当时的县,与以官啬夫为长官的部门的"官"相比,县令所统领的县廷在人事权及文书传达方面具有绝对的优势地位。通过县廷与"官"的这种关系,确保了作为行政机关的县的一体性③。饭尾秀幸论证得出以下结论,即位于里门与邑门内侧的村落,其外侧是田地,在这些村落中存在着源于"共同体"的习俗。国家把这些习俗纳入了自己的法律体系④。高村武幸认为,秦代与西汉初期的乡是统属于县的行政机构,不存在"共同体"⑤。水间大辅则认为,秦汉时期的亭是直属于县的机关,相当于现代的警亭、派出所、门卫等,而且在远离县廷的地方设置亭,发挥现代的警察局、法院的职能。水间还指出,秦汉时期,直属于县的乡与亭同样承担维护治安的任务,但两者之间没有统属关系,而是相互补充各自的维持治安的机能⑥。

在秦简出土以前的文书行政研究方面,大庭脩、永田英正利用居延汉简与《史记·三王世家》,以西汉为主要研究对象,复原了册书,释明了文书的特点,解释了与文书行政相关的术语⑦。睡虎地秦简出土后,籾山明对爰书是在裁判过程中使用的自我辩白或证明书这一陈槃的观点重新进行了探讨⑧,认为爰书是官吏制作的

---

① 饭尾秀幸:《古代における国家と共同體》,《歷史学研究》547,1985 年;《中国古代国家における在地支配機構成立の一側面—睡虎地秦簡の嗇夫をめぐって—》,《中国禮法と日本律令制》,东方书店 1992 年版。

② 土口史记:《先秦期における「郡」の形成とその契機》,《古代文化》61-4,2010 年;收入《先秦時代の領域支配》,京都大学学术出版会 2011 年版。

③ 土口史记:《戦国・秦代の県—県廷と「官」の関係をめぐる一考察—》,《史林》95-1,2012 年。

④ 饭尾秀幸:《秦・前漢初期における里の内と外—牢獄成立前史—》,《中国前近代史論集》,汲古书院 2007 年版。

⑤ 高村武幸:《秦・漢初の郷—湖南里耶秦簡から—》,《漢代の地方官吏と地域社会》,汲古书院 2008 年版。

⑥ 水间大辅:《秦・漢の亭吏及び他官との関係》,《中国出土資料研究》13,2009 年;《秦・漢における亭の治安維持機能》,《史滴》31,2009 年。

⑦ 大庭脩:《秦漢法制史の研究》,创文社 1982 年版;永田英正:《居延漢簡の研究》,同朋舍 1989 年版。

⑧ 陈槃:《汉晋遗简偶述》,《"中央研究院"历史语言研究所集刊》16,1948 年;收入《汉晋遗简识小七种》,台北"中研院"历史语言研究所 1975 年版。

公用文书，并不只是在裁判程序中使用①。张家山汉简公布后，冨谷至将秦简、汉简中的各种文书分成类似于现代书籍的"书籍简"和类似于现代文件夹的"账簿简"，并认为睡虎地秦简《封诊式》属于后者②。如上所述，由于睡虎地秦简的出土，可将其与居延汉简进行比较，这就给文书行政研究带来了新的可能性。永田英正指出，有关秦代文书行政方面的史料还很匮乏，因此现阶段这方面的研究只能围绕居延汉简等进行③。

然而，最近，含有秦代行政文书的里耶秦简部分公开后，就可以将秦简与汉简进行充分的比较研究。鹰取祐司认为，秦简与汉简中的"敢告"是在发信人与收信人地位相同时、"告"是两者身份差异较小时、而"谓"是两者身份差别较大时使用④。围绕秦简与汉简中"发"这个问题，藤田胜久将其解释为负责实施文书中的指令⑤，而高村武幸的观点与此不同，将其解释为打开文书，并指出，里耶秦简等中的"署○发"是指定文书开封者的一种表达方式⑥。此外，随着里耶秦简的公开，关于秦汉代文书传送方式的研究得到了进展。纪安诺分析了利用邮进行文书传送的情况，验证得出了这样一个结论，即长距离的文书传送，采用数名脚夫以邮为中转站的接力方式，而近距离传送，则由一名脚夫传送到目的地⑦。陈伟认为，秦——汉初文书传送的基本方式为(1)以邮行书，通过有限线路上密集的邮站设置，以短距离快速接力的方式，达到高效率的文书传递；(2)以次传书，是在更大范围内，利用县道网络，以较长距离(通常是相邻二县间距离)较慢速度(相对于以邮行书而言)接力的方式，达到灵活、广泛的文书传递⑧。鹰取对这一观点论述如下：秦汉时，在连接郡的干线道路上，(1)经由邮的传送方式与(2)经由县的传送方式同时进行，在干线道路以外的场所则采取了(3)经由亭的传送方式，这三种方式是当时文书

① 籾山明：《爰書新探—古文書学と法制史—》，《東洋史研究》51-3,1992 年；收入《中国古代訴訟制度の研究》，京都大学学术出版会 2006 年。

② 冨谷至：《二一世紀の秦漢史研究—簡牘資料—》，《岩波講座世界歴史 3　中華の形成と東方世界》，岩波书店 1998 年版。

③ 永田英正：《文書行政》，《殷周秦漢時代史の基本問題》，汲古书院 2001 年版。

④ 鹰取祐司：《秦漢時代公文書の下達形態》，《立命館東洋史学》31,2008 年。

⑤ 藤田勝久：《里耶秦简の文書形態と情報処理》，《愛媛大学法文学部論集(人文学科編)》21,2006 年；收入《中国古代国家と社会システム—長江流域出土資料の研究—》，汲古书院 2009 年版。

⑥ 高村武幸：《「発く」と「発る」—簡牘の文書送付に関わる語句の理解と関連して—》，《古代文化》60-4,2009 年。

⑦ 纪安诺：《「郵」制考—秦漢時代を中心に—》，《東洋史研究》63-2,2004 年。

⑧ 陈伟：《秦と漢初の文書伝達システム》。

传送的基本方式 ①。藤田认为,秦代的文书传送有两种方式:(1)密封文书是在郡与县之间直接依次传送,(2)已开封的文书是在郡与县之间以接力形式传送 ②。

关于里耶秦简册书与木牍中所记录文书的特点也有所研究。吕静认为,木牍中有关于一个事件的一份文书的记录,还有关于同一事件的几份文书的记录。前者为已处理完毕的行政文书的留底,后者兼有行政文书的留底与作为参考资料的档案文书这两种功能 ③。藤田认为里耶秦简中的册书为文书的原件,而木牍则为文书内容的复写,并附有收信与发信的记录 ④。畑田野吉则认为,里耶秦简的邮书记录分为(1)由迁陵县发往县外的文书记录和(2)在迁陵县内中转的文书的记录,这种文书传送体制与汉代西北地区的文书传送体制相同。此外,他还指出里耶秦简中,由迁陵县发出的文书三分之一是发往洞庭郡(迁陵县所辖的郡)的 ⑤。

最近,藤田胜久欲从地方行政制度和文书行政这两方面探明秦汉时期“社会体制”(统一国家与地域社会的关系)的构造。藤田认为,出土文字资料中含有文书的原本与副本、还有收发信的记录与书籍等,根据其用途与保存时间长短的不同,出土地点与书写材料亦有不同。在这些文书所记录的信息当中,官府的公务信息由县用壁书等形式公示或由使者口头念诵的方式传达,而私人信息则是用书籍的方式由所属官吏往来于关卡、客栈来传送的。秦王朝时期,基于这种“信息传达体制”,通过以县级社会为生活基本单位的郡县制,将具有不同习俗的地域纳入其统治之下。秦王朝的这种“社会体制”被汉王朝继承了下来 ⑥。此外,藤田对楚汉战争的文书传送、情报传达论述如下:继承了秦制的刘汉,建立了主要利用以秦的郡县机构为基础的文书传送方式。与此不同,复兴了战国楚体制的项羽则主要利用了使者与书信方式来进行情报传送 ⑦。

综上所述,随着睡虎地秦简的出土,有关地方行政制度的情况不断得到明确,为文书行政研究提供了新的可能性。在张家山汉简、里耶秦简等资料公布后,睡

---

① 鷹取祐司:《秦漢時代の文書伝送方式—以郵行・以県次伝・–以亭行—》,《立命館文学》619,2010 年。

② 藤田胜久:《里耶秦簡にみえる秦代郡県の文書伝達》,《愛媛大学法文学部論集(人文学科編)》34,2013 年。

③ 吕静:《秦代における行政文書の管理に関する考察—里耶秦牘の性格をめぐって—》,《東洋文化研究所紀要》158,2010 年。

④ 藤田胜久:《里耶秦簡にみえる秦代郡県の文書伝達》,《愛媛大学法文学部論集(人文学科編)》34,2013 年。

⑤ 畑野吉則:《里耶秦簡の郵書記録と文書伝達》,《資料学の方法を探る》12, 2013 年。

⑥ 藤田胜久:《中国古代国家と社会システム》,汲古書院 2009 年版。

⑦ 藤田胜久:《中国古代の情報伝達と戦略—項羽の事績をめぐって—》,《日本史における情報伝達》,創风社出版 2012 年版。

339

虎地秦简作为比较对象再次受到瞩目。里耶秦简的部分刊布使文书行政研究获得了飞跃发展,最近有研究欲从地方行政制度与文书行政两方面来说明更大范围的问题。今后,随着新的秦简、汉简的出土与公布,这些方面的研究将更加活跃,秦汉时期的社会情况也会更加明晰。

第五节　家庭制度

日本的家庭制度研究,是在 20 世纪 30 年代后关于单婚家庭制与大家庭制(内部存在多个单婚家庭的家族)的讨论基础上展开的。牧野巽认为汉代典型的家族形式为平均四五人的单婚家庭[①],而宇都宫清吉与守屋美都雄则主张大家庭制这个观点,不赞成单婚家庭制的观点[②]。此后,守屋改变自己的看法,开始支持单婚家庭制这一说法[③]。因此,单婚家庭制这一观点基本成为定论。睡虎地秦简刊布后,可以确定在战国秦的出土文字资料中已出现了曾受关注的"家"、"户"、"同居"等词语。这为研究战国秦家族制度提供了可能性,也在重新研究汉代家族制度方面受到关注。

佐竹靖彦认为"室"是连坐所涉及的"族"(父母、妻子儿女、同产)的范围,"户"是户籍上的单位,"同居"是属于同一户籍上的人,并且"户"包含于"室"中,与"家"一致。佐竹据此推测认为,商鞅变法的目的是促使以"户"为"一户一壮丁"这样的单家族的产生,连结"户"与国家的中介就是"室"。在"室"内,通过设立家父长权来连结"户",以期让其在维持当地秩序方面能发挥作用。然而,实际上"户"作为家庭单位逐渐成熟后,"室"所应有的机能就被"户"所取代,因而失去了意义。而从国家的角度看,建立户赋制度后,严格地将"户"限定为"一户一壮丁"已没有意义,结果,父亲与嫡长子同住一处就成为普遍的现象[④]。

太田幸男认为"室"是房屋,"室人"是居住在一套房子里的人,"户"包括有

① 牧野巽:《漢代における家族の大きさ》,《漢学会雑志》3-1,1935 年;《漢代の家族形態》,《東亞学》4、5,1942 年。均收入《中国家族研究 上(牧野巽著作集第 1 巻)》,お茶の水书房 1979 年版。

② 宇都宫清吉:《漢代における家と豪族》,《史林》24-1,1939 年,收入《漢代社会経済史研究》,弘文堂 1955 年版;守屋美都雄:《漢代家族の型体に関する試論》,《史學雜志》52-6,1941 年。

③ 守屋美都雄:《漢代の家族形態に関する考察》,《ハーバード·燕京·同志社東方文化講座第 2 輯》,ハーバード·燕京·同志社东方文化讲座委员会 1956 年版;收入《中国古代の家族と国家》。

④ 佐竹靖彦:《秦国の家族と商鞅の分異令》。

一名正丁、妻子、女儿、未成年男子和成为"免老"的祖父母，是为了征收徭役与户赋所编成的单位。"同居"是指子即使成人构成"户"后，仍与父母同住一处的人。从以上战国秦的家族制度可以看出，商鞅变法将一"室""分异"为有一名正丁存在，是为了防止其逃脱征兵与"赋"，在此阶段，"户"的成员是"室人"。到了睡虎地秦简的阶段，太田则推测认为，形成"户"的儿子在"室"内"同居"，因此"户"与"室人"变得不一致，出现了各种各样的居住形态[①]。

松崎つね子认为《法律答问》中的父、妻、子等词语均指单亲家庭成员，因此单婚家庭最为普遍；又据《封诊式·封守》推测说，有不少士伍这样的无爵者也拥有奴婢。松崎还指出，"同居""仅仅是共同居住于一处"[②]，奴隶也同住在一起，而"室人"则是指"同居"中除去奴隶的那部分人，即适用于连坐规定的家庭成员[③]。

堀敏一推测认为单婚家庭与大家庭两者同时存在，并解释了相关语义。"室"包括夫妇与未成年的子女，有时包括奴隶，这一点两者是相通的。单婚家庭的情况下，"户"、"室"与"同居"含义相同，而在大家庭的情况下，"户"内有多个"室"，而"同居"则指父母或兄弟，与"户"一致[④]。

冈田功认为，在同一"室"生活的人均为"室人"，"同居"是指同在一户，且其母同为一人。"家"包括"家人"和奴隶，"家人"与"同居"及"户"相同[⑤]。

山田胜芳与堀的观点相同，认为单婚家庭与大家庭同时存在，"户"、"同居"与"室人"实质上是相同的，仅仅是《法律答问》简571中的"同居"限定了范围，即"户"与"母"相同。从睡虎地秦简强调同母关系这一点可以看出，当时母权强大，这对重视父子关系的"家"这一概念的形成与法规的制定造成了一定影响，当时"家"这一概念处于父子关系的比重逐渐增加的过渡期，在法规制定方面尚有母系势力的残存[⑥]。

以上主要是关于《法律问答》中法律用语解释方面的研究。铃木直美分析了

①　太田幸男：《睡虎地秦墓竹简にみえる「室」「户」「同居」をめぐって》。

②　古贺登：《阡陌制下の家族·什伍·闾里》，《法制史研究》24,1975年；收入《汉长安城と阡陌·县乡亭里制度》，雄山阁1980年版。

③　松崎つね子：《睡虎地秦简よりみた秦の家族と国家》，《中国古代史研究　第五》，雄山阁1982年版。

④　堀敏一：《中国古代の家と户》，《明治大学人文科学研究所纪要》27,1989年；收入《中国古代の家と集落》，汲古书院1996年版。

⑤　冈田功：《中国古代の「家约」の成立について》，《堀敏一先生古稀记念　中国古代の国家と民众》，汲古书院1995年版。

⑥　山田胜芳：《中国古代の「家」と均分相续》，《东北アジア研究》2,1998年；收入《中国のユートピアと「均の理念」》，汲古书院2001年版。

里耶秦简中被认为是户籍的木牍(铃木称其为"户籍样简"),对"同居"与"室人"的含义进行了探讨。即每一张"户籍样简"上,一定写有一个"户人",还写有父母、妻子、儿女与同产这样"户"的成员。因此,"户"一方面可以说是大家庭,另一方面由于也有仅记载妻子与儿女的"户籍样简",因此当时单婚家庭也被称为"户"。户内可能存在多个单婚家庭,因此"同居"一方面指户内成人男性之间的关系(户人的兄弟),同时另一方面也指户内部单婚家庭成员之间的关系(户人的妻子儿女与户人兄弟的妻子儿女)[1]。此外,刘欣宁认为"同居"指登记于同一户籍的全体家庭成员的关系,而"室人"则是居住于同一住宅内的人员关系、以及几户人家居住于同一处时的家族之间的关系称呼[2]。

此外,池田温与稻叶一郎的研究表明,《封诊式·封守》中所记载的住宅与家庭的构成,即有两间房的住宅内户主、妻子、子女与臣妾共同居住这一状况是当时家庭形态的典型模式[3]。

还有一些与以上内容相关的研究。睡虎地秦简中有家庭内发生犯罪行为时国家应如何处理的记载,因而引发"家"与国家关系方面的研究,展开了针对"家罪"、"公室告"、"非公室告"等用语含义的考察。"家罪"指家庭内犯罪,"公室告"指应受理的上诉[4],而"非公室告"则与"公室告"相反,指国家不应该受理的上诉。以上法律用语是关于父子之间犯罪情况的记述,可以看出家庭内犯罪与一般犯罪的处理方式不同。

《法律问答》中记载,"非公室告"意为国家不受理子对父实行的盗窃罪,以及子、奴婢对父、主人的告发。"家罪"指父杀伤子或奴妾,以及父子同住时,子杀伤或偷窃了父所拥有的臣妾与畜产[5],这样的犯罪行为即使父死后国家也不受理上诉。因此,"非公室告"与"家罪"是类似的规定。对于这一问题,古贺登将"非公室告"解释为"家罪"[6],松崎认为"家罪"是"非公室告"的一部分[7]。佐竹认为父亲

---

① 铃木直美:《里耶秦简にみる秦の户口把握—同居·室人再考—》。

② 刘欣宁:《秦汉律における同居の連坐》,《東洋史研究》70-1,2011 年。

③ 池田温:《中国古代籍帐研究 概观·錄文》,东京大学出版会 1979 年版;稻叶一郎:《战国秦の家族と货币经济》,《战国时代出土文物の研究》,同朋舍 1985 年版。

④ 太田幸男:《睡虎地秦墓竹简にみえる「室」「户」「同居」をめぐって》,《西嶋定生博士還暦記念 東アジア史における国家と農民》,山川出版社 1984 年版;收入《中国古代国家形成史論》。

⑤ 松崎つね子:《睡虎地秦简よりみた秦の家族と国家》,《中國古代史研究 第五》,雄山阁 1982 年。

⑥ 古贺登:《中国古代史の時代区分問題と睡虎地出土の秦简》,《史観》97,1977 年;收入《漢長安城と阡陌·県郷亭里制度》。

⑦ 松崎つね子:《睡虎地秦简に於ける「非公室告」·「家罪」》,《中國古代史研究 第六》,研文出版社 1989 年版。

死后国家不受理上诉，而"非公室告"则是父亲死后国家受理上诉，将两者区别开来[1]。铃木反对以往不将"非公室告"的范畴列入"家"的问题进行考察这一观点，主张秦律建立的是父母、子女等的尊卑"关系"，即保护父母比子女地位优越及父母对子女进行教诫，其间不存在"家"这一结构[2]。

综上所述，家庭内部犯罪不适用于国家刑法，有不少有关父亲、主人专权的记载，由此可看出战国秦的家父长权力之大[3]。与此同时，松崎认为，"家庭内部犯罪"并不是无条件的，而是有诸多制约与限制的，有记录表明国家的统治范围及至私人奴婢，因此不可一概而论地说家父长权力强大[4]。

总而言之，有关战国秦家庭制度的资料还有一些难解之处，各家学说设想了各种家庭形态，尚未取得一致的见解。但是，也开始了像铃木这样运用里耶秦简等新资料进行研究的趋势[5]，可以说2000年后家庭制度研究进入了新阶段。

第六节　算赋、徭役、兵役

作为国民义务的算赋、徭役与兵役，不但在国家向国民所课的税务体系当中占有重要的位置，也是探明秦汉时期国家特质的一个重要突破口。加藤繁在算赋研

[1] 佐竹靖彦：《秦国の家族と商鞅の分異令》，《史林》63-1，1980年；收入《中国古代の田制と邑制》，岩波书店2006年版。

[2] 铃木直美：《〈睡虎地秦简〉「公室告」再論》，《古代文化》61-1，2009年；收入《中国古代家族史研究》。

[3] 太田幸男：《睡虎地秦墓竹簡にみえる「室」「户」「同居」をめぐって》，《西嶋定生博士遺曆記念 東アジア史における国家と農民》，山川出版社1984年版；收入《中国古代国家形成史論》；好並隆司：《商鞅「分異の法」と秦朝權力》，《歷史学研究》494，1981年，收入《商君書研究》，溪水社1992年版。

[4] 松崎つね子：《睡虎地秦简に於ける「非公室告」・「家罪」》，《中國古代史研究　第六》，研文出版社1989年版。

[5] 铃木直美：《里耶秦简にみる秦の户口把握室人再考一》，《東洋史研究》89-4，2008年；收入《中国古代家族史研究—秦律・漢律にみる家族形態と家族観—》，刀水书房2012年版。

343

究、滨口重国在徭役与兵役研究方面开了先河①，此后的研究均批判、继承了其研究成果。然而，二氏仅是围绕汉代进行研究，几乎没有涉及秦的情况。睡虎地秦简公布后，开始了对战国秦算赋、徭役与兵役的研究，同时又对以往以汉代为中心的观点重新进行了审视。

在秦算赋方面，加藤注意到《史记·秦本纪》孝公十四年记载有"初为赋"，指出这时便开始征收所谓人头税的"赋"，而且这种"赋"是军赋，对算赋产生的根源作了探讨②。睡虎地秦简中记载有"户赋"这一用语，因此在研究其与算赋的关系上受到关注。然而，虽然佐竹靖彦等指出这是按照户内的负担人数所课收的人头税，与汉代的算赋有关③，但因缺乏相关史料而未获得进展。

在秦徭役与兵役方面，滨口对《汉书·食货志上》董仲舒上言、《汉旧仪》的记述以及《史记》与《汉书》中所引用的服虔、如淳的注释进行批判性的分析后得出以下结论，即汉代的徭役中有服兵役以外的民丁轮番交替实行"践更"（也称"更徭"）这一情况，兵役中存在着守卫地方的"正卒"与守卫边境的"戍卒"。"傅"为课徭役与兵役之意，其适用对象到西汉景帝二年为止是 20 岁男子，从昭帝始元末年开始改为 23 岁男子④。此后的研究认为徭役除了"践更"以外，还有中央徭役与临时徭役，而对于兵役的研究则主要是运用居延汉简来探讨兵卒的具体服役情况。睡虎地秦简公布之后，这方面研究利用《秦律十八种·徭律》与《秦律杂抄》傅律中的资料，对徭律中的具体的劳动内容相当于以往学说中的哪种徭役形态、"傅"是如何被处理以及按照怎样的标准来执行等问题进行了探讨。

重近启树全面探讨《徭律》后，对其中各条规定作出了如下解释。即《徭律》开头部分中的"御中发征"之后的内容，是地方官吏（县）为朝廷征发民众的规定，到了睡虎地秦简这个阶段，已存在由中央政府管理、征收的中央徭役。服役的场所超过了县的范围，尽管如此，也以县为单位进行征发、编制及差遣。与以往学说

① 加藤繁：《算賦に就いての小研究》，《史林》4-4,1919 年，收入《支那経済史考証》上，东洋文库 1952 年版。滨口重国：《践更と過更——如淳説の批判》，《東洋学報》19-3,1931 年；《践更と過更——如淳説の批判補遺》，《東洋学報》20-2,1932 年；《秦漢時代の徭役労動に関する一問題》，《市村博士古稀記念 東洋史論叢》，冨山房 1933 年版；《漢の徴兵適齢に就いて》，《史學雑志》46-7,1935 年；均收入《秦漢隋唐史の研究》，东京大学出版会 1966 年版。

② 加藤繁：《算賦に就いての小研究》，《史林》4-4,1919 年，收入《支那経済史考証》上，东洋文库 1952 年版。

③ 佐竹靖彦：《秦国の家族と商鞅の分異令》；重近启树：《算賦制の起源と展開》，《東洋学報》65-1、2,1984 年，收入《秦漢税役體系の研究》，汲古书院 1999 年版；山田胜芳：《算賦及び算繻·告繻》，《秦漢財政収入の研究》，汲古书院 1993 年版。

④ 滨口重国：《漢の徴兵適齢に就いて》，《秦漢隋唐史の研究》，东京大学出版会 1966 年。

相同,中央徭役是临时性的,不存在一成不变的中央徭役。还有,"邑中之功"与城墙的修建、修复以及县禁苑内的劳动则是在县范围内实行的劳役规定,这些由县长官(县啬夫、县令)依权限征发,其服役场所限定在县之内。以上提到的县范围内的劳役,作为国民的基本义务,设定有固定的服役天数,相当于汉代的更徭。但是,也有临时的服役禁苑的规定,因此县范围的徭役中,也存在与更徭不同的其他个别临时的徭役。其次,《徭律》后半部分中所记载的修建改建官府等临时大规模施工的规定,则相当于传世文献中的"大徭役"。"大徭役"与更徭均由县征发,课收对象相同,因此"大徭役"可代替更徭①。

山田胜芳对重近有关徭律的解释逐一进行分析批判:(1)重近认为中央徭役是不被计算在徭役义务天数内的临时徭役,在内史实行的中央徭役由内史管辖下的各县征发,基本上包括在基本义务天数内。(2)重近将征发禁苑附近的国民解释为杂役的一种,这是根据民众防止兽类侵袭这一愿望由县令动员实施的,是民众自发的劳役,不是由官方根据其需要征发的。(3)"大徭役"不是临时性的大规模施工,而是指兵役②。

除了上述论点以外,石冈浩对《徭律》进行译注,与"戍律"等进行比较,得出了当时的徭役是由尉官、司空等武官负责管理的这一结论③。

张家山汉简公布后,因其中含有《徭律》,还有与"践更"相关的记载,因此开始对以往的有关徭役与兵役的学说进行重新探讨。鸳尾祐子认为,本来"践更"是由尉官征发的一种兵役,秦代到汉初转用于其他的徭役,到西汉中期之前变成服徭役④。广濑薰雄认为"践更"的轮换周期为一个月,秦汉律中的"～更"表示"践更"的值班方式,显示每隔几月轮班进行"践更";史料中的"徭役"是与"践更"不同的另外一种劳役,是临时征发的⑤。有关"践更"的汉代的资料在松柏1号汉墓出土木牍中有更多发现⑥,今后将随时会出现利用新资料所作的研究。

关于兵役,重近与山田都认为睡虎地秦简中的"戍律"是规定兵役的律令,与

① 重近启树:《徭役の諸形態》,《東洋史研究》49-3,1990年;收入《秦漢税役體系の研究》,汲古书院1999年版。

② 山田胜芳:《徭役・兵役》,《秦漢財政収入の研究》,汲古书院1993年版。

③ 石冈浩:《戦国秦の「徭」と軍政—睡虎地秦簡 秦律十八種「徭律」訳注—》,《法史学研究会会報》9,2004年。

④ 鸳尾祐子:《漢代における更卒と正》,《中国古代史論叢(續集)》,立命馆东洋史学会2005年版;收入《中国古代の専制国家と民間社会——家族・風俗・公私》,立命馆东洋史学会2009年版。

⑤ 广濑薰雄:《张家山汉简〈二年律令〉史律研究》,《人文论丛(2004年卷)》,武汉大学出版社2005年版;收入《秦漢律令研究》,汲古书院2010年版。

⑥ 荆州博物馆:《湖北荆州纪南松柏汉墓发掘简报》,《文物》2008年第4期。

《徭律》相同，均规定各种劳役 ①。关于在这些律令下编制的军队，重近认为平时仅存在以县为单位的地方常备军，战时临时征发民众编成军队 ②。藤田胜久对关于秦始皇兵马俑军阵进行了分析，将这些军队解释为中尉的军队，并由此推测郡县制下的地方军也具有同样的结构 ③。在现阶段，有关"戍律"本身的记载较少，因此对于征发机制等具体服役状况的研究还不多，岳麓书院藏秦简中有许多可断定为兵役方面律令的资料 ④，相信今后会出现有关兵役方面的详细的研究。

有关"傅"的讨论围绕以下两个问题展开：（1）意为在户籍上登记，还是在与户籍不同的"傅籍"上登记；（2）是按照年龄还是按照身高进行登记。对于（1），山田等指出存在与户籍不同的"傅籍"，登记在"傅籍"上的国民需服劳役 ⑤。太田幸男认为，睡虎地秦简中的"傅"意为分开户籍重新制作 ⑥，不存在"傅籍"。关于（2），普遍认为睡虎地秦简阶段时以身高为标准，而秦王政十六年起则变为以年龄为标准。但是，关于"傅"的身高登记标准，渡边信一郎认为，隶臣、城旦为六尺五寸，隶妾、春为六尺二寸以上，而一般男子为七尺 ⑦。山田则认为隶臣妾、城旦春与一般男女没有区别，男子为六尺五寸，女子为六尺二寸 ⑧。

第七节　田制、农业

这个领域很重要的一个课题就是，《史记·商君列传》等文献中所见的"开阡陌"。这是作为"商鞅变法"基础的政策之一，不仅是土地制度，还影响到爵制、

---

① 重近启树：《兵制の研究—地方常備軍制を中心に一》，《人文論集（静岡大学人文学部社会学科·人文学科研究報告）》36，1986 年，收入《秦漢税役體系の研究》；山田胜芳：《徭役·兵役》，《秦漢財政収入の研究》，汲古书院 1993 年版。

② 重近启树：《兵制の研究》，汲古书院 1999 年版。

③ 藤田胜久：《戦国·秦代の軍事編成》，《東洋史研究》46-2，1987 年；收入《中国古代国家と郡県社会》。

④ 陈松长：《岳麓书院藏秦简综述》，《文物》2009 年第 3 期。

⑤ 山田胜芳：《徭役·兵役》，《秦漢財政収入の研究》，汲古书院 1993 年版；堀敏一：《中国古代の家と户》，《明治大学人文科学研究所紀要》27，1989 年，收入《中国古代の家と集落》。

⑥ 太田幸男：《睡虎地秦墓竹简にみえる「室」「户」「同居」をめぐって》，《西嶋定生博士還暦記念 東アジア史における国家と農民》，山川出版社 1984 年版；收入《中国古代国家形成史論》。

⑦ 渡边信一郎：《呂氏春秋上農篇蠡測—秦漢時代の社会編成—》，《京都府立大学学術報告（人文）》33，1981 年；收入《中国古代国家の思想構造—専制国家とイデオロギー——》，校仓书房 1994 年版。

⑧ 山田胜芳：《徭役·兵役》，《秦漢財政収入の研究》，汲古书院 1993 年版。

军事、社会制度、税制等。因此对于"阡陌"及"阡陌制"的具体内容，提出了各种各样的解释①。例如，关于"阡陌"是怎样一种性质的道路就有以下见解：仅为道路②；直角交叉的大小道路③；将耕地区划为 1000 亩、100 亩的道路④；田间的大道⑤；为引灌溉用水的道路⑥；等等。关于"开阡陌"的具体内容，也提出了开置阡陌说⑦、破坏阡陌说、恢复阡陌说⑧、改造阡陌说⑨、区划阡陌说⑩，等等。

---

① 加藤繁：《支那古田制の研究》，京都法学会 1916 年版；收入《支那経済史考証》上，东洋文库
1952 年版。小川琢治：《阡陌と井田》，《支那学》5-2,1929 年，收入《支那歴史地理研究續集》，
弘文堂 1929 年版。木村正雄：《「阡陌」について》，《史潮》12-2,1943 年。平中苓次：《秦代土
地制度の一考察—名田宅について—》，《立命館文学》79,1951 年；收入《中国古代の田制と税
法》，东洋史研究会 1967 年版。西嶋定生：《中国古代帝国の形成と構造—二十等爵制の研究—》，
东京大学出版会 1961 年版。宫崎市定：《東洋的古代》上，《東洋学報》4-82,1965 年；收入《宫
崎市定全集 3 古代》，岩波书店 1991 年版。米田贤次郎：《二四〇步一畝制の成立について—
商鞅變法の一側面—》，《東洋史研究》26-4,1968 年；收入《中国古代農業技術史研究》，同朋舍
1989 年版。守屋美都雄：《「開阡陌」の一解釈》，《中国古代の家族と国家》，東洋史研究会 1968
年。楠山修作：《阡陌の研究》，《東方学》38,1969 年；收入《中国古代国家論集》，1990 年私家版。
古贺登：《漢長安城の建設プラン—阡陌・県郷制度との関係を中心として—》，《東洋史研究》
31-2,1972 年；太田幸男：《商鞅變法論》，《歴史学研究別冊特集 歴史における民族の形成》，
青木书店 1975 年版；收入《中国古代国家形成史論》，汲古书院 2007 年版。

② 加藤繁：《支那古田制の研究》，京都法学会 1916 年版。

③ 宫崎市定：《東洋的古代》上，《東洋学報》4-82,1965 年；收入《宫崎市定全集 3 古代》，岩波书
店 1991 年版。

④ 小川琢治：《阡陌と井田》，《支那学》5-2,1929 年，收入《支那歴史地理研究续集》，弘文堂 1929
年版；木村正雄：《「阡陌」について》，《史潮》12-2,1943 年；平中苓次：《秦代土地制度の一
考察》，《立命文学馆》79,1951 年，收入《中国古代の田制と税法》，东洋史研究会,1967 年版；西
嶋定生：《中国古代帝国の形成と構造》，东京大学出版会 1961 年版；守屋美都雄：《"開阡陌"
の一解釈》，《中国古代の家族と国家》，东洋史研究会 1968 年版。

⑤ 楠山修作：《阡陌の研究》，《東方学》38,1969 年；收入《中国古代国家論集》，1990 年私家版。

⑥ 古贺登：《漢長安城の建設プラン》，《東洋史研究》31-2,1972 年；收入《漢長安城と阡陌・県郷
亭里制度》，雄山阁 1980 年版。

⑦ 木村正雄：《"阡陌"について》，《史潮》12-2,1943 年；楠山修作：《阡陌の研究》，《東方学》38,
1969 年；收入《中国古代国家論集》，1990 年私家版。

⑧ 小川琢治：《阡陌と井田》，《支那学》5-2,1929 年，收入《支那歴史地理研究續集》，弘文堂
1929 年版。

⑨ 加藤繁：《支那古田制の研究》，京都法学会 1916 年版；收入《支那経济史考証》上，东洋文库
1952 年版；宫崎市定：《東洋的古代》上，《東洋学報》4-82,1965 年；收入《宫崎市定全集 3 古
代》，岩波书店 1991 年版。

⑩ 平中苓次：《秦代土地制度の一考察》，《立命文学馆》79,1951 年，收入《中国古代の田制と税法》，
东洋史研究会,1967 年版；西嶋定生：《中国古代帝国の形成と構造》，东京大学出版会 1961 年
版；守屋美都雄：《「開阡陌」の一解釈》，《中国古代の家族と国家》，東洋史学会 1968 年版。

347

在这一方面，自20世纪70年代相继出土的睡虎地秦简、青川木牍等是与田制相关连的同一时代的史料。前者公布后，研究者们立即就在上述研究成果的基础上，进行了对各自见解的补充和再讨论[①]。而后者的内容是商鞅变法后的田制的实例，作为与"阡陌"问题密切相关的史料，又对其进行了详细的探讨研究[②]。

首先，关于记载有"更修为田律"的木牍整体内容，渡边信一郎将旧释"为田律"重新解释为"田律"，并指出前半部记载的田的区划（土地的区划）规定，体现了阡陌制的构造。在木牍中记载为"广一步，袤八则为畛。亩二畛。一百道，百亩为顷。一千道，道广三步"的田制，在阜阳汉简中记为"卅步为则"。与青川木牍内容几乎相同的张家山汉简《二年律令·田律》简246-248中将"袤八则"记作"袤二百卌步"。从这些史料中已明确了"则"是长度单位，指的是8则＝240步。渡边在此基础上推测，亩的构成是1步×240步，两侧有着两道"畛"。另外还认为律文中的"一百道"、"一千道"是"一百亩一道"、"一千亩一道"的省略，把100亩归拢在一起的道是"陌"（宽3步），与"陌"直角相交的，将10陌（＝1000亩）归拢在一起的道是"阡"（宽3步）[③]。

佐竹靖彦认为"畛"是没有宽窄的线，推测《田律》是作为新的土地界线重新设定了"畛"的概念的规定。另外，关于青川木牍中的田制，佐竹认为其表示作为农民的标准所有地是以纵100步×横240步为单位设定的。并在此基础上，对战国秦实施的商鞅新田制，做出复原，即其设定以原来的土地区划制度为基础的，由耕地和休耕地组成的100亩（旧制300亩）的所有地[④]。另外，间濑收芳还指出，本简中的规定可能只适用于四川省的稻田地带[⑤]。

对于上述的将阡陌认为是区划100亩、1000亩的道路的看法，楠山修作则认为木牍中的"一百道""一千道"的"道"与阡陌无关，如后文"以八月，修封埒，

[①] 古贺登：《尽地力说·阡陌制補論—主として雲夢出土秦簡による—》，《早稻田大学大学院文学研究科紀要》23，1978年；收入《漢長安城と阡陌·県郷亭里制度》。太田幸男：《商鞅變法論補正》，《歷史学研究》483，1980年；收入《中国古代国家形成史論》。楠山修作：《阡陌の研究再論》，《東方学》66，1983年；收入《中国古代国家論集》。

[②] 间濑收芳：《秦帝国形成過程の一考察—四川省青川戦国墓の検討による—》，《史林》67-1，1984年。渡边信一郎：《阡陌制論》，《東洋史研究》43-4，1985年；收入《中国古代社会論》，青木書店1986年版。佐竹靖彦：《商鞅田制考証》，《史學雜志》96-3，1987年；收入《中国古代の田制と邑制》，岩波書店1996年版。原田浩：《青川秦墓木牘考》，《史海》35，1988年。

[③] 渡边信一郎：《阡陌制論》，《東洋史研究》43-4，1985年；收入《中国古代社会論》，青木書店1986年版。

[④] 佐竹靖彦：《商鞅田制考証》，《史學雜志》96-3，1987年；收入《中国古代の田制と邑制》，岩波書店1966年版。

[⑤] 间濑收芳：《秦帝国形成過程の一考察》，《史林》67-1，1984年。

正疆畔，及发千百之大草"中所见的"千百"是作为干线道路的阡陌，并再次确认了阡陌等于大道的已见[1]。

就以上的讨论，原宗子指出，将时期相隔的"商鞅变法"和青川木牍《田律》、睡虎地秦简视作状况完全相同是不妥的[2]。另外，落合悠纪分析了《二年律令·田律》，将"畛"释为"畖"，并且设想了"1亩内有2条'垄'和3条沟"这一构造，与《汉书》食货志上所见的代田法联系起来。此外，落合还将"佰道"设想为1步×240步沿短边方向进行延伸的、邻接1顷（100亩）区划的100步一侧所铺设的道路，而将"千道"设想为在2个当时的基本耕作单位5顷之间所设的道路[3]。

在睡虎地秦简中，有当时耕地管理等与农业相关的丰富史料。重近启树考察了《秦律十八种·仓律》简118中对"隶臣田者"粮食支付的规定，并从与简105、106的播种量的规定等记载的联系中，判断存在大规模的县管公田[4]。关于土地所有权，堀敏一通过对《秦律十八种·田律》简75"受田"一词的解释，指出国家对耕地拥有一定的权利[5]。佐竹通过简68-70的分析，认为国家掌握了农民耕作、插秧、育苗的整个耕种状况[6]。此外，从《秦律十八种·厩苑律》简80、81中关于田牛的分配和饲养的规定，以及简82中关于官有铁器的借贷规定中，可以看出国家普及耕牛和铁器的意图[7]。

关于田租的征收，虽然金额、税率等具体的部分尚不明，但在《法律答问》简527中是有相关记载的。另外关于刍稾税，在《秦律十八种·田律》简75中有规定，并且可以确认与张家山汉简《二年律令·田律》中同样的规定有着相承关系。山田胜芳据这些史料认为，耕地是由田部进行管理，而收获量和田租额是由田部的吏来确定的。此外，田租是对所有地中垦田部分进行征收的，而刍稾税则是针对整个所有地进行征收的[8]。

睡虎地秦简《秦律十八种·仓律》是有关仓库的管理和营运、播种、脱谷，给

---

[1] 楠山修作：《青川秦墓木牍を読む》，《東方学》79，1990年；收入《中国古代国家論集》。

[2] 原宗子：《商鞅变法の環境史的意義》，《流通経済大学論集》34-2，1999年；收入《「农本」主義と「黄土」の発生─古代中国の開発と環境2─》，研文社2005年版。

[3] 落合悠纪：《漢初の田制と阡陌についての一試論》，《法史学研究会会報》14，2010年。

[4] 重近启树：《公田と假作をめぐる諸問題》，《中国古代の法と社会 栗原益男先生古稀記念論集》，汲古書院1988年版；收入《秦漢税役體系の研究》，汲古書院1999年版。

[5] 堀敏一：《中国の律令制と農民支配》，《世界史認識における民族と国家》，青木書店1978年版；收入《律令制と東アジア世界─私の中国史学（二）─》，汲古書院1994年版。

[6] 佐竹靖彦：《漢代田制考証》，《史林》70-1，1987年；收入《中国古代の田制と邑制》。

[7] 古贺登：《阡陌考─240步=1畝制の成立問題を中心として─》，《史學雜志》86-3，1974年；收入《漢長安城と阡陌·県郷亭里制度》。

[8] 山田胜芳：《田租·刍稾税》，《秦漢財政収入の研究》，汲古書院1993年版。

349

犯人和服刑者发放食物等的详细规定,可以从中了解到当时的粮仓制度的具体状况。太田幸男做了整个《仓律》,以及以《效律》、《内史杂》、《法律答问》为主的相关规定的译注,并做了以下的假设,即秦律中的仓库,原本是为了存在于各个小的共同体的农民共同利用的设施,但商鞅变法以后,随着秦的国家权力渗透到共同体,也被编入国家机构中了。而且,从仓律中还可看出仓库没有彻底地成为国家机构①。另一方面,大栉敦弘认为,秦的粮仓系统是由作为基本单位的县的粮仓和中央的太仓两类构成,秦代国家是通过对"县仓"的掌握和管理,来控制"粮食的调动"。并进一步指出,在统一前后,出现了作为从旧六国(山东)到关中的粮食中转地的"敖仓"②。之后,在太田和大栉之间展开了能否在仓律中假设"共同体的仓"的争论③。冨谷至对新旧居延汉简中所见的汉代额济纳河流域的粮仓制度进行了详细讨论,将其和秦律中的粮仓制度相比较,找出秦与汉、内地与边境粮仓制度的共同点,也确认两者之间并没有大的相异点④。

以上关于包含"县仓——太仓"的粮食财政的国家财政机构的整个情况,有工藤元男的一系列的论文。其观点是内史通过太仓对整个秦的县仓进行管理,掌控粮草,通过大内对公器进行监督⑤。此外,有关《日书》中所见的"困",有大栉的研究。大栉从储藏的粮食成为营利性的粮食买卖、稻种的分与和借贷的对象等方面,推断出当时由豪族进行的经营⑥。

① 太田幸男:《戰国末期秦の倉庫—〈雲夢秦簡〉秦律十八種・倉律の分析—》,《東京学藝大学紀要(第 3 部門)》31、33,1980 年;收入《中国古代国家形成史論》,汲古書院 2007 年。
② 大栉敦弘:《秦代国家の穀倉制度》,《海南史学》28,1990 年。
③ 太田幸男:《大櫛敦弘氏の批判に答える》,《東京学藝大学紀要(社会科学)》43,1992 年;收入《中国古代国家形成史論》,汲古書院 2007 年;大栉敦弘:《雲夢秦簡倉律より見た戦国秦の穀倉制度》,《海南史学》30,1992 年;太田幸男:《大櫛氏の再批判および冨谷至氏の批判に答える》,《中国古代国家形成史論》,汲古書院 2007 年版。
④ 冨谷至:《漢代穀倉制度——エチナ川流域の食糧支給より》,《東方学報》京都第 68 册,1996 年;收入《文書行政の漢帝国—木簡・竹簡の時代—》,名古屋大学出版会 2010 年版。
⑤ 工藤元男:《秦の内史—主として睡虎地秦墓竹簡による—》,《史學雜志》90-3,1981 年;《睡虎地秦墓竹簡にみえる大内と少内—秦の少府の成立をめぐって—》,《史観》105,1981 年。均收入《睡虎地秦簡よりみた秦代の国家と社会》。
⑥ 大栉敦弘:《雲夢秦簡「日書」に見える「困」について》,《中国——社会と文化》2,1987 年。

第八节　牧畜、禁苑

　　有关该研究的重要问题之一，可以举出国家对山林薮泽的利用。对这个问题有着很大影响的先行研究是加藤繁和增渊龙夫的研究。加藤繁指出西汉时期的财政有国家财政和帝室财政的区分。加藤所说的国家财政是由大司农所管的，用于官吏的俸禄和国政的财政；帝室财政是由少府、水衡都尉所管的，用于天子的私人用度的财政，并明确了各收支项目[1]。增渊龙夫在加藤的研究基础上着眼于如下的两点：第一，帝室财政的收入细目是山泽园池税、市井税、口赋、苑囿和公田的收入、献物和酎金等；第二，国家财政和帝室财政的收入总额几乎相等，西汉时期作为专制君主的经济基础，山泽、市井、公田、苑囿都有很重要的意义，并进一步明确了在专制权力逐渐形成的战国时期，作为君主私有的经济基础，山泽税、公田和苑囿的收入、市井税等，也与西汉时期同样重要，此外春秋中期以后开始变得显著的君主山林薮泽家产化成为了其转机[2]。

　　以睡虎地秦简为首的秦简出土之后，在加藤和增渊的研究成果上，关于国家如何对作为专制君主权力重要经济基础的包括禁苑和牧草地的山林薮泽进行具体管理和利用的讨论，对有关牧畜和禁苑的秦简研究有所推动。重近启树指出：增渊所说的由君主家产化的山林薮泽，是以重要的矿山和出产丰富的山泽和苑囿等特定的山泽为对象，对此在国家管理和规制之下民众利用的普通山泽是"公私共利"的土地，进而将睡虎地秦简《秦律十八种·田律》简71-73的规定解释为有关利用普通山泽的季节性禁令。还指出：根据睡虎地秦简《秦律十八种·徭律》的记载，中央官府所属的禁苑和公马牛苑的堑壕、墙垣等的建造、维修，是由其所在的县负责，其工程有由县居民以徭役形式承担的场合，也有县啬夫以在禁苑附近拥有田地者为对象，必要时进行征发而施工的场合；根据睡虎地秦简《秦律十八种·厩苑律》简83-87的记载，饲养县厩的田牛时，也让徒（更卒）充当饲养员等[3]。对此，山田胜芳

---

①　加藤繁：《漢代に于ける国家財政と帝室財政との区別並に帝室財政一斑》，《東洋学報》8-1、9-1、2，1918–1919 年；收入《支那経済史考証》上。

②　増渊龙夫：《先秦時代の山林藪沢と秦の公田》，《中国古代の社会と文化》，东京大学出版会1957 年版。

③　重近启树：《徭役の諸形態》，《東洋史研究》49-3，1990 年；收入《秦漢税役体系の研究》，汲古书院 1999 年版。

认为：《徭律》里所见的以在禁苑附近拥有田地者为对象的征发，不是重近所说的那样县啬夫在必要时进行的征发，而是为了保护谷物不被兽类和牛马等啃食，应民众的要求而发动的，所以不是徭役而是民众自发性的劳役，因为禁苑、公马牛苑是王及中央的重要设施，所以是由县令来组织这种劳役。山田还指出：虽然禁苑、公马牛苑都是由中央直属的苑吏所管，但却是禁苑所在的县负责对其堑壕和墙垣等的修建、维修，这是因为苑吏属下虽有捕获兽类等的人员，却没有进行修筑苑墙等工程的劳动力[1]。

原宗子从与秦国土地政策的关连，论及了牧畜的实际状况。关于商鞅变法之际实施的"为田开阡陌封疆"，原宗子指出：以往在日本学界所提出的"方格地割开设"说，即是基于方格地割的区划耕地，在战国秦的境内，只能适应关中盆地的特定条件，要在黄土高原地域设置这样的区划，实际上是不可能的。进而探究了根据实际实施的"为田开阡陌封疆"的状况，将"阡陌"解释为利用既存道路区划的原有耕地，将"封疆"解释为原有的所围的土地，并据此认为："为田开阡陌封疆"就是为了修建新的道路，把原有的道路、耕地、牧地、森林地区划等土地进行强制性的开放，换言之即是居住区周边一带的总区划变更。还指出：这个土地政策是在把包括可能在秦国统治下的很多从事牧畜、狩猎、采集的劳力集中在谷物生产和织物这一方针的延续，其中对于民众所有的大型家畜，例如龙岗秦简 102 所记载的那样，把重点放在没收上[2]。被没收的家畜变为"国有家畜"，关于这一点原宗子指出：睡虎地秦简《秦律十八种·田律》简 71-72 里有可以看出国有畜物饲养地散布在领域内各处的记载；《田律》简 75 里可见对应"受田"的征收品目里有作为饲料的刍藁，可以看出由国家饲养了大量的牛马；此外，《效律》简 312 的记载显示当时已经完善了牛马的管理体制等，据此推断在秦国视为"国有家畜"的牛马已达到了相当的数量[3]。

松崎つね子通过对睡虎地秦简和龙岗秦简的分析，对秦国的马牛饲养和管理进行了考察，并且指出：睡虎地秦简里所见的有关马牛的记载，其所关心的是维持和管理官有马牛具有的农业生产、交通运输和军事等活动的动力，并非是作为食品生产，换言之，相对于这种看不到对牧畜的关心，龙岗秦简有关马牛羊的记载，却可见"犊""羔"等据发育阶段而分别命名的家畜名称，此外从整个简文内容的印象来看，可知不是对作为劳动力而是对优先食用的牧畜表示出了很强的关注，

① 山田胜芳：《徭役·兵役》，《秦漢財政收入の研究》，汲古书院 1993 年版。
② 原宗子：《商鞅変法の環境史的意義》，《流通経濟大学論集》34-2，1999 年。
③ 原宗子：《「農本」主義の采用過程と環境》，《史潮》新 40，1996 年；收入《「農本」主義と「黄土」の発生》。

这样的差异源于两简的所有方分别是县吏和禁苑官吏这种职掌的差异。松崎还指出：睡虎地秦简《秦律十八种·廐苑律》简84-85里所见的对于官有死马牛的处理规定、以及《田律》简71-72和龙岗秦简简77-82里所见的对在禁苑"呵禁所"被杀的民众饲养的狗和被其狗所捉的兽类的处理等规定中，都可以感到对家畜和兽类包括在食用方面的利用有着很强的意识[①]。

马彪通过对龙岗秦简的分析探讨了禁苑的结构及其管理制度。关于龙岗秦简简1的记载，马彪指出：整理小组将"两云梦池鱼"的"鱼"读为"籞"，从而将此句解释为"两个云梦禁苑"的"官有的池塘、田地"的看法[②]，是混淆了国有川泽和皇室所有的禁苑，在秦简和汉简里以"鱼"为"渔"通假字的实例很多，"池"应该解释为可进行渔业的池泽；另外汉初萧何"为民请苑"之后，国家才开始将禁苑借与民间，简1的"两云梦"不是"云梦禁苑"而是《汉书·地理志上》里所见的两个"云梦官"，"诸叚（假）两云梦池鱼（渔）"就是假借两个云梦官所管的非禁苑的池泽以从事渔业。并且关于"云梦禁中"，一般将"禁中"解释为"宫中"，但根据蔡邕《独断》卷上的记载，"禁中"就是"门户有禁"的地方。从广义上来说，其所指的内容不仅是"宫中"，也指包括苑囿的皇帝的居所，进而根据简6、简27中的"禁苑"、"禁中"二词所指内容相同，可以断定龙岗秦简里的"云梦禁中"就是云梦禁苑。通过以上内容，可以认为简1的内容是规定两个云梦官的职责范围的律令，具体地说，是有关管理云梦的池泽和禁苑的内容[③]。关于云梦楚王城，一般把其视为秦代安陆县县治、汉代江夏郡郡治。然而将其与被断定为同时代同地区的宜城县治所在地的楚皇城进行比较，可以发现以下几点：楚王城具有一般都城里没有的内壕，城门不是一般郡址那样的八座城门而是四座城门，城内没有发现道路遗址、手工业作坊遗址、大型墓葬、铜镞和将军印章等可以说明常备军存在的文物等。根据这些不同，马彪认为云梦楚王城不是郡县治所在地。进而根据楚王城的实地考察，马彪主张楚王城不是单纯的禁苑，而是同时设有云梦泽官署，具有双重性格[④]。关

① 松崎つね子：《秦の牧畜経営覚書——睡虎地秦簡・龍崗秦簡を手がかりに》，《法史学研究会会报》2，1997年；《『睡虎地秦簡』に見る秦の馬牛管理——『龍崗秦簡』・馬王堆一號漢墓「副葬品目録」もあわせて》，《明治大学人文科学研究所紀要》47，2000年。

② 中国文物研究所、湖北省文物考古研究所：《龙岗秦简》，中华书局2001年版。

③ 马彪：《龍崗秦簡第一簡の解釈及びその性格について》，《早稲田大学長江流域文化研究所年報》2，2003年；收入《秦帝国の領土経営—雲夢龍崗秦簡と始皇帝の禁苑—》，京都大学学术出版会2013年版。

④ 马彪：《簡牘学研究的「三重証據法」——以『龍崗秦簡』與雲夢禁苑爲實例的考察》，《山口大学文学会志》58，2008年；《楚王城の非郡県治的性格》，《雲夢楚王城の二重の性格》。均收入《秦帝国の領土経営—雲夢龍崗秦簡と始皇帝の禁苑—》，京都大学学术出版会2013年版。

于龙岗秦简里所见的禁苑"眢",马彪考证"眢"是围绕禁苑的宽四十里的土地,且其外围还有宽二十里的准眢地,此"眢"地和准眢地里有公田、山泽、牧场、驰道、狩猎场、墓地等。马彪还指出由于睡虎地秦简里未见"眢"这个词,因而"眢"地成立于秦统一六国之后,秦始皇巡幸全国各地之际,把东方六国的住宿地旧离宫别馆改称为"禁苑",并作为警备对策的一个环节,在禁苑和民众居住区之间设置隔离带"眢"[①]。此外马彪把龙岗秦简里所见的有关出入禁苑的 12 枚竹简和《唐律疏议·卫禁律》进行比较,针对秦代禁苑管理制度指出了以下几点:在禁苑服徭役的黔首入苑之际需要"符"和"传书",如果没有携带这些入苑的话,将被控"阑入"罪,入苑时若持武器的话,将被处弃死;结束禁苑的工作之后,该出苑却不出的话,将被控"不出"罪等[②]。马彪还对龙岗秦简里所见的"传"、"书"、"符"、"久"进行分析指出,这些都是黔首在禁苑从事徭役之际通关以及入苑时所需要的。"传"是身份证明书;"书"是写有旅行目的及携带品的文书,都是通关检查之际接受查问时所需要的,由县(道)官府发行,由黔首去当地的乡官署领取;"符"就是主要用于紧急性征发或者频繁通关及出入禁苑的场合,黔首一般从事徭役之际不需要;"久"就是一种"符",是黔首去禁苑时由最后的关卡发行的、入禁苑之际使用的通行证照等[③]。通过以上对有关禁苑结构和管理制度的分析和探讨,关于秦朝禁苑的作用,马彪指出:秦始皇统一六国之后,把东方六国的旧离宫别馆改称为"禁苑",统一后进行五次全国巡幸时,住宿于许多禁苑,并在这里频繁举行祭祀活动。秦朝的"禁苑"并不是像一般所说的那样是君主的娱乐地,而是秦朝独特的从中央向地方派出的政治据点群,这是刚刚统一全国的秦始皇为了顺利控制所征服的旧六国国民而实行的政策之一[④]。此外,马彪还作有复原龙岗秦简的律名以及对律文进行译注等基础性史料研究[⑤]。

如上所述,有关牧畜、禁苑的秦简研究并不是很多,值得注意的是马彪的多篇

---

① 马彪:《「禁苑眢(堧)」の空間構造とその由来――龍崗秦簡をめぐっての検討》,《山口大学文学会志》61,2011 年;收入《秦帝国の領土経営―雲夢龍崗秦簡と始皇帝の禁苑―》,京都大学学術出版会 2013 年版。

② 马彪:《『龍崗秦簡』禁苑律と『唐律疏議』衛禁律との比較》,《異文化研究》3,2009 年;收入《秦帝国の領土経営―雲夢龍崗秦簡と始皇帝の禁苑―》,京都大学学術出版会 2013 年版。

③ 马彪:《黔首の通関と入禁の符伝制》,《秦帝国の領土経営―雲夢龍崗秦簡と始皇帝の禁苑―》。

④ 马彪:《古代中国帝王の「巡幸」と「禁苑」》,《アジアの歴史と文化》15,2011 年;收入《秦帝国の領土経営―雲夢龍崗秦簡と始皇帝の禁苑―》,京都大学学術出版会 2013 年版。

⑤ 马彪:《龍崗秦簡における律名の復元》,《アジアの歴史と文化》16,2012 年;《龍崗秦簡訳注(一〇篇)》,《異文化研究》6, 2012 年。均收入《秦帝国の領土経営―雲夢龍崗秦簡と始皇帝の禁苑―》,京都大学学術出版会 2013 年版。

论文。在马彪的研究中,关于龙岗秦简简1"池"、"奁"和"参辨券"等的解释,提出了与以往不同的看法,特别是将楚王城认为是云梦禁苑和有关"参辨券"诸简缀合等观点,尚有需要商榷之处,我们期待今后通过对于这些见解的检讨,来进一步深化有关牧畜、禁苑的秦简研究。

第九节　工商业、货币

中国古代工商业史与货币史这两个领域,自加藤繁的研究以后①,在日本颇受关注。其中,就有许多学者进行战国秦汉时期的相关研究,到20世纪70年代为止,讨论的热点可分为如下五个方面:

　　(1)市籍与市租的内涵(国家与商人的关系)②

　　(2)商业的特点(国家与商业的关系)③

　　(3)物价④

　　(4)铜器、铁器、盐、布、漆器等生产过程⑤

　　(5)钱币史

---

① 加藤繁译注:《史記平準書・漢書食貨志》,岩波文库1942年版;加藤繁:《支那经济史考证》,东洋文库1952年版;加藤繁:《中国货币史研究》,东洋文库1991年版。

② 吉田虎雄:《两漢租税の研究》,大阪屋号书店1942年版;平中苓次:《漢代の営業と「占租」》,《立命館文学》86,1952年,收入《中国古代の田制と税法》,东洋史研究会1967年版;美川修一:《漢代の市籍について》,《古代学》15-3,1969年;纸屋正和:《前漢時代の商賈と緡錢令》,《福岡大学人文論叢》11-2,1979年。

③ 宇都宫清吉:《漢代社会経済史研究》,弘文堂1955年版;西嶋定生:《中国古代の社会と経済》,东京大学出版会1981年版;影山刚:《中国古代の商工業と専賣制》,东京大学出版会1984年版。

④ 宫崎市定:《史記貨殖伝物価考証》,《京都大学文学部五十周年記念論集》,京都大学文学部1956年版,收入《宫崎市定全集5　史記》,岩波书店1991年版;佐藤武敏:《前漢の穀価》,《人文研究》18-3,1967年。

⑤ 佐藤武敏:《中国古代手工業史の研究》,吉川弘文館1962年版;《中国古代絹織物史研究》上,风間书房1977年版;影山刚:《中国古代の商工業と専賣制》;林巳奈夫:《漢代の文物》,京都大学人文科学研究所1976年版。关于和盐铁有关的诸成果,参看柿沼阳平:《戦国秦漢時代における塩鉄政策と国家的専制支配》,《史學雜志》119-1,2010年,收入《中国古代貨幣経済史研究》,汲古书院2011年版。

355

同时,与以上问题并行,学者们还尝试还原市制全貌及城市中人们的生活情形。例如佐藤武敏描述了首都长安市场的全貌[①],宫崎市定、增渊龙夫、吉田光邦则关注到游侠与任侠,特别是吉田认为游侠在市场贸易中发挥了极为重要的中介作用[②]。对于这一点,到 1970 年代后期,随着战国秦汉时期与商业史、货币史相关的青铜器铭文的整理以及睡虎地秦简的发现,运用出土文字资料进行战国秦的工商业史与货币史的研究得到了迅速发展。

山田胜芳对工商业史进行了最全面的研究。山田的业绩遍及全部经济史,对于商业史,他在论文中认为"贾"与"贾人"在秦汉时期用来指称商业与商人,不管是否是职业商人,只要是行商人均用"商"来表达[③]。山田还在论文与专著中尝试全面解读财政史,涉及战国秦的商人、市租以及市制的整体构造[④]。此外,山田对于上文提到的第(1)个问题提出自己的看法,将"有市籍者"解释为在市籍(营业登记簿)上登记了"市居住"的商人,而且认为"市租"是基本上每月"根据在市场内外营业的市籍登记者以及临时在市场上从事贸易者的销售额(包括发放高利贷的收益、从事贸易中介时收取的手续费)所征收的自行申报税",也根据在正规市场以外的临时集市上的销售额来征收。山田在张家山汉简的基础上补充了自己与秦简相关的观点[⑤]。

自平中苓次以来,一般认为市租为"占租(自行申报纳税制)"的一种[⑥],重近启树不赞成这种观点,认为战国秦到西汉时期的市租是"根据官吏所掌握的有市籍的职业商人以及获准在市场上从事贸易的一般农民等的销售额每月所征收的税金",之后变为自行申报纳税制。此外,重近还认为"市籍=商人的户籍"[⑦]。

---

① 佐藤武敏:《漢代長安の市》,《中国古代史研究 第二》,吉川弘文館 1965 年版。

② 宫崎市定:《游侠に就いて》,《歷史と地理》34-4、5,1934 年,收入《中国古代史論》,平凡社 1988年版;增渊龙夫:《新版 中国古代の社会と国家》,岩波书店 1996 年版;吉田光邦:《素描——漢代の都市》,《東方学報》京都第 47 册,1974 年,收入《中国の構圖 現代と歷史》,駸駸堂出版株式会社 1980 年版。

③ 山田胜芳:《中国古代の商と賈—その意味と思想的背景—》,《東洋史研究》47-1,1988 年。

④ 山田胜芳:《中国古代の商人と市籍》,《加賀博士退官記念中国文史哲学論集》,讲谈社 1979 年版;山田胜芳:《秦漢財政収入の研究》,汲古書院 1993 年版。

⑤ 山田胜芳:《张家山第二四七號漢墓竹简「二年律令」と秦漢史研究》,《日本秦漢史学会会報》3,2002 年。

⑥ 平中苓次:《漢代の営業と「占租」》,《立命館文学》86,1952 年,收入《中国古代の田制と税法》,东洋史研究会 1967 年版。

⑦ 重近启树:《商人とその負擔》,《駿台史学》78,1990 年;收入《秦漢税役體系の研究》,汲古書院 1999 年版。

佐原康夫认为市租分为两类，即"根据在市场上特定的店铺内营业、并在市籍上登记的商人自行申报的销售额所征收的税金，以及在市场的路旁临时交易、无市籍的商贩与农民等交易所得的相应税金"。此外，佐原还阐明了"长安九市"的成立年代与地理环境，认为长安周边的城市内也有市场，其连络网支撑了首都周边"三辅"的繁荣。而且，还将市分为"常设市"与"定期市"，不仅是三辅，地方的市场也分为这两类，一些"定期市"以"常设市"为高峰，在各地区形成了自己的小市场圈 ①。

堀敏一认为有市籍或祖父辈有市籍者属于"七科谪"这样身份卑贱的商人，没有土地并且禁止做官 ②。堀还认为存在有同业的店铺，一部分城市内有多个市场，市场内有集团成员集合的广场，市场是集团与外部接触的场所，是公开处刑的场所。此外，市场还是脱离共同体的约束限制暂时获得解放的场所，人们在那里享受从规定制度的束缚中解脱出来的喜悦，而且市场还是个脱离了共同体的流浪汉、游民与无赖聚集的场所，扮演着各种角色 ③。

以上研究成果基本上是(1)与(2)的发展与延伸，而堀毅运用睡虎地秦简来研究物价，将其分类为(3)。堀毅阐述《九章算术》与睡虎地秦简中的物价几乎一致，却与传世文献中所记载的汉代物价大相径庭，因此认为《九章算术》反应了战国时期到秦代的物价。他还将《九章算术》等与睡虎地秦简进行比较，指出在汉代，在军事与交通上较为方便的马、农业方面不可或缺的牛、用于衣食方面的猪羊的价格比较便宜，因此汉代社会稳定，导致人口增加 ④。与上述基于收集物价实例的研究不同，柿沼阳平试图探明造成战国秦汉时期物价变动制度本身的情况。柿沼不赞成钱币与黄金的比例在整个战国秦汉时期均为"黄金1斤＝1万钱"这一定论，并认为赞成钱币与黄金的比价为变动的这一观点的学者对其比价变动后的制度还说明得不够透彻 ⑤。

如上所述，日本在继承、发展以往研究思路((1)至(5))的基础上，新的成果层出不穷，同时也开拓了新的研究方法。例如由于睡虎地秦简中的市制呈"列伍"状态，所以尝试复原市场构造，特别是与汉代画像石的对照研究引人注目。这里想

① 佐原康夫：《漢代の市》，《史林》68-5,1985 年；收入《漢代都市機構の研究》，汲古書院 2002 年版。

② 堀敏一：《雲夢秦簡にみえる奴隷身分》，《中国古代の身分制—良と賤—》，汲古書院 1987 年版。

③ 堀敏一：《中国古代の「市」》，《中国古代の法と社会 栗原益男先生古稀記念論集》，汲古書院 1988 年版；收入《中国古代の家と集落》，汲古書院 1996 年版。

④ 堀毅：《秦漢物価考》，《中央学院大学総合科学研究所紀要》4-1,1986 年。

⑤ 柿沼陽平：《秦漢時代における物価制度と貨幣経済の構造》，《史観》155,2006 年；收入《中国古代貨幣経済史研究》。

指出的是渡部武在刘志远工作基础上所进行的研究①。

张家山汉简出土后,开始了秦简与汉简的比较研究。饭岛和俊以记载战国末期秦王政六年在首都咸阳发生的一起强盗伤害事件始末的张家山汉简《奏谳书》案例22为主要史料,论述了当时市场上集结了何种人,构成了什么样的人际关系,以及具有怎样的社会背景②。此外,柿沼阳平介绍了秦简商业史史料方面的学说,并在此基础上,将张家山汉简与睡虎地秦简中的商业史方面的秦汉律令进行比较研究,同时也对岳麓书院秦简中的相关内容,提出独自的见解③。

关于(4)工业史领域,睡虎地秦简出土后,佐藤武敏在漆器方面、山田胜芳与佐原康夫在盐铁业方面、角谷常子在衣料方面、角谷定俊与才谷明美在制铁业方面等都相继发表了研究成果④。此外,佐原康夫还进行了陶文研究,其研究成果对今后解读秦简将有所帮助。具体来说就是佐原将秦代印记的陶文分为官名及人名印与"市亭"印,前者为位于首都咸阳土木方面的中央官厅直属官窑陶工的印记,这种方式一直沿用到汉魏洛阳城;而后者与自给生产的官用器物与瓦当不同,为其他中央官厅直属的县级官窑的印记,于西汉前期消失。这样,"市亭"就在掌握市场贸易规定与工商业者人员情况的同时,用某种手段来动员民间手工业者,使其从事官营手工业⑤。柿沼阳平整理、检讨了秦简出土后盐铁业方面已有的研究成果,不仅是睡虎地秦简与张家山汉简,还以相家巷出土的秦封泥以及周家台第30号秦墓简牍为论据,指出战国秦至汉代初期的盐铁业分为由国家盐铁官运营和让民"私自"经营并要求其交占租(自行申报纳税)这两种方式,又从多方面论证了诸侯国内也同样存在这种二元的盐铁管理体制⑥。

---

① 刘志远:《汉代市井考——说东汉画像砖》,《文物》1973年第3期;渡部武:《漢代の画像石に見える市》,《東海史学》18,1983年;《画像が語る中国の古代》,平凡社1991年版。

② 饭岛和俊:《市に集まる人々——張家山漢簡『奏讞書』案例22をめぐって》,《アジア史における法と国家》,中央大学出版部2000年版。

③ 柿沼阳平:《战国及秦汉时代官方"受钱"制度和券书制度》,《简帛》第5辑,上海古籍出版社2010年版。

④ 佐藤武敏:《秦・漢初の漆器の生産について》,《古史春秋》4,1987年;山田胜芳:《中国古代の商人と市籍》;佐原康夫:《漢代鉄専売制の再検討》,京都大学人文科学研究所1993年版,收入《漢代都市機構の研究》;角谷常子:《秦漢時代の女性労働—主に衣料の生産からみた—》,《古代文化》50-2,1998年;角谷定俊:《秦における製鉄業の一考察》,《駿台史学》62,1984年;才谷明美:《秦の鉄官及び製鉄業—角谷定俊説に関連して—》,《明大アジア史論集》3,1998年。

⑤ 佐原康夫:《秦漢陶文考》,《古代文化》41-11,1989年;收入《漢代都市機構の研究》。

⑥ 柿沼阳平:《戦国秦漢時代における塩鉄政策と国家的専制支配》,《史學雜志》119-1,2010年,收入《中国古代貨幣経済史研究》,汲古書院2011年版。

此外，对于睡虎地秦简中的"工"，虽然已有"工官"这一定论，但关于官制机构还有诸多讨论。角谷定俊认为，"工官"内存在"工师——丞——曹长——工——工隶臣、工城旦、工鬼薪"这一统属关系，由"相邦——内史——县令、工官啬夫"或者"郡守（——县令——工官啬夫）"负责管理[①]。山田胜芳认为，工官（＝工室）内有"工师（＝工官啬夫）——丞——曹长——工"和"工师（＝工官啬夫）——丞——吏"这两种统属关系，前者管理器物生产，后者的"吏"负责其他的一般事务。此外，新任一年以内的工官由县令管理，除此以外的工官均由郡或内史统管[②]。

柿沼阳平对货币史研究的大致脉络进行了总结[③]。20世纪70年代睡虎地秦简出土以后，稻叶一郎批判了所谓"秦始皇统一了货币制度"这一观点，指出其论据《史记·平准书》与《汉书·食货志》存在问题，根据出土钱币、黄金以及秦简来看，当时的半两钱轻重大小各不相同，但仍然可以流通。并在此基础上，指出钱币的统一要滞后到秦始皇三十七年[④]。此外，战国秦货币经济主要使用钱与布，它们在扩大民众生活可能性的同时，还使家庭成员得以脱离古老的生活集团，令家庭成员分散，结果产生了汉代武帝时期的小家庭[⑤]。稻叶还认为，战国秦是占领了郢这个黄金产地之后，才开始流通黄金的[⑥]。

水出泰弘以传世文献中的"黄金1斤＝1万钱"这一比价为前提，认为"重一两十二（十四）一铢"表明这种所谓战国秦的钱币一千钱与黄金的比重，主张"通钱＝钱作为流通货币"[⑦]。

山田胜芳综合其论文，在日本出版了第一本概述中国古代货币史全貌的著作。[⑧]该著作中写道，战国秦的经济为落后于战国六国的"被动式经济"，当初不

① 角谷定俊：《秦における青銅工業の一考察—工官を中心に—》，《駿台史学》55，1982年。

② Yamada, Katsuyoshi. "Offices and Officials of Works, Markets and Lands in the Ch'in Dynasty." *Acta Asiatica*, 58 (1990)；山田胜芳：《秦漢代手工業の展開—秦漢代工官の変遷から考える—》，《東洋史研究》56-4，1988年。

③ 柿沼阳平：《中国古代貨幣経済史研究の意義と分析の視角》，《中国史学》19，2009年；收入《中国古代貨幣経済史研究》。

④ 稲叶一郎：《秦始皇の貨幣統一について》，《東洋史研究》37-1，1978年。

⑤ 稲叶一郎：《戦国秦の家族と貨幣経済》，《戦国時代出土文物の研究》，同朋舍1985年版。

⑥ 稲叶一郎：《戦国秦の家族と貨幣経済》，《戦国時代出土文物の研究》，同朋舍1985年版。

⑦ 水出泰弘：《戦国秦の「重一両十二（十四）一珠」銭について》，《中央大学アジア史研究》7，1983年；《秦の半両銭について》，《アジア史における制度と社会—アジア史研究第20號—》，刀水书房1996年版。

⑧ 山田胜芳：《前漢武帝代の三銖銭の発行をめぐって》，《古代文化》40-9，1988年；《秦・前漢代貨幣史—東アジア貨幣史研究の基礎として—》，《日本文化研究所報告》30，1994年；《貨幣の中国古代史》，朝日新闻社2000年版。

得不依照别国的通货标准发行"重一两十二（十四）一铢"钱。但是商鞅变法之后，秦国经济得以长足发展，于惠文王二年"发行了"半两钱，同时规定废除"通钱"。山田认为，"行"是"国家依照法律掌握货币铸造特权"，"通钱"意为"使别国钱币在本国内流通"。

江村治树通过分析出土的钱币，与各城市商人独自发行青铜货币的三晋地域进行比较，认为战国秦之所以能够发行规格与质地在一定程度上统一的半两钱，战国秦具有比别国强大的专制权利是其原因之一[①]。

佐原康夫在探讨战国秦汉时期货币经济史的基础上，导入了卡儿·波蓝尼（Polanyi,K.）的经济人类学的观点，认为不仅是钱币与黄金，也应将布匹与谷物等纳入"货币"这个范围进行研究[②]。佐原还认为，半两钱并未严格加以规范而进行流通，国家作为财政手段半强制性地要求民众使用半两钱，实际上半两钱与布匹等实物货币相比只不过是附属货币而已[③]。佐原的这些见解，一部分被认为是卓越的理论性见解[④]，还有不少尚停留在理论层面，需要进行进一步具体精密的考证[⑤]。

柿沼阳平以秦简、汉简研究成果为基础，论证了中国古代货币经济史研究的过程与质变。具体来说如下：回顾、整理了从加藤繁到佐原康夫的日本各学说在内的中国古代货币经济史研究的学术研究史[⑥]；批判了殷周以海贝（Cowry）作为货币的说法，探究了基于甲骨文与金文的殷周海贝文化的实态，认为"海贝＝货币"这一认识是在战国时期形成的事后的"记忆"[⑦]；确定了"卖"、"买"这些词语出现的时间，认为意为"购买"的动词"买"出现于战国时期，而"卖"与"贷"、"偿"、"假"这些字出现在秦代，由此可以判断货币经济在战国时期前后得以快速发展。此外，还引用《日书》与银雀山汉简《占书》，指出战国秦汉时期钱币、黄金与布帛为

---

① 江村治树：《春秋戦国秦漢時代出土文字資料の研究》，汲古書院 2000 年版；《円銭の性格》，《統合テクスト科学研究》2-2,2004 年，收入《春秋戦国時代青銅貨幣の生成と展開》，汲古書院 2011 年版。

② 佐原康夫：《漢代の貨幣経済と社会》，《岩波講座世界歴史 3 中華の形成と東方世界》，岩波書店 1998 年版；收入《漢代都市機構の研究》。

③ 佐原康夫：《漢代貨幣史再考》，《殷周秦漢時代史の基本問題》，汲古書院 2001 年版；收入《漢代都市機構の研究》。

④ 原宗子：《佐原康夫『漢代都市機構の研究 』》，《中国出土資料研究》7,2003 年。

⑤ 太田幸男：《佐原康夫『漢代都市機構の研究 』》，《東洋史研究》62-2,2003 年。

⑥ 柿沼陽平：《中国古代貨幣経済史研究の意義と分析の視角》，《中国史学》19,2009 年。

⑦ 柿沼陽平：《殷周宝貝文化とその「記憶」》，《東アジア古代出土文字資料の研究》，雄山閣 2009 年版；《中国古代貨幣経済史研究》。

主要货币①。柿沼认为战国秦汉时期的物价制度为"固定官价"、"平价"与"实际价格"这三重构造,批评了钱币、黄金与布帛的价值关系绝对不变以及完全自由变动的这两种观点②。柿沼还认为,半两钱于战国秦惠文王二年后开始使用,按照使用"行钱(国家公认的流通钱币)"与禁止"通钱(跨越过境的钱币流通)"的相关规定来进行流通,以半两钱为统一货币的体制虽然是秦统一六国时在全国颁布的,但其实际效力很弱,政府不得不于秦始皇三十七年再次发布命令强制推行使用半两钱③。在探讨这一问题时,柿沼涉及到"盗铸钱"与"伪钱"的区别,认为伪钱分为两种,是在还未公布盗铸钱禁止令时民间铸造的规格外的钱币。此外,柿沼还对来自民间的对依照法律管理铸造钱币这一体制的反应与抵抗、盗铸钱的制造过程以及盗铸组织的实际情况进行了考察④。柿沼还涉及了其他一些问题,如钱币、黄金与布帛具有不能相互替代的社会机能,秦汉军功褒赏制中"购金"与"购钱"并不相同⑤,以及所谓"男耕女织"这一战国秦以来的国家政策实际上在汉代以后并非完全如此⑥。

第十节　爵制、身份制度

在秦简出土以前,镰田重雄、栗原朋信广泛收集有关汉代二十等爵制的文献史料,得出此制度是继承秦爵制而建立的结论,关于其二十等爵位的区分则认为,仅将"官爵"(九级五大夫以上)赐秩六百石以上的官员,将"民爵"(八级公乘以下)

① 柿沼阳平:《文字よりみた中国古代における貨幣経済の展開》,《史滴》29,2007 年;收入《中国古代貨幣経済史研究》。
② 柿沼阳平:《戦国秦漢時代における物価制度と貨幣経済の基本的構造》,《史観》155,2006 年;收入《中国古代貨幣経済史研究》。
③ 柿沼阳平:《秦漢帝国による「半両」銭の管理》,《歴史学研究》840,2008 年;收入《中国古代貨幣経済史研究》。
④ 柿沼阳平:《前漢初期における盗鋳銭と盗鋳組織》,《東洋学報》90-1,2008 年;收入《中国古代貨幣経済史研究》。
⑤ 柿沼阳平:《漢代における銭と黄金の機能的差異》,《中国出土資料研究》11,2007 年;收入《中国古代貨幣経済史研究》。
⑥ 柿沼阳平:《戦国秦漢時代における布帛の流通と生産》,《日本秦漢史学会学報》9,2008 年,收入《中国古代貨幣経済史研究》;柿沼阳平:《三国時代の曹魏における税制改革と貨幣経済の質的変化》,《東洋学報》92-3,2010 年。

赐秩五百石以下的官员及百姓,还指出获得爵位者享有减刑和免除税收的特权①。此后,守屋美都雄校订了有较多文字脱落与错简的《商君书·境内》,指出战国初期,商鞅在秦国推行的爵制中规定,给在战场上获取敌人头首的士兵授予爵位,使其享有减刑的特权,并授予其官职与田宅。守屋还指出这项制度打破了周朝基于血缘关系的五等爵制,建立了新的身份制度②。西嶋定生在以上研究的基础上,详细探讨了秦汉爵制的机能,论证了中国古代皇帝统治体制的特点。西嶋关注到汉代皇帝在国家喜庆大事时赐给国民爵位(赐民爵),指出该政策是用爵制重整在战国时期被破坏的乡里社会秩序。此外,西嶋还指出秦汉皇帝通过赐民爵的制度,将全国民众纳入各个乡村的"爵制秩序"中,从而可正当地对国民进行人身统治③。西嶋提出的关于秦汉两代的皇帝统治体制的理论模式,至今仍对日本的中国古代史学界有巨大的影响力。

睡虎地秦简有与爵制相关的秦律条文。资料公布后引起根据新史料重新对秦爵制的研究。开其先河的是古贺登。古贺运用睡虎地秦简重新校订了《商君书·境内》,指出秦国商鞅把通过精密计算而划分的土地按照爵级分配,并给这些分得土地的人赐予相应的军职让其上战场作战。古贺还在重新研究《商君书·境内》的内容后指出,获得爵位者可得到减刑的特权,晋升为五级大夫的人被授予指挥官的资格④。通过古贺的这一研究成果,以往守屋所复原的秦国爵制的内容由于睡虎地秦简的发现而得以具体化,《商君书·境内》的史料价值得到认可。

另一方面,随着秦律的发现,秦国的刑罚体系更加具体明晰,因此对获得爵位者可减刑这一说法的具体情形进行了验证。籾山明提出"何种爵位可减刑"这一疑问,并以此为出发点,对西嶋定生的学说提出质疑。籾山否定民爵授予制度发挥了稳定乡里社会的机能,认为爵位是对从军有功的人实行的一种奖赏制度,并在此基础上,提出民爵授予制度是秦汉时期的君王乃至皇帝对服兵役、徭役等"公共事业"的民众进行奖赏而赐予其爵位的一种政策,认为应对西嶋的学说全面进行重新审视⑤。籾山的这一观点引起了巨大反响,此后,通过秦律来探讨减刑特权的研究兴盛起来。冨谷至利用睡虎地秦简对有爵者可减刑的这一传统说法再次进

① 鎌田重雄:《西漢爵制》,《史潮》8-1,1938年,收入《漢代史研究》,川田书房1949年版;栗原朋信:《両漢時代の官·民爵に就いて》上、下,《史観》22、23,1940年,26、27,1941年。
② 守屋美都雄:《漢代爵制の源流として見たる商鞅爵制の研究》,《東方学報》京都第27册,1957年;收入《中国古代の家族と国家》。
③ 西嶋定生:《中国古代帝国の形成と構造—二十等爵制の研究—》,东京大学出版会1961年版。
④ 古贺登:《漢長安城と阡陌·県郷亭里制度》,雄山阁1990年版。
⑤ 籾山明:《爵制論の再検討》,《新しい歴史学のために》178,1985年;《皇帝支配の原像—民爵賜与をてがかりに—》,《王權の位相》,弘文堂1991年版。

行了全面的验证,发现秦以及西汉初期,仅拥有二级上造以上的爵位者可免除肉刑,文帝十三年废除肉刑后,根据爵位不同,减刑由免除肉刑转变为免除脚枷、头枷等刑具[①]。石冈浩指出,五级大夫以上爵位的人在被处以劳役刑时,其从事的劳动内容可减轻为在官府内从事轻度劳动("居官府")[②]。宫宅洁对鬼薪白粲这一以往被认定为比城旦春轻一等的劳役刑重新进行研究后认为,这种刑罚仅适用于有爵位者等具有特权身份的人,被处以鬼薪白粲的刑犯可免穿红衣、免带刑具[③]。

另一方面,堀敏一对"七科谪"、私人奴隶等卑贱身份问题进行了研究。堀根据《为吏之道》"魏户律"、"魏奔命律"中的"假门、逆旅、赘婿、后父"没有土地和房屋并禁止做官这一点指出,从战国时期起,"七科谪"这种身份卑贱者已经存在[④]。此外,堀主要从《法律答问》探讨私人奴隶待遇的问题,认为主人处罚奴隶时须由官府代理,因此当时的私人奴隶并不完全是主人的所有财产[⑤]。堀基于以上研究结果,推测秦汉时期的身份制度为"官、庶、奴"制,历经魏晋南北朝至唐朝变化为"良贱"制[⑥]。此外,松崎つね子对《秦律十八种·军爵律》与《法律答问》中的"隐官"进行探讨,将其解释为曾遭受肉刑而后被释放的刑犯的称呼[⑦]。

张家山汉简《二年律令》的全部释文公布后,因其中与爵制、身份制度相关的史料非常丰富[⑧],所以这方面的研究大有进展。石冈浩关注到《二年律令》各条文中五级大夫以上的有爵位者与秩三百石的官吏享有同等待遇,且与四级不更以下有爵者的待遇明显不同这一点,认为秦国以及西汉前期大夫以上的爵位仅仅是授给秩三百石以上的官吏的"官爵"[⑨]。宫宅洁指出,由于睡虎地秦简《法律答问》中

① 冨谷至:《秦漢二十等爵と刑罰の減免》,《前近代中国の刑罰》,京都大学人文科学研究所1996年版;收入《秦漢刑罰制度の研究》。
② 石冈浩:《秦時代の刑罰減免をめぐって─睡虎地秦簡に見える「居官府」の分析から─》,《史滴》20,1998年。
③ 宫宅洁:《労役刑體系の構造と変遷》,《東洋史研究》58-4,2000年;收入《中国古代刑制史の研究》。
④ 堀敏一:《漢代の七科謫とその起源》,《駿台史学》57,1982年;收入《中国古代の身分制─良と賎─》,汲古书院1987年版。
⑤ 堀敏一:《雲夢秦簡にみえる奴隷身分》,《東洋法史の探求 島田正郎博士頌壽記念論集》,汲古书院1987年版;收入《中国古代の身分制》。
⑥ 堀敏一:《中国における良賤身分制の成立過程》,《律令制─中国朝鮮の法と国家─》,汲古书院1986年版;收入《中国古代の身分制》。
⑦ 松崎つね子:《隠官と文帝の肉刑廃止》,《明大アジア史論集》3,1998年。
⑧ 山田胜芳:《張家山第二四七號漢墓竹簡「二年律令」と秦漢史研究》,《日本秦漢史学会会報》3,2002年。
⑨ 石冈浩:《張家山漢簡二年律令にみる二十等爵制度─五級大夫を中心に─》,[韩]《中国史研究》26,2003年。

有"爵后"一词,《二年律令·置后律》中有三级簪袅以上的有爵位者可继承爵位这一规定,因此秦汉时期民众可以继承爵位,并且当时的民众并不只是通过赐民爵获得爵位,当时的乡村社会也不一定要通过"爵制秩序"进行重组,再次否定了西嶋的观点。宫宅还注意到《二年律令·赐律》由爵级决定皇帝赏给吏民的赐品这一点,得出了秦汉时期根据爵位决定赐品多寡的结论[①]。椎名一雄则关注到由爵级决定分配田宅数量的《二年律令·户律》,认为秦汉时期的爵制具有以分配田宅为媒介直接将皇帝与民众连系起来的作用[②]。楯身智志探讨《二年律令·傅律》与《置后律》指出,西汉初期民众在服兵役、徭役时,可以得到相应的爵位,并在此基础上得出结论认为,战国初期秦国给立军功者授予爵位,战国末期,从军达到一定时间的士兵也可以获得爵位,至西汉初期,服兵役、徭役的民众也可获得爵位[③]。

《二年律令》中还有不少关于处置"庶人"、"隐官"、"徒隶"等卑贱身份者的条文。椎名一雄认为无爵位的"庶人"与一般民众不同,不能服兵役与徭役,也不能做官[④],是对获得解放的奴隶或是因犯罪而失去爵位者的一种称呼[⑤]。此外《二年律令》中还散见"士伍"与"庶人"这些无爵位者之下的"徒隶"的相关规定,随着里耶秦简的公布,明确了"徒隶"是城旦舂、鬼薪白粲、隶臣妾的总称[⑥]。鹰取祐司认为《二年律令》中"徒隶"与拥有公士以上爵位者以及"士伍"、"庶人"等同样是一种身份称呼,所以以往称作劳役刑的城旦舂、鬼薪白粲、隶臣妾均可视为身份刑[⑦]。铃木直美在里耶秦简的基础上,对"隐官"的处置待遇问题进一步作有探讨,指出"隐官"与"徒隶"等一同被迫运送物资和进行土木建筑工作,"隐官"的身份并无世袭[⑧]。鹰取进一步通过广泛收集已公布的里耶秦简中"大夫"、"徒隶"、"戍卒"等身份称呼,复原了秦迁陵县的人员构成,结果发现县业务的大部分不是由官吏、而是由"徒隶"来承担的[⑨]。

① 宫宅洁:《漢初の二十等爵制—民爵に付帯する特權とその繼承—》,《江陵張家山二四七號墓出土漢律令の研究〔論考篇〕》,朋友书店 2006 年版。

② 椎名一雄:《张家山漢簡二年律令に見える爵制》,《鴨台史学》6,2006 年。

③ 楯身智志:《前漢における民爵賜与の成立》,《史滴》28,2006 年。

④ 椎名一雄:《张家山漢簡二年律令に見える爵制》,《鴨台史学》6,2006 年。

⑤ 椎名一雄:《「庶人」の語義と漢代の身分秩序》,《大正大学東洋史研究》1,2008 年。

⑥ 李学勤:《初读里耶秦简》,《文物》2003 年第 1 期;池田夏树:《戦国秦漢期における徒隷》,《帝京史学》20,2005 年。

⑦ 鹰取祐司:《秦漢時代の刑罰と爵制的身分序列》,《立命館文学》608,2008 年。

⑧ 铃木直美:《里耶秦簡にみる隱官》,《中国出土資料研究》9,2005 年。

⑨ 鹰取祐司:《里耶秦簡に見える秦人の存在形態》,《資料学の方法を探る》12,2013 年。

第十一节　对外关系

　　战国秦是如何区别本国与他国的呢？是如何将国外势力及居住人口进行分类并纳入自己的管辖范围的呢？这些关系到战国时期人们对"中华"这个概念的理解，所以这个大问题一直受到学者们的关注。在日本栗原朋信早就提出了自己的观点[①]。栗原通过研究皇帝赐给王侯与诸君长的印章，指出汉帝国具有双重结构，即遵从皇帝的德、礼、法的"内臣"区域和仅仅是君主遵守礼、法，在君主统治下实施民族自身的礼与法的"外臣"区域。栗原还指出，实际上仰慕汉朝的德行而来朝贡的地区也属于"外"，此外，还存在"内"与"外"之间的中间区域以及"外臣"与"朝贡国"之间的区域。这些主要涉及汉帝国对外关系的学说，成了此后研究战国秦对外关系的基础。

　　睡虎地秦简出土后，《法律答问》中有涉及外国出身者、外国人、诸蛮夷等分类与处理方法的内容，因此许多学者开始对其进行解释。开其先河的是工藤元男[②]。工藤力图全面理解《法律答问》，并继承和发展栗原的学说，进行了如下论述。战国秦本是以关中（故秦）为中心的国家；故秦以郡县制与封建制为基础，相当于栗原所说的"内"；故秦周围存在有一些属国（臣邦）；臣邦包括属邦（秦在少数民族的居住地设置的郡级地方行政机构）、附庸、战国六国旧地，将臣邦与故秦的区域范围合起来称为"夏"。另一方面，夏的外部还有"它邦（包括外臣邦与诸侯）"，严禁脱离"秦属（归属于秦国＝拥有秦国的籍贯）"的行为（去夏）。那么，"非秦人"是如何"秦人化"的呢？关于这一点，工藤提出"非秦人通过通婚实现秦人化"这一观点。即秦律中有"夏子"一词，有"在身份上完全是秦国人"之意，包含秦父与秦母之子以及臣邦父与秦母之子，其判定基准在于是否有秦母。另一方面，还指出臣邦父母之子与它邦父母之子为"真（他国出身者＝客人身份的法制表现方

---

① 栗原朋信：《漢帝国と周辺諸民族》，《岩波講座世界歴史——古代4》，岩波书店1970年版；收入《上代日本对外関係の研究》，吉川弘文馆1978年版。栗原朋信《秦漢史の研究》（吉川弘文馆1960年版）首先提出"内臣"和"外臣"的区别有关的看法而认为内臣接受汉皇帝的德、礼、法，外臣君主接受汉皇帝的礼。但栗原在《漢帝国と周辺諸民族》里改变了自己的看法而认为外臣君主不但接受了汉皇帝的礼而且接受了汉皇帝的礼法。

② 工藤元男：《秦の領土拡大と国際秩序の形成》。

式)"。后来，工藤又对自己的观点进行了补充①，即判断是否为"夏子"与"真"均依据母亲的身份，战国秦以该身份制度为杠杆，推进了通过与秦女通婚而实现非秦人的秦人化。

最先对工藤观点提出反论的是堀敏一②。堀认为臣邦父母之子以及在它邦所生的人为真，臣邦父与秦母之子为夏子，并在此基础上指出，关于秦父与臣邦母之子在秦律中虽然没有记载，但是因为只要拥有秦母即为夏子，因此秦父之子当然为"夏子"。此外，堀还批评了整理小组的"臣邦＝少数民族国家"这一观点，认为臣邦不分是否为华夏民族，而是指全部"臣属国"。以上与工藤的观点基本相同。然而，对于"夏"的定义，与工藤的观点不同，堀认为只包括秦。因为如果夏内包括臣邦的话，臣邦内的少数民族亦属于夏，因此则产生疑问。另外，堀还认为"臣邦＝外臣邦"、"属邦＝相当于汉代属国，是与道官一同统治国内少数民族的机关"，这一点与工藤的观点不同。矢泽悦子也赞成堀关于"属邦"的看法③。矢泽整理了有关"属邦"的论点并介绍秦代兵器铭文中也有"属邦"，补充了堀的观点，认为"属邦＝掌管归顺蛮夷的中央官府"。此外，矢泽还认为，秦代有"道"这样的少数民族居住县，并不是所有的少数民族地区都设有"道"，而是限定设置在故秦以外的周边地域(陕西、四川、甘肃等)。此外，与属邦为"归顺的少数民族的总管理机构"不同，道是管理"被纳入郡县制度下的少数民族"的行政区划，臣邦是比道独立性强的"邦"，道与臣邦都由属邦统管。然而，工藤对堀与矢泽的观点再次提出了反驳④。工藤赞成矢泽的秦代兵器铭文中"属邦"为中央官府的观点，但指出这只不过是"典属邦"的简称，另外还有作为臣邦的"属邦"。工藤还批评道，如果遵从堀的"夏＝秦"这一观点，《法律答问》简 546 的"其主长"则指秦王，但实际上是不可能那样称呼自国君王的。

饭岛和俊赞成工藤以后的学者们对"非秦人通过通婚实现秦人化"的观点，在臣邦父与秦母之子为"夏子＝夏之子＝秦属之子"观点的基础上，指出秦父之子为"秦人"⑤。这与工藤的夏子与真皆根据母亲的出身来分类的观点不同，是根据父亲的出身来设定"秦"这个概念的新观点。然而，这种"秦"的概念无法从史料中得

①　工藤元男：《「秦の領土拡大と国際秩序の形成」再論—いわゆる「秦化」をめぐって—》,《早稲田大学長江流域文化研究所年報》2,2003 年。
②　堀敏一：《中国の異民族支配の原型》,《中国と古代東アジア世界》,岩波書店 1993 年版。
③　矢沢悦子：《戦国秦の異民族支配と「属邦」》,《明大アジア史論集》1,1996 年。
④　工藤元男：《秦の領土拡大と国際秩序の形成》,《東洋史研究》43-1,1984 年,収入《睡虎地秦簡よりみた秦代の国家と社会》。
⑤　饭岛和俊：《戦国秦の非秦人対策—秦簡を手掛りとして見た、戦国秦の社会構造—》,《中村治兵衛先生古稀記念東洋史論叢》,刀水書房 1986 年版。

以证实。而且,如果秦根据父亲的出身确定子女的所属,夏子根据母亲的出身来确定的话,两者就成为完全不同的两个概念,秦父与秦母之子可为秦,也可为夏子。然而饭岛认为,秦父与秦母之子为秦,而不应称为夏子。那么"夏子"这个概念到底为何存在,与去夏等概念有何种关系呢?这也是今后的课题。饭岛的观点跟夏子与真根据母亲的出身决定相反,认为根据父亲的出身决定秦这一概念,这个观点很有独创性,给后来的研究带来了很大影响。

此后,鹤间和幸认为"秦郡治下的直辖领域=夏",与秦女通婚的周边民族的首长从子女辈起为夏人,另一方面,夏人的范围至多到首长为止,居民因在首长统治之下,因此间接地归夏管理[1]。然而这种说法没有史料依据,只不过是一种假说而已,此外,对于秦父与臣邦母或它邦母之子、秦与夏子之间的关系也缺乏足够的说明。但是,"夏"这个概念仅适用于首长的观点很有独创性。矢泽悦子也对工藤的真与夏子的区分涉及臣邦人的观点持反对意见,对有不少相关史料也适用于君长以外的一般人这一前提也打上问号[2]。矢泽还否定了工藤有关被秦征服的诸侯邦成为臣邦的观点,在分析战国秦征伐巴蜀记录的基础上,认为秦统治少数民族时,不是立刻设郡,而是封侯、封君长,将其纳入秦的爵制,从而将该国作为秦的属国。矢泽还指出,商鞅、魏冉、范雎、蔡泽、吕不韦等在战国秦国内被称为"诸侯",其领地则被称为"国",这些均为"秦属";这些"国"在这一代以后便消失了,秦开始控制其周边,一旦可以设郡,就将其重新编入郡。矢泽并不是评论工藤以后学者们对"非秦人通过通婚实现秦人化"这一观点的是非,仅是就"臣邦"的内涵对工藤的观点进行了部分批判。大栉与高津的观点也具有这种倾向。

大栉敦弘认为臣邦包括"非汉族"、"汉族而非秦人"与"秦人(的首长)",将外臣邦与诸侯区别开来,主张外臣邦与诸侯总称为它邦,并在此基础上,认为"侯"分为"(与秦基本对等的)诸侯"、"归属于秦的诸侯"与"关内侯"三种,分别相当于"诸侯=不臣"、"外臣邦=外臣"与"臣邦=内臣"[3],还认为战国秦内,包含有秦中与臣邦的区域为"秦邦"。大栉虽对细节进行了严密的考证,但并未涉及"非秦人的秦人化"这一重要问题。

高津纯也认为,战国时期一些国家利用"夏"号来表明自身优越于别国,将

---

① 鹤间和幸:《古代中華帝国の统一法と地域——秦帝国の统一とその虚构性》,《史潮》新30,1992年。

② 矢泽悦子:《秦の统一过程における「臣邦」—郡县制を补完するものとして—》,《骏台史学》101,1997年。

③ 大栉敦弘:《统一前夜——战国後期の「国际」秩序》,《名古屋大学東洋史研究报告》19,1995年;《秦邦—云梦睡虎地秦简より见た「统一前夜」—》,《论集 中国古代の文字と文化》,汲古书院1999年版。

以自己为中心的范围称为"夏",睡虎地秦简中的"夏"也是显示战国秦优越性的号 [①]。还认为"内臣、外臣"论这一工藤与大栉观点的前提在汉代以前难以适用,因此工藤提倡的以"内臣、外臣"论为前提将外臣邦与南越进行比较、臣邦处于"内臣与外臣中间"的观点不能成立。此外,阿部幸信对栗原的"内臣、外臣"论也表示反对 [②]。阿部重新探讨了汉代印章制度,认为正是西汉成帝绥和元年进行改革实行"封建拟制"后才产生了"内"与"外"的区别,自此以前在对外关系史中不适用"内臣、外臣"论。可以说这对工藤"内臣、外臣"论可适用于战国秦的对外关系的观点进行了间接批判。

以上是睡虎地秦简出土后的有关对外关系方面的讨论。其发展情况如下,始于工藤与堀的对立,后又有饭岛与鹤间的不同观点,还有矢泽、大栉、高津对工藤与堀的论争进行了部分性的调整。近年来,渡边英幸对以往的学说全面进行批判,提出了独树一帜的观点 [③]。渡边认为,秦律中秦(直辖地=郡县制的领域)、臣邦、外臣邦与诸侯有所区别,秦的周围广设"徼"进行监察,"邦亡"这种向外逃亡的行为要受到处罚。臣邦、外臣邦与诸侯则不同,分别指独立的国家(邦)。臣邦是君长或君公统帅的国家,归属于秦,包括(1)位于秦周围的戎狄集团的一部分;(2)秦封建的封君与封侯;(3)到达内臣阶段的诸侯(工藤所说的附庸)。外臣邦也是归属于秦的国家,包括当时归属于秦被称为"藩臣"的韩与魏等。诸侯是对未归属于秦的东方诸侯国的称呼。那么,秦、臣邦、外臣邦与诸侯之间的子女是如何定位的呢?具体来说就是,秦父与秦母之子和秦父与臣邦母之子为秦,臣邦父与秦母之子为夏子,臣邦父与臣邦母之子和在它邦父母之子为真。此外,禁止它邦父(外臣邦父、诸侯父等)与秦女通婚。可以理解为"秦"由父亲的血统来继承,"夏子"通过秦母获得,纯粹的秦人是秦,准秦人是夏子,纯粹的非秦人是真。

与以上观点不同,柿沼阳平指出,应对工藤以来一直到渡边的观点的基础——"非秦人通过通婚实现秦人化"这一论点进行重新审视 [④]。柿沼认为,"夏=秦与臣邦这种国之间的结合关系",在夏之子(秦人与臣邦人之子)有可能全部为夏子。柿沼还区别了出身概念(夏子、真)和表示国与国之间结合关系的概念(秦、臣邦、

① 高津纯也:《先秦时代の「諸夏」と「夷狄」》,《日本秦漢史学会会報》1,2000 年;《戦国秦漢の支配構造に関する一考察—「外臣」「外国」と「諸夏」—》,《日中律令制の諸相》,东方书店 2002年版。

② 阿部幸信:《漢帝国の内臣——外臣構造形成過程に関する一試論》,《歴史学研究》784,2004 年。

③ 渡邊英幸:《秦律の夏と臣邦》,《東洋史研究》66-2,2007 年;收入《古代「中華」観念の形成》,岩波书店 2010 年版。

④ 柿沼阳平:《戦国秦漢時代における「半両」銭の国家的管理》,《法制史研究》58,2009 年;收入《中国古代貨幣経済史研究》。

外臣邦、诸侯、夏），主张"非秦人的秦人化"并非一定要通婚才能实现。柿沼还认为，既然睡虎地秦简中有"在它邦出生之人＝真"这样的记载，因此即使具有血缘关系，在它邦出生的子女均为真；相反，不管出身何处，只要取得了"（秦的）籍"，非秦人就可成为"秦人"。

第十二节　地理

地理研究领域，日本几乎没有相关的学术论文，仅在地名考证与交通等方面有一些讨论。关于前者，高桥庸一郎对《编年记》中的地名进行了全面考证①。高桥将《编年记》中的地名与现代地名对应起来，并在此基础上推测出各国军队的行军路线。该研究使秦国统一六国的过程更加立体化。

在交通方面，2002 年里耶秦简出土后，藤田胜久提出了其内容为"信息传递"这一观点。藤田首先通过研究含有地名的里程简，将从"鄢"到"迁陵"的里程复原，指出秦国的中央命令通过何种路径传达到郡管辖下的县，并指出执行行政事务的标准形式②。藤田还在此基础上说明信息从秦国首都咸阳下达到地方各郡的特点，对秦代郡县的部分结构进行了验证。此后，藤田除里耶秦简之外，还将研究范围扩大到居延新简和敦煌悬泉置汉简中含有地名的里程简，探讨了旅行路线与里程问题③。与发掘简报对地名里程简的解释不同，藤田还参考 1993 年出土的尹湾汉墓简牍中的《集簿》、《东海郡吏员簿》和《历谱》，认为汉简的里程简是传递文书或一天旅程的记录。此外，藤田还指出里耶秦简中里程简的内容明显跨越了一天的旅程，可以明确其并非规定文书传递的定额指标，因此推测其简中的地名是从中央到地方、或是从地方到北方途中的一些基点，而且里程是水路的行程路线。然而，这仅仅是洞庭郡这一郡的个案而已。正如藤田所述，秦代交通方面还有许多地方需要探讨。

---

① 高桥庸一郎：《睡虎地秦墓竹简释文注解 1》，《阪南論集》23-4,1988 年；《睡虎地秦墓竹简释文注解 2》，《阪南論集》24-4,1989 年；《睡虎地秦墓竹简释文注解 3》，《阪南論集》25-4,1990 年。均收入《睡虎地秦簡『編年記』『語書』釋文注解》，朋友书店 2004 年版。

② 藤田胜久：《里耶秦简と秦代郡县社会》，《愛媛大学法文学部論集（人文学科編）》19,2005 年；收入《中国古代国家と社会システム》。

③ 藤田胜久：《秦漢時代の交通と情報伝達—公文書と人の移動—》，《愛媛大学法文学部論集（人文学科編）》24,2008 年；收入《中国古代国家と社会システム》。

第十三节　学术、思想

可以直接了解到秦的学术方面的出土文字资料几乎没有，仅有一些出土于周家台 30 号墓的关于医术方面的资料，长谷部英一对其中《病方》进行探讨，从内容与马王堆帛书《五十二病方》相似这一点，推断其出现时期基本相同[1]。

迄今，关于秦的思想，根据《商君书》、《韩非子》、《史记》等传世文献已进行了诸多研究，但被认为占有重要地位的秦的法，由于没有留存的实物，几乎没能进行讨论。

随着睡虎地秦简的出土，其真实情况的一部分得以明了，使这一领域的研究有了很大进展。由此，对于秦的法是怎样的，它如何与商鞅、韩非子这样的先秦思想相关连等具体问题首次得以探讨。

汤浅邦弘从对秦律整体的探讨这一角度，指出其特征是，以完善官僚体制为背景，有着极强的中央集权化意向[2]。他还指出，秦律虽在很大程度上继承了商鞅、韩非子的思想，但是原本秦的法的思想并未将法律与社会之间产生的不和，定位为必须注意的严重问题，因而在产生不和的基层统治环境，秦律并不一定发挥其有效的作用[3]。

这种伴随中央集权化的秦律与地方社会的对立状态，可以从睡虎地秦简《语书》和《为吏之道》两篇中看出来。因为它们是记述地方官吏的应有状态和其心得的资料，所以在探讨秦的法治理念等问题时，就显得极为重要。以下举出以这两篇为线索来论及秦的思想的研究。

町田三郎对在秦汉帝国这两个性质相同、时代连续的王朝中，着眼于由秦始皇和汉武帝进行的两次思想统制，对其真实情况和从法家向儒家转变的理由进行了论述。他讨论了由于乡里社会中的儒生抵抗基于法律的统治，发生了混乱，为了解决其混乱，国家确立利用官吏的统治，企图与乡俗融洽，实行思想统制[4]。

---

[1]　长谷部英一：《周家台三○号秦墓竹简の治疗法》，《中国哲学研究》18，2003 年。

[2]　汤浅邦弘：《秦律の理念》，《中国研究集刊》天，1984 年；收入《中国古代軍事思想史の研究》，研文出版 1999 年版。

[3]　汤浅邦弘：《秦の法思想》，《日本中国学会报》36，1984 年；46，1995 年。收入《中国古代軍事思想史の研究》。

[4]　町田三郎：《秦の思想統制について》，《中国哲学論集》4，1978 年。

西川靖二认为,汉初出现黄老思想是缘于法与乡俗的对立。即是如《语书》所见,民间秩序与法的一元统治是相悖的,所以想以黄老思想来对这种自秦以来的社会矛盾,进行理论上的消除 [1]。

汤浅邦弘对《语书》《为吏之道》两篇中的"吏"进行了探讨,就秦对于"吏"持有怎样一种观念,其与后来的"循吏"、"酷吏"如何关连等进行论述。汤浅认为,《语书》中所说的"良吏"不一定与"循吏"是一致的,从有无实际业务能力这一点来看,倒不如说更近似于"酷吏" [2]。

青山大介从《吕氏春秋》反映编撰者政治立场这一一贯主张出发,对同一时期的睡虎地秦简中出现的"孝"进行了研究,认为吕不韦采取了拥护"孝"的措施,故而《吕氏春秋》中可见"孝"这一思想 [3]。

池田知久指出,《语书》中所见的"乱"、"治"这样的统治原理,与《墨子·尚同》三篇极为相似,所以其形成是在《语书》写成稍前的秦的领地 [4]。

迄今为止出土秦简大多是法律、行政文书或是《日书》一类文献,所以与楚简研究相比,这一领域的研究还不太多。但是岳麓书院藏秦简等新的资料也在不断地被发现,我们期待今后的进展。

第十四节　日书

20世纪80年代后期睡虎地秦简《日书》的图版与释文公布之后,工藤元男开辟了《日书》研究的先河。他将该世纪90年代前期以前发表的主要论文经补充修改之后,收录于他的专著中 [5]。在该书中,他首先提及一个关系到睡虎地《日书》整

---

[1]　西川靖二:《漢初における黄老思想の一側面》,《東方学》62,1981年。

[2]　汤浅邦弘:《秦の法思想》,《日本中国学会報》36,1984年;46,1955年。

[3]　青山大介:《吕氏春秋の孝説》,《東洋古典学研究》10,2000年。

[4]　池田知久:《睡虎地秦簡『語書』と墨家思想》,《郭店楚簡の儒教的研究》6,2005年。

[5]　工藤元男《睡虎地秦簡よりみた秦代の国家と社会》。在该书12章中,与《日书》有关的是:第4章《睡虎地秦簡「日書」の基礎的検討》,原載《史滴》7,1986年;8,1987年。第5章《「日書」を通してみた国家と社会》,原載《古代文化》43-8,1991年。第6章《先秦社会の行神信仰と禹》,原載《東洋文化研究所紀要》106,1988年。第7章《「日書」における道教的習俗》,原載《東方宗教》76,1990年。第8章《禹の變容と五祀》,原載《中国——社会と文化》7,1992年。第9章《「日書」に反映された秦・楚のまなざし》,原載《古代》88,1989年。終章《睡虎地秦簡よりみた戦国秦の法と習俗》,原載《木簡研究》10,1988年;《東方》140,1992年。

体的问题,即将其定性为墓主喜在南郡各县实施秦法时,为了理解应该熟知的当地社会固有习俗所必需的资料。工藤还对其所使用的文字进行分析,推断睡虎地秦简中的双层差异反映出书写者的文化属性。他分析了国家及官制方面的词汇,指出对官制的关心集中在啬夫等。

其次是有关习俗方面的具体问题,工藤通过《日书》中与旅行有关的各条占辞,复原先秦社会将禹神化的行神信仰,探究这一习俗的本质。他利用放马滩秦简《日书》对这一问题进一步进行研讨,指出禹在先秦社会成为行神等事实,还指出以后该习俗被道教的信仰体系所吸收,指出《日书》与道教习俗的联系。除了行神禹以外,他还研讨了《日书》中与嫁娶日的吉凶有关的神、马王堆汉墓帛书《五十二病方》中的治愈神、西夷或冉駹社会中的庇护神等,探讨了与“治水圣王”不同的各种禹信仰形态,指出禹信仰本身具有深层结构。他还弄清了先秦社会以禹为神的行神信仰编入五祀的过程。

最后,关于《日书》中当地社会和秦代法治的问题,他分析《玄戈》等诸篇占法原理的差异,揭示睡虎地《日书》中“楚人的观点”与“秦人的观点”错杂存在这一事实,并基于《岁》中秦历和楚历的差异,找出《秦律十八种·田律》简71-72、《厩苑律》简80-81这两条源于楚历的律文。他利用张家山汉简《二年律令·田律》、敦煌悬泉置《月令诏条》、青川木牍《为田律》和孔家坡汉简《日书》等新出土资料来进行验证,从而发展了这一论点,指出为政者“控制时间”的方式不仅是通过单方面的颁布历来实现,而是接受其历法,并将其改变为运用历法的占卜方式,在与民俗社会的微妙的关系中得以实现[①]。

当时由于研究者的关注对象和资料公布的时差等原因,法制史研究成了秦简研究的主流,而几乎无人关心《日书》。在这种情况下,工藤进行上述《日书》研究。他对将从同一墓葬出土的秦律等法制资料与《日书》分开研究这一潮流提出疑问,并将两种资料同时进行分析这种方法纳入了社会史考察,首次把《日书》作为历史学的史料进行深入研究。

专著出版后,关于《日书》形成过程这一问题,工藤通过分析睡虎地《日书》中的四种建除及九店楚简《日书》建除,指出《日书》形成之前,在各种占卜成为《日书》的过程中起重要作用的是建除家,以及《日书》形成后其固有性消失等事实[②]。他还关注到战国楚的社会习俗这一《日书》形成的母胎,探讨卜筮祭祷简及九店《日书·告武夷》,揭示《告武夷》继承战国楚贵族阶层进行卜筮祭祷这一习俗中的

① 工藤元男:《中国古代の「日書」にみえる時間と占卜─田律の分析を中心として─》,《メトロポリタン史学》5,2009年。
② 工藤元男:《建除よりみた「日書」の成立過程試論》,《中国──社会と文化》16,2001年。

招魂仪礼的过程,指出卜筮祭祷习俗原来起源于疾病贞,并且《日书》所见的疾病占卜继承了疾病贞①。此后,基于如上论点的文章与日者的世界观、各种《日书》出土情况的介绍、对国家或官吏与占卜的关系等论文整合起来编成一书。此书不是专业的学术书籍,而是面向一般读者的书籍,可是书中他提出的观点很值得关注。在结尾部分,他将"日者"定义为分成五行家和堪舆家等诸派以前的主持择日占术的占家,并认为出土《日书》不是日者所持有的,而是街巷之间流传的日者占卜内容的书籍或抄本②。

在工藤元男的一系列研究以外,20世纪80年代后期,太田幸男与大栉敦弘根据睡虎地《日书》中特定词汇的使用情况来探讨秦代的社会情况。太田分析了"室"、"户"和"同居"等词的内含,对其关于家族制度和居住形态的论点进行补充③。大栉研讨了有关谷仓"囷"的事例,指出《日书》反映了富裕农民的状况,但没有看到一般小农及以下阶层的情景④。大川俊隆分析了《诘》,认为其诸多条目是巫者和日者在被除方法方面为了明确自我存在的意义所作的记述⑤。关于《日书》与鬼神的关系,大形彻在工藤《日书》病因论的基础上,把《日书》中的鬼跟马王堆《五十二病方》、《神农本草经》和传世医书中的鬼进行比较,验证了《日书》之后病因论的变化过程⑥。

九店《日书》和放马滩《日书》等睡虎地以外的《日书》公布之后,研究者开始讨论其地域性与继承关系。首先在秦与楚的比较方面,高村武幸指出楚所特有的九店《日书》的内容流入于睡虎地《日书》,成为其重要的结构要素⑦。海老根量介将放马滩《日书》和九店《日书》中的词句根据对象的社会阶层进行分类比较,指出秦系《日书》以县级以下的事项为专题,而楚系《日书》以国家级的事项为专

---

① 工藤元男:《九店楚簡「告武夷」篇からみた「日書」の成立》,《福井重雅先生古稀・退職記念論集 古代東アジアの社会と文化》,汲古書院2007年版。

② 工藤元男:《占いと中国古代の社会—発掘された古文献が語る—》,东方书店2011年版。

③ 太田幸男:《睡虎地秦墓竹簡にみえる「室」「戸」「同居」をめぐって》,《西嶋定生博士還暦記念 東アジア史における国家と農民》,山川出版社1984年版;《睡虎地秦墓竹簡の〈日書〉に見える「室」「戸」「同居」をめぐって》,《東洋文化研究所》99,1986年。均收入《中国古代国家形成史論》。

④ 大栉敦弘:《雲夢秦簡「日書」にみえる"囷"について》,《中国——社会と文化》2,1987年。

⑤ 大川俊隆:《雲夢秦簡「日書」「詰篇」初考》,《大阪産業大学論集(人文科学編)》84,1995年。

⑥ 大形彻:《「鬼」系の病因論—新出土資料を中心として—》,《大阪府立大学紀要(人文・社会科学)》43,1995年。

⑦ 高村武幸:《九店楚簡日書の性格について——睡虎地日書・放馬灘日書との比較を通じて》,《明大アジア史論集》3,1998年。

题①。其次在秦与汉、以及后代文献的比较方面，村上阳子把睡虎地《日书》和放马滩《日书》所见的五谷良忌日的条文跟后代农书进行比较，指出两地的谷物栽培并无显著的差别，或者说《日书》有可能很难显示出地域环境的影响，并考察了占辞被后代农书继承的过程②。森和将孔家坡汉简《日书》和睡虎地《日书》所见的"离日"与"反支日"方面的占法原理及差异进行对比分析，指出秦汉时代《日书》中复线性继承关系中的一例③。他还通过比较秦简《日书》和汉简《日书》，指出《日书》所见的时制主要是以固有时间观念为背景的数术家实行占卜的时制④。此外，大野裕司利用放马滩《日书》和周家台秦简《病方及其他》等对关于禹步五画地法的定论进行重新探讨，论述了到南宋以后速用纵横法为止的变化过程⑤。此外，名和敏光通过将马王堆汉墓帛书《出行占》和睡虎地秦简《日书》乙种进行比较，修改了放马滩秦简《日书乙种·行忌》的误释，并复原了占辞⑥。

---

① 海老根量介：《戦国「日書」に反映された地域性と階層性—九店楚簡〈日書〉·放馬滩秦簡〈日書〉の比較を通して—》，《中国出土資料研究》14，2010 年。

② 村上阳子：《穀物の良日·忌日》，《明大アジア史論集》3，1998 年。

③ 森和：《離日と反支日からみる「日書」の繼承関系》，工藤元男、李成市编《東アジア古代出土文字資料の研究》，雄山阁 2009 年版。

④ 森和：《「日書」と中国古代史研究—時稱と時制の問題を例に—》，《史滴》30，2008 年。

⑤ 大野裕司：《「日書」における禹步と五畫地の再検討》，《東方宗教》108，2006 年。

⑥ 名和敏光：《天水放馬滩秦簡『日書』乙種「行忌」考》，谷中信一：《出土資料と漢字文化圈》，汲古书院 2011 年版。

附录三　韩国的秦简牍研究

在韩国,有关秦简的研究是在1978年《睡虎地秦墓竹简》出版(文物出版社)以后正式开始的。但在当时的韩国,专攻秦汉史的学者相当少。况且,在1992年韩、中两国正式建交之前,所有的交流,包括学术交流,基本都处于断绝状态。由于韩国学者无法到中国大陆旅行,只能通过中国的香港和台湾地区或日本才可以搜集到在中国内地刊行的考古资料、学术刊物和研究书籍。因而,当时韩国学者无法像中、日学者那样及时地进行简牍研究,相关探讨也难免受到中、日研究成果的影响。

尽管学术环境闭塞,信息不畅,但是通过金烨、李成珪等学者的不懈努力,和一些年轻学者的热情参与,韩国的简牍研究还是逐渐展开,取得一定成果。而近十多年来,韩国学者通过与中国(包括香港、台湾地区)和日本学者的活跃交流,互通有无,在简牍研究上已达到了较高学术水平。韩国学界还在2007年成立了以40-50岁的学者为中心的“中国简牍研读班”,每月一次,每次有20~30人参与,这对提高个人简牍研究水平有很大帮助。研读会不定期地邀请中、日著名学者来作与简牍研究相关联的学术交流①。此外,研读会还吸纳了一些20~30岁的青年研究人员(包括各大学的硕、博士生和各研究所的研究员),未来在韩国的简牍研究中,这批年轻学者将会发挥极大的作用。

---

① 参看金庆浩:《21世纪 東亞細亞 出土資料의 研究現况과 “資料學”의 可能性——古代 東亞細亞史의 理解를 中心으로》,《史林》第31号,2008年。

第一节　初期的研究

　　韩国的秦简研究对象从最初的睡虎地秦简开始，逐渐延伸到睡虎地秦牍、龙岗秦简、青川秦牍、放马滩秦简、王家台秦简、周家台秦简牍、里耶秦简、岳麓秦简等，但除了睡虎地秦简和里耶秦简，其他大部分资料都被当做研究秦代史的辅助资料，几乎没有对这些简牍资料进行单独的研究。

　　研究伊始，即 1979 年，当时庆北大学的金烨和首尔大学的李成珪对于秦简研究趋势的形成起到了先驱作用。首先，金教授通过对睡虎地秦简的发掘报告、释文和相关书籍的分析①，发表了《云梦出土秦简与秦、汉初的征兵适龄》一文，首次在韩国介绍了睡虎地秦简的内容与结构，并详细地介绍了各个篇章。文中强调今后秦汉史研究者应该掌握秦简等地下出土资料，与文献资料互相联系。金教授还分析了《编年记》，根据 11 号墓墓主"喜"是在 17 岁时傅籍，提出了从秦朝到西汉初（景帝二年）征兵的适龄是 17 岁这一见解②。此后，金教授通过对睡虎地秦简和其他文献资料的分析，开始对中国古代连坐制度进行研究，指出连坐制是维护专制君主制的一项重要制度，在此前提下为防止吏民犯罪实行了官吏间的职务连坐制、民间的什伍、家族连坐制度，还指出秦国的这种连坐制度一直沿袭到汉唐③。可以说，金教授的这些研究成果，为后来的韩国秦简研究奠定了坚实的基础。

　　20 世纪 70 年代末开始至今，李成珪发表了多篇关于秦简研究的独创性论文。李教授在 1984 年出版的代表性著作《中国古代帝国成立史研究——秦国齐民支配

---

① 季勋：《云梦睡虎地秦简概述》，《文物》1976 年第 5 期；湖北省孝感地区第二期亦工亦农文物考古训练班：《湖北云梦睡虎地 11 号秦墓发掘简报》，《文物》1976 年第 6 期；云梦秦简整理小组：《云梦秦简释文（一）（二）（三）》，《文物》1976 年第 6、第 7、第 8 期；云梦秦简整理小组：《睡虎地秦墓竹简〔一〕-〔七〕》（线装本），文物出版社 1977 年版；云梦秦简整理小组：《睡虎地秦墓竹简》（平装本），文物出版社 1978 年版。

② 金烨：《雲夢出土秦簡과秦、漢初의徵兵適齡》，《全海宗博士華甲紀念史學論叢》，一潮阁 1979 年版。

③ 金烨：《中國古代連坐制度研究——秦漢唐間 官吏의 職務上의 連坐制》，《慶北史學》第 2 辑，1980 年；《中國古代連坐制度研究》，1982 年岭南大学博士学位论文。

体制的形成》(一潮阁)一书,收录了他在 1979~1984 年间发表的 5 篇论文 [1]。书中通过对文献资料和睡虎地秦简、青川秦牍的详细分析,提出了"齐民支配体制论",这在现在的韩国秦汉史研究中也是非常重要的学术理论。在此书中,李教授定义说:齐民是在国家授田制度下不分身份贵贱或是经济贫富,具有平等的性质并受国家支配的最普遍的国家公民。这种齐民是支撑秦帝国的基础。他还将秦帝国的社会性质定义为齐民支配体制社会;并指出齐民支配体制,是以春秋时期各国改革政策中提出的"均分思想"为背景而形成的。在秦国这种均分思想通过商鞅变法中的"国家授田制"得以实现,据此秦国更大范围地实行了编户齐民政策,继而奠定了齐民支配体制的基础。为了维持这种齐民支配体制的稳定,秦朝大力发展由国家主导的官营产业和货币经济,从而抑制齐民间的经济不平等。李教授还指出:墨家集团的思想与齐民支配体制的形成最相符合,不光辅佐皇帝权力,还成为推进齐民支配政策的核心势力 [2]。虽然李教授的这种齐民支配体制论是通过对庞大的文献资料和中、日等外国学界的研究动向进行深入分析后所得出的结论,但是如果没有像睡虎地秦简这样的出土资料作基础,也许这一论说是很难成立的。这项理论,尤其是国家授田制,它既是齐民支配体制论的核心内容,也包含了很多独创见解,这都是李教授通过对睡虎地秦简全部内容进行细致分析,并以此为立足点提出的独创性看法。

第二节　1979～2008 年的秦简研究

据不完全统计,在 1979~2008 年的 30 年间,在韩国发表的以睡虎地秦简为主要分析资料的秦史研究论文有 60 余篇。在政治制度史领域,值得属目的是针对秦政府地方支配的性质进行考察的金烨、李成珪、任仲赫等学者的论文。李成珪认为:秦代地方官制立足于法治,在实行整齐划一的行政方式的同时还非常重视乡俗,这

---

[1] 李成珪:《秦의土地制度와齊民支配——雲夢出土秦簡을통해본商鞅變法에대한再檢討》,《全海宗博士華甲紀念史學論叢》,一潮阁 1979 年版;《戰國時代 私富抑制의 理念과 實際》,《震檀學報》第 50 辑,1980 年;《戰國時期 官營産業의 構造와 性格》,《東方學志》第 30 辑,1982 年;《戰國時期 貨幣政策의 理論과 實際》,《震檀學報》第 55 辑,1983 年;《秦國의 政治와 墨家》,《東方學志》第 41 辑,1984 年;《秦帝國成立史의研究:秦國 齊民支配體制의形成과그性格을中心으로》,1984 年首尔大学博士学位论文。

[2] 李成珪:《秦國의政治와墨家》,《東方學志》第 41 辑,1984 年。

一矛盾促使秦帝国加强对旧东方六国地区的支配和地域的限制①。金烨也提出：秦政府并不是像《史记》等文献资料中记录的那样用冷酷的、整齐划一的法治方式来统治地方，而是通过宽容的统治来维护地方自律的民间秩序②。任仲爀亦主张：像云梦睡虎地 11 号墓主，即名为"喜"的这种地方官吏在支配占领地的过程中，虽然表面上看是很严酷地实行了法治，但是事实上却实行了与法治相矛盾的宽容统治③。与此相联系，关于云梦睡虎地 11 号墓主喜的出身，任仲爀认为从埋葬喜的睡虎地 11 号墓的墓葬习俗来看，比起楚俗更加接近秦俗；再根据此墓所出《日书》中的秦除来看，喜并不是楚人，而是秦人④。与睡虎地秦简出土以前相比，这些文章提供了更加多样化地研究秦帝国统治结构和性质的契机。遗憾的是，虽然如此，三者之间围绕着同一主题并没有出现更深层次的论争；更可惜的是没有对各地出土的《日书》做深入分析研究，就中央政府和地方的关系这一问题也没有更加多样化和有深度的考察。

在政治制度史领域中关于"地方行政组织和官僚制度"这一主题，发表的论文篇数最多。其中以地方行政组织为主题的论文，李成珪有 2 篇，郑夏贤、任仲爀、李裕成各 1 篇。李成珪《秦朝山林薮泽开发的结构》一文注目于县廷和都官掌管的齐民支配体制论的经济基础——官营产业，考察了山林薮泽的开发、运营的结构；认为当时是由县令统率各个机关的啬夫，再由县啬夫管理山林薮泽的开发、运营以及其他生产活动，这种县啬夫是和县令完全不同的。他还主张：一方面为了抑制县的过度经济自立，另一方面为了保障中央的财政收入，秦政府在县里设置了都官，可是都官并不隶属于县，而是直属于中央的大内⑤。另外，在《秦朝的地方行政组织与性质》一文中李成珪又指出，从战国时期开始秦朝在地方组织的整顿过程中，一方面扩大县制，另一方面为了削弱乡的独立性，否定了乡的行政管理方面的职能，并赋予"里共同体"的作用；从县廷的职责来看，县令掌管军事事务，县丞掌治狱事务，县啬夫掌管经济生产和管理事务⑥。在这两篇论文中，李成珪主张县啬夫和县令是不同的。这种看法带来了疑问，即县啬夫是全面管理县的经济生产活动，那么是否可以把秦代的啬夫也看作是同汉代啬夫一样只具有管理经济职责的

① 李成珪：《秦帝國의舊六國統治와ユ界限》，《閔錫泓博士華甲紀念史學論叢》，三英社 1985 年版。

② 金烨：《中國古代의地方統治와鄉里社會》，《大丘史學》第 37 辑，1989 年。

③ 任仲爀：《秦帝國의統治理念과實際》，《淑大史論》第 21 辑，1999 年。

④ 任仲爀：《雲夢睡虎地 11 號墓"喜"의出身》，《中國史研究》第 5 辑，1999 年。

⑤ 李成珪：《秦의山林薮澤開發의構造——縣廷啬夫組織과都官의分析을中心으로》，《東洋史學研究》第 29 辑，1988 年。

⑥ 李成珪：《秦의地方行政組織과ユ性格——縣의組織과ユ機能을 中心으로》，《東洋史學研究》第 31 辑，1989 年。

官吏呢？还有,在秦代简牍资料中,我们对于那些用来表示县令意义的"县啬夫"、"大啬夫"的理解也是很困难的。带着这样的疑问,任仲爀考察了秦代行政制度中县与县令、县啬夫以及都官、县、郡的地位问题。他提出:县令与县啬夫是相同的,都官是大内的属官,在睡虎地秦简中出现的宦者、都官吏、都官人都隶属于都官[1]。由此可见,在李成珪和任仲爀的文章中,关于县令与县啬夫,各自提出了非常不同的意见。单就这一问题而言,我们期待今后在里耶秦简等资料发表之后,会有更多的与之相关联的、更有进展的论证出现。除此之外,郑夏贤则关注战国时期各国的行政组织与官僚制度的形成过程。他指出:到战国末期出现了郡和县的上下统属关系,但地方行政的核心机构还是县廷;并且与后代的地方行政机构相比,当时的郡县是具有更强的军事功能的组织;在中央官制方面,到战国末期,"相"从单纯的外交、军事方面职能转变到整个官僚组织的最高位长官[2]。关于战国时秦的乡村支配政策,李裕成提出:商鞅改革的县制并不是要把乡里之民强行编制到县城以内,而是只在行政文书上将自然村落编到县中,由 100 户构成的 1 个里也不过就是把不满 100 户的几个自然村人为地在行政文书上编制成行政村[3]。在战国时期秦国的爵位制度方面,闵厚基指出:秦国的爵位制度是在西周、春秋时期的爵位制度向汉代的官僚制过渡的过程中出现的,与中原列国的爵位制度并没有大的差异;秦统一六国的原因之一,是秦政府把军功爵位制度扩大于民间而破坏里的共同体秩序,并且设置郡县制度和官僚制度,代替早期的爵位制度[4]。

　　关于秦国的土地制度,韩国学术界提出了"国有制说"和"私有制说"两种不同观点。李成珪主张:自商鞅变法以来秦朝以土地国有制为基础实施授田制,所有的齐民都可以从国家那里平均地获得 100 亩土地,到了免老再把土地还给国家,由此一来所有的齐民在经济上都是平等的[5]。这种主张否定了秦朝土地私有制说。崔昌大通过对睡虎地秦简《田律》的分析,主张阡陌制度是为了将 100 亩的土地进行区划的土地制度,这并不是以土地国有制为前提,而是以土地私有制为前提下实施的[6]。这一主张明确反对李成珪的国家授田制说。梁必承也对李成珪的看法提出不同意见。他指出:春秋时期,通过铁器的使用,农业生产力快速发展,此时土

① 　任仲爀:《戰國 秦의 地方行政組織》,《中國學論叢》第 7 辑,1993 年。

② 　郑夏贤:《戰國時代 官制의 一 研究》,《公州大學校 論文集》第 29 辑,1990 年。

③ 　李裕成:《戰國秦의 鄉村支配政策에 對한 一考察》,《中國學報》第 33 辑,1993 年。

④ 　闵厚基:《戰國秦의 爵制研究——爵制에서 官僚制로의 移行을 中心으로》,《東洋史學研究》第 69 辑,2000 年。

⑤ 　李成珪:《齊民支配體制의 成立과 發展》,《中國古代帝國成立史研究——秦國齊民支配體制의 形成》,一潮閣 1984 年版。

⑥ 　崔昌大:《秦의 田律과 阡陌制》,《釜山開放大學論文集》第 27 辑,1985 年。

地私有制是存在的,随后对广阔的荒芜地进行大量开垦,秦国也不例外。在这种情况下商鞅实施土地改革令,此令并不是针对所有的土地,只是针对新开垦的土地罢了。因此,秦国基本上是实行土地私有制,而没有实行立足于土地国有制的授田制;并且,新开垦土地的授田面积,根据每个家庭的劳动力多少决定,并没有一律按每家 100 亩的标准严格分地[①]。这样看来,韩国学界也是围绕着商鞅变法以来秦国的土地制度是国有制还是私有制来展开讨论的。但是此后学界对于"为田开阡陌封疆"与"授田"的实际内涵,再没有发表什么新见解,更可惜的是也没有关于秦律和张家山汉墓竹简《二年律令》中田律的比较研究。

除此之外,崔昌大通过对睡虎地秦简中出现的仓的多种建筑形式与下属组织的分析,指出由仓啬夫主管廥的集合体——县仓,其下属单位廥是由仓啬夫手下的佐、史来管理,县仓还具有调节谷价的功能[②]。关于秦汉政府的妇女政策,金秉骏提出:在齐民支配体制下,秦汉政府实施了将妇女从官爵秩序中排除在外,而编入算赋和徭役对象之列来剥削其劳动力的政策;到了东汉时期,政府用礼教秩序来束缚妇女,强制妇女进行劳动、生育、养育子女[③]。崔德卿考察了战国秦汉时期山林薮泽的实际情况,以及当时国家对于山林薮泽的保护政策,指出由于战争、自然灾害、过度开垦等原因遭到破坏的山林薮泽根据法律和时日禁忌要加以保护[④]。另外,崔德卿还就度量衡制度发表 2 篇相关论文:关于战国秦汉时期度量衡制度的变化及其政治意义,指出在春秋战国初期,为了校正风俗而采用了度量衡,战国中期以后为了强化君主权力而使用了度量衡,到战国后期国家将度量衡从法制上进行了规格化、标准化[⑤]。关于秦汉时期度量衡的处罚规定与其内涵,崔德卿认为在秦律中规范了度量衡的误差标准、谷物的容量、身高的测量以及官府发放粮食的规定,反映出秦政府以统一的度量衡器为媒介控制民间经济与日常生活,尤其在极力强化君主权力的战国时期,度量衡也具有很强的政治内涵[⑥]。

在法制史研究领域,分"关于刑罚体系的研究"与"刑罚的内容及刑期的研究"两个方面进行介绍。最先发表关于刑罚体系论文的是崔昌大。他通过对睡虎地秦简所反映的刑罚系统的分析,主张完刑与耐刑是以徭役轻重来区分的劳役刑的一种,隶臣妾不是官奴婢而是刑徒;秦的劳役刑原来就是定期刑,但睡虎地秦简中所

①　梁必承:《春秋에서 前漢初期 土地私有制의 出現과 成長》,《建大史學》第 8 辑,1993 年。
②　崔昌大:《倉律을 通하여 본縣倉》,《釜山工業大學論文集》第 32 辑,1990 年。
③　金秉骏:《秦漢時代女性과國家權力》,《震檀學報》第 75 辑,1993 年。
④　崔德卿:《戰國、秦漢時代山林藪澤에 대한 保護策》,《大丘史學》第 49 辑,1995 年。
⑤　崔德卿:《戰國、秦漢時代度量衡制의 政治史의 意味와 그變遷》,《釜大史學》第 23 辑,1999 年。
⑥　崔德卿:《秦漢時代 度量衡의 處罰規定과 삶의 强制》,《中國史研究》第 8 辑,2000 年。

载律令编制之时秦朝正处于战争时期,所以不得不实施不定期刑[①]。李成珪将秦律和《二年律令》中出现的刑罚体系按照罚金刑→赎刑→劳役刑→戍边刑、迁刑→肉刑以及附加的身份劳役刑的轻重顺序进行排列,并指出隶臣妾、鬼薪白粲、城旦舂作为受罚轻重不同的官奴婢可以进行买卖,鬼薪、白粲是不会附加黥刑的奴役刑;"耐"则包括了耐司寇、耐隶臣妾、耐迁,根据不同的事件会有不同的耐刑处罚;司寇是监视城旦舂的无期刑徒,虽然和隐官一样是国家会授予田宅的刑徒,但是根据情况的不同也可以受到庶人的待遇,拥有双重身份[②]。关于刑罚的内容和刑期,任仲爀与林炳德发表了多篇文章。首先,任仲爀研究了睡虎地秦简中经常出现的"赀罚"的概念、本质及其目的,指出赀罚是财产刑的一种,国家通过实施赀罚来筹措军事费用、整顿官吏的勤务纲纪[③]。此后,任仲爀分析了里耶秦简和《二年律令》中罚金刑的条文,对已发表的关于赀罚的观点进行补正后重新发表新的论文,主张秦律的赀罚与汉律的罚金刑都是以 1:2:4 的等级关系来相互继承的,秦律赀一盾的金额相当于 672 钱,汉律罚金量是 625 钱,两者之间并没有很大的差异;这种看法在很大程度上批评了李成珪的见解。因为李成珪曾经提出过,秦律的罚金刑到了汉律时期锐减到了 2/3,与秦代相比汉代的弛刑现象更加明显[④]。另外,关于赎刑的内含与作用,崔昌大认为赎刑是为了防止经济犯罪而设置的,主要是作为对王室、有爵者、少数民族的君长这些特殊阶层的优待手段而实施的[⑤]。任仲爀对秦汉律中出现的赎刑变化提出了一些看法,他认为在秦律阶段,赎刑被罚金刑所掩盖,作为刑罚的一种,在法律体系中地位是很不稳定的,到了《二年律令》的阶段,则赎刑的地位要比罚金刑高很多[⑥]。除此以外,任仲爀重新研究了秦汉时期的髡刑、完刑、耐刑的地位变化过程。他提出以汉文帝的刑法改革为基准,将髡刑、完刑、耐刑在概念上的混乱作为前提,指出在此之前的秦律阶段中,不同的刑徒其头发和衣服也会有所差别,受到了耐刑的刑徒监视受到重刑的刑徒,但随着文帝废除肉刑,黥刑、髡刑、完刑、耐刑的细分化也逐渐变得没有意义[⑦]。此外,与中日学界一样,在韩国学界中对于秦汉时期刑徒的刑期问题也持高度兴趣。林炳德对此发表了多篇文章。关于战国时期秦朝刑徒的刑期与其性质,他指出作为劳役刑的城旦和舂是终身刑,

① 崔昌大:《睡虎地秦墓竹簡의 贖罪와 赀罪》,《釜山工業大學論文集》第 30 辑,1988 年。

② 李成珪:《秦漢의 刑罰體系의 再檢討——雲夢秦簡과 二年律令의 司寇으로》,《東洋史學研究》第 85 辑,2003 年。

③ 任仲爀:《雲夢秦簡의 赀罰에 對하여》,《東洋史學研究》第 24 辑,1986 年。

④ 李成珪:《秦漢의 刑罰體系의 再檢討——雲夢秦簡과 二年律令의 司寇으로》。

⑤ 崔昌大:《睡虎地秦墓竹簡의 贖罪와 赀罪》。

⑥ 任仲爀:《秦漢律의 贖刑》,《中國學報》第 54 辑,2006 年。

⑦ 任仲爀:《秦漢律의 髡刑、完刑、耐刑》,《中國古中世史研究》第 18 辑,2007 年。

鬼薪、白粲、耐为隶臣、司寇、候等都是有期刑徒[①]；还指出根据秦律的系城旦六岁，完城旦春是刑期6年的有期刑徒，附加了肉刑的刑城旦春也是有期刑徒，根据汉文帝的刑法改革髡钳城旦春变为6年，完城旦春变为5年[②]。对于林炳德的这种看法，任仲爀提出不同的意见，即：若以汉文帝的刑法改革为基准，则在此之前刑徒是没有刑期的，在那之后才变换为有期刑。任仲爀还推定秦代刑徒的刑期虽然都是无期限，可是通过赦免与赎免的方式提前释放的情形也可能相当多[③]。除此之外，崔昌大通过睡虎地秦简《金布律》的分析，考察了秦代的通货管理、官有物品管理、居赀赎债的运作[④]。金善珠以睡虎地秦简为基本资料，考察从商鞅"改法为律"到秦帝国的法令整合过程[⑤]。崔德卿根据秦律中盗律的形成与盗窃行为的意义，推定之所以在秦律中出现很多关于窃盗罪的条文正反映当时活跃的社会分化，被包含在秦律中的盗律是商鞅的"改法为律"的一种形态[⑥]。李守德研究了秦汉时期的法律解释问题，指出在秦律阶段对于法律的解释在全国是统一的；反之，国家在统一法律解释过程中把少数法官提出的意见用"或曰"来表示，这多出现于张家山汉简《奏谳书》[⑦]。

　　关于社会史领域的研究，下面将按照身份史、家庭史、妇女史的分类进行整理介绍。在身份史方面的研究是以隶臣妾的性质为讨论对象展开争论的，几乎在同一时期有3篇论文相继发表。首先是辛圣坤批评中、日学术界把隶臣妾看作是官奴婢或是刑徒的的观点，主张隶臣妾不是官奴婢或刑徒，而是身份的一种，在有爵者—士伍—隶臣妾的身份结构中隶臣妾是维持齐民支配体制时所必须的特殊身份[⑧]。崔德卿对隶臣妾的由来与劳役的种类及其在法律上和身份上的地位进行了整理，认为隶臣妾本身就是一个独立的身份，并不是为了维护其他特定身份而设置

① 林炳德：《戰國秦代刑徒의刑期및그性格》，《阜村申延澈教授停年紀念史學論叢》，日月书阁1995年版。

② 林炳德：《秦漢時期의城旦春과 漢文帝의刑法改革》，《東洋史學研究》第66辑，1999年。

③ 任仲爀：《秦代 罪囚의刑期》，《淑大史論》第20辑，1998年。

④ 崔昌大：《睡虎地秦墓竹簡의金布律에 對하여》，《釜山開放大學論文集》第28辑，1986年。

⑤ 金善珠：《秦始皇의法令統一에 對하여——雲夢秦簡을中心으로》，《梨大史苑》第22、23合辑，1988年；金善珠：《于秦始皇의 法令統一과秦律의成立에 對하여——商鞅의"改法爲律"을中心으로》，《釜山史學》第21辑，1991年。

⑥ 崔德卿：《雲夢睡虎地秦簡에나타난戰國秦의竊盗行爲——그社會經濟的 意味를中心으로》，《慶尚史學》第7、8合辑，1992年。

⑦ 李守德：《秦漢時期의 法律解釋——秦簡과 秦讞書의或曰을中心으로》，《中國古中世史研究》第16辑，2006年。

⑧ 辛圣坤：《隸臣妾身分에 對한試論의考察》，《首爾大東洋史學科論集》第9辑，1985年。

的身份①。与辛圣坤、崔德卿把隶臣妾看作是身份的观点相反,林炳德通过对隶臣妾的来源与职役进行分析,得出隶臣妾不是刑徒而是官奴婢的结论②。如此一来,韩国学界与中、日学界一样,围绕着隶臣妾的性质这一问题出现了官奴婢说、刑徒说、身份说等多种论点。其中林炳德通过对奴婢与刑徒的积极研究获得了较多成果:第一,一般来讲,隶臣妾虽然是官奴婢,但是附加了肉刑的隶臣妾——耐为隶臣、刑为隶臣不是官奴婢而是刑徒,刑徒不是无期的,而是有期的;第二,根据在秦代对于奴婢有"半人半物"这一观念来推断,主人掌握的对于奴婢的生杀大权受到了国家的制约;第三,秦代的官奴婢为公田的耕作、官营手工业提供了所必需的劳动力,秦汉时期的私奴婢在"小经营奴隶制"下也被地主用于农业劳动;第四,汉文帝废止了刑徒的无期刑转变为有期刑,这是由于秦代以来官奴婢的买卖系统没有正常的运作,导致了官奴婢剩余劳动力的产生,因此就没有必要动员刑徒的无期限劳役③。针对士伍的身份,尹在硕分析了睡虎地秦简中的秦律和《日书》以及同时出土漆器的针刻铭文中所见士伍的来源、社会身份及其功能,对中、日学界关于士伍的夺爵说、无爵者说、刑徒说等进行了批判,指出秦代的士伍既是没有爵位的庶人成丁(自17岁以上到免老年龄以下的男性),即《商君书》等文献资料常见的耕田之士,也是作为典型的国家公民,是维护秦帝国的核心身份阶层④。《二年律令》和里耶秦简出版以后,关于士伍的研究得到深化,与此相关的有2篇文章。任仲赫分析了耐刑的实质,以及从刑罚史的角度论述了耐刑是秦汉政府为了维持编户齐民——士伍的数量而实施的政策。在文中,任仲赫认为耐刑包含了鬼薪白粲、隶臣妾、司寇、侯;还指出"耐"是遵循"不名耐者"的原则对多种类型的劳役刑的简称,其中比较具有代表性的是耐为司寇。作为一种维持士伍数量的方案,将犯罪的有爵者降级为士伍,将隐官、庶人变成士伍,耐为司寇、耐为鬼薪白粲、耐为隶臣妾、完城旦舂、黥城旦舂被赦免时,以庶人为过渡最终变为士伍,从而揭示了通过多种形式所有身份最后都会变为士伍这一身份秩序的层面⑤。简而言之,任仲赫认为刑罚制度是作为维持编户齐民体制的一种方案被实施的。林炳德对任仲赫的观点提出反论,发表了关于庶人、士伍的论文。他根据《二年律令》中的庶人律指出:庶人

---

① 崔德卿:《隸臣妾의身分과그存在形態——雲夢睡虎地秦簡을中心으로》,《釜大史學》第10辑,1986年。

② 林炳德:《雲夢秦簡에보이는隸臣妾의 身分의 性格》,《成大史林》第4辑,1987年。

③ 林炳德:《中國古代의奴婢와刑徒》,《忠北史學》第3辑,1990年;《秦漢의官奴婢와刑徒》,《忠北史學》第5辑,1992年;《秦漢代奴婢의성격》,《五松李公范教授停年退任紀念東洋史論叢》,知识产业社1993年版;《秦漢交替期의 奴婢》,《中國古中世史研究》第16辑,2006年。

④ 尹在硕:《秦代 士伍身分에 對하여》,《慶北史學》第10辑,1987年。

⑤ 任仲爀:《秦漢律의耐刑》,《中國古中世史研究》第19辑,2008年。

并不是司寇等身份在变为士伍之前的附加身份,而是作为与士伍对等的一个独立身份,和在《商君书·境内》中出现的庶子是相同的,如果士伍是指负担徭役和兵役的绝大部分良民的话,那么庶人可能就是具有隶属性质的少数贱民;士伍作为编户齐民的典型形态,但其身份构成复杂,包含贫富差异较大的各不同阶级;根据汉文帝的刑法改革令林炳德主张:文帝刑法改革令增加了有期刑徒和对于官奴婢实施"免为庶人"的措施,使得庶人的数量多于士伍①。以上这些研究都是限定在特殊身份上的论述,李成珪则是对秦代的身份结构进行综合性的考察。在对其提出的齐民支配体制论进行补正的同时,对有爵者、无爵者、谪民、官奴婢、刑徒等的身份进行了综合整理,把秦帝国的身份秩序按照上爵者—下爵者—齐民—谪民—官私奴婢的顺序系统化,指出谪民以下的身份是为了维护齐民而设置的身份,还提出隶臣妾是官奴婢一部分的见解②。

在家庭史方面,韩国学术界从关于商鞅家族改革令的内涵,到秦代家庭的规模、结构、继承方式、连坐罪,以及从经济、政治、社会等方面对家庭的功能和地位等多方面进行了研究。首先,关于家庭规模和结构,在中、日学界最普遍的见解是:秦自实施商鞅家族改革令以来禁止一家中两名以上成年男子的同居,以夫妻为中心的小家庭是秦社会的普遍家庭形态,其后中国社会逐渐转变为单婚小家庭社会③。在这种学术背景之下,裴真永分析了睡虎地秦简中的"户"、"同居"、"室人"的含义,提出户是授田和征税的基本单位,秦代社会是以夫妻为中心的小家庭社会的观点④。但是对于学界的这种小家庭论,尹在硕提出了反论,指出小家庭论是对家庭结构和规模进行解释、研究时过于倚重于经济决定论的结果,认为应该对原有自然状态下的家庭规模和结构进行研究。尹在硕考察了睡虎地秦简《日书》中所反映出来的自然状态居住形态和家庭结构后,认为比起以夫妻为中心的小家庭社会,父、子、孙三代同居共财的"三世同堂家族"(或称"三族制类型家族")是当时典型的家族类型,并主张在秦代民间社会中三世同堂和小家庭并存,这是与学界小家庭论相反的学说⑤。同时为了证明这一论旨的正确性,尹在硕还分析了睡虎地4号秦墓出土的6、11号木牍,提出在其中出现的叫黑夫、惊的家庭结构也是

① 林炳德:《秦漢時代士伍와庶人》,《中國古中世史研究》第20辑,2008年。
② 李成珪:《秦의身分秩序構造》,《東洋史學研究》第23辑,1986年。
③ 尹在硕:《中國古代家族史研究의現況과展望》,《中國史研究》第13辑,2001年。
④ 裴真永:《戰國末期秦國"家"의性格——雲夢睡虎地秦墓竹簡의分析을中心으로》,《梨大史苑》第27辑,1994年。
⑤ 尹在硕:《睡虎地秦簡"日書"에나타난"室"의構造와性格——戰國末期秦의家族類型考察을爲한試論》,《東洋史學研究》第44辑,1993年。

父、子、孙同居共财的三世同堂家族①。以这种主张为基础,尹在硕认为商鞅的家族
改革令的内容并不是像学界普遍见解的那样——秦政府并不是强制有两名以上成
年男子的家庭必须分家,而是为了改变在一"室"内成年男女不分上下的非道德的
居住形态,在一套房屋内以夫妻为单位进行分房的政策。也就是说秦政府并没有
实行小家庭政策,反之,实行的是保护三代同堂家族的政策。这种政策也体现在秦
律中"居赀赎债"、"征发戍边劳役"的规定保护有两名以上成年男子的家庭这一条
文上②。关于这种家族的继承方式,尹在硕重点考察了从春秋开始到秦、汉初期间
实行的后子制度,提出在春秋时期实行的以嫡长子为主的家庭继承方式一直持续
到秦汉时期,家族的继承者——后子继承祖先的血统、祭祀、财产以及身份,是法
律上的户主③。又主张在秦律和《二年律令》中也包含着成为主流的嫡长子继承制
度——后子制度,特别是在汉初为了预防绝户,父母、寡妇、女儿、甚至连奴婢都被
排进户主继承顺位,这也是为了防止由绝户引起的税金绝源问题而实施的国家家
庭政策④。对于尹在硕的看法,崔德卿批评说:战国中期以后,以夫妻为中心的五口
家庭普遍流行,三代同堂家庭仅仅是残余形态,在睡虎地秦简《日书》中出现的住
宅结构不是指小农民,而是反映了中农层以上的富有家庭住宅形态⑤。金烨分析了
睡虎地秦简《法律答问》中频繁出现的"同居"、"室人"、"家罪"、"非公室告"等
语,以求考察家族连坐的实质,认为同居是法律、行政上被登记在户籍上的同居家
族;室人是作为社会上惯称的家庭(包括同居家庭和别居家庭)成员的用语。连坐
罪的涉及范围是根据其犯罪的种类而变化,连坐罪的处罚种类分为:收、守赃、包,
同时还推测秦律中的非公室告、家罪——禁止家庭成员间的起诉,也就是汉唐时期
家属容隐的滥觞⑥。金珍佑考察了在秦律、二年律令、唐律中出现的关于不孝罪内
涵与处罚的变化过程,指出秦汉律中对"父母告子不孝"是处以弃市这种严刑来处
罚的,这是将传统道德观念上的孝融入律令的结果。秦政府通过孝为媒介建立垂
直的社会秩序用来作为支配基层社会的一种方案,此外还指出唐律的不孝罪规定
中也继承了这种秦汉律的不孝罪⑦。在妇女史方面,林秉德分析了秦律和《二年律

---

① 尹在硕:《睡虎地 4 号秦墓出土的木牍反映的家族类型》,[中]《先秦史研究动态》第 25 期,1994 年。

② 尹在硕:《商鞅家族改革策에나타난家族形態》,《慶北史學》第 11 辑,1996 年。

③ 尹在硕:《春秋戰國時期家系繼承과後子制度》,《慶北史學》第 21 辑,1998 年。

④ 尹在硕:《睡虎地秦简和张家山汉简所反映的秦汉时期后子制和家系继承》,[中]《中国历史文物》
2003 年第 1 期。

⑤ 崔德卿:《戰國、秦漢時代小農民의住宅構造에對한一考》,《釜大史學》第 17 辑,1993 年。

⑥ 金烨:《秦簡에보이는家族連坐》,《歷史教育論集》第 13、第 14 合辑,1990 年。

⑦ 金珍佑:《秦漢律中의"不孝"에對하여——睡虎地秦简、張家山漢简의"不孝"관련條文을中心
으로》,《中國古中世史研究》第 19 辑,2008 年。

令》，指出秦汉时期妇女在家父长制度下像奴隶一样完全从属于男性，这种现象体现在刑罚的男女差别上，比较在秦律、二年律令、唐律中出现的妇女犯罪案例，妇女地位的提高速度非常缓慢①。反之，尹在硕站在妇女的社会功能和地位的角度提出与此不同的观点。他在肯定秦汉社会是男尊女卑的社会的同时，也批判了妇女完全从属于家父长权这一观点。具体观点如下：秦律和《二年律令》中反映的秦汉时期妇女可以拥有一定程度的家产所有权，在没有子女的情况下可以接替丈夫继承户主的地位，作为算赋和徭役的征收对象，无论是从家庭还是社会的角度讲，都是维持国家稳定并可以提供必要劳动力的一个群体；还认为汉代儒家的妇女观念仅仅是限制在一部分支配层妇女的理想型 (Ideal Type) 观念②。

在经济史领域，崔德卿注重于农业生产方面，指出春秋末期以后，依靠铁制农具的普及和各种农耕法的改良，生产力极大提高，可是小农的生活仍然处于绝对贫困状态，究其原因可以发现，从战国中期以后到西汉初单位面积的生产力几乎没有变化，直到西汉末期由于农具开发和生产技术的提高才使单位面积生产力提高。由此可见战国中期以后生产力提高的主要原因，不是农具开发和耕作技术改进，而是耕作面积的扩大所导致的③。关于小农的每亩生产量问题，崔德卿指出：战国中期以后，铁制农具的普及使每亩产量由 1 石提高到 1.5 石，可是在西汉初由于社会经济的不安定减少到 1 石，在这种情况下五口之家的小农家庭经济亏损严重，原因是不能扩大其耕种面积的小农家庭无法得到生产力提高所带来的利益④。在手工业史方面，尹在硕分析了秦代的漆器铭文和与其有关的睡虎地秦简条文的内容，主张漆器上的烙印文字是手工业作坊或是检查器物品质的官厅所刻下的"物勒工名"的一种形态，但是针刻文字并不是作者者而是漆器所有者的身份与名字，这是因为在漆器针刻文中所包含的"小女子"、"小男子"等未成年者，他们是无法代表漆器制作者把自己的身份和名字刻在漆器上的⑤。除此以外，在环境史方面，崔德卿指出与农耕、树木、山泽资源相关联的时日禁忌反映了天、地、人合一的三才观中的基础观念——生态保护观念，这种时日禁忌观念被后来的秦汉统一帝国的法令所吸收⑥。

最后，介绍关于里耶秦简的研究成果。金庆浩首先撰文向韩国学界介绍了考

① 林炳德：《中國古代法이말하는女性》，《中國史研究》第 36 辑，2005 年。
② 尹在硕：《中國古代女性의社會의役割과家內地位》，《東洋史學研究》第 85 辑，2006 年。
③ 崔德卿：《中國古代農業技術의 發達과 作畝法——農業考古學의成果를中心으로》，《釜山史學》第 13 辑，1987 年。
④ 崔德卿：《秦漢時代小農民의畝當生產量》，《慶尚史學》第 4、第 5 合辑，1989 年。
⑤ 尹在硕：《秦代의物勒工名과漆器銘文》，《東洋史學研究》第 76 辑，2001 年。
⑥ 崔德卿：《秦漢代日書에나타난民間의生態認識과 環境保護》，《中國史研究》第 23 辑，2003 年。

察里耶镇的情况和里耶秦简的内容、结构。在此文中整理记述了在 2007 年 10 月参加"中国里耶古城·秦简与秦文化国际学术研讨会"时对里耶古镇的考察情况 [1]，其中包括这一地区的自然环境变迁及其历史沿革，还介绍了在会议上发表的论文内容与研究情况；关于里耶秦简的发掘情况和内容也做了介绍，特别是通过对赎赎文书简、里程简、户籍简等的理解释读，给文书传递方式和文书内容的研究带来了很大帮助 [2]。李成珪以秦朝迁徙政策为立足点考察了迁陵县南阳里户籍简，他指出在户籍简中记载的"南阳"指的是隶属迁陵县的南阳里，"荆"是战国时期被合并到秦的旧楚地；"南阳里"这个里名取自位于旧荆地区的南阳郡。被登记在这些户籍里的人们是秦统一六国以后，迁移到迁陵县的原南阳郡旧楚人。秦政府赐给这些人比较高的爵位，同时实行授田和免除徭役等优待政策，由此可以了解到当时秦政府对于迁徙民也贯彻实施了齐民支配体制 [3]。

在韩国秦简研究动态中值得注目的，是 2002 年一年没有一篇关于秦简的论文发表，究其原因，或许是由于 2001 年 11 月《张家山汉墓竹简 [二四七号墓]》的出版使得大部分学者都热衷于研读此书，短期内还不能取得任何研究成果。因此，在 2003 年开始关于张家山汉简的研究逐渐活跃起来的同时，诸多将其与秦简一并进行研究的论文也问世了，2003~2008 年间共涌现了 12 篇学术论文。张家山汉简被运用于解释在此之前进行的秦简研究中无法解释的一些问题，这也说明为了更加深入地研究秦史就必须结合秦汉简牍进行综合研究。

第三节　2009~2014 年的秦简研究

从宏观的角度来看，作为考察秦汉对民支配方式的论文，李成珪的文章值得关注。此文指出，通过对秦汉帝国税役征收方式的分析，可知秦汉帝国对民支配方式具有"计数的支配"的性质，受到此种支配的民被视为与"物"相同的存在。即，通过睡虎地秦简与里耶秦简，以及二年律令与松柏汉简、银雀山汉简等分析，民从出生与通过"自占年"被记录在年籍上，此后直到死亡为止，都要彻底地服从年龄的

---

[1] 参加研讨会的韩国学者所发表文章如下：金庆浩：《里耶秦简里程简的内容与秦的地方统治》；金秉骏：《秦汉时期的河运——以里耶秦简为线索》；尹在硕：《里耶秦简户籍简牍反映的秦朝户籍制度和家庭结构》。

[2] 金庆浩：《二千年前 里耶镇으로의 旅程과 "里耶秦简" 简介》，《中國古中世史研究》第 19 辑，2008 年。

[3] 李成珪：《里耶秦简 南陽戶人戶籍과秦의 遷徙政策》，《中國學報》第 57 辑，2008 年。

计数化规定,被分为大、小、使、未使、睆老、免老等对象,并据此征收税役。因此,民的存在就相当于"物"一样的存在,此种对民的计数化与以"制土分民"为基础的理想政治是相通的①。可以说,李成珪的此种见解作为他以往的学术主张——秦汉帝国是"齐民支配体制社会"——的延伸,更加具体地明确了国家与民的关系。即,提出齐民支配体制的精密编制为了无限地获得税役资源,君主将基础放在制定民数与劳动力的计数化这一观点。从这一观点来看,李成珪主张的"计数的支配"依据秦汉简牍中详细记载的各种人力、物力统计,以及和分配有关的数值化资料,具有非常强的说服力。另外,李成珪又仔细分析了秦汉简牍公文书中散在的各种时制资料,秦汉的行政运行是建立在准确的时间安排上的,即"计时行政"。当时的行政完全按照时间得以实施,可以反映出其行政运营的效率性和缜密程度。加之,通过对表的制作和普及程度的分析,从多个视角考察了以时间为基础的行政运行体系②。

就秦帝国运行方式的问题,黎明钊通过比较分析岳麓秦简《为吏治官及黔首》与《论语·为政》,考察了秦帝国的官僚像,和通过这种官僚像所反映出来的治国面貌。结论指出,《为吏治官及黔首》及睡虎地秦简《为吏之道》中包括一部分官吏要忠信敬上、贞廉勤慎的修身德目内容。黎明钊指出,实际上这些官吏与《论语·为政》中通过以"仁"为核心依靠君子治国,以求创造理想社会秩序的内容相悖;反之,他们是熟知秦帝国律令,并严格执行的兴利除害型技术官僚(Technocrat),指向统一统治。因此,秦帝国很难依靠此种官吏创造出和谐社会秩序③。金庆浩提出与此相异的意见:自春秋战国至秦汉出现官吏出身的变化,即从游士类型变为儒士类型,秦在《为吏治官及黔首》和《为吏之道》中强调官吏应该具备儒家素养,正显示了这一变化④。还有,金庆浩考察了秦汉时代书籍的流通与知识、思想的普及程度。他指出,从战国时期开始到秦汉时期,被制成简牍的书籍流通量与内容不在少数。特别是《孝经》、《论语》等书籍在全国范围内(包括边境地区)的流通,其原因在于传播国家统治理念的政治目的⑤。

另一个值得关注的与秦帝国运行方式相关的论题是,作为秦的各级行政机构之间的往来文书,这一部分也是里耶秦简研究中成果最为突出的领域之一。与中

① 李成珪:《計數化된 人間——古代中國의 税役의 基礎와 基準》,《中國古中世史研究》第 24 辑,2010 年。
② 李成珪:《秦漢帝國의 計時行政》,《歷史學報》第 222 辑,2014 年。
③ 黎明钊:《岳麓书院秦简〈为吏治官及黔首〉与社会和谐》,《中國古中世史研究》第 28 辑,2012 年。
④ 金庆浩:《秦漢初 出土資料에 反映된 "士"、"吏"의 性格——游士에서 儒士로의 變化過程》,《大東文化研究》第 80 辑,2012 年。
⑤ 金庆浩:《秦漢時期書籍의 流通과帝國秩序》,《中國古中世史研究》第 32 辑,2014 年。

国、日本一样，韩国学界也倾注相当的关心，共发表五篇论文，大体可分为行书律内容及政治意义研究，与有关实际文书行政实践过程中所反映的文书行政制度研究。有关行书律的研究，金庆浩的论文值得关注。此文重点考察睡虎地秦简、岳麓秦简、里耶秦简，和二年律令中出现的行书律法制继承关系与文书传达方式；违反行书律时的处罚规定，以及行书律的政治目的。如按此文所述，秦与汉初的行书律为继承关系，因此除些许差异以外，多数行书方式与违反行书律时的处罚规定彼此相似。他还特别指出汉初的邮路具有以长安为中心，强化京畿地域统治的目的[①]。

有关分析文书行政的实际执行事例，从制度侧面究明文书行政实相的研究可举吴峻锡之文。他将《里耶发掘报告》中的公文书分为发送文的副本与接受文书，接受文书又可分为包含文书处理情况的文书；不包含处理情况的文书，以及在总结之后保管的文书。除此之外，里耶秦简中出现大量"守丞"，守丞指总管文书业务的县丞副官，"快行"的快可能是人名。另外，随着文书上记载的位置不同，"手"的意义也有所不同。即，记录在文书简背面左侧最下部的"某手"指正面文书的抄录者；背面右侧记录的某手是副本文书的抄录者；背面左侧中段记载的某手可能是文书接收者或是文书开封者[②]。除此之外，吴峻锡还试图通过秦、汉邮、亭、传、置、驿等邮传机构的设置与维护过程的研究，究明行政文书的传达方式。按其所指，秦代开始到西汉早中期，实行以邮为中心的文书传达制度，文景帝时期马政成功之后，西汉中期以后，大规模地设置综合性邮传机构作为国家的中心邮传机构。传达顺序为以次传、以县次传、以道次传、隧次行，行书的方式为走行、急行、马行等，根据文书的传达距离，也可分为以邮行与以亭行的方式[③]。吴峻锡还考察了行政文书的种类与传达方式，以及传递过程中县的作用。指出在这一过程中行政文书可分为：由县的下属机关将行政文书传达给县廷的报告文书；县廷传达给郡的报告文书；郡传达给县廷的下行文书。这些文书根据其形制，可分为发送文书的副本、收信文书Ⅰ、收信文书Ⅱ。吴峻锡还考察了文书传递路径，指出县与县、郡与县之间的文书传递会越过郡的边界；乡与乡之间的文书传达必须通过县廷，这一过程中县是文书行政过程中的中枢机关[④]。

另外，作为秦代文书行政的特殊事例研究，鹰取祐司的论文值得关注。他通过分析里耶秦简16-5、16-6二简，以求推定记录同一内容的两件文书被发送到迁陵

---

①　金庆浩：《秦、漢初行書律의内容과地方統治》，《史叢》第73辑，2011年。

②　吴峻锡：《里耶秦簡을통해본秦代文書行政方式과그特徵》，《中國古中世史研究》第21辑，2009年。

③　吴峻锡：《秦漢代의郵傳機構와文書傳達體系》，《東洋史學研究》第109辑，2009年。

④　吴峻锡：《里耶秦簡과秦代縣廷의文書行政》，《中國古中世史研究》第30辑，2013年。

县的理由。他推定 16-5 简是从洞庭郡以"以次传"的方式经过几个县,之后到达迁陵县的文书;16-6 简是从洞庭郡依靠邮直接送到迁陵县的文书。如此将同样的文书传达两次,是因为通过"文书的确切传达"以来确实执行上部命令①。

如果没有缜密地执行文书行政,就不可能维持秦、汉帝国,这是不言而喻的。但上述论文多以里耶秦简与居延汉简、悬泉置汉简等秦汉时代边境地区出土的特殊行政机构资料为主进行分析,因此在究明秦汉帝国整体的一般文书行政实体时仍有不足。并且,到目前为止,这一方面的研究仍以文书的编制和流通方式等制度史方面的考察为中心。由此一来,以公文书的内容分析为基础的文书行政的多样性研究实为不足。一般来讲,从公文书分为编制、流通、废弃这三个阶段来看,目前研究中针对公文书废弃这一制度史的考察也是不足的。

地方行政制度方面,是以研究迁陵县廷组织结构为主。值得关注的论文是李成珪的有关迁陵县廷内部组织与各级机关职能的考察。李先生指出,迁陵县由 8 个曹、官啬夫主管的十几个衙署,以及 3 个乡组成。其中,有关曹的职能,除令曹、吏曹、狱曹之外的所有曹监管官啬夫的工作。另外,还综合记录有业务状况的课志,编制计录;再将其报告给令、丞,最终由郡保管计录。曹、啬夫组织中包括长吏——令、丞、尉、县(大)啬夫,以及 104 名少吏。其中,丞主管县廷的运行,县令的具体业务情况尚未明确。另外,当时的郡与汉代的情况不同,还未成为县的上级行政单位,县直属于皇帝,是统治地方的基干。另一方面,迁陵县是由两百户构成的小规模县,在偏远山村设立迁陵县,其目的在于在蛮夷的世界里确保秦帝国领土②。还有,两位青年学者通过对里耶秦简的分析,考察了秦代县廷的"令史"和"曹"。金垌吾通过对里耶秦简中出现的令史的分析,考察了县廷的构造。他指出令史作为"史"官,原来仅是负责文书行政的斗食小吏,辅佐县令、丞处理各种事务;代替县令监督官、乡,啬夫不在时还监管官的事务。在这一过程中,令史在"廷"管理"官",像这样,"令史"作为秦代的"监者",在汉代逐渐变为"主者"③。金钟希考察了里耶秦简中出现的各种"曹"组织结构与机能,以及县"廷"与县"官"的关系。他指出,迁陵县廷是分为"廷"与"官"的二元化组织,各种曹作为"廷"的内部部门,将在"官"中进行的事务处理结果进行会计,编制计录后报告给"廷"的负责人令丞,县

---

① 鷹取祐司:《秦漢時代の的文書傳達形態——以里耶秦簡 J1(16)5 と J1(16)6 を中心に》,《中國古中世史研究》第 24 辑,2010 年。

② 李成珪:《秦帝國縣의 組織과 機能——遷陵縣 古城遺址出土 里耶秦簡의 分析을 中心으로》,《學術院論文集(人文、社會科學篇)》第 53 辑 1 号,2014 年。

③ 金垌吾:《秦帝國시기縣廷의 構造——"里耶秦簡" '令史' 를 중심으로》,《東洋史學研究》第 126 辑,2014 年。

廷据此整理为评价"官"的考课资料"课志"。管理迁陵县土地、财政的"官"——田官、田啬夫、少内的作用与"曹"的关系可以很好地反映出这种情况。如此看来，秦代县的行政组织结构是"廷"监管"官"的二元化组织，"曹"在这两个机关之间起媒介作用[1]。

另外，琴载元不仅分析了里耶秦简，对岳麓秦简也进行了积极的分析，在这一过程中他考察了秦帝国时期旧楚地域的地区特征，值得关注。他指出，秦帝国时期的旧楚地域可分为故地和新地。公元前 278 年，秦占领的秦帝国南郡被划分为故地，管制方式与秦内地郡县的管理方式相同，南郡周边新设洞庭郡与苍梧郡，被划分为"荆新地"。其中，新地由于政治上的不安定性，与南郡的统治方式有所不同。但是，反秦战争时期，南郡地区没有出现大规模的反秦起义，西汉也持续施行了郡县制，这说明长期被秦统治的经验一直延续到后代[2]。全惠兰分析了从战国时期的秦到汉初之间的内史与郡的机能，及其行政体系，指出战国秦时期已经确立了"内史 – 县"，以及"郡 – 县"体系；秦帝国时期内史负责下行文书的中介和财政事务等多种事务；汉初，财政上不仅确立了"内史 – 县"体系，内史还掌握了关中地区的管制权。汉初的郡不仅管理财政方面的事务，它作为管理多个领域事务的机关，确立了"中央 – 郡 – 县"的系统[3]。金秉骏考察了秦汉帝国与异民族间的关系，以及秦汉帝国的异民族支配方式等问题。他指出，秦汉帝国的国境分为外境与内境，秦汉帝国在内境的异民族地区贯彻实施郡县支配，对于生产力低下的外境异民族，设立部都尉与属国都尉，对其军事进行支配[4]。

土地制度方面的论文有共三篇。其中值得关注的是任仲爀的论文，考察了秦始皇三十一年颁布的"自实田"的意义及其在秦、汉初的土地制度变迁史中所占的地位。任仲爀在此文中对睡虎地秦简、龙岗秦简，以及放马滩秦简日书等进行分析，主张秦国的土地制度是通过战国秦的"授田制"到秦末的"自实田制"，再到龙岗秦简阶段的"授田制"这一过程，承袭为汉初二年律令的"授田制"。其中，将自实田与南宋理宗宝祐二年 (1254 年) 施行的《宋史》所载"行自实法"理解为同一意义，即以缴纳赋税为目的，使民自行上报所有土地面积的措施。并且，通过这一措施，针对已报告土地现况的百姓土地，承认其土地所有权，秦政府在维持国家授田制的

---

[1]　金钟希：《秦代縣의曹組織과地方官制——里耶秦簡에나타난遷陵縣의土地、財政運營을中心으로》，《東洋史學研究》第 128 辑，2014 年。

[2]　琴载元：《秦統治時期"楚地"의形勢와南郡의地域性》，《中國古中世史研究》第 31 辑，2014 年。

[3]　全惠蘭：《秦、漢初의内史와郡》，《中國古中世史研究》第 32 辑，2014 年。

[4]　金秉駿：《秦漢帝國의異民族支配——部都尉및屬國都尉에대한再檢討》，《歷史學報》第 217 辑，2013 年。

同时也允许土地私有制。像这样同时实施国家授田制和土地私有制的秦土地制度，汉初因萧何得以继承，并且可以通过二年律令中包括的土地买卖和继承规定来确认这一事实①。此文将"自实田"解释为与南宋"自实法"相同，并通过分析为数甚微的土地买卖和继承的相关资料，揭示出秦、汉初授田制与土地私有制并存，值得关注。与此相关联，林炳德指出睡虎地秦简与二年律令中虽然包含授田的相关规定，但却未包含如果施行授田制，那么就必然会有的土地还收规定。反之，根据在二年律令中包含允许土地买卖和继承规定这一点，他否认"免老土地还收说"，反对国家授田制说和土地国有制说②。他还主张即便成为授田，授田者也会拥有土地的使用权、受益权、占有权，这是紧随商鞅变法允许土地买卖之后，更进一步说，这是国家认可百姓这种本能的私有欲望的结果③。

与家庭、户籍，以及户口簿相关联的论文共发表了六篇。尹在硕反对由于商鞅的家族改革令，秦社会变革为夫妻中心小家庭社会这一学界定说。他通过睡虎地秦简、汉代画像石资料中反映的民间住宅构造的分析，指出秦汉代民间不仅存在小家庭住宅，还广泛存在由父、子、孙构成的联合家庭住宅。并且，这种规模大的家庭形态实际存在的情况，不仅可以证明这受到秦政府的保护，另一方面不孝罪的法制化还说明，这是为防止在分解联合家庭时出现的削弱家父长权现象，秦政府所采取的措施④。与此种观点相反，林炳德分析里耶户籍简所反映的秦代户籍制度和家庭形态，试图重新解释商鞅的家庭改革政策。他将里耶户籍简中出现的户籍类型分为夫妻中心户籍，以及户主为母，或是兄弟同居类型，前者为小家庭，后者是同居家庭形态。后者虽然从外部来看属于父子兄弟同居一家的联合家庭形态，但兄弟之间又单独作为以夫妻中心为一家，分别居住在不同的室构成独立的户，因此实际上应将其看作是小家庭形态。指出秦成为小家庭中心社会可以说是商鞅家族改革令实施"一户一正丁"政策的结果⑤。

与秦汉时期户籍和户口簿相关联，尹在硕分析里耶秦简与二年律令的户律，考察了秦代户籍形态、记载方式、内容构成，以及秦汉户籍的编制、维护、管理方式等问题。指出，秦政府以一户一牍为原则，编制形制为二尺木牍的户籍，记录范围是户主的家人——臣妾、隶、小妻等，甚至包括隶属人，为体现其是否具有劳动力，将

---

① 任仲爀：《秦始皇 31 년의 自實田》，《中國古中世史研究》第 26 辑，2011 年。

② 林炳德：《秦漢의 土地所有制》，《中國史研究》第 67 辑，2010 年。

③ 林炳德：《出土文獻에보이는秦漢時期의 土地制度》，《中國史研究》第 75 辑，2011 年。

④ 尹在硕：《秦漢代住宅의 構造와家族生活》，《東洋史學研究》第 112 辑，2010 年。

⑤ 林炳德：《里耶秦簡을통해서본秦의 戶籍制度—商鞅變法、同居、室、戶에대한再論—》，《東洋史學研究》第 110 辑，2010 年。

其性别、大小为基本标准,分别记载于不同的五栏里,不记录户口年龄是因为与户籍相区别,还另编有年籍。另一方面,在户籍木牍上标记"伍长"是为表示伍是将五户的户籍共同保管,是户籍的最小集合单位,五户籍一伍的负责人便是伍长这些内容。除此之外,里耶户籍木牍中的南阳是里名,荆为旧楚地民,不更与小上造是秦政府为驯化旧楚地域民而下赐的爵位。秦汉的户籍是每年八月户时,由乡的啬夫和县的户曹派遣令史、吏到乡共同编制,其副本由县保管[①]。

但上述尹在硕的研究中所使用的里耶秦简并不是秦内地的文书,而是边境被征服地的文书,也就是说,将其看作是秦代户籍制整体情况的理由是比较薄弱的。金庆浩的论文便从这一观点展开议论,他认为里耶户籍简并不是秦人户籍,而是旧楚地域民的户籍。秦代户籍区分秦人、非秦人而用不同的方式编制户籍,这作为"胡汉稍别"的一个形态,汉代户籍、名籍的编制也继承了这一点。更进一步讲,秦汉政府为向被征服地的周边居民贯彻郡县支配,实施特殊的编户政策形态。金庆浩指出户籍与户口簿都与内地的情况一样,也被活用为秦汉边境郡县编户化的资料。还指出,特别是边境郡县的户口簿记录样式与内地的乡级、县级、郡级的记录样式并无大异,还可以证明统一实施郡县制这一事实[②]。里耶秦简属于异民族地区中比较特殊的公文书,中村威也着眼于这一点对其进行了考察。他指出,虽然从这22枚里耶户籍木牍的形制上可以看出,迁陵县与秦内地同样贯彻实施郡县制与编户制,但事实上,远离迁陵县中心地区的乡级居民,并没有受到同一般郡县民一样的支配。因为根据木牍内容可知,户籍木牍中记录的大部分是楚姓;南阳里的成年男性一概被授予"不更"的爵位;事实上仍有成年父子兄弟同居的情况;编辑户籍时未能完整地编制年籍等[③]。除此之外,与秦汉户口簿相关联,尹在硕指出,每年八月在乡编制的户籍作为乡户口簿的基础资料,里耶秦简的乡户计作为此种户口簿的雏形,被应用为决定乡算赋征收额数的重要基础资料。以乡户口簿为基础,县和郡也分别编制各自的县级、郡级户口簿,被用作郡县征收税役的基础资料[④]。

身份制度史方面,讨论最为活跃的身份是庶人,相关论文共有五篇。此外,还有一篇讨论奴婢身份的论文。针对庶人的来源,这些论文中几乎提出一致的意见,秦汉代的庶人可分为"废官为庶人"与"免奴、刑徒为庶人"的形态,从而成为庶人身份。但针对庶人的任务和性质却存在不同见解。即,任仲爀认为庶人也可以从

① 尹在硕:《秦漢初의户籍制度》,《中國古中世史研究》第26辑,2011年。

② 金庆浩:《秦漢時期戶口文書와 邊境支配——記載樣式을中心으로》,《樂浪郡戶口簿研究》,东北亚历史财团2010年版。

③ 中村威也:《里耶秦簡으로본民族과支配》,《歷史教育論集》第43辑,2009年。

④ 尹在硕:《秦漢代戶口簿와그運營》,《樂浪郡戶口簿研究》,东北亚历史财团2010年版。

国家收到田宅,亦是国家征收徭役、算赋的对象。并且,在爵制方面,庶人位于士伍之下,有从秦汉的无官无爵性质到唐代无品无官的身份变化[①]。提出相反意见的林炳德指出,庶人作为与私属、女子同样的徭役、算赋的免除对象,与庶子相似,从事特殊的徭役,或是与一般民相区别另行管理的一种存在。他还整理介绍了中、韩、日学界提出的有关庶人的各种意见[②]。朴健柱推定庶人的来源为庶子,庶人作为比公卒和士伍更低级的身份,成为免除赋税、徭役的对象[③]。对于庶人的这些讨论,从此前学界并无争议的情形来看,是值得欣喜的现象。可惜的是,他们提出的这些不同主张出于对同一资料个人主观解释上的差异,由于没有新资料或是以新方法论进行讨论,因而未能使研究更进一步。除此之外,辛圣坤通过对里耶秦简和二年律令的分析,考察了秦汉私有奴婢的来源、作用及其性质。指出,秦汉私奴婢的主要来源是将官奴婢买卖或者赏赐给民,这些私奴婢被记录在户籍上,具有强制隶属于家父长的“家人”的性质。他们在主人身边主要负责家内杂务,也有部分从事农作,有时也从事警护任务和商工业活动[④]。有关秦、汉初女性的地位问题,林炳德提出与学界认为——秦汉时代女性的地位相对较高——相反的意见。他将秦汉律与唐律中有关女性的刑罚,与评价女性劳动力的规定相比较,得出秦汉女性地位相对较低的意见[⑤]。另一方面,李明和认为秦、汉初的女性,即便是在家父长制的隶属之下,也享有国家赋予的减刑特权,这是国家为确保减刑女性作为官营作坊的劳动力,生产高级纺织物的措施[⑥]。

　　思想、宗教以及数术史方面共发表了三篇。琴载元通过分析睡虎地秦简日书、放马滩秦简日书、九店楚简日书、孔家坡汉简日书等内容,整理择日术的原理与继承关系,揭示这些择日术随着政治、社会、文化的推移,克服各自的地域差异在全国范围内逐渐统一、普及的过程。即,由于秦的统一,秦除替代楚除,此后建除在东汉永元六年时又有一次变化,在这一过程中,建除的原理逐渐合理化,对于此间国家制定的历法也产生诸多影响[⑦]。林炳德考察了秦汉律中包含的法家思想性质。指

① 任仲爀:《秦漢律의 庶人》,《中國古中世史研究》第 22 辑,2009 年;任仲爀:《中國古代庶人概念의 變化》,《東洋史學研究》第 113 辑,2010 年。

② 林炳德:《秦漢時代의 庶人 研究綜述》,《中國史研究》第 72 辑,2011 年;林炳德:《秦漢時代의 "庶人" 再論》,《中國史研究》第 80 辑,2012 年。

③ 朴健柱:《秦漢法制상의「刑盡者」、「免隸臣妾」과 公卒、士伍、庶人》,《中國學報》第 58 辑,2009 年。

④ 辛圣坤:《簡牘資料로본中國古代의 奴婢》,《韓國古代史研究》第 80 辑,2009 年。

⑤ 林炳德:《秦漢时代의 女性의 地位》,《中國史研究》第 64 辑,2010 年。

⑥ 李明和:《秦漢代女性刑罰의 減刑과 勞役》,《中國古中世史研究》第 25 辑,2011 年。

⑦ 琴载元:《秦漢代擇日術의 流行과 普遍化過程——出土日書와 歷日의 分析을中心으로》,《中國古中世史研究》第 25 辑,2011 年。

出,秦汉律的法是维持社会秩序的客观标准,比起预防犯罪和教育的性质,作为一种富国强兵的手段,这一性质更为强烈。汉代的儒家深受法家思想的影响,性质有所变化,法家与儒家的差异模糊不清[1]。尹在硕通过分析秦汉时简牍形态的告地书,考察了秦汉人的来世观念。他指出,秦汉人认为,冥界的行政体系与现实世界的"县-乡-里"行政组织一样。因此,葬送仪式中使用的告地书是与生世移徙户籍文书格式、内容相同的文书。秦汉人之所以认为冥界与生世具有同样的世界,是因为发挥了强烈政治力量的秦汉皇帝政治支配体系,不仅统治生世,而且让掌管冥界世界的宗教领域也深受影响[2]。

此外,尹在硕在2010年用韩国语译注睡虎地秦墓竹简[3],林炳德发表此书的书评[4]。

综上,2009~2014年间,韩国学界发表的秦简研究论著的主要分析资料为睡虎地秦简、里耶秦简,以及岳麓秦简、放马滩秦简日书,其中有关里耶秦简的研究日趋增多。这些研究将秦简资料与张家山汉简的二年律令进行共同分析,体现出主要考察秦、汉初的政治、社会问题的基本特征。除此之外,对于一些特定主题,部分学者的讨论也相对集中化,即,秦汉初的土地制度与户籍制度,以及身份制度等问题。这说明针对特定领域的学术讨论的星星之火正在被点燃。但这些研究的提出很少基于同一简牍资料的客观逻辑证据,大部分都是由于研究者的主观解释而产生的分歧而导致的,还停留在因为没有新资料或是以新方法论进行讨论从而无法使讨论更进一步的状态。为了更具有建设性的讨论,需要在今后的研究中解决这些问题。

2009~2014年的六年间,韩国学界发表的论文总数并不多,研究领域也都过于集中在政治制度史方面。这不仅体现出比起简牍资料的增加速度,研究人力资源的不足,也源于几乎没能采取新的历史研究方法论。也可以说这反映了重视实用学科和忽视以人文学为代表的纯文学的世界趋势的现象。另一方面,现有研究者们对于新进研究力量的关心和帮助日趋减少也是问题所在。为突破这些现状,在对新发掘简牍初期研究的同时,有必要开发和采用从新的历史研究视角和观点出发的研究方法。并且,也有必要为新进研究者们提供无偿的国际简牍研究交流机会。

---

[1]　林炳德:《秦漢律과 法家思想》,《中國史研究》第89辑,2014年。

[2]　尹在硕:《中國古代死者의書와漢代人의來世觀——告地策을中心으로》,《中國史研究》第86辑,2013年。

[3]　尹在硕:《睡虎地秦墓竹簡譯注》,昭明出版社2010年版。

[4]　林炳德:《尹在硕,『睡虎地秦墓竹簡譯注』》,《歷史學報》第210辑,2011年。

主要图表一览

表 6–1　　诸家所考秦十二郡异同　　96

表 6–2　　史载蜀郡建置之异同　　101

表 10–1　中国传统五声调式与五度音阶　　186

表 10–2　构成十二律的两组六个半音　　186

表 10–3　十二律、十二月份及其方位与季节　　188

表 10–4　对《吕氏春秋》"为上"（降四度，4/3）、"为下"（升五度，2/3）生律
　　　　　法的两种解释　　190

表 10–5　《天文训》中的十二月律、和声数及被生律　　192

表 10–6　十二律的生律模式与顺序　　193

表 10–7　由各律在半音序列内的位置确定的十二律相生关系　　196

表 10–8　《管子》的五音体系与解释《吕氏春秋》生律法 A 说比较　　198

表 10–9　《淮南子》与放马滩日书乙种所列与十二律相关的和声数中的两个半
　　　　　音序列　　199

表 10–10　《史记·律书》和放马滩简日书乙种的大数体系　　201

表 11–1　放马滩秦简距度与古、今度对比　　204

表 11–2　《律历志》每月太阳所在星宿与《天文训》每月日躔之宿比较　　208

表 11–3　《洪范传》古度所推每月日躔之宿与日书比较　　209

表 12–1　时段关系与关于十六时制的四种意见对比　　236

表 13–1　木板地图尺寸与诸家称述　　246

图 13–1　木板地图今地示意图　　255

秦简牍整理与研究

参考文献

一、中文

《吕氏春秋》，中华书局 1954 年"诸子集成"本。

安徽省文物工作队、阜阳地区博物馆、阜阳县文化局：《阜阳双古堆西汉汝阴侯墓
　　发掘简报》，《文物》1978 年第 8 期。

班固：《汉书》，中华书局 1962 年版。

卜宪群：《秦汉之际乡里吏员杂考——以里耶秦简为中心的探讨》，《南都学坛》
　　2006 年第 1 期。

卜宪群：《从简帛看秦汉乡里的文书问题》，《文史哲》2007 年第 6 期。

曹旅宁：《秦律新探》，中国社会科学出版社 2002 年版。

曹婉如：《有关天水放马滩秦墓出土地图的几个问题》，《文物》1989 年第 12 期。

曹婉如、郑锡煌、黄盛璋等：《中国古代地图集（战国——元）》，文物出版社 1990 年版。

曾宪通：《秦汉时制刍议》，《中山大学学报》1992 年第 4 期。

陈剑：《读秦汉简札记三篇》，复旦大学出土文献与古文字研究中心网站 2009 年 4
　　月 27 日，http://www.gwz.fudan.edu.cn/SrcShow.asp?Src_ID=1518；后修
　　订刊于《出土文献与古文字研究》第 4 辑，上海古籍出版社 2011 年版。

陈久金：《中国古代时制研究及其换算》，《自然科学史研究》第 2 卷第 2 期，1983
　　年版。

陈侃理：《北大秦简中的方术书》，《文物》2012 年第 6 期。

陈美东：《中国古代天文学思想》，中国科学技术出版社 2008 年版。

陈梦家：《汉简缀述》，中华书局 1980 年版。

陈槃：《汉晋遗简识小七种》，上海古籍出版社 2009 年版。

陈奇猷：《吕氏春秋新校释》，上海古籍出版社 2002 年版。

陈桥驿：《水经注校证》，中华书局 2007 年版。

陈松长：《帛书〈出行占〉中的几个时称概念略考》，《出土文献研究》第 7 辑，上海古籍出版社 2005 年版。

陈松长：《马王堆帛书〈刑德〉甲、乙本的比较研究》，《文物》2000 年第 3 期。

陈松长：《香港中文大学文物馆藏简牍》，香港中文大学文物馆 2001 年印行。

陈松长：《岳麓书院所藏秦简综述》，《文物》2009 年第 3 期。

陈松长：《岳麓书院藏秦简中的行书律令初论》，《中国史研究》2009 年第 3 期。

陈松长：《睡虎地秦简"关市律"辨正》，《史学集刊》2010 年第 4 期。

陈松长主编：《岳麓书院藏秦简〔肆〕》，上海辞书出版社 2015 年版。

陈伟：《新发表楚简资料所见的纪时制度》，《第三届国际中国古文字学研讨会论文集》，香港中文大学 1997 年印行。

陈伟：《秦苍梧、洞庭二郡刍论》，《历史研究》2003 年第 5 期。

陈伟：《"州陵"与"江胡"——岳麓书院藏秦简中的两个地名小考》，《中国历史地理论丛》2009 年第 1 期。

陈伟：《岳麓书院秦简行书律令校读》，简帛网 2009 年 11 月 21 日，http://www.bsm.org.cn/show_article.php?id=1177。

陈伟：《关于秦与汉初"入钱缿中"律的几个问题》，《考古》2012 年第 8 期。

陈伟：《关于秦封泥"河外"的讨论》，《出土文献研究》第 10 辑，中华书局 2011 年版。

陈伟：《北大藏秦简〈泰原有死者〉识小》，简帛网 2012 年 7 月 14 日，http://www.bsm.org.cn/show_article.php?id=1718。

陈伟：《关于秦文书制度的几个问题》，《中国新出资料学的展开》，[日]汲古书院 2013 年版。

陈伟：《里耶秦简中的"夬"》，简帛网 2013 年 9 月 26 日，http://www.bsm.org.cn/show_article.php?id=1916。

陈伟：《云梦睡虎地秦简〈秦律十八种〉校读五则》，《简帛》第 8 辑，上海古籍出版社 2013 年版。

陈伟：《秦汉简牍〈叶书〉刍议》，《简帛》第 10 辑，上海古籍出版社 2015 年版。

陈伟：《岳麓秦简〈奏谳书〉校读》，《古文字与古代史》第 4 辑，台北"中研院"历史语言研究所 2015 年版。

陈伟：《岳麓秦简肆校商（贰）》，简帛网 2016 年 3 月 28 日，http://www.bsm.org.cn/

show_article.php?id=2504。

陈伟主编,何有祖、鲁家亮、凡国栋撰著:《里耶秦简牍校释》第一卷,武汉大学出
版社 2012 年版。

陈伟主编,彭浩、刘乐贤等撰著:《秦简牍合集〔壹〕·睡虎地秦墓简牍》,武汉大学
出版社 2014 年版。

陈伟主编,李天虹、曹方向等撰著:《秦简牍合集〔贰〕·龙岗秦墓简牍 郝家坪秦墓
木牍》,武汉大学出版社 2014 年版。

陈伟主编,刘国胜等撰著:《秦简牍合集〔三〕·周家台秦墓简牍 岳山秦墓木牍》,
武汉大学出版社 2014 年版。

陈伟主编,孙占宇、晏昌贵撰著:《秦简牍合集〔四〕·放马滩秦墓简牍》,武汉大学
出版社 2014 年版。

陈应时:《〈管子〉、〈吕氏春秋〉的生律法及其他》,《黄钟》2000 年第 3 期。

陈应时:《五行说和早期的律学》,《音乐艺术》2005 年第 1 期。

陈应时:《再谈〈吕氏春秋〉的生律法——兼评〈从放马滩秦简律书再论“吕氏春
秋”生律次序〉》,《音乐研究》2005 年第 4 期。

陈直:《居延汉简研究》,中华书局 2009 年版。

程恩泽:《国策地名考》,中华书局 1991 年“丛书集成初编”本。

程树德:《九朝律考》,中华书局 1963 年版。

初师宾:《汉边塞守御器备考略》,《汉简研究文集》,甘肃人民出版社 1984 年版。

董珊:《战国题铭与工官制度》,北京大学博士学位论文,2002 年 5 月。

杜预:《春秋左传集解》,上海人民出版社 1977 年版。

段莉芬:《秦简释词》,私立东海大学硕士学位论文,1989 年 4 月。

凡国栋:《秦郡新探——以出土文献为主要切入点》,武汉大学博士学位论文,2010
年 5 月。

凡国栋:《“挈令”新论》,《简帛》第 5 辑,上海古籍出版社 2010 年版。

凡国栋:《岳麓秦简〈为吏治官及黔首〉与睡虎地秦简〈为吏之道〉编连互征一例》,
简帛网 2011 年 4 月 8 日,http://www.bsm.org.cn/show_article.php?id=1433。

凡国栋:《秦汉法律文献所见“令”的编序问题》,《出土文献研究》第 10 辑,中华
书局 2011 年版。

范文澜:《文心雕龙注》,人民出版社 1958 年版。

范祥雍:《战国策笺证》,上海古籍出版社 2006 年版。

范晔:《后汉书》(附司马彪《续汉书志》),中华书局 1965 年版。

甘肃简牍保护研究中心、甘肃省文物考古研究所、甘肃省博物馆、中国文化遗产研

究院古文献研究室、中国社会科学院简帛研究中心：《肩水金关汉简〔
壹〕》，中西书局 2011 年版。

甘肃简牍保护研究中心、甘肃省文物考古研究所、甘肃省博物馆、中国文化遗产研
究院古文献研究室、中国社会科学院简帛研究中心：《肩水金关汉简〔
贰〕》，中西书局 2012 年版。

甘肃省文物考古研究所：《敦煌悬泉汉简内容概述》，《文物》2000 年第 5 期。

甘肃省文物考古研究所：《天水放马滩秦简》，中华书局 2009 年版。

甘肃省文物考古研究所：《甘肃永昌水泉子汉墓发掘简报》，《文物》2009 年第 10 期。

甘肃省文物考古研究所、甘肃省博物馆、文化部古文献研究室、中国社会科学院历
史研究所：《居延新简——甲渠候官与第四燧》，文物出版社 1990 年版。

甘肃省文物考古研究所、甘肃省博物馆、中国文物研究所、中国社会科学院历史研
究所：《居延新简——甲渠候官》上下册，中华书局 1994 年版。

甘肃省文物考古研究所、天水市北道区文化馆：《甘肃天水放马滩战国秦汉墓群的
发掘》，《文物》1989 年第 2 期。

高敏：《云梦秦简初探》（增订本），河南人民出版社 1981 年版。

高敏：《秦汉邮传制度考略》，《历史研究》1985 年第 3 期。

高敏：《关于汉代有"户赋"、"质钱"及各种矿产税的新证——读〈张家山汉墓竹
简〉》，《史学月刊》2003 年第 4 期。

高荣：《简牍所见秦汉邮书传递方式考辨》，《中国历史文物》2007 年第 6 期。

葛红丽：《〈居延新简〉词语通释》，华东师范大学博士学位论文，2007 年 4 月。

谷杰：《从放马滩秦简律书再论〈吕氏春秋〉生律次序》，《音乐研究》2005 年第 3 期。

顾颉刚：《顾颉刚读书笔记》第 6 册，中华书局 2011 年版。

顾炎武，黄汝成集释，秦克诚点校：《日知录集释》，岳麓书社 1994 年版。

顾祖禹：《读史方舆纪要》，中华书局 2005 年版。

郭洪伯：《稗官与诸曹——秦汉基层机构的部分设置》，《简帛研究二〇一三》，广西
师范大学出版社 2014 年版。

郭书春、刘钝校点：《算经十书（一）》，辽宁教育出版社 1998 年版。

郭锡良：《介词"于"的起源和发展》，《古汉语语法论集》，语文出版社 1998 年版。

国家计量总局、中国历史博物馆、故宫博物院主编：《中国古代度量衡图集》，文物
出版社 1984 年版。

海老根量介：《放马滩秦简钞写年代蠡测》，《简帛》第 7 辑，上海古籍出版社 2012
年版。

郝本性：《新郑"郑韩故城"发现一批战国铜兵器》，《文物》1972 年第 10 期。

郝慧芳：《张家山汉简语词通释》，华东师范大学博士学位论文，2008 年 4 月。

何乐士：《〈左传〉虚词研究》（修订本），商务印书馆 2004 年版。

何乐士：《〈左传〉〈史记〉名词作状语的比较》，《〈史记〉语法特点研究》，商务印书
馆 2007 年版。

何慕：《秦代政区研究》，复旦大学博士学位论文，2009 年 5 月。

何宁：《淮南子集释》，中华书局 1998 年版。

何双全：《天水放马滩秦墓出土地图初探》，《文物》1989 年第 2 期。

何有祖：《里耶秦简牍缀合（七则）》，简帛网 2012 年 5 月 1 日，http://www.bsm.org.
cn/show_article.php?id=1679。

何有祖：《里耶秦简牍缀合（二）》，简帛网 2012 年 5 月 14 日，http://www.bsm.org.
cn/show_article.php?id=1695。

何有祖：《里耶秦简牍缀合（四）》，简帛网 2012 年 5 月 21 日，http://www.bsm.org.
cn/show_article.php?id=1700。

何有祖：《里耶秦简牍缀合（六则）》，简帛网 2012 年 12 月 24 日，http://www.bsm.
org.cn/show_article.php?id=1765。

何有祖：《新见里耶秦简牍资料选校（一）》，简帛网 2014 年 9 月 1 日，http://www.
bsm.org.cn/show_article.php?id=2068。

何有祖：《读里耶秦简札记（二）》，简帛网 2015 年 6 月 23 日，http://www.bsm.org.
cn/show_article.php?id=2265。

何有祖：《读里耶秦简札记（三）》，简帛网 2015 年 7 月 1 日，http://www.bsm.org.
cn/show_article.php?id=2267。

何有祖：《读里耶秦简札记（四）》，简帛网 2015 年 7 月 8 日，http://www.bsm.org.
cn/show_article.php?id=2271。

何有祖：《〈里耶秦简（壹）〉校读札记（三则）》，《出土文献研究》第 14 辑，中西书局
2015 年版。

河北省文物管理处：《河北元氏县西张村的西周遗址和墓葬》，《考古》1979 年第 1
期。

洪兴祖：《楚辞补注》，中华书局 1983 年版。

侯旭东：《西北所出汉代簿籍册书简的排列与复原——从东汉永元兵物簿说起》，
《史学集刊》2014 年第 1 期。

后晓荣：《秦代政区地理》，社会科学文献出版社 2009 年版。

胡波：《秦简介词"以"浅论》，《简帛语言文字研究》第 4 辑，巴蜀书社 2010 年版。

胡平生：《读里耶秦简札记》，《简牍学研究》第 4 辑，甘肃人民出版社 2004 年版。

胡平生：《里耶简所见秦朝行政文书的制作与传送》，《简帛研究二〇〇八》，广西师范大学出版社 2010 年版。

胡平生：《也说"作徒簿及最"》，简帛网 2014 年 5 月 31 日，http://www.bsm.org.cn/show_article.php?id=2026。

胡平生、李天虹：《长江流域出土简牍与研究》，湖北教育出版社 2004 年版。

胡平生、张德芳：《敦煌悬泉汉简释粹》，上海古籍出版社 2001 年版。

湖北省博物馆：《曾侯乙墓》，文物出版社 1989 年版。

湖北省荆州博物馆：《荆州高台秦汉墓》，科学出版社 2000 年版。

湖北省荆州地区博物馆：《江陵高台 18 号墓发掘简报》，《文物》1993 年第 8 期。

湖北省荆州市周梁玉桥遗址博物馆：《关沮秦汉墓简牍》，中华书局 2001 年版。

湖北省文物考古所、云梦县博物馆：《湖北云梦睡虎地 M77 发掘简报》，《江汉考古》2008 年第 4 期。

湖北省文物考古研究所、随州市考古队：《随州孔家坡汉墓简牍》，文物出版社 2006 年版。

湖南省文物考古研究所、湘西土家族自治州文物处、龙山县文物管理所：《湖南龙山里耶战国——秦代古城一号井发掘简报》，《文物》2003 年第 1 期。

湖南省文物考古研究所：《里耶发掘报告》，岳麓书社 2007 年版。

湖南省文物考古研究所：《里耶秦简〔壹〕》，文物出版社 2012 年版。

湖南省文物考古研究所：《里耶一号井的封检和束》，《湖南考古辑刊》第 8 期，岳麓书社 2009 年版。

华陆综：《尉缭子注译》，中华书局 1979 年版。

黄今言：《云梦秦简所见秦的商品交换与市场管理》，《秦都咸阳与秦文化研究》，陕西人民教育出版社 2003 年版。

黄琳：《居延汉简纪时研究》，华东师范大学硕士学位论文，2006 年 4 月。

黄盛璋：《历史地理与考古论丛》，齐鲁书社 1982 年版。

黄盛璋：《秦兵器制度及其发展、变迁新考（提要）》，《秦文化论丛》第 3 辑，西北大学出版社 1994 年版。

黄盛璋：《江陵高台汉墓新出"告地策"、遣策与相关制度发复》，《江汉考古》1994 年第 2 期。

黄盛璋：《秦兵器分国、断代与有关制度研究》，《古文字研究》第 21 辑，中华书局 2001 年版。

黄锡全：《赵国方足布七考》，《华夏考古》1995 年第 2 期。

黄展岳：《关于秦汉人的食粮计量问题》，《考古与文物》1980 年第 4 期。

惠栋：《春秋左传补注》，《清经解 清经解续编〔叁〕》，凤凰出版社 2005 年版。

霍存福:《唐式辑佚》,社会科学文献出版社 2009 年版。

霍存福、丁相顺:《〈唐律疏议〉"以""准"字例析》,《吉林大学社会科学学报》
　　　　1994 年第 5 期。

姬乃军:《陕西富县秦"上郡塞"长城踏察》,《考古》1996 年第 3 期。

吉仕梅:《秦汉简帛语言研究》,巴蜀书社 2004 年版。

嘉庆重修《大清一统志》,中华书局 1986 年版。

简牍整理小组:《居延汉简〔壹〕》,台北"中研院"历史语言研究所 2014 年。

江西省博物馆、遂川县文化馆:《记江西遂川出土的几件秦代铜兵器》,《考古》
　　　　1978 年第 1 期。

蒋礼鸿:《商君书锥指》,中华书局 1986 年版。

荆州博物馆:《湖北荆州纪南松柏汉墓发掘简报》,《文物》2008 年第 4 期。

荆州地区博物馆:《江陵王家台 15 号秦墓》,《文物》1995 年第 1 期。

孔颖达:《礼记正义》,《十三经注疏》,中华书局 1980 年影印本。

劳干:《居延汉简考释·考证之部》,《汉简研究文献四种》下册,北京图书馆出版
　　　　社 2007 年版。

黎明钊、马增荣:《试论里耶秦牍与秦代文书学的几个问题》,《简帛》第 5 辑,上海
　　　　古籍出版社 2010 年。

黎明钊:《岳麓书院秦简〈为吏治官及黔首〉与社会和谐》,〔韩〕《中國古中世史研
　　　　究》第 28 辑,2012 年版。

黎翔凤:《管子校注》,中华书局 2004 年版。

李根蟠:《稷粟同物,确凿无疑》,《古今农业》2000 年第 2 期。

李家浩:《战国货币考(七篇)》,《中国钱币学会成立十周年纪念文集》,金融出版社
　　　　1992 年版。

李家浩:《读睡虎地秦简〈日书〉"占盗疾"札记三则》,《北京大学古文献研究所集
　　　　刊》(一),北京燕山出版社 1999 年版。

李家浩:《夫敔申鼎、自余钟与子受钟铭文研究》,《俞伟超先生纪念文集·学术
　　　　卷》,文物出版社 2009 年版。

李解民:《秦汉时期的一日十六时制》,《简帛研究》第 2 辑,法律出版社 1996 年版。

李静:《秦简牍研究论著目录》,《简帛》第 4 辑,上海古籍出版社 2009 年版。

李均明:《封检题署考略》,《文物》1990 年第 10 期。

李均明:《汉简所见一日十八时、一时十分记时制》,《文史》第 22 辑,中华书局
　　　　1984 年版。

李均明:《尹湾汉墓出土"武库永始四年兵车器集簿"初探》,《尹湾汉墓简牍综论》,

科学出版社 1999 年版。

李均明：《张家山汉简〈行书律〉考》，《中国古代法律文献研究》第 2 辑，中国政法
　　　大学出版社 2004 年版。

李均明：《秦汉简牍文书分类辑解》，文物出版社 2009 年版。

李均明：《里耶秦简"真见兵"解》，《出土文献研究》第 11 辑，中西书局 2012 年版。

李均明：《里耶秦简"计录"与"课志"解》，《简帛》第 8 辑，上海古籍出版社 2013
　　　年版。

李零：《"式"与中国古代的宇宙模式》，《中国文化》第 4 期（1991 年春季号），三联
　　　书店 1992 年版。

李零：《视日、日书和叶书——三种简帛文献的区别和定名》，《文物》2008 年第 12 期。

李零：《秦简的定名与分类》，《简帛》第 6 辑，上海古籍出版社 2011 年版。

李零：《北大秦牍〈泰原有死者〉简介》，《文物》2012 年第 6 期。

李天虹：《分段纪时制与秦汉社会生活举隅》，《出土文献研究》第 10 辑。

李晓杰：《中国行政区划通史·先秦卷》，复旦大学出版社 2009 年版。

李学勤：《放马滩简中的志怪故事》，《文物》1990 年第 4 期。

李学勤：《时分与〈吴越春秋〉》，《历史教学问题》1991 年第 4 期。

李学勤：《〈奏谳书〉与秦汉铭文中的职官省称》，《中国古代法律文献研究》第 1 辑，
　　　巴蜀书社 1999 年版。

李学勤：《初读里耶秦简》，《文物》2003 年第 1 期。

李学勤：《包山楚简郙即巴国说》，《中国文化》第 21 期，2004 年。

李学勤、唐云明：《元氏铜器与西周邢国》，《考古》1979 年第 1 期。

李约瑟：《中国科学技术史》第四卷第一分册《物理学》，科学出版社 2003 年。

里耶秦简博物馆、出土文献与中国古代文明研究协同创新中心中国人民大学中
　　　心：《里耶秦简博物馆藏秦简》，中西书局 2016 年版。

栗劲：《〈睡虎地秦墓竹简〉译注斠补》，《吉林大学社会科学学报》1984 年第 5 期。

栗劲：《秦律通论》，山东人民出版社 1985 年版。

连云港市博物馆、东海县博物馆、中国社会科学院简帛研究中心、中国文物研究
　　　所：《尹湾汉墓简牍》，中华书局 1997 年版。

廖伯源：《汉初县吏之秩阶及其任命——张家山汉简研究之一》，《社会科学战线》
　　　2003 年第 3 期。

林剑鸣：《秦史稿》，上海人民出版社 1981 年版。

林虙、楼昉：《两汉诏令》，文渊阁本《四库全书》史部诏令奏议类。

林清源：《睡虎地秦简标题格式析论》，台北《"中研院"历史语言研究所集刊》第

73 本第 4 分,2002 年版。

刘国胜:《楚地出土数术文献与古宇宙结构理论》,《楚地简帛思想研究》(二),湖北教育出版社 2005 年版。

刘国胜:《谢家桥一号汉墓〈告地书〉牍的初步考察》,《江汉考古》2009 年第 3 期。

刘国胜:《西汉丧葬文书札记》,《江汉考古》2011 年第 3 期。

刘乐贤:《睡虎地秦简〈日书〉研究二十年》,《中国史研究动态》1996 年第 10 期。

刘乐贤:《睡虎地秦简〈日书〉释读札记》,《华学》第 6 辑,紫禁城出版社 2003 年版。

刘乐贤:《里耶秦简和孔家坡汉简中的职官省称》,《文物》2007 年第 9 期。

刘乐贤:《谈秦汉文献中"所"字的一种用法》,《中国文字学报》第 3 辑,商务印书馆 2010 年版。

刘利:《从〈国语〉的用例看先秦汉语的"可以"》,《中国语文》1994 年第 5 期。

刘利:《先秦汉语助动词研究》,北京师范大学出版社 2000 年版。

刘淇:《助字辨略》,中华书局 1954 年版。

刘瑞:《里耶秦代木牍零拾》,《中国文物报》2003 年 5 月 30 日第 7 版。

刘喜国:《也谈〈吕氏春秋〉生律法——对"上生"、"下生"与"为上"、"为下"再认识》,《天津音乐学院学报》2009 年第 3 期。

刘晓满:《秦汉令史考》,《南都学坛》2011 年第 4 期。

刘瑛:《〈左传〉、〈国语〉方术研究》,人民文学出版社 2006 年版。

刘志远:《汉代市井考——说东汉画像砖》,《文物》1973 年第 3 期。

鲁家亮:《新见里耶秦简牍资料选校(二)》,简帛网 2014 年 9 月 3 日,http://www.bsm.org.cn/show_article.php?id=2069。

鲁家亮:《里耶秦简所见秦迁陵县的令史》,"中国简帛学国际论坛 2014"论文,芝加哥大学 2014 年 10 月。

鲁家亮:《读里耶秦简札记(三则)》,《出土文献研究》第 14 辑,中西书局 2015 年版。

鲁家亮:《里耶秦简所见迁陵三乡补论》,《国学学刊》2015 年第 4 期。

陆俭明、沈阳:《汉语和汉语研究十五讲》,北京大学出版社 2003 年版。

罗仕杰:《里耶秦简地理问题初探》,《简牍学报》第 19 期,台北市简牍学会·中华简牍学会 2006 年。

罗振玉、王国维:《流沙坠简》,中华书局 1993 年版。

吕叔湘:《吕叔湘文集第一卷·中国文法要略》,商务印书馆 1990 年版。

马大英:《汉代财政史》,中国财政经济出版社 1983 年版。

马非百:《管子轻重篇新诠》,中华书局 1979 年版。

马非百:《秦集史》,中华书局 1982 年版。

马建忠：《马氏文通》，商务印书馆 1983 年版。

马王堆汉墓帛书整理小组：《战国纵横家书》，文物出版社 1976 年版。

马怡：《汉代的计时器及相关问题》，《中国史研究》2006 年第 3 期。

马怡：《里耶秦简选校》，《中国社会科学院历史研究所学刊》第 4 集，商务印书馆
　　　2007 年版。

马怡：《皂囊与汉简所见皂纬书》，《简牍与古代史研究》，北京大学出版社 2012 年版。

蒙文通：《巴蜀史的问题》，《四川大学学报》1959 年第 5 期。

欧阳修、宋祁：《新唐书》，中华书局 1975 年版。

彭浩：《张家山汉简〈算数书〉注释》，科学出版社 2001 年版。

彭浩：《睡虎地秦简"王室祠"与〈赍律〉考辨》，《简帛》第 1 辑，上海古籍出版社
　　　2006 年版。

彭浩：《睡虎地秦墓竹简〈仓律〉校读（一则）》，《考古学研究（六）庆祝高明先生
　　　八十寿辰暨从事考古研究五十年论文集》，科学出版社 2006 年版。

彭浩：《读云梦睡虎地 M77 汉简〈葬律〉》，《江汉考古》2009 年第 4 期。

彭浩：《读里耶秦简"校券"补记》，《里耶古城·秦简与秦文化研究——中国里耶
　　　古城·秦简与秦文化国际学术研讨会论文集》，科学出版社 2009 年版。

彭浩、陈伟、［日］工藤元男主编：《二年律令与奏谳书》，上海古籍出版社 2007 年
　　　版。

彭适凡：《遂川出土秦戈铭文考释》，《江西历史文物》1980 年第 3 期。

齐思和：《毛诗谷名考》，《中国史探研》，中华书局 1981 年版。

钱大群：《唐律疏议新注》，南京大学出版社 2007 年版。

钱大昕：《廿二史考异》，上海古籍出版社 2004 年版。

丘光明、丘隆、杨平：《中国科学技术史·度量衡卷》，科学出版社 2001 年版。

裘锡圭：《裘锡圭学术文集》，复旦大学出版社 2012 年版。

裘锡圭主编：《长沙马王堆汉墓简帛集成〔伍〕》，中华书局 2014 年版。

全祖望：《汉书地理志稽疑》，《二十五史补编》第一册，中华书局 1955 年版。

饶宗颐：《云梦秦简日书研究》，《楚地出土文献三种研究》，中华书局 1993 年版。

任乃强：《华阳国志校补图注》，上海古籍出版社 1987 年版。

日安（晏昌贵）：《里耶识小》，简帛研究网 2003 年 11 月 2 日，http://www.jianbo.
　　　org/admin3/list.asp?id=1034。

尚民杰：《从〈日书〉看十六时制》，《文博》1996 年第 4 期。

尚民杰：《云梦〈日书〉十二时名称考辨》，《华夏考古》1997 年第 3 期。

尚民杰：《居延汉简时制问题探讨》，《文物》1999 年第 11 期。

沈刚：《居延汉简语词汇释》，科学出版社 2008 年版。

沈刚：《〈里耶秦简〉（壹）所见作徒管理问题探讨》，《史学月刊》2015 年第 2 期。

沈家本：《沈家本全集》第四卷，中国政法大学出版社 2010 年版。

沈家煊：《不对称和标记论》，江西教育出版社 2008 年版。

沈长云、魏建震、白国红、张怀通、石延博：《赵国史稿》，中华书局 2000 年版。

施谢捷：《新见秦汉官印二十例》，《古文字研究》第 28 辑，中华书局 2010 年版。

史念海：《黄河中游战国及秦时诸长城遗迹的探索》，《陕西师范大学学报（哲学社
　　　　会科学版）》1978 年第 2 期。

睡虎地秦墓竹简整理小组：《睡虎地秦墓竹简》，文物出版社 1990 年版。

司马光，胡三省注：《资治通鉴》，中华书局 1956 年版。

司马迁：《史记》，中华书局 1959 年版。

宋华强：《放马滩秦简〈邸丞谒御史书〉释读札记》，《出土文献研究》第 10 辑，中
　　　　华书局 2011 年版。

宋会群、李振宏：《秦汉时制研究》，《历史研究》1993 年第 6 期。

宋杰：《秦汉国家统治机构中的"司空"》，《历史研究》2011 年第 4 期。

宋镇豪：《试论殷代的纪时制度——兼谈中国古代分段纪时制》，《考古学研究
　　　　（五）：庆祝邹衡先生七十五寿辰暨从事考古研究五十年论文集》上册，
　　　　科学出版社 2003 年版。

苏辉：《秦三晋纪年兵器研究》，上海古籍出版社 2013 年版。

苏卫国：《小议简牍文书中的"告""谓"句式——秦汉官文书用语研究之一》，《简
　　　　帛研究 2005》，广西师范大学 2008 年版。

孙家洲主编：《额济纳汉简释文校本》，文物出版社 2007 年版。

孙楷，徐复订补：《秦会要订补》，中华书局 1959 年版。

孙良明：《古汉语语法变化研究》，语文出版社 1994 年版。

孙闻博：《秦县的列曹与诸官——从〈洪范五行传〉一则佚文说起》，简帛网 2014
　　　　年 9 月 17 日，http://www.bsm.org.cn/show_article.php?id=2077。

孙星衍等辑：《汉官六种》，中华书局 1990 年版。

孙诒让：《周礼正义》，中华书局 1987 年版。

孙占宇：《放马滩秦简乙 360–366 号"墓主记"说商榷》，《西北师大学报》2010 年
　　　　第 5 期。

孙占宇：《放马滩秦简〈丹〉篇校注》，简帛网 2012 年 7 月 31 日，http://www.bsm.
　　　　org.cn/show_article.php?id=1725。

孙占宇：《天水放马滩秦简集释》，甘肃文化出版社 2013 年版。

407

谭其骧:《长水集》(上),人民出版社 1987 年版。

谭其骧主编:《中国历史地图集》第一册,中国地图出版社 1982 年版。

谭其骧主编:《中国历史地图集》第二册,中国地图出版社 1982 年版。

陶磊:《〈淮南子·天文〉研究——从数术史的角度》,齐鲁书社 2003 年版。

田凤岭、陈雍:《新发现的"十七年丞相启状"戈》,《文物》1986 年第 3 期。

田旭东:《从里耶秦简"祠先农"的秦的祭祀活动》,《里耶古城·秦简与秦文化研究——中国里耶古城·秦简与秦文化国际学术研讨会论文集》科学出版社 2009 年版。

汪桂海:《从湘西里耶秦简看秦官文书制度》,《简帛研究2004》,广西师范大学出版社 2006 年版。

汪桂海:《汉代官文书制度》,广西教育出版社 1999 年版。

王贵元:《张家山汉简字词释读考辨》,《盐城师范学院学报(人文社会科学版)》,第 23 卷第 4 期,2003 年。

王贵元:《张家山汉简与〈说文解字〉合证》,《古汉语研究》2004 年第 2 期。

王国维:《简牍检署考》,《王国维遗书》第九册,上海古籍书店 1983 年版。

王国维:《秦郡考》,《观堂集林》,河北教育出版社 2001 年版。

王焕林:《里耶秦简校诂》,中国文联出版社 2007 年。

王辉:《秦铜器铭文编年辑释》,三秦出版社 1990 年版。

王辉:《珍秦斋藏王二十三年戈考》,《故宫博物院院刊》2004 年第 4 期。

王辉、王伟:《秦出土文献编年订补》,三秦出版社 2014 年版。

王克仲:《关于先秦"所"字词性的调查报告》,《古汉语研究论文集》,北京出版社 1982 年版。

王力:《汉语史稿》,中华书局 1980 年版。

王力:《汉语语法史》,商务印书馆 1989 年版。

王利器:《盐铁论校注》,中华书局 1992 年版。

王念孙:《广雅疏证》,中华书局 1983 年版。

王蘧常:《秦史》,上海古籍出版社 2000 年版。

王胜利:《睡虎地〈日书〉"除"篇、"官"篇月星关系考》,《中国历史文物》2004 年第 5 期。

王伟:《张家山汉简〈二年律令〉札记三则》,《中国古代法律文献研究》第 4 辑,法律出版社 2010 年版。

王彦辉:《田啬夫、田典考释——对秦及汉初设置两套基层管理机构的一点思考》,《东北师大学报(哲学社会科学版)》2010 年第 2 期。

王彦辉：《〈里耶秦简〉(壹)所见秦代县乡机构设置问题蠡测》,《古代文明》2012
　　年第 4 期。

王庸：《中国地理学史》,商务印书馆 1998 年版。

王勇：《秦汉地方农官建置考述》,《中国农史》2008 年第 3 期。

王勇：《中国古代农官制度》,中国三峡出版社 2009 年版。

王忠全：《秦汉时代"钟"、"斛"、"石"新考》,《中国史研究》1988 年第 1 期。

王子今：《秦汉时期湘江洞庭水路邮驿的初步考察——以里耶秦简和张家山汉简
　　为视窗》,《湖南社会科学》2004 年第 5 期。

王子今、李斯：《放马滩秦地图林业交通史料研究》,《中国历史地理论丛》2013 年
　　第 2 期。

魏德胜：《〈睡虎地秦墓竹简〉语法研究》,首都师范大学出版社 2000 年版。

邬国龙、胡果文、李晓路：《国语译注》,上海古籍出版社 1994 年版。

邬文玲：《"守"、"主"称谓与秦代官文书用语》,《出土文献研究》第 12 辑,中西书
　　局 2013 年版。

吴方基：《论秦代金布的隶属及其性质》,《古代文明》2015 年第 2 期。

吴良宝：《战国时期魏国西河与上郡考》,《中国史研究》2006 年第 4 期。

吴礽骧、李永良、马建华：《敦煌汉简释文》,甘肃人民出版社 1991 年版。

吴荣曾：《秦的官府手工业》,《云梦秦简研究》,中华书局 1981 年版。

吴小强：《秦简日书集释》,岳麓书社 2000 年版。

吴云、李春台：《贾谊集校注(增订版)》,天津古籍出版社 2010 年版。

谢桂华、李均明、朱国炤：《居延汉简释文合校》,文物出版社 1987 年版。

辛德勇：《默室求深,备其宣导——读陈桥驿教授新著〈水经注校证〉》,《书品》
　　2008 年第 2 期。

辛德勇：《秦汉政区与边界地理研究》,中华书局 2009 年版。

邢义田：《天下一家》,中华书局 2011 年版。

邢义田：《治国安邦》,中华书局 2011 年版。

邢义田：《地不爱宝》,中华书局 2011 年版。

邢义田：《"手、半"、"曰忤曰荆"与"迁陵公"》,简帛网 2012 年 5 月 7 日, http://
　　www.bsm.org.cn/show_article.php?id=1685。

熊昌华：《秦简介词"以"浅论》,《简帛语言文字研究》第 4 辑,巴蜀书社 2010 年。

宿权通、吴乾坤、倪绍忠：《里耶的酉水航运》,《里耶古城》,青海人民出版社 2003 年版。

徐坚等：《初学记》,中华书局 1962 年版。

徐世虹：《近年来〈二年律令〉与秦汉法律体系研究述评》,《中国古代法律文献研

究》第 4 辑,中国政法大学出版社 2007 年版。

徐世虹:《汉代社会中的非刑法法律机制》,《传统中国法律的理念与实践》,台北
　　　"中研院"历史语言研究所 2008 年。

徐元诰:《国语集解》,中华书局 2002 年版。

许名玱:《秦历朔日复原——以出土简牍为线索》,简帛网 2013 年 7 月 27 日,
　　　http://www.bsm.org.cn/show_article.php?id=1871。

薛瑞麟:《论刑法中的类推解释》,《中国法学》1995 年第 3 期。

严耕望:《中国地方行政制度史 上篇 秦汉地方行政制度(初版)》,台北"中研院"
　　　历史语言研究所 1963 年。

阎振益、钟夏校注:《新书校注》,中华书局 2000 年版。

晏昌贵:《天水放马滩秦简乙种〈日书〉分篇释文(稿)》,《简帛》第 5 辑,上海古籍
　　　出版社 2010 年版。

晏昌贵:《马王堆帛书星宿分野考》,《湖南省博物馆馆刊》第 8 辑,岳麓书社 2012 年版。

晏昌贵:《里耶秦牍 9-712+9-758 补释》,简帛网 2013 年 12 月 24 日,http://www.
　　　bsm.org.cn/show_article.php?id=1969。

晏昌贵、郭涛:《里耶简牍所见秦迁陵县乡里考》,《简帛》第 10 辑,上海古籍出版
　　　社 2015 年版。

杨伯峻、何乐士:《古汉语语法及其发展》(修订本),语文出版社 2001 年版。

杨芬:《里耶秦简文书的开启记录初探》,《四川文物》2015 年第 3 期。

杨剑虹:《居延汉简所见的"佐史"》,《秦汉简牍研究存稿》,厦门大学出版社 2013 年版。

杨宽:《战国史料编年辑证》,上海人民出版社 2001 年版。

杨宽:《战国史》,上海人民出版社 2008 年版。

杨宽、吴浩坤主编:《战国会要》,上海古籍出版社 2005 年版。

杨守敬、熊会贞:《水经注疏》下,谢承仁主编《杨守敬集》第四册,湖北人民出版
　　　社、湖北教育出版社 1988 年版。

杨守敬:《历代舆地沿革图》,光绪甲辰邻苏园刊本。

杨树达:《词诠》,中华书局 2004 年版。

杨先云:《里耶秦简识字三则》,简帛网 2014 年 2 月 27 日,http://www.bsm.org.cn/
　　　show_article.php?id=1993。

杨哲峰:《两汉之际的"十斗"与"石"、"斛"》,《文物》2001 年第 3 期。

杨振红:《从张家山汉简看秦汉时期的市租》,《中日学者论中国古代城市社会》,三
　　　秦出版社 2007 年版。

杨振红:《出土简牍与秦汉社会》,广西师范大学出版社 2009 年版。

杨振红：《"尉"、"尉律"与"置吏"、"除吏"》，《简帛》第 8 辑，上海古籍出版社 2013 年版。

姚鼐：《复谈孝廉书》，《惜抱轩文集》卷六；收入《清人文集地理类汇编》第一册，浙江人民出版社 1986 年版。

伊强：《〈里耶秦简〉（壹）字词考释三则》，简帛网 2012 年 9 月 26 日，http://www.bsm.org.cn/show_article.php?id=1742。

伊强：《秦简虚词及几种句式的考察》，武汉大学博士学位论文，2014 年 6 月。

易孟醇：《先秦语法》（修订本），湖南大学出版社 2005 年版。

殷国光：《〈吕氏春秋〉词类研究》，商务印书馆 2008 年版。

雍际春：《天水放马滩木板地图研究》，甘肃人民出版社 2002 年版。

游逸飞、陈弘音：《里耶秦简博物馆藏第九层简牍释文校释》，简帛网 2013 年 12 月 22 日，http://www.bsm.org.cn/show_article.php?id=1968#_edn44。

于豪亮：《于豪亮学术文存》，中华书局 1985 年版。

于洪涛：《里耶简"御史问直络裙程书"传递复原——兼论秦汉〈行书律〉的实际应用》，《出土文献与法律史研究》第 2 辑，上海人民出版社 2013 年版。

于振波：《汉简"得算"、"负算"考》，《简帛研究》第 2 辑，法律出版社 1996 年版。

于振波：《里耶秦简中的"除邮人"简》，《湖南大学学报（社会科学版）》2003 年第 3 期。

于振波：《秦律中的甲盾比价及相关问题》，《史学集刊》2010 年第 5 期。

于振波：《简牍与秦汉社会》，湖南大学出版社 2012 年版。

俞理明：《名词词类活用的语法——语义分析》，《汉语史研究集刊》第 12 辑，巴蜀书社 2009 年版。

俞樾：《诸子平议》，中华书局 1956 年版。

臧知非：《张家山汉简所见西汉矿业税收制度试析——兼谈西汉前期"弛山泽之禁"及商人兼并农民问题》，《史学月刊》2003 年第 3 期。

张伯元：《出土法律文献研究》，商务印书馆 2005 年版。

张春龙：《里耶秦简祠先农、祠窨和祠堤校卷》，《简帛》第 2 辑，上海古籍出版社 2007 年版。

张春龙：《里耶秦简所见的户籍和人口管理》，《里耶古城·秦简与秦文化研究——中国里耶古城·秦简与秦文化国际学术学术研讨会论文集》，科学出版社 2009 年版。

张春龙、［日］大川俊隆、［日］籾山明：《里耶秦简刻齿简研究——兼论岳麓秦简〈数〉中的未解读简》，《文物》2015 年第 3 期。

张春龙、龙京沙：《湘西里耶秦代简牍选释》，《中国历史文物》2003 年第 1 期。

张存良、吴荭：《水泉子汉简初识》，《文物》2009 年第 10 期。

411

张达宏、王长启：《西安市文管会收藏的几件珍贵文物》，《考古与文物》1984 年第 4 期。

张德芳：《悬泉汉简中若干"时称"问题的考察》，《出土文献研究》第 6 辑，上海古
　　　籍出版社 2004 年版。

张德芳：《简论汉唐时期河西及敦煌地区的十二时制和十六时制》，《考古与文物》
　　　2005 年第 2 期。

张国艳：《居延汉简虚词研究》，华东师范大学博士学位论文，2005 年 4 月。

张家山二四七号汉墓竹简整理小组：《张家山汉墓竹简〔二四七号墓〕》，文物出版
　　　社 2001 年版。

张建国：《中国律令法体系概论》，《北京大学学报》1998 年第 5 期。

张建国：《帝制时代的中国法》，法律出版社 1999 年版。

张建国：《张家山汉简〈具律〉121 简排序辨正》，《法学研究》2004 年第 6 期。

张杰点校：《四库全书术数类全编》，青海人民出版社 1999 年版。

张俊民：《悬泉置遗址出土简牍文书功能性质初探》，《简牍学研究》第 4 辑，甘肃人
　　　民出版社 2004 年版。

张乐：《里耶简牍"某手"考——从告地策入手考察》，武汉大学简帛网 2011 年 4
　　　月 18 日，http://www.bsm.org.cn/show_article.php?id=1461。

张培瑜：《中国先秦史历表》，齐鲁书社 1987 年版。

张强：《近年来秦简〈日书〉研究评介》，《文博》1995 年第 3 期。

张儒、刘毓庆：《汉字通用声素研究》，山西古籍出版社 2002 年版。

张世超：《容量"石"的产生及相关问题》，《古文字研究》第 21 辑，中华书局 2001
　　　年版。

张闻玉：《云梦秦简〈日书〉初探》，《江汉论坛》1987 年第 4 期。

张修桂：《中国历史地貌与古地图研究》，社会科学文献出版社 2006 年版。

张燕蕊：《里耶秦简债务文书初探》，《简帛研究二○一二》，广西师范大学出版社
　　　2013 年版。

张玉金：《出土战国文献虚词研究》，人民出版社 2011 年版。

张玉金：《出土战国文献中用"以"作词素的复音词》，《出土文献》第 2 辑，中西书
　　　局 2011 年版。

张政烺：《"十又二公"及其相关问题》，《纪念顾颉刚学术论文集》，巴蜀书社 1990 年版。

赵宠亮：《岳麓书院秦简行书律令释读补正》，简帛网 2009 年 12 月 7 日，http://
　　　www.bsm.org.cn/show_article.php?id=1189。

赵岩：《里耶秦简札记（十二则）》，简帛网 2013 年 11 月 19 日，http://www.bsm.org.
　　　cn/show_article.php?id=1952。

赵岩：《秦令佐考》，《鲁东大学学报》2014 年第 1 期。

赵翼：《陔余丛考》，商务印书馆 1957 年版。

赵元任：《汉语口语语法》，商务印书馆 1979 年版。

郑曙斌、张春龙、宋少华、黄朴华：《湖南出土简牍选编》，岳麓书社 2013 年版。

郑威：《里耶秦简牍所见秦即墨、洞庭二郡新识》，"简帛文献与古代史——第二届出土文献青年学者国际论坛"论文，复旦大学历史系、复旦大学出土文献与古文字研究中心 2013 年 10 月。

郑忠华：《印台墓地出土大批西汉简牍》，《荆州重要考古发现》，文物出版社 2009 年版。

中国文物研究所、湖北省文物考古研究所：《龙岗秦简》，中华书局 2001 年版。

周法高：《上古语法札记》，《中国语言学论集》，联经出版公司 1975 年版。

周国林：《秦汉时期钟、石、斛异同辨》，《华中师范大学学报(哲社版)》1991 年第 3 期。

周海锋：《秦律令研究——以〈岳麓书院藏秦简〉(肆)为重点》，湖南大学博士学位论文，2016 年 5 月。

周敏华：《〈二年律令〉中的"与……同法"试探》，《故宫学术季刊》第 26 卷第 3 期。

周守晋：《战国简帛中介引时间的"以"》，《古汉语研究》2004 年第 4 期。

周晓陆、陈晓捷、汤超、李凯：《于京新见秦封泥中的地理内容》，《西北大学学报(哲学社会科学版)》2005 年第 4 期。

周晓陆、路东之：《秦封泥集》，三秦出版社 2000 年版。

周振鹤：《汉书地理志汇释》，安徽教育出版社 2006 年版。

朱德贵：《汉简与财政管理新证》，中国财政经济经出版社 2006 年版。

朱德熙：《语法讲义》，商务印书馆 1982 年版。

朱德熙：《自指和转指——汉语名词化标记"的、者、所、之"的语法功能和语义功能》，《朱德熙文集》第三卷，商务印书馆 1999 年版。

朱冠明：《再谈助动词"可以"的形成和发展》，《汉语史研究集刊》第 6 辑，巴蜀书社 2003 年版。

朱汉民、陈松长主编：《岳麓书院藏秦简〔壹〕》，上海辞书出版社 2010 年版。

朱汉民、陈松长主编：《岳麓书院藏秦简〔贰〕》，上海辞书出版社 2011 年版。

朱汉民、陈松长主编：《岳麓书院藏秦简〔叁〕》，上海辞书出版社 2013 年版。

朱红林：《张家山汉简〈二年律令〉研究》，黑龙江人民出版社 2008 年版。

朱湘蓉：《西域汉简与秦简词语互证》，《西域研究》2006 年第 3 期。

朱湘蓉：《秦简词汇初探》，中国社会科学出版社 2012 年版。

祝穆：《方舆胜览》，中华书局 2003 年版。

祝中熹：《对天水放马滩木版地图的几点新认识》，《陇右文博》2001 年第 2 期。

庄小霞：《〈里耶秦简〔壹〕〉所见秦代洞庭郡、南郡属县考》，《简帛研究二〇一二》，
　　　广西师范大学出版社 2013 年版。

邹大海：《从〈算数书〉和秦简看上古粮米的比率》，《自然科学史研究》第 22 卷第
　　　4 期，2003 年。

邹大海：《关于〈算数书〉、秦律和粮米计量单位的几个问题》，《内蒙古师范大学学
　　　报（自然科学汉文版）》2009 年第 5 期。

邹树文：《诗经黍稷辨》，《农史研究集刊》第二册，科学出版社 1960 年版。

邹水杰：《秦汉县丞尉设置考》，《南都学坛》2006 年第 2 期。

邹水杰：《里耶秦简秦代县廷官吏设置》，《咸阳师范学院学报》2007 年第 6 期。

邹水杰：《里耶秦简"敢告某主"文书格式再考》，《鲁东大学学报（哲学社会科学
　　　版）》2014 年第 5 期。

[法]马克：《先秦岁历文化及其在早期宇宙生成论中的功用》，《文史》2006 年第 2 辑。

[韩]尹在硕：《睡虎地 4 号秦墓出土的木牍反映的家族类型》，《先秦史研究动态》
　　　第 25 期，1994 年版。

[韩]尹在硕：《睡虎地秦简和张家山汉简所反映的秦汉时期后子制和家系继承》，
　　　《中国历史文物》2003 年第 1 期。

[美]夏德安、陈松长、熊建国译：《战国民间宗教中的复活问题》，《简帛研究译丛》
　　　第 1 辑，湖南出版社 1996 年版。

[美]余定国，姜道章译：《中国地图学史》，北京大学出版社 2006 年版。

[日]古算书研究会，[日]大川俊隆、马彪译：《岳麓书院藏秦简〈数〉译注稿
　　　（1）》，简帛网 2013 年 1 月 30 日，http://www.bsm.org.cn/show_article.
　　　php?id=1824。

[日]成家彻郎，苌岚译：《中国古代的占星术和占星盘》，《文博》1989 年第 6 期。

[日]池田温，徐世虹译：《律令法》，《中国法制史考证》丙编第一卷，中国社会科学
　　　出版社 2001 年版。

[日]池田雄一，吕静译：《关于里耶秦简中的乡里吏问题》，《史林挥麈·纪念方诗
　　　铭先生学术论文集》，上海古籍出版社 2015 年版。

[日]大庭脩，林剑鸣等译：《秦汉法制史研究》，上海人民出版社 1991 年版。

[日]大庭脩，徐世虹译：《汉律中"不道"的概念》，《中国法制史考证 丙编 第一
　　　卷——日本学者考证中国法制史重要成果选译 通代先秦秦汉卷》，中国
　　　社会科学出版社 2003 年版。

[日]大西克也：《再论上古汉语中的"可"和"可以"——古汉语的语态试探之二》，
　　　《中国语言学》第 1 辑，山东教育出版社 2008 年版。

〔日〕冨谷至,刘恒武、孔李波译:《文书行政的汉帝国》,江苏人民出版社 2013 年版。

〔日〕冨谷至,朱腾译:《通往晋泰始律令之路(Ⅰ):魏晋的律与令》,《日本学者中
　　国法论著选译》上册,中国政法大学出版社 2012 年版。

〔日〕工藤元男,〔日〕广濑薰雄、曹峰译:《睡虎地秦简所见秦代国家与社会》,上海
　　古籍出版社 2010 年版。

〔日〕工藤元男,徐世虹译:《秦内史》,《日本中青年学者论中国史·上古秦汉卷》,
　　上海古籍出版社 1995 年版。

〔日〕工藤元男等:《日本秦简研究现状》,《简帛》第 6 辑,上海古籍出版社 2011 年。

〔日〕工藤元男等:《日本秦简研究现状(续)》,《简帛》第 9 辑,上海古籍出版社
　　2014 年版。

〔日〕广濑薰雄:《张家山汉简〈二年律令〉史律研究》,《人文论丛》2004 年卷,武
　　汉大学出版社 2005 年版。

〔日〕加藤繁,吴杰译:《中国经济史考证(第一卷)》,商务印书馆 1969 年版。

〔日〕柿沼阳平:《战国及秦汉时代官方"受钱"制度和券书制度》,《简帛》第 5 辑,
　　上海古籍出版社 2010 年版。

〔日〕藤田胜久:《里耶秦简所见秦代郡县的文书传递》,《简帛》第 8 辑,上海古籍
　　出版社 2013 年版。

〔日〕藤田胜久,曹峰、〔日〕广濑薰雄译:《〈史记〉战国史料研究》,上海古籍出版
　　社 2010 年版。

〔日〕藤田胜久,李淑萍译:《战国时秦的领域形成和交通路线》,《秦文化论丛》第
　　6 辑,西北大学出版社 1998 年版。

〔日〕土口史记,朱腾译:《战国、秦代的县——以县廷与"官"之关系为中心的考
　　察》,《法律史译评》2013 年卷,中国政法大学出版社 2014 年版。

〔日〕永田英正,张学锋译:《汉简的古文书学研究》,《简帛研究》第 3 辑,广西教育
　　出版社 1998 年版。

〔日〕永田英正,张学锋译:《居延汉简研究》,广西师范大学出版社 2007 年版。

〔日〕佐佐木研太,曹峰、张毅译:《出土秦律书写形态之异同》,《清华大学学报》
　　2004 年第 4 期。

二、日文

［德］纪安诺（Enno GIELE）：《「郵」制考—秦漢時代を中心に—》,《東洋史研究》
　　　63-2,2004 年版。

［德］陶安：《法典編纂史再考——漢篇：再び文獻史料を中心に据えて》,《東洋
　　　文化研究所紀要》140,2000 年。

［德］陶安：《秦漢刑罰體系の研究》, 創文社 2009 年。

［日］阿部幸信：《漢帝国の内臣——外臣構造形成過程に関する一試論》,《歴史
　　　学研究》784,2004 年。

［日］貝冢茂樹：《李悝法経考》,《東方学報》京都第 4 册,1933 年。

［日］滨口重国：《秦漢隋唐史の研究》, 东京大学出版会 1966 年。

［日］才谷明美：《秦の鉄官及び製鉄業—角谷定俊説に関連して—》,《明大アジ
　　　ア史論集》3,1998 年。

［日］池田温：《中国古代籍帳研究 概觀·錄文》, 东京大学出版会 1979 年。

［日］池田夏樹：《戦国秦漢期における徒隷》,《帝京史学》20,2005 年。

［日］池田雄一：《秦代の律令について》,《（中央大学文学部）紀要》168,1997 年。

［日］池田雄一：《中国古代の律令と社会》, 汲古书院 2008 年。

［日］池田知久：《睡虎地秦簡"語書"と墨家思想》,《郭店楚簡の儒教的研究》6,2005
　　　年。

［日］村上阳子：《穀物の良日·忌日》,《明大アジア史論集》3,1998 年。

［日］大川俊隆：《雲夢秦簡「日書」「詰篇」初考》,《大阪産業大学論集（人文科学
　　　編）》84,1995 年。

［日］大庭脩：《秦漢法制史の研究》, 創文社 1982 年。

［日］大形徹：《「鬼」系の病因論—新出土資料を中心として—》,《大阪府立大学
　　　紀要（人文·社会科学）》43,1995 年。

［日］大野裕司：《「日書」における禹步と五畫地の再検討》,《東方宗教》108,2006
　　　年。

［日］大栉敦弘：《雲夢秦簡「日書」にみえる「困」について》,《中国——社会と

文化》2,1987 年。

［日］大栉敦弘：《秦漢国家の陸運組織に関する一考察―居延漢簡の事例の検討
　　　　から―》,《東洋文化》68,1988 年。

［日］大栉敦弘：《秦代国家の穀倉制度》,《海南史学》28,1990 年。

［日］大栉敦弘：《雲夢秦簡倉律より見た戦国秦の穀倉制度》,《海南史学》
　　　　30,1992 年。

［日］大栉敦弘：《統一前夜――戦国後期の「国際」秩序》,《名古屋大学東洋史研
　　　　究報告》19,1995 年。

［日］大栉敦弘：《秦邦―雲夢睡虎地秦簡より見た「統一前夜」―》,《論集 中国
　　　　古代の文字と文化》,汲古書院 1999 年。

［日］稲叶一郎：《秦始皇の貨幣統一について》,《東洋史研究》37-1,1978 年。

［日］稲叶一郎：《戦国秦の家族と貨幣経済》,《戦国時代出土文物の研究》,同朋
　　　　舍 1985 年。

［日］稲叶一郎：《南郡の建設と戦国秦の貨幣制度》,《史林》90-2,2007 年。

［日］町田三郎：《秦の思想統制について》,《中国哲学論集》4,1978 年。

［日］渡边信一郎：《呂氏春秋上農篇蠡測―秦漢時代の社会編成―》,《京都府立
　　　　大学学術報告（人文）》33,1981 年。

［日］渡边信一郎：《阡陌制論》,《東洋史研究》43-4,1985 年。

［日］渡边英幸：《秦律の夏と臣邦》,《東洋史研究》66-2,2007 年。

［日］渡部武：《漢代の画像石に見える市》,《東海史学》18,1983 年。

［日］渡部武：《画像が語る中国の古代》,平凡社 1991 年。

［日］楯身智志：《前漢における民爵賜与の成立》,《史滴》28,2006 年。

［日］饭岛和俊：《戦国秦の非秦人対策―秦簡を手掛りとして見た、戦国秦の社
　　　　会構造―》,《中村冶兵衛先生古稀記念東洋史論叢》,刀水書房 1986 年。

［日］饭岛和俊：《市に集まる人々――張家山漢簡"奏讞書"案例 22 をめぐって》,
　　　　《アジア史における法と国家》,中央大学出版部 2000 年。

［日］饭岛和俊：《「解」字義覚え書き―江陵張家山"奏讞書"所出の「解」字の解
　　　　釈をめぐって―》,《奏讞書―中国古代の裁判記録―》,刀水書房 2002 年。

［日］饭岛和俊：《「鞠…審」の構圖（奏讞書研究）―"封診式"・"奏讞書"による
　　　　再構筑―》,《アジア史における社会と国家》,中央大学出版部 2005 年。

［日］饭尾秀幸：《古代における国家と共同體》,《歴史学研究》547,1985 年。

［日］饭尾秀幸：《中国古代国家における在地支配機構成立の一側面―睡虎地秦
　　　　簡の嗇夫をめぐって―》,《中国禮法と日本律令制》,东方书店 1992 年。

［日］饭尾秀幸：《秦・前漢初期における里の内と外—牢獄成立前史—》,《中国
　　　　前近代史論集》, 汲古书院 2007 年。

［日］冨谷至：《漢代穀倉制度——エチナ川流域の食粮支給より》,《東方学報》京
　　　　都第 68 册 ,1996 年。

［日］冨谷至：《二一世紀の秦漢史研究—簡牘資料—》,《岩波講座世界歴史 3 中
　　　　華の形成と東方世界》, 岩波書店 1998 年。

［日］冨谷至：《秦漢刑罰制度の研究》, 同朋舍 1998 年。

［日］冨谷至：《二年律令に見える法律用語——その（一）》,《東方学報》京都第
　　　　76 册 ,2004 年。

［日］冨谷至：《晉泰始律令への道—第一部　秦漢の律と令—》,《東方学報》京都
　　　　第 72 册 ,2000 年。

［日］冨谷至主編：《江陵張家山二四七號墓出土漢律令の研究〔論考篇〕》, 朋友书
　　　　店 2006 年。

［日］冨谷至主編：《江陵張家山二四七號墓出土漢律令の研究〔譯注篇〕》, 朋友书
　　　　店 2006 年。

［日］冈田功：《中国古代の「家約」の成立について》,《堀敏一先生古稀記念中国
　　　　古代の国家と民衆》, 汲古书院 1995 年。

［日］高村武幸：《九店楚簡日書の性格について——睡虎地日書・放馬灘日書と
　　　　の比較を通じて》,《明大アジア史論集》3,1998 年。

［日］高村武幸：《公文書の書記官署名—里耶秦簡・居延漢簡の事例から—》,《中
　　　　国出土資料研究》第 9 号, 中国出土資料学会 2005 年。

［日］高村武幸：《漢代の地方官吏と地域社会》, 汲古书院 2008 年。

［日］高村武幸：《「発く」と「発る」—簡牘の文書送付に関わる語句の理解と関
　　　　連して—》,《古代文化》60-4,2009 年。

［日］高津纯也：《先秦時代の「諸夏」と「夷狄」》,《日本秦漢史学会会報》1,2000 年。

［日］高津纯也：《戦国秦漢の支配構造に関する一考察—「外臣」「外国」と「諸
　　　　夏」—》,《日中律令制の諸相》, 东方书店 2002 年。

［日］高橋庸一郎：《睡虎地秦簡『編年記』『語書』釋文注解》, 朋友书店 2004 年。

［日］工藤元男：《睡虎地秦簡よりみた秦代の国家と社会》, 創文社 1998 年。

［日］工藤元男：《「秦の領土拡大と国際秩序の形成」再論—いわゆる「秦化」を
　　　　めぐって—》,《早稲田大学長江流域文化研究所年報》2,2003 年。

［日］工藤元男：《建除よりみた「日書」の成立過程試論》,《中国——社会と文化》
　　　　16,2001 年。

〔日〕工藤元男：《九店楚簡「告武夷」篇からみた「日書」の成立》,《福井重雅先
　　　　生古稀·退職記念論集 古代東アジアの社会と文化》,汲古书院 2007 年。

〔日〕工藤元男：《中国古代の「日書」にみえる時間と占卜—田律の分析を中心
　　　　として—》,《メトロポリタン史学》5,2009 年。

〔日〕工藤元男：《占いと中国古代の社会—発掘された古文献が語る—》,东方书
　　　　店 2011 年。

〔日〕宮崎市定：《游俠に就いて》,《歴史と地理》34-4、5,1934 年。

〔日〕宮崎市定：《史記貨殖伝物価考証》,《京都大学文学部五十周年記念論集》,
　　　　京都大学文学部 1956 年。

〔日〕宮崎市定：《東洋的古代》上,《東洋学報》4-82,1965 年。

〔日〕宮崎市定：《読史箚記》,《宮崎市定全集 17 中国文明》,岩波书店 1993 年。

〔日〕宮宅洁：《漢令の起源とその編纂》,《中国史学》5,1995 年。

〔日〕宮宅洁：《秦漢時代の裁判制度—張家山漢簡〈奏讞書〉より見た—》,《史林》
　　　　81-2,1998 年。

〔日〕宮宅洁：《中国古代刑制史の研究》,京都大学学术出版会 2011 年。

〔日〕古賀登：《漢長安城と阡陌·県郷亭里制度》,雄山阁 1980 年。

〔日〕广瀬薫雄：《秦漢律令研究》,汲古书院 2010 年。

〔日〕海老根量介：《戦国「日書」に反映された地域性と階層性—九店楚簡「日書」
　　　　放馬灘秦簡「日書」の比較を通して—》,《中国出土資料研究》14,2010 年。

〔日〕好並隆司：《商鞅「分異の法」と秦朝権力》,《歴史学研究》494,1981 年。

〔日〕鶴間和幸：《古代中華帝国の統一法と地域——秦帝国の統一とその虚構
　　　　性》,《史潮》新 30,1992 年。

〔日〕吉本道雅：《墨子兵技巧諸篇小考》,《東洋史研究》62-2,2003 年。

〔日〕吉田光邦：《素描——漢代の都市》,《東方学報》京都第 47 册,1974 年。

〔日〕吉田虎雄：《両漢租税の研究》,大阪屋号书店 1942 年。

〔日〕加藤繁：《支那経済史考証》上,东洋文库 1952 年。

〔日〕加藤繁：《中国貨幣史研究》,东洋文库 1991 年。

〔日〕加藤繁译注：《史記平準書·漢書食貨志》,岩波文库 1942 年。

〔日〕間瀬收芳：《秦帝国形成過程の一考察—四川省青川戦国墓の検討によ
　　　　る—》,《史林》67-1,1984 年。

〔日〕江村治樹：《春秋戦国秦漢時代出土文字資料の研究》,汲古书院 2000 年。

〔日〕江村治樹：《円銭の性格》,《統合テクスト科学研究》2-2,2004 年。

〔日〕角谷常子：《秦漢時代の女性労動—主に衣料の生産からみた—》,《古代文

化》50-2,1998 年。

［日］角谷定俊：《秦における青銅工業の一考察—工官を中心に—》,《駿台史学》
　　　　55,1982 年。

［日］角谷定俊：《秦における製鉄業の一考察》,《駿台史学》62,1984 年。

［日］鷲尾祐子：《漢代における更卒と正》,《中国古代史論叢（續集）》,立命館東
　　　　洋史学会 2005 年。

［日］堀敏一：《中国古代の身分制—良と賤—》,汲古書院 1987 年。

［日］堀敏一：《中国の異民族支配の原型》,《中国と古代東アジア世界》,岩波書
　　　　店 1993 年。

［日］堀敏一：《律令制と東アジア世界—私の中国史学（二）—》,汲古書院 1994 年。

［日］堀敏一：《中国古代の家と集落》,汲古書院 1996 年。

［日］堀毅：《秦漢時代の嗇夫について—『漢書』「百官表」と雲夢秦簡による一
　　　　考察—》,《史滴》2,1981 年。

［日］堀毅：《秦漢物価考》,《中央学院大学総合科学研究所紀要》4-1,1986 年。

［日］瀬川敬也：《秦代刑罰の再検討—いわゆる「労役刑」を中心に—》,《鷹陵史
　　　　学》24,1998 年。

［日］瀬川敬也：《秦漢時代の身體刑と労役刑—文帝刑制改革をはさんで—》,《中
　　　　国出土資料研究》7,2003 年。

［日］里耶秦簡講読会：《里耶秦簡譯註》,《中国出土資料研究》第 8 号,中国出土
　　　　資料学会 2004 年。

［日］栗原朋信：《両漢時代の官・民爵に就いて》上、下,《史観》22、23,1940 年,26、
　　　　27,1941 年。

［日］栗原朋信：《秦漢史の研究》,吉川弘文館 1960 年。

［日］栗原朋信：《漢帝国と周辺諸民族》,《岩波講座世界歴史——古代 4》,岩波
　　　　書店 1970 年。

［日］鎌田重雄：《西漢爵制》,《史潮》8-1,1938 年。

［日］鎌田重雄：《秦漢政治制度の研究》,日本学术振兴会 1962 年。

［日］林巳奈夫：《漢代の文物》,京都大学人文科学研究所 1976 年。

［日］鈴木直美：《里耶秦簡にみる隱官》,《中国出土資料研究》9,2005 年。

［日］鈴木直美：《中国古代家族史研究—秦律・漢律にみる家族形態と家族観—》,
　　　　刀水書房 2012 年。

［日］落合悠紀：《漢初の田制と阡陌についての一試論》,《法史学研究会会報》
　　　　14,2010 年。

［日］美川修一：《漢代の市籍について》,《古代学》15-3,1969 年。

［日］米田賢次郎：《二四〇步一畝制の成立について—商鞅變法の一側面—》,《東洋史研究》26-4,1968 年。

［日］名和敏光：《天水放馬灘秦簡『日書』乙種「行忌」考》,《出土資料と漢字文化圏》,汲古書院 2011 年。

［日］末永高康：《秦暦復元をめぐる一考察》,《中国出土資料研究》第 18 号,中国出土資料学会 2014 年。

［日］木村正雄：《「阡陌」について》,《史潮》12-2,1943 年。

［日］牧野巽：《中国家族研究上（牧野巽著作集第 1 巻）》,お茶の水書房 1979 年。

［日］楠山修作：《中国古代国家論集》,1990 年私家版。

［日］内田智雄：《譯註 中國歷代刑法志》,創文社 1964 年。

［日］籾山明：《爵制論の再検討》,《新しい歴史学のために》178,1985 年。

［日］籾山明：《秦の裁判制度の復元》,《戦国時代出土文物の研究》,京都大学人文科学研究所 1985 年。

［日］籾山明：《皇帝支配の原像—民爵賜与をてがかりに—》,《王權の位相》,弘文堂 1991 年。

［日］籾山明：《中国古代訴訟制度の研究》,京都大学学術出版会 2006 年。

［日］籾山明：《山は隔て、川は結ぶ—『里耶発掘報告』を読む》,《東方》315,東方書店 2007 年。

［日］平中苓次：《中国古代の田制と税法》,东洋史研究会 1967 年。

［日］青木俊介：《里耶秦簡に見える県の部局組織について》,《中国出土資料研究》第 9 号,中国出土資料学会 2005 年。

［日］青木俊介：《封検の形態発展—「平板検」の使用方法の考察から—》,《文献と遺物の境界 II》,东京外国语大学 2014 年。

［日］青山大介：《呂氏春秋の孝説》,《東洋古典学研究》10,2000 年。

［日］仁井田升：《唐令拾遺》,东京大学出版会 1933 年。

［日］日比野丈夫：《中国歷史地理研究》,同朋舍 1977 年。

［日］森和：《「日書」と中国古代史研究—時稱と時制の問題を例に—》,《史滴》30,2008 年。

［日］森和：《離日と反支日からみる「日書」の繼承関系》,《東アジア古代出土文字資料の研究》,雄山閣 2009 年。

［日］山田胜芳：《漢代財政制度に関する一考察》,《北海道教育大学紀要（第 1 部 B 社会科学編）》23-1,1972 年。

［日］山田胜芳:《中国古代の商人と市籍》,《加賀博士退官記念中国文史哲学論
　　　　集》,讲谈社 1979 年。

［日］山田胜芳:《秦漢時代の大内と少内》,《集刊東洋学》57,1987 年。

［日］山田胜芳:《秦漢代手工業の展開—秦漢代工官の変遷から考える—》,《東
　　　　洋史研究》56-4,1988 年。

［日］山田胜芳:《前漢武帝代の三銖銭の発行をめぐって》,《古代文化》40-
　　　　9,1988 年。

［日］山田胜芳:《中国古代の商と賈—その意味と思想的背景—》,《東洋史研究》
　　　　47-1,1988 年。

［日］山田胜芳:《算賦及び算緡・告緡》,《秦漢財政収入の研究》,汲古书院 1993 年。

［日］山田胜芳:《秦・前漢代貨幣史—東アジア貨幣史研究の基礎として—》,《日
　　　　本文化研究所報告》30,1994 年。

［日］山田胜芳:《中国古代の「家」と均分相続》,《東北アジア研究》2,1998 年。

［日］山田胜芳:《貨幣の中国古代史》,朝日新聞社 2000 年。

［日］山田胜芳:《张家山第二四七號漢墓竹簡「二年律令」と秦漢史研究》,《日本
　　　　秦漢史学会会報》3,2002 年。

［日］石冈浩:《秦時代の刑罰減免をめぐって—睡虎地秦簡に見える「居官府」
　　　　の分析から—》,《史滴》20,1998 年。

［日］石冈浩:《張家山漢簡二年律令にみる二十等爵制度—五級大夫を中心
　　　　に—》,［韩］《中国史研究》26,2003 年。

［日］石冈浩:《戦国秦の「徭」と軍政—睡虎地秦簡 秦律十八種「徭律」訳注—》
　　　　,《法史学研究会会報》9,2004 年。

［日］石冈浩:《収制度の廃止にみる前漢文帝刑法改革の発端—爵制の混乱から
　　　　刑罰の破綻へ—》,《歴史学研究》805,2005 年。

［日］石冈浩:《秦の城旦舂刑の特殊性—前漢文帝刑法改革のもう一つの発
　　　　端—》,《東洋学報》88-2,2006 年。

［日］矢泽悦子:《戦国秦の異民族支配と「属邦」》,《明大アジア史論集》1,1996 年。

［日］矢泽悦子:《秦の統一過程における「臣邦」—郡県制を補完するものとし
　　　　て—》,《駿台史学》101,1997 年。

［日］柿沼阳平:《三国時代の曹魏における税制改革と貨幣経済の質的變化》,
　　　　《東洋学報》92-3,2010 年。

［日］柿沼阳平:《中国古代貨幣経済史研究》,汲古书院 2011 年。

［日］守屋美都雄:《中国古代の家族と国家》,東洋史研究会 1968 年。

［日］水出泰弘：《戦国秦の「重一両十二（十四）一珠」銭について》,《中央大学ア
　　　　ジア史研究》7,1983 年。

［日］水出泰弘：《秦の半両銭について》,《アジア史における制度と社会—アジ
　　　　ア史研究第 20 號—》, 刀水書房 1996 年。

［日］水間大輔：《張家山漢簡『二年律令』刑法雜考—睡虎地秦簡出土以降の秦
　　　　漢刑法研究の再検討—》,《中国出土資料研究》6,2002 年。

［日］水间大辅：《秦律から漢律への繼承と變革—睡虎地秦簡・龍岡秦簡・張家
　　　　山漢簡の比較を中心として—》,《中国出土資料研究》10,2006 年。

［日］水间大辅：《秦漢刑法研究》, 知泉書館 2007 年。

［日］水间大辅：《秦・漢における亭の治安維持機能》,《史滴》31,2009 年。

［日］水间大辅：《秦・漢の亭吏及び他官との関係》,《中国出土資料研究》
　　　　13,2009 年。

［日］水间大辅：《廣瀬薫雄著『秦漢律令研究』》,《中国出土資料研究》14,2010 年。

［日］松崎つね子：《睡虎地秦簡よりみた秦の家族と国家》,《中國古代史研究　第
　　　　五》, 雄山閣 1982 年。

［日］松崎つね子：《睡虎地秦簡に於ける「非公室告」・「家罪」》,《中國古代史研
　　　　究　第六》, 研文出版 1989 年。

［日］松崎つね子：《秦の牧畜経営覚書——睡虎地秦簡・龍岡秦簡を手がかり
　　　　に》,《法史学研究会会報》2,1997 年。

［日］松崎つね子：《隠官と文帝の肉刑廃止》,《明大アジア史論集》3,1998 年。

［日］松崎つね子：《『睡虎地秦簡』に見る秦の馬牛管理——“龍岡秦簡”・馬王
　　　　堆一號漢墓「副葬品目録」もあわせて》,《明治大学人文科学研究所紀
　　　　要》47,2000 年。

［日］太田幸男：《佐原康夫『漢代都市機構の研究』》,《東洋史研究》62-2,2003 年。

［日］太田幸男：《中国古代国家形成史論》, 汲古書院 2007 年。

［日］湯浅邦弘：《中国古代軍事思想史の研究》, 研文出版 1999 年。

［日］藤田胜久：《中国古代国家と郡県社会》, 汲古書院 2005 年。

［日］藤田胜久：《中国古代国家と社会システム—長江流域出土資料の研究—》,
　　　　汲古書院 2009 年。

［日］藤田胜久：《中国古代の情報伝達と戦略—項羽の事績をめぐって—》,《日
　　　　本史における情報伝達》, 創風社出版 2012 年。

［日］藤田胜久：《里耶秦簡にみえる秦代郡県の文書伝達》,《愛媛大学法文学部
　　　　論集（人文学科編）》34,2013 年。

［日］藤田胜久：《秦漢簡牘と里耶周辺調査ノート》,《里耶秦簡・西北漢簡と実地
　　　　調査による秦漢地域社会の研究》,平成 24 年度~平成 26 年度科学研究
　　　　費補助金基盤研究（Ｃ）研究成果報告書,爱媛大学 2015 年。

［日］畑野吉则：《里耶秦簡の郵書記録と文書伝達》,《資料学の方法を探る》12, 2013 年。

［日］土口史记：《先秦時代の領域支配》,京都大学学术出版会 2011 年。

［日］土口史记：《戦国・秦代の県—県廷と「官」の関係をめぐる一考察—》,《史
　　　　林》95-1, 2012 年。

［日］武田时昌：《五音と五行——音律理論と占術のあいだ》,《阴阳五行のサイ
　　　　エンス：思想編》,京都大学人文科学研究所 2011 年。

［日］西川靖二：《漢初における黄老思想の一側面》,《東方学》62, 1981 年。

［日］西嶋定生：《中国古代帝国の形成と構造—二十等爵制の研究—》,東京大学
　　　　出版会 1961 年。

［日］西嶋定生：《秦漢帝国》,讲谈社 1974 年。

［日］西嶋定生：《中国古代の社会と経済》,東京大学出版会 1981 年。

［日］小川琢治：《阡陌と井田》,《支那学》5-2, 1929 年。

［日］鷹取祐司：《秦漢時代の刑罰と爵制的身分序列》,《立命館史学》608, 2008 年。

［日］鷹取祐司：《秦漢時代の司寇・隷臣妾・鬼薪白粲・城旦春》,《中国史学》
　　　　19, 2009 年。

［日］鷹取祐司：《里耶秦簡に見える秦人の存在形態》,《資料学の方法を探る》
　　　　12, 2013 年。

［日］鷹取祐司：《秦漢官文書の基礎的研究》,汲古书院 2015 年。

［日］影山刚：《中国古代の商工業と専賣制》,東京大学出版会 1984 年。

［日］永田英正：《居延漢簡の研究》,同朋舎 1989 年。

［日］永田英正：《文書行政》,《殷周秦漢時代史の基本問題》,汲古书院 2001 年。

［日］宇都宫清吉：《漢代社会経済史研究》,弘文堂 1955 年。

［日］原田浩：《青川秦墓木牘考》,《史海》35, 1988 年。

［日］原宗子：《「農本」主義の采用過程と環境》,《史潮》新 40, 1996 年。

［日］原宗子：《商鞅变法の環境史的意義》,《流通経済大学論集》34-2, 1999 年。

［日］原宗子：《佐原康夫『漢代都市機構の研究』》,《中国出土資料研究》7, 2003
　　　　年。

［日］越智重明：《秦の国家財政制度》,《九州大学東洋史論集》15, 1986 年。

［日］增渊龙夫：《新版 中国古代の社会と国家》,岩波书店 1996 年。

［日］长谷部英一：《周家台三〇号秦墓竹簡の治療法》,《中国哲学研究》18, 2003 年。

［日］纸屋正和：《前漢時代の商賈と緡銭令》,《福岡大学人文論叢》11-2,1979 年。

［日］中田薫：《法制史論集》第四卷《補遺》,岩波書店 1964 年。

［日］重近启树：《秦漢の郷里制をめぐる諸問題》,《歴史評論》403-11,1983 年。

［日］重近启树：《秦漢税役體系の研究》,汲古書院 1999 年。

［日］专修大学《二年律令》研究会：《張家山漢簡『二年律令』訳注(一)》,《專修史学》第 35 号,2003 年。

［日］专修大学《二年律令》研究会：《張家山漢簡『二年律令』訳注(四)》,《專修史学》第 38 号,2005 年。

［日］椎名一雄：《张家山漢簡二年律令に見える爵制》,《鴨台史学》6,2006 年。

［日］椎名一雄：《「庶人」の語義と漢代の身分秩序》,《大正大学東洋史研究》1,2008 年。

［日］滋賀秀三：《中国法制史論集—法典と刑罰—》,創文社 2003 年。

［日］佐藤武敏：《中国古代手工業史の研究》,吉川弘文館 1962 年。

［日］佐藤武敏：《漢代長安の市》,《中国古代史研究 第二》,吉川弘文館 1965 年。

［日］佐藤武敏：《前漢の穀価》,《人文研究》18-3,1967 年。

［日］佐藤武敏：《中国古代絹織物史研究》上,风间書房 1977 年。

［日］佐藤武敏：《秦・漢初の漆器の生産について》,《古史春秋》4,1987 年。

［日］佐原康夫：《漢代都市機構の研究》,汲古書院 2002 年。

［日］佐竹靖彦：《中国古代の田制と邑制》,岩波書店 2006 年。

陈伟：《秦と漢初の文書伝達システム》,《古代東アジアの情報伝達》,汲古書院 2008 年。

刘欣宁：《秦漢律における同居の連坐》,《東洋史研究》70-1,2011 年。

吕静：《秦代における行政文書の管理に関する考察—里耶秦牘の性格をめぐって—》,《東洋文化研究所紀要》158,2010 年。

马彪：《秦帝国の領土経営—雲夢龍崗秦簡と始皇帝の禁苑—》,京都大学学術出版会 2013 年。

三、韩文

［韩］崔昌大：《秦의 田律과 阡陌制》,《釜山開放大學論文集》第 27 辑,1985 年。

［韩］崔昌大：《睡虎地秦墓竹簡의金布律에 對하여》,《釜山開放大學論文集》第
　　　　28 辑,1986 年。

［韩］崔昌大：《睡虎地秦墓竹簡의 贖罪와 貲罪》,《釜山工業大學論文集》第 30 辑,
　　　　1988 年。

［韩］崔昌大：《倉律을 通하여본縣倉》,《釜山工業大學論文集》第 32 辑,1990 年。

［韩］崔德卿：《隸臣妾의身分과그 存在形態——雲夢睡虎地秦簡을中心으로 》,
　　　　《釜大史學》第 10 辑,1986 年。

［韩］崔德卿：《中國古代農業技術의 發達과 作畝法——農業考古學의 成果를 中
　　　　心으로》,《釜山史學》第 13 辑,1987 年。

［韩］崔德卿：《秦漢時代 小農民의畝當生産量》,《慶尚史學》第 4、5 合辑,1989 年。

［韩］崔德卿：《雲夢睡虎地秦簡에나타난 戰國秦의 竊盜行爲——그 社會經濟的
　　　　意味를 中心으로》,《慶尚史學》第 7、8 合辑,1992 年。

［韩］崔德卿：《戰國、秦漢時代小農民의住宅構造에對한一考》,《釜大史學》第 17
　　　　辑,1993 年。

［韩］崔德卿：《戰國、秦漢時代山林藪澤에 대한 保護策》,《大丘史學》第 49 辑,
　　　　1995 年。

［韩］崔德卿：《戰國、秦漢時代度量衡制의政治史的 意味와 그 變遷》,《釜大史學》
　　　　第 23 辑,1999 年。

［韩］崔德卿：《秦漢時代度量衡의處罰規定과삶의强制》,《中國史研究》第 8
　　　　辑,2000 年。

［韩］崔德卿：《秦漢代日書에나타난民間의生態認識과 環境保護》,《中國史研究》
　　　　第 23 辑,2003 年。

［韩］金秉駿：《秦漢時代女性과國家權力》,《震檀學報》第 75 辑,1993 年。

［韩］金秉駿：《秦漢帝國의 異民族支配——部都尉 및 屬國都尉에대한再檢討》,
　　　　《歷史學報》第 217 辑,2013 年。

［韩］金埛吾：《秦帝國시기縣廷의 構造——『里耶秦簡』“令史”를 중심으로》,《東
　　　　洋史學研究》第 126 辑,2014 年。

〔韩〕金庆浩：《21 世紀 東亞細亞 出土資料의 研究現況과 "資料學"의 可能
性——古代 東亞細亞史의 理解를中心으로》,《史林》第 31 号,2008 年。

〔韩〕金庆浩：《二千年前 里耶鎮으로의旅程과 "里耶秦簡" 簡介》,《中國古中世史
研究》第 19 辑,2008 年。

〔韩〕金庆浩：《秦漢時期 戶口文書와 邊境支配——記載樣式을中心으로》,《樂浪
郡戶口簿研究》,东北亚历史财团 2010 年。

〔韩〕金庆浩：《秦、漢初 行書律의 内容과 地方統治》,《史叢》第 73 辑,2011 年。

〔韩〕金庆浩：《秦漢初 出土資料에 反映된 "士"、"吏"의 性格——游士에서 儒士
로의 變化過程》,《大東文化研究》第 80 辑,2012 年。

〔韩〕金庆浩：《秦漢時期書籍의流通과帝國秩序》,《中國古中世史研究》第 32 辑,
2014 年。

〔韩〕金善珠：《秦始皇의法令統一에 對하여——雲夢秦簡을 中心으로》,《梨大史
苑》第 22、23 合辑,1988 年。

〔韩〕金善珠：《于秦始皇의法令統一과 秦律의成立에對하여——商鞅의 "改法爲
律"을中心으로》,《釜山史學》第 21 辑,1991 年。

〔韩〕金烨：《雲夢出土秦簡과 秦、漢初의 徵兵適齡》,《全海宗博士華甲紀念史學
論叢》,一潮閣 1979 年。

〔韩〕金烨：《中國古代連坐制度研究——秦漢唐間 官吏의 職務上의 連坐制》,《慶
北史學》第 2 辑,1980 年。

〔韩〕金烨：《中國古代連坐制度研究》,1982 年岭南大学博士学位论文。

〔韩〕金烨：《中國古代의 地方統治와 鄉里社會》,《大丘史學》第 37 辑,1989 年。

〔韩〕金烨：《秦簡에 보이는 家族連坐》,《歷史教育論集》第 13、14 合辑,1990 年。

〔韩〕金珍佑：《秦漢律中의 "不孝"에 對하여——睡虎地秦簡、張家山漢簡의 "不
孝" 관련條文을中心으로》,《中國古中世史研究》第 19 辑,2008 年。

〔韩〕金钟希：《秦代 縣의曹組織과 地方官制——里耶秦簡에 나타난 遷陵縣의 土
地、財政運營을中心으로》,《東洋史學研究》第 128 辑,2014 年。

〔韩〕李成珪：《秦의土地制度와 齊民支配——雲夢出土秦簡을 통해본 商鞅變法에
대한 再檢討》,《全海宗博士華甲紀念史學論叢》,一潮閣 1979 年。

〔韩〕李成珪：《戰國時代 私富抑制의 理念과 實際》,《震檀學報》第 50 辑,1980 年。

〔韩〕李成珪：《戰國時期 官營産業의 構造와性格》,《東方學志》第 30 辑,1982 年。

〔韩〕李成珪：《戰國時期 貨幣政策의 理論과實際》,《震檀學報》第 55 辑,1983 年。

〔韩〕李成珪：《齊民支配體制의成立과發展》,《中國古代帝國成立史研究——秦
國齊民支配體制의形成》,一潮閣 1984 年。

［韩］李成珪：《秦帝國成立史의 研究：秦國 齊民支配體制의 形成과 그 性格을 中心으로》,首尔大学博士学位论文,1984 年。

［韩］李成珪：《秦國의 政治와 墨家》,《東方學志》第 41 辑,1984 年。

［韩］李成珪：《秦帝國의 舊六國統治와 그 界限》,《閔錫泓博士華甲紀念史學論叢》,三英社 1985 年。

［韩］李成珪：《秦의 身分秩序構造》,《東洋史學研究》第 23 辑,1986 年。

［韩］李成珪：《秦의 山林藪澤開發의 構造——縣廷 嗇夫組織과 都官의 分析을 中心으로》,《東洋史學研究》第 29 辑,1988 年。

［韩］李成珪：《秦의 地方行政組織과 그 性格——縣의 組織과 그 機能을 中心으로》,《東洋史學研究》第 31 辑,1989 年。

［韩］李成珪：《秦漢의 刑罰體系의 再檢討——雲夢秦簡과 二年律令의 司寇를 中心으로》,《東洋史學研究》第 85 辑,2003 年。

［韩］李成珪：《里耶秦簡 南陽戶人戶籍과秦의 遷徙政策》,《中國學報》第 57 辑,2008 年。

［韩］李成珪：《計數化된 人間——古代中國의 税役의 基础와 基準》,《中國古中世史研究》第 24 辑,2010 年。

［韩］李成珪：《秦 帝國 縣의 組織과 機能——遷陵縣 古城遺址出土里耶秦簡의 分析을 中心으로》,《學術院論文集（人文、社會科學篇）》第 53 辑 1 号,2014 年。

［韩］李成珪：《秦漢帝國의 計時行政》,《歷史學報》第 222 辑,2014 年。

［韩］李明和：《秦漢代 女性刑罰의 減刑과 勞役》,《中國古中世史研究》第 25 辑,2011 年。

［韩］李守德：《秦漢時期의 法律解釋——秦簡과 奏讞書의 或曰을中心으로》,《中國古中世史研究》第 16 辑,2006 年。

［韩］李裕成：《戰國秦의 鄉村支配政策에對한一考察》,《中國學報》第 33 辑,1993 年。

［韩］梁必承：《春秋에서前漢初期 土地私有制의 出現과成長》,《建大史學》第 8 辑,1993 年。

［韩］林炳德：《雲夢秦簡에 보이는 隸臣妾의 身分的性格》,《成大史林》第 4 辑,1987 年。

［韩］林炳德：《中國古代의 奴婢와刑徒》,《忠北史學》第 3 辑,1990 年。

［韩］林炳德：《秦漢의 官奴婢와刑徒》,《忠北史學》第 5 辑,1992 年。

［韩］林炳德：《秦漢代 奴婢의 성격》,《五松李公范教授停年退任紀念東洋史論

叢》,知识产业社 1993 年。

［韩］林炳德:《戰國秦代刑徒의刑期및그性格》,《阜村申延澈教授停年紀念史學論叢》,日月书阁 1995 年。

［韩］林炳德:《秦漢時期의城旦舂과漢文帝의刑法改革》,《東洋史學研究》第 66 辑,1999 年。

［韩］林炳德:《中國古代法이말하는女性》,《中國史研究》第 36 辑,2005 年。

［韩］林炳德:《秦漢交替期의奴婢》,《中國古中世史研究》第 16 辑,2006 年。

［韩］林炳德:《秦漢時代士伍와庶人》,《中國古中世史研究》第 20 辑,2008 年。

［韩］林炳德:《秦漢時代의女性의 地位》,《中國史研究》第 64 辑,2010 年。

［韩］林炳德:《秦漢의土地所有制》,《中國史研究》第 67 辑,2010 年。

［韩］林炳德:《里耶秦簡을통해서본秦의戶籍制度—商鞅變法、同居、室、戶에 대한 再論—》,《東洋史學研究》第 110 辑,2010 年。

［韩］林炳德:《秦漢時代의 庶人研究綜述》,《中國史研究》第 72 辑,2011 年。

［韩］林炳德:《出土文獻에 보이는 秦漢時期의 土地制度》,《中國史研究》第 75 辑,2011 年。

［韩］林炳德:《尹在碩,『睡虎地秦墓竹簡譯注』》,《歷史學報》第 210 辑,2011 年。

［韩］林炳德,《秦漢時代의 "庶人" 再論》,《中國史研究》第 80 辑,2012 年。

［韩］林炳德:《秦漢律과 法家思想》,《中國史研究》第 89 辑 , 2014 年。

［韩］闵厚基:《戰國秦의 爵制研究——爵制에서官僚制로의移行을中心으로》,《東洋史學研究》第 69 辑,2000 年。

［韩］裴真永:《戰國末期秦國 "家" 의性格——雲夢睡虎地秦墓竹簡의分析을 中心으로》,《梨大史苑》第 27 辑,1994 年。

［韩］朴健柱:《秦漢法制상의「刑盡者」、「免隸臣妾」과 公卒、士伍、庶人》,《中國學報》第 58 辑,2009 年。

［韩］琴載元:《秦漢代擇日術의 流行과 普遍化過程——出土日書와 歷日의 分析을 中心으로》,《中國古中世史研究》第 25 辑,2011 年。

［韩］琴載元:《秦統治時期 "楚地" 의形勢와南郡의地域性》,《中國古中世史研究》第 31 辑 , 2014 年。

［韩］全惠蘭:《秦、漢初의內史와 郡》,《中國古中世史研究》第 32 辑 , 2014 年。

［韩］任仲爀:《雲夢秦簡의貲罰에對하여》,《東洋史學研究》第 24 辑,1986 年。

［韩］任仲爀:《戰國 秦의地方行政組織》,《中國學論叢》第 7 辑,1993 年。

［韩］任仲爀:《秦代罪囚의刑期》,《淑大史論》第 20 辑,1998 年。

［韩］任仲爀:《秦帝國의統治理念과實際》,《淑大史論》第 21 辑,1999 年。

429

［韩］任仲爀：《雲夢睡虎地 11 號墓"喜"의出身》，《中國史研究》第 5 辑，1999 年。

［韩］任仲爀：《秦漢律의贖刑》，《中國學報》第 54 辑，2006 年。

［韩］任仲爀：《秦漢律의髡刑、完刑、耐刑》，《中國古中世史研究》第 18 辑，2007 年。

［韩］任仲爀：《秦漢律의耐刑》，《中國古中世史研究》第 19 辑，2008 年。

［韩］任仲爀：《秦漢律의庶人》，《中國古中世史研究》第 22 辑，2009 年。

［韩］任仲爀：《中國古代庶人概念의變化》，《東洋史學研究》第 113 辑，2010 年。

［韩］任仲爀：《秦始皇 31 年의自實田》，《中國古中世史研究》第 26 辑，2011 年。

［韩］吳峻錫：《里耶秦簡을통해본秦代文書行政方式과그特徵》，《中國古中世史研究》第 21 辑，2009 年。

［韩］吳峻錫：《秦漢代의郵傳機構와文書傳達體系》，《東洋史學研究》第 109 辑，2009 年。

［韩］吳峻錫：《里耶秦簡과秦代縣廷의文書行政》，《中國古中世史研究》第 30 辑，2013 年。

［韩］辛圣坤：《隸臣妾身分에對한試論的考察》，《首爾大東洋史學科論集》第 9 辑，1985 年。

［韩］辛圣坤：《簡牘資料로본中國古代의奴婢》，《韩國古代史研究》第 80 辑，2009 年。

［韩］尹在硕：《秦代士伍身分에對하여》，《慶北史學》第 10 辑，1987 年。

［韩］尹在硕：《睡虎地秦簡"日書"에나타난"室"의構造와性格——戰國末期 秦의家族類型 考察을 爲한 試論》，《東洋史學研究》第 44 辑，1993 年。

［韩］尹在硕：《商鞅家族改革策에나타난 家族形態》，《慶北史學》第 11 辑，1996 年。

［韩］尹在硕：《春秋戰國時期 家系繼承과 後子制度》，《慶北史學》第 21 辑，1998 年。

［韩］尹在硕：《中國古代家族史研究의現況과展望》，《中國史研究》第 13 辑，2001 年。

［韩］尹在硕：《秦代의物勒工名과漆器銘文》，《東洋史學研究》第 76 辑，2001 年。

［韩］尹在硕：《中國古代女性의社會的役割과家内地位》，《東洋史學研究》第 85 辑，2006 年。

［韩］尹在硕：《睡虎地秦墓竹簡譯注》，昭明出版社 2010 年。

［韩］尹在硕：《秦漢代住宅의構造와家族生活》，《東洋史學研究》第 112 辑，2010 年。

［韩］尹在硕：《秦漢代戶口簿와그運營》，《樂浪郡戶口簿研究》，东北亚历史财团 2010 年。

［韩］尹在硕：《秦漢初의户籍制度》，《中國古中世史研究》第 26 辑，2011 年。

［韩］尹在硕：《中國古代死者의書와漢代人의 來世觀——告地策을 中心으로》，
　　　《中國史研究》第 86 辑，2013 年。

［韩］尹在碩《里耶秦简所见秦代县廷祭祀》，《中國學報》第 71 辑，2015 年。

［韩］郑夏贤：《戰國時代官制의一研究》，《公州大學論文集》第 29 辑，1990 年。

［日］中村威也：《里耶秦简으로본民族과支配》，《歷史教育論集》第 43 辑，2009 年。

四、西文

Bagley, Robert. "The Prehistory of Chinese Music Theory." *Proceedings of the British Academy*, 130 (2005), 86: 41-90.

Bodde, Derk. "Forensic Medicine in Pre-Imperial China." *Journal of African and Oriental Studies*, 102 (1982): 1-15.

Ch'en Chao-jung. "Die Vereinheitlichung der Schrift." In *Qin – Der unsterbliche Kaiser und seine Terrakottakrieger*. Edited by Maria Khayutina. Bern: Bernisches Historisches Museum, 2013: 130-137.

Chavannes, Edouard. "Des rapports de la musique grecque avec la musique chinoise." In *Les mémoires historiques de Se-ma Ts'ien*. Paris: Adrien-Maisonneuve, 1967-1969, vol. 3, appendice 2: 630-645.

Chen Cheng-Yih ed. *Two-tone Set-bells of Marquis Yi*. Singapore: World Scientific Publishing Co, 1994.

Cook, Constance A. "Myth and Fragments of a Qin *Yi* Text: A Research Note and Translation." *Journal of Chinese Religions*, 26 (1998): 135-143.

Ebrey, Patricia B. "Penal Servitude in Qin Law." In *Chinese Civilization: A Sourcebook* (Chapter 11). Edited by Patricia B. Ebrey. New York: The Free Press. Second edition, 1993: 51-53.

Falkenhausen, Lothar (von). "On the Early Development of Chinese Musical Theory: The Rise of Pitch-Standards." *Journal of American Oriental Society*, 112.3 (1992): 433-439.

Falkenhausen, Lothar (von). *Suspended Music. Chime-bells in the Culture of*

Bronze Age China. Berkeley and Los Angeles: University of California Press, 1993.

Gentz, Joachim. "Zur Deutung früher Grabbefunde: Das *Renzi pian* aus Shuihudi." In *Han-Zeit: Festschrift für Hans Stumpfeldt aus Anlaß seines 65 Geburtstages*. Edited by Michael Friedrich. Wiesbaden: Harrassowitz, 2006: 535-553.

Giele, Enno. "Signatures of 'Scribes' in Early Imperial China." *Asiatische Studien/Études Asiatiques,* 59.1 (2005): 353-387.

Golovanov E.V. [Голованов, Е. В.]. "Опыт классификации письменных источников из циньского комплекса в Шуйхуди." *Общество и государство в Китае. Семнадцатая научная конференция. Тезисы докладов*. Москва: Наука, 1986, Часть I: 26-29.

Golovanov E.V. [Голованов, Е. В.]. "Сельское хозяйство в Цинь: бамбуковые планки из Шуйхуди." *Народы Азии и Африки. История, экономика, культура,* 6(1988). Москва: Наука, 1988: 125-135.

Harbsmeier, Christoph. "Fú in the Mawangdui Manuscripts of the Laozi and in the Remnants of Qin Law." In *From Classical Fú to 'Three Inches High'—Studies in Honor of Erik Zürcher*. Edited by Jams C.P. Liang and Rint P.E. Sybesma. Leuven-Appeldorn: Garant, 1993: 1-59.

Harper, Donald. "A Chinese Demonography of the Third Century B.C." *Harvard Journal of Asiatic Studies,* 45.2 (1985): 459-498.

Harper, Donald. "Resurrection in Warring States Popular Religion." *Taoist Resources,* 5-2 (1994): 13-28.

Harper, Donald. "The Twelve Qin Tombs at Shuihudi, Hubei: New Texts and Archeological Data." *Early China,* 3 (1977): 100-104.

Harper, Donald. "Warring States, Qin, and Han Manuscripts Related to Natural Philosophy and the Occult." In *New Sources of Early Chinese History: An Introduction to the Reading of Inscriptions and Manuscripts*. Edited by Edward L. Shaughnessy, Early China Special Monograph Series 3. Berkeley: University of California Press, 1997: 223-252.

Heuser, Robert. "Verwaltung und Recht im Reich des Ersten Kaisers." In *Jenseits der Grossen Mauer. Der Erste Kaiser von China und seine Terrakotta-Armee* (Beyond the Great Wall: The First Emperor of China and his

Terracotta Army). Edited by Lothar Ledderose and Adele Schlombs. Gütersloh-München: Bertelsmann Lexikon Verlag, 1990: 66-75.

Hsu, Meiling. "The Qin Maps: A Clue to Later Chinese Cartographic Development." *Imago Mundi*, 45 (1993): 90-100.

Hulsewé, A. F. P. "Some Remarks on Statute Labour during the Ch'in and Han Period." In *Orientalia Venetiana*, I. Directed by M. Sabattini. Firenze: Olschki, 1984: 195-204.

Hulsewé, A.F.P. "Ch'in and Han Law." In *The Cambridge History of China, vol. I: The Ch'in and Han Empires, 221 B.C.-A.D. 220*. Edited by Denis Twitchett and Michael Loewe. Cambridge: Cambridge University Press, 1986: 520-544.

Hulsewé, A.F.P. "Law as one of the Foundations of State Power in Early Imperial China." In *Foundations and Limits of State Power in China*. Edited by Stuart R. Schram. London-Hong Kong: SOAS - Chinese University Press, 1987: 11-32.

Hulsewé, A.F.P. "Qin and Han Legal Manuscripts." In *New Sources of Early Chinese History: An Introduction to the Reading of Inscriptions and Manuscripts*. Edited by Edward L. Shaughnessy, Early China Special Monograph Series 3. Berkeley: University of California Press, 1997: 193-221.

Hulsewé, A.F.P. *Remnants of Ch'in Law: An Annotated Translation of the Ch'in Legal and Administrative Rules of the 3rd century B.C. Discovered in Yün-meng Prefecture, Hu-pei Province, in 1975*. Sinica Leidensia 17, Leiden: Brill, 1985.

Hulsewé, A.F.P. "Supplementary Note on Li ch'en ch'ieh." *T'oung Pao*, 67.3-5 (1981): 361.

Hulsewé, A.F.P. "The 'Legalist' and the Law of Qin." In *Leyden Studies in Sinology: Papers Presented at the Conference Held in Celebration of the Fiftieth Anniversary of the Sinological Institute of Leyden University Dec. 8-12 1980*. Edited by Wilt L. Idema. Leiden: Brill, 1981: 1-22.

Hulsewé, A.F.P. "The Ch'in Documents Discovered in Hu-pei in 1975." *T'oung Pao*, 64 (1978): 175-217+338.

Hulsewé, A.F.P. "The Influence of the 'Legalist' Government of Qin on the

Economy as Reflected in the Texts Discovered in Yunmeng County." In *The Scope of State Power in China*. Edited by Stuart R. Schram. New York: St. Martin's, 1985: 211-235.

Hulsewé, A.F.P. "The Wide Scope of Tao 盗 'Theft' in Ch'in-Han Law." *Early China*, 13 (1988): 166-200.

Hulsewé, A.F.P. "Weights and Measures in Ch'in Law." In *State and Law in East Asia, Festschrift Karl Bünger*. Edited by Dieter Eikemeier and Herbert Franke. Wiesbaden: Harrassowitz, 1981: 25-39.

Jenner, W.J.F. "The Ch'in Legal Texts from Yunmeng: A First Reading." *Early China*, 3 (1977): 124.

Kalinowski, Marc ed. *Divination et société dans la Chine médiévale. Étude des manuscrits de Dunhuang de la Bibliothèque nationale et France et de la British Library*. Paris : Bibliothèque nationale de France, 2003.

Kalinowski, Marc. "Les livres des jours (*rishu*) des Qin et des Han: la logique éditoriale du recueil A de Shuihudi (217 avant notre ère)." *T'oung Pao*, 94 (2008): 1-48.

Kalinowski, Marc. "Les traités de Shuihudi et l'hémérologie chinoise à la fin des Royaumes combattants." *T'oung Pao*, 72 (1986): 175-228.

Kalinowski, Marc. "Musique et harmonie calendaire à la fin des Royaumes combattants : les livres des jours de Fangmatan (239 avant J.-C.)." *Études chinoises*, 30 (2011): 99-138.

Kalinowski, Marc: "The Use of the Twenty-Eight Xiu as a Day-Count in Early China." *Chinese Science*, 13 (1996): 55-81.

Korolkov, Maxim. "Arguing about Law: Interrogation Procedure under the Qin and Former Han dynasties." *Études chinoises*, 30 (2011): 37-71.

Kroll, J.L. "Notes on Ch'in and Han Law." In *Thought and Law in Qin and Han China: Studies Dedicated to Anthony Hulsewé on the Occasion of His Eightieth Birthday*. Edited by Wilt L. Idema and E. Zürcher, Sinica Leidensia 24. Leiden: Brill, 1990: 63-78.

Kudō Motoo. "The Ch'in Bamboo Strip Book of Divination (Jih-shu) and Ch'in Legalism." *Acta Asiatica*, 58 (1990): 24-37.

Lau, Ulrich. "The Scope of Private Jurisdiction in Early Medieval China – The evidence of newly excavated legal documents." *Asiatische Studien/*

Études Asiatiques, 59.1 (2005): 353-387.

Lewis, Mark Edward. "Ritual Origins of the Warring States." *Bulletin de l'École française d'Extrême-Orient*, 84 (1997): 73-98.

Li, Jianmin. "They Shall Expel Demons: Etiology, the Medical Canon and the Transformation of Medical Techniques Before the Tang." In *Early Chinese Religion: Part One: Shang through Han (1250 BC – 220 AD)*. Edited by John Lagerwey and Marc Kalinowski. Leiden: Brill, 2009: 1103-1150.

Liu, Tseng-kuei. "Taboos: an Aspect of Belief in the Qin and Han." In *Early Chinese Religion: Part One: Shang through Han (1250 BC – 220 AD)*. Edited by John Lagerwey and Marc Kalinowski. Leiden: Brill, 2009: 881-948.

Loewe, Michael. "Manuscripts Found Recently in China: A Preliminary Survey." *T'oung Pao*, 63 (1977): 99-136.

Loewe, Michael. "The Almanacs (jih-shu) from Shui-hu-ti : A Preliminary Survey." *Asia Major*, Third Series, 1.2 (1988): 1-27.

Mansvelt Beck, Burchard J. "The First Emperor's Taboo Character and the Three Day Reign of King Xiaowen: Two Moot Points Raised by the Qin Chronicle Unearthed in Shuihudi in 1975." *T'oung Pao*, 73.1-3 (1987): 68-85.

Mittag, Achim. "Historische Aufzeichnungen als Grabbeigabe—Das Beispiel der Qin-Bambusannalen." In *Auf den Spuren des Jenseits: Chinesische Grabkultur in den Facetten von Wirklichkeit. Geschichte und Totenkult*. Edited by Angela Schottenhammer, Europäische Hochschulschriften 27.89. Frankfurt: Peter Lang, 2003: 119-140.

Mittag, Achim. "The Qin Bamboo Annals of Shuihudi: A Random Note from the Perspective of Chinese Historiography." *Monumenta Serica*, 51 (2003): 543-570.

Needham, Joseph and Robinson, Kenneth. "Sound (Acoustics)." In *Science and Civilisation in China*, 4-1. Cambridge: Cambridge University Press, 1962: 126-228.

Pines, Yuri. "The Question of Interpretation: Qin History in Light of New Epigraphic Sources." *Early China*, 29 (2004): 1-44.

Poo, Mu-chou. "How to Steer through Life. Negotiating Fate in the Daybook."

In *The Magnitude of Ming. Command, Allotment, and Fate in Chinese Culture*. Edited by Christopher Lupke. Honolulu: University of Hawai'i Press, 2005: 107-125.

Poo, Mu-chou. "Newly Discovered Daybooks and Everyday Religion." In *Search of Personal Welfare: A View of Ancient Chinese Religion*. By Poo Mu-chou, SUNY Series in Chinese Philosophy and Culture. New-York: State University of New York Press, 1998: 69-101.

Poo, Mu-chou. "Popular Religion in Pre-Imperial China: Observations on the Almanacs of Shui-hu-ti." *T'oung Pao*, 79 (1993): 225-248.

Salát, Gergely. *Büntetőjog az ókori Kínában, Qin állam törvényei a shuihudi leletek alapján*. Budapest: Balassi Kiadó, 2003, Sinológiai Műhely 3.

Sanft, Charles. "Environment and Law in Early Imperial China (3rd c. BCE - 1st c. CE): Qin and Han Statutes Concerning Natural Resources." *Environmental History*, 15.4 (2010): 701-721.

Sanft, Charles. "Law and Communication in Qin and Western Han China." *Journal of the Economic and Social History of the Orient*, 53 (2010): 679-711.

Sanft, Charles. "Notes on Penal Ritual and Subjective Truth Under the Qin." *Asia Major*, third series, 21.2 (2008): 35–57.

Sanft, Charles. "Qin Government: Structures, Principles and Practices." In *Qin —The Eternal Emperor and His Terracotta Warriors*. Edited by Maria Khayutina. Bern: Bernisches Historisches Museum, 2013 : 118-129.

Shaughnessy, Edward L. "The Wangjiatai Gui cang: An Alternative to Yijing Divination." In *Facets of Tibetan religious tradition and contacts with neighbouring cultural areas*. Edited by Alfredo Cadonna and Ester Bianchi. Firenze: Leo S. Olschki, 2002: 95-126.

Sterckx, Roel. "An Ancient Chinese Horse Ritual." *Early China*, 21 (1996): 47-79.

Sypniewski, Bernard Paul. "The Use of Variables in the Remnants of Qin Law." *Monumenta Serica*, 52 (2004): 345-361.

Vandermeersch, Léon. "Le développement de la procédure écrite dans l'administration chinoise à l'époque ancienne." In *State and Law in East Asia. Festschrift Karl Bünger*. Edited by Dieter Eikemeier and Herbert

秦简牍整理与研究

Franke. Wiesbaden: Harrassowitz, 1981: 1-24.

Vasilyev, K.V. [Васильев, К.В.]. "Некоторые черты положения земледельцев в империи Цинь (221-207 гг. до н.э.)." *Государство и социальные структуры на древнем Востоке.* Москва: Наука, 1989: 128-131.

Vasilyev, K.V. [Васильев, К.В.]. "Подневольный труд в царстве Цинь (IV - III вв. до н.э.)." *Проблемы социальных отношений и форм зависимости на древнем Востоке.* Москва: Наука, 1984: 227-237.

Venture, Olivier. "Caractères interdits et vocabulaire officiel sous les Qin : l'apport des documents administratifs de Liye." *Études chinoises*, 30 (2011): 73-98.

Venture, Olivier. "L'écriture de Qin." In *Les soldats de l'éternité – l'armée de Xi'an*. Edited by Alain Thote and Lothar von Falkenhausen. Paris: Pinacothèque de Paris, 2008: 209-216.

Xing, Wen. "Hexagram Pictures and Early Yi Schools: Reconsidering the Book of Changes in Light of Excavated Yi Texts." *Monumenta Serica*, 51 (2003): 571-604.

Yamada, Katsuyoshi. "Offices and Officials of Works, Markets and Lands in the Ch'in Dynasty." *Acta Asiatica*, 58 (1990): 1-23.

Yates, Robin D.S. "Social Status in the Ch'in: Evidence from the Yün-Meng Legal Documents. Part One: Commoners." *Harvard Journal of Asiatic Studies*, 47.1 (1987): 197-237.

Yates, Robin D.S. "Some Notes on Ch'in Law." *Early China*, 11-12 (1985-1987): 243-275.

Yates, Robin D.S. "State Control of Bureaucrats under the Qin: Techniques and Procedures." *Early China*, 20 (1995): 331-365.

Yates, Robin D.S. and McLeod, Katrina. "Forms of Ch'in Law: An Annotated Translation of the Feng-chen shih." *Harvard Journal of Asiatic Studies*, 41 (1981): 111-163.

后　记

　　本书各章节作者以及曾经发表、修订情形如下：

　　第一章"关于秦文书制度的几个问题"，作者陈伟，曾刊于《中国新出资料学的展开》（汲古书院 2013 年版），收入本书时重新改写。

　　第二章"里耶秦简所见的'田'与'田官'"，作者陈伟，曾刊于《中国典籍与文化》2013 年第 4 期，收入时有修订。

　　第三章，作者陈伟，曾以《关于秦迁陵县"库"的初步考察》为题刊于《简帛》第 12 辑（上海古籍出版社 2016 年版），收入时有修订。

　　第四章，作者陈伟，曾以《关于秦与汉初"入钱缿中"律的几个问题》为题刊于《考古》2012 年第 8 期，收入时有修订。

　　第五章"秦和西汉早期简牍中的粮食计量"，作者彭浩，曾刊于《出土文献研究》第 11 辑（中西书局 2012 年版），收入时有修订。

　　第六章"睡虎地秦简'十二郡'及相关问题"，作者晏昌贵，曾以《秦简"十二郡"考》为题刊于《舆地、考古与古史新说——李孝聪教授荣休纪念论文集》（中华书局 2012 年版），收入时有修订。

　　第七章"秦汉法律的编纂"，作者徐世虹，曾刊于《中国古中史研究》第 24 辑（[韩国] 中国古中史学会 2010 年版），收入本书时有修订。徐教授也是包括本书第七、八两章在内的《秦律令研究》（《秦简牍研究》五卷本之一）的负责人。

　　第八章"秦代的法律形式——以令、式、课为中心"。第一、二节作者南玉泉，曾以《秦令的编辑与"共令"释义》（《国际简牍学会会刊》第 7 号，台北兰台出版社 2013 年）、《秦汉式的种类与性质》（《中国古代法律文献研究》第 6 辑，社科文献出版社 2012 年）为题刊出，收入时有修订。第三节作者徐世虹，曾以《秦"课"刍议》

为题刊于《简帛》第 8 辑(上海古籍出版社 2013 年版),收入时有修订。

第九章"秦律用语与律义内涵",作者支强。

第十章"从十二律占看战国晚期到汉初的律数制",作者马克(Marc Kalinowski),翻译李国强。法文版题为"Musique et harmonie calendaire à la fin des Royaumes combattants — Les livres des jours de Fangmatan (239 av. n. è.)",原载 Etudes chinoises(《中国研究》)第 30 辑,2011 年。本文是法文版的节译本。

第十一章"放马滩秦简《星分度》相关问题考察",作者孙占宇,曾以《放马滩秦简日书"星度"篇初探》为题刊于《考古》2011 年第 4 期,收入时有修订。

第十二章"秦汉时分纪时制再探",作者李天虹,曾以《秦汉时分纪时制综论》为题刊于《考古学报》2012 年第 3 期,收入时有修订。

第十三章"放马滩木板地图新探",作者晏昌贵。日文译本曾以《甘肃天水放马滩木板地图新探》为题刊于《日本秦汉史研究》第 15 号(2015 年 3 月);第四节年代部分曾以《放马滩简〈邸丞谒御史书〉中的时间与地点》为题,刊于《出土文献》第 4 辑(中西书局 2013 年版)。收入时有修订。

第十四章"秦简'所'、'可/可以'的语法及相关问题",作者伊强。

附录一"西文秦简牍研究概述",作者风仪诚(VENTURE Olivier)、马克(Marc Kalinowski),2010 年以前的内容曾以《西文秦代简牍研究概要》为题刊于《简帛》第 6 辑(上海古籍出版社 2011 年版),收入本书时资料补充至 2013 年。

附录二"日本的秦简牍研究",工藤元男主编。各节作者为:"律令的编纂、继承"楯身智志,"司法、刑法"水间大辅,"官制"池田敦志,"地方行政制度与文书行政"渡边将智,"家庭制度"小林文治,"算赋、徭役、兵役"小林文治,"田制、农业"谷口建速,"牧畜、禁苑"冈本真则,"工商业、货币"柿沼阳平,"爵制、身分制度"楯身智志,"对外关系"柿沼阳平,"地理"池田敦志,"学术、思想"川村潮,"日书"森和。张胜兰、阎瑜译校。曾以《日本秦简研究现状》《日本秦简研究现状(续)》为题,先后刊于《简帛》第 6 辑(上海古籍出版社 2011 年版)、第 9 辑(上海古籍出版社 2014 年版),收入本书时作有整合,水间大辅核订了全部资料。

附录三"韩国的秦简牍研究",作者尹在硕,翻译李瑾华。曾以《韩国的秦简研究(1979–2008)》《韩国的秦简研究动态(2009–2012)》为题先后刊于《简帛》第 4 辑(上海古籍出版社 2009 年版)、第 9 辑(上海古籍出版社 2014 年版),收入本书时作有整合、修订。

本书作为重大攻关项目成果统一出版,著作人的标署方式规定为"首席专家"与"课题组主要成员",后者还有人数限定。囿于此,我们只好把本书主要作者按所负责撰写部分的顺序标署于"课题组主要成员"之下。实际参与本书撰著的其他多位作者、译者（如水间大辅、森和、柿沼阳平等先生，具体请看上文所述），未能列出。而参加本项目整理工作的多位课题组主要成员（如刘乐贤、刘国胜、曹方向、蔡丹、何有祖、鲁家亮、凡国栋等先生），乃是项目基本成果《秦简牍合集》（武汉大学出版社 2014 年版）和《里耶秦简牍校释〔第一卷〕》（武汉大学出版社 2012 年版）作者，李静女士则是相关数据库的主要编制者和维护人，也均未能标署于本书。这是需要特别说明的。

目录与摘要的英文翻译，由我的两位同事鲁家亮先生和武致知先生（Rens Krijgsman）帮助完成。武致知先生还帮助审订了《西文秦简牍研究概述》和参考文献中的西文部分。

本书文稿作为项目最终成果曾与项目其他成果一同呈交结项专家审查。专家在给予充分肯定的同时，也指出书稿存在的不足之处，对结构和一些具体表述提出修改建议。我们遵照建议尽可能作了修订。

在本书付梓之际，作为项目首席专家和本书主编，对于积极参与、大力支持的上述诸位作者、译者，对于未能一一具名而曾在资料收集、内容修订等方面给予帮助的诸多朋友，对于匿名审读的结项鉴定专家，满怀感激之忱。

陈　伟

2015 年 8 月初稿，2017 年初春改定

教育部哲学社会科学研究重大课题攻関项目
成果出版列表

序号	书　名	首席专家
1	《马克思主义基础理论若干重大问题研究》	陈先达
2	《马克思主义理论学科体系建构与建设研究》	张雷声
3	《马克思主义整体性研究》	逄锦聚
4	《改革开放以来马克思主义在中国的发展》	顾钰民
5	《新时期　新探索　新征程 ——当代资本主义国家共产党的理论与实践研究》	聂运麟
6	《坚持马克思主义在意识形态领域指导地位研究》	陈先达
7	《当代资本主义新变化的批判性解读》	唐正东
8	《当代中国人精神生活研究》	童世骏
9	《弘扬与培育民族精神研究》	杨叔子
10	《当代科学哲学的发展趋势》	郭贵春
11	《服务型政府建设规律研究》	朱光磊
12	《地方政府改革与深化行政管理体制改革研究》	沈荣华
13	《面向知识表示与推理的自然语言逻辑》	鞠实儿
14	《当代宗教冲突与对话研究》	张志刚
15	《马克思主义文艺理论中国化研究》	朱立元
16	《历史题材文学创作重大问题研究》	童庆炳
17	《现代中西高校公共艺术教育比较研究》	曾繁仁
18	《西方文论中国化与中国文论建设》	王一川
19	《中华民族音乐文化的国际传播与推广》	王耀华
20	《楚地出土戰國簡册［十四種］》	陈　伟
21	《近代中国的知识与制度转型》	桑　兵
22	《中国抗战在世界反法西斯战争中的历史地位》	胡德坤
23	《近代以来日本对华认识及其行动选择研究》	杨栋梁
24	《京津冀都市圈的崛起与中国经济发展》	周立群
25	《金融市场全球化下的中国监管体系研究》	曹凤岐
26	《中国市场经济发展研究》	刘　伟
27	《全球经济调整中的中国经济增长与宏观调控体系研究》	黄　达
28	《中国特大都市圈与世界制造业中心研究》	李廉水

序号	书　名	首席专家
29	《中国产业竞争力研究》	赵彦云
30	《东北老工业基地资源型城市发展可持续产业问题研究》	宋冬林
31	《转型时期消费需求升级与产业发展研究》	臧旭恒
32	《中国金融国际化中的风险防范与金融安全研究》	刘锡良
33	《全球新型金融危机与中国的外汇储备战略》	陈雨露
34	《全球金融危机与新常态下的中国产业发展》	段文斌
35	《中国民营经济制度创新与发展》	李维安
36	《中国现代服务经济理论与发展战略研究》	陈　宪
37	《中国转型期的社会风险及公共危机管理研究》	丁烈云
38	《人文社会科学研究成果评价体系研究》	刘大椿
39	《中国工业化、城镇化进程中的农村土地问题研究》	曲福田
40	《中国农村社区建设研究》	项继权
41	《东北老工业基地改造与振兴研究》	程　伟
42	《全面建设小康社会进程中的我国就业发展战略研究》	曾湘泉
43	《自主创新战略与国际竞争力研究》	吴贵生
44	《转轨经济中的反行政性垄断与促进竞争政策研究》	于良春
45	《面向公共服务的电子政务管理体系研究》	孙宝文
46	《产权理论比较与中国产权制度变革》	黄少安
47	《中国企业集团成长与重组研究》	蓝海林
48	《我国资源、环境、人口与经济承载能力研究》	邱　东
49	《"病有所医"——目标、路径与战略选择》	高建民
50	《税收对国民收入分配调控作用研究》	郭庆旺
51	《多党合作与中国共产党执政能力建设研究》	周淑真
52	《规范收入分配秩序研究》	杨灿明
53	《中国社会转型中的政府治理模式研究》	娄成武
54	《中国加入区域经济一体化研究》	黄卫平
55	《金融体制改革和货币问题研究》	王广谦
56	《人民币均衡汇率问题研究》	姜波克
57	《我国土地制度与社会经济协调发展研究》	黄祖辉
58	《南水北调工程与中部地区经济社会可持续发展研究》	杨云彦
59	《产业集聚与区域经济协调发展研究》	王　珺

序号	书　名	首席专家
60	《我国货币政策体系与传导机制研究》	刘　伟
61	《我国民法典体系问题研究》	王利明
62	《中国司法制度的基础理论问题研究》	陈光中
63	《多元化纠纷解决机制与和谐社会的构建》	范　愉
64	《中国和平发展的重大前沿国际法律问题研究》	曾令良
65	《中国法制现代化的理论与实践》	徐显明
66	《农村土地问题立法研究》	陈小君
67	《知识产权制度变革与发展研究》	吴汉东
68	《中国能源安全若干法律与政策问题研究》	黄　进
69	《城乡统筹视角下我国城乡双向商贸流通体系研究》	任保平
70	《产权强度、土地流转与农民权益保护》	罗必良
71	《我国建设用地总量控制与差别化管理政策研究》	欧名豪
72	《矿产资源有偿使用制度与生态补偿机制》	李国平
73	《巨灾风险管理制度创新研究》	卓　志
74	《国有资产法律保护机制研究》	李曙光
75	《中国与全球油气资源重点区域合作研究》	王　震
76	《可持续发展的中国新型农村社会养老保险制度研究》	邓大松
77	《农民工权益保护理论与实践研究》	刘林平
78	《大学生就业创业教育研究》	杨晓慧
79	《新能源与可再生能源法律与政策研究》	李艳芳
80	《中国海外投资的风险防范与管控体系研究》	陈菲琼
81	《生活质量的指标构建与现状评价》	周长城
82	《中国公民人文素质研究》	石亚军
83	《城市化进程中的重大社会问题及其对策研究》	李　强
84	《中国农村与农民问题前沿研究》	徐　勇
85	《西部开发中的人口流动与族际交往研究》	马　戎
86	《现代农业发展战略研究》	周应恒
87	《综合交通运输体系研究——认知与建构》	荣朝和
88	《中国独生子女问题研究》	风笑天
89	《我国粮食安全保障体系研究》	胡小平
90	《我国食品安全风险防控研究》	王　硕

序号	书 名	首席专家
91	《城市新移民问题及其对策研究》	周大鸣
92	《新农村建设与城镇化推进中农村教育布局调整研究》	史宁中
93	《农村公共产品供给与农村和谐社会建设》	王国华
94	《中国大城市户籍制度改革研究》	彭希哲
95	《国家惠农政策的成效评价与完善研究》	邓大才
96	《以民主促进和谐——和谐社会构建中的基层民主政治建设研究》	徐 勇
97	《城市文化与国家治理——当代中国城市建设理论内涵与发展模式建构》	皇甫晓涛
98	《中国边疆治理研究》	周 平
99	《边疆多民族地区构建社会主义和谐社会研究》	张先亮
100	《新疆民族文化、民族心理与社会长治久安》	高静文
101	《中国大众媒介的传播效果与公信力研究》	喻国明
102	《媒介素养：理念、认知、参与》	陆 晔
103	《创新型国家的知识信息服务体系研究》	胡昌平
104	《数字信息资源规划、管理与利用研究》	马费成
105	《新闻传媒发展与建构和谐社会关系研究》	罗以澄
106	《数字传播技术与媒体产业发展研究》	黄升民
107	《互联网等新媒体对社会舆论影响与利用研究》	谢新洲
108	《网络舆论监测与安全研究》	黄永林
109	《中国文化产业发展战略论》	胡惠林
110	《20世纪中国古代文化经典在域外的传播与影响研究》	张西平
111	《国际传播的理论、现状和发展趋势研究》	吴 飞
112	《教育投入、资源配置与人力资本收益》	闵维方
113	《创新人才与教育创新研究》	林崇德
114	《中国农村教育发展指标体系研究》	袁桂林
115	《高校思想政治理论课程建设研究》	顾海良
116	《网络思想政治教育研究》	张再兴
117	《高校招生考试制度改革研究》	刘海峰
118	《基础教育改革与中国教育学理论重建研究》	叶 澜
119	《我国研究生教育结构调整问题研究》	袁本涛 王传毅
120	《公共财政框架下公共教育财政制度研究》	王善迈

序号	书　名	首席专家
121	《农民工子女问题研究》	袁振国
122	《当代大学生诚信制度建设及加强大学生思想政治工作研究》	黄蓉生
123	《从失衡走向平衡：素质教育课程评价体系研究》	钟启泉 崔允漷
124	《构建城乡一体化的教育体制机制研究》	李　玲
125	《高校思想政治理论课教育教学质量监测体系研究》	张耀灿
126	《处境不利儿童的心理发展现状与教育对策研究》	申继亮
127	《学习过程与机制研究》	莫　雷
128	《青少年心理健康素质调查研究》	沈德立
129	《灾后中小学生心理疏导研究》	林崇德
130	《民族地区教育优先发展研究》	张诗亚
131	《WTO 主要成员贸易政策体系与对策研究》	张汉林
132	《中国和平发展的国际环境分析》	叶自成
133	《冷战时期美国重大外交政策案例研究》	沈志华
134	《新时期中非合作关系研究》	刘鸿武
135	《我国的地缘政治及其战略研究》	倪世雄
136	《中国海洋发展战略研究》	徐祥民
137	《深化医药卫生体制改革研究》	孟庆跃
138	《华侨华人在中国软实力建设中的作用研究》	黄　平
139	《我国地方法制建设理论与实践研究》	葛洪义
140	《城市化理论重构与城市化战略研究》	张鸿雁
141	《境外宗教渗透论》	段德智
142	《中部崛起过程中的新型工业化研究》	陈晓红
143	《农村社会保障制度研究》	赵　曼
144	《中国艺术学学科体系建设研究》	黄会林
145	《人工耳蜗术后儿童康复教育的原理与方法》	黄昭鸣
146	《我国少数民族音乐资源的保护与开发研究》	樊祖荫
147	《中国道德文化的传统理念与现代践行研究》	李建华
148	《低碳经济转型下的中国排放权交易体系》	齐绍洲
149	《中国东北亚战略与政策研究》	刘清才
150	《促进经济发展方式转变的地方财税体制改革研究》	钟晓敏
151	《中国—东盟区域经济一体化》	范祚军

序号	书　名	首席专家
152	《非传统安全合作与中俄关系》	冯绍雷
153	《外资并购与我国产业安全研究》	李善民
154	《近代汉字术语的生成演变与中西日文化互动研究》	冯天瑜
155	《新时期加强社会组织建设研究》	李友梅
156	《民办学校分类管理政策研究》	周海涛
157	《我国城市住房制度改革研究》	高　波
158	《新媒体环境下的危机传播及舆论引导研究》	喻国明
159	《法治国家建设中的司法判例制度研究》	何家弘
160	《中国女性高层次人才发展规律及发展对策研究》	佟　新
161	《国际金融中心法制环境研究》	周仲飞
162	《居民收入占国民收入比重统计指标体系研究》	刘　扬
163	《中国历代边疆治理研究》	程妮娜
164	《性别视角下的中国文学与文化》	乔以钢
165	《我国公共财政风险评估及其防范对策研究》	吴俊培
166	《中国历代民歌史论》	陈书录
167	《大学生村官成长成才机制研究》	马抗美
168	《完善学校突发事件应急管理机制研究》	马怀德
169	《秦简牍整理与研究》	陈　伟
	……